KARLHEINZ DESCHNER

KRIMINALGESCHICHTE DES CHRISTENTUMS

SIEBTER BAND

13. UND 14. JAHRHUNDERT

ROWOHLT

KARLHEINZ DESCHNER

Kriminalgeschichte des Christentums

13. UND 14. JAHRHUNDERT

Von Kaiser Heinrich VI. (1190)
zu Kaiser Ludwig IV. dem Bayern († 1347)

ROWOHLT

Umschlag- und Einbandentwurf von Werner Rebhuhn †
Umschlagvignette: Jürgen Mick

Das Autorenporträt von Karlheinz Deschner
stammt aus dem Fotoband von Paul Swiridoff:
«Gesichter einer Epoche. Begegnungen aus fünf Jahrzehnten.
Mit Beiträgen von Marion Dönhoff und Erhard Eppler».
Stuttgart/Zürich: Belser 1997, Seite 77

1. Auflage Januar 2002

Satz Sabon PostScript, PageMaker,
bei Pinkuin Satz und Datentechnik, Berlin
Druck und Bindung Clausen & Bosse, Leck
Printed in Germany
ISBN 3 498 01320 3

Gewidmet besonders meinen Freunden Alfred Schwarz und Herbert Steffen sowie allen, deren selbstlosen Beistand ich, nach dem steten meiner Eltern, dankbar erfuhr:

Joachim Ackva
Wilhelm Adler
Prof. Dr. Hans Albert
Lore Albert
Klaus Antes
Else Arnold
Josef Becker
Karl Beerscht
Dr. Wolfgang Beutin
Dr. Otto Bickel
Prof. Dr. Dieter Birnbacher
Dr. Eleonore Kottje-Birnbacher
Kurt Birr
Dr. Otmar Einwag
Dr. Sylvia Engelfried
Dieter Feldmann
Dr. Karl Finke
Franz Fischer
Kläre Fischer-Vogel
Henry Gelhausen
Dr. Helmut Häußler
Prof. Dr. Dr. Norbert Hoerster
Prof. Dr. Walter Hofmann
Dr. Stefan Kager und Frau Lena
Hans Kalveram
Karl Kaminski und Frau
Dr. Hedwig Katzenberger
Dr. Klaus Katzenberger
Hilde und Lothar Kayser
Prof. Dr. Christof Kellmann
Prof. Dr. Hartmut Kliemt
Dr. Fritz Köble
Hans Koch
Hans Kreil
Ine und Ernst Kreuder
Eduard Küsters
Robert Mächler
Jürgen Mack
Volker Mack
Dr. Jörg Mager
Prof. Dr. H. M.
Nelly Moia
Fritz Moser
Regine Paulus
Jean-Marc Pochon
Arthur und Gisela Reeg
Hildegunde Rehle
M. Renard
Gabriele Röwer
German Rüdel
Dr. K. Rügheimer u. Frau Johanna
Heinz Ruppel und Frau Renate
Martha Sachse
Hedwig und Willy Schaaf
Friedrich Scheibe
Else und Sepp Schmidt
Dr. Werner Schmitz
Norbert Schneider
Alfred Schwarz
Dr. Gustav Seehuber
Dr. Dr. Gunter F. Seibt
Dr. Michael Stahl-Baumeister
Herbert Steffen
Prof. Dr. Dr. Dr. h. c.
Wolfgang Stegmüller
Almut und Walter Stumpf
Artur Uecker
Dr. Bernd Umlauf
Helmut Weiland
Klaus Wessely
Richard Wild
Lothar Willius
Dr. Elsbeth Wolffheim
Prof. Dr. Hans Wolffheim
Franz Zitzlsperger
Dr. Ludwig Zollitsch

INHALT

1. KAPITEL

KAISER HEINRICH VI. (1190–1197) UND PAPST COELESTIN III. (1191–1198)

«Nie sah man ihn lachen. Seinem Wesen fehlte vollständig der bezwingende Zauber und das Liebenswürdige eines Barbarossa, seine ganze Art war finster und herrisch, zuletzt fast versteinert, seine Politik weitgreifend und weltumfassend, doch traumlos spröde und hart. Härte war überhaupt seines Wesens Kennzeichen ... eine granitene Härte und eine Geschlossenheit, wie sie dem Deutschen selten eignet, dazu ein gewaltiger Wille, eine überstarke aber eiskalte Leidenschaft und eine erstaunliche Klugheit und politische Begabung. All das läßt ihn in einem merkwürdigen Maße unjugendlich erscheinen, und man vergißt es leicht, daß Heinrich VI. schon mit zweiunddreißig Jahren seine Bahn beschloß.»

Ernst H. Kantorowicz
über Kaiser Heinrich VI.[1]

«Cölestin suchte Bundesgenossen ... Denn niemals hat er sich über die Unmöglichkeit getäuscht, die Ziele Heinrichs und die Interessen des Papsttums zu versöhnen, und wie er vom ersten Tage an zum Widerstand entschlossen war, so hat er bis zum Tod unverrückt darin beharrt. Auch der aufgezwungene Friede ließ ihn das Ziel nicht aus den Augen verlieren; so unbedingt notwendig erschien ihm der Kampf, daß ihm kein Bundesgenosse zu schlecht und kein Mittel zu verwerflich war. Er scheute nicht einmal vor der Teilnahme an einer Verschwörung zurück, die ihr Ziel durch Kaisermord zu erreichen glaubte.»

Albert Hauck
über Papst Coelestin III.[2]

Heinrich VI. tritt an

Am 18. November 1189 war König Wilhelm II. von Sizilien – trotz seines muslimischen Lebensstils ganz der Kirche ergeben – erst sechsunddreißigjährig unerwartet in seinem Palast in Palermo gestorben. Da seine Ehe mit Johanna, der jungen Tochter König Heinrichs von England, kinderlos blieb, erbte seine Tante Konstanze von Altavilla, Halbschwester Wilhelms I. und posthum geborene Tochter König Rogers II. von Sizilien, ausdrücklich auch von Wilhelm als Erbin des süditalienischen Normannenstaates designiert, rechtmäßig Krone und Königreich.

Die letzte legitime Nachfahrin der Dynastie der Hauteville (VI 212, 227) aber war, bereits zweiunddreißigjährig, am 27. Januar 1186 in Mailand – wo ihren Brautschatz 150 Maultiere schleppten, die Mitgift 40 000 Pfund Gold betrug – mit dem neunzehnjährigen deutschen Thronfolger Heinrich VI. vermählt worden. Seit dem Abzug seines Vaters Kaiser Friedrich Barbarossa im Sommer 1189 hatte Heinrich die Regentschaft erst zeitweise, dann, seit des Vaters Tod im Saleph ein Jahr später (VI 562), ohne formalen Akt, auf Dauer übernommen.

Die Vorgeschichte der Heirat liegt im dunkeln. Die Verlobung, unter strenger Geheimhaltung ausgehandelt, führte zu einem frontenumstoßenden Bündnis zwischen Friedrich Barbarossa und Wilhelm II. von Sizilien, war somit eindeutig politisch intendiert und ein Schritt von großer Tragweite. Zunächst festigte sie den Frieden mit Sizilien, das zuvor die beiden Kaiserreiche des Ostens und Westens gemeinsam hatten erobern und unter sich aufteilen wollen. Durch Wilhelms Tod aber fiel, jedenfalls nach Heinrichs Vorstellungen, das regnum Siciliae, im Lauf des 12. Jahrhunderts gegründet und stabilisiert, an ihn, den deutschen König und römischen Kaiser.[3]

Heinrich VI. (1191–1197), einer der markantesten Herrscher des Mittelalters, kam als Sohn und Erbe Friedrich Barbarossas und seiner zweiten Frau Beatrix von Burgund, Mutter von zehn Kindern, im Herbst 1165 in der Pfalz Nijmegen zur Welt. Unter Übergehung seines älteren, kränkelnden Bruders Friedrich wurde der dreijährige Heinrich im Juli 1169 in Bamberg zum römischen König gewählt, im darauffolgenden August in Aachen gekrönt und bei der Eheschließung mit Konstanze 1186 in Mailand förmlich zum Caesar ausgerufen.

Im Gegensatz zum Äußeren des Vaters, dessen Lieblingssohn er gleichwohl gewesen sein soll, war Heinrich mittelgroß, hager, unsoldatisch, häufig krank, vorzeitig alternd. Selbst Gottfried von Viterbo, sein geistlicher Erzieher, ein vielgelesener Geschichtsschreiber, der ihm eines seiner Werke gewidmet, nennt ihn unansehnlich. War Heinrich ja überhaupt ohne die heitere Leichtigkeit der Staufer, eher hart, herrisch, verschlossen, doch, wie alle Barbarossa-Söhne, ausgezeichnet erzogen, dazu hochintelligent und bienenfleißig, scharfzüngig, wortbrüchig, mitunter, auch dies freilich Stauferart, eiskalt und grausam, bloß darauf aus, «das Reich noch größer und mächtiger als unter seinen Vorgängern» zu machen. Nur sechs Jahre regierte er. Aber sie genügten ihm, bevor er mit erst 32 Jahren der Ruhr zum Opfer fiel, «die Welt vor seinem Kaiserthron in den Staub zu drücken» (Kantorowicz) – die Welt, immerhin, von der Provence, der Dauphiné über Burgund, die Schweiz, Elsaß-Lothringen, über Holland und Deutschland hinweg bis hin nach Böhmen, Mähren, Polen. Gewaltig griff er in den Mittelmeerraum aus; König Amalrich von Zypern erbat von ihm sein Land, ebenso König Leo II. von Kilikien-Armenien. Die Almohaden Afrikas schickten ihm Tribute, England huldigte ihm als Lehnsherrn, das Königreich Aragón und Frankreich lockten seine unersättliche Gier, erst recht Byzanz. Und als er in Sizilien starb, waren bereits die Vorausabteilungen seiner Truppen nach dem Osten unterwegs.

Nie war Heinrich VI. ausgelassen, nie sah man ihn lachen, vielmehr «immer in Sorgen angespannt», so Niketas Choniates, der byzantinische Schriftsteller, einer seiner erbittertsten Gegner, «und jedem Genusse feind ... Im Geiste dachte er an die Cäsaren Antonius und Augustus, trachtete verlangend nach ihrem Reich und sprach beinah wie Alexander: dieses und jenes, alles ist mein.» Heinrich konnte nicht genießen, konnte nur handeln, auch wenn er abzuwarten verstand und selbst schlimmste Beleidigungen hinnahm wie nichts; rächte er sich aber, dann furchtbar. Die Form seiner Kanzleischreiben war kühl, knapp, schier untertreibend, das Gegenteil des bombastischen Kurialstils.

Es überrascht wohl kaum, daß der junge Fürst, mehr Staatsmann denn Kriegsmann, als welcher er wiederholt «versagte» (Fuhrmann), sich in der Wahl seiner engsten Vertrauten so sicher erwies wie in der Beurteilung eigener Familienmitglieder; daß er gern kongeniale Naturen, Männer analoger Wesensart und ebenbürtiger Begabung an seinen Hof zog, ihm nah verwandt «in ihrer konsequenten, jeden Vorteil geschickt ausnutzenden, im Notfall auch brutalen Vorgehensweise» (Seltmann). Daß keiner dieser Edelmenschen altruistisch sich aufopferte, daß jedem der eigene Nutzen wichtiger als der des Reiches war, versteht sich von selbst und ist folgerichtig – obwohl keiner von ihnen den Herrscher während seiner Krisenzeiten in Deutschland verlassen hat.

1189, beim Tod Wilhelms II., des letzten Normannenkönigs, war Heinrich sogleich entschlossen, das ausgedehnte normannische Erbe anzutreten und den alten Rechtsanspruch auf die Vereinigung Süditaliens und Siziliens mit dem römischen Kaiserreich, das antiquum ius imperii, notfalls mit Gewalt zu erstreiten. Zwar leisteten die apulischen Barone auf einem Reichstag zu Troia Heinrich den Treueid und bekannten sich zu ihm als neuem Herrscher. Aber Papst Clemens III. (VI 558 f., 566) verfolgte die Schwerpunktverlagerung des staufischen Interesses in den Süden, die Expansivität ihrer Politik im Mittelmeergebiet mit Mißtrauen. Denn er, der sich für den obersten Lehnsherrn des Königreichs Sizilien hielt, wünschte insbesondere, wie noch viele Päpste, keine staufische «unio regni ad imperium», keine Personalunion zwischen Sizilien und dem Deutschen Reich, er mochte nicht den Kirchenstaat von beiden Seiten umklammert und in seiner politischen Unabhängigkeit bedroht sehen.

Also hoben unter seinem Einfluß eine stauferfeindliche Nationalpartei, der sizilische Hofadel und die Barone der Insel einen illegitimen Enkel Rogers II. (VI 427 f.) und Halbbruder des verstorbenen Königs auf den Thron, einen Mann, zumindest für die staufischen Quellen, aus nichtparitätischer Ehe, den Grafen Tankred von Lecce; und dies, obwohl er gerade Konstanze den Treueid geschworen (übrigens schon einmal, 1161, sich an einem Anschlag auf Wilhelm I. beteiligt hatte und verbannt worden war). Doch der Papst entband ihn und die sizilischen Granden ausdrücklich vom Eid und beauftragte den Erzbischof Walter von Palermo, Tankred am 18. Januar 1190 zum König zu krönen; worauf dieser zeitlebens Heinrich am Gewinnen der sizilischen Krone mit viel Geschick hinderte, zumal durch Zugeständnisse an den Papst, den englischen König und ein Ehebündnis mit dem byzantinischen Kaiser Isaak II. Angelos.[4]

Doch sollte Heinrich sich dies bieten lassen? Sollte er auf ein Land verzichten, das fast alle Kaiser des Mittelalters zu gewinnen suchten und das ihm jetzt durch Konstanzes Mitgift zufiel? Sollte er sein von so vielen anerkanntes Erbrecht preisgeben und die provokante, auf Spaltung zielende Intervention des Papstes hinnehmen, der fast als einziger im deutschen König nicht den rechtmäßigen Erben sah?

Der Krieg war unvermeidlich.

Tankred hatte unterdessen seine Position auf Sizilien gefestigt und sich im November 1190 mit Richard Löwenherz verbündet – der Vertrag kam zur Bestätigung an Clemens III. Bereits im Frühjahr 1191 ging der Sizilianer auf dem Festland gegen die apulischen Barone vor. Zur selben Zeit zog Heinrich, der um die Jahreswende «magno exercitu» den Brenner überschritten, die lombardischen Städte auf seine Seite gebracht, nach Rom, wo ihm Clemens, der Begünstiger Tankreds, die Kaiserkrone aufsetzen sollte. Doch der Papst lag Ende März gerade im Sterben, und sein Nachfolger, der schon fünfundachtzigjährige, aber zähe, wendige Coelestin, ebenfalls Gegner der staufischen Sizilienpläne, nahm sogleich und noch hartnäckiger die kuriale Spaltungspolitik auf, wenn er auch zunächst den offenen Kampf vermieden, die endgültige Entscheidung hinausgezögert hat.[5]

Tuskulums Ende, ein deutsch-vatikanisches Gemeinschaftswerk

Coelestin III. (1191–1198), eigentlich Giacinto (Hyacinthus) Bobone, entstammte einer römischen Adelsfamilie, die dann den Namen Orsini führte, zumeist stauferfeindlich war und durch ihre enge Verbindung mit der Kurie Macht und Bedeutung gewann. Bei seiner Wahl wurde der Hochbetagte – seit langem der einzige Pontifex, der seine ganze Amtszeit in Rom verbringt – erst am 13. April 1191 zum Priester und gleich am nächsten Tag, an Ostern, in St. Peter zum Papst geweiht. Wieder nur einen Tag darauf krönte er dort widerwillig Heinrich VI. zum Kaiser, der ihm nebst Gattin und Gefolge die Füße küßte und selbstredend die «Rechte» der römischen Kirche feierlich zu wahren versprach.

Als Voraussetzung dafür, sozusagen als Krönungsgeschenk, hatte Coelestin allerdings die Übergabe von Tuskulum gefordert. Das schwer einnehmbare Bergnest, eine der ältesten Städte Latiums und für seine treudeutsche Gesinnung bekannt, wurde von den Römern seit langem mit geradezu manischem, selbst in jenen so gut christlichen Zeiten beinah beispiellosem Haß befehdet und konnte zuletzt den vereinigten Angriffen von Papst und Senat fast nicht mehr trotzen. Es unterstellte sich schließlich dem Schutz des heranziehenden Kaisers. Großzügig gewährte er der verzweifelten Stadt eine deutsche Besatzung. Doch dann, ganz darauf aus, Coelestin entgegenzukommen, zögerte er keinen Augenblick, Tuskulum in schimpflichster Weise preiszugeben, indem er die Verantwortung dem Papst zuschob.

Kaum aber war die kaiserliche Besatzung abgezogen, stürzten sich die Römer wie wahre Teufel auf den wehrlosen Ort, der nun, am 17. April 1191, für immer unterging. Man plünderte ihn aus, riß die Mauern, die Türme ein, machte alles dem Erdboden gleich. Kein Stein blieb auf dem andern. Sämtliche Einwohner wurden qualvoll verstümmelt, getötet oder verjagt – ein deutsch-vatikanisches Gemeinschaftswerk, ein Doppelverrat von Kaiser und Papst. Heinrich, in der Ebene lagernd, sah den Himmel gerötet über der brennenden Stadt und hörte Stunde um Stunde die Todesschreie ihrer Bürger, deren ganzes Hab und Gut, wie vertraglich ausbedungen, der Heilige Vater bekam. – Kirchenhistoriker Kardinal Baronius (1605 beinah Papst geworden) nennt den «Fall des feindlichen Jericho» einen Akt göttlicher Gerechtigkeit, die Kriegführung der Römer durchaus mild![6]

Heinrichs VI. erster Anlauf auf Sizilien

Nur widerstrebend hatte der greise Coelestin den jugendlichen Heinrich in Sankt Peter zum Kaiser erhoben und dann während seines ganzen siebenjährigen Pontifikats die rheinisch-welfisch-englische Opposition unterstützt. Sah er doch seine Rekuperations-, besser Expansionspolitik durch die des Kaisers gefährdet, durch die drohende Umklammerung des Kirchenstaates sowohl von Deutschland als auch von Sizilien her.

Zunächst also suchte der Papst den Zug des Herrschers nach Sizilien zu hindern. Er warnte, verbot, verhängte auch über die kaisertreue Abtei Monte Cassino das Interdikt. Heinrich aber drängte es, das Erbe seiner Gattin sich zu sichern. Er brach auf, stürmte einige Grenzorte, verbrannte sie, worauf man ihm schon freundlicher entgegenkam. Capua, gerade erst zum König übergegangen, huldigte sofort wieder dem Kaiser. Der Erzbischof eilte ihm bis an die Grenze entgegen.

Im Mai 1191 belagerte man Neapel, riß Ölbäume, Weinpflanzungen nieder, «verwüstete mit Feuer und Schwert alles im Umkreis» (Otto von St. Blasien), schloß die Stadt auch von der Seeseite ein, wo freilich Tankreds fast legendärer Admiral Margarita archipirata, der «König der See», mit 72 Galeeren der königlichen Streitmacht die Pisaner Flotte des Kaisers vertrieb. Überdies dezimierte im August dessen Truppe eine Seuche, eine schwere typhusartige Krankheit. Neun Zehntel des Heeres sollen als Leichen vor Neapel geblieben sein. Auch eine Reihe von Fürsten wurde dahingerafft, darunter der Herzog von Böhmen und Erzbischof Philipp von Köln, der, durch große Privilegien gewonnen, dem Kriegsvolk vorausgezogen war. Der Herrscher selbst wurde lebensgefährlich befallen.

Der älteste Sohn Heinrichs des Löwen, Heinrich von Braunschweig, hatte als Geisel mit fünfzig Rittern die Heerfahrt begleitet, dann sich abgesetzt und kurze Zeit sogar den belagerten Neapolitanern beigestanden, ehe er, von kaiserlichen Häschern verfolgt, nach Deutschland floh. Dort planten die Welfen eine neue antistaufische Front, den Aufstand, die Ermordung des Monarchen und bereits eine Neuwahl. Sie verbreiteten das Gerücht, der Kaiser sei vor Neapel dem Fieber erlegen. Coelestin unterstützte sie und gewährte Heinrich dem Löwen wegen seiner «frommen Ergebenheit» gegenüber den Päpsten und besonders ihm am 5. August das unerhörte Privileg, daß ihn oder seine Söhne niemand bannen könne, nur er selbst. Den Kaiser aber beschwerte er durch kirchliche Querelen verschiedener Art und reizte in Deutschland zum Bürgerkrieg.

Heinrich VI. hatte gegen Ende August, nach fast vier Monaten, die Belagerung Neapels, den ganzen Feldzug abgebrochen und sich in einer Sänfte nach Capua, nach Monte Cassino tragen lassen. Halbtot kam er nach Oberitalien, wo bald eine blutige Fehde neben der anderen tobte, die mächtigen Adelscliquen, die Städte einander bekriegten, und man am 7. Juli 1191, am Tag des hl. Apollonius, Patron Brescias, mit seinem Namen als Schlachtruf Tausende von Cremonesen in den Fluß Oglio trieb, wo sie elend umkamen, viele auch, um diesem Schicksal zu entgehen, sich noch auf dem Schlachtfeld selbst das Leben nahmen.

Ende 1191 weilte Heinrich wieder in Deutschland. Sein erster Versuch, Sizilien zu erobern, war gescheitert, Kaiserin Konstanze, in Salerno, der Hochburg abendländischer Medizin, Heilung suchend, zudem in Tankreds Hände gefallen. Der König übergab sie im nächsten Jahr Papst Coelestin, und der ging nun aus seiner Reserve heraus. Er legte die Maske ab, wechselte entschlossen die Fronten, belehnte Tankred noch im Sommer 1192 feierlich mit dem Königreich Sizilien und schloß das vorteilhafte Konkordat von Gravina (Juni 1192), in dem der Sizilianer viele Vorrechte der Krone verlor. Der Papst aber, der den Usurpator als König definitiv anerkannte, behielt die Lehnshoheit über Süditalien samt Sizilien und konnte seine Kirchenhoheit über den Rahmen des Vertrags von Benevent (1156) noch ausdehnen.[7]

REGIERUNGSKÜNSTE – BESTECHUNGEN UND MORD

Freilich sorgte Heinrich auch aus der Ferne dafür, das Reich seines Gegners durch eine Reihe kleinerer Konflikte zu zermürben. Das gehörte zur Regierungskunst. Oder, modern gesagt, zur politischen Flexibilität. (Als die Genuesen ihn leerer Versprechungen ziehen, riet er ihnen, sich schadlos durch einen Krieg gegen Aragonien zu halten. Auch Richard von England, dessen gewaltiger Festlandbesitz von der Normandie bis zu den Grenzen Navarras französische Lehen waren, forderte er 1195 auf, den französischen König, mit dem ihn, den Kaiser, ein Bündnisvertrag verband, ja dessen Reich er zeitweise selbst zu erobern gedachte, kräftig zu bekriegen, und versicherte seine Unterstützung dabei.)

In Italien, großenteils Reichsland, einschließlich der italischen Inseln, hatte Heinrich an diversen Plätzen Besatzungen stationiert. Und kaum lag Apulien hinter ihm, wurden in Capua durch Verrat der Bürger alle Deutschen ermordet. Es kam auch zu größeren Treffen. Häufig aber unternahm man bloß Streifzüge, rang um einzelne Orte, um Burgen, von denen Teile Apuliens übersät waren. Man verteidigte sich oft heftig, da man das Plündern der Deutschen fürchtete. Auch Geistliche griffen in die Waffengänge ein. Abt Roffrid von Monte Cassino eroberte mehrere Kastelle. Als sich Monte Rodone wegen Wassermangel ergab, wurde die gesamte Mannschaft auf den

Mauern gehängt, die Burg ruiniert. Auch in Oberitalien kreuzte man weithin die Klingen, und es war der Kaiser, der dies schürte. Erst als sein neuer apulischer Feldzug bevorstand, ließ er im Winter 1193/1194 seinen Ministerialen Trushard von Kestenberg zwischen den lombardischen Städten Frieden stiften, um das Land ungestört passieren zu können.[8]

Auch in Deutschland waren die Verhältnisse gespannt.

Es kam zu Erbstreitigkeiten der Fürsten, zu Kämpfen des Markgrafen Albert von Meißen, gerade von Heinrichs Italienzug nach Hause entflohen, gegen seinen Bruder Dietrich, wobei Albert nicht nur Burg um Burg an sich riß, sondern im Kloster Altenzelle auch 3000 Mark Silber aus dem Altar holte, die sein verstorbener Vater dort aufbewahrt hatte. Es kam zur völligen Verwüstung Bayerns, zu Fehden der Welfen in Sachsen, zur furchtbaren Verheerung auch dieses Landes, zum Aufstand der Bürger in Braunschweig, zur Zerstörung Wolfenbüttels.

Es kam zu Auseinandersetzungen mit der Kirche, zu Feindseligkeiten der Pfaffen untereinander, wie dem Anschlag des ehrgeizigen Bischofs Waldemar von Schleswig, eines Sohnes des 1157 ermordeten Königs Knud V., auf den erzbischöflichen Stuhl von Bremen. Es kam zu dem jahrelangen Streit des Bischofs Eberhard von Merseburg mit dem Abt von Pegau.

Freilich war Zwietracht unter Klerikalen, Zwist zwischen Welt- und Ordensklerus sowie der Klöster untereinander ein ungewöhnlich häufiges, mühelos bändeweise zu belegendes Phänomen. Man hadert beim Verkaufen, Tauschen, man ringt, unblutig und blutig, um Ländereien, um Felder, Wälder, Höfe, Zehnten, um Grenzen, Kirchen, Abteien und Subsidien, kurz, um Geld und Macht.

Das beginnt im Abendland seit den Merowingern, Karolingern, etwa bei dem langen Konflikt zwischen Saint-Denis und dem Kloster Maroilles, und führt fort durch die Zeiten, bis im 10. Jahrhundert beispielsweise Genter Klöster um den Rang raufen, mit freilich sehr realen Interessen dahinter. «Der Kampf ist mit den übelsten Waffen geführt worden, mit falschen Grabinschriften, erdichteten Heiligenleben, verfälschten Urkunden und mit zweifelhaften Reliquien» (Wattenbach-Holtzmann). Zeitweise rauben die Bischöfe den Klosterbesitz und geben ihn Verwandten oder Vasallen. Oft auch sucht der Abt eines Klosters ein anderes in seine Gewalt zu bringen. Und wie lange stritten selbst so berühmte Abteien wie Cîteaux und Cluny miteinander. Kam es doch im Zisterzienserorden zwischen dem Stammhaus Cîteaux und den Primarabteien zu jahrhundertelangen Auseinandersetzungen, wobei viele Konvente, trotz stetig wachsenden Grundbesitzes, in starke Verschuldung gerieten.

Im (meist späten) 12. Jahrhundert streitet der Abt Johann von Colomba gegen den Abt von Castellione (Castione de' Marchesi), streitet Abt Gandulf von San Sisto (Piacenza) gegen das Kloster Brescello, streiten Abt und Brüder von Nonantola gegen Abt und Brüder von San Benedetto di Polirone, streiten Abt Stephan und Konvent von Chaise-Dieu gegen die Johanniter. Im Kloster Michelsberg zu Bamberg bekämpfen sich zwei Parteien bis zum Umsturz. Bei einem Überfall des Klosters Riechenberg auf Kloster Grauhof werden dessen Pflüge zerstört, Pferde verjagt, die Knechte halb totgeschlagen. Die Feindschaft der Hörigen der Klöster Worms und Lorsch kostet, auf beiden Seiten, Tote. Ähnlich der Zusammenstoß der Knechte Fuldas und Hersfelds.

Da und dort gab es auch die berüchtigten Doppelwahlen von Bischöfen.

In Cambrai etwa, wo vom Kaiser, entgegen seinem Versprechen, sein eigener Kandidat, der Domherr Walcher, fallen gelassen und der dortige Erzdechant, der Neffe des verstorbenen Oberhirten Johannes, bestätigt worden ist; er hatte den Monarchen mit 3000 Mark bestochen. Oder in Lüttich, wo am 24. November 1192, nach einer zwiespältigen Wahl im Jahr vorher, der von Coelestin bestätigte, von Heinrich aber abgelehnte Bischof Albert von Löwen, Sohn Herzog Gottfrieds III. von Löwen-Brabant, bei Reims «heimtückischerweise von einigen Getreuen des Königs» (Marbacher Annalen) getötet wurde; 1613 heiliggesprochen.

Nun war das nicht der erste Prälatenmord. Derartiges geschah verhältnismäßig häufig schon in der Vergangenheit (IV 265 ff., VI 317 ff., bes. 322 f., vgl. auch 326 ff. u. a.) und künftig natürlich wieder. So wurde, vielleicht aus analogen Motiven, genau ein

Jahrzehnt später, Bischof Konrad I. von Querfurt, Kanzler Heinrichs VI. und König Philipps von Schwaben, 1195 Reichslegat in Italien, Sizilien, Apulien und 1197 auf kaiserlichen Wunsch Bischof von Würzburg, dort 1202 von seinen eigenen Ministerialen ermordet (S. 70 f.).

König Philipp, bald gleichfalls erstochen (S. 75 ff.), soll an der Bluttat, so erwünscht sie ihm kommen mußte, unschuldig gewesen sein. Und Ähnliches verlautete ein Jahrzehnt früher bei der Liquidierung Bischof Alberts von Löwen, die man sofort dem Kaiser angelastet. Er hatte zuvor Lothar von Hochstaden, einen glühenden Anhänger, der ihm zudem für den Posten wieder 3000 Mark Silber gezahlt, als Bischof ein- und gegen alle Widerstände gewaltsam durchgesetzt, u. a. durch das Einreißen der Häuser aller Anhänger Alberts in Lüttich und Veräußerung ihrer Güter. Heinrich tat auch nichts, um die Mörder zu bestrafen; vielmehr duldete er sie an seinem Hof und gab ihnen später Grafschaften in Apulien. Doch schwor er öffentlich jede Mitwisserschaft an der Tat ab, und auch Bischof Lothar von Hochstaden beschwor dasselbe und gleich zweimal, in Lüttich wie in Köln, auf das heilige Sakrament.

Nach dem Mord wuchs die antistaufische Opposition, bildete sich, verbunden mit den Welfen, ein gefährliches, vom Kölner Erzbischof angeführtes weitverzweigtes Fürstenkomplott, dem sich nicht nur Erzbischof Konrad von Mainz sowie die Herzöge von Sachsen, Zähringen und Böhmen anschlossen, sondern das auch Richard Löwenherz von England durch Hilfsgelder förderte. Es ging um nichts Geringeres als um die Beseitigung des Kaisers. Bereits im Frühjahr 1193 drohte ihm der Papst Bann und Interdikt an. «Wann immer möglich, stand er Heinrichs Gegnern in Deutschland bei» (Kelly).[9]

Natürlich stritt der deutsche König sowenig gegen die Reichskirche wie diese gegen ihn. Unter den überlieferten Urkundenempfängern Heinrichs in Deutschland stehen klerikale Institutionen, vor allem die großen Bischofskirchen, oder einzelne Priester «mit weitem Abstand an der Spitze» (Seltmann); 109 geistlichen Empfängern stehen nur 20 weltliche gegenüber, nur etwa 18 Prozent (möglicherweise auch mitbedingt durch die Überlieferungsgeschichte). Aber schließlich waren, ein altbekanntes Faktum, die Seelenhirten auch stärker auf den Reichsheerfahrten beteiligt und wurden infolgedessen auch mehr belohnt. Denn umsonst tat man nichts (vgl. S. 206 f.). Günter Gattermann schreibt in seinen Studien zur Reichskriegsverfassung der Stauferzeit sogar, die bisherige Geschichte der Reichsheerfahrt sei «eine Geschichte der geistlichen Fürsten im Dienste des Reiches gewesen».[10]

Heinrich VI. entstanden in den Jahren 1192/1193 immer mehr Gegner, seine Herrschaft wurde immer mehr gefährdet, bis dem jungen Fürsten ein Zufall zu Hilfe kam, den er skrupellos nutzte. Er hatte den englischen König Richard Löwenherz (VI 562 ff.), der während des Winters 1190/1191 auf Sizilien geweilt, wo seine Schwester Johanna mit Wilhelm II. verheiratet gewesen (S. 13), öffentlich zum Reichsfeind erklärt, den er bei der Rückkehr vom Heiligen Land abfangen wollte. Dahinter standen vor allem englisch-französische Gegensätze, die Rivalität und Rachsucht von König Philipp Augustus, der sich mit Kaiser Heinrich verbündet hatte. Und natürlich malten Anekdoten, Sagen die abenteuerliche Flucht und Gefangennahme des Briten aus, wurde unabsichtlich und absichtlich verändert, entstellt.

Als Richard 1192 in der Nähe von Aquileja strandete, entkam er bei dem Versuch, Deutschland, verkleidet als einfacher Pilger, Bettler, Templer, als Kaufmann, zu durchqueren, zwar mehrfach seinen Häschern, fiel aber Ende Dezember bei Wien (während er sich in der Küche ein Huhn gekocht haben soll) in die Hände Leopolds V. von Österreich. Ihn hatte der Engländer vor Akkon angeblich durch Niederreißen des herzoglichen Banners und Verweigerung eines Beuteanteils schwer beleidigt. Trotz des obligatorischen freien Geleits für heimkehrende Kreuzfahrer inhaftierte jetzt Herzog Leopold den König auf Dürnstein, einer hochgelegenen Burg in der Wachau, und lieferte ihn am 23. März 1193 in Speyer gegen eine beträchtliche Beteiligung am Lösegeld an Heinrich aus.

Der Kaiser hatte nun nicht nur ein politisches Druckmittel in der Hand. Er konnte auch, infolge glücklicher Umstände, das Lösegeld – dessen Sammler Hubert Walter, Bischof von Salisbury, noch im selben Jahr Erzbischof von Canterbury, später auch Kanzler und überhaupt einer der mächtigsten Herren Englands wurde – immer weiter steigern und Richard durch 130 000 Mark Silber enorm erpressen; insgesamt etwa durch eine Summe, die dem Doppelten der Jahreseinkünfte der britischen Krone entsprach, einen auf mehr als 35 000 kg Silber geschätzten Schatz. Zudem nötigte Heinrich den auf dem Trifels, der südpfälzischen Reichsburg, Festgesetzten, das englische Königreich von ihm gegen 5000 Pfund Sterling Jahreszins zu Lehen zu nehmen.

Erst nach allen geleisteten Zahlungen – Herzog Leopold erhielt 20 000 Mark Silber – und nach der Huldigung als kaiserlicher Vasall in Mainz wurde der Engländer am 4. Februar 1194 freigelassen. Heinrichs bedrohliche Lage hatte sich verbessert, die antikaiserliche Opposition am Niederrhein und in Sachsen durch Richards lange Haft ihren bedeutendsten außenpolitischen Partner eingebüßt. Es kam mit den Welfen zur Aussöhnung. Im März traf der Kaiser in der Pfalz Tilleda am Kyffhäuser Heinrich den Löwen, der im nächsten Jahr, 1195, sechsundsechzigjährig starb. Sein ältester Sohn aber, Heinrich von Braunschweig, einst Geisel des Monarchen, heiratete nun dessen Nichte Agnes, die Tochter des staufischen Pfalzgrafen Konrad bei Rhein.

Damit erlosch vorerst die innerdeutsche Fronde, und Heinrich, durch Richard von England im Besitz von viel Geld, konnte jetzt den seit Jahren von ihm erhofften und auch eifrig vorbereiteten neuen Krieg führen, zumal ihn die Ereignisse begünstigten: der Tod König Tankreds am 20. Februar 1194, nachdem wenige Wochen zuvor bereits der Thronerbe, sein ältester Sohn Roger, gestorben, der Erbe Wilhelm III. aber noch minderjährig, wenn auch, mit Zustimmung des Papstes, zum König gekrönt worden war. So empfahl sich der Kaiser dem Gebet seiner Christen und brach im Mai 1194, während man im ganzen Reich Messen für einen glücklichen Ausgang des Krieges las, erneut mit einem gewaltigen Heer nach Sizilien auf, an seiner Seite Kaiserin Konstanze, sein Bruder Philipp sowie nun auch Welfenfürst Heinrich.[11]

«DURCH GOTTES GNADE ... BESITZEN WIR DAS GANZE KÖNIGREICH SIZILIEN UND APULIEN IN FRIEDEN»

Es wurde ein Blitzfeldzug, der Kirchenstaat besetzt, überall die «Heeresabgabe» erhoben, jeder Verweigerer bestraft. «Je näher Heinrich kam, desto unterwürfiger zeigte sich der apulische Adel» (Toeche). Der Graf von Ariano datierte nicht nur seine Urkunden gleich nach Heinrichs VI. Regierungsjahren, sondern rühmte sich auch, nächst Gott alles Gute dem Kaiser zu verdanken. Der Graf von Alife nannte sich schnell «von Gottes und von Kaisers Gnaden». Mitte September wurde Salerno wegen Konstanzes Gefangennahme geplündert, der Besitz der Einwohner, der Kirchenschatz, Gesamtwert 200 000 Unzen Gold, geraubt, dann die Stadt, weltberühmt durch ihre medizinische Universität, verbrannt, der Ortsbischof Nikolaus verhaftet, die Bürgerschaft meist niedergemacht. Auch «zerstörte er alle Städte Campaniens und Apuliens», behauptet zumindest Mönch Otto von St. Blasien, der kaiserlich gesinnte Chronist des frühen 13. Jahrhunderts. Das weitere Festland kapitulierte großenteils freiwillig, sozusagen.

Im Schutz der Galeeren Genuas und Pisas – vor kurzem noch verfeindet, durch Markward von Annweiler, den Reichstruchseß, aber befriedet und für den neuen Krieg gewonnen – setzte man im Spätherbst 1194 über die Straße von Messina. Doch schon dort brachen für einige Tage die Feindseligkeiten zwischen Genua und Pisa wieder aus, dreizehn Pisaner Schiffe wurden von den Genuesen erstürmt, die Besatzungen abgestochen und über Bord geworfen. Bei Catania schlug man unter Markward in offener Feldschlacht das Inselheer, die sizilische Flotte ergab sich, ebenso der Hof. Die Hauptstadt, bisher den Normannen treu ergeben, leistete beim triumphalen Einzug der Deutschen am 20. November keinen Widerstand.

Fünf Wochen darauf, an Weihnachten, ließ sich der Kaiser in Palermo krönen, damals wohl die blühendste europäische Stadt. Überhaupt war Sizilien seinerzeit, nicht ruiniert noch durch die Spanier, ein reiches Land, das schönste Königreich des Westens. Voller Genugtuung besuchte der rex Siciliae die Messe sieben Tage mit der Krone auf dem Haupt, bei ihm kaum eine Frömmigkeitsbekundung. Und nicht zuletzt kassierte er den gesamten normannischen Staatsschatz, «unschätzbare Geldmengen» (Otto von St. Blasien), doch auch das Feinste, Edelste aus den königlichen Palästen und Lustschlössern. Hundertfünfzig Saumtiere schleppten Gold und Silber aus Apulien, Kalabrien, Sizilien, brachten Gemmen, Kunstwerke, teuerste Steine und Stoffe, kostbarstes Mobiliar aus reinem Gold über die Alpen auf den stark befestigten, auch die Reichsinsignien bergenden Trifels, wo man die fast unermeßliche Beute bestaunte, alles früher Geraubte dagegen belanglos, beinah armselig fand, und der Herrscher – der bis Februar 1195 in Sizilien blieb und Ende Juni nach Deutschland zurückkehrte – wieder genug Geld besaß, um weitere Vorhaben, zumal Kriege, finanzieren zu können. Und dies um so mehr, als der ganze Normannenschatz gar nicht gehoben war, als man bald hinter einer Geheimtür noch König Rogers Reichtum fand.

Heinrich VI. hatte erreicht, was der Papst um jeden Preis verhindern wollte. Der junge Kaiser stand auf dem Gipfel seiner Macht. Er hielt den Kirchenstaat von Norden und Süden her in der Zange und drängte überall den Einfluß Roms zurück. Natürlich ließ er sich auch nicht vom Papst belehnen. Er gab seinen Rittern Land und Ämter, machte seine Frau Konstanze, die Normannin, zur Regentin, nicht ohne sie durch Vertrauensleute überwachen zu lassen, u. a. durch den Herzog von Spoleto, Konrad von Urslingen, den vicarius regni Siciliae. Und offenbar entfernte der neue Herr auch die Leichen von Tankred und Sohn Roger mangels Legitimität aus der Königsgruft.

Heinrich stellte des weiteren die letzten Nachkommen der Normannendynastie kalt und liquidierte einen Teil ihrer Aristokratie. Kam es doch schon bald nach der Krönung in Palermo zu einer Adelsverschwörung, falls sie der Kaiser nicht nur vorgetäuscht hat, worauf er Hunderte von sizilischen Baronen, die, der Amnestie vertrauend, an den Hof gekommen waren, hinmorden oder einkerkern und Freunde Tankreds lebendigen Leibes verbrennen oder blenden ließ. Außerdem nutzte der Herrscher die Gelegenheit, Tankreds Familie, der er zuerst großzügige Kapitulationsbedingungen geboten, nach Deutschland zu deportieren. Tankreds Gattin Sibilia und ihre drei Töchter sperrte er im elsässischen Nonnenkloster Hohenburg ein, und den siebenjährigen Sohn Wilhelm III., dem er für seinen Thronverzicht die Grafschaft Lecce und das Fürstentum Capua versprochen, ließ er um sein Augenlicht bringen, ließ ihn entmannen und nach einigen Jahren der Gefangenschaft auf der Feste Hohenems 1198 krepieren.

«Durch Gottes Gnade», so konnte nun Heinrich, «der übergroße Sieger zu Wasser und zu Lande», der Welt verkünden, «besitzen wir das ganze Königreich Sizilien und Apulien in Frieden». Und Konrad von Querfurt, Bischof von Hildesheim und Würzburg, des Kaisers einstiger Erzieher, schrieb einem Hildesheimer Prälaten: «Jetzt hat die kraftvolle Hand Gottes die kaiserliche Herrschaft so weit ausgedehnt, daß wir das, was wir in der Schule nur aus dunklem Wort vernahmen, von Angesicht zu Angesicht erkannten.»[12]

Auch England war ja durch Richards Gefangennahme ein Lehen des Reiches, ein Heinrich tributpflichtiger Vasallenstaat geworden. Und ebenso sollte Frankreich in eine gewisse Abhängigkeit kommen. Nichts ließ der Kaiser unversucht, um den englischen König zu weiteren Kriegen gegen Philipp II. zu treiben. Und schließlich huldigten ihm auch die Könige von Zypern und Armenien, bisher an Byzanz gebunden, als ihrem Lehnsherrn.[13]

Erbreichsplan und «deutscher» Kreuzzug

Heinrich VI. wollte nun den eroberten Besitz, die Vereinigung des Deutschen Reiches mit dem regnum Siciliae sowie die erbliche Thronfolge seiner Familie, der staufischen Dynastie, durch eine Reichsreform sichern, durch Umwandlung des Wahlkaisertums – wie in den westlichen Monarchien – in eine Erbmonarchie. «Ein neues und unerhörtes Dekret», so die «Marbacher Annalen», obwohl die Erhebung eines Sohnes zum Mitkönig weder neu noch unerhört war, ein Projekt, das Heinrich im Frühjahr 1196 auf den Hoftagen in Mainz und Würzburg durchzubringen suchte. Und natürlich sollte ihm derart der von Konstanze am 26. Dezember 1194 in dem kleinen Iesi (bei Ancona) geschenkte Sohn, der nachmalige Kaiser Friedrich II., zugleich in Sizilien und im Römischen Reich auf den Thron folgen. (Zur Demonstration von Schwangerschaft und Legitimität des nach fast zehnjähriger Ehe von der Zweiundvierzigjährigen geborenen Kindes ließ Konstanze sich von ihm in einem Zelt auf dem Marktplatz vor aller Augen entbinden.) Für das regnum Siciliae stand die Nachfolge des Kaisersohnes zwar ohnedies fest, war Sizilien als Erbreich auch vom Papsttum durch das Konkordat von Benevent (1156) anerkannt, der Vertrag nach wie vor gültig. Doch im Reich blieb alles offen, konnten die Großen beim Tod des Kaisers dessen Sohn durch eine Königswahl übergehen.

Die deutschen Fürsten, die durch eine Verfassungsänderung, durch die Thronfolge nach erbrechtlichen Normen, ihr einflußreiches Wahlrecht verloren hätten, stimmten auf dem Würzburger Hoftag im April 1196 nur unter Drohungen mit Mehrheit zu. Allerdings bekamen sie dafür das Zugeständnis der vollen Erblichkeit ihrer Reichslehen, auch in weiblicher Linie, sowie bei Kinderlosigkeit selbst den Seitenlinien; Landgraf Hermann von Thüringen sicherte sich auch sofort das Erbfolgerecht seiner Tochter. Und gegenüber den Prälaten wollte der Monarch das Spolienrecht preisgeben, die Einziehung der beweglichen Güter der (höheren) Geistlichen nach ihrem Tod.

Später jedoch widerriefen die Herren, wobei Heinrich anscheinend am Widerstand der Sachsen scheiterte, besonders aber an dem mächtigen Erzbischof von Köln, Adolf Graf von Altena. Seit 1193 war er Nachfolger seines Onkels, Erzbischofs Bruno III. von Berg (wie dann – die bekannte Vetternwirtschaft – ihm selbst, Erzbischof Adolf, Vetter Engelbert von Berg gefolgt ist). Adolf sträubte sich als Führer einer kleinen niederrheinischen Minderheit sofort heftig gegen Heinrichs Vorhaben, auch wenn keine ausdrückliche Stellungnahme des Kirchenfürsten überliefert und umstritten ist, was seine Opposition mehr bestimmte, das Kölner Krönungsprivileg, seine Position als bisheriger Königswähler und -króner oder die Erhaltung bzw. Wiedergewinnung des fürstlichen Wahlrechts. Jedenfalls lenkte der Staufer auffallend rasch ein, mißlang sein Versuch, das Reich in ein Erbreich umzuwandeln, was auch den politischen Spielraum der Kurie stark eingeengt hätte.

Überhaupt hing bei allem viel von der Haltung des Papstes ab. Als Lehnsherr des regnum Siciliae bestand er darauf, die Kaiserwürde zu vergeben, und er sollte auch Heinrichs 1194 geborenen Sohn Friedrich zum Erbkönig und künftigen Kaiser krönen. (Der Vater sah das Kind wahrscheinlich nur zweimal und ganz kurz: bald nach der Geburt in Foligno und bei der erst spät und ohne papale Präsenz vollzogenen Taufe, wobei es die Namen Friedrich Roger, die Namen seiner Großväter, bekam, denen es auch mehr nachgeraten sollte als den Eltern.) Doch scheiterte alles an Heinrichs Weigerung, Sizilien vom Papst, seit 1130 Lehnsherr der dortigen Könige, zu Lehen zu nehmen.

Die Beziehungen zu Coelestin hatten sich zusehends verschlechtert. Um die Gunst des Grollenden zu gewinnen, hatte der Kaiser einen Kreuzzug beschlossen und am 31. März 1195 heimlich selbst das Kreuz genommen. Jerusalem befand sich nach dem Dritten Kreuzzug, gleich dem größeren Teil Palästinas, in muslimischer Hand, ein neuer heiliger Krieg schien notwendig. Doch stand das mit enormer Sorgfalt vorbereitete Unternehmen offenbar ganz im Dienst der hochfliegenden Hegemonialpläne Heinrichs – «allzeit Mehrer des Reiches», wie es, freilich floskelhaft, in allen Schreiben hieß –, seiner Weltherrschaftspolitik. Es sollte im östlichen Mittelmeerraum, in Fortsetzung alter normannischer Aggressionsgelüste, Einfallstore sichern, Zufahrtswege schaffen, um weiter auf byzantinisches wie muslimisches Gebiet ausgreifen, kurz, um ein staufisches Mittelmeerimperium errichten zu können, was für den Herrn Siziliens fast selbstverständlich war.

Schon Roger II., der von Tunis bis Tripolis herrschte, hatte sich «König von Afrika» genannt und auf Zahlungen der Mohammedaner insistiert, auch Heinrich VI. an die Unterwerfung der nordafrikanischen Küste gedacht und dem Almohadenkalifen al-Mansur Tribute für Tunis und Tripolis abgetrotzt. Im Mantel der Religion aber ließ sich leichter ein Angriffskrieg führen, sich leichter erpressen (von Alexios III. Angelos, einem schwächlichen Thronräuber, nicht nur Gefolgschaft und Schiffe, sondern 1196 auch ein sehr hoher, wenngleich unregelmäßiger Jahrestribut von 16 Zentnern Gold, statt ursprünglich geforderter 50 Zentner, das sogenannte Alamanikon, die «Deutschensteuer», die man natürlich dem Volk aufzwang, auch wenn Alexios sich selbst an gekrönten Toten, am Schmuck der Kaisergräber vergriff, die er aufbrach und beraubte).

Der alte Papst, von den Verständigungswünschen des Kaisers eher peinlich berührt, konnte, zumal bei dessen Kreuzzugsvorhaben, kaum nein sagen, wie sehr ihm auch dies alles gegen den Strich ging, geriet er doch immer mehr in das Schlepptau staufischer Politik. Aber selbst in den Augen kirchlich beherrschter Zeitgenossen war sein Wohlverhalten nötig, um so mehr, als auch der letzte Krieg verloren, die Situation jetzt günstig war. Saladin lebte seit kurzem nicht mehr, Diadochenkämpfe tobten, die Erben bekriegten einander. Kurz, Coelestin mußte die Kreuzzugsofferte akzeptieren, auch wenn er sich mit keinem Wort dafür bedankte und schon gar keine Eingliederung von Byzanz brauchen konnte, hätte sie den Staufer ja bloß noch mächtiger gemacht.

Heinrich aber nahm, ohne den Papst zu fragen, ohne ihn auch nur zu unterrichten – bloß die Kardinäle hatte er um Vermittlung ersucht –, am Karfreitag 1195 an seinem Hof in Bari durch den Bischof von Sutri das Kreuz und ließ darauf auch in Deutschland den Kreuzzug ankünden, wobei er freilich gar nicht daran dachte, selbst teilzunehmen. Und im Sommer rief Coelestin zum heiligen Krieg auf, den der Kaiser leiten und aus eigenen Mitteln bestreiten sollte, und ließ im Herbst auch seine Legaten in Deutschland das Kreuz predigen, wo es doch schon recht kriegsartig zuging.

So lagen 1194 der Erzbischof von Mainz und der Thüringer Landgraf gegeneinander in Fehde. So stritten 1195 die Bremer Bürger und Graf Adolf von Holstein wider Erzbischof Hartwig II. So fand 1196 zwischen Bischof Konrad von Straßburg und dem Grafen Otto von Burgund «ein sehr bedeutender Krieg» statt; «seinetwegen wurde das ganze Elsaß vier Jahre hindurch verwüstet» (Marbacher Annalen). Im selben Jahr führte Erzbischof Adalbert III. von Salzburg, Sohn des Böhmenkönigs Wladislaw I. und Vetter Barbarossas, eine Art Handelskrieg gegen Reichenhall, wobei er, mit Ausnahme des Klosters St. Zeno, alle Häuser, Salinen und Kirchen niederbrannte. Mittels einer damals erbauten Zwingfeste, der Hallburg, suchte er seine Macht über die Stadt zu sichern.

Und war nicht so mancher Prälat schon für sich ein Problem? Heinrich II. von Chur etwa, den seine eigenen Kleriker wegen schlimmer Glaubensverletzungen verklagen, wegen Verschleuderung von Kirchengut, wegen Meineid, Menschenmord, blutschänderischer Unzucht sowie weiterer Greuel, alles so evident, daß vier Kardinallegaten den anrüchigen Ruf des hochwürdigen Herrn bestätigen und Coelestin dem «unnützen Baum» 1194 den Prozeß machen muß.

Auch der Kreuzzug, dessen Aufstellung ziemlich lange dauerte, wurde vor allem ein deutscher Kreuzzug, heißt gelegentlich auch so. Unermüdlich agierte besonders der die Fürsten beredende Mainzer Erzbischof Konrad, ebenso der kaiserliche Kanzler Konrad, Bischof von Hildesheim, und, nicht zu vergessen, der vom Papst entsandte Kardinal Johann von Salerno mit seinen «hinreißenden Kreuzzugspredigten» (Demandt). «Neue Begeisterung für die heilige Sache erfüllte die deutschen Gaue» (Knöpfler, mit Imprimatur).

Der Kaiser hatte den Kreuzzug gerade in Süditalien und Sizilien umfangreich vorbereitet, wollte er doch nicht bloß das «Heilige Land» gewinnen, sondern – ein altes Ziel normannischer Ostpolitik – das Byzantinische Reich. So forcierte er die aufwendig herumposaunte Sache nicht nur propagandistisch, sondern finanzierte auch deren wichtigstes Söldnerkontingent, wollte er neben dem Kreuzheer noch 1500 Panzerritter und 1500 Knappen auf eigene Kosten unterhalten. Nolens volens machte Coelestin gute Miene zum bösen Spiel, schickte Kardinäle, verordnete allgemeine Kirchengebete, zumal Heinrich wiederholt seinen dringenden Wunsch nach Verständigung, dauerndem Frieden, nach einem entsprechenden endgültigen Vertrag zum Ausdruck brachte.

So begaben sich denn, nach pompösen Reichstagen in Gelnhausen und Worms, im Sommer 1197 viele wieder auf den Weg gen Jerusalem, folgten sie «voller Begier Christus und setzten über das Meer, um der Kirche in Übersee zu Hilfe zu kommen, und trafen dort noch viele vom früheren Kreuzzug» und bekämpften «täglich die Heiden mit Feuer und Schwert ...» (Otto von St. Blasien).

Mehrere Herzöge fochten da, Dutzende von Grafen, Baronen, eine Fülle von Prälaten, die Bischöfe von Bremen, Halberstadt, Hildesheim, Naumburg, Verden, Münster, von Toul, Regensburg, Passau, Prag, eine Anzahl Äbte. Allen voran aber der Mainzer Erzbischof Konrad von Wittelsbach, der Oberbefehlshaber des Unternehmens, das militärisch dem Reichsmarschall Heinrich von Kalden unterstand, politisch-organisatorisch dem Reichskanzler Konrad von Querfurt, Bischof von Hildesheim, fünf Jahre später von seinen eigenen Leuten ermordet (S. 70 f.).

Einstweilen reiste der Diener Gottes und des Kaisers mit erlesenem Hausrat an Bord, mit Schüsseln und Trinkgefäßen aus Silber und Gold für den bescheidenen Alltagsgebrauch, Schätzwert tausend Mark – obwohl natürlich auch die anderen Herrenmenschen den Komfort zur See durchaus zu würdigen und diesen sich zu sichern wußten (vgl. S. 218 f.). Doch hatte der Prälat vom Kaiser weitere Kostbarkeiten empfangen, um die tapfersten Ritter Christi für ihre Blutarbeit angemessen irdisch belohnen zu können.

Dies freilich und was sie zusammenraubten, nicht wenig, reichte noch keinesfalls, war doch «der heilige Hunger nach Gold im Herzen einiger Christen» gewaltig. So steuerte man auch mittels anderer Erwerbsquellen bei, ließen sich, zum Beispiel, berichtet nicht allein der Mönch von St. Blasien weiter, beim Kampf gegen die wichtige Burg Tibnīn bei Tyrus Tempelritter von den «Heiden» bestechen und stimmten auch den Kanzler um, Bischof Konrad, der sich doch hier besonders ausgezeichnet. Nun aber brach man, gequält vom «heiligen Hunger nach Gold», die Belagerung am 2. Februar 1198 «gegen ein sehr großes Gewicht an Gold» ab, das freilich, wie sich peinlicherweise herausstellte, gefälscht, «nur an der Oberfläche mit Gold gefärbt war».

Das Kreuzheer, vielleicht 60 000 Krieger und schon von der sizilischen Augusthitze dezimiert, war am 22. September in Akkon gelandet. Der Hafenort, 1191 im Dritten Kreuzzug unter schauerlicher, von den Christen gepriesener Hinschlachtung mehrerer tausend Gefangener, Frauen und Kinder (VI 565!) wieder eingenommen, fungierte danach als Hauptstadt der Invasoren, Residenz der lateinischen Könige und Patriarchen sowie Sitz von vier Ritterorden, auch als Handelszentrum.

Man glaubte sich bereits des Sieges sicher. Doch außer der Einnahme des völlig zerstörten Sidon und der Beiruts gegen Ende Oktober 1197 (beide Städte hatte man schon einmal 1110 erobert), gelang den Kreuzfahrern fast nichts, versackte alles in internem Streit. Es gab Hader mit treulosen Pullanen, den in Palästina geborenen Nachkommen der Franken. Bei der Belagerung der Bergfeste Toron bei Tyrus gingen die einheimischen «Rechtgläubigen», die Franzosen, zu den Moslems über und fielen den Kreuzfahrern in den Rücken, möglicherweise bereits angestachelt von antistaufischer Papstpropaganda. Es kam aber auch zu Querelen mit den Ritterorden, den christlichen Potentaten Palästinas, auch der Kreuzfahrer untereinander, und nach dem Tod des Kaisers lösten sich die heiligen Haufen alsbald auf und suchten zumeist ruhmlos das Weite.[14]

Mit Massakern ins Fürstengrab

Der Tod Heinrichs VI. kam, wie der so mancher seiner Vorgänger, völlig unerwartet. Er ereilte ihn auf seinem dritten Zug nach Italien, wo er einen beträchtlichen Teil – 39 Prozent – seiner selbständigen Regierungszeit verbrachte, gewöhnlich mit irgendwelchen militärischen Unternehmen, wobei Deutsche die Hauptmacht seiner Truppen stellten.

Der Kaiser, im Juli 1196 wieder im Süden, suchte zur Kurie weitere Kontakte. Doch die Forderung, seinen Sohn zum König zu salben, wies Coelestin zurück. Er sträubte sich auch gegen neue Anerbietungen und ließ den Herrscher sogar vier Wochen vor dem herbstlichen Rom liegen, ohne ihm die Tore zu öffnen. Für Erfüllung seines Erbreichsprojekts (S. 28 ff.) bot Heinrich Papst und Kardinälen finanzielle Sicherstellung, dauerndes festes Einkommen, eine ewige Rente, die besten Pfründen des Reichs. Nicht genug: er wollte das Kaisertum von der Kirche zu Lehen nehmen, was noch Barbarossa, sein Vater, mit aller Entschiedenheit abgelehnt hatte.

Aber Coelestin mochte nicht sein weltliches Gewicht durch die Umklammerung verlieren. Auch hätte er, das Papsttum überhaupt, durch den Erbreichsplan jeden Einfluß auf die deutsche Thronfolge preisgegeben. Und jeder weitere Machtverzicht war ihm fatal. So exkommunizierte er Anhänger Heinrichs, brachte Beschwerden vor, verzögerte Entscheidungen, hielt ihn hin. Ja, er suggerierte geradezu den Bischöfen des Reichs den Aufruhr.[15]

Von Zypern, wohin Coelestin im Februar Legaten sandte, bis nach Deutschland suchte er Heinrichs Überlegenheit zu untergraben, wo immer es ihm möglich war, und antikaiserliche Kräfte selbst zu schüren. Es gärte unter den deutschen Fürsten ebenso wie in der Lombardei und zumal im sizilischen Adel. Der Papst war gerade darüber vorzüglich informiert. Er hatte die Regierung des Kaisers auf der Insel niemals anerkannt, ihm vielmehr den Friedensschluß beharrlich verweigert.

Im Frühjahr 1197 erschütterte Sizilien ein großer Aufstand der Barone. Das verhaßte deutsche Regiment, der «Sturm aus Schwaben», wie Dante sagt, sollte beseitigt, der Kaiser auf der Jagd und alle Deutschen im Königreich ermordet werden. «Darauf wartete der Papst als auf die Rettung aus seiner Lage» (Hauck). Er war jedenfalls, alles spricht dafür, unterrichtet. Nicht von ungefähr hatte er immer wieder Verhandlungen mit dem Herrscher hingezogen und schließlich ihre Vertagung gefordert. Doch sogar Konstanze, die Sizilianerin, die «Gran Costanza», wie sie im dritten Gesang der «Göttlichen Komödie» heißt, schien, verschiedensten Seiten zufolge, eingeweiht und einverstanden, ja hatte, inzwischen mit Heinrich verfeindet, nach manchen die Verschwörung angefacht. Künftiger König sollte der Burgherr von Castro San Giovanni sein.

Indes, das Komplott wurde verraten. Der Kaiser entkam mit knapper Not nach Messina, das ihm ergeben war, und ließ mit Hilfe gerade gelandeter Kreuzfahrer durch zwei seiner festesten Stützen, Markward von Annweiler, den Reichstruchseß, und den Reichsmarschall Heinrich von Kalden, zuerst das überlegene feindliche Heer bei Catania, dann den Rest der Erhebung in wenigen Wochen mit aller Grausamkeit niederschlagen. Der besonders rebellische Bischof Paternos wurde gefangengenommen, eine große Anzahl Menschen getötet, die Stadt verbrannt, auch die Kirche St. Agatha, in der «viele beiderlei Geschlechts» (Otto von St. Blasien) sich hatten retten wollen.

Besonders brutal war der Kaiser selbst – «Hammer der Erde, die Halsstarrigen zu zermalmen», nennt ihn Abt Joachim von Fiore aus Kalabrien. Wie Heinrich VI. mit Widersachern umgehen konnte, hatte er erst an Weihnachten 1196 auf einem Reichstag in Capua gezeigt, als er Richard von Acerra, Tankreds Schwager, aburteilte. Der Graf, einer seiner gefährlichsten Feinde, hatte Neapel gegen ihn verteidigt und auch die Kaiserin gefangengenommen, wofür sich Heinrich jetzt so revanchierte: «Ein Roß schleifte den Unglücklichen durch die Straßen von Capua. Noch lebend, wurde er, das Haupt zu unterst, gehängt. Der Narr des Kaisers band dem Sterbenden, um seinen Herrn zu belustigen, einen schweren Stein an die Zunge, und so blieb der Leichnam bis an den Tod Heinrichs VI. am Galgen.»

Entsprechend ließ der Potentat die sizilischen Rebellen umbringen, rächte sich jedoch zuerst an ihren Landsleuten, den Baronen, die man 1195 als Geiseln über die Alpen getrieben; ihnen stach man die Augen aus, ausgenommen Kleriker und die königliche Familie. Die gegnerischen Führer aber wurden hingerichtet, und jeder sozusagen nur konventionell, nur durch Schwert oder Strang Liquidierte kam noch gut weg. Andere hat man verstümmelt, lebendig in Stükke gesägt, gekreuzigt, im Meer versenkt, gepfählt oder mit Pech übergossen und verbrannt, manchem auch die Haut abgezogen. Die schlimmste Exekution mußte die Kaiserin selbst mit ansehen, die des Anführers, eines Grafen Jordan, den man als ihren Liebhaber verdächtigte. Der Kaiser ließ ihm auf einem glühenden Eisenthron eine glühende Krone aufs Haupt nageln, bis er seiner Qual erlag.

Otto von St. Blasien, Verfasser einer Chronik «von hohem Quellenwert» (Lexikon für Theologie und Kirche) und durchaus stauferfreundlich, schreibt von Heinrich: «Alle nahm er gefangen, schlug sie in Fesseln und tötete sie, nachdem er sie mit ausgesuchten Strafen bedacht hatte. Denn den Erzpiraten Margarita, einen der mächtigsten Barone jenes Landes, und einen gewissen, sehr gebildeten

Grafen Richard beraubte er des Augenlichts, und einen anderen, der des Majestätsverbrechens überführt war, beraubte er der Haut; wieder einen anderen, der das Königtum erstrebte, befahl er zu krönen und die Krone mit eisernen Nägeln durch die Timpora zu befestigen; einige ließ er an einen Pfahl binden, mit Scheiterhaufen umgeben, sie verbrennen und grausam auslöschen; einige ließ er durch einen Stößel den Bauch durchbohren und mit Erde anfüllen ...» Und auch hier trieben mit den «zuckenden Leibern die Hofnarren noch ihre Possen» (Kantorowicz).[16]

Nicht wenige Historiker haben für derlei Strafvollstreckungen viel Verständnis und wissen sie zu rubrizieren.

Der Staatsmann und Geschichtsschreiber Johannes von Müller (gest. 1809) nennt die «Härten Heinrichs VI. ... Volkssitte; nur durch dergleichen Schrecknisse war die verwilderte Nation, deren Phantasie so beweglich war, zur Ruhe und Ordnung zu fixiren». Die «Härten» waren «Volkssitte» – in dieser doch durch alle Jahrhunderte gerade von Kirchenmännern immer wieder hochgerühmten Zeit?! «Volkssitte»? Und wie und warum und durch wen wohl konnte die ganze Nation derart verwildert sein?[17]

Im späten 19. Jahrhundert ist es für den Historiker und Biographen Heinrichs VI., Theodor Toeche, in einem Text, der sich selbst ad absurdum führt, «unzweifelhaft, daß nur, wenn der Adel unschädlich gemacht und das Volk in ohnmächtigen Schrecken gesetzt wurde, das Reich dauernd unterworfen war. Das erreichte er nur durch jenes Blutgericht. Die Zeitgenossen versichern, daß er dadurch die Völker bis über das Meer in Furcht und Zittern gesetzt habe. Eine gewaltsame Zeit war gewöhnt, durch gewaltsame Mittel regiert zu werden. Ein so weitstrebender Eroberer, wie Heinrich VI., konnte auf keine andere Weise seine Herrschaft festigen, am wenigsten die über die ränkesüchtigen Barone des Normannenreichs. Sie mögen vorausgesehen haben, daß nach der Eroberung des Orients das deutsche Joch um so fester auf ihnen lasten würde, und deshalb vor Beginn jener Unternehmung es abzuschütteln versucht haben. Aber aus demselben Grunde erlitten sie nun desto härtere Strafe. Im Begriff, seine kühnsten und höchsten Zwecke zu verfolgen, mußte Heinrich sich den Besitz des Normannenreichs um jeden Preis sichern; die Hinrichtung der Empörer war daher unerläßlich. Jene Strafen waren also politisch gerechtfertigt, und ihre Verschärfung gereichte dem Kaiser in den Augen der Zeitgenossen nicht zur Unehre.»[18]

Der Zeitgenossen? Noch Ende des 20. Jahrhunderts ist der deutsche Historiker Fuhrmann voller Anerkennung, ja Bewunderung für den Kaiser. Seine unbändigen Racheakte bezieht er nicht näher ein. Alles, was er zu der grauenhaften palermitanischen Abschlachtung sagt: «Heinrich VI. griff hart durch». Weiter: manches sei «ein Greuelmärchen», insgesamt aber Heinrichs Werk «imponierend». Er beschritt «neue Wege», schuf «neue Strukturen», zeigte «durch sein imperiales Ausgreifen neue Perspektiven». Leider blieb all dies «in den Anfängen stecken», wurde sein früher Tod «für die deutsche Geschichte eine Katastrophe». Der moderne Historiker urteilt im Grunde noch wie Mönch Otto von St. Blasien, den er zitiert: «Sein Tod sollte dem Stamme der Deutschen und allen Völkern Germaniens auf ewig beklagenswert sein.» Und den Nicht-Deutschen? Nicht-Germanen? Ganz beiseite, daß es doch auch der Masse der Deutschen, der Germanen unter all ihren Kaisern und Königen verdammt dreckig ging.[19]

Heinrich VI., ja, das mittelalterliche Kaisertum überhaupt, stand auf dem Gipfel seiner Macht, von der Welt bewundert – und gehaßt. Denn so mancher ließ sich schon damals nicht blenden. Troubadour Elias Cairel aus dem Périgord etwa, der, besang er nicht, sehr auf sprachliche Form erpicht, seine Liebe, gern «die großen Herren» kritisierte.

Während der Herrscher auf Sizilien zurückblieb, während er seinen Bruder Philipp erwartete, der gerade erst die griechische Kaisertochter Irene geheiratet hatte und nun Friedrich, den kleinen Kaisersohn, zur Krönung nach Deutschland bringen sollte, war der junge Monarch im brütenden Sommer der Insel beim Jagen um das versumpfte Tal des Nisi, zwei Tagereisen von Messina, schwer erkrankt; ein erneuter Anfall vermutlich jenes Übels, das ihn 1191 vor Neapel getroffen (S. 18 f.) und auch 1195 wieder heimgesucht, der Malaria und Dysenterie; doch auch von Gift wurde gesprochen. Nach kurzer Besserung starb Heinrich VI., erst 31 Jahre alt, am

28. September 1197 in Messina, starb – «nach guter Beichte und mit zerknirschtem Herzen ... Und der ganze Erdkreis war erschüttert über seinen Tod, da viele Übel und Kriege daraus hervorgingen, die nachher lange Zeit andauerten» (Marbacher Annalen).

Was vorher freilich nicht anders war.

Später wurde der Herrscher, dem Heiligen Vater hoch vergütet, im Dom zu Palermo, der noch heute sein Grabmal birgt, bestattet und seither zweimal der Sarg geöffnet, 1491 und 1781, wobei Heinrich bei der zweiten Öffnung «einen grausigen Anblick» bot. «Der Körper, bis auf das Nasenbein, war völlig erhalten; noch waren Haare auf dem Kopfe, aber die Kleidung fast gänzlich zerfallen; nur die eine knöcherne, auf die Brust gelegte Hand steckte noch in dem ganz erhaltenen Handschuh, der andere Unterarm war losgefallen und lag ihm zu Häupten.»[20]

Sic transit gloria mundi.

Sofort nach dem Tod des Allgewaltigen, dessen Nachfolger ja ein dreijähriges Kind, dessen «Weltherrschaft» überdies noch unfertig war, brach sie zusammen. Erhob sich augenblicklich doch alles, was er niedergedrückt; nicht zuletzt Erzbischof Adolf I. von Köln, der zunächst Friedrichs II. Königswahl bekämpft, ihr im August 1197 durch seine Nachkur bei Boppard aber zugestimmt und sie nach Heinrichs VI. Tod (Ende September) sofort wieder verworfen und Friedrichs Erhebung für nichtig erklärt hat. Das hält die Herren mehr als vieles über Wasser. Und so von Jahrhundert zu Jahrhundert ein Positionswechsel, ein Umfallen nach dem andren – bis in unsere Zeit. (Man denke nur an die so überaus jämmerlichen Kehrtwendungen der deutschen Bischöfe 1933 und 1945! Und dann an ihre – wenn möglich [aber es liegt auf derselben Linie] – noch kläglichere jahrzehntelange Widerstandslüge!)[21]

Was Papst Coelestin betrifft, so bannte er nun vielleicht gar den toten Herrscher und verbot seine Bestattung. Gewiß hatte er dem Staufer nicht nur insgeheim stets widerstrebt. Doch vermied er meist direkt gegen ihn gerichtete Aktionen, nahm er Abstand von drastischen Maßnahmen und bevorzugte Verzögerungstaktiken. Ja, er krönte ihn zum Kaiser und veranstaltete mit ihm gemeinsam das Massaker von Tuskulum (S. 17 f.). Und noch nach Niederschlagung der sizilischen Rebellen, als Heinrichs Macht kulminierte, kam er diesem entgegen und erkannte den von ihm investierten Bischof Dietrich von Utrecht an.

Kaum aber war der Kaiser tot, kaum hatte sich Italien weithin gegen sein Regiment, gegen die Deutschen überhaupt erhoben, schlug sich Coelestin wieder offen ins Lager der Reichsfeinde, zumal gerade die Kurie den Aufstand beizeiten vorbereitet hatte. So griff Coelestin jetzt sofort «umfassend nach Reichsbesitz und Reichsrechten in Mittelitalien» (Stehkämper). «Was waren die obendrein vielleicht schon gesühnten Übergriffe Herzog Philipp's, wegen deren er noch nachträglich dem Banne verfiel, gegen die verwegenen Verletzungen der Reichsrechte, welche sich nun die Kirche erlaubte!» (Winkelmann). Denn jetzt erstreckte sich die kuriale Gier nicht nur auf möglicherweise strittige Gebiete, sondern auch auf eindeutiges Reichsland. Bei einem Aufruhr in der Mark Ancona, geschürt durch den Bischof von Fermo und den Abt von Farfa, bekundete Coelestin beiden, wie überaus lieb ihm dies sei, schickte und ernannte noch eigene Aufpasser und drang sogleich auf päpstliche Herrschaft in Gegenden, wo die Kurie keine Rechtsansprüche besaß. Ähnlich ging er in Toskana, wahrscheinlich auch im Herzogtum Spoleto vor.

Aber am 8. Januar 1198 starb auch der Papst.[22]

Deutschland, seit zwei Jahren von einer Hungersnot gepeinigt, glich damals einem «von allen Winden gepeitschten Meer»; «jedermann», schrieb Philipp von Schwaben ein Jahrzehnt später, «lebte ohne Richter und ohne Gesetz und tat, was ihm beliebte».[23]

Einen Tag vor dem Tod des Kaisers erschlug Otto I., Pfalzgraf von Burgund, ein Sohn Friedrich Barbarossas, den Grafen Ulrich von Pfirt (Ferrette) während einer Begegnung «durch List und Hinterhalt». Der edle Staufer hatte beim Kampf ums Elsaß gegen antistaufische Kräfte am Oberrhein bereits ein Jahr zuvor, 1196, den Bruder des Straßburger Bischofs, und wieder ein Jahr früher den Grafen Amadeus von Mömpelgard (Montbéliard) besiegt und getötet. Jetzt, beim Tod des Monarchen, schlossen einige Kampfhähne in Deutschland, so der Straßburger Seelenhirte und Graf Albert von Dagsburg, Frieden, nur um sogleich mit anderen, mit Bischof Lutold von Basel, dem Herzog Berthold von Zähringen und vielen Grafen, nicht nur den Staufer Otto und die Seinen, sondern auch des Kaisers Männer anzugreifen und «alles durch Feuer und Raub zu verwüsten». Viele Orte jener Gegenden wurden Opfer ihrer Gewalttätigkeit, auch die Lehnsleute und die Besitzungen des toten Herrschers, die keinen Verteidiger hatten, «überall aller Güter beraubt». Es war das Jahr, in dem besonders das Elsaß eine schwere Hungersnot heimsuchte, «so daß man zum Teil reihenweise auf Feldern und in Dörfern an Hunger Gestorbene fand» (Marbacher Annalen). Es war auch das Jahr, in dem ein Komet erschien, worauf Papst Coelestin verstarb und schließlich Papst Innozenz III. sein Pontifikat begann.

Während aber das deutsche Kaisertum nie wieder die Macht gewann, die es unter Heinrich VI. hatte, trat das Papsttum an die Spitze aller kaiserlichen Gegner und spielte alsbald jene weltbeherrschende Rolle, die Heinrich VI. vielleicht hätte spielen können, wäre er nicht allzufrüh hinweggerafft worden und wäre jetzt nicht «alles wie ein Kartenhaus» zusammengebrochen – «die schwerste politische Katastophe in der mittelalterlichen deutschen Geschichte» (Zöllner).[24]

2. KAPITEL

INNOZENZ III. (1198–1216) DER MÄCHTIGSTE PAPST DER GESCHICHTE

«... in der Mitte zwischen Gott und Mensch, weniger als Gott, mehr als Mensch.» Innozenz III. über sich selbst[1]

«Dein Mund ist Gottes Mund, aber deine Werke sind Werke des Teufels.» Zuruf Giovanni Capoccis, Führer der papstfeindlichen Faktion in Rom, an Innozenz III.[2]

«... der mächtigste aller Päpste». «Seine Anschauungen über die Stellung des Papsttums grenzen an Wahnwitz ... In ihm spricht und handelt Gott selber ... Das Papsttum ist gewissermaßen die fortgesetzte Fleischwerdung Gottes.» Walther von Loewenich[3]

«Er kannte für die Politik nur ein Gebot, das der Zweckmäßigkeit, und was zweckmäßig war, beurteilte er als ein Mann, der die Menschen durchschaute und sehr gering achtete. Er scheute sich nicht, an ihre schlechten Triebe zu appellieren, um sie sich dienstbar zu machen. Daß Unwürdige in kirchlichen Ämtern standen, wußte er, aber er duldete sie; denn ihre Verworfenheit sollte sie knechten. Heuchelei und Betrug waren ihm nicht anstößig, wenn sie im Dienste seiner Sache standen ... und scheute schließlich selbst vor offenbaren Lügen nicht zurück.» Albert Hauck[4]

«Von diesem Manne ließ sich das Herrlichste erwarten»; «sein Pontificat war das glänzendste, das überhaupt die Geschichte kennt». Kardinal Joseph Hergenröther[5]

Bestechung und Betrug als Handwerkszeug

Nur drei Monate nach dem Hingang Heinrichs VI., noch am Todestag Coelestins III., am 8. Januar 1198 wurde Lothar von Segni, Sproß eines alten Langobardengeschlechts (und über die Mutter Claricia Scotta auch mit der römischen Aristokratie verwandt), als jüngster Kardinal zum Papst gewählt, wobei er, wie üblich, tränenreich bat, ihn mit dieser Bürde zu verschonen. Er mußte erst noch zum Priester, zum Bischof geweiht werden, ehe man ihn am 22. Februar krönte – und wurde, sagt Ranke, der eigentliche Nachfolger Heinrichs VI.[6]

Als der reiche Grafensohn, klein, doch gutaussehend, als Innozenz III. (1198–1216) zu regieren begann, war er erst 37 Jahre alt – «owe der babest ist zu junc», rief Deutschlands größter Lyriker des Mittelalters, Walther von der Vogelweide, der Innozenz auch einen Wolf statt einen Hirten nennt, «hilf herre diner kristenheit».

Lotario di Segni hatte erst in Bologna bei dem berühmten Dekretisten Huguccio von Pisa Kanonistik, dann in Paris bei Pierre de Corbeill, später von ihm gleich zum Bischof und Erzbischof ernannt, Theologie studiert. Ihn selbst erhob sein Onkel Clemens III. 1190 zum Kardinal. Doch dessen Nachfolger Coelestin III. förderte ihn nicht wegen einer Familienfeindschaft. Seine Fähigkeiten aber machten Innozenz zu einem der mächtigsten, wenn nicht zum mächtigsten der Päpste der überhaupt, zum «verus imperator» (Gervasius von Tilbury) der Christenheit. Er war in der Tat der geborene Herrscher, was freilich schon fragwürdige Züge genug impliziert, doch prekärer noch wird bei der Aktivierung solcher Talente als

Priesterkönig, bei ihrem Einsatz für ein pseudoreligiöses, rein weltliches Ziel: die Ausbreitung papaler Macht, die Weiterentwicklung der theokratischen Wahnideen Gregors VII. (VI 250 ff.!), die politische Weltherrschaft.

Innozenz verband Willenskraft mit einem stupenden Augenmaß für die Realisation des Möglichen, Zweckmäßigen. Er nützte jede ihm günstige Gelegenheit bis auf den Grund und ließ sich durch keine ungünstige entmutigen. Sein Fleiß, sein ungeheurer Ehrgeiz, sein Griff nach der Weltmacht scheute vor nichts zurück, was ihm dienlich sein, was seine Sache fördern konnte. Opportunität und Praktikabilität waren oberste Richtlinie, Religion und Moral allenfalls zweitrangig, kriminelle Kreaturen in Kirchendiensten durchaus erwünscht, wenn sie sich funktionalisieren, für seine Zwecke gängeln ließen.

Auch vor Heuchelei, Unterstellungen, evidenter Unwahrheit schreckte er nicht zurück. Immer wieder warf er Philipp von Schwaben vor, seinem Neffen Friedrich Sizilien entreißen zu wollen, wovon keine Rede sein kann. Auch von Markward von Annweiler, dem «Feind Gottes und der Kirche», wußte er, gleichfalls frei erfunden, angeblich sicher, er möchte sich dort zum König machen. Oder er erklärte, Heinrich VI., der es doch ausdrücklich abgelehnt, Sizilien von Coelestin zu Lehen zu nehmen, habe sich von diesem mit dem imperium investieren lassen.

Albert Hauck sagt somit nicht zuviel: für Innozenz gehörten «Unwahrheiten zu dem gewöhnlichen diplomatischen Handwerkszeug», «die Pflicht der Wahrhaftigkeit kannte er bei seinem politischen Handeln nicht: wie er Gegnern Absichten unterschob, die sie nicht hegten, so gab er Versicherungen, von denen er wußte, daß er sie nicht geben konnte; er fingierte Tatsachen, wie er sie eben bedurfte, und scheute schließlich selbst vor offenbaren Lügen nicht zurück». Betrügereien anderer dagegen, Verfälscher etwa päpstlicher Bullen, bestrafte er streng.

In seiner Kardinalszeit hatte Lotario di Segni einige theologische Traktate verfaßt, darunter «De contemptu mundi» (Über die Verachtung der Welt), eine stark verbreitete, in weit über 400 Handschriften vorliegende und bis ins 16. Jahrhundert vielgelesene

Publikation – aber so unoriginell wie seine sonstigen opera, weshalb man sagen konnte, in den Schriften Lothars von Segni sei Innozenz III. nicht zu finden.[7]

Sosehr jedoch der eher zurückgezogen lebende, unauffällige junge Kardinal die Welt zu verachten, ihr elendes Dasein zu beklagen schien, so sehr genoß er die Sache nach seiner Erwählung zum Papst.

Zwar warf er noch beim Krönungszug wahre Schätze unter das Volk: «Gold und Silber ist nicht für mich; was ich aber habe, gebe ich dir.» Auch mußten Kämmerer Geld an die Leute bringen, so viel Geld, daß es – ungeachtet des von jedem Pontifex der Stadt zu zahlenden Tributs von 5000 Pfund – beschämend war, einer Bestechung gleichkam, einem «Kaufpreis der Herrschaft» (Gregorovius). Innozenz konnte dies um so besser taxieren, als er selbst im Ruf der Bestechlichkeit stand. Geldgierige Priester freilich verurteilte er rigoros und wies gern und oft auf die eigene Vorbildlichkeit, seine anspruchslose Lebensführung hin.[8]

Ergo ließ der Autor der Schrift «Über die Verachtung der Welt» sich nun gehörig feiern. Es entsprach ohnehin der Tradition pompöser papaler Krönungsfeste – wobei dann Glockengeläut, Jubel, das Defilee der Banner- und Lanzenträger, der Konsuln, Rektoren, Senatoren, Landbarone, der Bischöfe, Äbte kaum ein Ende nahm; wobei Prälaten, die höchsten, der Reihe nach vor dem Erkorenen niederknien, alle Offizianten des Palastes gütigst seine Füße küssen durften, Kaiser oder Könige, soweit verfügbar, ihm die Steigbügel hielten, beim Krönungsbankett auch die ersten Schüsseln auftrugen, ehe sie bescheiden an den Tisch der Kardinäle verschwanden und Herrlichkeit an der kostbarsten Tafel allein dinierte. Nichts als Demut und Entsagung.[9]

GRÖSSENWAHN

Innozenz III. begnügt sich auch nicht mit dem herkömmlichen Titel seiner Vorgänger, «Stellvertreter Petri», sondern ist, so selbstbewußt wie hochfahrend, «Statthalter Jesu Christi und Stellvertreter Gottes auf Erden». Kaum ein Papst hatte sich bisher so in Szene gerückt, so selbstverliebt in Machtvorstellungen geschwelgt, kaum einer die Prälaten so zu seinen Kreaturen gemacht, über die er ganz nach Belieben schalten und walten, die er ganz nach seinem Ermessen versetzen oder absetzen konnte. Kaum einer hat so die Bischofswahlen bestimmt, so die Wählerrechte zugunsten des eigenen Einflusses beschränkt, was ihm nicht nur kirchliche, sondern auch weltliche Gewalt einbrachte.

Immer wieder protzt der dritte Innozenz mit seiner Macht, seiner «nach göttlicher Einrichtung» (ex institutione divina) fast unbegrenzten Macht, seiner «Fülle der Gewalt», der «Vollgewalt», der plenitudo potestatis. Nicht genug. Er ist zwar «weniger als Gott», aber «mehr als Mensch» und zögert nicht zu drohen, wer wider ihn sei, mache Gott sich zum Feind. Zwar haben die Fürsten ihre Reiche, doch Petrus überrage alle an Inhalt wie Umfang der Herrschaft. Weder das Recht eines Dritten könne ihn dabei in Schranken weisen noch ein allgemeines Gesetz.

Immer wieder insistiert er auf der Erhabenheit des Klerus über die Könige, auf den göttlichen Ursprung der Priesterschaft, den sündhaften des Fürstentums. Und natürlich erhebt er sich über beide, repräsentiert er die höchste Macht der ganzen Welt, darf er alle richten, doch niemand ihn. Weshalb er so oft auch beide Schwerter beansprucht, mit seiner Obergewalt über das Priestertum und Königtum prahlt, über die gesamte Christenheit. Gehört ja dem Papst – laut «Konstantinischer Schenkung» – das ganze Abendland. Also sind auch die Fürsten, die Könige Lehnsträger des Papstes, ist selbst der Kaiser des Papstes oberster Vasall. Denn auch dem Kaiser könne er, der Papst, wie er wolle, das Regiment geben oder nehmen, und zwar ungeachtet aller geschworenen Eide – müsse man doch «Gott mehr gehorchen als den Menschen».

Als um 1200 der Byzantiner Alexios III. (S. 92 ff.) behauptet, die kaiserliche Stellung dominiere die priesterliche, belehrt ihn Innozenz, daß der Papst über Kaisern und Königen stehe, überstrahle doch «wie die Sonne den Mond, so die geistliche die weltliche Gewalt». Auch läßt er König Johann von England wissen: «Wie in der Bundeslade des Herrn die Rute neben den Gesetzestafeln lag, so ruht in der Brust des Papstes die Macht der Zerstörung und die süße Gnadenmilde». Und rühmt sich wieder anderwärts: «Wer aber bin ich, daß ich erhaben über die Könige sitze und den Thron der Herrlichkeit inne habe? Denn zu mir ist beim Propheten gesagt: Ich habe dich über die Völker und Reiche gesetzt, auf daß du ausrufest und niederreißest, zerstörest und zerstreuest, pflanzest und auferbauest ... Ihr sehet ja, wer der Knecht ist, der über das Haus gesetzt wird ... gesetzt als Mittler zwischen Gott und den Menschen, unter Gott, doch über dem Menschen, geringer als Gott, aber größer als der Mensch ...»

Der sich indes derart in so schwindelnde wie erschwindelte Höhen hebt, er erklärt auch mit allem Nachdruck, der Mann auf Petri Stuhl sei kein Herr, sondern Knecht, sei nicht zu herrschen da, sondern zu dienen. Und addiziert doch schon 1198 der Kirche kaiserliche Rechte! Wie er denn auch als erster die Kirche zu einem «Staat», einer «absoluten Monarchie» macht – «rücksichtslos und ohne Scheu der Mittel» (Kantorowicz).[10]

«Er selbst war die letzte, höchste Autorität (suprema auctoritas)», schreibt Bernard Guillemain. «Er bestritt den weltlichen Herrschern nicht alle (!) Zuständigkeiten ... Aber er behielt sich das unbedingte Recht vor, dort einzugreifen, wo geistliche Belange mit im Spiel waren.» Und wo waren sie es nicht! Guillemain fährt fort, übrigens mit Imprimatur: «So präzisierte er die Ansichten Gregors VII., für den die priesterliche Verantwortung alles einschloß.»[11]

«Rekuperationen» und Nepotismus

Der Diener, der nicht Herrscher sein wollte, begann sein Amt damit, daß er in Rom, seit über einem Jahrhundert von den Päpsten unabhängig, so rasch es ging, die Herrschaft an sich riß. Er bestach das Volk mit Geld, worauf es sogar auf das Recht der freien Senatswahl verzichtete und Innozenz die vom Senat eingesetzten Justitiare durch päpstliche Richter austauschte. Den führenden Senator Scottus Paparone löste er durch einen Mann seines Vertrauens ab, der ihm eidlich und umfassend versichern mußte, «so mir Gott helfe und diese heiligen Evangelien», von jetzt ab und künftig seinem Herrn, dem Papst Innozenz, treu zu sein. «Weder tätlich noch rätlich will ich dazu beitragen, daß du Leben oder Leib verlierest oder hinterlistig gefangen werdest. Was du mir anvertrauest persönlich oder durch Briefe und Boten, will ich zu deinem Schaden niemand offenbaren. Ich will deinen Nachteil hindern, wenn ich darum weiß; vermag ich das nicht, so will ich persönlich oder durch Briefe und sichere Boten ihn dir kundtun. Nach Vermögen und Wissen will ich dir helfen zur Erhaltung des römischen Papsttums und der Regale St. Peters, welche du besitzest, oder zu Wiedererlangung derer, die du nicht besitzest, und ich will dir das Wiedererlangte gegen alle Welt verteidigen.»

Wieviel Mißtrauen – und wie wenig Gottvertrauen – spricht aus diesem Text, in dem nun der gesamte Besitz aufgezählt wird, von St. Peter bis zum Hafen Ostia und zu der Domäne Tuskulum, «überhaupt alle Gerechtsame in und außer der Stadt». So zögert Innozenz auch nicht, die städtischen Teile des Kirchenstaats wieder zu übernehmen, die dortigen Verwalter Roms durch päpstliche Rektoren abzulösen und die Barone des römischen Dukats, bisher Anhänger des Kaisers, durch Treu- und Lehnseid an sich zu binden. Kurz, der Heilige Vater, wie seinerzeit die führenden Exsenatoren Johann Capocci und Johann Pierleone Rainerii höhnten, hatte die Stadt all ihrer Herrschaft beraubt und sie «wie der Habicht das Huhn gerupft».[12]

Schlimmer noch: Innozenz nutzte die allgemeine Verwirrung während der Thronvakanz, nutzte den nach Heinrichs VI. unerwartet frühem Tod in Deutschland ausbrechenden Fürstenstreit sowie die desolaten Zustände der Reichsverwaltung in Italien zur schnellen Kassierung von Gebieten, die den Päpsten von deutschen Herrschern – meist aufgrund der gefälschten Konstantinischen Schenkung – zwar zugesprochen, doch nicht wirklich übereignet worden waren (vgl. IV 374 ff.! 432 ff.!).

In Wahrheit schufen die sogenannten Rekuperationen, die angeblich den Kirchenstaat wiederherstellten, ihn «erst wirklich» (Hagen Keller). Zumindest in diesem Umfang war er eine ebenso perfide wie gigantische Erschleichung, eine «Eroberung auf Kosten des Kaisertums», «Länderraub» (Haller). Dabei profitierte Innozenz vor allem durch die Bestürzung der kaiserlichen Partei und den aufflackernden Fremdenhaß der Italiener, indem er als Provokateur, als Revolutionär auftrat, als ihr Befreier, ihre Nationalmacht sozusagen und ihnen «die besondere väterliche Fürsorge des Papstes» empfahl, obwohl doch nicht mal die «Befreiten» an seinen Patriotismus glaubten. Denn in Wirklichkeit vertrieb Innozenz die Deutschen nur, um seine Macht im Kirchenstaat zu festigen und diesen zu Lasten eben des italischen Reichsbesitzes auszudehnen, vielleicht sogar in Erwartung eines, wenn auch noch fernen, päpstlichen Gesamtitalien.

Jedenfalls ignorierte er jetzt deutsche Rechte, die nie zuvor bezweifelt worden waren. Rasch und mühelos riß er Spoleto, ein deutsches Lehnsfürstentum, an sich, setzte an Stelle des Schwaben Konrad von Urslingen den Kardinal Gregor von Santa Maria in Aquiro, während Herzog Konrad Reichsitalien sogar verlassen mußte.

Die päpstlichen Truppen unterwarfen die Mark Ancona, ebenfalls deutsches Lehnsgebiet, wobei Innozenz den sich heftig wehrenden Markward von Annweiler in den Bann tat und auch dort die Regierungsgeschäfte einem Kardinal übertrug. Und schließlich gewann der militante Hohepriester noch einen erst unlängst verlorengegangenen Grenzstreifen im Norden, in Toskana, sowie, an der Südgrenze des Kirchenstaates, die Grafschaft Sora für seinen Bruder, den Grafen Riccardo Conti, auch wenn diese nicht unwichtige Region erst später in den vollen Besitz der Kurie überging (S. 58).[13]

Die Heiligen Väter sorgten ja meist rührend für ihre Verwandten, eine bis ins 20. Jahrhundert reichende beispielhafte Tradition, auch wenn man sie kirchlicherseits nicht so gern gerühmt sieht.

Wie etwa Vorgänger Coelestin seine Neffen mit Kirchengütern ausgestattet, so trieb Innozenz, unter dem die Kurie zu einer Geldmacht heranwuchs, die bald jede Konkurrenz ausstach, eine sehr forcierte Sippenpolitik, wobei ein Coelestin-Neffe in einer Fehde mit Verwandten des Innozenz (mütterlicherseits) ermordet wurde: ein alter Geschlechterzwist oder, sagt Kardinal Hergenröther dezent, «Familienabneigung». Deswegen war Innozenz von Clemens III., seinem Onkel, bereits zum Kardinal gemacht, von seinem Amtsvorgänger aber auf Distanz gehalten worden.

Nepotismus freilich blieb Trumpf. So vermehrte der Heilige Vater, aus kirchlichem, aus kaiserlichem Gut, zusehends Reichtum und Einfluß der Seinen, der großen Familie der Conti, aus der noch drei Nachfolger des Armen Menschensohnes die Welt beglückten (Gregor IX., Alexander IV. und Innozenz XIII.), ferner viele Kardinäle und Kuriale, auch ein seliggesprochener Franziskaner. Diese Päpste ließen den Conti-Besitz in und um Rom immer mehr wachsen; die Nepotenhäuser blühten.

Innozenz III., der seiner Sippschaft, gewiß vom Heiligen Geist inspiriert, Ländereien und höchste Würden verlieh, Provisionen – allein sechs bepfründete Papstverwandte sind nachgewiesen –, begünstigte reich Vetter Jakob, Vetter Johann und vergaß bedenkenlos Kirchenforderungen, um einen weiteren Nepoten mit einer Kaisertochter zu vereinen.

Seinem Bruder Riccardo schanzte er im Grenzland der Sabina und Latiums neun Kastelle nebst Valmontone zu und errichtete ihm jenseits des Liris, nicht ohne strategische Absichten, ein wahres Nepotenparadies, ein fürstliches Erbe, natürlich auf Kosten Friedrichs II. Zuerst zwar noch Kirchenlehen, bekamen die Conti diese Güter bald ganz und besaßen sie 600 Jahre lang, bis zu ihrem Aussterben 1808. Und all dies und mehr durch Innozenz, den «Vater der Armen» (Kardinal Hergenröther).

Mit den Mitteln seines päpstlichen Bruders baute Riccardo auch den gewaltigen, dann vom Volk erstürmten und zum städtischen Eigentum erklärten Turm in Rom (wo noch heute ein Rest der «Torre dei Conti» steht). Jahrelange Fehden folgten, Straßenschlachten, ein Verfassungskrieg, wobei über Nacht Türme und Gegentürme aus dem Boden schossen, Kirchen verschanzt, zu Festungen wurden, papale Haufen sich mit Demokraten schlugen. Innozenz floh 1203, kam im nächsten Jahr wieder, der Kampf ging weiter, schließlich siegte sein Geld, auch das der Conti, und die römische Kommune verlor eines ihrer großen Rechte nach dem andern: Papstwahl, Kaiserwahl, Wahl des Senats.[14]

Nicht alles freilich vermochte Gottes Stellvertreter an sich zu ziehen. Die Romagna, wo man einen seiner Neffen in Forli umbrachte, büßte er durch die hartnäckige Resistenz des Erzbischofs Wilhelm von Ravenna ein, dem Innozenz keinerlei rechtlichen Anspruch vormachen konnte. Auch in Toskana entgingen ihm die zwischen Kaisern und Päpsten so lange strittigen Mathildischen Güter (VI 269 ff.), hatten sie doch nun meist die größeren Stadtkommunen des Tuszischen Bundes eingeheimst, Florenz, Siena, Lucca, Volterra, Arezzo, und Päpste und Kirche sie für immer verloren.

Andererseits, um kurz vorauszublicken, erklärten sich unter dem Druck der Umstände sowohl der Welfe Otto IV. 1198 und 1201 durch die Urkunden von Neuß und von Speyer 1209, als auch der Staufer Friedrich durch die Goldbulle von Eger 1213 (S. 208) mit den päpstlichen «Rekuperationen» einverstanden. Damit aber hatte Innozenz III. bis zu seinem Tod den Umfang des Kirchenstaates um mehr als das Doppelte erweitert, hatte er ihn von Meer zu Meer, vom Tyrrhenischen bis zum Adriatischen Meer und in die Poebene ausgedehnt und Reichsitalien vom Königreich Sizilien vollständig getrennt, hatte er dem Staat des hl. Petrus eine Form gegeben, die fast bis an die Schwelle des 20. Jahrhunderts unverändert bestehenblieb – gestützt auf eine Riesenfälschung.[15]

Innozenz III. greift auf Sizilien ein

Nach dem Tod des Kaisers richteten sich vieler Augen auf dessen Bruder Philipp von Schwaben, Friedrich Barbarossas jüngsten Sohn. Vom Vater zum Kleriker, von Heinrich VI. bereits 1190, höchstens vierzehnjährig, zum Bischof von Würzburg bestimmt, wird er jedoch drei Jahre später in den Laienstand zurück- und an den kaiserlichen Hof gerufen. 1194 an der Eroberung Siziliens beteiligt, wurde der frater imperatoris im folgenden Jahr mit dem Herzogtum Tuszien nebst den Mathildischen Gütern belehnt. Und da sein Bruder, Herzog Friedrich V. von Schwaben, schon 1191 vor Akkon einer Seuche erlegen, sein Bruder Konrad, Herzog von Rotenburg, während eines Feldzugs im August 1196 wegen einer Vergewaltigung ermordet worden war, erhielt Philipp jetzt auch das Herzogtum Schwaben.

Im September 1197 sollte er Heinrichs noch nicht einmal dreijährigen, doch schon von den Fürsten 1196 in Frankfurt zum römischen König gewählten Sohn Friedrich (II.) aus Foligno nahe Assisi zur Königskrönung nach Aachen holen. Kurz vor dem Ziel aber, bei Montefiascone, erreichte ihn und seine 300 schwäbischen Ritter die Nachricht vom Tod des Kaisers. Italien erhob sich augenblicklich. Auch von päpstlicher Seite geschürte Aufstände brachen aus. Zudem bannte Coelestin den Herzog jetzt öffentlich in St. Peter, angeblich wegen früherer Übergriffe auf den Kirchenstaat. Philipp entkam knapp, nicht ohne Verluste, und kehrte unverrichteterdinge zurück.[16]

Den jungen Friedrich (II.) aber, der in Obhut der Herzogin von Spoleto und ihres Mannes Konrad von Urslingen lebte, eines der treuesten Kaiser-Vasallen in Italien, holte die Mutter bald an den Palermitaner Hof. Als Tochter Rogers II. hatte Konstanze ihre Jugend in Palermo verbracht, mochte die Deutschen nicht und fühlte sich weniger als Kaiserin denn als Normannin. Bewußt setzte sie die Traditionen ihrer Stammesvorgänger fort, der «reges felices», der «Glücklichen Könige», und ließ an Pfingsten 1198 ihren Sohn in Palermo zum König von Sizilien krönen, womit er den Titel «rex Romanorum», den er seit Ende 1196 trug, «auf Druck von Innozenz III.» verlor (Lexikon für Theologie und Kirche).

Während das Prädikat aus den königlichen Urkunden verschwand, blieb natürlich die Umschrift auf Friedrichs frühem Siegel, die noch im 20. Jahrhundert auf jedem süditalienischen Kruxifix zu lesen gewesen sein soll: «Christ ist Sieger! Christ ist König! Christ ist Kaiser!» Papst und Kaiserin harmonierten nicht nur in ihrer Antipathie gegen alles Teutonische, sondern auch in der Absicht, Siziliens Besitz Friedrich sowohl zu sichern, als diesen auch darauf zu beschränken. Denn nichts war Innozenz fataler als eine neue Umklammerung seines Staates durch die Vereinigung von Imperium und Königreich.

Die Deutschen, überdies unbeliebt durch ihre Unmäßigkeit und Rechthaberei, vor allem aber verhaßt durch ihren harten Kurs, wurden von der Insel vertrieben, ja man sagte Konstanze, freilich zu Unrecht, nach, sie habe den Kaiser vergiftet, und unterstellte ihr eine Beteiligung an der Verschwörung wider ihn, was allerdings unbelegt ist. Doch war sie durch die Verjagung der Deutschen, nun ihre gefährlichsten Gegner, dem Papst völlig ausgeliefert und konnte, trotz langer, harter Verhandlungen, trotz ihres vehementen Widerstandes nichts gegen ihn erreichen, und dies, obwohl die sizilischen Könige ein Eingreifen des Papstes in die Regelung der Nachfolgefrage beim Tod des Herrschers «der Kurie niemals zugestanden» hatten (Pfaff).

Zwar belehnte Innozenz Konstanze samt Sohn mit Sizilien, aber unter Verzicht auf die deutsche Krone, den deutschen Königstitel, eine Option auf das Kaiserreich sowie auf viele und außergewöhnliche kirchliche Vorrechte der sizilischen Monarchen. Schätzte der hohe Klerus doch schon immer den Umgang mit minderjährigen Thronfolgern bzw. Regenten; je jünger, unselbständiger, desto bequemer für ihn (vgl. z. B. V 343 ff.).

Der Papst verstärkte somit seinen Einfluß auf die Insel beträchtlich. Er leistete Beistand, selbstlos scheinbar, doch ganz und gar in seinem Interesse und obendrein noch teuer bezahlt. Denn ein (fragmentarisch erhaltenes) Testament setzt Innozenz zum Vormund von Konstanzes Sohn sowie zum Reichsverweser ein mit einer Jahresrente – neben Erstattung aller Auslagen! – von 30 000 Tarenen (Goldmünzen). Soll doch sogar Kaiser Heinrich das päpstliche Oberregiment über Sizilien anerkannt und damit sein eigenes Lebenswerk recht eigentlich vernichtet haben, freilich in eben dem nur auszugsweise tradierten, von der Kurie tradierten und genutzten Papier, das zudem teilweise stark verfälscht ist und daher als «unbrauchbar» gilt (Walter Zöllner). «Die Verfälschungen des wahrscheinlich echten Testamentsgrundstocks brauchten keineswegs von *einer* Seite auszugehen. Vollen Vorteil von allen Bestimmungen, wenn z. T. auch nur theoretischen, hatte allein die Kurie. Wenigstens von den Teilen, die sie in ihrer Weise veröffentlichte. Es ist begreiflich, daß sie die entgegenstehenden beiseite ließ» (Pfaff). Muß man sich ja immer wieder daran erinnern, daß das katholische Mittelalter ein Eldorado klerikaler Fälscher war, daß man jahrhundertelang fast ebensoviel gefälscht wie nicht gefälscht hat (IV 393 ff.! V 181 ff.!) und diese Fälschungen, so Ferdinand Güterbock, ein Kenner der Stauferzeit, «damals in guten Treuen von frömmsten und gelehrtesten Männern gemacht wurden».[17]

Nach Konstanzes Ableben am 28. November 1198 ergriff der Papst sogleich durch einen Regentschaftsrat, bestehend aus den vornehmsten Bischöfen und einem Kardinallegaten, das Regiment auf der Insel. Faktisch war er jetzt Herr des gesamten regnum. Doch geriet er bald in Konflikt mit zwei ehemaligen Vertrauten Heinrichs VI., dem 1195 zum Kanzler des Königreiches gemachten Walter von Pagliara, Bischof von Troia, und dem gleichfalls vom Kaiser hochbegünstigten, mit den Herzogtümern Ravenna, Romagna, der Mark Ancona und zwei Grafschaften belehnten Markward von Annweiler.

Konstanze hatte Walter von Pagliara, den Parteigänger des Kaisers und somit Feind der alten Normannendynastie, vorübergehend einkerkern lassen. Doch im Grunde kümmerte den Prälaten weder das alte noch neue Herrscherhaus. Vielmehr dachte er nur an das eigene Interesse, die Wahrung seiner führenden Position, die ihm das königliche Eigentum großzügig zu seinen und seiner Familie Gunsten zu verschleudern gestattete – und starb dennoch (um 1230) verarmt in Rom.

Markward, der Führer der Deutschen, erstrebte die Macht auf Sizilien als Reichsverweser und konkurrierte deshalb mit Kanzler Walter, dem jahrelang aus der Königsburg von Palermo Vertriebenen. Hatte Konstanze ja auch den ehrgeizigen Markward, von dem die Päpstlichen allgemein verbreiteten, er trachte Friedrich II. nach dem Leben, des Landes verweisen lassen. Im Oktober 1199 aber landete er bei Trapani und begann, wiewohl samt Anhang vom Papst gebannt, gemeinsam mit Pisanern und Scharen von Moslems allmählich fast die ganze Insel zu erobern. Innozenz beorderte deshalb unter dem Kommando des Kardinallegaten Cinthius sowie seines eigenen Vetters, Marschall Jakob, ein Heer nach Sizilien. Es kämpfte zunächst auch erfolg- und beutereich. Doch hatte man bald kein Geld mehr und zog, auch von Krankheiten geschwächt, schon im Herbst 1200 wieder übers Meer, worauf Markward sich im November 1201 Palermos bemächtigte.[18]

Im selben Jahr aber einigten sich Bischof Walter und der Deutsche, dem er schließlich Sizilien überließ, während er, von Innozenz exkommuniziert und aller Würden entsetzt, auf dem Festland den Kampf organisierte, bis Markward, schon fast Inselherr, Mitte September 1202 einer Dysenterie erlag und der Papst, zu dem der Bischof jetzt überging, in Jubelrufe ausbrach. Endlich bekam er Sizilien wieder mehr in den Griff, von dessen Bewohnern, Apuliern, Sarazenen, Deutschen, Franzosen, Pisanern, Genuesen, er freilich nichts hielt. Denn da sie, schrieb er, «durch Faulheit verweibischt, durch allzu langen Frieden (!) zuchtlos und mit ihrem Reichtum sich brüstend den Freuden des Leibes allzu entfesselt frönten, stieg ihr Gestank gen Himmel und die Menge ihrer Sünden lieferte sie den Händen der Verfolger aus».

Im Inselinnern randalierten die Sarazenen und raubten alles bis an die Stadtmauern aus. Die sizilischen Barone plünderten den reichen Besitz des wehrlosen, mitunter hochgefährdeten jungen Königs. Genua und Pisa, gerade besonders verfeindet, setzten sich fest, bekriegten einander, Schiff gegen Schiff ebenso wie auf dem Land, in Syrakus, Messina, in Palermo.

Auch im festländischen Teil des Königreichs entspannen sich Kämpfe.

Vor allem der Führer der Päpstlichen, der französische Graf Walter (Gautier) von Brienne, operierte hier, von Innozenz eidlich verpflichtet, gegen die deutschen Kapitane, zumal gegen Diepold von Schweinspeunt. Als Schwiegersohn Tankreds, des illegitimen letzten Normannenkönigs, beanspruchte der Franzose, mit Billigung des Papstes, die Grafschaften Lecce und Tarent, und dieser bestätigte ihm die Rechte darauf. Das zeigt übrigens, daß es Innozenz ziemlich gleichgültig war, ob ein Agnat der Normannendynastie Sizilien beherrschte oder ein Staufer, sein Mündel Friedrich II., auch wenn er ihm durch seine Regentschaft das Königreich rettete. Im Sommer freilich geriet der päpstliche Parteigänger Walter von Brienne in die Gefangenschaft Diepolds und erlag darin seinen Wunden.

Diepold von Schweinspeunt, aus einer Ministerialenfamilie zum Nachfolger des Grafen von Acerra, Tankreds Schwager, aufgestiegen, war zur Zeit der Minorennität Friedrichs in der so oft krisen-

und kriegsgeschüttelten Campagna trotz aller Rückschläge der kühnste Bekämpfer der kurialen Kräfte, auch wenn er, ein Haudegen, dem es zuletzt fast gleich war, für wen er zuschlug, dann zum Papst überging, bis ihn 1210 Otto IV. zum Herzog von Spoleto ernannte und er wieder den Papst bekriegte.

Und während all dessen soll der damals sieben-, acht-, neunjährige künftige deutsche Kaiser Friedrich II. gelegentlich vor Häschern sich in der Königsburg versteckt oder, gänzlich unbeaufsichtigt, gassenjungenhaft durch Palermos halbafrikanische Viertel gestrichen sein, beköstigt von mitleidigen Bürgern, mal acht Tage, mal einen Monat lang – das ganze regnum, eben noch das reichste Europas, war ruiniert. Der Heilige Vater aber zögerte nicht, sich seine Regentschaft von dem jungen Friedrich teuer bezahlen zu lassen durch die nunmehr endgültige Zession der Grafschaft Sora an den Kirchenstaat (S. 51).[19]

Der Thronstreit zwischen Staufern und Welfen bricht aus und wird vom Papst geschürt

In Deutschland gab es indessen große, blutige Auseinandersetzungen «infolge der Sündenschuld», wie Innozenz wußte, Thronkämpfe, in die er gleichfalls eng verstrickt war, ja die er, angeblich darüber «zutiefst betroffen» (vehementius doleamus), in Wirklichkeit «zu höchster Leidenschaftlichkeit entfachte» (Demandt). «Sein erstes Ziel bestand darin, die Fehden in Deutschland zu schüren ...» (Kominski/Skaskin).

Hier war nun vor allem Herzog Philipp von Schwaben – blondgelockt, liebenswürdig, wie es heißt, zart und sehr unähnlich in vielem seinem harten Bruder Heinrich – als Platzhalter für den unmündigen Neffen bemüht, dessen Thronfolge zu sichern. Manche Fürsten weilten im Orient, bekannten sich aber erneut eidlich zu dem gewählten Kaisersohn und teilten dies dem Kölner Erzbischof Adolf I. von Altena auch mit. Doch dieser, der einen staufischen Herrscher um jeden Preis verhindern wollte, erklärte Friedrichs II. Erhebung wegen fehlender Taufe und Unmündigkeit sofort für nichtig und versuchte, gestützt auf den gekauften Episkopat vom Niederrhein, auf eine kleine Fürstengruppe und den englischen König Richard Löwenherz, die Staufer um die Krone zu bringen.

Angesichts solcher Obstruktion und des im fernen Süden unerreichbaren Kaisertums, des «Knaben von Apulien», gab der Kaiserbruder, der junge Philipp von Schwaben (1198–1208), einer der Mächtigsten und Reichsten im Land (der seinen Töchtern, außer vielen Gütern und Schätzen, auch 350 Burgen vererbt haben soll) sowie Gemahl der byzantinischen Kaisertochter Irene, die Kandidatur des Neffen preis. Gedrängt von seinem Anhang, ließ sich Philipp am 8. März 1198 im thüringischen Mühlhausen von der Mehrheit der deutschen Wahlfürsten, meist ostdeutschen staufertreuen Herren, zum König wählen. Als erster hatte Erzbischof Ludolf von Magdeburg für ihn gestimmt. Und bald hing ihm fast der gesamte Osten, der Süden an, «die ganze Kraft des Reiches», sagt Arnold von Lübeck.[20]

Natürlich hielt auch die antistaufische Opposition um den Kölner, der neben seinen Bistumsmannschaften noch über Scharen westfälischer sowie niederlothringischer Grafen und Ritter gebot, nach einem Thronkandidaten Ausschau. Doch einige weilten noch auf Kreuzfahrt. Andere verweigerten sich; darunter Herzog Berthold V. von Zähringen, weil er – nachdem er seine Wähler schon mit 6000 Mark Silber «gesalbt» – noch dem Kölner und Trierer Metropoliten 1700 Mark Silber zahlen sollte, aber nunmehr «das Königtum nicht kaufen» wollte (Marbacher Annalen). Er schloß sich Philipp an, dessen Zuwendungen wenigstens seine Auslagen vergüteten; für den reichen, doch geizigen Herzog wichtig. Und Erzbischof Johann I. von Trier, vordem Hofkanzler Barbarossas und Heinrichs VI., war von einem Kölner Amtsbruder mit 8000 Mark bestochen worden.

Beiläufig: Politik, zumal eine Königswahl, wurde schon seinerzeit nicht nur durch Übertragung von Reichsgütern und -rechten, sondern auch durch Geld, «durch die Aussetzung immer höher werdender Geldbeträge» (Reisinger) betrieben und entschieden. Der Papst kannte die Käuflichkeit des Kölner Seelenhirten, beklagte sie – und empfahl seinerseits dieselbe Methode. Mehrfach animierte er Otto IV., die Fürsten durch Generosität zu gewinnen, mit Versprechungen, mit Privilegien nicht zu geizen. Denn welch edler und aller Ehren werte Herr war nicht bestechlich!

Bei dem Kölner weist alles «sehr entschieden darauf hin, daß die Rücksicht auf persönlichen Nutzen und Geldgewinn ihn bestimmt hat, eine neue Königswahl zu betreiben, selbst auf die Gefahr hin, dadurch in Deutschland den Bürgerkrieg zu entzünden» (Winkelmann). Doch dies wollte die um ihn gescharte Opposition gerade; wobei auch Johann von Trier für den Kandidaten seines Kölner Kollegen nur gewonnen werden konnte, weil ihm dieser den Kölner Domschatz verpfändete. Für eine Summe, die wahrscheinlich der künftige König bezahlen sollte. Aber schon auf dem Mainzer Reichstag 1198 wechselte der Trierer zu Philipp über, um sich dann, auf Druck des Papstes, wieder Otto zu nähern, bis 1202 seine Trierer, die Bürger, die Dienstmannen, der Klerus, erneut sich mit Philipp verständigten und er folgen mußte, worauf ihn die große Exkommunikation des Papstes traf. Eduard Winkelmann, Biograph der königlichen Nebenbuhler, nimmt an, daß sich Erzbischof Johann Ende 1203 wieder dem Papst unterwarf, doch später noch einmal zu dem siegreichen Philipp zurückgekehrt ist.

Schließlich berücksichtigte die kölnische Partei den Wunsch eines erbitterten Staufergegners, Richard I. Löwenherz, einem Mitglied des mit ihm eng verbundenen Welfenhauses die Krone zu geben, wofür er dem Kölner Kirchenfürsten das anscheinend ausschlaggebende Geld bezahlte, wofür auch dessen am Handel mit England interessierte Bürger eintraten.

Somit wählten die Großen vom Niederrhein und aus Westfalen «nach Anrufung der Gnade des Heiligen Geistes», wie Ottos Wahlanzeige an den Papst berichtet, am 9. Juni 1198 in Köln den Sachsen Otto von Braunschweig, Grafen von Poitou, den am englischen Hof aufgewachsenen dritten Sohn Heinrichs des Löwen und seiner Frau Mathilde, der Schwester des Königs von England. Geistig wohl kaum ganz so unbemittelt, wie ihn die staufisch gesinnte Geschichtsschreibung macht («superbus et stultus, sed fortis»: Burchard von Ursberg), doch sicher hochfahrend und draufgängerisch, war Otto in vielem seinem söhnelosen, ihn auf jede Weise, nicht zuletzt mit englischem Gold fördernden Onkel ähnlich. Und einen Monat nach der Wahl, am 12. Juli, krönte ihn Adolf von Köln, der eigentliche Königsmacher, in Aachen «in geziemender Feierlichkeit» und beschwor so für Deutschland «ein Unglück mit bleibenden geschichtlichen Folgen herauf» (Stehkämper).

Für den Erzbischof freilich lohnte es sich. Er bekam von Otto IV. (1198–1218) umfassende Zuwendungen, bekam nicht nur den Besitz des westfälischen Dukats (ducatus Westfaliae et Angariae) bestätigt, nicht nur, mit anderen Bischöfen, auch das Spolienrecht, das königliche Recht somit auf den Nachlaß, das persönliche Eigentum eines Prälaten bei dessen Tod. Er erhielt auch die Münz- und Zollprivilegien, ferner die Burg Kaiserswerth sowie Burg Bernstein zur Zerstörung – und trat 1204 zur Stauferpartei über.

Nun war Otto zwar am rechten Ort und durch den rechten Koronator gekrönt worden, aber mit den imitierten Reichsinsignien; Philipp am 8. September zwar mit den echten, doch am falschen Ort, in Mainz, und von dem bloß zufällig anwesenden Erzbischof Aimon von Tarentaise aus Burgund, wenn auch mit Erlaubnis des Mainzer Kapitels. Also, schreibt Otto von St. Blasien, «kämpften beide Könige hinreichend um den ersten Platz und brachten beinahe 12 Jahre unablässig im Bürgerkrieg zu». Wobei die häufigsten Kriegsschauplätze Sachsen, Thüringen und das Rheinland waren.[21]

Der Thronkrieg beginnt

Es folgte Feldzug auf Feldzug, Vorstoß auf Rückzug, Verwüstung auf Verwüstung und ein Frontwechsel der Fürsten nach dem andern. Nicht die Ehre, das Geld gab den Ausschlag, das vor allem aus dem Ausland floß. Im Prinzip war das schon vordem so, erwartete der

Adel schon immer Geschenke und Belohnung für seinen blutigen Dienst. Aber erst jetzt, im Thronstreit zwischen Philipp und Otto, wird die Heeresfolge «geradezu von Geldzahlungen, Versprechungen, Privilegien u. a. abhängig gemacht» (Gattermann).

Der Krieg begann noch im Sommer 1198, nachdem die Ärmsten – das ist, immer wieder einzuschärfen: die große Masse, das sogenannte Volk, das sind fast alle – gerade ein Jahr lang oft von Wurzeln gelebt und die Leiber Verhungerter die Wege gesäumt hatten. Das Elend grassierte zwar auch in Frankreich, England, Dänemark, am meisten aber in Deutschland – «bis an's Meer war das Land ein einziges großes Leichenfeld» (Winkelmann).

Besonders im Elsaß herrschte «eine schwere Hungersnot ..., so daß man zum Teil reihenweise auf Feldern und in Dörfern an Hunger Gestorbene fand» (Marbacher Annalen). Und da fiel dort König Philipp ein, der «junge süeze man» (Walther von der Vogelweide), um zwei in den Thronstreit und die staufische Territorialpolitik verwickelten Herren, dem Bischof von Straßburg und dem Grafen von Dagsburg (frz. Dabo), Besitzer von elf Burgen und mindestens neun Klöstern, ihre Frühjahrsattacke heimzuzahlen – «er verdarb alles Getreide während der Ernte, eroberte und verbrannte Molsheim und nahm nur die Übergabe des Gottesackers an; er nahm die Besatzung der Haldenburg gefangen, machte den Gottesacker von Epfach zunichte und verheerte alle Lehnsleute des Bischofs von Straßburg und des Grafen von Dagsburg, die ihre Zustimmung König Otto gegeben hatten, und das ganze untere Elsaß durch Feuer und Plünderung» (Marbacher Annalen).

Dies war sozusagen des Staufers Debüt im Kampf um die Krone, Und schon im nächsten Jahr, melden dieselben Annalen, suchte Philipp mehrmals das Elsaß heim, wieder zur Erntezeit, «zerstörte zahlreiche Burgen des Bischofs von Straßburg und des Grafen Albert» (von Dagsburg) «und belagerte selbst die Stadt Straßburg ...». Weltlicher wie geistlicher Adel stritten mit, darunter Bischof Diethelm von Konstanz und der Regensburger Oberhirte. Als die Vorstädte schon brannten und die Bürger Ortsbischof Konrad zum Nachgeben drängten, wurden die Kämpfe, bei denen Philipps Bruder, Pfalzgraf Otto von Burgund, einen Bruder Bischof Konrads gefangengenommen und getötet hatte, beendet, und der Bischof huldigte dem Staufer.[22]

Es kam auch bereits zu einem Zusammenstoß der Könige an der Mosel, worauf der siegreiche Philipp, der junge süße Mann, mit einer langen Reihe wohl meist süddeutscher Prälaten, alles verwüstend, gegen Köln, wohin Otto sich zurückgezogen, vordrang, Remagen verbrannte, Bonn verbrannte, später auch noch Andernach, und seine Soldateska vor keinen Greueln zurückgeschreckt ist. Zögerte sie etwa, eine Kirche zu plündern, pflegte der seiner Truppe vorausreitende Bischof Lupold von Worms zu sagen, es genüge schon, die Knochen der Toten in Ruhe zu lassen. Selbst das Federn einer Nonne wird überliefert, von Philipp allerdings schwerstens bestraft. Hätte dieser seinen Angriff vor Köln, dem noch mauerlosen Zentrum der Welfenmacht, nicht gestoppt, wäre der Bürgerkrieg vielleicht beendet gewesen, was man schon seinerzeit mitunter glaubte – «Si tunc processisset, finem malis forsitan imposuisset» (Gesta Treverorum).

Im Norden wurde von der Gegenseite im Winter 1198/1199 Nordhausen erobert, wurde das reichsunmittelbare Saalfeld, noch vor Weihnachten, ausgeraubt und verbrannt, die Bürgerschaft gefangengesetzt. In Ottos Heer befand sich dabei auch der Abt Heribert von Werden.[23]

Beide Thronprätendenten hatten inzwischen dem erst wenige Monate regierenden Innozenz ihre Erwählung angezeigt. Und wie einst Gregor VII. sich eines Thronstreits und der Spaltung des Reiches bediente, die Macht des Papsttums zu mehren, dieses über jenes zu erhöhen, wobei er eifrig den deutschen Bürgerkrieg anheizte (VI 287 ff.), so jetzt auch Innozenz. Denn Rom wollte die monarchische Einheit Deutschlands sowenig wie die Italiens, was sich noch bis ins späte 19. Jahrhundert auswirkt. Jetzt war es Innozenz' besondere Sorge, die drohende Abschnürung des Kirchenstaates, die Union Siziliens mit dem Reich und den Verlust der päpstlichen Lehnshoheit zu verhindern.[24]

Angesichts der herausragenden Bedeutung des Römers suchte ihn jeder der Rivalen für sich einzunehmen.

Der Welfe strich die Ergebenheit seines Hauses gegenüber der römischen Kirche heraus, an der sich die Staufer vergingen, sei ja auch sein Gegner Philipp als Gebannter zum König erhoben worden; was nicht so ganz stimmte, da ihn ein Legat des Papstes, ein Vertrauter Heinrichs VI., Bischof Bernhard von Sutri, vom Bann losgesprochen, allerdings in Überschreitung seiner Instruktion. Innozenz nahm ihm darauf sein Bistum und warf ihn lebenslang in ein Klostergefängnis.

Otto aber brauchte Rom. Er war in Deutschland schwächer. Zudem verlor er seinen Bundesgenossen König Richard I. Löwenherz, der im März 1199 bei der Belagerung einer Burg des aufständischen Vizegrafen von Limoges an einem Pfeilschuß starb. Damit freilich versiegte auch der Zufluß des englischen Geldes, da Richards Bruder und Nachfolger Johann Ohneland (1199–1216) nicht, wie von jenem auf dem Totenbett verfügt, dem Neffen Otto drei Viertel des Barschatzes und alle Juwelen auslieferte, so daß Innozenz wiederholt eindringlich die väterliche Stimme erhob.

Otto aber brauchte den Papst noch mehr als das Geld. So überließ er ihm selbstverständlich das Patrimonium und die Mathildischen Güter. So versprach er, wenn auch zögernd, die Anerkennung seiner «Rekuperationen», sowohl geschehener wie erst künftiger. Auch gab er den Exarchat von Ravenna preis, die Pentapolis, die Mark Ancona, das Herzogtum Spoleto. Es war die erste Justifikation der neuen papalen Macht in Mittelitalien, des neuen Kirchenstaates. Otto versprach ferner die Wahrung der päpstlichen Interessen in Sizilien, die gegenüber der Stadt Rom und den tuszischen wie lombardischen Städtebünden. Er versprach den Verzicht auf das Spolienrecht in Deutschland. Er versprach nicht nur militärischen, versprach auch pekuniären Beistand, ja, versprach fast alles, was man wünschte, um es dann nicht zu halten – doch gar guter alter Fürsten- und (noch immer praktizierter) Politikerbrauch.

Während der ungünstiger positionierte Welfe sich den reichlich unverschämten kurialen Forderungen – die auf nichts anderes hinausliefen als auf die Liquidierung des Kaisertums in Italien – stets mehr beugte, während auch Richard von England für den Neffen noch 2000 Mark am päpstlichen Hof gezahlt, auch eine Reihe deutscher Prälaten für den Welfen eintrat, reagierte die staufische Seite zunehmend schärfer. Sie wies Innozenz' Intervention in die italienische Reichspolitik zurück und warnte ihn vor einer Brechung deutscher Rechte, unterstützt dabei durch den französischen König Philipp II. Augustus (1180–1223), der mit Philipp von Schwaben im Sommer 1198 einen Freundschafts- und Verteidigungspakt geschlossen hatte.[25]

Innozenz tritt offen für die Welfen ein

In Deutschland wütete unterdessen der Bürgerkrieg fort. Als Ottos Bruder, Pfalzgraf Heinrich, anno 1200 das Bistum Hildesheim verwüstet, stößt Philipp im Sommer gegen Braunschweig vor, in seinem Heer u. a. der Bischof von Halberstadt, der Erzbischof von Trier. Otto griff nicht in diese Kämpfe ein. Er befand sich bereits in der Defensive. Doch päpstliche und ausländische Hilfe stärkten ihn, so daß er schon im nächsten Februar erneut eine Heerfahrt zum Oberrhein unternahm.

Jahr für Jahr lösten nun solche Einfälle, dem Heiligen Vater nur zu erwünscht, einander ab. Denn je mehr und je länger man nördlich der Alpen durch die «Thronwirren» gebunden, je intensiver man in Feldzüge und Fehden verstrickt war, desto freiere Hand hatte der Papst im Süden, was er sogar unverfroren durchblicken ließ. Obschon aber wohl längst für einen Kandidaten entschieden, trat er nach außen strikt unparteiisch auf, verhandelte auch mit beiden. Auf Dauer freilich konnte er ohne starke Schutzmacht und ohne definitive Anerkennung seiner «Rekuperationen» durch das Reich, dem er schließlich beträchtliche Gebiete entwendet hatte, nicht bleiben. Doch erst als die Deutschen den Streit auf einem Fürstenkonvent unter sich auszumachen schienen – eine Nachricht, die an der Kurie wie eine Bombe einschlug –, pressierte es Innozenz. Mußte er ja jetzt um die angestrebte Schiedsrichterrolle, um seine Oberherrschaft fürchten.

So erklärte er sich, nach einer Phase scheinbarer Neutralität, um die Jahreswende 1200/1201, wie nach den Erfahrungen mit den Staufern, besonders mit Heinrich VI., nicht anders zu erwarten, «über Anspruch und Recht hinweg» (Kantorowicz), für den welfischen Prätendenten. Der bediente sich denn auch in seinen Briefen an ihn zwischen Oktober 1202 und Februar 1209 stets beflissen der Formel «Durch Gottes und des Papstes Gnade König der Römer» und garantierte in Ottos Namen übertretenden Fürsten die ungeschmälerte Bewahrung ihres Besitzes. Dabei war gerade dem «Günstling der Päpste», der die hohen Geistlichen nur «Pfaffen» hieß, Interesse für Religion und Kirche «stets fremd» (Hauck).

Andererseits attestierten die Zeitgenossen dem Staufer – für Ernst Kantorowicz «vielleicht das sanfteste, mildeste Zepter, das je über Deutschland gewaltet» – nicht nur Sanftmut, Milde, Freigebigkeit, sondern auch gewissenhafte Erfüllung seiner Kirchenpflichten, wirkliches Frommsein, nannten sie ihn doch auch den frommen Fürsten, piissimus rex. Man sah ihn oft, mitten unter den Scholaren, den Chorknaben, in der Kirche. Auch seine Ehe mit Prinzessin Irene aus Byzanz, «Ros ohne Dorn und Taube sonder Gallen» (Walther von der Vogelweide), die ihm vier Töchter schenkte, war ganz offenbar intakt und glücklich.

Doch ein Staufer kam nicht in Frage. Schon weil «kein Papst einen Staufer liebte». Weil bei einem Staufer stets die Umklammerung des Kirchenstaats drohte. Der Staufer war auch zu reich, der Welfe vergleichsweise mittellos, sein Anhang kleiner, folglich mehr vom kurialen Beistand abhängig. Und schließlich glaubte man in Rom, den ungeistigen Haudegen Otto leicht austricksen zu können, schätzte ihn aber gerade deshalb als «Schwert der Kirche».

In seiner rabulistischen «Erwägung der Reichssache bezüglich der drei Gewählten» (Deliberatio super facto imperii de tribus electis), zunächst den Kardinälen im geheimen Konsistorium vom 5. Januar 1201 bekundet, disqualifizierte der Papst so beredt wie scholastisch spitzfindig die beiden Staufer.

An Friedrich II. mißfiel ihm offenbar am meisten die drohende Verbindung von Siziliens Krone mit dem Kaisertum, an einer Erhebung Philipps von Schwaben die Gefahr der Erblichkeit der Kaiserwürde. Ja, Innozenz, der gern mit seinem «reinen Herzen, guten Gewissen» (corde puro et conscientia bona) protzte, stellte die Wahrheit auf den Kopf durch die Behauptung, nicht er habe Friedrich Schwaben und das Reich geraubt, sondern Philipp, der Onkel, und Philipp wolle ihn noch um Sizilien bringen. Überdies zählte er diesen, wie Friedrich I. und Heinrich VI., zu einer Sippe von Kirchenverfolgern (genere persecutorum). Und zwecks größerer Wirksamkeit seiner Entscheidung belegte er gleich Philipps Gefolge durch den Kardinallegaten Guido, einen der prominentesten römischen Kurialen, im Frühjahr in Köln mit dem Kirchenbann. Dies aber samt der Annullierung aller dem Staufer geleisteten Treueide förderte das Abwandern der geistlichen und weltlichen Fürsten zur Welfenpartei.

Die ganze apostolische Gunst fiel Otto zu.

Denn um vom Papst anerkannt zu werden, billigte er dessen territoriale Postulate und leistete am 8. Juni 1201 den berüchtigten, in verschiedenen Fassungen tradierten Neußer Eid, wodurch er auf viele Reichsrechte in Italien, überhaupt auf jede selbständige Politik dort verzichtete. Er beschwor besonders, Roms vorgebliche Rechts- und Gebietsansprüche in Mittelitalien, die sogenannten Rekuperationen, durchzusetzen und nicht zuletzt das Königreich Sizilien zu garantieren. Und noch außenpolitisch gängelte ihn der Papst, indem er Otto, trotz seines Widerwillens, zwang, mit dem französischen König Frieden zu halten. Ausdrücklich mußte er erklären, die eingegangenen Verpflichtungen auch beim Empfang der Kaiserwürde zu bekräftigen. Das Einverständnis schien perfekt.[26]

Doch so wichtig Innozenz die Entscheidung für den Welfen sein mochte, wichtiger war ihm das angemaßte Entscheidungsrecht bei der deutschen Königswahl an sich, das er denn auch in dem Decretale Venerabilem vom 26. März 1202 statuierte. So selbstverständlich, wie er über Bischöfe und Kardinäle gebot, so selbstverständlich wollte er auch die Fürsten beherrschen, wollte er Königs- und Kaiserkronen vergeben – das von allen zu akzeptierende Privileg des Papsttums auch künftig.

Einmal mehr wurde so das überkommene Recht ins Gegenteil verkehrt. Denn wie einst die Kaiser ganz selbstverständlich die Päpste einsetzten, setzten jetzt die Päpste die Kaiser ein. Dabei behauptete Innozenz geradezu, befugt zu sein, auch den von einer Minderheit, auch den unrechtmäßig Gewählten auf den Thron zu bringen, halte er ihn für geeignet. Wie er ja auch lehrte, jeden Eidschwur nach Gutdünken aufheben zu können, was zumal Fürsteneide betraf, die den göttlichen Geboten (das heißt papalen Direktiven) nicht entsprechen – und bekundete gelegentlich seinen ganzen Abscheu über das Verbrechen des Meineids!

Recht und Gesetz spielen eben keine Rolle, laufen sie kurialen Wünschen zuwider. Vielmehr rügte der Papst die hohen Herren, weil sie nicht längst ihn, den zuständigen Richter, beansprucht hatten, dem doch die Entscheidung über den Thronstreit gebühre, vor den die Frage der Königswahl, «principialiter et finaliter, nach Ursprung und Endzweck», gehöre. Und Innozenz betont die gravierenden Hindernisse, die gegen den Herzog von Schwaben sprechen, wie seine öffentliche Exkommunizierung, sein offenkundiger Meineid «und die weithin bekannte Verfolgung, die seine Vorfahren und er selbst den Apostolischen Stuhl und andere Kirchen unverschämt haben erleiden lassen». Dagegen ist er fest entschlossen, was er noch bitter bereuen sollte, König Otto «mit des Herren Zustimmung zur Krone des Kaisertums zu berufen ...».[27]

Der Papst, der Klerus und die Fürsten im Fortgang des deutschen Bürgerkriegs

Innozenz mobilisierte nun die nördliche Welt.

Nicht nur suchte er für den Welfen englisches Geld, nicht nur für ihn auch Philipp August von Frankreich zu gewinnen, wollte er beide Könige doch schon wiederholt in Frieden vereinen, um sie gemeinsam gegen den Staufer zu treiben. Innozenz sandte auch ganze Geschwader von Schreiben, klug kalkuliert und schwungvoll stilisiert, an Fürsten und Bischöfe. Er zögerte nicht, sich noch an Subalterne, an Ministeriale und Äbte, an Prioren zu wenden, auch an

Feinde. Er geizte weder mit Moral- noch Lobergüssen: beglückwünschte, tadelte, schüchterte ein, munterte auf, er versprach Vorteile, er stellte Lehen, Ämter, Güter in Aussicht; «bald sollte das Gewissen von Männern eingeschläfert werden, die sich durch geleistete Eide gebunden fühlten, bald sollten ängstliche Gemüter Beruhigung über ihren Besitz und ihre Stellung erlangen. Und das alles vorgetragen mit jener klangvollen Rhetorik, die in den romanischen Ländern heimisch ist und für die sich die lateinische Sprache so unvergleichlich eignet» (Hauck).

Zunächst hatte Innozenz, der nie eine diplomatische Aktion ausgeklügelter projektiert haben soll, auch durchaus Erfolg, zumal bei den Prälaten.

Unter denen, die überliefen – hier nur ein paar Beispiele –, war der wendige Erzbischof Eberhard II. von Salzburg, ein Neffe des Konstanzer Oberhirten Diethelm. Eberhard verdankte seine Karriere den Staufern, pilgerte anno 1200 aber zu Innozenz, versprach diesem, ihn offensichtlich täuschend, doch von ihm begünstigt, die welfische Seite zu fördern, unterstützte indes weiter die Staufer, wofür ihm Philipp 1201 die Reichsabteien Chiemsee und Seon samt allem Grundbesitz und allen Rechten gab. Nach Philipps Ermordung wechselte der Erzbischof zu Otto IV., worauf ihn dieser beschenkte, allerdings in Italien auch gefangensetzte, was ein schriftliches Treueversprechen Eberhards zur Folge hatte, aber auch weitere Kontakte zum Papst, bis er seit Anfang 1213 Friedrich II. anhing.

Bischof Hermann von Münster stritt zunächst engagiert für den Welfen. Doch als man ihm die Nachfolge des Kanzlers Konrad im Würzburger Bistum versprach, ergriff Hermann die Partei des Staufers, wechselte freilich, als der Papst die Vereinbarung nicht anerkannte, Anfang 1200 wieder zu den Welfen.[28]

Innozenz und sein Kardinallegat förderten jetzt Otto, wo immer es ging. Sie lockten, entfernten, exkommunizierten Prälaten. Den Inhaber des Bistums Cambrai (Kamerijk) machte der Papst 1201 zum Bischof von Sens und gab ihm den welfisch gesinnten Johann als Nachfolger. Den staufertreuen Dietrich von Utrecht setzte man matt, den unsicheren, geldgierigen Kölner Adolf unter Druck, ebenso die Bischöfe Bertram von Metz, Johann von Trier, dann auch die von Magdeburg, Merseburg, Bamberg, Augsburg, Passau. Gegen den Oberhirten von Toul ging man disziplinarisch vor. Erzbischof Hartwig II. von Hamburg-Bremen nahm man 1202 gefangen und entmachtete ihn.

Rom scheute keinen Vorwand, keine Pression, keine geistliche Gewalt. Und mochte einer noch so unmoralisch sein, Hauptsache, er war gut päpstlich, wie etwa der abgründig verderbte Hugo von Petraponte (Pierrepont), Bischof von Lüttich, der, wiewohl mit den Staufern verwandt, von Anfang an zu Otto stand.

Der längst verdächtige Hildesheimer und Würzburger Oberhirte Konrad I. von Querfurt, ebenso begabt wie charakterschwach, Eröffner der langen Reihe der Kanzler-Bischöfe des 13. Jahrhunderts, Kanzler Heinrichs VI. und König Philipps, der ihn freilich wegen seiner zwielichtigen Haltung im Thronstreit des Amtes enthob, wurde sogar ermordet.

Bischof Konrad, der, besonders macht- und prachtliebend, nicht einmal beim Kreuzzug auf den Prunk seines Hofstaats verzichtet, auch eine bezeichnende Rolle beim Bestechungsskandal vor Tibnīn gespielt hat (S. 33), war anscheinend unter dem Druck des Papstes, seines einstigen Studienfreundes in Paris, von Philipp abgefallen. Durch den großen Bann geächtet, ging er in Rom barfuß mit einem Strick um den Hals vor Innozenz zu Boden, worauf er wieder Bischof von Würzburg wurde, der ahnungslose Philipp ihn aber für seine Dienste weiter beschenkt, u. a. noch am 8. September 1201 mit Burg Steineck an der Saale. Staufertreue Quellen bezichtigen ihn der Rebellion gegen das Reich, womit die Befestigung des Würzburger Marienbergs zusammenhängen soll, werfen ihm auch Verschleuderung des Kirchenbesitzes «auf vielfältige Weise» vor (Otto von St. Blasien). Wie der Gottesmann denn noch das Würzburger Kapitel – dessen Minderheit ihn der Eiderpressung, Simonie und Vergeudung von Kirchengut angeklagt – eidlich verpflichtet hatte, nach seinem Tod seiner Verwandtschaft 2000 Mark zu zahlen.

Als Philipp im Spätherbst 1202 nach Würzburg kam, trug man ihm nur «die abgeschlagene Hand und die blutigen Kleider» des Prälaten entgegen – ein Mord, dem König sicher erwünscht, aber kaum von ihm verschuldet, geduldet, wie jedoch zeitgenössische

Chronisten behaupten. Die eigenen Bistumsministerialen, darunter Heinrich und Bodo von Ravensburg, Geschwisterkinder Heinrichs von Kalden, hatten den Oberhirten am Abend des 3. Dezember umgebracht, nicht der einzige Würzburger Bischofsmord. (Bis ins frühe 19. Jahrhundert stand deshalb im Bruderhof, südlich des Doms, auf hoher Säule ein «ewiges Erinnerungslicht».)[29]

Natürlich band die ottonische Partei jetzt auch Fürsten an sich.

Den Vater des späteren Gegenkönigs Heinrich Raspe, zum Beispiel, den Landgrafen Hermann I. von Thüringen, der allerdings nicht weniger als dreimal zu Otto überwechselte, jedesmal einen Fidelitätseid geleistet, Gelder, Geschenke von beiden Seiten kassiert, auch mehrfach Banndrohungen eingesteckt, 1211 aber wieder die Staufer unterstützt hat, ehe er – Erbauer der Wartburg, unter ihm ein Zentrum höfischer Dichtung – 1217 in geistiger Umnachtung starb. Doch gerade dieser exemplarische Pendler kam bei seinen skrupellosen Schaukelgeschäften zwar pekuniär auf seine Kosten, mußte indes wie wenige der Großen schwere territoriale Einbußen hinnehmen, ganz zu schweigen von den Verwüstungen seines Landes.

Auch Otakar I. Přemysl von Böhmen wurde für den Papst gewonnen. Ja, an ihm läßt sich, wie der Altmeister deutscher Kirchenhistorie, Theologe Albert Hauck, skizziert, die Schurkerei päpstlicher Diplomatie nur allzu deutlich demonstrieren, der Mißbrauch des Geistlichen zugunsten des Weltlichen, recht eigentlich das Agens der Kirchengeschichte.

1198 war Otakar durch Philipp von Schwaben zum König erhoben und mit der Mediatisierung des Prager Bistums belohnt worden. Ergo griff Innozenz im folgenden Jahr Otakars «Eheskandal» auf. Der Fürst hatte sich von seiner Gattin Adelaide von Meißen getrennt und Konstanze von Ungarn geheiratet. Das konnte Innozenz «guten Gewissens» (salva conscientia) nicht unverhandelt lassen. Als Otakar aber, vom Papst bearbeitet und mit Versprechungen gelockt, Ende 1202 zur Gegenpartei übertritt und sich von Otto am 24. August 1203 in Merseburg (noch einmal) krönen läßt, beruhigt sich das Gewissen des Heiligen Vaters wieder, um erst im Herbst 1204 erneut aufzuschrecken, als der riskant agierende König erneut die Seite gewechselt, weil man ihm nicht alle Wünsche erfüllt hatte. Dann freilich, abermals für Innozenz gewonnen, erlaubt es dessen Gewissen, dem Böhmen die Aufhebung der Exkommunikation anzubieten. Doch als er 1210 von Otto abfallen sollte, schlug Innozenz' Gewissen wieder, und auch der Prozeß kam wieder ins Rollen.[30]

Der Papst konnte sich bald nach Beginn des neuen Jahrhunderts seinem Ziel nahe sehen, ja als Sieger fühlen, stand Otto doch 1203 auf dem Höhepunkt seiner Macht. In Staub und Asche, schrieb er später an Innozenz, hätte sein Königtum sich aufgelöst, «wenn nicht Eure Hand oder vielmehr die Autorität des apostolischen Stuhles die Wagschale zu meinen Gunsten gesenkt hätte».

Das war nicht zuviel gesagt.

Die Verbündeten des Römers hielten Philipp mit trügerischen Verhandlungen, zuletzt in Eger, bis zum Frühjahr 1203 hin, um die große Welfenheerfahrt optimal vorzubereiten. Kardinallegat Guido von Präneste hatte zuvor die Böhmen zum Krieg begeistert, der Heilige Vater selbst um Verstärkung ihrer Soldateska bei König Emmerich von Ungarn gebeten. Schließlich rückten gegen den im Mai in Thüringen, in das zentrale, für beide Parteien gleich wichtige Land, mit etwa 2000 Rittern und Tausenden von Bogenschützen eingefallenen und es furchtbar verheerenden Philipp vor: die Welfen von Norden, die «Ungheren, Valewen unte Behemen», der Böhmenkönig und sein Bruder Markgraf Heinrich von Mähren, vom Süden her, angeblich, sehr übertrieben, mit 40000, ja 60000 Mann, jedenfalls ungeheure Scharen, die Otto die Überlegenheit sicherten, und vor denen Philipp und der ihm besonders beistehende Erzbischof von Mainz flohen, noch bevor Otto IV. «und mit im Guido dher cardinal» (Braunschweigische Reimchronik), auf dem Kriegsschauplatz erschienen.

Sechzehn Klöster und 350 Pfarreien sollen von den – doch seit langem gut katholischen – Böhmen samt Hilfsvölkern in Thüringen vernichtet, die Kirchen geplündert, die Soutanen der Priester als Bekleidung der Invasoren, die Altartücher als Pferdedecken verwendet, die Frauen zu eindeutigen Zwecken an den Steigbügeln mit fortgeschleift, die Greuel aber noch über das übliche Christenmaß hinausgegangen sein; während die Räuber auf dem Rückweg, in ihrer unersättlichen Gier zu plündern, sich zersplitterten und so, beinah bequem, oft noch geschlachtet worden sind. Otto IV. aber hatte den Gipfel seines Triumphes erklommen, das Territorium, wo man ihn als König anerkannte, sich fast verdoppelt.[31]

Doch da schlug die Geschichte wieder um.

Dieselben Fürsten, die gerade zu Otto übergelaufen waren, fielen schon 1204 – als man erneut in Thüringen aufeinandertraf, jetzt aber der Böhme ohne Schlacht sich heimlich aus dem Staub machte – wieder von ihm ab. Darunter der Thüringer Landgraf; dann König Otakar, dem Philipp nachzog, bis er Geiseln und 7000 Pfund Silber lieferte; ja, allen voran, buchstäblich als erster, Ottos eigener älterer Bruder, Pfalzgraf Heinrich, was ihm u. a. die rheinische Pfalzgrafschaft zurückbrachte. Abtrünnig wurden auch die Bischöfe von Lüttich, Münster, Osnabrück, Straßburg, und ganze Kohorten niederrheinischer sowie westfälischer Grafen und Edler wechselten die Front. Hatten sie zuerst den Welfen gemolken, so jetzt den wohlhabenden Staufer.

Denn ihnen allen ging es natürlich einzig und allein um Macht, Geld, ihren persönlichen Nutzen; selbstverständlich auch dem jetzt gleichfalls mit seiner ganzen gewichtigen Verwandtschaft überlaufenden Erzbischof Adolf von Köln. Er krönte den Staufer – der ihm u. a., wie es heißt, 5000 oder gar 9000 Mark gezahlt – nach dessen Neuwahl am 6. Januar 1205 in Aachen an derselben Stelle, wo er schon dem Welfen, der ihm seine Königswahl vor allem verdankte, die Krone aufgesetzt, weshalb er sich nun auch den besonderen Haß des Papstes zuzog. Innozenz bannte und setzte ihn ab.

In Köln allerdings, wo zwischen 1131 und 1261 die rivalisierenden rheinischen Adelsgeschlechter Berg und Are-Hochstaden die Bischöfe stellten (bis 1297 nicht weniger als 11 von 17 Erzbischöfen), konnte sich der Ende Juli 1205 zum neuen Erzbischof erhobene Welfenanhänger Bruno IV. von Sayn gegen seinen Vorgänger nicht behaupten. Es kam zu einem ersten, viele Jahre dauernden Schisma, zu hitzigen Kämpfen auf beiden Seiten, wobei Kirchen geplündert, angezündet, in Burgen verwandelt, Priester, Mönche und Nonnen verjagt, gefangen, mißhandelt worden sind. Überall brandschatzte man, ganze Dörfer gingen in Flammen auf. Im September 1205 zog Philipp gegen Köln mit einem Heer, in dem sich auch Erzbischof Adolf befand, während in der Stadt Gegenerzbischof Bruno von Sayn auf Ottos Seite focht. Der Welfenbischof, der außer einem großen Kontingent Fußvolk allein 600 Ritter aufbot, war beim Nahen Philipps gerade von einem Feldzug gegen den Grafen von Geldern zurückgekehrt. Der Staufer berannte die Stadt Anfang Oktober fünf Tage lang, Otto wurde bei einem Ausfall schwer verwundet, Köln aber gehalten. Im Nordosten fiel im Juni 1206 durch Ottos Reichstruchseß Gunzelin von Wolfenbüttel im Handstreich Goslar, wobei auch «dha mordes vil gescach» (Braunschweiger Reimchronik) und der Ort samt seinen Kirchen acht Tage lang ausgeraubt worden ist.[32]

Mehr und mehr Fürsten, Adelige, Prälaten schlossen sich nun Philipp an. Die Reichsministerialität ergriff seine Partei, womit ihm auch die von ihr betreuten Reichsgüter zufielen. Die Mächtigsten erstrebten sogar eine Familienbindung mit ihm. Die mühevoll aufgestellte welfische Front zerbrach. Und da auch das Volk gegen den Papst stand, dessen Günstling Otto überdies auf Philipps fünfter Heerfahrt zum Niederrhein am 27. Juli 1206 bei Wassenberg westlich von Köln entscheidend geschlagen wurde und nach Braunschweig floh, da ferner auch der Kölner Gegenbischof Bruno in einem Versteck gefangen, gleich in Ketten gelegt und monatelang auf dem Trifels festgehalten, der Friede in Deutschland weitgehend wiederhergestellt wurde, begann der Papst, in die Enge getrieben, widerwillig genug, einzulenken, die Hand von seinem Schützling zu ziehen und mit dem Staufer zu verhandeln.

Innozenz nannte jetzt zwar Philipp noch nicht «König», nannte aber auch Otto nicht mehr so, nannte beide «den einen Fürsten» und «den anderen». Doch schrieb er bald in völlig verwandeltem Tonfall an den bislang so vermaledeiten Staufer, dessen Lösung vom Bann im August 1207 in Worms erfolgte. In seinem ersten Brief an Philipp gratulierte ihm Innozenz am 1. November 1207 zu seiner Wiederaufnahme in den Schoß von Mutter Kirche und versprach, an der Erhöhung seiner Ehre mitzuwirken – soweit irgend möglich («Quantum cum Deo possumus»), wie er sich elastisch absicherte.

Aber schließlich hatte er kein Bedenken mehr gegen Philipps Königtum. Und zuletzt gestand er ihm sogar im Fall einer Romfahrt die Kaiserkrönung zu. Sein Rückzug war total.[33]

Königsmord im Bamberger Bischofspalast oder Bischof Ekbert «auf der Höhe seiner Zeit»

Doch in diesem Augenblick, da die vollständige Niederlage des Papstes bevorstand, da Philipp auch schon als römischer König auftrat, da er zu einem letzten Schlag gegen den Welfen in Braunschweig ausholte, da er, wie es heißt, 30 000 Mark in seiner Kriegskasse hatte, im ganzen Reich gewaltig rüstete, auch bereits Truppen sammelte und mit ihnen auf Bamberg zumarschierte, während im Norden Erzbischof Waldemar von Bremen mit seiner Soldateska lauerte, ungeheure Massen aus Böhmen schon herzogen sowie die berüchtigten Hilfskontingente wieder des Königs von Ungarn (S. 72), ja, in diesem Augenblick, da einem Ratzeburger Priester ein Traumgesicht verkündete: «Im Jahre 1208 wird das Ende kommen», da kam es, da starb König Philipp. Am 21. Juni 1208 erstach ihn Otto von Wittelsbach, Pfalzgraf von Bayern – «gefährlich und als Mörder vieler Vornehmer durch Klage und Urteil offenkundig» (Marbacher Annalen). Und im folgendem Jahr wird dieser selbst auf der Flucht bei Regensburg von Reichsmarschall Heinrich von Kalden erschlagen.

Mit dem schäbigen Attentat, nach Albert Hauck «die schlimmste Untat, welche die deutsche Geschichte kennt», nach Gregorovius eines «ihrer am meisten tragischen Ereignisse», erlosch die Stauferdynastie in Deutschland und begannen länger als ein Jahrhundert dauernde Kämpfe zwischen den Päpsten und dem Reich.

Die Tötung Philipps war, wie allgemein angenommen, eine Privatrache wegen der Lösung des Verlöbnisses seiner Tochter Beatrix mit dem Pfalzgrafen Otto. Doch, darf man fragen, können denn bei einer Privatrache nicht auch politische Interessen mitspielen? Im

Hintergrund stehen? Ist eine Privatrache nicht schlechthin ideal, um ganz andere Motive zu kaschieren?

Das Verbrechen geschah nach einer Fürstenhochzeit in Bamberg, wo der König erst 1201 mit den Bischöfen die Gebeine der hl. Kunigunde gehoben, bereits «durch viele Wunder berühmt» (Marbacher Annalen; vgl. VI 67 ff.!). Aber das Heilige und Kriminelle sind in der Geschichte, zumal der des Mittelalters, äußerst häufig ineinander verwoben, wenn nicht identisch.

Der Mord, der erste Königsmord seit Bestehen des Deutschen Reiches, geschah am Hof des Ortsbischofs Ekbert (1203–1237), dessen Bruder, Herzog Otto von Meranien, dort Hochzeit gefeiert, geschah inmitten des Bischofspalastes, wo der König, dem man eine Ader geöffnet, «an einem besonderen Ort» ruhte, während sein Heer vor der Stadt lagerte. Nur der Truchseß Heinrich von Waldburg war bei ihm und der Bischof von Speyer, Konrad I. von Scharfenberg, als der Wittelsbacher klopfte, der König ihn «more consueto» hereinkommen ließ, dann jener, wie im Spaß, das Schwert zog, hatte er ja Philipp schon mehrmals durch derlei ergötzt. Nun aber verbat sich dieser das Spiel, doch der Wittelsbacher rief: «Jetzt soll es auch kein Spiel sein!», stürzte zu dem ruhenden König, durchbohrte ihn am Hals und floh sofort. Der dazwischengesprungene Truchseß war am Kinn schwer verwundet worden, Oberhirte Konrad aber, von Philipp anno 1200 auf den Speyerer Stuhl, 1208 zu seinem Kanzler erhoben, hatte sich rasch verkrochen – und wurde nach der Liquidierung des Staufers Kanzler des Welfen.

Was Bischof Ekbert betrifft, war er zwar durch Innozenz wegen Förderung Philipps suspendiert, im Sommer 1206, zwei Jahre vor der Meucheltat, jedoch mit dem Pallium ausgezeichnet worden; ein Mann, von dem man nicht nur meinte: «Die Spuren seines geistlichen Wirkens sind gering» (Wendehorst), sondern von dem der Geschichtsschreiber des Bistums Bamberg auch betont: «Ohne Zweifel hatte er öfter und lieber als das Kreuz das Schwert in die Hand genommen und mit einer Gewandtheit geführt, der mächtigere Reichsfürsten nicht gewachsen waren» (Looshorn).

War Ekbert in den Mordplan eingeweiht? Mancher bezweifelt's oder schließt es gar aus. Selbst nach dem Lexikon für Theologie und

Kirche (1995) aber wird dem Bamberger Bischof, ebenso seinem Bruder Heinrich, dem Markgrafen von Istrien, die Mitwisserschaft «wohl zu Recht zur Last gelegt». Beide, so auch das Lexikon des Mittelalters, «galten als Mitwisser». Und bezeichnenderweise stellte sich der Bischof keinem Strafverfahren. Zusammen mit Heinrich, nach Otto von St. Blasien sogar Anstifter des Verbrechens, floh er, geächtet und seines Amtes enthoben, nach Ungarn an den Hof König Andreas' II. (1205–1235), des ebenso kriegerischen wie kirchenergebenen Schwagers der beiden.

Erst drei Jahre später, 1211, konnte Ekbert, gestützt von – dem angeblich durch den Mord tiefbetrübten – Innozenz, nach Bamberg zurück. Nach einem päpstlichen «Gericht» sofort restituiert, wird er Hofkanzler Ottos IV. – bis er zu dem siegreichen Staufer Friedrich übertritt. Der hochsuspekte Seelenhirt erbaute den Bamberger Dom, wie er noch heute steht, nahm 1236 an der Erhebung der Gebeine seiner im Jahr zuvor heiliggesprochenen Nichte, Elisabeths von Thüringen, teil und starb kurz darauf selig im Herrn. Er beschloß, schreibt Looshorn, der Bistumshistoriker, anzüglich, «ein romantisches Bischofsleben», pfäffisch zynisch fragend, ob er etwa «nicht auf der Höhe seiner Zeit stand oder zu ihren schlimmeren Kindern gehörte?».[34]

Der Tod des Königs entfachte Fehden und Aufruhr rundum. Weniger als je hielt man sich an Recht und Gesetz. In Verdun schlugen sich die Bürger mit dem Klerus in Straßenkämpfen, wobei Bischof Albert am 25. Juli umkam. Viele Adlige, Graf Hugo von Montfort, sein Bruder Rudolf, Pfalzgraf von Tübingen, Graf Egeno von Urach, zahlreiche Barone und Ritter, wurden Wegelagerer, Straßenräuber – was sie im Grunde schon immer waren. Gerade königliche Städte wurden jetzt heimgesucht, niedergebrannt, gerade königliche Besitzungen die Beute der Angrenzer, und niemand trat für die unmittelbaren Erben ein, für Königin Maria, die «Taube ohne Galle», die schon am 27. August an einer Frühgeburt starb, für Philipps vier voll erbberechtigte Töchter.

Waren aber zuvor die Großen immer mehr zu Philipp übergegangen, wechselten sie nach seinem Tod fast augenblicklich wieder die Partei. Allen voran die Kirchenfürsten, darunter Philipps enger Vertrauter, der Bischof von Speyer, Konrad von Scharfenberg (S. 76!). Oder, gleichfalls einer der eifrigsten Staufergenossen, Bischof Konrad von Halberstadt, dem Otto für sein promptes Überlaufen 800 Mark bezahlte. Über lief sogar, dafür vom Papst besonders belobt, der eigentliche Führer der staufischen Sache im Nordosten, Erzbischof Albrecht von Magdeburg. Und auch dieser wurde von Otto mit einer stattlichen Summe belohnt (wenn auch, wie andere, angesichts der durch Krieg und Rüstung erschöpften königlichen Kasse, nur aus Verschreibungen für die Zukunft). Hat Otto doch noch die erzbischöflichen Brüder, die Grafen Heinrich und Günther von Käfernburg, mit 1000 Mark bedankt, nebst Stadt Saalfeld zum Pfand. Selbst Äbte bekamen für ihren Wechsel Gratifikationen, Abt Heribert von Wenden Zinserlaß, Abt Widukind von Corvey den Reichswald Solling. Man erkaufte, man verkaufte sich, die ständige Skrupellosigkeit brachte Geld. Walther beklagt den anpasserischen Adelsmarkt. «Dâ hin dâ her wart nie so wert in allen tiutschen landen: swer nû dâ hin dâ her niht kan, derst an dem spil betrogen. künege wâren ê die niht dâ hin dâ her bekanden: nust si der list wol kemen an, inwerhes umben bogen. ez heten hie bevor die grôzen fürsten niht gelogen diu liute noch diu lant: nu ist in meistic allen dâ hin dâ her bekant.»

Es begann geradezu ein Wettlauf um Ottos Gunst. «Von allen Ecken und Enden des Reiches zogen Boten auf Braunschweig zu, mit Versicherungen der Ergebenheit und Dienstwilligkeit ihrer Herren ...» (Winkelmann). Kurz, weitaus die meisten unterstützten jetzt wieder den Welfen und riefen ihn auf dem Hoftag zu Frankfurt am 11. November 1208 nochmals zum römischen König aus. Bald darauf verlobte sich, von Innozenz mehrfach angeraten, der fast Siebenunddreißigjährige mit der allenfalls elfjährigen Beatrix, einer Tochter des getöteten Staufers – «und alle Eigengüter, Burgen, Städte und Ortschaften, die lange zuvor die göttlichen Kaiser Friedrich und Heinrich mit großen Ausgaben und unendlichen Geldern zusammengetragen hatten, gingen in seine Verfügungsgewalt über; auch erhielt er die Gunst aller Fürsten und besonders der Schwaben zusammen mit den Regalien und der Burg Trifels» (Marbacher Annalen).

Die Ermordung Philipps nutzte nicht nur seinem Rivalen, sondern förderte auch die päpstlichen Ambitionen auf die Herrschaft im Reich. Und dies um so mehr, als sich Otto devot weiter zu Innozenz als König «von des Papstes Gnaden» bekannte und ihm alles zu verdanken gestand. Der Heilige Vater aber, der den Mord, zumindest nach außen, verabscheute, sosehr er ihm gelegen kam und so erleichtert er nun war, erkannte in der Untat auch gleich ein klares «Gottesgericht», wodurch die Zwietracht in Deutschland beseitigt sei. Sofort beglückwünschte er Otto, beteuerte ihm wieder seine Zuneigung, nannte ihn «teuerster Sohn», «den Mann nach seinem Herzen», signalisierte ihm seine nahe Erhebung auf den Kaiserthron – und gab ihm, argwöhnisch, wie er war, in dem Bischof Johann von Kamerijk einen Aufpasser.[35]

Otto erneuerte gegen Ende März 1209 in Speyer die Neußer Kapitulation von 1201 (S. 53), erneuerte Verzichte auf diverse kirchliche Rechte des Königs in Deutschland, erneuerte den Verzicht auf die Mathildischen Güter, auf das Herzogtum Spoleto, die Mark Ancona, freilich ohne Zustimmung der deutschen Fürsten. Und sicherte seine Hilfe zur Ausrottung der «Ketzer» zu.

Kaum aber standen beide Herren 1209 auf Ottos Romzug – die letzte Italienfahrt eines deutschen Königs lag dreizehn Jahre zurück – in Viterbo erstmals einander gegenüber, änderte sich das Bild. Zwar empfing Innozenz seinen Schützling noch mit biblischem Zungenschlag: «Da ist mein liebster Sohn, an dir hat meine Seele Wohlgefallen», umarmte ihn gar väterlich, während, so die «Braunschweigische Reimchronik», «sin munt im eyn vruntlich kussen gaph ...». Doch als man zu den Geschäften kam, war es mit dem guten Einvernehmen vorbei.

Otto wollte nicht mehr halten, was er versprochen. Er wollte nicht Bedingungen vor der Kaiserkrönung unterschreiben, wollte erst danach verhandeln. Da die deutschen Großen seinen Versicherungen nicht zugestimmt hätten, seien diese ohnehin nicht rechtsverbindlich. Er spielte einen Eid gegen den andern aus, beanspruchte Orte wie Montefiascone und das vielumstrittene Viterbo. Eine Urkunde war für ihn jetzt bloß Papier, der Papst könne sie im Kasten behalten. Er lachte und verachtete den gierigen

Oberhirten wohl zutiefst, der für die Kaiserkrone möglichst viel erraffen, der Gegengaben wollte, obschon die Krönung doch «gratis» sei.

Angesichts der geeinten Fürsten, der überlegenen deutschen Waffen, zuckte Innozenz zurück und krönte den Welfen am 4. Oktober 1209 in St. Peter zum Kaiser. Rom selbst betrat Otto, gleich den meisten deutschen Imperatoren, gar nicht. Und bereits am nächsten Tag mußte er, ein offenbarer Schimpf, auf päpstliche Weisung das römische Gebiet verlassen, nicht ohne daß es beim Auszug, wie schon beim Einzug, zur üblichen «Krönungsschlacht» mit blutigen Verlusten auf beiden Seiten kam. Papst und Kaiser sahen einander nie wieder.[36]

Die Differenzen, um es schonend zu sagen, wurden zwischen den Häuptern der Christenheit im 13. Jahrhundert immer größer. Um so erstaunlicher, als gerade die Zeit der Kreuzzüge, in die wir jetzt immer mehr geraten, welt- und kirchenpolitisch gesehen, doch so besonders glücklich war, geradezu die «Blütezeit religiösen Lebens und kirchlicher Gesinnung», wie Theologe Bernhard Ridder, einst Generalpräses des internationalen Kolpingwerkes, mit Imprimatur und in Übereinstimmung mit ungezählten christlichen Forschern betont. War ja überhaupt «für die gesamte Kreuzzugsbewegung eine besondere religiöse Wärme und liebevolle kirchliche Gesinnung und Begeisterung in der Gesamthaltung des abendländischen Volkes die unbedingt notwendige Voraussetzung».

Dabei verschweigt der Katholik keinesfalls, daß «bei einzelnen» Kreuzzugsteilnehmern «auch unedle Motive ... mitgespielt haben», aber selbstverständlich – «wie bei allen menschlichen Massenunternehmungen». Man denke nur an die Hitler-, die Stalinära, nach der und in der Ridder seine dreibändige «Geschichte der katholischen Kirche» schrieb. Nein, «unedle Motive» bei «einzelnen», das ging unter in der allgemeinen tiefen religiösen Begeisterung. Denn, belehrt uns der Autor: «Die religiöse Liebe und Begeisterung will Taten der Liebe setzen, möchte Orte schauen, die durch die Gegenwart des Heilandes geheiligt wurden, möchte andachtsvoll den Boden küssen, der mit dem kostbaren Erlöserblut benetzt wurde, möchte liebevoll den Kalvarienfelsen umarmen, möchte aus dankerfülltem Herzen beten in der Grabeshöhle, in welcher einst himmlische Boten den staunenden Frauen die Worte zuriefen: ‹Er ist auferstanden, er ist nicht hier!›»

Ebendieses Gefühles freilich, «er ist nicht hier», kann man sich gerade auch bei der Betrachtung des 13. Jahrhunderts nicht erwehren, wo es, nach der «klassischen» Zählung, vier weitere Kreuzzüge gab, den Vierten, Fünften, Sechsten, Siebten Kreuzzug, doch auch «bewaffnete Wallfahrten» bisher ganz unbekannter Art.[37]

3. KAPITEL

«DAS GROSSARTIGSTE EPOS» KREUZZUG ALLER ORTEN. DER VIERTE KREUZZUG (1202–1204). KREUZZÜGE IN SPANIEN. DER KINDERKREUZZUG (1212)

«Innozenz III. schließlich hat den Kreuzzugsgedanken in Kriegen gegen alle möglichen Feinde verwendet. Seit Beginn seines Pontifikats bemühte er sich um einen neuen Kreuzzug in den Orient. Den Kreuzzugsablaß versprach er für den Kampf gegen Markward von Annweiler, der die päpstlichen Rechte in Sizilien bedrohte, und für die Bekämpfung der häretischen Albigenser. Die Eroberung des christlichen Konstantinopel durch das Heer des vierten Kreuzzugs hat er nachträglich gebilligt, den Heidenkrieg auf der Iberischen Halbinsel als Kreuzzug gewertet, und er hat erlaubt, ein Kreuzzugsgelübde in Kämpfen in Livland zu erfüllen. Kurz: Kreuzzug aller Orten.» Ernst Dieter Hehl[1]

Unrat auf religiösem Duft?

Im 13. Jahrhundert begann die große Zeit der Kreuzzüge von Christen gegen Christen: gegen griechische Christen (1203/1204), gegen die Albigenser (1209/1229), gegen Serben (1227/1234), gegen die Stedinger Bauern (1234). Auch gab es vordem schon kleinere Züge gegen Christen, etwa beim Wendenkreuzzug 1147 (V 476 ff.), als man vor allem die slawischen Vororte Dobin, Demmin, Stettin attackierte, Stettin aber schon christlich war. Und es versteht sich fast von selbst, daß es, gemäß der «Grundidee der Kreuzzüge», auch zu weiteren Kreuzzügen gegen die «Ungläubigen» kam, gegen «den Halbmond, der schmachvoll das Heiligste grundsätzlich entweihte und grausam die Christen bedrückte» (Kirchen-Lexikon oder Encyklopädie der katholischen Theologie).[2]

Hinter all dem stand das Papsttum als unermüdlich und unerbittlich kriegstreibende, als all diese Kriege intensiv befürwortende und nicht zuletzt auch entscheidend finanzierende Kraft.

Klerikale hören das nun nicht mehr gern. Doch noch das elfbändige Kirchen-Lexikon der katholischen Theologie (Mitte des 19. Jahrhunderts, so bescheiden demutsvoll das Titelblatt, «unter Mitwirkung der ausgezeichnetsten katholischen Gelehrten» verfaßt) schreibt ganz unbekümmert, prahlt geradezu: «Vergleichen wir die einzelnen Kreuzzüge unter sich nach ihrer leitenden Idee, Anlage und Ausführung, so finden wir, daß die Reinheit der frommen Begeisterung hauptsächlich im ersten waltet» (vgl. VI 380 ff.!), «daß bereits im zweiten diese Begeisterung sehr getrübt war ..., daß die Unglücksfälle immer lähmender, die Opfer immer schwerer, die Erfolge immer zweifelhafter wurden, und daß nur (!) die höhere

Macht der Kirche solche Schwierigkeiten besiegen und die geistloser und schwerfälliger werdende Masse immer wieder (!) in Bewegung setzen und so lange darin erhalten konnte.»

Die unentwegt zum heiligen Krieg hetzende Macht der Catholica, hier wird dieses Faktum von den «ausgezeichnetsten katholischen Gelehrten» nicht nur zugegeben, sondern gerühmt.

Ebenso stellt man, gleich auf der nächsten Seite, klar, wer das Geld für die Blutarbeit beigebracht, wer das Volk immer wieder und vielfältigst ausgebeutet hat. «Wer endlich schaffte die unermeßlichen materiellen Opfer zu diesem Werke? Wer anders, als die Kirche, welche den Opfergeist tausendfach erweckte, indem sie Zehnten, Gaben und Beisteuern aller Art zu beschaffen und so den allgemeinsten Antheil an dem verdienstlichen Werke zu vermitteln wußte, und das nicht allein mit ihrem liebevollen und feurigen Worte, sondern auch mit ihrer höheren Gewalt und thatkräftigem Beispiele. Denn was steuerte sie nicht bei, mit welcher Mühe betrieb sie den Einzug, mit welcher Sorgfalt für die Verwendung der Gelder! Die Beschuldigung des Eigennutzes ist so leer, daß sie von jedem besseren Historiker zurückgewiesen wird.»

Zu den besseren, wenn nicht besten Historikern zählen natürlich die ausgezeichnetsten katholischen Gelehrten, deren einer lang und breit die Vorteile der Kreuzzüge gegenüber all jenen beschwört, die scheinbar nichts Besseres zu tun haben, als «den eigenen Unrath auf den religiösen Duft der Kreuzzüge auszugießen ...».

Der religiöse Duft!

Zum Beispiel, erzählt man, vermieden diese Kreuzzüge «eine Art von Sclavenkrieg», einen sich schon vorbereitenden «gefährlichen Kampf». Sollte es doch «wieder (!) nur Herren und Knechte geben». Aber die gebenedeiten Kreuzzüge lenkten von der «Gewalt des Ritterthums» ab und gaben «dem Volke Freiheit»! Weiter beugten die Kreuzzüge «einer drohenden Massenarmuth» vor «und einem sich bildenden Proletariate» – ein Aspekt, der gewiß auch und gerade im 20., im 21. Jahrhundert noch eine weltpolitische Rolle spielt und spielen wird, eine vernichtende Rolle. Und sehen die prominenten Kirchenlichter in diesen heiligen Kriegen auch «mit Wehmuth so viele Abendländer, Männer und Weiber, Kinder und Greise» ins Gras beißen, in den Wüstensand, ins Meer, wohin immer, «so tröstet uns der Gedanke, daß sie wohl noch unglücklicher an Leib und Seele dahin schmachtend, in der Heimath langsam aufgerieben worden wären». In der Heimat? In der doch weithin rechtgläubigen, ganz vom Christentum durchdrungenen, ganz vom Klerus samt profanen Busenfreunden beherrschten westlichen Welt?

Seltsam, wirklich. Doch erstaunt es die zelebren katholischen Experten nicht. Vielmehr müssen sie anerkennen, daß diese Christenmassen, wie es demagogisch und mit wahrhaft pfaffendickem Zynismus heißt, «doch noch für eine würdige Sache der Begeisterung fähig waren, und daß das angezündete Feuer das dürre Holz verzehren mußte, bevor es faulend das gesunde ansteckte oder das frisch nachwachsende aufhielt». Und so endet der Kreuzzugserguß im Standardwerk der ausgezeichnetsten katholischen Gelehrten: «Das großartigste Epos mit einer Unzahl von Episoden aller Art hat Europa in den Kreuzzügen aufzuweisen ...»[3]

Gerade Innozenz III. aber trieb nicht nur von Anfang an und durch sein ganzes Pontifikat zu Kreuzzügen in allen Himmelsrichtungen, sondern er fügte den Kreuzzugsgedanken auch ungewöhnlich klar und prägnant «in das offizielle kirchliche Lehr- und Denkgebäude ein» (Riley-Smith). Er beanspruchte nicht nur, wie üblich, die Ausschreibung, den eigentlichen Aufruf zum Krieg, sondern auch dessen Gesamtleitung. Er wollte alles in exorbitanter Machtsucht in der Hand haben und, konkret gesehn, das Heidentum des Nordostens ausradieren, die «Ketzerei» in Südfrankreich, den Islam in Spanien, und wollte vor allem das lateinische Königreich Jerusalem wiedererrichten, 1187 zusammengebrochen, 1192 bloß sehr dürftig wiedererstellt. Doch erzielte der stolze Papst mit all seinen Kreuzzügen «nur Schein- oder Mißerfolge» (H.E. Mayer).[4]

Vorspiel für Konstantinopel: Das christliche Zadar wird zerstört

Innozenz war kaum im Amt, so rief er, noch im August 1198, zu einem neuen großen Kreuzzug auf – das Mittelalter verwandte diesen Begriff selten und erst jetzt, seit dem 13./14. Jahrhundert –, zur Befreiung des Heiligen Landes, zur Vertreibung der «Ungläubigen». Es war der sogenannte Vierte Kreuzzug (1202–1204), für den Papst geradezu «eine Sache des Herzens» (Katholik Seppelt). Wobei er sich noch «ungleich stärker als seine Vorgänger engagiert» (Maleczek). Noch stärker etwa als der Papst des schauderhaften Jerusalem-Massakers, der selige Urban II. (VI 380 ff.!), mit seinem «Heer Gottes» (exercitus Dei) – «Verum et vere pro nobis pugnat Deus», jubelt sein Legat und Stellvertreter seinerzeit, Bischof Ademar von Le Puy. Noch stärker engagiert auch als Urbans Nachfolger Paschalis II., der von den blutgeweihten Händen der Sieger schwärmt, der diese «Pilger»-Bewegung so warm begrüßt und das Unternehmen eines der berüchtigten Führer des Ersten Kreuzzugs (VI 372 ff.), Bohemunds I. von Antiochien, von ihm selbst offen eine Expedition gegen Byzanz genannt, gegen das christliche Kaiserreich, als Kreuzzug – segnet.

Weiter ausgedehnt wird die hehre Idee durch Innozenz II. Verheißt er 1135 doch allen, die zur «Befreiung der Kirche» seinen Gegenpapst Anaklet II. nebst dessen Verbündeten, König Roger II. von Sizilien, bekriegen würden, den gleichen Ablaß, den einst Urban II. jenen gewährt hatte, «die nach Jerusalem zur Befreiung der Christen» geeilt waren.

1145 ruft Eugen III. zu einem neuen Kreuzzug auf, wertet aber auch die Heidenkriege in allen Himmelsrichtungen, im Heiligen Land nicht nur, auch in Spanien und östlich der Elbe, als Kreuzzüge. Auf göttlichen Ratschluß, verkündet er, sei es an allen Fronten zum Kampf gekommen. Überall, selbst im Osten des Deutschen Reiches, lag schon wenige Jahre nach dem Ersten Kreuzzug: «unser Jerusalem» (Hierusalem nostra).

Innozenz III. nun bediente sich bei seinen äußerst aufrüttelnden Kriegstreibereien u. a. des Kardinallegaten Peter Capuano und besonders des zungenfertigen Bußpredigers Fulko von Neuilly. Im Gefolge der zeitgenössischen Armutsbewegung («Nackt dem nackten Christus nach») mobilisierte Fulko mit flammenden Appellen sowohl die allzeit fanatisierbaren Massen, die «armen Kreuzfahrer», als auch zahlreiche «Arme» aus dem französischen Adel (zusammen mit den flämischen feudalen Hauptträgern dieses Krieges) und wurde dafür auch Seliger seiner Kirche (Fest 2. März); zumal der Herr durch ihn, wie ein führender Teilnehmer, Kreuzzugschronist Gottfried von Villehardouin, berichtet, «manches Wunder» wirkte.

Nicht genug – durch Kardinal Peter von Capua verkündet Innozenz einen generösen Ablaß: «Alle, die sich bekreuzigen und Gott ein Jahr lang im Heer dienen, sollen freigesprochen sein von allen Sünden, die sie begangen und gebeichtet haben.» Und auch dieser Schwindel bewegte, wie Villehardouin schreibt, das Herz der Menschen sehr, «und viele nahmen das Kreuz, um einen so großen Ablaß zu bekommen». Doch gewannen ihn selbst jene, die nicht auszogen, nicht mordeten, aber einen anderen für sich morden ließen und seine Ausrüstung wie seinen Unterhalt bezahlten.[5]

An der Spitze des von Innozenz proklamierten und überall im Abendland organisierten Vierten Kreuzzuges, der sein Ziel voll verfehlte, dafür ein anderes voll traf, stand kein König, sondern eine Reihe namhafter Grafen: Theobald von Champagne, Ludwig von Blois, Simon von Montfort, Balduin IX. von Flandern, Bonifaz von Montferrat oder eben Gottfried von Villehardouin, Marschall der Champagne, der offiziöse Kreuzzugsreporter. Natürlich mangelte es auch nicht an Bischöfen und Äbten, an niederem Adel. In Deutschland, wo man mit Walther von der Vogelweide fürchtete, es möchte «das deutsche Silber in welsche Schreine fahren», war der Erfolg geringer. Doch auch in Frankreich fehlten nicht skeptische, von den Predigern wiederholt beklagte Stimmen profaner Provenienz.

Die Könige wollte der Papst gar nicht haben, sie hätten seinen Anteil nur verdunkeln können. Er schrieb sie überhaupt nicht an. Sie sollten zugunsten seines Krieges einfach Frieden halten. Dagegen wandte er sich an die Seestädte Italiens, deren Flotten er brauchte; denn nur zur See wollte man fahren.

Das Angriffsziel war zunächst, aus strategischen Gründen, Ägypten, was man, in einem geheimen Zusatzabkommen beschlossen, den Kreuzfahrern aber verheimlichte. Als verwundbarste Stelle des Feindes, als Kornkammer und Zentrum seiner Macht hatte man Ägypten schon auf dem Ersten Kreuzzug in Erwägung gezogen. Da man jedoch nach den Erfahrungen Barbarossas die Strapazen des Landwegs fürchtete, lockte Innozenz besonders die heimischen Seestädte, von denen freilich Pisa und Genua, beide gut christlich, selbst im Kampf lagen und darum ausfielen.

So erkaufte er die Überfahrt von dem venezianischen Dogen Enrico Dandolo (1192–1205), dem wohl durchtriebensten Politiker seiner Zeit, ja, so Heinrich Kretschmayr in seiner dreibändigen Geschichte Venedigs, einem «der seltsamsten Phänomene der Geschichte»; selbst der Papst konnte ihm nicht das Wasser reichen. Für 4500 Ritter mit ihren Pferden, 9000 Knappen und 20 000 Fußsoldaten vereinbarte man eine Taxe von 85 000 Mark Silber. Doch obwohl die Summe, für ein, wie sich herausstellte, sehr überhöhtes Kontingent, in vier Raten zu begleichen war, vermochte man sie nicht ganz zu zahlen, zumal die Venezianer, die mit 50 Kriegsschiffen – gegen die halbe Kriegsbeute – auch aktiv am Kampf teilnehmen sollten, keinen Schuldennachlaß gewährten.

Nun hatte der fast blinde, über neunzigjährige, jeder Kreuzzugsschwärmerei ferne, rücksichtslos kalkulierende, weit vorausschauende Doge – wahrscheinlich ein Neffe des aus dem Investiturstreit bekannten gleichnamigen Patriarchen von Grado – auf der Kanzel der Markuskirche zwar gebeten, das Kreuz nehmen zu dürfen, «um euch zu behüten und zu unterweisen». Denn er wollte, wiewohl schon schwach, auch selbst dabeisein bei einem Unternehmen, in dem noch andere Köpfe der Familie steckten: sein Sohn Renier, der stellvertretende Regierungschef, und ein weiterer Dandolo, Vitale, Kommandant der eigens gestellten venezianischen Schlachtflotte. Doch nicht um Gotteslohn ging es ihm, sondern, in der Tradition aller italienischen Seeabenteurer, um die Hegemonie im mediterranen Orient, um Ausweitung der Geschäfte, neue kommerzielle Operationen, um Brückenköpfe, Häfen, Handelsniederlassungen, Zollfreiheiten, kurz um Transporte, Prozente, Profit. Gerade deshalb aber konnte er auch keinen Krieg mit dem «ungläubigen» Ägypten brauchen, einem seiner Haupthandelspartner beim Export wie Import. Und nicht von ungefähr hatte Enrico Dandolo dem ägyptischen Sultan bereits 1201 Sicherheit vor jeder Invasion garantiert.

So stiftete der Doge, wohl schon Weiteres in petto, jetzt die um 34 000 Silbermark hochverschuldeten Ritter zunächst zur Erstürmung des 1186 von der Seerepublik abgefallenen Zadar (Zara) an. Die Stadt, Venedigs wichtigster Adriahafen an der dalmatinischen Küste, war seit 1154/1155 Erzbistum, dem Patriarchen von Grado unterstellt und derzeit vom katholischen Ungarn annektiert. Und obwohl dessen König selbst das Kreuz genommen und die Zaresen – für den Dogen freilich nur Seeräuber und Mörder, an denen er sich rächen wollte – auf der Mauer Kruzifixe aufgestellt hatten, sprengten die Kreuzfahrer am 11. November die Hafenkette und eroberten am 24. November 1202, trotz heftigen Protestes in ihren eigenen Reihen, Zadar wieder für Venedig. Die Stadt wurde geplündert, auch jede Kirche ausgeraubt, ein Teil der Mauern, der Häuser niedergerissen, und fast eine Woche lang um die Beute gestritten: ein von den Geschichtsschreibern vielbeachtetes, wenn auch vergleichsweise bescheidenes, doch durchaus einstimmendes «Vorspiel» zur Eroberung Konstantinopels.

Der Papst exkommunizierte zwar die Aggressoren, hob aber den Bann über seine Streitmacht rasch wieder auf und beließ nur die Venezianer darin. Doch auch mit ihnen durften Franzosen und Deutsche frei verkehren, militärisch wie menschlich. Denn Innozenz gab natürlich seinen Kreuzzug wegen des Zwischenfalls nicht preis. Hat er doch bald sogar eine viel größere, eine welthistorische Schurkerei, Schlächterei freudig gebilligt.[6]

Byzantinische Geschichten und das Abendland

Wozu der kleine Seitensprung nach Zadar nämlich führte, das war ein Kreuzzug von Christen gegen Christen, war Krieg gegen die orthodoxe Christenheit – von fern freilich schon vorbereitet durch die wachsenden Animositäten gegen das griechische Reich während des 12. Jahrhunderts, dem man unterstellte, die Kreuzzüge ins Heilige Land zu behindern. Tatsächlich blieb es «ein regelmäßiges Anliegen» des frommen Westens, den «Kreuzzug in den Orient mit einem Krieg gegen Byzanz zu verbinden» (Hehl). Andererseits gewann Ostrom durch die Kreuzzüge die Hälfte Kleinasiens zurück und «sah es nicht ungern, daß sich Islam und Westen in gegenseitigen Kämpfen abnutzten» (Bosl).

Einer der wichtigsten Betreiber des Zweiten Kreuzzuges hatte sich kaum nach dessen Scheitern darangemacht, einen neuen Krieg zu fördern: der hl. Kirchenlehrer Bernhard von Clairvaux; unterstützt von einem weiteren Heiligen, dem Abt Petrus Venerabilis von Cluny (einem Mann, der nicht nur heftig gegen Moslems und Juden stritt, sondern sogar mit dem Abt Pontius um den Besitz seines eigenen Klosters (vgl. S. 428), unterstützt endlich auch von Abt Suger von Saint-Denis, zeitweilig wichtigster Berater des französischen Königs Ludwig VI. und selbst so kriegserfahren, so kreuzzugsbegeistert, daß ihn nur sein Tod daran hinderte, eine eigene Kreuzfahrt anzutreten.

Auch die Päpste hatten nach dem Zweiten Kreuzzug immer wieder zu neuen Kreuzzügen aufgerufen, so 1157, 1165, 1166, 1169, wahrscheinlich auch 1173, 1181 und 1184, fanden aber nur geringes Echo. Und ein Jahrzehnt nach den Massakern des Dritten Kreuzzuges (VI 545 ff.) stand man vor dem Vierten – beiseite das Zwischenspiel der großangelegten und gut organisierten, doch scheiternden Kreuzfahrt Heinrichs VI. (S. 30 ff.), der ja, neben der Eroberung Jerusalems, auch schon die von Byzanz zum Ziel hatte.[7]

Und jetzt, nachdem die Pilger in Zadar überwintert, rückten sie gegen Konstantinopel an. Sie griffen – ein willkommener Vorwand – in der Hauptstadt zugunsten des byzantinischen Thronprätendenten Alexios (IV.) Angelos ein, Sohn des von seinem älteren Bruder Alexios III. gestürzten und geblendeten Kaisers Isaak II. Angelos – später wird der dritte Alexios noch einem weiteren Kaiser, seinem Schwiegersohn, die Augen ausreißen lassen (S. 95): ein probates Verfahren in christlichen Herrscherhäusern.

Vater und Sohn waren 1195 nach der Machtübernahme durch Alexios III. eingekerkert worden, einen Usurpator, mit dem Papst Innozenz – freilich vergeblich – jahrelang Kontakte pflog, dem er gleich zu Beginn seiner Thronbesteigung ein Schutz- und Trutzbündnis gegen das Deutsche Reich angeboten, allerdings nur unter der Bedingung, daß der Byzantiner sich der römischen Kirche unterwerfe und ein stattliches Heer zur Befreiung des Heiligen Landes schikke, wobei der Papst den Kaiser wiederholt bedrohte.

Doch 1201 gelang dem Prätendenten Alexios auf einem pisanischen Schiff die Flucht nach Rom zu Innozenz und später zu Philipp von Schwaben, dem Mann seiner Schwester Irene. Der Heilige Vater aber, der damals Otto IV. begünstigte, gab ausweichende, hinhaltende Antworten, verweigerte jedoch Philipps byzantinischem Schwager seinen Beistand und benutzte den Thronanwärter nur als Druckmittel gegen den amtierenden Kaiser Alexios, dem er die Kirchenunion, die Wiedervereinigung unter päpstlicher Führung, aufzwingen wollte. Er drohte mit der Förderung des Neffen und seines entthronten Bruders Isaak, stand aber zu dem Usurpator gegen den Prätendenten.

In Zadar versprach Prinz Alexios den Kreuzfahrern und Venezianern für die Gewinnung Konstantinopels vertraglich viel Geld, ferner die Wiedererrichtung der Kircheneinheit, das heißt die Unterstellung des Patriarchats von Konstantinopel unter papale Oberhoheit, sowie Hilfe in weiteren Kreuzzügen, 10 000 byzantinische Soldaten. Und im Mai 1203 kam es auf Korfu zu einem Abkommen.

Wenn sich dagegen auch heftiger Widerstand erhob, Simon de Montfort und der Abt von Les-Vaux-de-Cernay sogar empört abreisten, unter den Bischöfen und Äbten überwogen «allem Anschein nach die Anhänger des Projektes; den deutschen Herren und Geistlichen hatte König Philipp dessen Unterstützung noch besonders auf die Seele binden lassen» (Kretschmayr). Denn alles paßte nur zu gut zu der expansiven Orientpolitik des Westens, zur antibyzantinischen Kreuzzugsstimmung, zumal sich diese auch noch mit dem Eintreten für die rechtmäßige oströmische Dynastie tarnen und das Gros des Heeres anscheinend durch die gewaltige Anhäufung von

Reliquien und Reichtümern in Konstantinopel ködern ließ. Die schismatischen Griechen, sagte man, seien dieser Schätze, der reichsten Reliquienschätze der Welt, nicht mehr würdig. «Diese gewissenlosen und schlauen, geschäftstüchtigen Männer bearbeiteten Alexios ... und beschwatzten ihn, ihnen eidlich zuzusichern, was er unmöglich erfüllen konnte. Sie forderten ein Meer von Geld, und der kindische Tropf nickte dazu, sie forderten auch noch rhomäische Waffenhilfe und fünfzig dreirudrige Schiffe zum Kampf gegen die Sarazenen, und was noch ärger ... ist: Abfall vom Glauben und Annahme der lateinischen Lehrmeinungen, Erneuerung der Vorrechte des Papstes und Abschaffung und Umgestaltung alten rhomäischen Herkommens, und auch dazu verpflichtete er sich» (Niketas Choniates).

Tatsächlich segelte man im Mai 1203 in schöner Eintracht mit dem jungen Alexios an Bord über Durazzo und Korfu auf Konstantinopel zu und fuhr schließlich in das Marmarameer ein – «wie ein breiter Teppich», schreibt Geoffroy de Villehardouin, «bedeckte die Flotte den schmalen Arm des Meeres». Die Eroberung der Stadt am 17. Juli 1203, wobei Kaiser Alexios III. mit der Staatskasse floh, brachte den Prinzen Alexios IV. und seinem aus dem Kerker geholten Vater Isaak zwar wieder die Herrschaft (Krönung als Mitregent am 1. August 1203). Doch unter dem Druck der Bevölkerung verschlechterten sich ihre Beziehungen zu den Abendländern, und im Januar 1204 fegte sie ein lateinerfeindlicher Staatsstreich erneut beiseite. Alexios wurde im Februar erwürgt («Er quetschte ihm die Seele auf diesem engen, eingeschnürten Weg aus dem Leibe, wie man einen Obstkern ausdrückt, und warf sie in den Hades»: Niketas Choniates), sein Vater wurde im Kerker ermordet, jeder durch den Nachfolger – das bekannte dynastische Christengerangel.[8]

«... EIN UNBESCHREIBLICHES MORDEN» UND EINE DEZENTE GESCHICHTSSCHREIBUNG

Von dem neuen Usurpator aber, dem am 5. Februar unter dem Beifall des Volkes zum Kaiser gekrönten General Alexios V. Dukas Murtzuphlos, Schwiegersohn Alexios' III. Angelos und Vertreter der lateinerfeindlichen Richtung, einem ebenso klugen wie kühnen, inmitten seiner Soldaten kämpfenden Mann, war für die vor den Mauern der Stadt stehenden Kreuzfahrer nichts zu erwarten. Und da die neue Regierung sich weigerte, für den Abzug der Belagerer 90 000 Silbermark zu zahlen sowie offenbar unannehmbare Privilegien zu leisten, gingen die Franken aufs Ganze. Sie schrieben Ägypten und das Heilige Land in den Wind und kamen überein, statt dessen dem christlichen Byzanz den Garaus zu machen, dessen Metropole ihnen ja von Galata aus, einem vorstädtischen Viertel am gegenüberliegenden Ufer des Goldenen Horns, so einladend vor Augen lag.

Noch im März 1204 beschlossen sie die Gründung eines Kaiserreiches innerhalb des oströmischen Staates. Sie verteilten vertraglich auf Betreiben des Dogen, der alles fest im Griff hatte, im voraus, doch nicht vergebens, das Fell des Bären, legten das Nachfolgereich – offizieller Titel «Romania» – samt dessen Verfassung fest und stürmten am 12. April noch einmal die Stadt, aus der Alexios V. geflohen, dann auf Befehl Alexios' III., seines Schwiegervaters, mit dem er Versöhnung gesucht, geblendet und schließlich als Blinder von den Kreuzfahrern auf dem Taurosplatz von der sechzig Meter hohen Säule des Theodosius zu Tode gestürzt worden ist – Christen unter sich. (Der Schlußakt war übrigens, wie freilich vieles zuvor, die Regie des fast blinden Dandolo, der wenigstens, wenn er schon nichts sah, den Fall des Imperiums sozusagen akustisch genießen wollte.)[9]

Konstantinopel, das sich über fünfhundert Jahre lang als uneinnehmbar erwiesen, wurde bei mangelhaftem Defensivzustand auch noch schwach verteidigt. So geriet es schnell in die Hände der Franken, die am 12. April die Mauern erstiegen; als erste anscheinend die Männer zweier Schiffe mit den Bischöfen Nivelon von Soissons und Garnier von Troyes an Bord, worauf die Banner der Prälaten auf den Türmen wehten. Am 13. April 1204 gewann man, selbst überrascht vom Lauf der Dinge, die Stadt, in der man sich jetzt so chevaleresk wie christlich benahm. «Drei Tage lang herrschte ein unbeschreibliches Morden und Plündern» (H. E. Mayer).

Daß die Raub- und Totschlagaktion ausgerechnet in die Karwoche fiel, scheint die Aktivität der Ritter Christi besonders beflügelt zu haben – kulminierte doch auch bei der Einnahme Jerusalems 1099 an einem «Freitag» und zur Stunde, «als Unser Herr Jesus Christus es zuließ, daß er für uns den Kreuztod erlitt», die katholische Schwertmission (VI 380ff.!). In Konstantinopel aber wüteten damals Christen gegen Christen weit schlimmer als ein Vierteljahrtausend später, 1451, die Türken.

Nun, 1204, gingen sogenannte Gotteshäuser, christliche Kirchen, durch Christen in Flammen auf oder wurden zu Ställen gemacht (wie noch im 20. Jahrhundert in Weißrußland, in Serbien unter den kroatischen Ustašamördern, da allerdings in kolossalem Ausmaß – der Fortschritt). Die christlichen Einwohner wurden ausgeraubt und abgeschlachtet, allein die Kolonisten haben etwa «2000 Menschen jeden Alters und Geschlechtes» (Kretschmayr) aus Rache erschlagen. Mädchen und Nonnen wurden geschändet, Knaben in die Sklaverei verkauft. Fast der gesamte katholische Westen war an diesen, wie es bald hieß, «herrlichen Taten» beteiligt: «Venetianer, Pisaner, Genuesen und auch viele aus ganz Italien, aus Ungarn, Deutschland, Gallien und Spanien kamen ihnen wiederum zu Hilfe» (Otto von St. Blasien).

Das vielbändige Handbuch der Kirchengeschichte hat für all die «herrlichen Taten», für «Plünderung und Blutvergießen» des Vierten Kreuzzuges, gerade vier Zeilen übrig! Und das gleichfalls vielbändige Lexikon für Theologie und Kirche (1997) verrät uns in seinem Report über Kreuzzugsbewegung und Kreuzzüge, über die «Eroberung Konstantinopels» und den Vierten Kreuzzug, gar nur eineinhalb Zeilen, lediglich mitteilend, man sei dabei «von dem erklärten Ziel abgeleitet» worden.

Welch dezente Geschichtsschreibung!

Reliquien- und Kunstschätze wechseln die Besitzer

Die wohl größte und reichste Stadt der Welt, seit Jahrhunderten das Zentrum christlicher Zivilisation, war übervoll von Kunstwerken der klassischen Antike, der byzantinischen Ära, übervoll auch von Reliquien aus alt- und neutestamentlicher Zeit.

Nein, was gab es da für Raritäten! Wahrhaft weltbewegende Exponate der Heilsgeschichte: den Stab Mose, zum Beispiel, den Tisch Salomos, das Tintenfaß des Pilatus. Es gab, überliefert Chronist Robert de Clari, Ritter und 1205 vermutlich reliquienbeladen in die Heimat zurückkehrender Augenzeuge aus der Picardie, in einer «äußerst wertvolle(n) Quelle von starkem ‹human interest›» (Schein): «Stücke vom Wahren Kreuz, so dick wie das Bein eines Mannes und so lang wie ein halber Klafter; und man fand dort das Eisen der Lanze, mit dem Unserm Herrn die Seite durchstochen wurde, und die beiden Nägel, die Ihm durch die Hände und Füße getrieben waren ...» Graf Balduin von Flandern vermochte gar einige Blutstropfen Christi in die Nähe seiner Genter Burg zu bringen. Es gab auch Bildnisse Christi und Marias, «nicht von Menschenhand gemacht» (Acheiropoieta), das nicht von Händen geschaffene Konterfei Jesu (Mandýlion), den Gürtel der Muttergottes oder ihr Gewand, die bedeutendste Reliquie Konstantinopels, mit seinen zahlreichen Marienkirchen überhaupt die «Stadt der Gottesmutter».

Die «Chronik von Nowgorod», die Schrift eines damals durch Konstantinopel reisenden Russen, gibt eine Vorstellung vom ebenso frommen wie kunstverständigen Vorgehen der Franken in der Hagia Sophia, Justinians großer Basilika, wofür der Kaiser einst angeblich 320000 Pfund Gold bezahlt hatte (II 371). Sie zertrümmerten da und stahlen alles, was ihnen begehrenswert schien: zwölf silberne Säulen des Chors, zwölf Altarkreuze, raubten vierzig Kelche, einen kostbaren Tisch mit Edelsteinen, dazu unzählige silberne Kandelaber, mit Ikonen geschmückte Altarblätter, eine Altardecke, ein Meßbuch, «vierzig Weihrauchgefäße aus reinem Gold und alles, was sie an Gold und Silber finden konnten, auch an Gefäßen von unschätzbarem Wert, in den Schränken, an den Wänden und an den

Orten, wo man sie verwahrte, so daß es unmöglich wäre, sie zu zählen. Alles das allein in der Sankt-Sophien-Kirche; aber sie plünderten auch die Kirche Sainte-Marie von Blachernes ... und viele andere Gebäude außerhalb wie innerhalb der Mauern, und Klöster, deren Zahl wir nicht angeben und deren Schönheit wir nicht beschreiben können.»

Der Chronist Gunther von Pairis, ein Zisterzienser, von Papst Innozenz um 1202 mit der Predigt zum Vierten Kreuzzug beauftragt, berichtet in seiner «Historia Constantinopolitana» über seinen Abt Martin und dessen Reliquiengier: «Und er tauchte beide Hände eilig und begehrlich hinein, und kräftig geschürzt wie er war, füllte er den Bausch der Kutte mit dem heiligen Kirchenraub.» Lachend brachte der geistliche Bandit seine Beute aufs Schiff und hatte für seine Vergnügtheit offensichtlich auch allen Grund, «denn der Raub umfaßte eine Spur vom Blute des Herrn, ein Stück vom wahren Kreuz Christi, einen nicht geringen Teil des Hl. Johannes, einen Arm des Hl. Jakobus, einen Fuß des Hl. Kosmas, einen Zahn des Hl. Laurentius, Reliquien von weiteren 28 männlichen und 8 weiblichen Heiligen sowie Reste, größtenteils Steinbrocken von 16 heiligen Stätten».

Nun waren solch heilige und allerheiligste devotionalia selbstverständlich fast samt und sonders Schwindel, galten aber fraglos als echt und wurden hoch verehrt, waren sozusagen einzigartige Kostbarkeiten, nicht zuletzt ungeheure Magnete des Wallfahrergeschäfts (vgl. III 3. Kap.!) und schon deshalb eine intolerable Kultkonkurrenz. Doch ob Kunst, ob Reliquien, all dies hat man jetzt, schön gesagt, der «kulturellen Demontage» (Kupisch) anheimgegeben, hat man in kürzester Zeit zügellos zerstört, um horrende Summen verschachert oder in die Sitze geweihter und ungeweihter Herren des Westens geschleppt, «weder Kirchen noch Klöster wurden geschont, auch keine Bibliotheken» (Kawerau). Die erlesensten Handschriften fielen den abendländischen Briganten zum Opfer, nur wenige Dramen des Sophokles und Euripides überlebten. Die fränkischen «Kriegerbanden» (Duby) ruinierten die Stadt «roher als je Kalifen oder Türken im Morgenland gehaust hatten; Konstantinopel und das Byzantinische Reich haben sich von diesem Schlage nicht mehr erholt» (Schubart). Geradezu systematisch sollen die Venezianer das Teuerste aus Kirchen und Palästen weggeräumt und sich kaum vorstellbar bereichert haben. Doch gewann jeder Mann von auch nur einigem Rang ein Vermögen.[10]

Die Plünderungswut nahm zuletzt solche Formen an, daß die Heerführer befahlen, die Beute, aus der auch den Venezianern die Schulden zurückzuzahlen waren, in drei Kirchen sowie einer Abtei zu sammeln. Und noch nie, notiert Robert de Clari, der einfache Ritter und Augenzeuge, in seinem aussagekräftigen, altfranzösisch verfaßten Bericht «La Conquête de Constantinople», «niemals, seitdem diese Welt geschaffen wurde, gab es so vieles Gut, so schön und so prächtig, weder gesehen noch erobert, weder zur Zeit Alexanders noch zur Zeit Karls des Großen, weder vorher noch nachher». Ja, der Chronist versichert, die vierzig reichsten Städte der Welt enthielten nicht soviel Reichtümer wie Byzanz allein. Und beim Stehlen, Plündern, betont Robert de Clari, gingen gerade die Anführer und Aufpasser mit schlechtem Beispiel voran, nahmen sie «die goldenen Schmucksachen und was sie wollten ... und jeder von den Reichen nahm entweder goldene Schmucksachen oder seidene Stoffe, und was er am liebsten mochte, trug er fort ... und der Allgemeinheit des Heeres gab man davon nichts, noch auch den armen Rittern oder den Fußsoldaten, die geholfen hatten, es zu gewinnen ...».[11]

Und ist's, geht es um Geld, Profit, nicht so durch die Jahrhunderte? Noch heute?

Eine Nutte auf dem Patriarchenthron, der Aufschrei des Niketas – und das Ganze «nicht einmal so schlecht» (Jesuit Hertling)

Die Kreuzfahrer, französische und deutsche Ritter, ruinierten Hunderte von unersetzlichen Kunstwerken. Sie raubten die herrlichsten Schätze aus Gold, Silber, Edelsteinen. Sie kostümierten sich und ihre

Pferde aus Jux mit byzantinischen Gewändern, verwandelten sogar Jesus- und Heiligenbilder in Sessel und Schemel zu ihrer Bequemlichkeit. Viele schleppten auch die von ihnen vergewaltigten Griechinnen wie Trophäen herum, soffen und fraßen den ganzen Tag. Eines Abends zündeten sie die Oststadt an, worauf die Flammen den Ortsteil neben dem Meer völlig verzehrten – wie auch andere Viertel, hohe Kirchen, prächtige Paläste, mondäne Geschäftsstraßen, Männer, Frauen, Kinder im Feuer untergingen, phantastische Illuminationen, und bereits der dritte Großbrand der Stadt durch die Pilger, ein Feuersturm, der mehr Häuser in Asche legte, «als die drei größten Städte Frankreichs zählten».

Als man aber mit Kreuzen und Ikonen Christi heranzog, als derart Christen an Christen appellierten, gerieten die Ritter des Herrn erst recht in Rage, schleuderten Ikonen, Reliquien fort, warfen, schreibt Niketas Choniates, der Augenzeuge (der hierbei sein Vermögen verlor, doch seine Familie dank venezianischer Kaufleute retten konnte), Leib und Blut Christi in den Staub, stahlen Pferde, Geld, zerstückten, verteilten den ganzen Kirchenschatz, schleppten Gold und Silber auf Mauleseln weg und stachen ausgleitende Tiere noch in der Kathedrale ab, während eine Nutte, «ein Misthaufen der Sünde», auf dem Patriarchenthron des Heiligen und Kirchenlehrers Johannes Chrysostomos (Goldmund) Zotiges grölte.[12]

Das Elend Konstantinopels, das die Welt schockierte, noch in den Geschichtsbüchern der Chinesen sich spiegelt, bricht vielleicht am erschütterndsten aus dem Aufschrei des Niketas hervor, Großlogothet, Sekretär, Siegelbewahrer des Kaisers, Historiker und Theologe (gest. 1217), dessen hervorragendes Geschichtswerk die wichtigste Quelle für das 12. und beginnende 13. Jahrhundert ist: «Das Unheil kam über jedes Haupt. In den Gassen war Weinen und Jammern, die Straßen erfüllte Klagen und Geheul, aus den Kirchen tönte Wehgeschrei, Männer seufzten, Frauen schrien, überall wurden Leute verschleppt, versklavt ... Sie nahmen allen alles, Geld und Gut, Haus und Gewand, und ließen die rechtmäßigen Besitzer nichts auch nur benützen. Ja, das waren die Männer mit dem ehernen Nakken, dem prahlerischen Sinn, der hochgezogenen Braue, den allzeit jünglinghaft glattgeschabten Backen, mit der blutgierigen Rechten, der zornbebenden Nase, dem stolz erhobenen Auge, den unersättlichen Kinnladen, ... das waren die Männer, die, was noch schwerer wiegt, das Kreuz auf ihren Schultern trugen, die oft auf dieses Kreuz und die Heilige Schrift den falschen Eid geschworen, sie würden Christenländer ohne Blutvergießen durchziehen, nicht nach links abweichen, nicht nach rechts abbiegen, weil sie nur gegen die Sarazenen ihre Hand gewaffnet hätten und ihr Schwert nur mit dem Blut der Zerstörer Jerusalems färben wollten, das waren die Männer, die gelobt hatten, keine Frau zu berühren, solange sie das Kreuz auf ihren Schultern trügen, weil sie als Gott geweihte Schar im Dienste des Allerhöchsten zögen! ... O meine Stadt, meine liebe Stadt, Augapfel aller Städte! Weltberühmte, überweltlich schöne, erhabene Stadt! Nährmutter der Kirche, Ahnherrin des Glaubens, Weiserin der rechten Lehre, Pflegerin der Wissenschaft, Heimstatt des Schönen!»[13]

An der Erstürmung und Plünderung Konstantinopels, bei der mehrere tausend Griechen umkamen, nahmen außer den westlichen Rittern auch katholische Bischöfe, Äbte und Mönche aktiv teil, darunter der Halberstädter Bischof Konrad von Krosigk, der seine Beutestücke, Reliquien und analoge Raritäten, im Jahre 1208 urkundlich – denn alles muß rechtlich geregelt, muß sauber geordnet sein – seiner Kathedrale als «Mutter und Lehrmeisterin» des Bistums vermachte. Oder der Zisterzienserabt Martin aus dem Elsaß, der gleichfalls «bei dieser Eroberung dabei war und einen sehr großen Teil des lebenspendenden Kreuzes und anderer Reliquien des Herrn zusammen mit vielen anderen Reliquien, die mit Gold, Silber und kostbaren Steinen geschmückt waren, in das Vaterland verbrachte und dadurch ganz Deutschland und das Elsaß über die Maßen adelte». Raub adelt, das ist klar, er muß nur groß genug sein! Findet doch auch Jesuit Hertling in seiner «Geschichte der katholischen Kirche», kurz nach Hitler geschrieben: «Das Ganze wäre, vom Standpunkt der Kreuzzugspolitik betrachtet, nicht einmal so schlecht gewesen. Von Recht und Unrecht konnte bei den heillosen Zuständen im byzantinischen Reich, und namentlich den fürchterlichen Komnenen gegenüber, kaum die Rede sein.»[14]

Ja, wie anders war das doch in der ehrwürdigen okzidentalen

Heilsgeschichte! Und hatten nicht die «fürchterlichen Komnenen», ebenso wie die nun so gewaltig hereingelegten Angeloi, immerhin eine «traditionell lateinerfreundliche Politik» (Carile) getrieben?

Das kurzlebige Lateinische Kaiserreich und die langlebige «adriatische Kröte»

So ungeheuer der Raub der Lateiner in Konstantinopel aber war, so gigantisch, daß er nach Walter Zöllner «die palästinensischen Ereignisse vom Jahre 1099 noch in den Schatten» stellte (vgl. VI 380 ff.!), was bedeutete all das neben dem Raub riesiger Reichsteile und ihrer Vergabe an einige hundert «Kreuzfahrerbarone» in rund 600 «Lehen» (Partitio)? Denn die Kreuzzügler, die, statt Jerusalem den «Ungläubigen» zu entreißen, Byzanz eingenommen, wollten es jetzt auch regieren. Und das taten sie, bis es der Byzantiner Michael VIII. Palaiologos 1261 zurückeroberte, mit Hilfe der Genuesen, die Venedig geschäftlich auszubooten suchten.

Kaiser des neuen Reiches (Amtssprache Latein; selten und bloß seit Balduin II. Französisch, das man jedoch am Hof von Anbeginn an sprach) war der am 9. Mai 1204 gegen seinen Konkurrenten Bonifaz von Montferrat gewählte, am 16. Mai in der Hagia Sophia gekrönte Graf Balduin von Flandern und Hennegau. Er bekam ein Viertel des Reichsgebietes, hatte aber nicht die stärkste Stellung inne und sollte sie auch nicht haben. Er nannte sich stolz den «neuen Konstantin», verkündete pompös dem Papst «die herrlichen Taten» der Kreuzfahrer und schrieb ihm den ganzen Ruhm des so gottgesegneten Geschäftes zu. Der große Rest, der erst noch erobert werden mußte, wurde zwischen den übrigen Führern der Franken und den Venezianern geteilt und zu autonomen feudalen Fürstentümern gemacht.

Die Venezianer, deren maritime Expansion zugleich politische Geschichte war, begründeten im östlichen Mittelmeer ein Kolonialreich. Es hat den Untergang des Lateinischen Imperiums ebenso wie die vier großen Seekriege mit Genua zwischen der Mitte des 13. und dem Ende des 14. Jahrhunderts überdauert und dort ihre Handelsherrschaft bis ins 16. Jahrhundert, bis zur osmanischen Invasion, gesichert. Daß sie jetzt, allen päpstlichen Anstrengungen zum Trotz, auch den lateinischen Patriarchen Tomaso Morosini aus einem der ältesten venezianischen Adelshäuser stellten, den zweitmächtigsten Mann des Staates, hatte demgegenüber kaum Gewicht. Erwähnenswert immerhin, daß Tomaso Morosini im März 1205 in Rom innerhalb von drei Wochen zum Diakon, Priester, Bischof und Erzbischof avanciert – «Der gewaltige Papst, der mächtigste Mann der Welt, wich vor dem Dogen von Venedig zurück» (Kretschmayr) – und daß der derart Erhobene gleich noch im Frühjahr, auf seiner Reise nach Byzanz, Ragusa und Durazzo für Venedig erobert. Welcher Auftakt einer Seelsorgerlaufbahn! Formell unterstanden die Venezianer zwar der Oberhoheit des Kaisers, beherrschten aber durch ihre Flotten- und Finanzpolitik, ihre Monopole, das gesamte Lateinische Kaiserreich. Sie bekamen auch von der offiziellen Beute – Wert rund 900 000 Mark Silber – 500 000 Mark und von den restlichen drei Vierteln des Reiches die Hälfte. Sie ergatterten auch das Wertvollste aus der «kulturellen Demontage» und langten dabei so kräftig zu, daß man sagen konnte: «Neun Zehntel der Kunstsammlungen, die später den Schatz der Markuskirche in Venedig ausmachten, stammten aus diesem Raub» (Bosl). Kurz, die Seerepublik, die auch noch drei Achtel der Stadt Konstantinopel samt Hagia Sophia erhielt, war der Hauptgewinner und durch ihre rücksichtslose Herrschgier den Byzantinern wohl am meisten verhaßt, deren Bischof Eustathios «die Heimtücke dieser Land- und Wasserschlange» vermaledeite, «dieser bösartigen adriatischen Kröte».

Innozenz III. und die geistlichen Früchte des Vierten Kreuzzugs

Papst Innozenz hatte zunächst den Thronanwärter kühl empfangen (S. 93), sich auch, trotz dessen generösen Verheißungen, nicht weiter mit ihm eingelassen, vielmehr einen Kreuzzug zu seinen Gunsten abgelehnt, ja schließlich im Frühjahr 1203 verboten. Er hatte den Beteuerungen des Prätendenten, stets Rom gehorsam zu sein und nach Möglichkeit die griechische Kirche mit der römischen zu vereinen, mißtraut, ihm mißtraut auch als dem Schwager seines Feindes, des Staufers Philipp. Und nicht zuletzt wollte Innozenz die Kreuzfahrer vom eigentlichen Ziel nicht abgelenkt, den Kreuzzug nicht zu einer fragwürdigen Sache «mißbraucht» sehen (Mißbrauch ist natürlich jeder Kreuzzug und jeder Krieg), jeder, zumal man schon, auf Betreiben Venedigs, das Kreuzheer nach Zadar, den Besitz des katholischen Ungarnkönigs, geführt.

Doch war die Wendung wider Byzanz auch gegen des Papstes erklärten Willen erfolgt, als man die Stadt erst einmal hatte, war er von der seiner Kirche so überraschend zugefallenen Akquisition, die ja auch der Herr zugelassen, also gewollt, hoch erfreut, einfach überwältigt. Gewiß hatte man nicht das begehrte Jerusalem – aber Byzanz war in vieler Hinsicht eher mehr, die Voraussetzung für die Katholisierung des Orients, mochten auch die Begleitumstände nicht immer die honorigsten gewesen sein. So wurde von Innozenz zwar zunächst der Angriff auf Byzanz als Ablenkung von der Befreiung der «heiligen Stätten» verboten, wurden die Kreuzfahrer gerügt, sogar Kirchenstrafen verhängt, allerdings auch rasch wieder aufgehoben, nachdem man ihm Gehorsam gelobt. Hatte er doch auch die eigenmächtige Erhebung Morosinis zum Patriarchen erst für nichtig erklärt, dann aber gebilligt und ihn ernannt.

Und nun meldete der lateinische Kaiser Konstantinopels, Balduin I., der freilich schon 1205 spurlos verscholl, seine Krönung «zur Ehre der römischen Kirche und zur Befreiung des Heiligen Landes» und stellte überdies die Unterwerfung der griechischen Orthodoxen in Aussicht. Nein, Innozenz sah im Falle von Byzanz, dieser «civitas diu profana» (lange schon entweihten Stadt), jetzt eine Art Gottesurteil, ein Wunder fast – die Ausdrücke des Mirakulösen häufen sich (magnifica miracula; mirabile; pro tanti miraculi novitate). Nein, kein Zufall, «non casu fortuito», schrieb er an den Heeresklerus, «sed alto quidem consilio Deus hoc mysterium per vestrum ministerium operatur, quatenus de caetero sit unum ovile et unus pastor»; keine Kasualien somit, sondern ein seit Ewigkeiten vorgesehenes «Mysterium, das der hohe Ratschluß Gottes im Dienst der Kreuzfahrer offenbart habe, damit künftig ein Schafstall Christi und ein Hirte vorhanden wären».

Wahrhaftig, der Herr selbst, ließ Innozenz im November 1204 Kaiser Balduin wissen, habe das Reich der stolzen, ungehorsamen, schismatischen Griechen übertragen auf die demütigen, folgsamen, katholischen Lateiner. Und Theodor I. Laskaris, der, nach Kleinasien geflohen, in Nikaia als byzantinischer Kaiser (1205–1221) einen auch vom lateinischen Kaiser Heinrich schließlich anerkannten byzantinischen Nachfolgestaat entwickelte, bekam am 17. März 1208 zu hören: die Griechen wurden nach göttlichem Ratschluß bestraft. Sie hätten, weil sie der Union und der Unterstützung des Heiligen Landes sich versagten, ihr Reich zu Recht an die Franken verloren. Zwar seien auch die Kreuzfahrer nicht völlig schuldlos gewesen, doch geschehe es oft, daß Gott die Bösen durch den Arm Böser bestrafe.[15]

Wirklich: die Wege des Herrn, sie waren wieder wunderbar. Nach altem Brauch aber überläßt Rom verantwortungsvoll, wie es ist, derart Bedeutsames nie dem Herrn allein. Vielmehr war es das kuriale Hauptinteresse im latinisierten Byzanz, die griechischen Priester umzufunktionieren «in gefügige Werkzeuge der römischen Herrschaft, in Reichsbeamte gleichsam» (Norden).

Nur der kleinere Teil jedoch dieser Geistlichen spielte mit. Die anderen wurden, falls sie nicht freiwillig gingen, gefeuert, vertrieben und durch westliche Kirchenleute ersetzt. Kein einziger Vorsteher der *Haupt*kirchen ließ sich durch Rom gewinnen; überall zogen dort Lateiner ein, die darauf, vom Papst gefördert, alles taten, um die orthodoxen Bischöfe, Äbte, Priester zu unterwerfen. Gehorchten diese, hatten sie, entgegen der gängigen Praxis im Abendland, einen doppelten Eid zu schwören, den einen ihrem lateinischen Oberen, den anderen dem Papst. Und wollte der auch, freilich «einzig und allein aus Politik» (Norden), weder Gehorsam noch den römischen Ritus erzwingen – nur nach wiederholtem Insistieren, nur notfalls sollte die Widerspenstigen, so die päpstliche Direktive, Absetzung und Bann treffen –, praktisch war der Zwang gar nicht so selten (war er sogar und gerade in dem Rom viel näheren Unteritalien häufig). Und selbst nach Alois Knöpflers «Lehrbuch der Kirchengeschichte» (mit Imprimatur) wurde die Union «gewaltsam durchgeführt». Neugegründete «rechtgläubige» Klöster, Klöster von Zisterziensern und Franziskanern, mußten die Lateiner unterstützen.

Zudem forcierten mehrere Legaten des Papstes die Unionsverhandlungen. Denn nicht nur sollte das griechische Reich lateinisch, sondern auch der griechische Glaube römisch werden.

Zunächst erschien 1205 der Kardinal Benedikt, der aber, bei aller Gewandtheit und allerlei Konzessionen in Fragen des Ritus, nicht recht vorankam; um so weniger, als er sich, ungewohnt konziliant und maßvoll, noch in Glaubensdisputationen mit den Besiegten einließ, die danach jedesmal den Sieg beanspruchten und bei ihrem Glauben blieben. Später erreichte der Kardinal Pelagius von Albano, ein gebürtiger Spanier, der 1213 die Griechen endgültig Rom unterjochen sollte, noch weniger, obwohl oder weil er die Kirchen der Hartnäckigen einfach schließen, ihre Pforten verriegeln und renitente Brüder in Christo sofort fesseln, einkerkern, auch mit dem Tod bedrohen ließ.

Indes wurde der bedrängte griechische Klerus durch die lateinischen Fürsten, besonders durch den zweiten Kaiser «Romaniens», Heinrich (1206–1216), den Bruder des verschollenen Balduin, gegen ihre eigene Kirche, den Papst und seine Bischöfe gestützt – nicht ganz selbstlos. Der neue Kreuzfahrerstaat hatte große Teile des Landbesitzes der orthodoxen Kirche konfisziert, bis 1210 fast deren gesamtes Gut; doch die dafür den lateinischen Prälaten zu zahlenden Abgaben behielten die Fürsten lieber selbst – eine recht eigenwillige, geradezu unbotmäßige Kirchenpolitik, wie sie der Westen lange nicht mehr erlebt hatte. Kardinal Hergenröther meldet denn auch, daß der sogar bei den Griechen Achtung genießende Kaiser «1216 vergiftet wurde».

Die erbitterten Byzantiner hatten die Greuel der Abendländer nicht vergessen. Westliche Menschen waren ihnen aufs äußerste verhaßt. Der überwiegende Teil des einfachen Klerus verweigerte Rom den geforderten Gehorsam, und das Volk wollte von einer Kirchenunion, einer Papstherrschaft, schon gar nichts wissen.[16]

So groß der Erfolg (scheinbar) war, er war so groß auch wieder nicht, zumal in Hinsicht auf die intendierte Kirchenunion. Selbst innerhalb des Lateinischen Kaiserreichs gab es beträchtliche Defizite, blieben die meisten Griechen Schismatiker oder wurden es wieder. Erst recht gilt dies für die rasch entstehenden regionalen byzantinischen Nachfolgestaaten Epiros, Nikaia, Trapezunt. Die Hochburg allerdings und das Haupt der orientalischen Kirche, Konstantinopel, Roms Rivalin durch die Zeiten, sahen die Päpste jetzt gedemütigt, vor sich im Staub, und Innozenz zögerte nicht, den Tatsachen zum Trotz (vgl. S. 103 f.) zu behaupten, dieser Umschwung sei nicht gegen den Willen des Papsttums, sondern allein durch das Papsttum herbeigeführt worden.

In Spanien: Kriege gegen «Ungläubige» und Gläubige

Auf der Pyrenäenhalbinsel fiel das muslimische Spanien seit dem Hochmittelalter mehr und mehr der christlichen Reconquista zum Opfer. Oder schöner gesagt mit dem Kirchenhistoriker und erzbischöflichen geistlichen Rat Knöpfler: «Es begann nun für Spanien die Glanzperiode christlichen Heldentums, das durch die Kreuzzugsbegeisterung, wie sie Europa in immer neuer Glut durchwehte, zu fast unüberwindlichem Enthusiasmus gesteigert wurde.» Und auch hier mischten sich die Päpste zunehmend mit ebenso massiven Lügen wie Kriegstreibereien ein (VI 260 f., 482 ff.).

Führte man Kreuzzüge außerhalb des «Heiligen» Landes doch überhaupt am frühesten in Spanien. Innozenz konnte dort an entsprechende Tätigkeiten u.a. Gregors VII. anknüpfen. Oder an solche Urbans II., der gegen die Mauren agitierte, der Jerusalemkreuzzug und Reconquista auf eine Stufe stellte und deshalb den christlichen Kriegern auf beiden Heilsschauplätzen den gleichen Ablaß verhieß. Ebenso bewilligten die Päpste in der ersten Hälfte des 12. Jahrhunderts den Bekämpfern der Moslems auf der Halbinsel wiederholt den gleichen Ablaß, den sie auch für die Schlacht um Jerusalem gewährten. Krieg gegen «Heiden», ob hier, ob dort, galt ihnen jetzt als gleich viel.

Doch Innozenz strich mehr als alle seine Vorgänger die päpstliche Oberhoheit über Spanier und Portugiesen heraus. «Alle Teile *Spaniens* sah der Heilige Stuhl als seine Lehnsstaaten an» (Handbuch der Kirchengeschichte). König Peter II. von Aragón, nicht von ungefähr durch den Beinamen el Católico gezeichnet, forderte schon 1198 für «Ketzer» im Land den Feuertod und eilte 1204 persönlich zum Papst, um sich ihm zinspflichtig zu machen. Dafür erhoffte er – seine Hauptsorge – Schutz gegen das Vordringen Frankreichs nach Süden sowie Hilfe wider die eigenen Großen. Da die christlichen Staaten der Halbinsel auch untereinander zerstritten waren, manche, wie León oder Navarra, es zeitweise gar mit den Almohaden hielten, bedrohte Innozenz solch schnöde Kooperation mit Bann und Interdikt; «ständig» rief er zu Eintracht und Frieden auf «wegen der Reconquista» (Handbuch der Kirchengeschichte) – um dann den großen Krieg zu schüren, «unablässig», die «Seele des Widerstandes» (Johannes Hollnsteiner, mit Imprimatur).[17]

Die Feldzüge selbst führte nicht zuletzt Peter el Católico, und führte sie nicht ohne Erfolg, zumal ihm die Templer hilfreich beisprangen und natürlich jede Menge Pfaffen. «Im Heere Peters II. befanden sich die Metropoliten von Tarragona und Narbonne, die Bischöfe von Zaragoza, Agde und Barcelona nebst vielen Prälaten und Klerikern, die auf eigene Kosten zum Teil recht stattliche Kontingente mit sich führten, so der Bischof von Barcelona, der ritterliche Berengar de Palou, dem 40 Reiter und 1000 Mann zu Fuß folgten. Der Abt Ferdinand von Montaragón, ein Bruder des Königs, führte einen Teil des katalanisch-aragonischen Heeres in die Schlacht, die im Jahre 1212 bei Ubeda geschlagen wurde und mit einer entscheidenden Niederlage der Mauren endete» (Vincke).

Wo immer es Innozenz seinerzeit möglich war, intervenierte er auch auf der Pyrenäenhalbinsel oder intervenierte er auch nicht. Als beispielsweise Alfons VIII. von Kastilien, ein unermüdlich die Muslime bekämpfender Monarch, Navarra besetzte, protestierte der Papst mit keiner Silbe, denn König Sancho VII. von Navarra (el Fuerte, der Starke) hatte sich, bedrängt durch die Invasionen der Könige von Aragón und besonders von Kastilien, mit den Almohaden verbündet, gegen die der Papst den Krieg forderte.[18]

Überhaupt war Alfons VIII. von Kastilien (1158–1214), der die Reconquista umfassend zu steuern suchte, Vorposten schuf, Expansionsgebiete fixierte, sehr nach dem Herzen des Papstes. Jahrzehntelang focht er wider die Almohaden und förderte, da der alte Adel unzuverlässig zu werden begann, die Mönche sowie die Ritterorden von Santiago und Calatrava, die wachsende Bedeutung bekamen. Bereits 1206 plante der König einen großen Feldzug gegen die Muslime und betrieb entsprechende Bündnisabschlüsse. In den nächsten Gefechten aber war er wenig erfolgreich, ja verlor die Burg Salvatierra, Wahrzeichen, zeitweise auch Sitz des Ordens von Calatrava, der schon 1158 unter dem Abt Raimund die Mauren attackierte, nach wechselndem «Kriegsglück» und zahlreichen Eroberungen enorme Güter, viele Burgen, viele Privilegien gewann und bis ins 19. Jahrhundert ein adliges Versorgungsinstitut blieb.

Einem zweiten Vorstoß, einem Großangriff, verlieh der Papst Kreuzzugscharakter. Er ließ, mit besonderem Echo in Frankreich, den Krieg predigen und propagierte die heilige Sache in Rom selbst. 70000 Soldaten setzte er nach Spanien in Marsch, wo auch genügend Geld hinfloß und der Erzbischof von Toledo, Rodrigo Jiménez de Rada, um so fanatischer zum Kampf aufrief, als er seit je ebenso gute Beziehungen zur Kurie unterhielt wie zum kastilischen König, dem er seine ganze Karriere verdankte. In seiner Bischofsstadt versammelte sich im Frühsommer 1212 das Kreuzheer. Es gab judenfeindliche Unruhen, und allmählich vertrugen sich die Kämpen Christi auch untereinander nicht mehr. Die von jenseits der Pyrenäen verließen nach der Einnahme von Malagón und Calatrava das iberische Heer, in dem freilich auch manch einheimischer Große fehlte; zum Beispiel Alfons IX., König von León, in zweiter Ehe mit Berenguela, der Erbtochter Alfons' VIII. von Kastilien, verbunden: er nutzte den vom kastilischen Fürsten angeführten Kreuzzug zu einem Angriff auf kastilisches Gebiet!

Gleichwohl errangen die Könige von Kastilien, Aragón und Navarra am 16. Juli 1212 in der Schlacht bei Las Navas de Tolosa über den Emir Mohammed al-Nasir einen glorreichen Sieg: den bisher größten der Reconquista, der zur endgültigen Überlegenheit der Christen auf der Halbinsel führte – «dabei war das Morden so groß, daß das Blut der getöteten Sarazenen in Strömen floß», schreibt, allerdings erst viel später, Peter von Dusburg. – Die Beute der Sieger ist gewaltig, und gleichsam als Souvenir schickt Alfons VIII. Nasirs Seidenzelt und seine Fahne dem Papst, der sie in St. Peter ausstellt.

Einen großen Teil der weiteren Arbeit leistet Ferdinand III. el Santo, seit 1217 König von Kastilien (obwohl ihn weder der Adel noch die Städte wünschen) und, seit 1230, auch König von León. Verheiratet erst mit Beatrix (genannt Elisabeth/Isabella), Tochter des Staufers Philipp von Schwaben, dann mit Johanna von Ponthieu und Montreuil, mit denen der 1671 kanonisierte insgesamt 13 Kinder zeugt. Eine analoge Potenz beweist der Heilige (Fest 13. Juni) auf dem Schlachtfeld. Nach der Niederlage von Las Navas de Tolosa treibt er die geschwächten Araber Zug um Zug zurück. 1236 erobert er Córdoba, 1244/1246 Arjona, Priego, Jaén, 1248 Sevilla. Dabei will der Heilige natürlich gar kein Blutvergießen, will er «stets nur den Frieden», kämpft er nicht etwa um die Vergrößerung des eigenen Reiches, nein, «für Gottes Ehre», weiß jedenfalls Ludwig Donin in seinem vielbändigen Standardwerk «Leben und Thaten der Heiligen Gottes oder: Der Triumph des wahren Glaubens in allen Jahrhunderten. Mit Angabe der vorzüglichsten Geschichtsquellen und praktischer Anwendung nach den bewährtesten Geistesmännern»; und natürlich: «Mit Genehmigung des hochwürdigsten fürsterzbischöflichen Ordinariates von Wien» – ein wahres Wunderwerk am laufenden Band, das auch verrät, wie Ferdinand III. el Santo das gemacht hat, nämlich: «Im Jahre 1225 zog Ferdinand des erste Mal gegen die Ungläubigen, und besiegte sie mehr durch Beten und Fasten, als durch viele Schlachten ... Oft brachte er vor einer Schlacht die ganze Nacht im Gebete zu und verdankte nur Gott all sein Waffenglück. Bei seinem Heere war stets das Bild der allerseligsten Jungfrau Maria vorhanden, um das Vertrauen der Soldaten auf die Fürbitte Mariens stets zu wecken und zu beleben. Überdieß trug er ein kleines Marienbild auf seiner Brust, und wenn er in die Schlacht zog, hing er es an den Sattelbogen.» Und da gelegentlich an der Spitze seiner Truppen, von Christen wie Moslems bezeugt, noch der «h. Apostel Jakobus auf einem weißen Rosse» stritt, wie ein geharnischter Ritter, konnte es an nichts fehlen.

Die «Ungläubigen» wurden nun immer weiter nach Süden geworfen, wo sich das von dem Naṣriden Muhammad I. (1237–1273) gegründete Reich mit dem Hauptsitz in Granada noch mehr als zwei Jahrhunderte zu halten vermag, bis der letzte Rest muslimischer Macht in Spanien 1492 an Kastilien und damit in christliche Hände fällt.[19]

Der Kinderkreuzzug, der keiner gewesen sein soll

Wird die Christenheit schon an die üblichen Kreuzzüge nicht gern erinnert, auch nicht an jenen, vom Weltherrschaftswahn Roms mobilisierten mörderischen Run nach Nordosten, der dann – Ironie der Geschichte – im Osmanensturm des 14. Jahrhunderts zusammenbricht, will sie von einem Kinderkreuzzug erst recht nichts mehr wissen, von jenem «wunderlichen Geschehnis», so die «Gesta Treverorum», «was in allen Jahrhunderten unerhört war».

Entweder leugnet man glatt, entgegen den Quellen, immerhin rund fünfzig, daß es ein beabsichtigter Kreuzzug, eine intendierte Eroberung Jerusalems, seit 1187 in Sarazenenhand, gewesen sei und macht schlichtweg nur eine geplante Jerusalemwallfahrt daraus, wenn nicht gar bloß Prozessionen im Abendland. Oder man beseitigt die Tragödie fast, wie etwa Herders «Lexikon für Theologie und Kirche». Der 5. Band (1996) bringt zwar über zwei Dutzend Wortverbindungen mit Kind – vom Kind Jesus über Kinder Gottes, Kinderbegräbnis, Kinderbibelwoche, Kinderbischof usw. bis Kindergottesdienst, Kinderkommunion, Kinderpastoral, Kindersegnung, Kindertaufe etc., ja führt auch das Stichwort an: «Kinderkreuzzug»; freilich nur mit Verweis auf die «Kreuzzugsbewegung». Und da steht dann im 6. Band (1997) wieder nicht mehr als: «Kinder-Kreuzzug» samt der Jahreszahl «1212» (was ungefähr der kürzesten Quelle entspricht: Anno 1212: Fecerunt pueri processiones: Breve

Chronicon Lirense). Doch etwas wenig für eine dickleibige Lexikonreihe und einen makabren historischen Skandal. (Die erste Auflage von 1934 hatte sich dazu gerade noch den Satz abgerungen: «Scharen von französischen und deutschen Kindern, die 1212 nach dem Hl. Land ziehen wollten, gingen unterwegs kläglich zugrunde.»)[20]

Man hat auch behauptet, die neuere Forschung sei geneigt, die Züge der *Kinder* ins Reich der Legende zu verweisen und als Teilnehmer mehr das ländliche Proletariat, «poor persons on the margins of rural society» (Jesuit Raedts), «eher Arme und Randständige der mittelalterlichen ländlichen Gesellschaft anzunehmen, die in göttlichem Auftrag das Scheitern der offiziellen Kreuzzüge wettzumachen suchten» (K. Arnold). Doch auch dies wird durch zeitgenössische Quellen kaum gestützt, wenn man auch immer wußte, daß die Kinderkreuzzügler sich sowohl aus «Männern als Mädchen als Greisen als Jünglingen» zusammensetzten (Annales Spirenses); daß mit den «pueri et puelle» auch Erwachsene zogen, Geistliche, nicht minder aufgereizt oder Schlimmeres, «mali homines». Und Ulrich Gäbler möchte zumindest die französische «Bewegung am ehesten als Bittwallfahrten lokalen Charakters ansprechen dürfen» und nicht als «französischen Kinderkreuzzug» oder «Kinderkreuzzug in Frankreich». Ja, er erkennt diesem grotesken Vorgang «den Charakter der Außergewöhnlichkeit» rundweg ab, füge er sich doch «durchaus in die Welt des mittelalterlichen Menschen ein».

Desto schlimmer!

Aus Kindern jedenfalls vor allem rekrutierte sich das Phänomen des Wahnsinns, aus geld- und (übereinstimmendes Zeugnis aller Quellen) waffenlosen Kindern des Maasraumes, der Rheinlande, aber auch Böhmens, aus Zehn-, Zwölfjährigen schon; doch sprechen Chroniken sogar von «Säuglingen» (oft wohl erst Unterwegsprodukte des frommen Gottesvolkes). Während aber der Marbacher Annalist «diese törichten Menschen ohne Verstand», «diese töpelhafte Menge» geißelt, während noch 1952 Bernhard Ridder in dem Kinderkreuzzug «ein von vornherein verfehltes Unternehmen», «ein an sich sinnloses Unterfangen» sieht, rühmt Görlichs «Kleine Kirchengeschichte» noch einige Jahre später die «ganz eigenartige Blüte der Begeisterung für das Heilige Land». Sah ja kein Geringerer als Innozenz III. etwas Großes darin, was die Erwachsenen beschäme. «Diese Knaben», sagte er, «gereichen uns zum Vorwurf.» (Hitler hätte sich darauf berufen können, als er seinerseits begann, Kinder in den Krieg zu jagen, Halbwüchsige, zum Teil entflammt noch, als der Enthusiasmus der Älteren bereits erloschen war. Erinnert nicht auch dies an die Kinderkreuzzügler? Eine Erscheinung «einzig in ihrer Art», so einst der Basler Theologe Hagenbach, die zeige, «wie tief die Nachwirkungen der früheren Begeisterung gingen und wie das dem Erlöschen nahe Feuer noch immer unter der Asche fortglimmte».)

Auch nach Rom kamen Verführte, und der große Papst zog sofort die Konsequenz. Denn, lesen wir mit Imprimatur bei Bernard Guillemain, «ihr rührender und beklagenswerter Versuch war eine schreckliche Mahnung zur Ordnung (!). Innozenz III. war empfänglich genug für die leidenschaftlichen Gefühle des Volkes, um sie zu verstehen. Sofort wurde ein neuer Kreuzzug vorbereitet».[21]

Hatte dieser Papst doch durch sein ganzes Pontifikat zu Kreuzzügen getrieben, auch damals, aber zeitweise wohl «die Begeisterung nur die Kinderwelt ergriffen» (Hagenbach). «Nur Kinder nahmen in krankhafter Begeisterung das Kreuz» (Knöpfler), übrigens durchweg Kinder Mittelloser. So betrat im Sommer 1212 Stephan aus dem Vendômois, ein Hirtenbub, dem der Herr sich in Gestalt eines armen Pilgers gezeigt, das abendländische Schmierentheater, ausgestattet mit einem der seinerzeit so beliebten «Himmelsbriefe», diesmal adressiert an den König von Frankreich, der indes dafür nicht einzunehmen war, das getäuschte junge Volk vielmehr nach Hause schickte.

Doch sonstige Obrigkeiten traten kaum dagegen auf. »Weder die kirchlichen noch die weltlichen Behörden widersetzten sich dem Zug» (Gäbler). Stephan durchzog, umjubelt von Erwachsenen, im Triumph das Land, begleitet auch von Älteren, auch von Geistlichen, und angeblich schlossen sich ihm, verführt durch Bibelsagen, christliche Legenden, durch frühere Bußzüge und analoge Absurditäten, 30 000 Heilsbegierige an, um «das Kreuz jenseits des Meeres» zu suchen. Was nicht schon zuvor durch Strapazen oder Buschklepper umgekommen, geriet in Marseille in die Finger der

Sklavenhändler und auf diverse Schiffe. Zwei davon scheiterten bei San Petro nahe Sardinien, und später ließ Papst Gregor IX., ein Neffe Innozenz' III., auf der Peters-Insel eine «Kapelle der unschuldigen Kindlein» errichten. Die übrigen unschuldigen Kindlein endeten als Bordellmädchen oder in ägyptischer Sklaverei oder sonstwo in Nordafrika. Friedrich II. hängte die Reeder auf.[22]

Ein deutscher Kinderkreuzzug – man spricht, vermutlich übertrieben, von 20000, ja 30000 Teilnehmern vor allem aus dem Rheinland und Niederlothringen – setzte sich, gelockt durch kriminelle Verheißungen, Anfang Juli unter Führung des von seinem Anhang hochverehrten Kölner Knaben Nikolaus in Bewegung. Singend und betend zog man rheinaufwärts, es war ungewöhnlich heiß, und Klügere kehrten schon in Mainz wieder um. Viele aber starben an Hitze, Hunger, Durst, noch bevor sie die Alpen überquert hatten. Nach Knöpflers Lehrbuch, das die so «herrliche Idee» der Kreuzzüge ja nun leider «zum Zerrbild» geworden sieht, fanden zirka 20000 «größtenteils in Wäldern und Einöden ein gräßliches Ende». Der Rest quälte sich nach Genua weiter, um von dort, nicht nassen Fußes, versteht sich, ins Heilige Land zu gelangen und das Heilige Grab zu erobern. Denn man hoffte auf ein Wunder, ein Wunder des Herrn, eine Trockenlegung des Meeres. Da dies aber aus-, das Meer befremdlicherweise naß blieb, kamen die meisten, die Italien erreicht hatten, angeblich noch 7000 Kinder, auf mediterrane Menschenmärkte und endeten elend im Orient. Manche sollen auch, wie erwähnt, in Rom erschienen, doch nicht von ihrem Eid entbunden worden sein. Andere gelangten, heißt es, sogar bis Brindisi.

Ein trauriger Rest, darin stimmen alle Quellen überein, zog im Spätherbst wieder über die Alpen, «getäuscht und verwirrt», wie die «Annales Marbacenses» melden. Sie gingen «mit bloßen Füßen und verhungert zurück und wurden allen zum Gespött, zumal viele Jungfrauen geraubt wurden und die Blüte ihrer Scham verloren». Die meisten der Knaben aber, so die «Gesta Treverorum», kamen um: «denn die ihnen bei ihrem Hinweg reichlich zugesteckt hatten, gaben ihnen auf dem Rückweg nichts».[23]

4. KAPITEL

DER KREUZZUG GEGEN DIE ALBIGENSER

«Ihr sollt danach trachten, den ketzerischen Unglauben auf jede Art und Weise und mit allen Mitteln, die Gott euch offenbaren wird, zu vernichten.» Innozenz III.[1]

«Vorwärts, ihr streitbaren Soldaten Christi! Zieht den Vorläufern des Antichrist entgegen und schlagt die Diener der alten Schlange tot! Bis heute habt ihr vielleicht für vorübergehenden Ruhm gekämpft: kämpft jetzt für ewigen Ruhm! Bis heute habt ihr für die Welt gekämpft: kämpft jetzt für Gott!» Innozenz III.[2]

«Der eigentliche Schlächter der Albigenser.»
Graf von Hoensbroech über Innozenz III.[3]

«Tötet sie alle, Gott erkennt die Seinen schon!» Der päpstliche Legat Arnald von Cîteaux und spätere Erzbischof von Narbonne, der Anführer des Kreuzzugs[4]

«Was soll ich mehr sagen? Die unverzüglich Eindringenden töteten fast alle, von den Jüngsten bis zu Ältesten, und steckten anschließend die Stadt in Brand.»
Historia Albigensis[5]

«Den Verteidigern des Ortes, mehr als 100, rissen sie die Augen heraus und schnitten ihnen die Nase ab. Einem von ihnen ließ man ein einziges Auge, damit er zur Verhöhnung unserer Feinde die übrigen nach Cabaret führe.»
Historia Albigensis[6]

Den Kreuzzug gegen Byzanz, den ersten großen Kreuzzug gegen Christen, hatte Innozenz zunächst nicht gewollt, dann aber begeistert bejaht. Doch der Kreuzzug gegen die abendländischen «Ketzer» geht ganz und von Anfang an auf sein Konto, ist ganz seine Leistung, und wir können es ihm nicht genug anrechnen!

Die sogenannte Großkirche hat abweichende Glaubensrichtungen seit je schonungslos bekämpft; in der Spätantike nur publizistisch, nur verbal durch die vehemente Diffamierung von Menschen, die schon damals weniger als Sektierer, Dissidenten galten, denn als Teufelsdiener, als Vertreter satanischer Welten (I 2., 3., 4. Kap.!). Seit dem 4. Jahrhundert aber, seit man mächtig, gewaltfähig wurde, ging man auch mit aller Gewalt, mit Exil, Kerker, Raub und Mord gegen nichtkatholische Christen vor (vgl. etwa I 449 ff., 469 ff., II 257 ff., 385 ff., III 551 ff. u. o.).

So war bis zum Frühmittelalter der Weinberg des Herrn wunderbar bereinigt. In karolingisch-ottonischer Zeit gibt es «Ketzer» nur vereinzelt. Während die Häresie im Orient schon floriert, finden sich im Abendland kaum Spuren davon. Innerhalb eines halben Jahrhunderts, zwischen 970 und 1018, sind hier nur vier Fälle von Häresie bekannt, mehr zufällige, unorganisierte Episoden. Selbst zu Beginn des Hochmittelalters, im 11. Jahrhundert, begegnen erst kleine Häretikergruppen um einen Lehrer geschart, allerdings schon in den verschiedensten Teilen Europas, besonders in Nordfrankreich und Flandern: nicht eigentlich «Sekten», noch kaum geformt, doch nach allen Zeitgenossen gekennzeichnet durch die völlige Verwerfung des Fleischverzehrs, des geschlechtlichen Umgangs und der kirchlichen Sakramente.[7]

Die ersten mittelalterlichen «Ketzer» werden verbrannt

Geradezu als frühestes Beispiel eines Häretikers um die Jahrtausendwende gilt der Bauer Leutard aus Vertus in der Champagne, der unter Berufung auf die Bibel – «als ob er die Trennung auf Weisung des Evangeliums ausführe» – seine Frau verläßt, das Kreuz der Dorfkirche zerstört, seinem Anhang das Zehntgeben ausredet, bis er sich, von Bischof Gebuin II. von Châlons-sur-Marne als «Ketzer» entlarvt, in einen Brunnen stürzt.

Etwa zwei Jahrzehnte später wird eine mehr gnostisch geprägte Gruppierung aus der Oberschicht, dem «Intellektuellenmilieu», auf der sogenannten Synode von Orléans (1022) verurteilt: Personen aus Adel und Klerus, Laien, Kanoniker, Lehrer der Domschule, Nonnen, sogar Etienne, der einstige Beichtvater der Königin Konstanze von Arles, die ihm jetzt noch, so königlich wie katholisch, mit einem Stock das Auge ausstößt. Diese Leute verwerfen Taufe und Kommunion, Priesterweihe, Messe, Sündenabsolution, die Ehe, das Fleischessen, auch Kirchenbauten und die Bischofsgewalt. Auf die Behauptung, Christi Auferstehung sei wirklich geschehen, entgegnen sie: «Wir waren nicht dabei, und wir können nicht glauben, daß das wahr ist.» Und sie bemerken zur Jungfrauengeburt: «Was gegen die Natur ist, ist niemals in Harmonie mit dem Schöpfer.»

Die Prälatenversammlung degradiert und verdammt sie im Beisein von König Robert II. «dem Frommen» (der durch bloßes Handauflegen und Kreuzschlagen Wunden heilen kann) zum Feuertod – traurig berühmt als erste «Ketzer»-Hinrichtung in Frankreich – auf dem Scheiterhaufen; zwei der (nach Radulf Glaber) 13 Opfer, ein Kleriker und eine Nonne, schwören ab und entgehen so dem Tod. Allerdings spielten dabei, wie oft bei der nun beginnenden religiösen Rivalenliquidation, nicht nur theologisch-spekulative Gründe mit; hier etwa auch Konflikte zwischen den Kapetingern und dem Hause Blois sowohl wie zwischen Cluniazensern und Weltklerus. (Die Leiche eines damals bereits seit drei Jahren verstorbenen, der «Ketzerei» beschuldigten Domherrn wurde wieder ausgebuddelt und nach bischöflicher Weisung auf den Schindanger geworfen – eine stets wieder geübte Totenschändung.)

In Arras kam es 1025 zur Verurteilung einer ähnlichen, eher aber rigoroseren Häresie, deren Apostel aus Italien stammten. Sie lehnten eine Fülle heiligster katholischer Riten ab, von der Taufe bis zum Begräbnis durch einen Priester auf geweihtem Boden, dazu allen möglichen Kirchen-Krimskrams, Weihrauch, Glocken, Altäre, nicht zuletzt die hl. Messe, ein vile negotium für sie, ein «schmutziges Geschäft». Statt dessen wollten sie von ihrer Hände Arbeit leben und für «Rechtschaffenheit» (justitia).

Im Piemont gab es etwas später den vornehmen, Privateigentum und Geschlechtsverkehr verdammenden, auch kein Fleisch genießenden «Ketzer»-Kreis um das Kastell Monteforte bei Turin, den Erzbischof Aribert II. von Mailand 1028 auf den Scheiterhaufen schickt (VI 139). In Deutschland läßt Kaiser Heinrich III., «der fromme Friedensbringer» (Kaplan Wipo), am heiligen Weihnachtsfest anno 1050 «heretici» wohl aus Oberlothringen in Goslar hängen, weil sie sich sträubten, als Probe ein Huhn oder Kücken zu töten (VI 170). Im 13. Jahrhundert wurde dann die Weigerung, ein Tier umzubringen oder Fleisch zu essen, gewöhnlich als Nachweis der Häresie durch die Inquisition «mit Beil und Scheiterhaufen» ausgerottet.[8]

Erst in der ersten Hälfte des 12. Jahrhunderts nehmen Häretiker-Episoden zu, treten auch schon größere «Ketzer»-Bewegungen auf, die nach ihren Gründern benannten Tanchelmistae, Arnoldistae, Eunitae, Petrobrusiani, Henriciani etc. Die Führer sind aggressiv auf Wandlung insistierende Reformer, die als Wanderprediger, als Kirchenkritiker wieder an die «vita apostolica» und «ecclesia primitiva» anzuknüpfen suchten. Manche schritten bis zur physischen Gewalt, rissen Kreuze nieder, verbrannten sie. Vielerorts erregten sie die «Rechtgläubigen», wurden der Kirche aber nicht sonderlich gefährlich. Trotzdem machte man alle erbarmungslos unschädlich – auch wenn es im ganzen 12. Jahrhundert weder einheitliche Kriterien für das Erkennen der «Ketzerei» noch bestimmte Maßstäbe für deren Bestrafung gab. Die kirchliche Kurie vermied während dieser ganzen Zeit jede grundsätzliche Stellungnahme.[9]

Einer der ersten in der Reihe jener Agitatoren, von denen einige Wegbereiter der Katharer wurden, war ein gewisser Tanchelm (Tanchelinus). Er trat in Antwerpen auf, wo ein Pfarrer, der angeblich in der einzigen Kirche der Stadt noch Dienst tat, mit seiner Nichte dauerkoitierte. Dort, in Flandern, Seeland und Brabant gewann Tanchelm ein großes Gefolge, wohl mehr aus den unteren Schichten, Christen, die sein Badewasser tranken. Er umgab sich mit einer Leibgarde, schimpfte die Kirche ein Bordell, verteufelte den verkommenen Klerus, die Hierarchie, Sakramente, die Zehntforderung, verlangte eine arme Geistlichkeit und wurde 1115 von einem Priester erschlagen. Darauf stellten der hl. Norbert (VI Register), zeitweise selbst Wanderprediger, er aber «wunderwirkend und friedenstiftend» (Elm), und der hl. Evermod, «Apostel der Wenden», die «kirchliche Ordnung» wieder her. Und «der selige Waltmann vollendete die Ausrottung der Irrlehre in Antwerpen» (Lexikon für Theologie und Kirche).

Um 1115, als man Tanchelm erschlug, verkündeten zwei Bauern aus der Gegend von Soissons, Clemens und Ebrard, eine Lehre, die bogomilischen Einfluß verrät. Sie lebten streng asketisch, propagierten die vita apostolica, freilich auch den Doketismus, wonach Christus nur scheinbar Mensch war, Brot und Wein nicht wirklich sein Leib sind, sein Blut, und erkannten so anschaulich wie zutreffend und zeitenübergreifend, daß der Mund des Priesters der Schlund der Hölle sei. Man schleppte sie aus dem Kerker vor die Stadt und verbrannte sie.

Ein weiterer «Irrlehrer», Petrus von Bruis (Bruys), selbst Priester, aus der Hochgebirgsregion von Embrun, predigte, anscheinend gleichfalls beeinflußt von bogomilischen Gedanken, seit etwa 1105 seinem zahlreichen Zulauf, den Petrobrusianern, in Südfrankreich. Er verwarf Kindertaufe, Eucharistie, die Messe, Seelstiftungen für Verstorbene und ließ als radikaler Biblizist nur die Evangelien gelten. Er bekämpfte das Alte Testament, die Apostelbriefe, die Auslegungen der Kirchenväter. Er erklärte Kirchen für unnütz, forderte, keine mehr zu bauen, bestehende niederzureißen; man könne ebensogut im Stall beten, im Wirtshaus. Wiederholt verbrannte er, eine Art von Happenings, öffentlich Kreuze, «Christi Marterholz», bis man ihn selbst, wann, ist umstritten, bei der Abtei Saint-Gilles (nahe der Rhônemündung) in die Flammen schmiß.

Eon von Stella (Éon de l'Étoile), wahrscheinlich aus bretonischem Adel, ein weiterer Wanderapostel, in dem manche noch einen Druiden sehen, einen Katharer, Hexer oder gar – avant la lettre – Kommunisten, rekrutierte ein Bauernheer, um die Kirchen der Bretagne auszuplündern. Er wurde eingefangen und 1148 vor die von Papst Eugen III. (VI. Register) präsidierte Synode von Reims gestellt. Er gab sich angeblich, vielleicht um sein Leben zu retten, für den Sohn Gottes aus, wurde unter dem Gelächter der Prälaten für verrückt erklärt und zu lebenslanger Klosterhaft in Saint-Denis verdammt, worin er allerdings bald umkam. Seine Anhänger ließ der Bischof von Saint-Malo, Jean de Châtillon, gnadenlos jagen und, soweit man sie in die Hand bekam, verbrennen.

Auch wo der Mönch (oder Diakon) Heinrich von Lausanne, ein Bibelkenner und gewaltiger Redner unbekannter Herkunft, auftrat, in Lausanne, Poitiers, Bordeaux, Le Mans, verbreitete er Unruhe und weckte Erwartungen, zumal er u. a. auch die Ehe aus den Fesseln der Kirche lösen wollte und erfolgreich die Verheiratung der Huren betrieb. Als rabiater Antiklerikaler, der jeden Nutzen des Klerus bestritt, rief er auch zum Boykott korrupter, reicher Priester auf, denen man weder Lebensmittel noch Sonstiges verkauft, die man verprügelt haben soll.

Durch den Erzbischof von Arles 1135 gefangengesetzt und vor das Konzil von Pisa gestellt, mußte er abschwören. Doch entkam er der Klosterhaft und predigte, stets radikaler, im Midi weiter, wobei er viele Gläubige gewann, so daß immer weniger Christen die Kirchen betraten, immer mehr die Messe mißachteten. 1139 verfluchte ihn das Laterankonzil erneut, und schließlich agitierten Bernhard von Clairvaux und der päpstliche Legat Kardinalbischof Alberich von Ostia ganz systematisch gegen ihn und alle «Henricianer». Heinrich mußte aus Toulouse fliehen, geriet jedoch wieder in Gefangenschaft, in der er diesmal verschollen, wahrscheinlich, wie Eon von Stella, gestorben ist.[10]

Die «novi haereteci» – die Heraufkunft der Katharer

Eine Volksbewegung und wirkliche Bedrohung für die großkirchliche Hierarchie wurden erst die Katharer. Sie traten im Laufe des 12. Jahrhunderts schon stark in Erscheinung und sind erstmals in Westeuropa 1143 in Köln bezeugt, ein Kreis mit eigenem Bischof und eigener Organisation. Sie nannten sich die «Armen Christi», erklärten, nach dem Beispiel der Apostel zu leben, ohne festen Wohnsitz, ohne Besitz und verfolgt von Ort zu Ort zu ziehn «wie die Schafe unter Wölfen». Sie verneinen die Ehe, weigern sich, Milch zu genießen oder Produkte von Zeugungsvorgängen. Sic beanspruchen bereits, allein die wahre Kirche zu sein, und werden, da sie nicht widerrufen, samt ihrem Bischof verbrannt.

Wirkung zeigte die Aktion nicht. Genau zwei Jahrzehnte später, 1163, am 5. August, machte man außerhalb Kölns flandrische «Ketzer», darunter zwei Frauen, zu Asche. (Frauen wurden manchmal verheizt, und zwar, keineswegs in ganz vereinzelten Fällen, «weil sie den unzüchtigen Wünschen des Klerus widerstrebt und ihre Keuschheit hatten bewahren wollen»: Grundmann.) Um die gleiche Zeit schickte man auch in England etwa dreißig «deutsche» «Ketzer»-Missionare aus Flandern oder der Rheingegend auf den Scheiterhaufen. Und 1183 verbrannte der Erzbischof von Reims ebenfalls sogenannte Häretiker. «Viele, darunter Adelige, Bürgerliche, Geistliche, Bauern, Jungfrauen, Frauen und Witwen, wurden vom Erzbischof (von Reims) und vom Grafen (von Flandern) durch Richterspruch dem Feuertode überliefert; ihr Vermögen wurde theils dem Bischof, theils dem Grafen überwiesen.»

Die Verfolgten aber bekamen immer mehr Zulauf. Die Häresie hatte sich um die Mitte des 12. Jahrhunderts vom Rhein und von Lüttich bis zum französischen Südwesten, dem Périgord, bis zu den Pyrenäen und, gegen 1160, auch nach Oberitalien ausgedehnt, neben Südfrankreich ein Hauptverbreitungsgebiet der Katharer. Kurz, die «novi haeretici» waren international geworden. Sie hatten aber nicht nur an Ausdehnung, sondern auch an Kraft und Zusammenhalt gewonnen, ja sich zu einer Gegenkirche entwickelt.[11]

Der Name Kátharer (katharoí, «die Reinen») für «Ketzer» taucht im Westen erstmals 1163 auf – und grotesk genug, doch bezeichnend für die alles auf den Kopf stellende Kirche, daß sie aus dem Namen «die Reinen» den Begriff des Gegenteils gebildet hat, des Unreinen, Befleckten, Bösen, Satanischen. Die Katharer selbst nannten sich gewöhnlich «Christen» (christiani) oder «Wahre Christen», «Gute Christen», «Gute Christinnen», «Gute Leute» (veri christiani, boni christiani, boni homines). Mittelbar gehen sie wohl auf die spätantike Gnosis, auf Manichäer zurück (vgl. I 166 f.), die schon im 5. Jahrhundert der hl. Papst und Kirchenlehrer Leo I. «der Große» im Verein mit dem christlichen Staat derart brutal bekämpft (II 264 ff.!), daß der Manichäismus im Laufe des 6. Jahrhunderts im Westen verschwindet.

Vielleicht knüpften die Katharer auch an die Messalianer (Euchiten) oder die Paulikianer an, eventuell eine Filiation der Manichäer oder Anhänger des Apostels Paulus. Jedenfalls haben die Kreuzfahrer noch 1096 Pelagonien, eine befestigte, von Paulikianern bewohnte Stadt (castrum) in Makedonien, zerstört und die «Ketzer» umgebracht.

Sicher aber kommen die Katharer gradlinig von den Bogomilen her. Im 10. Jahrhundert von dem wohl aus Makedonien stammenden Priester Bogomil, dem «größten Volkshäresiarchen des Mittelalters» (Runciman), in Bulgarien gegründet, saßen Bogomilen bald auch in Byzanz und in Teilen des Byzantinischen Reiches. Sie tauchten zunächst als reine Volksbewegung auf, hervorgegangen aus ungeheurer wirtschaftlicher Not, einer offensichtlichen Folge des Feudalisierungsprozesses nach der byzantinischen Okkupation Bulgariens, der gewaltigen Unterdrückung durch Kaiser und Klerus. «Kirchen und Klöster hielten sie für Fronhöfe des Teufels» (Grigulevič).

Die Theologie der Bogomilen, in Konstantinopel vermutlich ausgebaut, war, wie dann die des Katharismus, stark dualistisch geprägt und reichte über den spätantiken Manichäismus und Gnostizismus zurück bis zu dem altiranischen Propheten und Religionsstifter Zarathustra. Die Bogomilen verwarfen das Alte Testament, die Kreuz-, Reliquien-, Ikonenverehrung, die Bilder der Jungfrau Maria, verwarfen die Wunder, die Sakramente, Liturgie, die Gotteshäuser und die ganze klerikale Rangordnung, den Reichtum, die Ruchlosigkeit, die Unzucht der Katholiken. Sie verwarfen die Ehe, den Geschlechtsverkehr, sie enthielten sich des Fleischverzehrs sowie aller aus geschlechtlicher Kopulation hervorgegangenen Speisen, wurden aber auch von unübersehbaren sozialen Impulsen bewegt, die wohl stärker, jedenfalls ursprünglicher waren. So schreibt der im späteren 10. Jahrhundert in der Umgebung des bulgarischen Herrschers predigende und eine «Widerlegung» (Beŝeda) des Bogomilentums verfassende Priester Kosmas: «Sie lehren ihre Leute, den Herrn nicht zu gehorchen. Sie prangern die Reichen an, verabscheuen den (bulgarischen) Zaren, machen die Ältesten lächerlich und verfluchen die Edlen; wer dem Zaren dient, ist für sie verhaßt in den Augen Gottes, und sie verbieten allen Sklaven, dem Gebot ihrer Herrn zu folgen.»

Die Bogomilen, die eifrig missionierten, auch zu bescheidenen Gewalttaten neigten, etwa Kruzifixe demolierten und Werkzeuge daraus machten, verbreiteten sich rasch im Byzantinischen Reich und gelangten bis Rußland. Seit sie Kaiser Alexios I. Komnenos, ein rigoroser «Rechtgläubiger», um 1110 durch ein Gericht von Senatoren und Geistlichen verurteilen und ihr Oberhaupt, den Mönch und Arzt Basileios, weil er nicht abschwur, samt seinem standhaften Anhang im Hippodrom verbrennen ließ, wurden sie im Osten verfolgt und 1211 auch von einem durch Boril, den Bulgarenzaren, einberufenen Konzil anathematisiert (ein Vorwand zwecks Ausschaltung politischer Gegner); sie wurden deportiert, eingekerkert, ihre Führer auf dem Scheiterhaufen verbrannt. Sie konnten sich aber bis zur türkischen Invasion im 15. Jahrhundert halten, worauf sie großenteils zum Islam übertraten. In den Westen, nach Italien, nach Südfrankreich gelangten sie wahrscheinlich mit den Kreuzzüglern, wurden schließlich den antiken Manichäern gleichgesetzt und schonunglos gejagt.[12]

Von den Bogomilen trennten sich im späteren 11. Jahrhundert die Katharer, deren Glaube mehr neutestamentlich und kirchlich orientiert, gleichsam ein «reformierter» Bogomilismus ist. Im Laufe des 12. Jahrhunderts konstituierten sich katharische Kirchen auf dem

Balkan, im Rheinland, in Flandern, der Champagne, im äußersten Süden Frankreichs, der seinerzeit noch nicht zum französischen Königreich gehörte, in der Gascogne, im Languedoc, in der Provence. In der zweiten Hälfte des Jahrhunderts breiteten sie sich bereits als sonderkirchliche Gemeinschaften mit Diözesangliederung unter quasi klerikaler Führung vor allem in den Grafschaften Toulouse und Albi aus sowie in den Vizegrafschaften von Béziers und Carcassonne, ein Siegeszug im Bürger-, im Rittertum, selbst in Teilen des Klerus.

Im 13. Jahrhundert war das Katharertum die kraftvollste «Ketzerei», die größte «Sekte» des mittelalterlichen Christentums überhaupt, wurde das damalige «Ketzertum» erstmals zu einer Massenbewegung. Nach den bestbegründeten Schätzungen schwankte der katharische Bevölkerungsanteil zwischen einem Viertel und einem Drittel, doch waren dies ohne Zweifel «die religiös sensiblen Menschen unter einer indifferenten, gleichgültigen Mehrheit» (Ehlers). Kein Wunder, wenn alle Bekenntnisse und Meinungen nebeneinander bestehen konnten, relative Toleranz herrschte, sogar die Klassenunterschiede fast verschwunden schienen.

Damals entstehen die Katharerbistümer Toulouse, Carcassonne, Agen, und in fast jeder größeren Stadt gab es bald einen Katharerbischof. Katharische Wanderprediger missionieren in Italien, wo sie auch Patarener («Patarini») heißen, missionieren in der Lombardei, der Toskana, Romagna, den Marken, sogar im Kirchenstaat; sie dringen noch im 12. Jahrhundert bis England und Spanien vor. Seinerzeit, als Katharer bereits eigene Bücher schrieben – mit wenigen Ausnahmen verloren oder vernichtet –, bildeten sie auch in Italien Bistümer in Bagnolo, Concorezzo bei Mailand, allmählich ein Zentrum italienischen Katharertums, in Desenzano, Florenz, Spoleto. Allein in Frankreich und Italien gab es vierzehn ihrer Diözesen, dazu weitere in Bosnien, Bulgarien, im Byzantinischen Reich. Im ausgehenden 12. Jahrhundert entstehen wegen Lehrdifferenzen aber auch Spaltungen: die Albanenser, nach einem Ort oder einer Person, die Concorezzenser, nach einem Dorf zwischen Mailand und Monza benannt, die Bagnolenser, nach ihrem Zentrum Bagnolo S. Vito bei Mantua.[13]

Was die Menschen anzog, war nicht so sehr der Glaube der Katharer als ihr Leben, vor allem das persönliche Vorbild ihrer Führer, die zu einem nicht unbeträchtlichen Teil dem Adel entstammten, zumindest dem Niederadel. Adelig waren vor dem Kreuzzug nicht weniger als 35 Prozent der namentlich bekannten «perfecti», darunter 69 Prozent Frauen. Freilich hatten die Herren dafür keineswegs nur religiöse, sondern auch sehr handfeste materielle Motive, was besonders die unerbittlich auf ihre Besitztitel, zumal ihre Zehntforderung pochende Kirche betraf. Andererseits wieder waren große Teile des Klerus, zumal des Episkopats, mit den inzwischen zur «Ketzerei» konvertierten Familien verwandt, scheuten ernsthafte Auseinandersetzungen oder dachten gar nicht daran. Auch Teile des gehobenen Bürgertums, vor allem der reichen Kaufmannschaft, tendierten zum Katharismus, und sei es nur eines «schlechten Gewissens» wegen. Und die Sympathie des elend geschröpften Volkes hatten die armen asketischen «Ketzer» doch fast von vornherein.[14]

Katharische Theologie und Hierarchie

Die Katharer, die sich für die Nachfolger der ersten Christen hielten, wichen in ihren Glaubensbekenntnissen oft stark voneinander ab, was bis zur gegenseitigen Verfluchung (schließlich war man Christ) von Albanensern und Concorezzensern führte. Mitte des 13. Jahrhunderts zählt der Dominikanerinquisitor Ranieri Sacconi, anfangs selbst Katharer (später Mitarbeiter und Nachfolger des ermordeten Inquisitors Petrus von Verona), 16 verschiedene Gruppen auf, die er «ecclesiae Catharorum» nennt. Doch gab es bei allen theologischen Varianten, allen regional und zeitlich differenten Ausformungen der Konfessionen grundlegende Gemeinsamkeiten.

Die Katharer treten als «Arme Christi» (pauperes Christi), als «Apostel Christi» (apostoli Christi) auf, verstehen sich als die einzige und wahre Kirche des Herrn, die Kirche Gottes (ecclesia Dei), und vertreten einen offensichtlich gnostisch inspirierten Dualismus.

Sie glauben an die Existenz zweier konträrer, sich unerbittlich gegenüberstehender Prinzipien, eines guten und eines bösen Prinzips. Es ist *ein* Glaube, doch da gemäßigt, dort radikal. Der gemäßigte geht von *einem* Urprinzip aus (Monoprinzipialismus), zu dem ein ursprünglich guter, doch untreu gewordener, von Gott abgefallener Gottessohn oder Engel als Schöpfer der hiesigen, der vergänglichen Welt tritt. Der radikale Glaube nimmt *zwei* ewige, voneinander unabhängige Urprinzipien an (Diprinzipialismus) und stellt einen bösen Gott, den Teufel, von Anfang an gleichrangig neben den guten Gott. Dieser Radikaldualismus, der vor allem die Existenz des Bösen in der Welt erklärt, indem er die sichtbare, die irdische Schöpfung Satan allein in die Schuhe schiebt und Gott von der Verantwortung dafür freispricht, wird von der Mehrheit der Katharer bekannt, die auch kultisch und moralisch keinen «Mittelweg» toleriert.[15]

Die Katharer führten ihre Gemeinschaft auf Christus und das Neue Testament zurück. Sie schätzten die vier Evangelien, besonders das Vierte Evangelium, aber auch die Episteln des Paulus. Natürlich deuteten sie vieles um, wie alle christlichen Bibelbenutzer, zumal die Kirchen. Sie sahen in Jesus auch keinen Erlöser, keinen, der gekommen, die Menschen von ihren Sünden freizukaufen, keinen, der «Fleisch geworden», der am Kreuz gestorben und in den Himmel aufgefahren war. Sie hielten ihn weder für einen Sohn Gottes noch für die zweite Person der Trinität oder einen wirklichen Menschen, ein stoffliches Geschöpf. Sie sahen vielmehr einen Engel, Gesandten des Himmels, einen Boten Gottes in ihm, war doch auch Maria für sie nicht die Mutter Jesu, sondern gleichfalls ein immaterielles, nur äußerlich als Frau auftretendes Wesen. Sie schätzten Jesu Botschaft, nicht sein Sein.

Die Existenz einer jenseitigen Hölle bestritten sie, glaubten aber an Seelenwanderung, wobei die Kette der Wiedergeburten in verschiedenen Körpern für sie jedoch eine Art Hölle war. Sie verwarfen den größten Teil des Alten Testaments, verwarfen besonders scharf den ganzen kultischen Hokuspokus der Catholica einschließlich der Heiligen- und Reliquienverehrung. Die Kirchenbilder hielten sie für «Götzendienerei», die Glockentürme nannten sie die «Trompeten der Teufel» (Historia Albigensis). Auch die Sakramente erschienen ihnen als Satansdienst.

Freilich hatten sie wieder selbst ein Sakrament, einen Initiationsritus, das eine Hauptrolle spielende «consolamentum» (Trost, Versöhnung). Es bedeutete eine Art Taufe – keine mit Wasser (Johannes den Täufer verabscheuten sie als einen «der obersten Teufel»: Historia Albigensis), sondern mit Licht (Gnosis, Erkenntnis) –, bedeutete Beichte, Buße, Absolution, Firmung und Priesterweihe, konnte aber auch mit der katholischen Letzten Ölung verglichen werden. Beim Sturz der Engel, so lehrte, glaubte man in dieser mythendurchwitterten Welt, war jeder gefallene Engel eine Menschenseele in einem Menschenleib geworden, ihr unstofflicher Leib jedoch im Himmel geblieben. Das Consolamentum bewirkte die Wiedervereinigung mit dem himmlischen Lichtleib und sollte stets weitere Wiederverkörperungen ersparen.

Die Katharer verabscheuten selbstverständlich die Hierarchie der Katholiken, obwohl auch sie wieder Bischöfe, geistliche Vertreter (filius maior, filius minor) mit dem Recht der Nachfolge hatten. Diese Führer, die wohl vor allem aus Kleriker- und Ordenskreisen kommenden «perfecti» und «perfectae», die «Vollkommenen» – wie sie nur die Inquisitoren nannten, nicht sie sich selbst –, waren zur strengen Askese verpflichtet.

Dreimal wöchentlich sowie während besonderer Bußperioden aßen sie nur Brot und Wasser. Sie genossen nie Zeugungsprodukte: Fleisch, Eier, Milch, Käse (doch Fische, die man aus dem Wasser entstanden dachte). Sie enthielten sich strikt der Hurerei, der Blutschande, jeder Form von Wollust, von sogenannter Perversion, auch der Ehe, die als «jurata fornicatio», geschworene Unzucht, als gleichsam öffentliches Vergehen sogar ein besonders fataler Fehltritt war. Sie verdammten nicht nur jegliche Gewaltsamkeit, nicht nur Kriegsdienst, nicht nur Notwehr, nicht nur jegliches Töten, sondern die Ausübung jeder Macht, da jede irdische Macht für sie vom Teufel stammte, was ja vieles für sich hat, viel mehr als das Gegenteil, die paulinische Obrigkeitslehre. Und mochten auch ihre Gläubigen, etwa das Kriegsvolk der mit ihnen sympathisierenden Grafen von Toulouse oder von Foix, kirchliche Besitzungen plündern und verbrennen, nie wurde Derartiges vom katharischen Klerus veranlaßt oder gebilligt.

Von dieser Elite ging darum auch die besondere Faszination der Bewegung, ihre eigentliche Zugkraft aus. Die Masse des Anhangs bildeten meist Bauern, die ihre Führer hoch verehrten, fast für Heilige hielten, selbst auch erlöst werden wollten, jedoch wie bisher lebten, mit einer ganz kommoden, zumal Südländern angepaßten Moral, die auch ihre Ehen führten, Fehden, Kriege, die gelegentlich sogar reich und staatliche Funktionsträger waren. Vor den Pogromen zogen ihre Seelsorger stets schwarz gewandet und zu zweit umher, von den «credentes» durch das «melioramentum», einen Ehrenerweis, ausgezeichnet. Auch Frauen durften predigen und theologische Fragen diskutieren. Die «Vollkommene» war dem «Vollkommenen» gleichgestellt. Man lebte in klosterähnlichen Gebäuden, in Männer- und Frauenhäusern. Alle beteten viel, besonders das Hauptgebet, das Vaterunser.

Aber – ist das nicht schon eine Entwicklung alla cattolica? Kam es da nicht, trotz vielleicht geringerer gesellschaftlicher Unterschiede, gleichfalls zu einer Klassengesellschaft und Hierarchie? Scheint es doch in den Konventen soziale Differenzierungen gegeben zu haben, zwischen Handwerkern etwa und wohlhabenden Bürgern. Und diese sowie alteingesessene Adelskreise nahmen zumindest in der Blütezeit des Katharertums führende Positionen ein – während der erste Mailänder Katharerbischof, Markus, ein bis Südfrankreich angesehener Totengräber war. Auch blieben die «Vollkommenen», wie der römische Klerus, von manchen Abgaben befreit und bekamen beim Tod ihrer Gläubigen gewisse Sachwerte. Auch war die katharische Kirche, deren perfecti die materielle Welt ja so verdammten, bereits im beginnenden 13. Jahrhundert durch Schenkungen reich geworden, verfügte sie «tatsächlich über beträchtliches Geldvermögen, das bewahrt und zielstrebig erweitert wurde» (Werner/Erbstößer). Man verwandte es zum Schutz vor Verfolgung, zur Fluchtfinanzierung, Informationsbeschaffung, zum Freikauf gefangener Katharer.

Einig waren sich alle in der Verdammung der katholischen Kirche, ihrer nie versiegenden Machtsucht und der moralischen Verrottung ihrer Pfaffen. Ihnen riefen die Katharer in öffentlichen Disputationen zu, man finde im ganzen Neuen Testament keine einzige Stelle, «die von den Priestern verlange, üppiger als Fürsten zu leben ...». Denn mochte auch die katharische Theologie kaum eine echte Provokation für den dogmatisch geschulten großkirchlichen Klerus sein, mochte auch keiner der seinerzeitigen «Ketzer»-Führer, auch wenn sie oft aus Mönchskreisen kamen, entfernt sich vergleichen können mit den klassischen Häresiarchen der Antike – ausschlaggebend war der für jedermann evidente Kontrast zwischen der evangelischen Lehre, der apostolischen Armut und dem Reichtum der Ekklesia, der Habgier und Brutalität ihrer Geistlichkeit, zumal der hohen. «Viele Bischöfe besuchten ihre Diözesen nur noch, um willkürlich auferlegte Kirchensteuern einzuziehen, und hielten sich zu diesem Zweck eine Armee von Wegelagerern. Die Unordnung unter der Priesterschaft war unbeschreiblich. Man kämpfte und exkommunizierte sich gegenseitig» (Rahn). Doch geschah es auch, daß kranke Bischöfe von Katharern sich pflegen und «trösten» ließen, daß ganze Klöster zu ihnen übertraten.

Kurz, der Fortschritt der Häresie und die daraus resultierende Bedrohung des katholischen Klerus gehen in erster Linie auf diesen selbst zurück, was uns dankenswerterweise das spätmittelalterliche Papsttum sogar bestätigt. So attestiert Honorius III. den Priestern, «sie sind zum Verderbnis geworden und Fallstrick den Völkern», gesteht Alexander IV., «daß das Volk, anstatt gebessert zu werden, durch die Geistlichen vollständig verdorben wird». «Sie verfaulen wie das Vieh im Miste», abermals ein goldenes Papstwort aus dem 13. Jahrhundert, in dem auch kein Geringerer als Innozenz III. vor dem Laterankonzil 1215 klagt: «Die Verderbnis des Volkes hat ihre Hauptquelle in dem Klerus. Hieraus entspringen die Übel des Christentums: der Glaube schwindet, die Religion nimmt ab, die Freiheit ist in Fesseln gelegt, die Gerechtigkeit mit Füssen getreten, die Ketzer vermehren sich, die Schismatiker werden kühn, die Ungläubigen stark, die Sarazenen siegreich!»

Ebendeshalb aber vermochten die Christen außerhalb der katholischen Kirche in dieser selbst, in ihrem Feudalismus, ihrem Prunken, Protzen nur die Hure Babylon zu erblicken, die irdische Manifestation Satans. Ja, für die katharische Kirche, die «wahre» Kirche

Christi und der Armen, konnte die katholische nur die Kirche des Teufels, des Antichrists sein – im Mittelalter freilich, selbst weithin in katholischen Kreisen, «ein Gemeinplatz» (Madaule). Der römischen Kirche sprach man jede Legitimation spätestens seit der Zeit des ersten christlichen Kaisers ab, als aus der Kirche der Verfolgten die Kirche der Verfolger wurde (I 163 ff.!, I 247 ff.!).

Die Kirche andererseits, die «Ketzer» gern generell als «rusticani», «rustici», «idiotae et illiterati» schmähte, ohne zu bedenken, daß einst auch Priester und Schriftgelehrte die Apostel «idiotae et sine literis» genannt, diffamierte im besonderen die Katharer als «Krebsgeschwür» an ihrem mystischen Leib, als «Satansjünger», «Wahnsinnspest», und sagte ihnen, eine schon altchristliche Tradition (I 162 f.), perverse Orgien nach; auch die Ansicht, daß jemand, der seine Mutter oder Schwester beschlafe, nicht schlimmer sündige als durch den Beischlaf mit einer anderen; auch die Meinung «vom Nabel abwärts könne niemand sündigen» (Historia Albigensis). So heißt es über die «Ungelaubigen Laut genant dye Ketzer»: «Auch wenn si bichten und zu ein ander kommen, und er (Lutzifer) inen gepredigt und so er aus gepredigt, so nimpt er dye aller schönste dye under in allen ist und hat mit der seinen willen, und mit dem so leschen si ein liecht so vellet je ains auf daz ander, und ain man auf den andern und ain wip auf ain wip wie ez sich dann gefügt, ain jeglicher muz ansehen mit seinen Augen daz im sein wip oder sein Tochter ain ander Ketzer, wann si jehen daz der mensch underhalb des gurtel mit nicttiw sünden müg getun; in dem gelauben sint si.» Der Frühscholastiker und Zisterzienser Alanus ab Insulis (Alain de Lille oder de Ryssel) leitete denn auch den Namen Katharer von catus, Katze, dem Symboltier Satans, ab und weiß, daß sie ihm, kommt er zu ihren Zusammenkünften als schwarze Katze, den After küssen.

Daß die Päpste (nicht nur) jener Zeit jeden Schwachsinn glaubten oder doch weitergaben und somit ungezählte andere glauben machten, mag ein Ausschnitt aus der Bulle Gregors IX. vom 13. Juni 1233 zeigen. Der hochgelehrte Neffe Innozenz' III., Freund des hl. Dominikus und zumal des hl. Franz von Assisi, führt da nämlich u. a. aus:

«Wenn ein Neuling aufgenommen wird und zuerst in die Schule der Verworfenen eintritt, so erscheint ihm eine Art Frosch, den manche auch Kröte nennen. Einige geben derselben einen schmachwürdigen Kuß auf den Hintern, andere auf das Maul und ziehen die Zunge und den Speichel des Tieres in ihren Mund. Dieses erscheint zuweilen in natürlicher Größe, manchmal auch so groß als eine Gans oder eine Ente, meistens jedoch nimmt es die Größe eines Backofens an. Wenn nun der Noviz weitergeht, so begegnet ihm ein Mann von wunderbarer Blässe, mit ganz schwarzen Augen, so abgezehrt und mager, daß alles Fleisch geschwunden und nur noch die Haut um die Knochen zu hangen scheint. Diesen küßt der Novize und fühlt, daß er kalt wie Eis ist, und nach dem Kusse verschwindet alle Einrichtung an den katholischen Glauben bis auf die letzte Spur aus seinem Herzen. Hierauf setzt man sich zum Mahle, und wenn man sich nach demselben wieder erhebt, so steigt durch eine Statue, die in solchen Schulen zu sein pflegt, ein schwarzer Kater von der Größe eines mittelmäßigen Hundes rückwärts und mit zurückgebogenem Schwanze herab. Diesen küßt zuerst der Novize auf den Hintern, dann den Meister und sofort alle übrigen der Reihe nach, jedoch nur solche, die würdig und vollkommen sind ...»

«Nach diesen Verhandlungen werden die Lichter gelöscht, und man schreitet zur abscheulichsten Unzucht ohne Rücksicht auf Verwandtschaft. Findet sich nun, daß mehr Männer als Weiber zugegen sind, so befriedigen auch Männer mit Männern ihre schändliche Lust. Ebenso verwandeln auch Weiber durch solche Begehungen miteinander den natürlichen Geschlechtsverkehr in einen unnatürlichen. Wenn aber diese Ruchlosigkeit vollbracht, die Lichter wieder angezündet und alle wieder auf ihren Plätzen sind, dann tritt aus einem dunklen Winkel der Schule, wie ihn diese Verworfensten aller Menschen haben, ein Mann hervor, oberhalb der Hüften glänzender und strahlender als die Sonne, wie man sagt, unterhalb aber rauh wie ein Kater ...»

Womit wir wieder bei der Katze wären, die im Christentum, nach gelehrten positiven Interpretationen, immer mehr negative Züge bekommt, zumal für das Dämonische, Lüsterne, Sexuell-Orgiastische steht, auch für das Weib, und die dann etwa der «Hexenhammer» das «ständige Sinnbild der Ungläubigen» nennt.

Häufig werden nun «cathari» und «haeretici», «Ketzer», synonym gebraucht, was indirekt die «Karriere des Teufels» (Segl) in den folgenden Jahrhunderten fördert. Und schon bald erreicht die Teufelei einen Höhepunkt im Kreuzzug gegen die Albigenser.[16]

Die Albigenser – Verbrennung nach Gutdünken und ein erster Kreuzzug

Quellenmäßig bezeugt sind die Albigenser erstmals um 1135 in der Region Toulouse, wo sie zwischen dem Anhang des Petrus von Bruis und Heinrich von Lausanne auftauchen, und seit dem ausgehenden 12. Jahrhundert wird die Bezeichnung «Albigenser» auch vor allem im Süden Frankreichs gebräuchlich. Abgeleitet ist sie wahrscheinlich von der Stadt Albi im Languedoc, nordöstlich von Toulouse, einem ihrer ältesten Bischofssitze, wo sich die Katharer vom 12. Jahrhundert an besonders stark verbreiteten, wenn auch der Name sowohl für die Katharer des Languedoc als auch für «Ketzer» überhaupt üblich wurde.

Die Glaubens- wie die Morallehre der Albigenser richteten sich im allgemeinen nach allen für die Katharer gültigen Normen. Sie vertraten einen radikalen Dualismus, hatten das «consolamentum» als Sakrament, Bischöfe als Leiter, glaubten an die Metempsychose, an Inkarnationen nach dem Tod in Menschen oder Tieren, enthielten sich fleischlicher Nahrung, genossen auch keine Eier, keine Milch, keinen Käse. In ihrer Ekklesiologie, der theologischen Lehre von der christlichen Kirche, unterschieden sie sich von anderen Katharergruppierungen, die sie wie die Katholiken ablehnten, doch halfen sie einander gegenüber der Inquisition.[17]

Die Mission der Albigenser spielte sich ganz öffentlich ab. Es kam um 1170 sogar zu dem Konzil von Saint-Félix-de-Caraman, auf dem der vom Balkan herbeizitierte perfectus Niketas zum Sieg des radikalen Dualismus beitrug, auch wenn die italienischen Katharer den gemäßigten Dualismus wieder einführten. Die katharische Elite zog vor aller Augen in ihrer bekannten Kleidung umher, man hielt öffentliche Versammlungen ab, es kam zu Streitgesprächen zwischen Albigensern und Katholiken.

Natürlich hatte die Papstkirche, deren Gotteshäuser von der Mitte des 12. Jahrhunderts an ziemlich leer, deren Priester überall verachtet gewesen sein sollen, die Verfolgung der «Ketzer» längst aufgenommen, doch keineswegs systematisch. Nichts war diesbezüglich einheitlich geregelt, weder das Niederkämpfen häretischer Dogmen noch das Strafmaß. Man exilierte aus der Stadt, dem Bistum, verhängte Exkommunikation, Güterentzug, Kerkerhaft und Verbrennung auf dem Scheiterhaufen je nach Gutdünken. Auf Drängen des Abtes von Vézelay wurden 1167 im Beisein mehrerer Bischöfe im Tal von Ecouan viele Albigenser lebendig verbrannt, passenderweise am heiligen Osterfest. Gelegentlich gab man sich aber mit Zureden zufrieden, befremdete doch auch manchen Kleriker der Kontrast zwischen dem oberhirtlichen Umgang mit «Abtrünnigen» und den Lehren des Evangeliums. Es soll vorgekommen sein, zum Beispiel in Castelnaudary, daß sich Katholiken und Katharer in den Gebrauch der Hauptkirche teilten.

In den Jahren 1162/1163 allerdings untersagten die Synoden von Montpellier und Tours jede Förderung der Häresie und forderten deren Beseitigung durch die weltliche Gewalt. Und dann brachte Papst Alexander III. etwas System in die Sache – geht das christliche Unheil (wie oft auch sonstiges) doch *immer* von oben aus, so gern man das wieder und wieder umkehren möchte! Gerade der einst so gefeierte Bologneser Jurist nämlich, der «erste große Rechtsgelehrte auf dem Papstthron» (Kelly), rief auf dem Dritten Lateranum 1179 nicht nur zum ersten Mal zu einem Kreuzzug gegen die «Ketzer» auf, sondern formulierte ihre Bekämpfung auch als generelles Kirchengesetz und sicherte all diesen Kreuzzüglern einen Ablaß von zwei Jahren zu, ja jedem, der fiel, «ewige Rettung». Er exkommunizierte die nach «Ketzerei» riechenden Grafen von Toulouse, von Foix, den Vizegrafen Roger II. von Albi, Béziers und Carcassonne sowie viele Barone. Er drohte den Bann auch für Kontakte mit ihnen, für ihre Helfer an und verlangte die Einziehung von Gütern sowie die Anwendung von Waffengewalt, was besonders Katharern und Albigensern galt (VI 539).

Noch im Jahr des Konzils reiste der Zisterzienserabt Heinrich von Marcy als päpstlicher Legat in den Süden, um durch eine Predigtkampagne gegen die Katharer im Languedoc eine Art Kreuzzug vorzubereiten, und im Frühjahr 1181, inzwischen zum Kardinalbischof von Albano aufgestiegen, führte er ihn an. Zwar verlief die heilige Sache bei nur mäßiger Beteiligung im Sand, doch ließ man, wie ein Augenzeuge auf päpstlicher Seite, Bischof Stephan von Tournay, bezeugt, «ein weit und breit verwüstetes Land» zurück, «zerstörte Dörfer und Städte, ein Bild des Todes».[18]

Alexanders Nachfolger Lucius III. forderte im Einvernehmen mit Friedrich Barbarossa eine verschärfte Verfolgung, wobei auf der Synode in Verona (1184) in der einschlägigen Dekretale «Ad abolendam diversarum haeresum pravitatem», neben Waldensern, Humiliaten, Arnoldisten (den Parteigängern Arnolds von Brescia), auch die Katharer genannt worden sind. Die «Ketzer» sollten exkommuniziert, zu «ewiger Ehrlosigkeit» verurteilt und dem «weltlichen Arm» ausgeliefert werden (VI 541 f.), ebenso alle, die sie begünstigten oder verteidigten. Nicht genug. Die Bischöfe wurden jetzt verpflichtet, nicht nur bekanntgewordene Häretiker zu verfolgen, sondern jährlich ein-, zweimal auch bislang unentdeckte aufzuspüren, suspekte Gemeinden selbst oder durch Vertrauensleute zu überprüfen und Verdächtige den weltlichen Behörden auszuliefern. Noch die Friedhöfe mußten von den verpesteten Knochen der Abtrünnigen gesäubert werden. Zudem verhängte der Kaiser auf dieser Synode über «Ketzer» die Reichsacht, was Exil, Güterkonfiskation, Zerstörung ihrer Häuser und andere Äußerungen christlicher Nächstenliebe nach sich zog.[19]

Doch so verheerend diese Beschlüsse immer wieder andersgläubige Christen trafen, insgesamt zeigten sie wenig Wirkung.

Deshalb beschloß Innozenz III., der «eigentliche Schlächter der Albigenser» (Graf von Hoensbroech), aufs Ganze zu gehn. Wohl als erster Papst stellte er die «Ketzer»-Jagd und den Kreuzzugsgedanken bewußt in den Mittelpunkt seines Pontifikats. «Sicher», schreibt Guillemain mit Imprimatur, «gehörte die Wiederaufnahme der

Kreuzzüge zu seinen großen Plänen. Seit seiner Inthronisierung beschäftigte er sich damit, und ohne Zögern machte er zu seiner (sic) Verwirklichung seine ganze Autorität bei den Fürsten geltend.» Doch wenn ihn der Gedanke an die Jagd auf Andersgläubige auch von Anfang an beherrschte, wenn er auch schon Ende des 12. Jahrhunderts slawische Katharer durch den Erzbischof von Split (Spalato) dort und aus Triest vertreiben ließ (es unter seinem Nachfolger in Bosnien zwischen Katharern und Katholiken zu einem «förmlichen Religionskriege» kam: I. von Döllinger), Innozenz war zweifellos zu klug, um nur mit Gewalt, gar mit Feuer und Schwert allein vorzugehn – freilich immer wieder die besten Missionare der Stellvertreter Christi.[20]

Ergo operierte der Durchtriebene nicht nur mit Hilfe der Mächtigen und Reichen, sondern auch vermittels ihrer Opfer, der Ausgebeuteten, der Armen.

Das «heimtückische, verräterische und betrügerische Rom» legt die Maske der Armut an

Als im Hochmittelalter eine Seite immer reicher, die andere immer ärmer, die Kluft zwischen beiden noch skandalöser wurde, begann eine mehr und mehr um sich greifende Rückbesinnung auf die urchristliche Zeit, auf biblische Barmherzigkeitstendenzen, die evangelische Idealisierung der Armut und die Armut des Herrn selbst. Verbunden war diese imitatio Christi natürlich wie eh und je mit der süßen Hoffnung auf eine Erhöhung der Armen im Jenseits.

Armut jedenfalls, der Verzicht auf weltliches Gut, auch wenn man nicht selbst dazu neigte, erfreute sich damals im christlichen Volk großer Achtung. Schon im Europa des 11. Jahrhunderts war eine Armutsbewegung hervorgetreten, erst recht im 12. Jahrhundert bei noch wachsendem Elend. Man wollte und sollte sich durch die Armutspraxis an dem alten Ideal der vita apostolica orientieren, wollte und sollte der Erneuerung der Kirche und Gesellschaft dienen. Gleichzeitig mit solcher kirchenreformatorischen Tendenz aber entwickelte sich eine kirchenkritische, ja kirchenfeindliche, überhaupt eine starke ökonomisch-soziale Komponente, das Ausbrechenwollen aus einem unwürdigen Ghetto, aus den übervölkerten Industriestädten; die damit verbundenen kommunalpolitischen Querelen kamen den «Ketzern» sogar zugute, da sie die Aufmerksamkeit der Bischöfe von ihnen abzogen oder doch schwächten.

In diesem komplexen Prozeß infiltrierten häretische Strömungen kirchlich gelenkte Armutsbewegungen und umgekehrt. Neben der negativen Reaktion auf die überreiche und -mächtige Catholica, neben einer harschen Klerus- und Kirchenkritik, ja entschiedener Romfeindschaft stand somit das Anknüpfen an altchristliche Ideale, stand die «Nackt dem nackten Christus-Nachfolge». Und so suchte Innozenz, der Nachfolger des Armen Menschensohnes, dessen Frohe Botschaft wieder mal für sich auszuspielen und die unterdrückten Bauern, die kleinen Handwerker gleichsam «evangelisch» aufzufangen und durch das Einbinden in monastische Traditionen in die Kirche zu integrieren. Jeder religiös «Entgleiste» sollte jetzt auf den goldenen katholischen Mittelweg zurückkehren können.

Um dies zu erleichtern, duldete der Papst nun auch das Wanderpredigertum, das Apostolat der Armut, ja, er schickte selbst «arme» Wanderprediger aus, darunter auch Pierre de Castelnau. Der künftige Heilige entstammte französischem Adel, missionierte seit 1199 mit dem päpstlichen Legaten Rainer von Fossanova in Südfrankreich, wurde Zisterzienser und 1203 von Innozenz zum Gesandten in der Provence ernannt, um dort «den Frieden zu predigen und den Glauben zu befestigen». Dabei konnte Pierre de Castelnau nicht einmal den laxen Erzbischof Berengar von Narbonne zu einem aktiveren Vorgehen gegen die Albingenser bringen. Und in Toulouse verweigerten Graf Raimund und die Konsuln jede Kooperation gegen Häretiker überhaupt.

Jahrelang hatten so die kurialen Aktionen so gut wie keinen Erfolg – fast selbstverständlich, bedenkt man den Auftritt all dieser Legaten in Pracht und Luxus und einem Heer von Dienern. «Seht», riefen die, die sie zu «bekehren» wünschten, «diese Leute wollen uns von unserem Herrn Jesus Christus predigen, der arm war und barfuß ging!» Wie denn auch Troubadoure das «heimtückische, verräterische und betrügerische Rom» attackierten (Guilhem Figueira), das weithin unpopulär, das vielen tief verhaßt war.

So probierten Pierre de Castelnau und seine Helfershelfer 1206 eine zumindest für sie neue Methode aus. Beraten von dem gerade aus Rom zurückgekehrten seligen Diego von Azevedo, Bischof von Osma, und seinem Subprior Domingo de Guzman, dem künftigen Gründer des Dominikanerordens, kreierte man ein Konzept der «Ketzer»-Bekämpfung, das nichts anderes war als die Praxis der verfluchten Konkurrenz.

Erwähnenswert beiläufig, daß der hl. Dominikus für seine Aufgabe, «zu Fuß als Ordensmann in evangelischer Armut das Wort der Wahrheit des Evangeliums zu predigen», später noch viel Geld von keinem anderen als von Fulko (Foulques) von Marseille bekam. Dieser Bischof nämlich war einst als Troubadour so hinter dem plaisir d'amour her, daß ihn all seine Förderer verließen, daß er aus der Not eine «Tugend» machen, Pfaffe werden mußte, in den Zisterzienserorden (nebst Gattin und zwei Söhnen) eintrat, Prior wurde und schon 1205, durch Pierre de Castelnau, Bischof von Toulouse; statt Frauen-Bedichter nun «Ketzer»-Vernichter. «Der Kirche Spür- und Hetzhund», sagt Lenau in seinen «Albigensern» von ihm, der über die neue Universität der Stadt schreiben ließ: «Sie vertilgt die Schlechten durch den Professor, durch das Feuer, durch das Schwert.» Allein in Toulouse, einer Hochburg der Häresie, sollen auf Fulkos Veranlassung 10 000 «Ketzer» umgekommen sein.

Man begann zu Fuß, in groben Kutten und ohne Geld, sozusagen arm wie die Apostel, das Land zu durchziehn. Man kam wie die Geistlichen der Katharer, man predigte in ihrer Art. «Es sind Menschen von bewährter Tugend», preist Innozenz am 19. November 1206 seine neuen Propagandisten, «Nachfolger der Armut Christi, des Großen Armen. Sie fürchten sich nicht, in demütigem Gewand und mit glühendem Eifer nach Irrgläubigen zu suchen, um sie mit der Gnade Gottes durch das Beispiel ihres Lebens und die Weisheit ihrer Worte dem Irrtum zu entreißen.» Doch die neue alte Bauernfängerei verfing nicht. Schon durch seine Arroganz und Härte blieb der Legat verhaßt; er gewann weder die Sympathie der Prälaten noch Popularität.

Der Graf von Toulouse, Raimund VI. (1194–1222), «Fürst und Oberhaupt aller Häretiker» (Caesarius von Heisterbach), gegen den sich Pierre de Castelnau voll Eifer für den «Frieden» wandte, verfiel im April 1207 kurzerhand seiner Exkommunikation. Die Länder des Grafen, Vetter des Königs von Frankreich, Schwager des Königs von England, Schwager des Königs von Aragón, wurden mit dem Interdikt belegt, und der Papst bestätigt dies mit Schreiben vom 29. Mai 1207 so: «An den edlen Grafen von Toulouse. Welcher Stolz hat sich Deines Herzens bemächtigt, Du Aussätziger. Mit Deinen Nachbarn liegst Du unausgesetzt in Fehde, mißachtest die Gesetze Gottes und hältst es mit den Feinden des wahren Glaubens. Zittere, Gottloser, denn Du wirst gezüchtigt werden. Wie kannst Du die Ketzer beschützen, grausamer und barbarischer Tyrann. Wie kannst Du behaupten, der Glaube der Ketzer sei besser als der der Katholischen. Noch andere Vergehen hast Du gegen Gott begangen: Du willst keinen Frieden, hältst Fehde an Sonntagen und beraubst die Klöster. Der Christenheit zur Schmach verleihst Du öffentliche Ämter an Juden. Unsere Legaten haben Dich exkommuniziert. Wir bestätigen ihren Beschluß. Da wir aber die Sünder zu bekehren haben, befehlen wir Dir, Buße zu tun, um unsere gnädige Absolution zu verdienen. Da wir Deine Beleidigungen gegen Kirche und Gott nicht ungestraft lassen können, so wisse denn, daß wir Deine Besitzungen Dir wegnehmen lassen und die Fürsten gegen Dich als einen Feind Jesu Christi aufwiegeln werden. Aber der Zorn des Herrn wird es nicht darauf beruhen lassen. Der Herr wird Dich zermalmen!»

Die Gesandten des Papstes kanzelten auch Kirchenfürsten ab, suspendierten auch lässige Erzbischöfe und Bischöfe – der Seelenhirt von Vence lebte gar friedlich mit einer Frau an seiner Seite – und ersetzten sie durch Scharfmacher, wie durch den reichen Genueser Kaufmannssprößling Fulko von Marseille.

Doch selbst Pierre de Castelnau hatte gelegentlich von dem, was das Lexikon für Theologie und Kirche das «Päpstliche Missionswerk» nennt, die Nase voll und wollte zurück in sein Kloster. Innozenz lehnte brüsk ab: «Bleibt, wo ihr seid! In einer solchen Stunde ist Aktion besser als Kontemplation!» So blieb er und wurde Mitte Januar 1208 am rechten Rhôneufer auf dem Weg nach Arles hinterrücks mit einem Spieß erstochen, weil er, formulierte der Papst am 10. März 1208 etwas unbedacht, «mit unerschütterlicher Festigkeit auf den Felsen Christus baute und deshalb vor einer so großen Verräterei nicht auf der Hut war», was ja doch ein merkwürdiges Licht auf den Felsen Christus wirft. Wie auch immer, Innozenz proklamierte sein Opfer, den Helden wider Willen, am 10. März als Märtyrer und sprach ihn heilig (Fest 5. März, Diözese Nîmes 15. März).

Natürlich geschahen bald Wunder über Wunder zu Ehren dieses «heiligen», dieses «allerheiligsten Mannes», «des Mannes Gottes»; auch Strafwunder, die jenen «überaus grausamen Mörder» trafen, den «selbst die stummen Tiere verabscheuten» – die ja nun wirklich nicht viel zählten und zählen im Christentum. Doch seinerzeit mochte, so wird «als wahrhaftig von vielen und ehrenhaften Männern, Kanonikern der Kirche in Toulouse, berichtet» – und alle Wunderberichterstatter auf katholischer Seite und für die katholische Seite sind immer wahrhaftig und ehrenhaft, das können wir tausend- und abertausendmal lesen – ja, seinerzeit mochte von dem Mörder des Gottesmannes, «aus Abscheu vor einem so großen Verbrechen, kein Hund ein Stück Brot aus seiner Hand annehmen. Oh, was für ein wunderbares Geschehen, oh, welch eine seit Jahrhunderten nicht gehörte Sache!»

Doch nicht die einzige unerhörte in dieser «Sache Christi», nein. Als die Leiche des heiligen Märtyrers Pierre de Castelnau nach langer Zeit umgebettet wird, findet man ihn «so völlig unversehrt vor, als ob er erst an demselben Tag bestattet worden wäre» (vgl. u.a. I 431 ff.!), und natürlich entströmt ihm auch der obligatorische «wunderbare Duft», wie sich das für einen echten katholischen Blutzeugen gehört.[21]

Die Verfolgung der Waldenser

Hatte Innozenz III. aber mit seinen Wanderpredigern, seinen Aposteln der Armut auch nur partiellen Erfolg, kam er doch weiter damit als seine Vorgänger, die das Problem der Armutsbewegungen durch Disziplinarmaßnahmen, besonders durch das Predigtverbot, zu bewältigen gesucht.

So hatte Lucius III. 1184 in der Dekretale «Ad abolendam» Petrus Waldes aus Lyon, einen wohlhabenden Kaufmann und (nach 1170) Gründer der Waldenser, der in manchen wie ein Vorläufer des Franz von Assisi anmutet, samt seinen «fratres» anathematisiert. Waldes war seitdem fast sein ganzes Leben auf der Flucht und «starb darum früh» (Vinay). Der Papst aber ahndete mit dem Bann weniger Verstöße wider den katholischen Glauben als wider den kirchlichen Gehorsam, nicht bloß damals aus bösem Grund die höchste Tugend. Denn den Waldensern – fast lauter armes, verachtetes Volk, das für die Kirche, so Otto Rahn in seinem ergreifenden «Kreuzzug gegen den Gral», «nur soweit existierte, um es zu besteuern, wenn es rechtgläubig, oder zu verbrennen, wenn es ketzerisch war» –, den Waldensern ging es viel weniger um Theologie als um ein einfaches Leben in der Nachfolge Jesu und der Apostel. Noch anno 1217 nennt eine wohlinformierte Quelle die vier Hauptirrtümer der Waldenser: das Tragen von Sandalen nach Weise der Apostel, das Verbot des Eides und der Tötung eines Menschen, endlich die Lehre, daß jedes Mitglied der Sekte, trage es Sandalen, notfalls die Eucharistie konsekrieren könne.

Nicht Dogmen oder Riten waren kontrovers, sondern die ungeheure Verkehrung der Bibel durch den Klerus, seine Gewalttaten, sein Reichtum, seine Heuchelei und Lügen. «Die Mißachtung der kirchlichen Gewalt» bestätigte Bernhard Guy (Guidonis), der Dominikanerinquisitor, im Midi einer der brutalsten der Zunft, in seinem «Handbuch» für Kollegen, «war die wesentliche Irrlehre der Waldenser, deretwegen sie auch exkommuniziert und Satan ausgeliefert werden ...» Mit den Waldensern jedoch ging Innozenz ganz anders um als seine Vorgänger, und so vermochte er zwischen 1208 und 1210 die meisten von ihnen wieder in die Kirche zu locken.

Dasselbe gelang ihm mit der Mehrheit der Humiliaten, einer nach 1170 in lombardischen Städten entstandenen, teils in Klöstern, teils in Familienverbänden lebenden Laiensozietät, einer Art Arbeitergenossenschaft. Man stellte einiges bei ihnen ab, erlaubte ihnen anderes, wie die Gemeindebildung, besonders aber das Predigen, allerdings unter der Bedingung, sich auf sittliche Fragen zu beschränken und theologische den Geistlichen zu überlassen.

Namhafte Waldenser, Durandus von Huesca oder Bernardus Prim, die sich «bekehrten», durften als völlig mittellose Wanderapostel fast genauso weiterleben wie zuvor, nur daß sie jetzt ständig «ketzerische» Waldenser und Katharer bekämpften. Durandus gründete 1207 die «Katholischen Armen», Bernardus Prim 1210 eine weitere pauperistische Gruppe, beide allerhöchst abgesegnet. Und zwischenzeitlich ersuchten hundert Waldenserprediger um Aufnahme in die Kirche, jedoch unter gewissen Vorbehalten; der Ausgang ist unbekannt. Später gab es vom Gros der Waldenser keine Annäherung mehr an die römische Kirche.

Die Humiliaten verbreiteten sich rasch in der Lombardei, der Toskana, in Umbrien, und um 1215 bestanden in Italien 150, im ausgehenden 13. Jahrhundert rund 400 Humiliaten-Konvente. Freilich waren und blieben auch sie unsichere Posten, hat man sie verdächtigt und zuletzt, als zu kritisch, als häretisch, nicht mehr kirchlich anerkannt. 1571 wurde der männliche Orden nach einem geplanten Mordanschlag auf den hl. Karl Borromäus – sein Papstonkel Pius IV. (Vater zweier unehelicher Töchter und eines unehelichen Sohnes) hatte ihn sofort zum Kardinal gemacht – von Pius V. aufgelöst; das Ordensgut fiel u. a. den Jesuiten zu. Die Schwesternhäuser, die Humiliatinnen, erloschen im 19. Jahrhundert.

Wie die Waldenser, hatten auch die Humiliaten der evangelischen Bedürfnislosigkeit nachgeeifert, wurden aber gleichfalls von Lucius III. 1184 als Häretiker gebannt. Innozenz hingegen verstand auch Franziskus und die Franziskaner an Rom zu binden, sie in der Kirche zu etablieren, was der Armutsbewegung zwar Auftrieb gab, ihre kritischen Impulse jedoch beträchtlich schwächte – der Sinn der Sache.[22]

Im übrigen kam es auch unter den «Pauperes Christi», den «Pauperes Spiritu» (Armen im Geiste) wieder zu schweren Konflikten, spalteten sich etwa um 1205 die an Waldes orientierten Lyoneser Armen, die «Pauperes de Lugduno», von den (nicht mit Rom rekonziliierten) «Pauperes Lombardi». Waldes und sein Anhang hielten vorerst an der Orthodoxie fest, ebenso die 1208 und 1210 entstandenen, von Innozenz unter bestimmten Auflagen bestätigten und zunächst, besonders vor den Albigenserkriegen, eifrig geförderten Ordensgruppen der «Pauperes Catholici», mit dem Waldes-Schüler Durandus von Huesca (de Osca) an der Spitze, und der «Pauperes reconciliati». Beide belehrten zwar dauernd die «Ketzer», suchten sie zu «bekehren», opferten auch oft ihr ganzes Hab und Gut den Armen und gewannen so nicht wenige Waldenser wie Albigenser der reichen Kirche zurück. Aber mit den neuen Bettelorden der Franziskaner und Dominikaner konnten sie nicht konkurrieren und hörten bald zu bestehen auf.

Denn kaum hatte der Papst seinen Kreuzzug, kaum konnte er die «Ketzer» mit Feuer und Schwert vertilgen, da erlahmte sein Interesse an den «Pauperes Catholici». Schon nach 1212 hören wir fast nichts mehr von ihnen. Dafür fördert Innozenz jetzt mächtig die Dominikaner, die Träger der Inquisition – und 1244 verbietet Innozenz IV. den «Pauperes Catholici» das Predigen.

Die nicht zu Kreuze kriechenden Waldenser, die in weithin verbreiteten Konventikeln lebten, wurden diffamiert, verfolgt und verbrannt.

Das erste Beispiel einer «Ketzer»-Gesetzgebung bietet seinerzeit, 1192, Alfons II. von Aragón. Er erklärt die Waldenser und alle andern von der Kirche verurteilten Abweichler zu Staatsfeinden und fordert sie auf, das Land zu verlassen. Jeder, der sie unterstützt, sie beherbergt, speist, ihre Predigten hört, wird, wie die Ausgewiesenen, all seiner Güter beraubt. Alfons' II. Sohn Peter II. fügt 1197 auf dem Nationalkonzil von Gerona diesen Gesetzen seines Vaters – «in Gehorsam gegen die Kanones der heiligen römischen Kirche» – noch die Strafe des Scheiterhaufens für Häretiker hinzu.

In Straßburg, wo man fünfhundert Waldenser eingekerkert hatte, setzt Bischof Heinrich die Dominikaner erst theologisch auf die «ketzerische Bosheit» an, um sie durch Disputationen zu besiegen. «Aber es wardt niemandts unter allen geistlichen befunden, der ihnen kunte zukomen, also wol wuszten sy ihr sachen mit Gottes wort zu verantworten.» So verheizte man 80 Menschen, darunter 12 Priester, 23 Frauen und viele Adlige gemeinsam in einem Feuer. 1320 brachte man in Pamiers eine arme alte Waldenserin auf den Scheiterhaufen, nur weil sie sich weigerte, einen Eid abzulegen. Davon abgesehen entsprach ihr Glaube völlig dem katholischen. In den Jahren 1378 und 1384 wirft auch der Regensburger Domdechant Heinrich als päpstlicher Inquisitor eine Anzahl waldensischer Frauen in die – wie noch Katholiken des 20. Jahrhunderts schwärmen – «gesegneten Flammen ...» Um dieselbe Zeit wütet in Nürnberg eine Waldenserverfolgung, 15 «Ketzer» fallen ihr zum Opfer. 1392 werden bei einem Autodafé in Bingen 36, 1397 zu Steyr etwa 100 Waldenser verbrannt.

Auch die Franziskaner machten Jagd auf sie, ja verbündeten sich dabei gelegentlich mit Räubern. So meldet eine Quelle aus dem Jahr 1382 von dem päpstlichen Franziskanerinquisitor Franziskus: «Dem *Girardo Burgarone*, einem Hauptmann von 22 Räubern, wird ein Preis gezahlt zur Ergreifung einiger Waldenser, um sie hinzurichten, auf Befehl des Franziskus, des Inquisitors aus dem Orden der minderen Brüder.»

Seinerzeit waren durch den Franziskaner Franz Borelli die gallischen Waldenser, besonders die in der Dauphiné, schweren Nachstellungen ausgesetzt. Verbrannt wurden die Opfer gewöhnlich in Grenoble, 150 aus Val Pute, 80 aus den Tälern von Argentière und Fraissinière. Zu einer zweiten Verfolgung kam es unter Papst Pius II. durch den Erzbischof Johann von Embrun. Der Franziskanerinquisitor Johann Veyleti ließ aus Beutegier sogar Katholiken ergreifen. Jeden Tag machten er und seine Richter einigen Leuten den Prozeß, um ihre Güter zu ergattern.

Ein weiteres Pogrom leitete 1488 Albert von Capitaneis, Legat Innozenz' VIII., des Hexenbullenschreibers, der nicht ohne diverse Bestechungen Papst geworden war und für das Wohl etlicher unehelicher Kinder väterlich sorgte, u. a. durch Verheiratung in berühmte Fürstenhäuser. Die Waldenser flüchteten seinerzeit in hochgelegene Gebirgshöhlen und wurden durch Feuer vor den Eingängen verbrannt oder ausgeräuchert. Auch einige hundert Kinder sollen in ihren Wiegen oder in den Armen ihrer Mütter erstickt, insgesamt mehr als 3000 Menschen umgekommen sein. Verfolgungen der dortigen Waldenser gab es noch Ende des 15. und im späteren 16. Jahrhundert. Auch in Ungarn ging man noch im Spätmittelalter gegen sie vor. In einigen Gegenden, in Kalabrien, der Provence, wurden sie völlig ausgerottet. «Die Inquisition vernichtete die Waldensergemeinden, eine nach der anderen in allen Gebieten, die sie erreichte» (Vinay).

Nach den fürchterlichen Pogromen 1487/1488 unter dem zum Kreuzzug aufrufenden Hexenbullen-Innozenz schlossen sich die Verfolgten im alpinen Raum schließlich der frankophonen Reformation an – und einige Waldenser leben noch heute in Europa, sogar in Florenz, in Rom, auch in Nord- und Südamerika.[23]

Der Papst beschwört den «Gott der Rache» und befiehlt, «die Wölfe zu erschlagen»

Auch die Albigenser wollte Innozenz zunächst eher friedlich gewinnen, durch Predigt, nachdrückliche Schreiben, Drohungen. Jahrelang schickte er ihnen, ohne geringsten Erfolg, eine Mission nach der andern, kam er ihnen durch sogenannte geistliche Mittel «in dieser schweren Krankheit mit seiner heilenden Hand zu Hilfe» (Historia Albigensis). Doch hatte er auch bereits zwei Monate nach seinem Amtsantritt in Briefen an die Prälaten, an den Adel und das ganze französische Volk verfügt, alle nicht zur katholischen Kirche zurückkehrenden Häretiker zu verbrennen und ihres Besitzes zu berauben. Und da weder die Agitationen des Abtes von Clairvaux, Henry de Marcy, des nachmaligen Kardinals, viel ausrichteten noch die seiner sonstigen Beauftragten, etwa der beiden Zisterzienser Peter und Raoul, die ihn, entmutigt aber vergeblich, um ihre Abberufung baten, ging Innozenz jetzt gegen die Albigenser zu nackter Gewalt über.

Er bevollmächtigte 1204 seine Legaten, überall, wo die Häresie bestehe, «zu zerstören, niederzuwerfen oder zu ergreifen, was immer zerstört, niedergeworfen oder ergriffen werden müsse, und zu pflanzen und aufzubauen, was immer aufgebaut und gepflanzt werden müsse». Doch noch Mitte des 20. Jahrhunderts schreibt der renommierte Katholik Joseph Bernhart in seinem Buch «Der Vatikan als Weltmacht»: «Innozenz versuchte alles zur friedlichen Bewältigung der Gegenkirche, aber seine Legaten und das Missionswerk der Zisterzienser versagten kläglich. Durch ihre Schuld kam es zum Kampfe mit den Waffen ...»

Es ist immer die gleiche, die Welt durch Jahrtausende betrügende Priestertaktik, wenn es sein muß, auch hohe Instanzen, Orden, Bischöfe, Kardinäle, jederzeit zu belasten, um wenigstens die höchste Instanz freisprechen zu können. «Innocenz III. kehrte alle friedlichen Mittel vor», behauptet ein anderer Apologet, während er doch alles tat, um einen Krieg vom Zaun zu brechen.

Insbesondere versuchte er immer wieder, Frankreich zum Losschlagen zu bringen. So ließ er König Philipp August sowie dem ganzen Adel einen vollständigen Nachlaß der Sünden anbieten und den katholischen Pöbel durch Aussicht auf Absolution und Plünderung reizen. So ermunterte er den Herrscher auch, sein Schwert zu zücken und die Wölfe zu erschlagen. Zudem bewilligte er ihm, die Gebiete aller, die ihn beim Verfolgen der «Ketzer» nicht begleiten würden, selbst in Besitz zu nehmen. Aber der Monarch stand im Kampf mit Johann Ohneland (John Lackland), dem englischen König, und die Aneignung von dessen Territorien in Westfrankreich war ihm wichtiger. Außerdem wollte er sich nicht zum Büttel des Papstes erniedrigen. So prallte ein kurialer Appell nach dem andern ab. Und auch Peter von Aragón, dem Innozenz sämtliche eroberten Häretikerländer und endlich all ihr Hab und Gut zusprach, ließ sich nicht gewinnen.[24]

Im November 1207 mahnte Innozenz den Franzosen erneut, ihm einmal mehr den Greuel der Albigenser ausmalend: «Die lange Zeit eingewurzelte, Verderben bringende verworfene Ketzerei, die im Gebiet von Toulouse unablässig anwächst, hört nicht auf, wahre Ungeheuer als Leibesfrucht zu gebären, die ihre eigene Wahnsinnspest auf andere übertragen und jene verabscheuungswürdige Nachfolge der Verdammten unablässig am Leben und Gedeihen halten.»

Der französische Potentat, dem Papst schon an sich nicht sehr gewogen, war verstimmt über dessen Einmischung in seine Souveränität, verlangte einen sicheren zweijährigen Waffenstillstand mit

Johann Ohneland sowie die Finanzierung des geforderten Krieges durch Klerus und Adel. Und Raimund, Graf von Toulouse, schützte die Albigenser, weshalb ihn Pierre de Castelnau exkommunizierte, nachdem er, der Legat, 1207 ein Bündnis gegen ihn zustande gebracht.[25]

Die Ermordung des Gesandten aber durch einen, wie es heißt, Ritter, Dienstmann, Schildknappen des Grafen legte man diesem selbst zur Last, obwohl es keinen Beweis für seine Schuld gibt, auch Raimund stets jede Beteiligung an der Meucheltat heftig bestritt. Auch den Mörder konnte man nie identifizieren.

Der Papst jedoch war von der Schuld des Grafen überzeugt oder tat wenigstens so. Denn nun hatte er einen Anlaß zu dem so begehrten Krieg, dem ersten großen Kreuzzug gegen «Ketzer» in einem katholischen Land. Und generös garantierte er allen, «die vom Eifer für den rechten Glauben entbrannt, das Blut der Gerechten rächen wollen, das unablässig von der Erde zum Himmel ruft, bis der Gott der Rache vom Himmel zur Erde herabsteigt, um die Gestürzten und die Umstürzenden zu vernichten, und allen denen, die sich mit männlicher Tapferkeit gegen diese Pestträger gürten, die zugleich gegen den Frieden und die Wahrheit kämpfen ... eine Vergebung ihrer Sünden».

Das verspricht Innozenz in einem langen Schreiben vom 10. März 1208 nicht nur einmal. Wie er auch immer wieder gegen «dieses große Übel», «die Pest der Ketzer» wettert und im selben Atemzug «im Namen Dessen ... der ein Gott des Friedens und der Liebe ist», hetzt: «Ihr sollt danach trachten, den ketzerischen Unglauben auf jede Art und Weise und mit allen Mitteln, die Gott euch offenbaren wird, zu vernichten. Und ihre Anhänger sollt ihr mit kraftvoller Hand und mit starkem Arm und auch mit noch größerer Unbesorgtheit bekämpfen als die Sarazenen, denn sie sind noch schlimmer als die Sarazenen.»

Keiner trieb mehr und wilder zum Krieg, zur Vernichtung – ein stets wiederkehrendes Wort –, als der Heilige Vater.

Weder die Fürsten noch die Völker waren sonderlich erpicht darauf, wie gerade die «Historia Albigensis», die gleichsam offizielle Chronik des Kreuzzugs (S. 160 ff.), deutlich zeigt. «Um die gläubigen Völker williger zur Ausrottung der häretischen Pest zu machen, sandte der Herr Papst für die Allgemeinheit bestimmte Schreiben an alle Kirchenfürsten, Grafen, Barone und das ganze Volk in Frankreich.» Wieder verlangt er nachdrücklich und echt evangelisch, «das Unrecht ... zu rächen». Und wieder verspricht er allen Sündenvergebung. «Was soll ich mehr sagen?» Mit dieser häufigen Floskel kommt der Chronist zum Entscheidenden: «Sobald dieser Ablaß in Frankreich verkündet worden war, bewaffnete sich eine große Menge Gläubiger mit dem Kreuz.»

Nach der Ermordung seines Legaten bannte der Papst den Grafen von Toulouse, den «Mörder des Dieners Gottes», samt Anhang, entband dessen Vasallen von ihrem Treueid und erlaubte jedermann, ihm sein Land zu nehmen. Nachdrücklich befiehlt er seinen «ehrwürdigen Brüdern», den Erzbischöfen von Narbonne, Arles, Embrun, Aix und Vienne samt ihren Suffraganen, «aufgrund des unbedingten Gehorsams, den sie unseren Befehlen schulden», daß sie «mit unermüdlichem Eifer die häretische Verderbtheit vernichten und den katholischen Glauben befestigen, indem sie die Lasterhaftigkeit ausrotten und die Tugendhaftigkeit pflanzen». Natürlich fordert er auch den französischen König wieder auf zum Krieg, zum schnellen Einfall in die Grafschaft Toulouse, zur Vertilgung ihrer Einwohner, erstrebt er deshalb auch Frieden zwischen Frankreich und England, ein Bündnis beider gegen Raimund VI. Doch abermals winkt Philipp ab.[26]

Der Heilige Vater freilich bläst nun umfassend zum Angriff und rechtfertigt voll und ganz das zu vergießende Blut, indem er Häresie gleichstellt dem Majestätsverbrechen im Römischen Recht. Denn jetzt ist alles, was noch zu tun bleibt, «um das unserem Gott angetane Unrecht zu rächen ..., daß der Herr der himmlischen Heerscharen die überaus grausamen Mörder durch seine ausgesandten Heerscharen vernichtete. Er hatte aus reiner Güte und übermäßiger Milde und aus Mitleid gegenüber seinen Feinden den Häretikern und ihren Beschützern viele seiner Prediger gesandt. Jene aber waren in ihrer Verderbtheit verblieben und in ihrer Schlechtigkeit verharrt und hatten einen Teil der Prediger verhöhnt, andere sogar getötet» (Historia Albigensis).

Mit zündenden Worten verlangt Innozenz die Vertilgung der «Gottlosen». «Vorwärts, ihr streitbaren Soldaten Christi! Zieht den Vorläufern des Antichrist entgegen und schlagt die Diener der alten Schlange tot! Bis heute habt ihr vielleicht für den vorübergehenden Ruhm gekämpft: kämpft jetzt für ewigen Ruhm! Bis heute habt ihr für die Welt gekämpft: kämpft jetzt für Gott! ...»

Zugleich rät er, den Grafen von Toulouse zu täuschen, so zu tun, als habe man es viel weniger auf ihn abgesehen als auf die «Ketzer», nach deren Vernichtung man auch ihn leichter niederwerfen könne. Für diese Hinterhältigkeit beruft er sich auf Paulus: «Dieweil ich tückisch war, habe ich euch mit Hinterlist gefangen» (2. Kor. 12,16) – eine perfide Verdrehung, um nicht zu sagen Fälschung der Schrift, denn Paulus lehrt dies durchaus nicht, sondern weist so eine Unterstellung seiner Gegner entrüstet zurück.

Den Grafen von Toulouse aber verläßt nun der Mut. Er ersucht den Erzabt von Cîteaux um Absolution und bietet durch Eilboten auch dem Papst seine Unterwerfung an. Der täuscht ihn wieder, fordert als Sicherheit erst die Übergabe seiner stärksten Festungen. Raimund liefert sieben dem Legaten Milo aus und wird darauf von diesem höchstpersönlich vor der Kirche des hl. Ägidius in Saint-Gilles im Beisein von 20 Bischöfen nackt bis zum Gürtel ausgepeitscht. Nachdem er noch die Ausrottung der «Ketzer», die Entlassung aller Juden aus ihren Ämtern, Gehorsam gegenüber «den Befehlen der Heiligen Römischen Kirche in allem» sowie seine Teilnahme am Kreuzzug beschworen, entbindet ihn der Legat im päpstlichen Auftrag vom Bann, und er nimmt das Kreuz gegen sein eigenes Volk. Innozenz beglückwünscht ihn darauf, im Juli 1209, avisiert ihm Heil im Diesseits und Jenseits und trägt zur selben Zeit, mit derselben Kurierpost, dem Legaten Milo, dem Auspeitscher des Grafen, auf, diesen weiter zu drangsalieren, ja läßt ihn, nur zwei Monate später, da er die «Ketzer» noch immer nicht ausgerottet, abermals bannen und seine Besitzungen abermals mit dem Interdikt belegen.

Trotz starker Vorbehalte des französischen Königs, folgten viele Herren und Herrenknechte dem Ruf des Heiligen Vaters. Im Juni 1209 sammelte sich «nach einem einheitlichen und zuvor festgelegten Plan» (Historia Albigensis) das Heer bei Lyon, kamen Krieger aus Burgund, dem Rheinland, Friesland, Ungarn» aus dem ganzen Abendland, 20 000 Ritter, über 200 000 Städter und Bauern, dazu Tausende von Leichenfledderern (truands), Hurenknechten (ribautz) und Huren in vierrädrigen Venustempeln. Nicht zu vergessen einige tausend Priester, die das Kriegsvolk zum Fanatismus aufreizten.[27]

Mit den «religiösen» Motiven der Angetretenen verbanden sich, wie immer in solchen Fällen, Beutegier, Abenteurertum, Mordlust. Bald wurde es ein Krieg des Nordens gegen den Süden. Die Südfranzosen, Katholiken wie «Ketzer», die bisher, vom Klerus abgesehen, ohnedies friedlich miteinander gelebt, bekämpften nun gemeinsam die Aggressoren. Und gegen Ende des Innozenz-Pontifikats war Graf Raimund von Toulouse fast all seiner Länder beraubt; hatte man ihn ohne jedes Gerichtsverfahren willkürlich enteignet. Ebenso andere Aristokraten des Midi.[28]

«Die Sache Christi»

Angeführt wurde diese «Sache Christi» (Historia Albigensis) von dem Generalabt der Zisterzienser, dem päpstlichen Legaten Arnald-Amalrich (Arnaud Amaury), einem unversöhnlichen Fanatiker, seit 1203/1204 zuständig für die Albigenser. Und da er sie samt Genossen nicht durch Argumente gewinnen konnte, schritt man, wie immer, erlaubte es die Macht, zur Gewalt, zumal Arnald schon früh den Papst wie den französischen König vehement gegen die Ketzer und ihren Grafen angestachelt, gegen diesen Teufelsdiener – den er dann auf dem Vierten Laterankonzil verteidigt!

Das Kreuzheer marschierte von Lyon das Rhônetal abwärts und stand am 22. Juli 1209 vor Béziers, Hauptstadt der Trencavel, einer starken Festung, die zum Herrschaftsbereich des jungen Vizegrafen Raimund-Roger Trencavel gehörte. Es war, schreibt der Verfasser der «Historia Albigensis», der Zisterzienser Pierre des Vaux-de-Cernay, «eine sehr berühmte Stadt, doch völlig von dem Gift der häretischen Verderbtheit angesteckt». Die Leute von Béziers seien aber nicht nur Häretiker, sondern auch «die schlimmsten Räuber, Rechtsbrecher, Betrüger und Diebe und voll von jeglicher Lasterhaftigkeit. Doch wäre es für den Leser ermüdend, wenn wir alle Schlechtigkeiten der genannten Bürger im einzelnen schildern würden.»

Die übliche Taktik dieses Kreuzzugschronisten. Erst unglaubliche Bezichtigungen, dann Floskeln statt Beweise. Hier folgt freilich: «Eine gräßliche Tat». Beschuldigt der Autor doch einige Bürger von Béziers, einen Priester offenbar bloß deshalb überfallen zu haben, um in seinen Kelch zu pinkeln aus purer «Verachtung für den Leib und das Blut Jesu Christi». Datiert wird die Pißaktion nicht. Es klingt wie ein Märchen (war es wohl auch): «Es geschah einmal in einer Nacht ...» Und «Eine weitere gräßliche Tat», die er noch anhängt, bevor er, wie so oft, «Ein Wunder» draufsetzt, liegt immerhin fast ein halbes Jahrhundert zurück.

Da die Stadt sich weigerte, die «Ketzer» auszuliefern, wurde sie gestürmt und die Einwohnerschaft restlos hingemetzelt, wurde vom Kleinkind bis zum todkranken Greis alles von den «Rittern Christi» (Historia Albigensis) umgebracht, niemand geschont, auch nicht die Priester vor den Altären mit dem Kruzifix oder der Monstranz in der Hand.

Allein in der Kirche Maria Magdalena sollen, sinnigerweise an ihrem Festtag, am 22. Juli, siebentausend Menschen ermordet worden sein, jedenfalls nach dem offiziellen katholischen Bericht. «Oh, was für ein überaus gerechtes Maß der göttlichen Vorsehung!» kommentiert unser Mönch. Hatten die Bürger von Béziers, «diese überaus frechen Hunde», ja just in jener Kirche ihren Herrn, den Vizegrafen Raimund Trencavel I., getötet und ihrem Bischof Bernard IV. die Zähne eingeschlagen. Doch waren für einen getöteten Grafen und ein paar Prälatenzähne 7000 ermordete Menschen nicht etwas viel? Nein. Für den christkatholischen Maßstab unseres Zisterziensers waren Grafenleiche und ein mehr oder minder gelichtetes Bischofsgebiß ein «großes Vergehen», eine «verbrecherische Tat». Die 7000 Opfer aber der anderen (und nicht nur der anderen!) Seite hatten «auf diese Weise ihre gerechte Strafe» erhalten.

Abrechnung auf katholisch.

Und insgesamt schlachteten die Rechtgläubigen sogar 20000

Menschen – nicht nur Häretiker, wie gesagt, auch Katholiken. Gab doch Legat Arnald, der selbst die Opfer seines Wirkens dem Papst auf fast zwanzigtausend beziffert, auf die Frage, wie man denn die «Ketzer» erkenne (laut Zisterzienserprior Caesarius von Heisterbach, etwa 1180–nach 1240), den berühmten Befehl: «Tötet sie alle, Gott erkennt die Seinen schon!» Apokryph oder nicht, was verdeutlichte die Schande besser.

Arnald-Amalrich war Führer des Unternehmens. Und mit dem Schrei «Gott ist mit uns» plünderte, tötete man und steckte Béziers in Brand. «Die Glocken schmelzen in ihren Türmen, die Leichen brennen lichterloh und die Kathedrale berstet wie ein Vulkan. Rinnendes Blut, brennende Tote, lodernde Stadt, stürzende Mauern, singende Mönche, mordende Kreuzfahrer, plündernde Zigeuner ... So starb Béziers, so begann der Kreuzzug gegen den Gral ...» (Otto Rahn). Und der Legat des Papstes, drei Jahre später Erzbischof von Narbonne und, im selben Jahr, Teilnehmer an der Schlacht von Las Navas de Tolosa (S. 109 f.), «trug die Verantwortung für das ungeheuerliche Blutbad, das er auf alle Fälle hätte verhindern können», er, «der Hauptverantwortliche für das grauenhafte Gemetzel von Béziers, für die Scheiterhaufen von Minerve und Lavaur» (Madaule). Ja, der «ehrwürdige Abt von Cîteaux» war es, bestätigt auch die «Historia Albigensis», «der sich nach Gott selbst (!) am meisten für die Sache Jesu Christi einsetzte». Doch beteiligt auch: der Erzbischof von Bordeaux, die Bischöfe von Limoges, von Basas, Cahors, Agen und Puy.

Der Hauptschuldige aber war der Papst.[29]

Vicomte Raimund-Roger hatte sich inzwischen mit den zahlreichen Juden Béziers' nach Carcassonne zurückgezogen, wo es von Flüchtlingen, Weinbauern, Hirten wimmelte. Mit ihren Tieren, ihrem armseligen Hab und Gut suchten sie Schutz in der stark befestigten, einst von Römern, Gotenkönigen, Sultanen, Karolingern beherrschten fünfzigtürmigen Stadt mit der Burg des Vizegrafen und mehreren vorgelagerten burgi. An einem Morgen Anfang August stimmten alle Bischöfe, Äbte und die anderen Geistlichen «mit großer Hingabe das ‹Veni Sancte Spiritus› (Komm, Heiliger Geist)» an, die Hymne des Albigenserkreuzzuges, das «Marsch- und Mordlied der Kreuzfahrer» (Kühner), stets das Signal zum Sturm, und erhofften beim frommen Tun natürlich «bald göttliche Hilfe». Wirklich kam sie, und so machte man nach zweistündigem Kampf gegen «die schlimmsten Häretiker und die größten Sünder vor dem Herrn» (Historia Albigensis) die Vorstadt Graveillaude dem Erdboden gleich.

Der über die Pyrenäen geeilte Schwager Raimund-Rogers, König Peter II. von Aragón (Beiname: el católico), beim Vatikan in hoher Gunst stehend (S. 108), sucht bei dem Erzabt von Cîteaux die Stadt zu retten. Doch fällt sie durch schändlichen Verrat. Kein anderer als der Legat selbst läßt den Vicomte, dem man «bei Gott dem Allmächtigen» freies Geleit geschworen, ins Kreuzfahrerlager bitten und dort samt den hundert ihn begleitenden Rittern sofort verhaften.

Als man in den Ort eindringt, ist er fast menschenleer, ist die Einwohnerschaft nachts durch einen unterirdischen Gang in Wälder und Schluchten, in das «Schwarze Gebirge» entflohen. Nur fünfhundert, die Flucht scheuende Greise, Frauen und Kinder blieben zurück. Etwa hundert schworen ihrem Glauben ab und gingen «nackt aus der Stadt hinaus und trugen nichts außer ihren Sünden mit sich fort». Vierhundert Standhafte erhängt oder verbrennt man lebendigen Leibes.

Vicomte Raimund-Roger landet im tiefstem Verlies seiner Burg und stirbt dort schon am 10. November, angeblich an der Ruhr, nach zeitgenössischen Gerüchten aber durch Gift; sogar der Papst sprach in einem Brief von Mord. Die Länder Raimund-Rogers, die später sein Sohn als Erbe vergeblich zurückerobern will, die Vizegrafschaften der Trencavels, Albi, Nîmes, Agde, Béziers, Carcassonne und Razès, gehörten künftig zur Krondomäne.[30]

Vorerst aber suchte Arnald für die bereits eroberten Städte Béziers und Carcassonne einen neuen Herrn. Und da seine Erwählten, der Graf von Nevers, der Herzog von Burgund – zwei Christen, beiläufig, einander so in «gegenseitiger Feindschaft» zugetan, «daß man täglich fürchtete, sie würden sich gegenseitig umbringen» –, nicht über geraubtes Gebiet herrschen wollten, erkor er schließlich, sagt der Chronist, «unter dem offensichtlichen Einfluß des heiligen

Geistes», Simon IV. von Montfort (1165–1218), der nun «über das Land zum Lobe Gottes, zur Ehre der Kirche und zur Unterdrückung der häretischen Verderbtheit» regierte. Doch später, als Erzbischof von Narbonne, verkracht sich Arnald mit seinem (und des Heiligen Geistes) Auserwählten, ja exkommuniziert Simon 1216, als der seine Bischofsstadt zu erobern sucht.

Simon von Montfort, das Stammhaus der Familie in der Ile-de-France besitzend und über seine Frau Alice von Montmorency König Philipp II. nahestehend, wurde schließlich zur dominierenden Figur des Albigenserkrieges. Er hatte 1199 das Kreuz genommen und sich seitdem als Verfechter päpstlicher Politik erwiesen. Dann folgte er dem Aufruf zum Kreuzzug 1209, bei dem er – der weder lesen noch schreiben konnte, bis heute aber der Kirche als «Bollwerk des Glaubens», «Streiter Jesu Christi», «Retter Roms» gilt – durch Ungerechtigkeit und Brutalität sich besonders hervortat, übrigens auch durch das Verfolgen sehr eigenmächtiger Pläne. Gleichwohl bekam er vom Vierten Laterankonzil alle eroberten Gebiete, das gesamte Languedoc, zuerkannt und wurde auch durch König Philipp als Graf von Toulouse bestätigt. Nach dem Verlust dieser Stadt fand er allerdings, beim monatelangen Versuch ihrer Rückeroberung, durch einen Stein, von Tolosaner Frauen aus einer Schleudermaschine geschossen, am 25. Juni 1218 den Tod.

Inzwischen hatte der Kreuzzug gegen Christen weiter seinen Verlauf genommen. Aber die Bereitwilligkeit war geringer, der Großteil der Adligen, Baron um Baron, allmählich gegangen. Sogar die beutegierigen Truands und Ribautz begnügten und verzogen sich. Doch auch der Herzog von Burgund ging. Ebenso der Graf von Nevers. Wiewohl «eindringlich» ersucht, «noch ein wenig länger im Dienste Jesu Christi zu bleiben», dachte er gar nicht daran, «wollte die Bittenden überhaupt nicht anhören, sondern kehrte unverzüglich nach Hause zurück». Und dies bereits nach der Kapitulation von Carcassonne, als «der edle Graf» von Montfort sich gerade anschickt, «um mit Gottes Hilfe weiter vorzurücken», während mit dem Grafen von Nevers auch «der größte Teil des Heeres» vom Kriegsschauplatz verschwindet. Und nicht sehr viel später, bei der Belagerung von Termes, wirft «die edle Gräfin von Montfort» sich weiteren Kreuzzugsmüden völlig vergeblich zu Füßen, inständig flehend, doch «in dieser Bedrängnis der Sache des Herrn nicht den Rücken zu kehren». Auch der Bischof von Beauvais sowie die Grafen von Dreux und Ponthieu ignorieren die Bitten aller und erklären, sie würden «am nächsten Tag abreisen und unter keinen Umständen auch nur einen einzigen Tag länger bleiben». Ebenfalls geht der Bischof von Chartres. Steht ja selbst für unseren Kriegsreporter fest, daß «die meisten Kreuzfahrer nur lau in ihrem Eifer waren und sich ständig nach der Heimkehr sehnten».

Doch der liebe Gott selbst wollte den Krieg. Und gerade als lieber Gott wollte er einen langen Krieg. Denn: «In seiner Güte wollte Gott es nicht zulassen, daß der allerheiligste Krieg völlig und in kurzer Zeit beendet würde.» Und warum soviel Gottesgüte? Gnade? Soviel Langmut? Wofür? Nun, klar, die «Verlängerung des Krieges» verlängerte, ganz logisch, auch «die Zeit der Sündenvergebung für die Sünder». Und da die Legaten des Apostolischen Stuhls des lieben Gottes Absicht rasch erfaßten, gewährten sie den Ablaß ihres Herrn niemandem mehr, «der nicht mindestens 40 Tage ununterbrochen in dem Dienst Jesu Christi vollendet hatte».[31]

Ist das nicht eine tolle Religion!

Die meisten Erzbischöfe, Bischöfe, Äbte, Priester, Mönche standen freilich noch bereit, die «Sache Christi» fortzusetzen, die Welt von einer teuflischen Pest zu säubern. Und Graf Simon hatte nicht nur durch seine Gattin Alix von Montmorency im Norden Nachschub anwerben lassen, sondern auch durch den päpstlichen Legaten, Erzabt Arnald von Cîteaux, weitere Truppen zugeführt bekommen, worauf man im Juli 1210, «um das Fest der heiligen Maria Magdalena», unter dem Absingen des «Te Deum laudamus» in die gefürchtete Festung Minerve einziehen konnte, voraus das Kreuz, dahinter das Banner des Grafen von Montfort. Denn schließlich hatte «Christus den Ort gewonnen».

Und jetzt forderte der Graf «als guter Katholik» die in einem Haus versammelten «Ketzer» eindringlich auf, sich zu bekehren. «Doch als alles nichts fruchtete, begann man damit, sie aus dem Ort zu schleifen. Die Zahl der ‹Vollkommenen› der Häretiker betrug aber 400 oder noch mehr. Nachdem ein großer Scheiterhaufen errichtet worden war, wurden sie alle in das Feuer geworfen. Allerdings war es gar nicht nötig, daß die Unsrigen sie hineinwarfen, denn so verhärtet waren sie in ihrer Schlechtigkeit, daß sie sich selbst ins Feuer stürzten ... Nachdem die Häretiker verbrannt worden waren, schworen alle übrigen im Ort der Ketzerei ab und wurden wieder mit der Heiligen Kirche versöhnt» (Historia Albigensis).

Natürlich war man nicht immer so brutal. Ein Mitstreiter Simons schenkte sogar jedem Gefangenen das Leben, der sich durch hundert Soldi loskaufen konnte. Konnte er es freilich nicht, sprang er über die Klinge. «War er halbtot, so ließ er ihn in einen Abort werfen» (Grupp). Und die Mönche von Boulbonne, der Zisterzienserabtei und Nekropole der Grafen Foix, ließ man sogar samt und sonders leben (soweit sie die Prozedur überstanden). Man stach ihnen nur die Augen aus und schnitt ihnen Nasen und Ohren ab, «so daß von dem menschlichen Gesichte eigentlich nichts mehr übrig blieb» (Lea). Die frommen Täter konnten sich gleichwohl seelenruhig an ihren Opfern weiden, hatte man den «Pilgern» doch generell Straflosigkeit für dieses wie für jenes Leben zugesichert ...[32]

Noch im selben Jahr 1210 sollte das als uneinnehmbar geltende, von einem reißenden Fluß umschlungene Termès dem Erdboden gleichgemacht werden; ein richtiges «Ketzer»-Nest, wo man «schon seit über 30 Jahren ..., wie wir von glaubwürdigen Personen gehört haben, in der Kirche der Burg Termes die heilige Messe nicht mehr gefeiert».

Ein Kriegstechniker und Belagerungsexperte, der Erzabt Guilhem von Paris, «der vom Eifer für den christlichen Glauben entflammt, sich ganz dem Dienst Christi widmete», bringt rings um Stadt und Burg modernstes Einbruchsgerät in Stellung, diverse Ballisten, Wurfgeschosse, Sturmböcke, und heizt, zwischen täglichen Predigten und Handwerkerinstruktionen, das «Gottesheer» an. Doch bekommt man den Ort erst im Herbst in die allein rechtgläubigen Hände, nach dreimonatiger Belagerung, als die Kriegsmaschinen des Pariser Prälaten «auf wunderbare Weise» endlich «so treffsicher warfen, als ob die Steine von Gott geführt würden», als Hunger, Durst und zuletzt die Ruhr die Bewohner zu dezimieren begannen, so daß sie «durch die Gnade Gottes und die Hilfe des heiligen Clemens von Furcht und Verzweiflung ergriffen» zu fliehen suchten (Historia Albigensis).

«Was soll ich länger dabei verweilen? Viele entkamen, einige wurden gefangengenommen, eine noch größere Zahl wurde getötet». Wie gesagt, alles durch die Gnade Gottes, die Hilfe des heiligen Clemens, an dessen Fest man die Burg erobert. Und nachdem die obligatorischen Scheiterhaufen verraucht sind, kehrt Simon von Montfort mit Raymond, dem gefangenen Herrn von Termès, einem alten Mann «von schändlicher Gesinnung und ein offenkundiger Häretiker», nach Carcassonne zurück und läßt ihn dort in den Verliesen einmauern – «tief unten in dem Burgturm ... wo er viele Jahre lang die verdiente Strafe erlitt». Und eines späten Tages, als er «begnadigt» ist, findet da der Sohn die Knochen.

Im selben Herbst, in dem die Soldateska des Papstes Termès eroberte, ließ dieser auf einem Konzil zu Saint-Gilles den Grafen von Toulouse, ohne ihm eine Verteidigung zu gestatten, erneut exkommunizieren, da er nicht «alle» Häretiker vertrieben, somit einen Meineid geschworen habe. Und auf einer erneuten, ebenfalls von Innozenz angestrengten Konferenz bereits im Januar 1211 stellten seine Legaten in Montpellier Raimund so rigorose Bedingungen, daß man von vornherein seiner Ablehnung sicher sein konnte. «Der Graf von Toulouse», heißt es da, «hat alle Truppen zu entlassen. Er hat der Geistlichkeit alle Personen auszuliefern, die ihm als Ketzer angegeben werden. Nur noch zwei Arten Fleisch sind in der ganzen Grafschaft Toulouse erlaubt. Alle Einwohner, Adlige und Bürger, dürfen fortan keine modischen Kleider mehr tragen, sondern nur noch grobgewebte dunkelbraune Kutten. Alle Befestigungen von Städten und Schlössern sind zu schleifen. Die bisher in der Stadt ansässigen Adligen dürfen nur noch wie die Bauern auf dem flachen Land wohnen. Jedes Familienoberhaupt hat jährlich vier Silberlinge an die Legaten zu entrichten. Simon von Montfort darf ungestört durch Raimons Länder ziehen, und sollte er ihm irgend etwas wegnehmen, so hat sich der Graf von Toulouse dem nicht zu widersetzen, er hat vielmehr bei den Johannitern oder den Templern in Palästina zu dienen und darf erst zurückkehren, wenn die Legaten es ihm gestatten. Seine Besitzungen gehören dem Abt von Cîteaux und Simon von Montfort, solange es diesen Herren beliebt.»

Die von Gift und Galle diktierten Auflagen, die Raimund überall in seinen Landen publiziert, lassen nicht nur seine Vasallen und die Tolosaner noch fester zu ihm stehen, sondern sichern ihm auch den Beistand der Grafen von Foix und Comminges, sogar die Sympathie katholischer Prälaten.

Im Frühjahr 1211 hatte Simon von Montfort die Stadt Lavaur, nicht weit von Toulouse, als neues Opfer ausersehen. Doch wartete er zur Verstärkung erst ein deutsches Pilgerkontingent ab. Es war schon im Anmarsch, traf aber nie ein. Die Truppen des Grafen von Foix hatten es in einem Waldstück aufgerieben. Zwei Drittel der sechstausend Deutschen lagen tot oder verwundet am Boden, der Rest wurde noch gejagt, dann lange um Lavaur gekämpft: mit Ballisten, kruzifixbestückten Belagerungsmaschinen auf der einen Seite, mit Steinhagel, Güssen von kochendem Öl, geschmolzenem Blei, brennendem Teer auf der anderen, mit ungezählten Tricks und Raffinessen der Nächsten- und Feindesliebe predigenden Christen. Am 3. Mai, am Tag der Kreuzauffindung, wird Lavaur, das von Geflüchteten, Geächteten, von Troubadouren, Rittern, Katharern übervolle, eine der stärksten Städte des Landes, genommen und alles darin, gleich welchen Glaubens, Alters und Geschlechts, im Beisein der Bischöfe abgestochen. Ein schöner Sieg im Namen des Herrn und der Heiligen Jungfrau.

Aimery de Montréal, der Bruder der Stadtherrin, der durch den Ring der Belagerer erst in seine Vaterstadt geschlichen, wird an den Galgen gehängt, seine Schwester Giraude, die schwangere Kastellanin, «haeretica pessima», lebend in einen Brunnen geschmissen und auf Anordnung des Grafen von Montfort mit Steinen zugedeckt, bis ihr Wimmern erstickt. Achtzig Ritter, lauter «Feinde des Kreuzes», werden kurzerhand, da der Galgen bricht, auf Befehl des «edlen Grafen» am Boden abgemurkst. Zuletzt greift man noch vierhundert Katharer – und, meldet wieder Pierre des Vaux-de-Cernay, «unsere Kreuzfahrer verbrannten mit ungeheurer Freude» (cum ingenti gaudio combusserunt) «eine gewaltige Zahl von Ketzern».

Gewidmet ist diese sozusagen offizielle «Hystoria Albigensis» des

Abts- und Bischofsneffen aus der reichen nordfranzösischen Zisterzienserabtei Vaux-de-Cernay keinem anderen als Papst Innozenz III. (1213) – dank ihrer genauen Beobachtungen und persönlichen Nähe zu den geistlichen wie militärischen Führern des Kreuzzuges «die informativste Quelle für die Geschehnisse und für die Mentalität der Kreuzfahrer» (Lexikon für Theologie und Kirche). «Die Mütter verhüllten ihren Kindern die Augen, bis das Feuer sie ihnen auf ewig schloß» (Rahn).

Schon im Juni verbrannte man nach der Besetzung von Cassés (im Lauraguais) weitere sechzig Katharer, und wieder im Beisein der Bischöfe, und wieder «mit großer Freude». Morden stimuliert die «Ritter Christi» ganz beträchtlich. Und töteten sie nicht «mit großer Freude», dann wenigstens, wie bei der Einnahme von Moissac, «mit großer Begier» – und erkannten auch noch die freundliche Assistenz, «das Wirken der heiligen Jungfrau».[33] (Vgl. S. 181)

Seit der ausgehenden Antike hat Maria, die Zarte, Reine, ein Janusgesicht. Ist sie «Maienkönigin», die «liebe Frau vom grünen Walde» etc. und zugleich, in Fortsetzung der Rolle ihrer paganen Vorläuferinnen, die wilde Blut- und Rachegöttin, die Liebe Frau vom Schlachtfeld und vom Massenmord (darüber ausführlich «Morden mit Maria» in «Opus Diaboli», 231 ff.).

Immer wieder wird überliefert, wie entspannend, wahrhaft befreiend, wie fröhlich Morden Katholiken macht. Leider hat Katholik Hans Rost in seinem Buch «Die Fröhlichkeit in der katholischen Kirche. Eine Philosophie des Glückes» (1946) (I 12) dies Phänomen des Heils so gänzlich übersehen – und hätte es doch so reich belegen können! Zum Beispiel mit dem Bericht des im 13. Jahrhundert in der Gegend von Toulouse wirkenden Dominikanerinquisitors Guillelmo Pelisso, der «Zum Ruhme und Lobe Gottes und der seligsten Jungfrau und des heiligen Dominikus» erzählt, wie im Jahr von dessen Heiligsprechung 1234 in Toulouse Bischof Raimundus von Miromonte, just zwischen Festmesse und Festessen, zu einer gerade entdeckten kranken «Ketzerin» eilt. Da er aber trotz aller Bekehrungssucht, allen Redens bei ihr nichts ausrichten kann, weil die alte Kranke «wegen dieses elenden Lebens» nicht schwach werden, nicht ihren Glauben verleugnen will, verurteilt der Prälat sie «in Kraft

Jesu Christi als Ketzerin. *Er ließ sie mit dem Bett, in dem sie lag, zum Scheiterhaufen tragen und sofort verbrennen.* Nachdem dies geschehen, gingen der Bischof und die Brüder (Dominikaner) zurück in den Speisesaal, und was dort bereitet war, aßen sie mit großer Fröhlichkeit, Dank sagend Gott und dem hl. Dominikus.»[34]

Nicht nur die katholische Frömmigkeit also regt das Töten (selbst das einer bettlägerigen Greisin) an, auch den katholischen Appetit.

Mit großer Fröhlichkeit! Wie erhebend, belebend doch – «die Sache Christi»!

Schlacht- und satirereif

Wie sehr die christkatholische Kirche die Albigenser-Kirche diffamierte, in den Dreck zog – generell ihre Stärke freilich schon seit über einem Jahrtausend (vgl. u. a. I 3. Kap.!) –, das demonstriert die «Historia Albigensis» des Pierre des Vaux-de-Cernay. Das sei hier – auch und gerade wegen der grundsätzlichen Bedeutung des Phänomens, das eine typische, ganze Epochen übergreifende Haltung dieser Seite sichtbar macht, die Verteufelung des Gegners um jeden Preis – noch einmal zusammenfassend gezeigt.

Der Verfasser, um 1182 geboren, bald nach 1218 gestorben, wurde schon als Kind ins Kloster Vaux-de-Cernay gebracht, eine bereits im 14. Jahrhundert, u. a. «infolge von Streitigkeiten mit benachbarten Abteien», verfallende, im früheren 15. Jahrhundert «weitgehend wüst» (Fossier) liegende Zisterzienserabtei westlich von Paris. Im 13. Jahrhundert noch ausgesprochen wohlhabend, wenn nicht reich, genoß sie königlichen wie päpstlichen Schutz und hatte seit 1184 einen Herrn Guy zum Abt, später Bischof von Carcassonne und Vizelegat des Heiligen Vaters – der Onkel unseres Chronisten.

Pierre des Vaux-de-Cernay stammte also aus vornehmer Familie und kam von klein auf in kompetenteste Christenhände, was man auf jeder Seite seiner Arbeit spürt. Zudem begleitete er Onkel Guy 1202 auf dem Vierten Kreuzzug und ist seit 1212, zeitweise wieder als Begleiter des Onkels, zwanzig Monate auch auf den Kreuzzügen gegen die Albigenser dabei. Er hat gute Kontakte zu den geistlichen und militärischen Führern der Katholiken, Zugang offenbar auch zu deren Korrespondenz, zu päpstlichen Bullen, Konzilsbeschlüssen, weiteren Ouellen. Er gilt als offizieller Geschichtsschreiber dieses Kreuzzugs und durfte das Werk keinem Geringeren als Innozenz III. dedizieren, wobei sein Widmungsschreiben betont, er habe nur geschrieben, was er selbst gesehen oder von «hochgestellten und absolut glaubwürdigen Gewährsleuten» gehört.[35]

Wegen seines instruktiven Aufbaus, seiner genauen Beobachtungen und der unmittelbaren Nähe des Verfassers zu maßgeblichen Personen des Geschehens zu Recht oft gelobt, wirkt das anscheinend stark verbreitete, noch im 13. Jahrhundert ins Französische übersetzte Buch auf den heutigen Leser doch manchmal etwas langatmig, iterativ, gelegentlich floskelhaft, ist aber lehrreich wegen seiner Schwarzweißzeichnung – laut Handbuch für Kirchengeschichte: «bester Augenzeugenbericht». Was er schildert, ist ein einziger Kampf der Guten wider die Bösen, der «unschuldigen Soldaten Christi», der «von Gott erfüllten Männer» gegen «die frechen Hunde», die «Pest der Häretiker», die «Gehilfen des Teufels». Wobei die Albigenser durchgehend als «Feinde der christlichen Religion» figurieren, als «Gesellen des Antichristen, Erstgeborene des Satans», Leute, die zumal in «den Gott betreffenden Dingen sozusagen ständig lügen», sich «dem Wucher» widmen, «Raub, Mord und den fleischlichen Verlockungen, dem Meineid und allen Verderbtheiten».

Dagegen brilliert an der Spitze der Gottesstreiter, zum Führer erwählt mit Hilfe «des Heiligen Geistes», des Verfassers Idol Graf Simon von Montfort, stereotyp als edel präsentiert, als «der überaus edle Graf», «alleredelste Graf», «überaus fromme Graf» etc., natürlich auch: «Ritter Christi», «durch und durch Katholik», einer, der häufig «die Messe» hört, «die heilige Kommunion» empfängt, «inbrünstig betet», «alles in den Willen Gottes stellt», deshalb auch «ehrbar in seinem Verhalten und tapfer im Kampf». Ständig den Schutz des Allerhöchsten genießend, kann ihm lange nichts passieren, nichts. Selbst als er «in voller Rüstung» in eine abgründige Flußstelle stürzt, für immer versunken scheint, als da Wehklagen, dort Freudengeheul ausbricht, hebt ihn Gott «nach einer langen Zeit aus der Tiefe des Wassers», wobei der Edle pflichtbewußt «die Hände gefaltet und in tiefer Frömmigkeit zum Himmel gestreckt hielt ...».[36]

Auf der anderen Seite aber «der Graf des Trugs», «der schändliche Graf von Toulouse», Simons Gegenspieler, «heuchlerisch und boshaft, betrügerisch und meineidig», «überaus verschlagen». Behinderte er ja «insgeheim die Sache Christi, soviel er nur konnte». Indes schlimmer noch: «der gänzlich niederträchtige Graf von Foix», «der neue Kain und neue Judas», dieser «Gewalttäter», «Meister des Verrats», «der treuloseste aller Menschen», der «seinem Vater, dem Teufel» nacheifert. Ist doch «die grausame Boshaftigkeit und die boshafte Grausamkeit des Grafen von Foix» so umfassend, daß unser Chronist damit ein ganzes Kapitel füllt, obwohl er «nicht einmal den hundertsten Teil berichten» kann (übrigens: ganz wie ich hier, ist die Anmerkung erlaubt, von der Kriminalität des Christentums in der Kriminalgeschichte – und dies ist eine Untertreibung!), auch wenn er gleich ein weiteres Kapitelchen anfügt: «Noch mehr von der Bosheit des Grafen», das bezeichnenderweise mit dem Ausspruch eines seiner «ganz üblen Ritter» schließt: «‹Seht›, sagte er, ‹wir haben Saint-Antonin und Sainte-Marie zerstört. Nun bleibt uns nur noch, Gott zu zerstören›.» Denn antikirchlich, antiklerikal ist immer, immer gottfeindlich – das grub man den Verdummten aller Zeiten unablässig ins Gehirn.[37]

Der Graf von Foix, dieser «überaus grausame Feind der Kirche», hat vor nichts Respekt. Er belagert die Kanoniker des Klosters Sainte-Marie, bis sie vor Durst den «eigenen Urin trinken». Er raubt ihre Kirche völlig aus und erpreßt noch ein Lösegeld. Samt seinen Spießgesellen schlägt er Kruzifixen die Arme, die Beine ab und benutzt sie, «aus Verachtung für das Leiden des Herrn», als Pfeffer- und Kräuterzerstoßer beim Würzen der Speisen. «Auch stellten die erwähnten Räuber ihre Pferde in der Kirche unter und ließen sie sogar von dem hochheiligen Altar fressen.»[38]

Des Teufels ist natürlich gleichfalls des Grafen ganzer Anhang, «seine Bande von Räubern», die Verwandtschaft zumal: sein Sohn, «jener ganz schlimme Verräter Roger-Bernard», die Tante, «eine ganz große Häretikerin», stets «das Gift der Häresie und des Aberglaubens» verspritzend. Und einer ihrer Söhne – «ganz schlechte und erklärte Häretiker» –, ein «Schinder», reißt einem Klosterbruder in Pamiers aus purer «Verachtung für die christliche Religion und die Kanoniker die Augen heraus», ja haut stracks einen die Messe lesenden Kanoniker «an dem Altar einer Kirche in der Nähe von Pamiers in Stücke».[39]

Überhaupt ist die Brutalität der verfolgten Albigenser in dem Kreuzzugsbericht des Pierre des Vaux-de-Cernay erstaunlich.

Manche laufen anscheinend nur deshalb «Tag und Nacht auf den Fernstraßen umher», um harmlose Katholiken zu schlachten oder ihnen wenigstens die Augen auszurupfen, die Nase wegzusäbeln und weitere Glieder. Andere greifen fromme Pilger an, machen Unschuldige zu Krüppeln, so daß man einst in einem einzigen Kloster der Schwarzen Mönche angeblich 150 Männer und Frauen antraf, denen die Daumen, Hände oder Füße fehlten, die Augen, die Brüste herausgerissen oder sonstige Körperteile abgeschnitten worden waren. Man dachte sich auch «mit ungeheurem Eifer ... jeden Tag neue und noch nicht erprobte Martern aus». «Manchmal rissen sie – es ist scheußlich zu sagen – den an ihren Genitalien Aufgehängten ungestüm mit Stricken die Gliedmaßen vom Körper».

Man bekommt fast den Eindruck, als hätten die Albigenser ihre katholischen Gefangenen regelmäßig abgemurkst, sie zuvor aber noch scheußlich verunstaltet. Gelegentlich gräbt man jemanden bis zu den Schultern ein, benutzt seinen Kopf als Zielscheibe und bespickt ihn mit Pfeilen. Andere steinigt man, bindet ihnen einen Mühlstein um den Hals, ertränkt sie im Wasser, stürzt sie von Mauern, zerreißt sie auch gänzlich, wie den Neffen des Reimser Erzbischofs, und schießt dann den Zerrissenen «zu den Unsrigen herüber», liquidiert einen gefangenen Ritter und schickt seine abgehackten Füße «mit einer *mangonellus* genannten Steinschleuder in die Burg, um bei den Unsrigen Angst und Schrecken zu verbreiten». In andere Leichen stößt man aus purem Haß und Hohn immer wieder das Schwert, alle Schwerter, die vorhanden sind. Andere röstet man am Feuer und wirft sie danach den Hunden vor.[40]

Vermutlich sind das häufig Greuelmärchen, wie wir sie, mutatis mutandis, auch aus so manchem modernen Inferno kennen, aus beiden Weltkriegen, dem Vietnamkrieg, Golfkrieg, dem Nato-Überfall auf Jugoslawien. Solche Schundmären dienen der eigenen Rechtfertigung, stärken die «Moral», das Durchhalten, Verblöden. Wären es aber, was die Albigenser betrifft, keine Greuelmärchen, sondern wirkliche Verbrechen, auch sie wären Verbrechen von Christen. – Und benahmen sich die Katholiken denn anders? Verrät da nicht selbst die «Historia Albigensis» unseres Zisterziensermönchs noch allzuviel, noch allzuviel – Katholisches?

Gewisse Verbrechen, Schwerverbrechen, scheinen geradezu ein Vorrecht oder doch Brauch der Katholiken gewesen zu sein. Jedenfalls werden sie nur von ihnen berichtet, sogar immer wieder: vor allem das Aushungern der «Ketzer», der Männer, Frauen, Kinder. Es geschieht gewöhnlich auf Befehl des «edlen Grafen von Montfort», sofern er nicht gleich selbst beteiligt ist. Und mit dem Niederbrennen und Schleifen der Burgen, der Vorstädte, befestigten Orte verbindet man gern die Taktik der verbrannten Erde, das Verwüsten von Feldern, Saaten, Umhauen der Obstbäume, Ausreißen der Rebstöcke, und leidet doch nicht selten im eigenen Heer «infolge des Mangels an Nahrungsmitteln große Not». Auch in Deutschland vernichten ja immer wieder Christen die Nahrung, die Felder, die Weinberge anderer Christen, bevorzugt in Zeiten der Hungersnot und zumal vor der Ernte (S. 62), ebenso in Italien (VI 498, 511, 520 f. u. a.).[41]

In vielen Orten, auf vielen Burgen, die erobert wurden – und diese Eroberungen nahmen fast kein Ende – machten die Päpstlichen einfach tabula rasa. Sie brannten sie nicht nur häufig bis auf die Grundmauern ab, sondern ließen auch die Bewohner über die Klinge springen. So heißt es nach dem Fall von La Touelles, Diözese Albi: «Fast alle wurden mit dem Schwert getötet.» So heißt es nach der Einnahme von Hautpoul: «Wen man von den Feinden fand, wurde getötet.» So heißt es von dem Ort Lavelanet: «Diesen nahmen sie mit Gewalt im Sturmangriff ein und töteten alle Leute.» Von einer Burg bei Pamiers: «und alle übrigen Verteidiger wurden getötet». In Lagrave tötete man «fast alle vom Kleinsten bis zum Größten». Das war wie in Béziers, wo man auch «fast alle» tötete, «von den Jüngsten bis zu den Ältesten, und steckte anschließend die Stadt in Brand».

Viele Bewohner von Montlaur «nahmen sie gefangen und hängten sie am Galgen auf». Hängen war sehr beliebt. Es förderte die oft erwähnte «Sache Christi». Nach der Einnahme von Bernis hängte man «viele von den Verteidigern, wie sie es verdienten, am Galgen auf». Auch der «edle Graf von Montfort» ließ Menschen «als verdiente Strafe für ihre Missetaten am Galgen aufhängen.» Einmal hatte er gleich 80 Ritter dazu bestimmt. Und vor dem Hängen ließ er gerne schleifen. So heißt es wiederholt, er ließ ihn «an den Schwanz eines Pferdes binden und durch das Lager des Heeres schleifen und dann den Geschleiften als verdiente Strafe am Galgen aufhängen». Oder: «Diesen ließ er ... an den Schwanz eines Pferdes gebunden durch die ganze Stadt Carcassonne schleifen und danach als gerechten Lohn für sein Verbrechen aufhängen.»

Bald darauf stürmt man einen Flecken namens Bram. «Den Verteidigern des Ortes, mehr als 100, rissen sie die Augen heraus, schnitten ihnen die Nase ab. Einem von ihnen ließ man ein einziges Auge, damit er zur Verhöhnung unserer Feinde die übrigen nach Cabaret führe.» Dies tat der edle Graf von Montfort «jedoch nicht deshalb, weil er Freude daran gehabt hätte ...». O nein, tat er nur nach dem Bibelrat: Auge um Auge, Zahn um Zahn. Denn die Albigenser, «diese überaus grausamen Schinder», trieben es, zumindest nach der katholischen Historiographie, nicht anders, und wenigstens «hin und wieder», wie einleuchtend, sollte es ihnen dann auch so gehn. Das «war daher nur recht ... Von allen war der Graf der friedsamste ...»

Und deshalb wird er auf seinem (noch erhaltenen) Grabstein im Dom Saint-Nazaire in Carcassonne auch als Erzengel und Heiliger gepriesen.[42]

«Man ist nicht nur entsetzt und ungeheuer angewidert von diesen wahnwitzigen Auswüchsen des christlichen Klerikalismus, man *schämt* sich, einer Zivilisation anzugehören, die ... solcher Greuel fähig war ... und es unter ähnlichen Bedingungen wieder sein würde» (Nelly Moia).[43]

5. KAPITEL

KREUZZÜGE GEGEN BALTEN, PREUSSEN, STEDINGER

«... schon Alexander III. ruft 1171 (?) die Dänen, Norweger und Goten ‹ad defendendum christiane fidei veritatem› auf, Cölestin III. sichert (1195/96) Ablaß denen zu, die das Kreuz nehmen, um die Kirche Meinhards in Livland wieder herzustellen, Innozenz III. ... und Honorius III. ... fordern den Kampf ...» A. Bauer[1]

«Bischof Berthold fiel 1198 in Kampf. Der große Bischof Albert von Riga führte sein Werk, auch die Kreuzzüge, fort ... Bis 1225 hat er mit seinen Scharen Livland, Estland, Semgallen und Kurland bezwungen. Das Versprechen der Heiden, sich taufen zu lassen, war in allen diesen Kämpfen erste Friedensbedingung.» Fritz Blanke[2]

«Am 18. 1. 1230 forderte Papst Gregor IX. den Orden auf, infolge der Schenkungen Konrads von Masowien gegen die Preußen vorzugehen, und unmittelbar darauf überschritt Landmeister Hermann Balk im Frühjahr 1231 die Weichsel ...» Handbuch der Europäischen Geschichte[3]

«... es entstand ein furchtbarer Kampf unter ihnen und von Swantopolks Heer blieben 1500 Mann tot auf dem Schlachtfeld ...» – «... und nach langem Kampf ... töteten sie alle. So wurden durch Gottes Gnade an diesem Tag über 3000 Samländer und andere Prußen erschlagen ...» – «... und so wurde ein großes Blutbad unter dem Volk der Prußen angerichtet; an diesen Tag fielen nämlich über 5000. Darauf kehrten die Kreuzfahrer alle freudig heim und lobten die Gnade des Erlösers.» Peter von Dusburg[4]

«Es würde zu lange dauern und über meine geringe Begabung gehen, wenn ich im einzelnen darlegen wollte, wie machtvoll und großartig, wie geschickt und tüchtig der Meister und die Brüder, gleich neuen Makkabäern, Hand anlegten, das Land der Christen zu erweitern und zu vergrößern ...»
Peter von Dusburg[5]

«Das Ganze (der Kampf gegen die Stedinger) war nichts anderes als eine Episode in dem Streben, die Adels- und Priesterherrschaft weiter auszudehnen: die letzten Überreste der alten Unabhängigkeit der deutschen Stämme mußten vernichtet werden, und hierzu wurden die vereinigten Gewalten von Kirche und Staat aufgeboten.»

Henry Charles Lea[6]

Ostmission oder «alle Slaven ... sofort zu ergreifen und aufzuknüpfen». «Die Fürsten teilten das Geld unter sich»

Zu den Albigensergreueln kamen die Kriege und Kreuzzüge im Ostseeraum, die Innozenz III. vor allem mit den blutigen Attacken der Kreuzritter gegen die baltischen Völker initiierte; im Grunde nichts anderes als eine Fortsetzung der deutschen «Ostmission» und «Ostkolonisation», der «deutschen Ostbewegung», «Siedlungsleistung», des «Ostsiedlungswerkes», «deutschen Landesausbaus», der «Landnahme». Denn was sich hinter all den schönen schnöden Namen verbirgt, ist das alte grausame Geschäft, dessen Ansätze schon bei Karl «dem Großen» kräftig hervortreten, das seine Nachfolger, zumal König Heinrich I . (V 387 ff.) und Kaiser Otto I., der eigentliche Begründer dieses speziellen und besonders traditionsreichen Geschichts- bzw. Geschäftszweiges (V 450 ff.), brutal über den Raum zwischen Elbe und Oder ausweiten. Und setzten auch Dänen, Schweden, Polen, Pommern hier ihre Heere ein, übertrafen die Deutschen nicht alles?

Allein im 12. Jahrhundert sind nach neuesten Berechnungen rund 200 000 deutsche Bauern in den Raum jenseits von Elbe und Saale «eingewandert», dort großzügig gefördert von Adel und Kirche, am meisten wohl von Zisterziensern, die ihnen Boden, Vieh, Werkzeuge, Berater zur Verfügung stellen und in den ersten Jahren auch die Abgaben erlassen.

«Obwohl nur eines nötig ist», schreibt 1154 Prälat Gerung, «von Gottes Gnaden Bischof der heiligen Kirche von Meißen», nämlich «mit Maria in der Süße des beschaulichen Lebens, das gute, ja, das beste Teil innerer Ruhe zu erwählen, werden wir dennoch oft gezwungen, mit Martha in der Bitternis des täglichen Lebens eifrig besorgt zu sein ...» In diesem Sinn siedelt Bischof Gerung Einwanderer aus Flandern «an einem unangebauten und fast menschenleeren Orte an» und verteilt ihn. Wie wenig «illegitim» dies ist, wie scheinbar Rechtens, suggeriert schon die Floskel, mit der jede dieser Ansiedlungsurkunden beginnt: «Im Namen der heiligen und ungeteilten Dreifaltigkeit ...» So hat etwa Abt Arnold vom Kloster Nienburg anno 1149 «Im Namen der heiligen und ungeteilten Dreifaltigkeit» im Burgward Kleutsch «nach Vertreibung der alten ungläubigen slawischen Bauern dort neue Siedler christlichen Glaubens angesetzt». So verkauft 1159 Abt Arnold von Kloster Ballenstedt «Im Namen der heiligen und ungeteilten Dreifaltigkeit» flämischen Einwanderern an der Mulde (östlich Dessau) zwei Dörfer, «nämlich Nauzedele und Nimiz, die bislang in Besitz von Slawen waren ...».[7]

Ende des 12. Jahrhunderts hatte das Christentum vom Erzgebirge bis zu den Ostseeinseln das Heidentum besiegt. Der dänische König Waldemar I. «der Große» (1131–1182), dessen Selbstverständnis schließlich auf der «imitatio Christi» gründete, der einen Bürgerkrieg nach dem andren führte, dazu mehr als ein Vierteljahrhundert lang fast jährlich Flottenverbände wider die Westslawen (Wenden), war 1168/1169 auch zu einem Kreuzzug gegen Rügen gezogen. Außer den Fürsten der Pommern und Obotriten wirkte dabei der selige Eskil, Erzbischof von Lund, mit, ein Freund des hl. Bernhard von Clairvaux. Ebenso Eskils Nachfolger Absalon (S. 175), damals Bischof von Roskilde, später Primas der schwedischen Kirche, ein Prälat, der nach einem Zeitgenossen kriegerische Begabung mit der innigsten Frömmigkeit verband, freilich eine Hierarchen häufig begnadende Mixtur.

Durch Absalon wurde die Kultstätte des Svantevit in Arkona auf Rügen vernichtet, der «Götze» in Stücke gehauen, der Tempel verbrannt, darauf eine Kirche gebaut und die Bewohnerschaft durch «das heilig Wasser» zwangsgetauft. Und wie in Arkona, wütete man an anderen Inselorten und darüber hinaus; immer Mission: «Mit Gewalt der Waffen» (Theologe Hagenbach).

Das ganze Gebiet von Böhmen bis an die See unterstand deutschen Erzbistümern; die slawischen Kulte waren beseitigt, ihre Götter gestürzt, ihre Haine verwüstet, verfemt. Dem aber folgte auch die Niederlage des Slawentums durch das Deutschtum; und voraus ging, so gut wie immer, die Arbeit durch das Schwert. «Schwertmission und Wortmission griffen ineinander», konzediert selbst das Handbuch der Kirchengeschichte, wobei die Schwertmission entschied – wie schon unter dem «großen» Karl (IV 16. Kap.!). Denn nicht die christlichen Predigten gaben den Ausschlag, sondern «die schärferen Waffen, die bessere Organisation der Kirche und die übermächtigen Kräfte der deutschen, polnischen, dänischen und pommerschen Feudalheere» (J. Herrmann).

Ja, «das ganze Gebiet der Slawen», jubelt Helmhold, der Pfarrer von Bosau am Plöner See, «ist jetzt durch Gottes Gnade gleichsam eine große Ansiedlung der Sachsen geworden, in der Städte und Dörfer erbaut werden und die Zahl der Kirchen und Diener Christi zunimmt». Dies stets die Hauptsache. Doch «weil die slawischen Räuber die Deutschen ... beunruhigten», also die einen Räuber die anderen, die eigentlichen Räuber, so schließt der Pfarrer von Bosau um 1170 seine Slawenchronik, «befahl der Burggraf Guncelin, ein tapferer Mann und Vasall des Herzogs, den Seinigen, alle Slaven, die sie auf Nebenwegen und in abgelegenen, einsamen Gegenden ohne offenbaren Anlaß anträfen, sofort zu ergreifen und aufzuknüpfen».[8]

Im frühen 12. Jahrhundert hatte Sachsenherzog Lothar von Süpplingenburg, «ein Schrecken der Feinde Gottes» (Bernhardi), eine neue Phase der «Ostkolonisation» eröffnet, hatte er, in vier Feldzügen östlich der Elbe bis zu den Rugianern vordringend, slawisches Gebiet besetzt (VI 409 ff.), doch natürlich nur in Fortführung bereits viel älterer Raubausgriffe deutscher Invasoren (vgl. etwa V 450 ff.!).

Dabei holten die okkupierenden und vertreibenden Fürsten immer eifriger siedelnde Bauern nach, um das erbeutete Land dauerhaft «einzudeutschen» und weiter nach Osten vorzustoßen. Als etwa in Mecklenburg die slawische Bevölkerung durch die Kriege dezimiert und verjagt worden war, schickte 1143 Graf Adolf II. von

Holstein «Boten in alle Lande», um Niederländer, Friesen, Westfalen, «die zu wenig Land hatten» (Helmold), zum Niederlassen anzureizen. Den Holsten und Stormarn ließ er sagen: «Habt ihr euch nicht das Land der Slawen unterworfen und es mit dem Blute eurer Brüder und Väter bezahlt? Warum wollt ihr als Letzte kommen, es in Besitz zu nehmen? Seid die ersten, wandert in das liebliche Land ein, bewohnt es und genießt seine Gaben, denn euch gebührt das beste davon, die ihr es der Feindeshand entrissen habt.» Damals gründete er – südlich der alten, inzwischen zerstörten Slawensiedlung – Lübeck. Etwas später holte auch der von Heinrich dem Löwen eingesetzte Graf Heinrich von Ratzeburg Westfalen herbei. «Sie bauten Kirchen und leisteten den Zehnt von ihren Erzeugnissen zum Dienst am Hause des Herrn.» Und auch hier verstieß man die Slawen wenigstens zum Teil; wies ihnen Sümpfe zu, See- und Flußgegenden, wo sie nur Fische fangen konnten.[9]

Neu war das nicht.

Es erinnert, zum Beispiel, an den Tollenserkrieg genau ein Jahrhundert früher. Die Tollenser, einer von vier Kernstämmen der Liutizen, zahlten, seit sie Otto I., wiederum hundert Jahre früher, 955, in der Schlacht an der Raxa nebst anderen Heiden geschlagen (und 700 Kriegsgefangene hatte köpfen lassen: V 457! – umsonst wird eben keiner «der Große»), einen jährlichen Tribut in Silber, wovon das Magdeburger Erzbistum den Zehnt kassierte. Als sich ein Jahrhundert darauf die Liutizen in einem schrecklichen Bürgerkrieg 1057 selbst zerfleischten, riefen die unterlegenen Redarier und Tollenser die Christen zu Hilfe, die erst weiter Slawen erschlugen und dann für den Frieden noch 15 000 Mark einstrichen.

Helmold geißelt die Habgier der Sachsen: «Die Fürsten teilten das Geld unter sich. Vom Christentum war keine Rede, sie dachten nicht daran, Gott zu ehren, der ihnen im Kriege den Sieg verliehen hatte. Daran ist die unersättliche Habsucht der Sachsen zu erkennen; obwohl sie sich vor anderen, den Barbaren benachbarten Völkern an Waffenkunst und Kriegserfahrung auszeichnen, sind sie doch stets geneigter, Zinslasten zu steigern als dem Herrn Seelen zu gewinnen.»[10]

Ähnlich heißt es von dem jungen Herzog Heinrich: er «begann

über das ganze Land der Slaven zu herrschen, indem seine Macht allmählich wuchs und zunahm. Denn so oft ihm die Slaven etwas in den Weg legten, bekriegte er sie, und so gaben sie ihm, um Land und Leben zu retten, alles was er verlangte. Auf den verschiedenen Feldzügen aber, die er ins Slavenland hinein unternahm, wurde des Christentumes gar nicht Erwähnung getan, sondern nur des Geldes.»

Der «Frieden Gottes» kommt nach Livland – «Ein unvergängliches Ruhmesblatt»

Ausnahmsweise mehr um die Seelen ging es einem Mann aus dem Holsteiner Stift Segeberg des Slawenapostels Vicelin (VI 416), dem Augustinerchorherrn Meinhard. Nach 1182 zog er, schon bejahrt und begleitet von dem Zisterzienser Theoderich, mit deutschen Kaufleuten über Gotland in das Ostbaltikum, an den Unterlauf der Düna, um den heidnischen Liven «den Frieden Gottes» zu bringen.

Zu Livland (Livonia) rechnete man im Mittelalter, außer dem Siedlungsgebiet der Liven, auch das gewisser Teile der Esten, der baltischen Letten (Lettgaller), Kuren, Semgaller und Selen. Das Land aber, das diese Volksgruppen, Viehzüchter, Ackerbauern, Handwerker und Gewerbetreibende besaßen, reizte die umliegenden Völker zu Eroberungen. Die Dänen rückten auf Estland, die Schweden auf Kurland, Russen und Deutsche auf die Liven im engeren Sinn vor.

1185/1186 machte Erzbischof Hartwig II. von Hamburg-Bremen, einst Notar Heinrichs des Löwen, Meinhard zum Bischof von Üxküll (Ikškile), wo er bereits eine Kirche und eine Burg hatte errichten lassen, um «den Frieden Gottes» zu sichern. 1188 erkennt Clemens III., der große Propagandist des Dritten Kreuzzuges (VI 558 ff.), Üxküll als bremisches Bistum an und ermutigt den von Rückschlägen heimgesuchten Meinhard, den dann auch Papst Coelestin III. zum Durchhalten anspornt. Doch bei Meinhards Tod

1196 ist zwar die Christianisierung Livlands eingeleitet, aber nicht viel erreicht, da die Liven wieder abfallen, und dies nicht nur einmal.[11]

Als sein Nachfolger Bischof Berthold, vordem Zisterzienserabt zu Loccum, «sich dem Herrn empfehlend» kurz in Üxküll auftaucht, streiten die Liven untereinander, ob sie den Bischof verbrennen, erschlagen oder ertränken sollen. Er entkommt jedoch und zieht aus dem Vorfall die Konsequenz. Eingedenk der markigen Maxime seines großen Ordensmeisters, des hl. Bernhard: «Greift also unbesorgt an, ihr Ritter ...», «jagt unerschrockenen Herzens den Feinden des Kreuzes Christi nach» (VI 464 ff.), erschien Bischof Berthold im Frühsommer mit einem Heer an der Düna. Hatte doch auch der in diesem Jahr sterbende Coelestin III. (1195/1196) mittels einer Ablaßbulle Krieger an die baltische Front zu bringen gesucht, sogar schon der im Kampf wider seinen Gegenpapst die Welt belügende (VI 517 f.) Alexander III. (1171?) Dänen, Norweger und Goten «ad defendendum christiane fidei veritatem» aufgerufen. Verlangte ja auch Innozenz III. in einer Kreuzzugsbulle 1199 den Krieg gegen die Heiden, ebenfalls Nachfolger Honorius III. 1217, 1218, 1219, 1220 und 1224.

Mit Hilfe seines Kreuzheeres wollte Bischof Berthold die livländische Kirche nur fester fundieren oder, anders gesagt, «den Frieden Gottes» begründen. Der geistliche Feldherr soll «vor Sehnsucht nach dem Opfertode geglüht» haben und wurde denn auch, aber kaum ganz freiwillig, sondern durch sein zu schnell voranstürmendes Pferd am 24. Juli 1198 im ersten Gemetzel von einer Lanze durchbohrt und von den Liven «Glied um Glied» zerrissen. Folgte die Vernichtung ihrer Saaten mit Feuer und Schwert, eine Massentaufe, und nach Abfahrt der «Pilgerflotte» – ihre letzten Segel standen noch am Horizont – spülten die Liven in den Dünafluten die Taufe wieder ab, plünderten die Christentempel und vertrieben alle Pfaffen. Und seitdem gibt es im Ostbaltikum den Typus des direkten Missionskrieges, «bei dem der Zwang zur Annahme der Taufe Ziel der Feldzüge war» (Benninghoven), setzte sich auch hier «die Schwertmission durch» (Handbuch der Europäischen Geschichte). «Mit Kreuz und Schwert wurde die Missionierung erkämpft», rühmt noch in unseren Tagen ein Zisterzienser mit Imprimatur – «ein unvergängliches Ruhmesblatt in der Geschichte der Orden überhaupt.»[12]

Zwei Jahre nach dem Schlachtentod des Seelenhirten zog ein neuer Kreuzzug heran. Denn inzwischen hatte Bremens Erzbischof Hartwig am 28. März 1199 einen Nachfolger ernannt, und natürlich seinen Neffen, den Leiter der Domschule, Albert von Bekeshovede (Bukshövden). Dieser war von vornherein auf ein geistliches Territorialfürstentum aus, das heißt auf Landesraub, war von Anfang an zur militärischen Eroberung Livlands entschlossen und suchte umfassende Rückendeckung. Er kontaktierte mit Kaufleuten Gotlands, mit weltlichen und geistlichen Großen. König Philipp von Schwaben, bei dem er 1199 in Magdeburg Weihnachten feierte, sicherte ihm wirtschaftliche Hilfe zu (und gab ihm 1207 seinen Großraub Livland als Lehen). Sofort fand Bischof Albert auch den Beistand des Papstes. In der Kreuzzugsbulle vom 5. Oktober 1199 rief Innozenz III. die Niederdeutschen zum Kampf, wobei er den in Livland dem Kreuzzug ins «Heilige Land» gleichstellte, wie dann auch Gregor IX. und Innozenz IV.

Auch Dänenkönig Waldemar II. Sejr (der Sieger), der gute Beziehungen zum Papst unterhielt – und Feldzüge gegen Ösel (1206), Preußen (1210), Estland (1219) führte –, stimmte dem Einfall zu. Ebenso der mächtige Erzbischof Absalon I. von Lund, der einflußreiche Ratgeber des Königs und bedeutendste skandinavische Kirchenfürst des Mittelalters. Er hatte bei der Eroberung Rügens (S. 170) und schon viele Jahre wider die Ostseeslawen gekämpft, gegen sie auch die Bischofsburg Havn (später Kopenhagen) errichtet. Und wie bereits Rügen Teil seines Bistums wurde, so hatte sein Metropolitanverband auch die von Dänen und Esten genommenen Gebiete geschluckt. Einen «verständnisvollen Mitarbeiter» Innozenz' III. nennt ihn das Handbuch der Kirchengeschichte. Im übrigen bewährte sich Erzbischof Absalon als Mäzen, auch als Förderer freilich seiner Verwandten: Neffe Anders Sunesøn folgte ihm auf den Erzstuhl von Lund, Neffe Peder Sunesøn bekam das Bistum Roskilde.[13]

Im Frühjahr 1200 bringt Bischof Albert – von Zisterziensern

und Prämonstratensern im 17. Jahrhundert als Seliger, in Riga bis zur Reformation als Heiliger verehrt (Fest: 1. Juni) – mit 23 Schiffen sein Heer an die Düna. Es kommt zu kleineren Gefechten und Plündereien, dann schließt der große Missionar Frieden mit den Liven, ganz offensichtlich den «Frieden Gottes». Bei einem Gelage verhaftet er heimtückisch ihre Ältesten, nimmt dreißig ihrer Söhne als Geiseln – und kommt 1201 mit neuen «Pilgern» wieder. Er gründet Riga und sichert seinen noch kaum Konturen annehmenden Territorialraub durch erste Vasallen, die er in die Burgen Üxküll und Lennewarden setzt. Und Sommer für Sommer jagt er nun mit Hilfe der jährlich eintreffenden «Pilger» seine Heere gegen «die Feinde Christi», nicht nur gegen die Liven, sondern, rühmt Abt Arnold von Lübeck (gest. 1212), auch gegen andere «Barbarenvölker» – ein mit größter Grausamkeit geführter Krieg.

Da der Bischof aber unabhängig vom wechselnden Nachschub, von den jährlich wieder zurück in die Heimat ziehenden Kreuzfahrern sein will, vielleicht jedoch mehr noch, weil «das ganze Bekehrungswerk zeitweise zusammenzubrechen droht» (Handbuch der Europäischen Geschichte), läßt der Kirchenfürst einen eigenen Ritterorden gründen; läßt er bereits 1202 seinen Helfer, den Zisterzienser Theoderich (Dietrich) von Treyden, den Schwertbrüderorden (fratres miliciae Christi de Livonia, rotes Schwert unter Tatzenkreuz auf weißem Mantel) stiften und sich als ständige, ihm zu Gehorsam verpflichtete Truppe deutscher Ritter unterstellen.

Der Schwertbrüderorden (swertbrüdere), nach dem Vorbild der Templer organisiert, war nur einer der sechs in Nordosteuropa gegen die Heiden getriebenen Ritterorden mit von Rom bestätigten Regeln. Wie alle diese geistlichen Gewaltverbände, deren Ritter keine Mönche, sondern Soldaten, Schlächter waren, beuteten sie die Einheimischen, deren Land sie raubten, nach Strich und Faden aus, zwangen sie zu Zehnt-, zu Zinsleistung, zu Heer- und Gerichtsfolge, zu Kirchen-, Brücken-, Wegebau. Und bereits 1207 besaßen die Schwertbrüder – außer zu Gehorsam, Keuschheit, Heidenkampf auch zur Armut verpflichtet – ein Drittel des Livengebietes als «dominium», der erste Ordensstaat des Hochmittelalters. Und 1235 beherrschten sie knapp die Hälfte des Landes. Aber schon 1225 hatten Bischof Alberts Haudegen Livland, Estland, Semgallen und Kurland unterjocht. Und in all ihren Kämpfen war das Versprechen der Heiden, sich taufen zu lassen, «erste Friedensbedingung» (F. Blanke).[14]

«FASST SIE, REISST SIE, SCHLAGT SIE TOT!»

Um eine Vorstellung von der steten Ungeheuerlichkeit dieser Kreuzzüge im Baltikum zu bekommen, genügt es, das umfangreiche «Chronicon Livoniae» (die «Livländische Chronik») des Heinrich von Lettland zu lesen. Nicht Lette, sondern Lettenmissionar, war dieser zweifellos bedeutende Geschichtsschreiber seit Sommer 1205 in Livland, war Scholar des Rigaer Bischofs Albert, Pfarrer in Papendorf (lett. Rubene) im estnisch/lettischen Grenzgebiet, war Dolmetscher des päpstlichen Legaten Wilhelm von Modena und nahm selbst an wenigstens dreißig Feldzügen gegen Liven und Letten teil. In seiner Chronik aber berichtet er, kaum zuviel gesagt, Hunderte von Heerfahrten, Gefechten, Belagerungen von Burgen und dergleichen mehr.[15]

Alles freilich wiederholt sich da, mehr oder weniger ähnlich, in grausiger Monotonie.

Da heißt es etwa 1208 von einem Kreuzzug der erst unlängst christianisierten Letten gegen die Esten (die schon im 11. Jahrhundert dänische und schwedische Missionare zu «bekehren» versuchten): «Und sie verschworen sich gegen die Esten, machten sich fertig, ihr Land zu verwüsten ... zogen bei Tag und Nacht und fanden, als sie in die Landschaft Sakkala eindrangen, Männer, Weiber und Kinder in allen Dörfern und Orten in ihren Häusern, töteten vom Morgen bis zum Abend, wen sie fanden, sowohl ihre Weiber als auch die Kinder und dreihundert der vornehmsten Männer und Ältesten der Landschaft Sakkala, außer zahllosen anderen, bis Hände und Arme der Tötenden müde vom ungeheuren Morden des Volkes endlich erlahmten. Als alle Dörfer vom vielen Blut der Heiden gefärbt waren, traten sie am folgenden Tage den Rückzug an, brachten aus allen Dörfern viele Beute zusammen und führten mit sich fort Zugtiere und eine Menge Vieh, auch sehr viele Mädchen, die allein die Heere in diesen Ländern zu verschonen pflegen. Und sie zogen langsam heimwärts ..., und da sie hier Bertold, den Bruder des Ordens, wie auch ihren eigenen Priester mit einigen Rittern und Armbrustern des Bischofs vorfanden, reichten sie ihnen von allem Geschenke dar. Und da es der Sonntag Gaudete war, lobten sie alle einmütig Gott mit Freude, da der Herr durch die jüngst Bekehrten eine solche Vergeltung auch an anderen Heiden geübt hatte.»[16]

Von einer Heerfahrt 1209 oder 1210 meldet die «Livländische Chronik»: «Als darauf der Friede, der mit den Ugauniern gemacht war, zu Ende ging, rief Bertold, der Meister des Ordens in Wenden, den Russin mit seinen Letten ... und zog mit seinen Wenden nach Ugaunien. Und sie fanden Leute, die sich noch nicht in eine Burg geflüchtet hatten, in ihren Dörfern, töteten sehr viele in allen Dörfern, zu denen sie gelangen konnten, und nahmen, nachdem sie viele erschlagen, andere gefangen hatten, große Beute, führten die Weiber und Mädchen mit sich fort, ließen die Dörfer wüst liegen und kehrten nach großem Mord und Brand nach Hause zurück.»[17]

Von einem Vorstoß anno 1210 berichtet der geistliche Chronist: «Und das Heer verteilte sich über alle Wege und Dörfer, und sie töteten überall viel Volk und verfolgten sie in den benachbarten Gauen, fingen Weiber und Kinder und sammelten sich bei der Burg. Während des folgenden und des dritten Tages zogen sie umher, verwüsteten alles, zündeten an, was sie fanden, und erbeuteten unzählige Pferde und Vieh. Denn es waren viertausend Ochsen und Kühe, ungerechnet die Pferde und das andere Vieh und eine Unzahl Gefangener. Viele Heiden zudem, die in die Wälder und auf das Eis des Meeres geflohen waren, erfroren und kamen um. Am vierten Tage, nachdem drei Burgen erobert und verbrannt waren, begannen sie das Land mit der ganzen Beute zu verlassen ... und kehrten fröhlich nach Livland heim, und alle dankten sie dem Herrn, der ihnen die Rache an den Feinden geschenkt.»[18]

Einen blutigen Raubzug anno Domini 1215 schildert Priester Heinrich so: «Und versammelten ein Heer von Letten mit ihren

Freunden und Verwandten; und mit ihnen gingen die Brüder des Ordens von Wenden mit anderen Deutschen; und sie drangen in Ugaunien ein, plünderten alle Dörfer und übergaben sie den Flammen, und alle Männer, deren sie habhaft werden konnten, verbrannten sie lebendig zur Rache für Talibald und zündeten alle ihre Burgen an, damit sie keine Zuflucht in ihnen hätten. Und sie spürten ihnen in den dunklen Verstecken der Wälder nach, und sie konnten sich nirgends vor ihnen verbergen; und sie holten sie aus den Wäldern heraus und schlugen sie tot, ihre Weiber und Kinder führten sie mit sich gefangen fort, trieben Pferde und Vieh davon, machten viele Beute und begaben sich zurück in ihr Land.»[19]

Wie diese Katholiken aber mit den Heiden verfuhren, so auch mit Christen, etwa mit den Russen. Lettenpriester Heinrich meldet im Jahr 1221, in dem er auch den Schlachtschrei der Letten tradiert, den man ihnen inzwischen auf deutsch beigebracht, nicht nur *ihr* eigentliches Evangelium: «Faßt sie, reißt sie, schlagt sie tot!»: «... und gingen nach Rußland gegen ihre Feinde ... und verwüsteten ringsum das ganze Land, zündeten Häuser und Dörfer an, führten viel Volk in die Gefangenschaft und töteten andere. Und die Letten kamen zu einer Kirche nicht weit von der Stadt Novgorod, raubten Ikonen, Glocken, Räuchergefäße und dergleichen und kehrten mit vieler Beute zum Heere zurück ... Auch zogen die Letten und die Sakkaler und Ugaunier fortwährend (continue) nach Rußland, töteten dort viele, führten viele beiderlei Geschlechts gefangen fort und machten viele Beute. Ebenso gingen die Letten von Kokenhusen und die Deutschen immer wieder (omni tempore) nach Rußland und brachten viele Beute und viele Gefangene zurück.»

Dann kommen die Ugaunier wieder. Mitten im Winter überraschen sie die ungewarnten, völlig ahnungslosen Menschen, «töteten die Männer und viel Volk, nahmen viele Gefangene beiderlei Geschlechts, schlachteten Schafe, Rinder und viel Vieh, das sie nicht mit sich wegführen konnten, und kehrten mit grossem Raube heim; und Estland und Livland füllten sich mit gefangenen Russen, und für allen Schaden, den die Russen den Liven angetan, hatten sie im selben Jahre bereits das Doppelte oder Dreifache wiedererhalten».[20]

Die Eroberung der russisch-estnischen Burg Dorpat auf dem späteren Domberg im August 1224 gibt Chronist Heinrich so wieder: «Wozu der vielen Worte! Ein jeder eilte, als erster hinaufzusteigen, den Ruhm und das Lob Jesu Christi und seiner Mutter Maria zu erhöhen, sich selbst das Lob und den Lohn seiner Mühe zu gewinnen ... Nachdem so schon viele Deutsche in die Burg gelangt waren, folgten ihnen auch die Letten und einige von den Liven und begannen sogleich, das Volk zu töten, sowohl Männer wie auch einige Frauen, und schonten ihrer nicht, so daß sie es bald auf tausend brachten. Die Russen aber, die sich am längsten wehrten, wurden zuletzt auch bezwungen und flohen von oben in die Befestigung; von dort wurden sie wieder herausgezogen und alle getötet mitsamt dem Fürsten, gegen zweihundert Mann ... Nachdem aber alle Männer erschlagen waren, gab es ein großes Frohlocken und ein Spiel der Christen auf Pauken und Pfeifen und Musikinstrumenten, da sie Vergeltung an den Bösewichtern geübt und alle daselbst versammelten Verräter aus Livland und Estland getötet hatten. Darnach nahmen sie die Waffen der Russen, die Kleider, Pferde und die ganze Beute, die auf der Burg war, und die noch übrigen Weiber und Kinder, zündeten die Burg an und zogen sogleich am folgenden Tage mit großer Freude nach Livland zurück, Gott im Himmel für den ihnen geschenkten Sieg dankend, denn er ist freundlich und seine Güte währet ewiglich.»[21]

So, mit viel gesundem Gottvertrauen, mit Jesus Christus und seiner allerheiligsten Mutter Maria, raubt man auf Teufel komm raus alles, was man kriegen und brauchen kann, erschlägt, ersticht, erhängt, verbrennt man Jahr für Jahr Menschen, Heiden und Christen, wie es der Herr gibt. Und Priester Heinrich überschreibt schließlich die Kapitel seiner Chronik mit den fast immer gleichen Zeilen:

«Bischof Albert begann das neunzehnte Jahr seines Amtes, / Und nicht ruhte vom Kriege das Volk in Livland» (Et non a bellis siluit gens Lyvoniensis). «Und es nahte das zwanzigste Jahr des Bischofs, / Und nicht ruhte vom Kriege das Land der Liven.» «Schon war gekommen das vierundzwanzigste Jahr des Bischofs, / Und noch immer hatte das Land nicht Ruhe noch Frieden.» «Das fünfundzwanzigste Jahr des Bischofs war es, und noch hatte die Kirche nicht Ruhe von Kriege.»[22]

Bischof Albert I. von Riga, zu «den größten Missionsbischöfen seiner Zeit» gezählt (Lexikon für Theologie und Kirche), dessen blutrünstige Raubkriege das Handbuch der Kirchengeschichte als «echte Kreuzfahrtunternehmungen» preist, soll die «Pilgerreise» nach Livland noch dreizehnmal wiederholt haben, und zwar mit zunehmendem Erfolg, weil der Prälat Livland, das Erzstift, den Rigaschen Dom 1202 der «Gottesmutter» weihte, zu ihrem «Eigentum» erklärte. Wurde so Livland doch ein Land bevorzugter Marienverehrung, ein «Wallfahrtsmagnet» ablaßsuchender «Pilger», das heißt, stets dringend benötigter Krieger.

Wie sehr mit Maria geworben, gedroht, wie mit ihr Missions- und Kriegsgeschichte zugleich gemacht worden ist, wie im besonderen «der Meerstern stets über seinem Livland» wacht, «die Herrin der Welt und die Gebieterin über alle Länder immerfort das ihr eigene Land» behütet, wie die Himmelskönigin den Königen der Erde gebietet, wie sie zumal so «viele Könige, die gegen Livland kämpften, gestraft hat», das führt Priester Heinrich in seiner «Livländischen Chronik» lang und breit aus. Alles massakriert Maria, bringt sie um, erschlägt sie, was ihr nicht ins Konzept paßt. «Siehe, die Mutter Gottes, wie sanftmütig ist sie gegen die Ihren, die ihr in Livland in Treue dienen, und wie sie sie stets schützt vor allen Feinden, und wie grausam ist sie gegen jene, die in ihr Land eindringen, oder jene, die bemüht sind, den Glauben und die Ehre ihres Sohnes in diesem Lande zu hindern. Siehe, wie viele und mächtige Könige hat sie gestraft! Siehe, wie viele Fürsten und Ältesten der Treulosen und Heiden hat sie von der Erde vertilgt, wie oft hat sie den Ihren den Sieg über die Feinde verliehen! ... Merket und sehet, ihr Fürsten der Russen, Heiden, Dänen oder Älteste gleich welcher Völker, fürchtet sie, die sanftmütige Mutter der Barmherzigkeit, verehrt sie, die Mutter Gottes, versöhnt sie euch, die sich so grausam an ihren Feinden rächt, greift ihr Land weiterhin nicht an, damit sie euch eine Mutter sei, die bisher stets die Feindin ihrer Feinde war und denen, welche die Ihren in Livland schädigten, stets einen noch grösseren Schaden zufügte» (vgl. S. 159).

Und natürlich war die so sanftmütige wie rachsüchtige, so barmherzige wie brutale Hl. Jungfrau Patronin nicht nur des da bald einen fünfzigjährigen Aggressionskrieg führenden Deutschen Ordens, sondern auch – wie passend – der Rigaer Kaufmannskreise.

Kirche, Krieg und Kapital, dreieinig sind sie allemal.

Livland war fremdes Land. Nichts davon gehörte den Deutschen, der Kirche. Albert I., Bischof von Riga, aber holte sich nun Stück um Stück. Und von Jahr zu Jahr fast holte er auch seine Räuber, vor allem Adlige samt Anhang aus Ostwestfalen und Niedersachsen, häufig seine Verwandten, von denen nicht wenige blieben und Inhaber großer Latifundien wurden. Ohne die «religiöse Inbrunst der Kreuzfahrerzeit» unterschätzen zu wollen, kommt Walther Hubatsch doch zu dem Schluß: «In einer bemerkenswerten Weise ist Mission und Siedlung damals eine Angelegenheit weniger großer und eng zusammenhaltender Familien gewesen.»[23]

Wie die Christen aber überall gegeneinander stritten, wie sie einander umbrachten, auch auf ihren Kreuzzügen, im «Heiligen Land», in Byzanz, während der Reconquista in Spanien, so auch, und zwar mit besonderer Ausdauer, Verbissenheit, beim Heidenkampf im Nordosten.

Das begann noch unter Innozenz III. mit den 1210 einsetzenden Rivalitäten zwischen dem Bischof von Riga und dem Schwertbrüderorden um die Herrschaft über die Beute, die Opfer, die Liven, die Letten, die Esten.

Der Papst entschied zugunsten der Schwertbrüder, denen Bischof Albert bereits 1207 ein Drittel des zu erobernden Landes zugestanden. Rom wollte ein Gegengewicht gegen den mächtiger werdenden Prälaten. Vor allen aber wollte es, wie anderwärts, immer mehr mitreden, mitherrschen, das Ganze beherrschen, regieren. Schließlich waren es auch die Päpste, die «den Übergang von der Predigt zum Krieg möglich machten» (Hauck), war es gerade Innozenz III., der den Schwertbrüderorden rühmte, Livland für den Papst erobert zu haben, war es gerade Innozenz, der Bestimmungen über die Einführung der Kirchendisziplin, vom kanonischen Eherecht bis zu Beichte und Kommunion, für ein Land traf, das noch gar nicht erobert war!

Und wie bezeichnend: Hatte Innozenz bis 1210 offensichtlich Riga noch als Bistum Bremens betrachtet, Albert als dessen Suffragan anerkannt, wie auch Albert selbst und der Bremer Metropolit ihr gegenseitiges Verhältnis verstanden, so erklärte der Römer am 20. Februar 1214, der Bischof von Riga sei nie einem Metropoliten untergeordnet gewesen, sei vielmehr exemt, Bremen zwar zur Förderung der Mission verpflichtet, doch zu ihrer Leitung nicht berechtigt. Leiten wollte der Papst – an der Ostsee, im Baltikum, überall, also auch in Preußen. Denn auch das Volk der Preußen wurde immer mehr ein Opfer deutsch-römischer Kreuzzugspolitik, ihr Land noch 1230 zum Hauptschauplatz des Missionskrieges im Osten.[24]

ALTPREUSSEN ODER «DAS RECHT DER INBESITZNAHME DURCH EROBERUNG ...»

Die Prußen (Pruzzen, Altpreußen), deren Wortschatz germanische, mehr jedoch slawische Lehnwörter aufweist, waren ein baltisches Volk zwischen Weichsel und Memel, Ackerbauern vor allem, Viehzüchter, weniger Fischer und Jäger. In ihrer Religion verehrten sie viele heilige Plätze, heilige Haine, Flüsse, Wälder, Bäume, Gewässer, ja sie verehrten «in ihrem Irrtum jegliche Kreatur als göttlich (omnem creaturam pro deo), nämlich Sonne, Mond und Sterne, Donner, Vögel, auch vierfüßige Tiere ...». Aber, entsetzlich: «Die Preußen hatten keine Erkenntnis von Gott» (Peter von Dusburg).

So zogen sie schon um die Jahrtausendwende das Augenmerk christlicher Bekehrer auf sich, des hl. Adalbert (V 551 ff., 572), des Brun von Querfurt (V 529), die indes beide als Märtyrer endeten, Adalbert 997 in Samland, Brun zwölf Jahre später. Erkannten die Prußen doch ganz richtig, daß die Mission auch eine wirtschaftspolitische Seite haben und auf nichts anderes hinauslaufen würde als auf Eroberung.

Nun dauerte es zwei Jahrhunderte, bis man sich wieder auf die Bekehrung dieser Heiden besann. Als aber die 1217 begonnene Prußenmission infolge interner Zwiste der beteiligten polnischen Herzöge wie des wilden Widerstandes der Prußen selbst zu scheitern drohte, rief Konrad I., Herzog von Masowien (Mazowiecki) aus der kleinpolnisch-masowischen Linie der Piasten, der zeitlebens mit christlichen Konkurrenten um die Vorherrschaft in Polen rang, den Hochmeister des Deutschen Ordens, Hermann von Salza, zum Krieg gegen die Prußen auf. Dabei übertrug der «illustris Christianissimus princeps» dem Orden im Kruschwitzer Vertrag vom 16. Juni 1230 das Kulmer Land und alle künftigen Eroberungen in Preußen mit sämtlichen zugehörigen Rechten «zu ewigem Besitz» (Peter von Dusburg).[25]

Eine folgenschwere Entscheidung des Herzogs – vorausgesetzt, der Kruschwitzer Vertrag, dessen Originalurkunde verschwand, ist keine Fälschung des Deutschen Ordens, was nicht nur die polnische Historiographie weitgehend behauptet. Der Orden aber sah sich durch den Vertrag zur Errichtung eines selbständigen Herrschaftsgebietes in Preußen legitimiert. Auch hatte er schon in der undatierten Goldenen Bulle von Rimini (wohl vom März 1226) durch Kaiser Friedrich II. das Kulmer Land sowie Preußen verliehen bekommen, durfte er dort Gerichtsbarkeit (jurisdictionem) und Landeshoheit (potestatem) ausüben, durfte er Berge und Wälder nutzen, Flüsse und Meer und war niemandem Rechenschaft schuldig.

Woher indes nahm sich der Kaiser das Recht? Offenbar aus seiner universalen Weltherrschaftsidee, Herrschaft besonders auch über noch heidnische Gebiete. Und tatsächlich war die eigentliche Rechtsbasis für den Verleihungsakt «das Recht der Inbesitznahme durch Eroberung (!) mit der Auflage, das heidnische Gebiet im Osten zu christianisieren» (Lückerath).[26]

Die schöne Sache hatte allerdings nicht nur einen Haken. Denn war die Goldene Bulle von Rimini ein Kaiserprivileg, gehörte somit die generöse Schenkung in den Zustandsbereich der «monarchia imperii», so meldete sich, als der Fall akut wurde, der Krieg gegen die Prußen schon begonnen hatte, auch das «sacrum imperium» zu Wort. Denn obwohl diesem das Preußenland so wenig gehörte wie dem Kaiser, nahm es Papst Gregor IX. 1234 in das Recht und Eigen von St. Peter auf und verlieh es seinerseits dem Deutschen Orden, der es seitdem als päpstliches Lehen hielt; wobei Gregor keinen Zweifel daran ließ, daß der Deutsche Orden vor allem der Kirche unterstand, mochte auch Ordensmeister Hermann von Salza «ein bißchen mehr» zum Kaiser neigen. Das Gerangel um den Vorrang zwischen Kaiser und Papst setzte sich also auch im Ostseeraum fort. Jedes der beiden Christenhäupter wollte an dem noch zu tätigenden Raub maßgebend partizipieren, wollte ihn im Grunde besitzen und beherrschen.[27]

Der Deutsche Orden begann den Kampf gegen die Prußen 1231, gestützt sozusagen auf sein «Recht», den Kruschwitzer Vertrag vom Jahr zuvor, wogegen die Prußen sich erbittert wehrten, wiederholt erhoben. Zu ihrer Unterwerfung gewährte Innozenz IV. 1245 ein einzigartiges Privileg: einen ständigen, keiner besonderen Proklamation mehr bedürfenden Kreuzzug. Zwar konnte wenig später, am 7. Februar 1249, nach dem Sieg des Deutschen Ordens, der päpstliche Legat Jakob, Archidiakon von Lüttich, im Vertrag von Christburg die Friedensbedingungen formulieren. Ein großer Teil der Prußen erhob sich 1260 erneut und widerstand bis 1274 dem Orden, der grausam zurückschlug. Doch erst 1283 konnten die Prußen endgültig unterjocht und zum christlichen Glauben gezwungen werden. Und erst bis zum 17. Jahrhundert verschmolzen sie definitiv mit den Deutschen.

Die Forschung belehrt uns, daß man im Prußenland zunächst friedlich missionierte. Der aus dem Kloster Kolbatz in Pommern kommende Zisterzienser Christian habe ebenso wie Papst Innozenz III. «einer gewaltlosen Mission ... vor einer Unterwerfung den Vorzug» gegeben. Im selben Atemzug freilich teilt man mit: «Ein Feldzug Waldemars im Jahr 1210 gegen Preußen und Pomerellen» – es ist das Jahr, in dem Waldemar (vgl. auch S. 175) Dänemark dem heiligen Petrus aufträgt – «diente der Stützung der Missionsarbeit». Sie kommt aber nicht recht voran. Christian, 1215 zum Bischof (episcopus Prusciae) geweiht und von Rom besonders seit Honorius III. gefördert, kann sich «nicht mehr behaupten». Also müssen jetzt drei polnische Herzöge und Herzog Wratislaw von Pommern «das Missionsunternehmen stützen» (Handbuch der Europäischen Geschichte). 1222 stützt dann Herzog Konrad von Masowien das Missionsunternehmen, indem er Bischof Christian mehrere Burgen, darunter Kulm an der Weichsel, schenkt und hundert Dörfer dazu.

Und endlich kommt Bischof Christian sich sozusagen selbst zu Hilfe, aber wiederum nur militärisch, als er 1228 den Orden der Ritterbrüder, Milites Christi de Prussia (de Dobrin), mit Sitz in Dobrin an der Weichsel ins Leben ruft, allerdings nicht ausschließlich zum Zweck des Heidenkrieges, sondern auch aus Rivalitätsgründen gegenüber dem Deutschen Orden, in den die Ritterbrüder jedoch übergehen. Wie Bischof Christian überhaupt kaum noch Glück hatte, etwa fünf Jahre von den Prußen gefangengehalten wurde, danach sein Bistum nicht mehr gewann und 1244 starb.[28]

PREUSSENMISSION ODER «... TÖTETEN SIE ALLE»

Der Deutsche Orden (Ordo fratrum hospitalis sanctae Mariae Theutonicorum Ierosolymitanorum), dessen Ritter schließlich den Nordosten im weißen Mantel mit schwarzem Kreuz verunsicherten, ausmordeten, war der dritte der großen palästinensischen Ritterorden (VI 460 ff.) und wurde gegen Ende des 12. Jahrhunderts gegründet. Doch liegt seine Geschichte zunächst jahrzehntelang im dunkeln, ist von den ersten drei Hochmeistern fast nichts bekannt, schlugen die Versuche des Ordens, ein eigenständiges Territorium zu erwerben und eine unabhängige Landesherrschaft zu bilden, früher oder später fehl: im Heiligen Land, seinem eigentlichen Sitz, durch den Ausgang des Kreuzzuges; auf Zypern, wo man infolge der Niederlage Friedrichs II. scheiterte; in Siebenbürgen, wo der ungarische König 1225 den Orden vertrieb. Erst in Preußen kamen die teutonischen Haudegen – ganz überwiegend, ebenso wie die Ordensstifter, Deutsche – einige Jahre später zum Zug – und es wurde eine der blutigsten «Missionen» des Mittelalters.[29]

Wir besitzen darüber die 1326 vollendete «Chronik des Preußenlandes» (Chronica terre Prussie), mit der die Geschichtsschreibung des Deutschen Ordens und des Landes Preußen, das ganz im Mittelpunkt steht, beginnt. Verfaßt von dem uns sonst unbekannten Ordenspriester Peter von Dusburg, ist der weitaus größte Teil (362 Kapitel) seines Werkes der Schilderung, so scheint es, fast alltäglichen gegenseitigen Schlachtens gewidmet, eine einzige Monotonie wieder der Grausamkeit. Die Herausgeber der umfangreichen Chronik, Klaus Scholz und Dieter Wojtecki, bemerken dazu: «Dusburgs ... Bevorzugung des Militärischen ist aber immer noch Abschilderung des Kampfes von Gottesstreitern gegen die Feinde des Glaubens. Insofern kennt der Chronist nur Christen, denen alle Mittel für ihren Glauben erlaubt sind, und Glaubensfeinde, gegen die alle ergriffenen kriegerischen Maßnahmen von der Feldschlacht über den mörderischen Kampf Mann gegen Mann bis hin zur immer wieder praktizierten Verschleppung von Frauen und Kindern Rechtens sind. Dusburgs Ordensstandpunkt läßt keinen Raum für Skrupel, kennt kein Bedauern mit dem Gegner, weiß nichts von Schonung und Toleranz aus dem Glauben. Hier dominiert ein starrer Kreuzzugsgeist.»[30]

Daß die Prußen, «die Ungläubigen», die am «Götzenkult» festhielten, abgründig schlecht, «verstockt in ihrer Bosheit» waren, versteht sich von vornherein. Sie verwüsteten das Kulmerland, verheerten Polen, wo sie, heißt es, «250 Pfarrkirchen», dazu Kapellen und Klöster niederbrannten, Priester außerhalb und innerhalb der Kirchen, selbst am Altar abstachen, auch mit den gottgeweihten Jungfrauen «ihr schändliches Spiel» trieben, Leute eben, die immer wieder vom «Volke Gottes», das «zu seinem Lob und Ruhm dort wohnte», Tausende niedermachten, «so daß das ganze Preußenland von Christenblut rot zu sein schien». Kurz, faßt Dusburg zusammen: «Niemand könnte vollständig beschreiben, wie große Übel und Scheußlichkeiten sie dem Glauben und den Gläubigen zufügten.»[31]

Nur zu selbstverständlich, daß «der heiligste Vater und Herr Papst Gregor IX. Mitleid» fühlte und 1230 in zwei Bullen die Christen zum Kampf rief: «Rüstet euch und seid stark, Söhne, seid bereit zum Kampf gegen die Heiden ... zagt nicht, weicht nicht und fürchtet sie nicht ... Denn es ist nicht euer Kampf, sondern Gottes.» Zwar habe man, meint der Chronist, gegen die Prußen schon viele Kriege geführt, von Cäsar bis zu schwedischen Christen, bis zu Christian, dem Bischof von Preußen, und seinen Ritterbrüdern Christi, den Brüdern von Dobrin. Doch jetzt beginnen die Brüder des Deutschen Ordens neue Kriege gegen sie, und neu sei nicht nur der Kampf, sondern auch die Art des Kämpfens, «weil nicht allein mit stofflichen, sondern auch mit geistlichen Waffen der Feind geschlagen wird, nämlich mit dem Gebet.»[32]

In praxi sah das so aus:

«So wurden 1500 Mann vom pommerellischen Kriegsvolk an diesem Tag von den Brüdern erschlagen. Die Brüder sagten Gott für den Sieg Dank und kehrten mit reicher Beute voller Freude im Herrn zurück.»

«... es entstand ein furchtbarer Kampf unter ihnen und von Swantopolks Heer blieben 1500 Mann tot auf dem Schlachtfeld, von den Christen aber wurde niemand tödlich verwundet ... So kehrten die Brüder und die Kreuzfahrer mit 1600 Pferden der Feinde, anderer übergroßer Beute und einem ruhmreichen Sieg heim, den sie mit der Hilfe unseres Herrn Jesus Christus errungen hatten, der gelobt sei in Ewigkeit, amen.»

«... und nach langem Kampf, in dem es auf beiden Seiten viele Verwundete und Tote gab, töteten sie alle. So wurden durch Gottes Gnade an diesem Tag über 3000 Samländer und andere Prußen erschlagen ...»

«... einen Teil der Besatzung fingen, die übrigen töteten sie. Darauf sagten die Brüder Gott Dank, nahmen die Burg im Jahre des Herrn 1239 mit ihren Mannen in Besitz und führten dort ruhmreich den Kampf des Herrn, des Gottes der Heerscharen, gegen die Prußen.»

«Meister Bruder Heinrich ... sammelte also die Brüder und Pilger, zog in den Kampf und kam mitten in der Christnacht, während die Menschen ruhten, zu einer pomesanischen Burg, die an der Stelle des heutigen Alt-Christburg lag; sie legten Leitern an die Mauern, drangen heimlich ein und eroberten die Burg, die Einwohner wurden alle gefangen und getötet ...» Eine schöne Bescherung, mitten in der Christnacht. Und deshalb erhielt die pomesanische Burg, «weil sie ja in der Christnacht von den Gläubigen erobert worden war, den Namen Christburg, das ist: die Burg Christi (vocatum est Cristburgk, quod interpretatur castrum Cristi)».

«... und erschlugen dann die Sünder in ihrem Zorn. Dort verschlang das geschwungene Schwert der christlichen Ritterschaft das Fleisch der Ungläubigen ... und so wurde ein großes Blutbad unter dem Volk der Prußen angerichtet; an diesem Tag fielen nämlich über 5000. Darauf kehrten die Kreuzfahrer alle freudig heim und lobten die Gnade des Erlösers.»[33]

Gewöhnlich aber wird der böse Feind ganz ohne geistliche Waffen, wird er, entgegen früherer Beteuerung (vgl. S. 188), stets auf die gute alte Art geschlagen und erschlagen , ganz ohne Gebet und Gott. Mit grausiger Eintönigkeit heißt es da immer wieder nur: «Die Brüder griffen diese in einem Gefecht an, töteten sie alle ...» –

«... vernichteten sie vollständig, so daß keiner von ihnen übrigblieb.» –

«... was das Feuer verzehren konnte, brannten sie nieder, sie schlugen sehr viele tot, nahmen Frauen und Kinder gefangen und kehrten mit riesiger Beute zurück.» –

«... viele Menschen wurden in der Burg und ihrem Gebiet gefangen und erschlagen und das ganze Gebiet mit Raub und Brand verheert.» –

Immer und immer wieder liest man da:

«... und fingen und töteten viele Menschen ...» –

«... und vertilgten das gesamte Heer ...» –

«... töteten alle Männer und führten Frauen und Kinder mit ihrem ganzen Besitz weg.» –

«... und töteten und fingen alle Feinde.» –

«... nahmen alle gefangen und töteten sie.» –

«Hier töteten sie zahllose Männer, verwüsteten das Land mit Brand und Plünderung und führten Frauen und Kinder gefangen mit sich fort.» –

«... zerstörten die drei Belagerungswerke von Grund auf, so daß von den 1300 Mann, die sie hatten verteidigen sollen, kaum einer dem Tode entrann.» –

«... und töteten vom Heer der Heiden mehr als zweitausend.» –

«... und töteten mit dem Schwert die Gesamtheit der Heiden.» –

«... hängten die Brüder an einem Galgen vor dem Burgtor 30 prußische Geiseln auf.» –

«... stachen sie 12 prußischen Geiseln ... die Augen aus und sandten sie ihren Verwandten zurück.»[34]

Unser Ordenschronist verschweigt gelegentlich nicht, was für ihn fast einnimmt, gewisse Irritationen. So meldet er von einer auf beiden Seiten verlustreichen Schlacht: «Endlich aber behielten die Prußen nach dem Willen des Herrn die Oberhand und töteten 20 Brüder und ihr ganzes Heer.» Ein weiteres Mal heißt es: «und am Ende töteten sie nach dem Willen des Herrn, dessen Gericht unbegreiflich ist, den Meister, den Marschall Bruder Dietrich, 40 Brüder und das ganze christliche Heer.»

Allerdings wird das Fiasko gleich durch ein Wunder kompensiert; sieht ein Einsiedler auf den Schlachtfeld «später oftmals des Nachts brennende Kerzen, die ganz deutlich erwiesen, daß die Erschlagenen dort sogleich die Märtyrerkrone vom König der Märtyrer erlangt hatten». Ähnliches, nur Schöneres noch erlebten die Bürger Elbings. Zwar hatten die Prußen da so viel Christenblut vergossen, «daß der benachbarte Bach seine Naturfarbe verlor und blutig erschien». Doch nun erzählen viele, und ihnen dürfe man «unzweifelhaft Glauben schenken, daß während dieser Vorgänge etliche auf den Mauern der Stadt Elbing standen und wie bei einem Schauspiel den Himmel geöffnet sahen und erlebten, daß die Seelen der Getöteten von Engeln hineingeleitet wurden».[35]

«Ungeachtet», urteilt H. Boockmann, «einer strikten Zielsetzung – Peter von Dusburg will die Ordensbrüder durch die Erinnerung an die Kämpfe ihrer Vorgänger dazu bringen, im Heidenkampf nicht nachzulassen – ist die Chronik ein wertvolles Zeugnis ... für die berichteten Ereignisse.»[36]

Daß dem Verfasser – der immerhin zugibt, wenig von alldem selbst gesehen, das meiste von Augenzeugen und, natürlich, «aus glaubwürdiger Erzählung» erfahren zu haben –, daß ihm, wie den meisten Geschichtsschreibern, mit Vorsicht zu begegnen ist, belege ein Beispiel. Hartmud von Grumbach, der fünfte Meister des Preußenlandes, so hören wir, habe zwei Brüder seines Ordens, die mit den Prußen kollaborierten, vor den Augen der Elbinger verbrennen lassen. «Darüber war der Herr Papst so zornig, daß er befahl, den Meister von seinem Amt abzusetzen und ihn sowie alle, auf deren Rat das geschehen war, mit einer Jahrbuße zu bestrafen.» In Wirklichkeit spricht die Bulle Alexanders IV. vom 26. Januar 1261 weder von Absetzung noch von Jahrbuße. Im Gegenteil: der Papst erteilt darin dem Brüder verbrennenden Ordensmeister die Absolution.[37]

Gregor IX. stürzt die Stedinger «in die Grube der Verdammnis»

Entgegen der Behauptung des Klerus ging es beim Kampf wider die Stedinger nicht um «Ketzerei», sondern schlicht und einfach um einen Bauernaufstand, um eine der ungezählten Bauernerhebungen durch die Jahrhunderte christlichen Elends, auch wenn sie die Historiker bis tief in die Neuzeit hinein gewöhnlich übersehen.

Die Stedinger, ein sächsisch-friesisches Bauernvolk, bewohnten die Weserflußmarschen des Großherzogtums Oldenburg. Sie hatten ihr Land den Überflutungen durch Strom und Meer abgerungen, waren Freisassen mit noch einiger Selbständigkeit, mit selbstgewählten Richtern und eigenen Gesetzen. Freilich hatten sie auch die Erzbischöfe von Bremen, die Grafen von Oldenburg, die selbst wieder miteinander um sogenannte Rechte stritten, über und gegen sich. Und zumal der Bremer Metropolit bestand auf Leistungen, Abgaben, Zehnten, die sie nicht mehr erbrachten. Verschiedene Urkunden, die Chronik des Klosters Rastede, die Annales Colonienses maximi, lassen als eigentlichen Grund für den Konflikt die Verweigerung der Abgabenerlegung erkennen.[38]

Die Rebellion begann zu Beginn des 13. Jahrhunderts, als die «Burgmannen» (militares) und «Vögte» (advocati) der Zwingherren sich an den Frauen und Mädchen der Bauern vergriffen. Darauf zündeten diese die Burgen Lichtenberg (Legtenberge) und Linen (Lyne) an und vertrieben die Besatzungen. Anno 1207 unternahm der Bremer Erzbischof Hartwig einen Kriegszug in das Stedinger Gebiet, offenbar aber nicht, um die Bauern wegen des Aufstandes, schon gar nicht wegen «Ketzerei» zur Rechenschaft zu ziehen, sondern wegen des fälligen Tributs. Er wollte «pecunia», und als die Stedinger einlenkten, kehrte er auch «pecunia accepta» zurück.[39]

In den folgenden Jahren hatten die Kleriker genug mit sich zu tun, beschäftigte sie ein schon alter Fall, der sogenannte Kapitelstreit zwischen Bremen und Hamburg. Bereits 1160 eröffnet, raufte man dabei viele Jahrzehnte lang um die Rechte des Hamburger Domkapitels innerhalb der Erzdiözese, vor allem um die Rechte bei der Bischofswahl. Geistliche wie weltliche Fürsten, auch Kaiser und Papst, waren involviert, alle Advokatenkniffe kamen ins Spiel. Die Erzbischöfe Waldemar und Burchard exkommunizierten und bannten einander gegenseitig, ja letzterer ging gewaltsam vor und eroberte mit dänischem Beistand Stade.

Selbst der fast allmächtige Innozenz III. wurde der Sache mit den üblichen Mitteln nicht Herr, weshalb er offen zur Revolution im Erzbistum hetzte, die Stedinger (!) gegen Bischof Waldemar trieb, zu dem sie zunächst gehalten, wobei ihnen der Heilige Vater für den Kampf ausdrücklich Vergebung ihrer Sünden versprach. So entschieden sie den Sieg mit, wurde Waldemar vertrieben, und der neue Erzbischof Gerhard, ein Graf von Oldenburg, zog in Bremen ein und begünstigte die Stedinger bis zu seinem Tod 1219. Doch bei der Wahl seines Nachfolgers und Neffen, Erzbischofs Gerhard II., eines Grafen zur Lippe, begann der Streit zwischen Hamburg und Bremen wieder, bis er endlich 1223 beigelegt worden ist.[40]

Dem neuen Metropoliten aber waren die Stedinger ein Dorn im Auge. Sie schluckten seine landesherrlichen Anmaßungen nicht, sondern widersetzten sich, etwa der Teilnahme an seinem Zug gegen die Dänen (mit der Schlacht am 22. Juli 1227 bei Bornhöved), und beteiligten sich statt dessen, um der Landfolgepflicht zu entgehen, lieber an einem Kreuzzug. Auch verweigerten sie offenbar weiter die geforderten Abgaben. Denn ebendeshalb («Pro detentione decime et tributi debiti solvendi») schickte ihnen der Seelenhirte 1229 ein stattliches Heer auf den Hals, die eigenen Ministerialen sowie die Mannen der Geschlechter Lippe und Schaumburg, worauf die Stedinger jedoch siegten, und der Führer ihrer Feinde, der erzbischöfliche Bruder Graf Hermann zur Lippe, fiel.[41]

Im folgenden Jahr erklärt Gerhard «von Gottes Gnaden» die Stedinger für «Ketzer», sei es ja offenkundig, daß sie «die Schlüsselgewalt der Kirche und die Sakramente verachten, daß sie die Lehre unserer heiligen Mutter der Kirche für Tand halten, daß sie Geistliche jeder Regel und jedes Ordens anfallen und tödten», daß sie brandschatzen, Eide brechen, von bösen Geistern Auskunft begehren, Wahrsagerinnen befragen und «andere verabscheuungswürdige Werke der Finsterniß verüben». Ergo gebietet der Gottesmann, sie «für Ketzer zu erachten und zu verbrennen». Eine Synode der Bremer Kirche bestätigt dies in corpore am 17. März 1230.

Jahr für Jahr, 1231, 1232 und 1233, schleudert nun Papst Gregor IX. eine wütende Bulle nach der anderen gegen die Bauern. Schreiben auf Schreiben folgt, «nicht ohne Entsetzen und Schaudern», und es gibt wenig Verbrechen, deren der Heilige Vater sie nicht bezichtigt. Sie plündern, schänden Kirchen, treten den Leib des Herrn mit Füßen, schonen kein Alter, kein Geschlecht, natürlich auch keine Priester. Sie frönen ihrer Blutgier, als habe man sie an den Brüsten wilder Tiere genährt. Sie verhöhnen Gott, sind ungläubig, vernunftlos, wahnsinnig. Der Papst kennt deshalb keine andere Alternative als schon der hl. Bernhard beim Wendenkreuzzug (VI 476 f.): entweder die Stedinger zu bekehren oder «ihre Ungläubigkeit auszurotten», sie «in die Grube der Verdammnis» zu stürzen, wobei er allen die gleichen Ablässe verleiht wie den Kreuzfahrern im Heiligen Land.[42]

Den Höhepunkt erreicht die papale Hetze in der dritten Bulle vom 17. Juni 1233. Die Stedinger figurieren darin als vom Teufel aufgestachelte Gottlose, und als «Feinde Gottes» haben sie «noch wilder ihre Waffen erhoben gegen den katholischen Glauben». Der Papst behauptet, «– o des Jammers und Entsetzens – ... sie legen Hand an die Geistlichen ..., peinigen sie mit jeglicher Marter», behauptet, «daß sie Blut wie Wasser vergießend, Priester wie Mönche, gleich Raubthieren, in Stücke zerreißen», sie auch kreuzigen, «sie an die Wand nageln zum Hohn des Gekreuzigten». Er erinnert daran, schon in früheren Schreiben, «bei Vergebung euerer Sünden, eingeschärft» zu haben, «*die Christgläubigen* ... zur Vertilgung des gottlosen Volkes eifrig und nachdrücklich aufzubieten», und drängt jetzt erst recht: wenn diese «fluchbeladenen Menschen ... in ihrer fluchwürdigen Verstocktheit fluchwürdig sich verhärten und nicht an den Busen unserer Mutter, der Kirche, zurückkehren wollen ... dann sollt ihr – weil man in so schwerer und heftiger Krankheit, bei der leichte Arzneien nichts nützen, kräftigere Heilmittel anwenden und für die Wunden, die Salben nicht heilen, *Feuer und Eisen gebrauchen muß, um das faule Fleisch auszuschneiden* – gegen sie, wie gegen ihre Schützer, Helfer und Gönner die Gewalt des geistlichen und weltlichen Schwertes zu Hülfe rufen, alle Christgläubigen auf das eifrigste ermahnen und auf das nachdrücklichste antreiben, für ihren Christus sich zu erheben und mannhaft ihre Lenden gegen jene zu gürten. Diejenigen Katholiken aber, die das Kreuzeszeichen sich anheften und zur Ausrottung der Ketzer sich aufmachen, sollen sich desselben Ablasses erfreuen und mit denselben Gunstbezeugungen ausgestattet sein, die den zum hl. Lande ziehenden Kreuzfahrern verliehen werden.»[43]

Inzwischen hatte man mehrere Kreuzzüge gegen die sich fast übermenschlich schlagenden Stedinger geführt, hatte man geraubt, ihre Frauen und Kinder abgestochen, ihre Dörfer in Brand gesteckt. Doch wie der erste Kreuzzug fehlschlug, so auch der Ende Juni 1233. Man suchte seinerzeit das östliche Stedingerland heim, das nicht am Streit beteiligt und schutzlos war, und ohne Rücksicht auf Alter, auf Geschlecht wurden die Bewohner umgebracht, die Gefangenen verbrannt. «De pelegrime», meldet die Sachsenchronik, «voren mit groteme here unde volke, beyde mit scepen to watere unde aver land, ... unde roweden alle dat Land unde branden it; man unde wif unde kinder sloch men dot mer den verhundert, unde de men levende veng, de *brande* men.» Als man allerdings auch das befestigte westliche Gebiet angriff, wurden der Anführer, Graf Burchard von Oldenburg, und 200 Kreuzfahrer getötet.

Nachdem ein weiterer, besonders perfider Vernichtungsversuch des Erzbischofs gescheitert war – das Ertränken der Bauern im Spätherbst durch das Zerstören ihrer Deiche –, brach im nächsten Jahr der letzte Akt der Tragödie an. In ganz Niederdeutschland hatte man die Werbetrommeln gerührt, in Holland, Flandern, Brabant, noch in England. «Wie Gewitterwolken» (quasi nubes) sah Abt

Emmo von Witt-Werum die Predigermönche die Länder überziehn. Im Frühjahr 1234 sammelten sich in Bremen die «Pilger» – darunter, stöhnt Graf Hoensbroech, die Blüte des deutschen Adels und seiner Fürstengeschlechter –, und am 27. Mai rückten sie nordwärts, geführt von Herzog Heinrich von Brabant, gefolgt von Pfaffenscharen mit Fahnen, Kreuzen, und bei Altenesch gingen die Stedinger, die sich, verhältnismäßig dürftig bewaffnet, verzweifelt gegen die erdrückende Übermacht wehrten, fast gänzlich unter. Mehr als sechstausend Menschen lagen auf dem Schlachtfeld, andere ertranken bei der Flucht über die Weser, während die Geistlichkeit singend von einer Anhöhe herab zusah … Der Rest des Volkes verließ für immer das Land.[44]

Noch jahrhundertelang feierte die Bremer Kirche die Schlacht von Altenesch, nach Exjesuit Hoensbroech (1905) im Namen des Christentums eines der grausamsten und blutigsten Werke deutscher Geschichte. Der Klerus in Bremen aber beging das Blutbad durch Hymnen, Predigten, Prozessionen zu Ehren der Gottesmutter. Und hatte es sich nicht gelohnt? Die Bremer Prälaten bekamen das rechte, die Grafen von Oldenburg das linke Weserufer – und die Stedinger am 27. Mai 1834 auf dem Schlachtfeld ein Denkmal.[45]

Doch sind wir, gleich so manchem manchmal, dem Gang der Geschehnisse vorausgeeilt und sagen deshalb wie Bischof Otto von Freising: «Sed iam ad hystoriam revertamur» (Aber jetzt zurück zur Geschichte: Chron. 7,9) – zurück zu den letzten Jahren Ottos IV., zurück zur Heraufkunft Friedrichs II., mit dem der Kampf zwischen Kaiser- und Papsttum kulminiert.

6. KAPITEL

KAISER FRIEDRICH II. (1194–1250) UND DIE PÄPSTE INNOZENZ III., HONORIUS III., GREGOR IX.

«Daß es nicht vorteilhaft sei, gegen ihn vorzugehen, dünkt mir besonders aus folgendem Grunde: Wenn dieser Knabe zu den Jahren der Einsicht gelangt und dereinst erkennt, er sei durch die Römische Kirche der Ehre des Reiches beraubt, dann wird er ihr nicht nur die geziemende Ehrfurcht versagen, sondern sie sogar auf jede nur mögliche Weise bekämpfen, wird Siziliens Königtum von ihrem Lehensbande reissen und ihr den gewohnten Gehorsam verweigern.»
Papst Innozenz III. über Friedrich II.[1]

«Es steigt aus dem Meere die Bestie voller Namen der Lästerung, die mit den Tatzen des Bären und mit dem Rachen des Löwen wütet und mit den übrigen Gliedern wie ein Leopard ihren Mund zur Lästerung des göttlichen Namens öffnet ... Mit eisernen Krallen und Zähnen will sie alles zermalmen und mit ihren Füßen die ganze Welt zerstampfen ... Blicket auf das Haupt, die Mitte und das Ende dieser Bestie: auf Friedrich, den sogenannten Kaiser.»
Papst Gregor IX. über Friedrich II.[2]

«Die Sorge für die Uns vom Himmel übertragene königliche Gewalt und die Hoheit der Uns vom Herrn verliehenen kaiserlichen Würde zwingen Uns, das weltliche Schwert, das Wir im Gegensatz zur priesterlichen Würde führen, gegen die Feinde des Glaubens und zur Ausrottung der ketzerischen Niedertracht zu zücken, damit Wir die Schlangensöhne des Unglaubens, die Gott und die Kirche beleidigen, wie Entweiher des Mutterleibes, mit gerechtem Gericht verfolgen und die Bösewichter nicht leben lassen, durch deren verführerische Lehre die Welt vergiftet und der Herde der Gläubigen wie von räudigen Schafen schwerer Schaden zugefügt wird ...
Außerdem sollen alle Ketzer, die in den Städten, Flecken oder anderen Orten des Reiches durch die vom Apostolischen Stuhle bestellten Inquisitoren und andere Eiferer für den wahren Glauben aufgefunden worden sind, von denen, die an

dem betreffenden Orte die Gerichtsbarkeit innehaben, auf Anzeige der Inquisitoren und anderer katholischer Männer gefangengesetzt und in strenger Haft gehalten werden, bis jene sie durch kirchlichen Spruch verurteilen und dem schmählichen Tod übergeben, da sie die Sakramente des Glaubens und des Lebens verschmähten ...
Darüber hinaus entziehen Wir den Schützern und Begünstigern der Ketzer jegliche Gnade der Berufung, da Wir willens sind, die Keime des ketzerischen Unkrautes aus den Grenzen Deutschlands, wo der Glaube immer rein gewesen ist, auf jede Weise zu vertilgen.» Aus den «Ketzer»-Gesetzen Friedrichs II.[3]

«Wir nämlich, alle Könige und Fürsten der Erde, zumal die Eiferer für den rechtmäßigen Glauben und die Religion, haben einen offenen und gemeinsamen Haß gegen die Prälaten und mit Unseren Kirchenfürsten einen ganz besonderen, jedoch heimlichen Zwist. Diese nämlich treiben mit ihrer verderblichen Freiheit Mißbrauch, setzen durch geheime Umtriebe Unsere Güter und Titel herab, mißbrauchen die Wohltaten Unserer Ergebenheit, und wenn die Schädigungen einzelner zu Unserer Herabsetzung etwa nicht ausreichen, ergreifen sie gemeinsame Waffen und verschwören sich im geheimen, zur Vernichtung Unseres Lebens Heiliges und Unheiliges zu mischen.» Friedrich II. an seinen Schwiegersohn, den Kaiser Johannes III. Dukas Vatatzes von Nicäa, im Jahre 1248[4]

«Er war ein durchtriebener Mann, verschlagen, geizig, ausschweifend, boshaft und jähzornig. Gelegentlich aber zeigte er auch tüchtige Eigenschaften, wenn er willens war, seine Güte und Freigebigkeit zu beweisen; dann war er freundlich, fröhlich, voll Anmut und edlen Strebens. Er konnte lesen, schreiben, singen und Kantilenen und Gesänge erfinden. Er war ein schöner, wohlgebauter Mann, wenn auch nur von mittlerem Wuchse. Ich habe ihn nämlich gesehen und eine Zeitlang auch verehrt.» Salimbene von Parma[5]

Neuauflage der Stauferpolitik

Das Zerwürfnis von Friedrichs Vorgänger Otto IV. mit dem Papst beginnt 1210 und führt bald zu immer schärferen Formen, immer schlimmeren Klagen des Innozenz über den Charakter dessen, «der sich Kaiser nennt». Zwar hatte er Otto erst vor einem Jahr und ein paar Monaten selbst gekrönt (S. 80), der Gekrönte freilich über seine Versprechen bald nur gelacht und schon 1210 offen die staufische Reichspolitik in Italien fortgesetzt. Noch kurz zuvor «König von Gottes und des Papstes Gnaden», entschloß sich Otto jetzt, von apulischen Baronen und deutschen Herren gerufen, zum Vorstoß auf Sizilien. Viele Fürsten verließen ihn darauf und kehrten nach Deutschland zurück, doch gab es auch vereinzelt Zuzug von dort, die Hauptmacht des Heeres aber bestand aus Italienern.

Der Kaiser attackierte im August die Grenzorte im Norden des «Patrimonium Petri» und fiel im November in das Erbreich des jungen Staufers Friedrich, in das festländische Sizilien ein. Damit schien die größte Befürchtung des Papstes, die «Unio regni ad imperium», die Umklammerung des Kirchenstaates, bevorzustehen. Brieflich klagte Innozenz den deutschen Bischöfen, er habe sich selbst das Schwert, das ihn jetzt so tief verwunde, geschmiedet und bereue, so mit starkem Anklang an 1. Sam. 15,11, diesen Menschen zum König gemacht zu haben. Er fühle sich, schreibt er am 1. Februar 1211 dem König Philipp II. Augustus von Frankreich, «grausam überlistet». Erstrebe Otto doch nicht nur Friedrichs Erbteil in Deutschland, sondern strecke, entgegen seinem Versprechen, schon die Hand nach Sizilien aus, ja verkünde, in Kürze «würden alle Könige der Welt seiner Herrschaft unterworfen sein».

Die Neuauflage der Stauferpolitik ausgerechnet durch den, der Innozenz' Werkzeug sein sollte, wurde die größte Demütigung, die schlimmste Wendung seines Lebens, eine Beschämung, mit der er nie gerechnet. Er exkommunizierte Otto und Helfer kurz nach seinem Einmarsch ins sizilische Reich, am 18. November 1210, nur ein Jahr nach der Kaiserkrönung, jedoch ohne ihn formell abzusetzen. Und am Gründonnerstag des nächsten Jahres, am 31. März 1211, erfolgte, wie üblich, die Wiederholung des Bannes, die Annullierung aller ihm geleisteter Eide. Innozenz haßte den Welfen nun wie kaum einen zweiten Menschen. Er schürte den Abfall von ihm in Italien und Deutschland, wo er Legaten umherschickte, scharfmacherische Mönche, und agitierte auch in Frankreich entsprechend.

Der Kaiser drang inzwischen, fast wie auf einem Triumphzug, unbeirrt nach Apulien, nach Kalabrien vor, begünstigt durch den fast allerwärts überlaufenden Adel und die Kollaboration des Klerus, der sich weder um Ottos beiläufigen Einfall in das tuszische Patrimonium noch um Bann und Interdikt des Papstes kümmerte. Selbst der Bischof von Melfi, der gerade noch seine Diözesanen auf König Friedrich hatte schwören lassen, lief jetzt als erster dem Kaiser entgegen und erklärte, wenigstens insoweit ein aufrichtiger Pfaffe, lieber seine Ehre als sein Einkommen verlieren zu wollen. Für Innozenz aber war der Welfe nun der gottlose Verfolger, dem Teufel gleich, ein Tyrann, Drachen, der «excommunicatus et maledictus».[6]

Der junge Friedrich bot noch im Frühjahr dem rasch näher Rükkenden ganz Schwaben sowie Tausende Pfund Gold und Silber, die er vielleicht gar nicht mehr besaß. Doch Otto «spie» darauf, brachte bereits im September 1211 Kalabrien, die Basilicata an sich und konnte, von sizilischen Sarazenen zum Angriff gerufen, wohl glauben, auch die Insel bald zu haben. Und wirklich war dort Friedrich, «regulus, nicht rex», außer Palermo fast all seiner Städte, Burgen, Provinzen beraubt, lag für ihn, den nahen Untergang vor Augen, im Hafen der Hauptstadt, nächst Castellamare, zur Rettung seines nackten Lebens stets ein fahrbereites Schiff für die Flucht nach Afrika bereit.[7]

Im Begriff aber, mit Hilfe der pisanischen Flotte die Straße von

Messina zu überqueren, nötigten Otto die Erfolge der kurialen Retorsionen, Erhebungen sowohl jenseits wie diesseits der Alpen, im Oktober zur Umkehr – und hätte vielleicht durch einen raschen Ansturm auf die Insel sein Problem am einfachsten gelöst. Doch Boten aus Deutschland meldeten die Wahl des sechzehnjährigen Friedrich im September in Nürnberg zum römischen König und «zukünftigen Kaiser» (wo sich unter der Fürstenopposition auch Landgraf Hermann von Thüringen befand, hier zum sechsten Mal die Partei wechselnd). Die Boten meldeten, stark übertrieben, Aufruhr im Reich, auch Gesandte aus der Lombardei beschworen den Kaiser zum Abbruch des Krieges, und er, entsetzt über den Verrat der Großen, verlor die Fassung, verlor die Kontrolle über das Ganze.

Unmittelbar vor dem sicheren Sieg, brach er den Feldzug ab, und auf dem Rückweg zerschlugen sich wieder wochenlange Verhandlungen mit dem Papst, der ja nichts unterließ, um Otto auszuschalten, um mit allen diplomatischen Tricks, mit tausend Künsten der Intrige die kaiserliche Macht zu untergraben. Innozenz belobigte jetzt Aufständische, wie den Erzbischof Ubald von Ravenna, und drohte Kaisertreuen, wie Bologna, mit Bann und Interdikt, mit dem Verlust gar der berühmten Universität.

Auch jenseits der Alpen, wo «im ganzen deutschen Reich», behaupten zumindest die kaiserfreundlichen «Annales Marbacenses», «zur Zeit Ottos höchster Frieden und Eintracht» herrschten, «auch in seiner Abwesenheit», da sorgte Innozenz – im Bunde mit Philipp, dem französischen König, dem Stauferfreund und Welfenfeind – für Beendigung des doch so ersehnten Zustands. Er rief offen zur Empörung, zum Abfall. Er befahl nicht nur, die Exkommunikation des Welfen überall zu verkünden, sondern appellierte auch an die deutschen Fürsten, Otto unverzüglich durch einen Gegenkönig zu stürzen, wobei es ihnen nicht so ergehen sollte, «daß ihr nicht wollt, wenn ihr könnt, und nicht könnt, wenn ihr wollt».[8]

Der Kaiser, der im Spätwinter 1212 die tiefverschneiten Alpen überschritt, war im März in Frankfurt. Und da inzwischen, auf Anregung Philipps von Frankreich, der gebannte Otto in Nürnberg für abgesetzt erklärt und Friedrich II. zum König gewählt worden war (s. o.), begannen in Deutschland abermals die Schrecken des Bürgerkriegs, u. a. besonders im Erzstift Mainz. Denn dort hatte Siegfried II., nach päpstlicher Weisung lavierend, gerade noch auf Ottos Seite, zur Jahreswende 1211 für den Staufer Partei ergriffen. Und weil er überdies zu den Oppositionsführern gehörte, verwüstete jetzt Ottos Bruder Heinrich I., Pfalzgraf bei Rhein, das Erzstift mit aller Kraft, wobei ihm Herzog Heinrich von Brabant, einer der mächtigsten Fürsten und gleichfalls häufiger Frontwechsler im Thronkonflikt, samt dem lothringischen Adel beistand.

Erfolgreicher noch operierte Reichstruchseß Gunzelin von Wolfenbüttel wider ein weiteres Rebellenhaupt, den Landgrafen von Thüringen, dessen Gebiet er freilich weniger zum Schaden des Fürsten verheerte als seiner Bauern. Trafen doch überhaupt all diese Kriege nicht eigentlich die Großen, sondern das wehrlose Landvolk, dessen Häuser und Höfe häufig in Flammen aufgingen.[9]

Und schon im nächsten Jahr brandschatzte man Thüringen erneut. Diesmal im Beisein des schnell wieder die Oberhand gewinnenden Kaisers, der sich kurz vor dem Sieg wähnte, wohl nicht nur in Thüringen, das er mit 2500 Mann heimsuchte, während seine staufische Frau Beatrix starb und ihm ein Eilbote des befreundeten Patriarchen von Aquileja, Wolfger von Erla, meldete, der junge Friedrich sei von Sizilien nach Deutschland unterwegs und schon in Genua. «Höret», heißt es, höhnte Otto, als die Schwaben bereits sein Heer verließen und die Bayern ihnen folgten, «der Pfaffenkaiser kommt und will uns vertreiben.»

Der Pfaffenkaiser kommt

Friedrich II. hatte im Alter von drei Jahren, 1197, den Vater, mit vier Jahren die Mutter verloren und war dann, wenig beaufsichtigt als Mündel des Papstes, der Sizilien niemals betreten, unter abenteuerlichen, gelegentlich lebensgefährlichen Umständen auf der Insel herangewachsen. Einen eigenen Erzieher hatte er offensichtlich nicht, jedenfalls nicht über längere Zeit. Der König war Autodidakt, und sein enormes, später oft bestauntes Wissen erwarb er sich selbst, schon als Zwölfjähriger bis tief in die Nacht hinein lesend, mit einem Faible für Geschichte. Tagsüber übte der mittelgroße, doch kräftige, ebenso gewandte wie ausdauernde Jüngling sich in diversen Waffen; war besonders talentiert zum Fechten, ein leidenschaftlicher Reiter und guter Bogenschütze.

Anno 1208 verlobte der Papst den Vierzehnjährigen nicht ohne Druck mit Konstanze, der wenigstens zehn Jahre älteren Schwester des Königs Peter von Aragón. Und noch im selben Jahr, am 26. Dezember, an Friedrichs fünfzehntem Geburtstag, trat der Papst als Regent Siziliens zurück.

Der junge Fürst, selbstbewußt, doch ohne Überzogenheit, ergriff sofort das Ruder des Staates. Und obwohl er bloß über geringe Kräfte gebot, zerschlug er im September 1209 eine Erhebung der sizilischen und kalabrischen Barone, die wieder einmal ihre Zeit für gekommen hielten, wobei er noch einen Teil des Krongutes zurückgewann. Als jedoch die apulischen Magnaten unter Diepold von Schweinspeunt putschten, dem Grafen von Acerra, den er selbst zum Großjustitiar Apuliens ernannt, und die Deutschen sofort auf die Seite des Welfen traten, schien Friedrichs Ende durch Otto gekommen, der seit über zehn Jahren erstmals wieder in Italien einmarschierte, Diepold zum Herzog von Spoleto machte und im Herbst 1211 bereits im Begriff stand, nach Sizilien überzusetzen (S. 200f.).

Eben damals aber erschienen schwäbische Gesandte in Palermo und boten Friedrich die deutsche Krone an. Der achtzehnjährige Enkel Barbarossas, der in Sizilien nicht mehr allzuviel besaß, mußte Deutschland gewinnen, wollte er auch Sizilien behalten. Freilich ging er das Risiko ein, darüber alles zu verlieren. In Palermo suchten ihn deshalb viele zum Bleiben zu bewegen, zumal seine Gattin Konstanze, älteste Tochter des Königs Alfonso von Aragón und verwitwete Königin von Ungarn. (Ihre zweite Ehe war auf Betreiben des Papstes geschlossen und zuvor Friedrichs Verlöbnis mit Konstanzes jüngerer Schwester Sancha zugunsten der neuen Verbindung gelöst worden.) Doch der Staufer folgte dem Ruf aus dem Norden, und Konstanze, die gerade Heinrich (VII.), ihren einzigen Sohn, geboren hatte, blieb als Regentin (1212–1216) zurück.

Frankreich war fest auf Friedrichs Seite. Philipp II., seit je ein Feind des Welfen, setzte alle Hebel für den Staufer in Bewegung. Und unter Philipps Einfluß unterstützte auch der Papst, Friedrichs weltlicher Oberherr, dessen Kandidatur. Die riskante Entscheidung mochte Innozenz nicht leicht gefallen sein, da er voller Vorbehalte gegen Friedrich war, ihn als seinen Vasallen auch für immer auf Sizilien beschränken und von der Reichspolitik fernhalten wollte. Doch tat er nun alles, ihn zu fördern, ohne den verheerenden Kampf zwischen Kaiser und Kirche vorauszusehen, der folgte, von weiteren gravierenden Ereignissen, Herrschaft der Anjou, Sizilische Vesper, Avignonesisches Exil, zu schweigen.

Friedrich hatte im Februar 1212 ausdrücklich beschworen, nichts gegen Innozenz und seine rechtmäßigen Nachfolger zu unternehmen, vielmehr sie und ihr Territorium, «das Land des heiligen Petrus», zu verteidigen, womit er einmal mehr erklärter Lehnsmann des Papstes war. Auch hatte er damit die Trennung Siziliens vom Reich garantiert, ebenso die Zugeständnisse seines Onkels Philipp und Ottos IV.

Nach solchen Kautelen konnte Friedrich sich König von Sizilien nennen und auch sein Söhnchen Heinrich (VII.), wieder ein päpstlicher Wunsch, eine weitere Rückversicherung, zum König Siziliens krönen lassen, zum künftigen Herrscher im unteritalischen Reich, das der Papst auf keinen Fall mit dem deutschen in einer Hand sehen wollte.

Beinah bettelarm schiffte sich Friedrich mit geringem Gefolge Mitte März 1212 in Messina ein. Er reiste nicht einmal auf eigener Galeere. In Rom wurde er im April von Innozenz mit Pomp empfangen – die einzige Begegnung der beiden –, auch finanziert für Aufenthalt und Weiterreise (was nicht lange reichte; schon Genua schoß Friedrich «für die Zeit, da er Kaiser wäre» weiteres vor, 2400 Pfund, und auch Pavia zeigte sich spendabel). Doch umsonst gab's da nichts, schon gar nicht für einen König «von Gottes und des Papstes Gnaden», als welcher er urkundete.

Und schließlich – hatte der gute Vater Innozenz nicht schon genug für sein liebes Mündel getan? Für sein Recht, seinen Schutz, seinen Schirm, seinen Frieden? Gar eindringlich war das doch alles längst schwarz auf weiß verbrieft, wie er Friedrichs wegen sein «Frühmahl zum Nachtmahl» gemacht, Friedrichs wegen «schlaflose Nächte verbracht», Friedrichs wegen «auch Brüder und Verwandte ... nicht geschont» und «die Federn der Notare ermüdet und die Tinte der Schreiber verbraucht!» Ja, «mit unermüdlicher Tätigkeit» hatte er ihn stets umsorgt, hatte er «Bittsteller, die aus allen Weltteilen kamen», zurückgestellt und immer wieder für ihn und sein Reich «viele und schwere Mühen» auf sich genommen, zumal, ja, «große und gewichtige Unkosten», worauf Innozenz nicht nur einmal kommt. «Was erst», stöhnt er etwa, «sollen Wir über die vielen und erheblichen Kosten sagen, die Wir für die verschiedenen und unterschiedlichen Bedürfnisse Deines Reiches aufzuwenden Uns bemühten?»

So mußte nun der «Sohn der Kirche», wie der Papst ihn hieß, dem Lehnsherrn nicht nur den Mannschaftseid noch leisten, sondern auch seinerseits jetzt schwarz auf weiß versichern, ihm nächst Gott alles zu verdanken, was sogar stimmte, wenn auch alles, was Innozenz für ihn getan, ganz allein in seinem, Innozenz' eigenem Interesse, geschah.

Zum Beispiel, wenn er fast laufend Legaten mit Truppen nach Sizilien schickte, das schließlich sein Lehensstaat war. Ganz beiseite, daß er dem jungen Fürsten noch eine Rechnung für seine Unkosten präsentierte, immerhin 12800 Unzen in Gold, wofür ihm Friedrich, außer dem bereits verpfändeten Gebiet des Klosters Monte Cassino sowie den Grafschaften Aquino, Pagano, Sora, auch noch die Grafschaft Fondi verpfänden mußte samt allem Land bis zum Garigliano, zu Grenzgegenden, auf die der Hohepriester schon lange sein Auge geworfen; wußte er doch nur zu gut, welches Spiel er mit dem «Sohn der Kirche» spielte, und sagte angeblich voraus: Erkenne dieser Knabe einst, die römische Kirche habe ihn der Ehre des Reiches beraubt, «dann wird er ihr nicht nur die geziemende Ehrfurcht versagen, sondern sie sogar auf jede nur mögliche Weise bekämpfen, wird Siziliens Königtum von ihrem Lehensbande reißen und ihr den gewohnten Gehorsam verweigern».[10]

Geschützt von Freunden, von Feinden gejagt, gelangte das «chint von Pulle» während des Sommers 1212 ohne Truppen, ohne Geld, nach abenteuerlicher, unglaublich glückhafter, doch auch nicht unblutiger Reise, bei der mehr als einmal alles auf dem Spiel stand, in den Norden: über Cremona nach Mantua, dann von Verona das Etschtal hinauf, endlich über Chur nach Sankt Gallen, wo ihm der Abt 300 Reiter als Begleitschutz gab. Vor Konstanz aber, auf der anderen Seite des Bodensees, zu Überlingen, lagerte bereits Kaiser Otto, um ebenfalls in Konstanz einzurücken, wo seine Dienerschaft und Küche den Empfang schon vorbereiteten. Doch nach langem Schwanken nahm Ortsbischof Konrad, beeinflußt von Erzbischof Berard von Bari, der den päpstlichen Bannfluch über den Kaiser verlas, nicht Otto in die Stadt auf, was beider Schicksal wohl entschied.

Geld + Besitz = Ehre, doch genug ist nicht genug

Von Basel, wo der Bischof von Straßburg dem «Pfaffenkaiser», wie ihn die Welfen schimpften, weitere 500 Mann zuführte, über das Elsaß, «unserer deutschen Erbländer geliebtestes», zog der siebzehnjährige, kaum noch recht des Deutschen kundige Staufer unbehindert, ohne jeden Schwertstreich, seinen Weg, eine einzige Straße der Begeisterung, des Sieges. Da und dort erhob sich das Volk, erschlug Besatzungen des Kaisers, lawinenartig vermehrte sich der Zustrom auf Friedrichs Seite, vermehrten sich auch seine Versprechungen, die er den chronisch habsüchtigen, den land- und geldgierigen Großen machen mußte und die er, generöser als der sparsame Gegner (von Walther von der Vogelweide gelegentlich verspottet, «wär er so mild als lang er hätte Tugenden viel besessen»), auch erfüllen wollte, sobald er, «mit Gottes Hilfe», Geld haben werde (quantocius Deo dante pecuniam habuerimus), denn umsonst, bloß für den «Honor imperii», wollte keiner gekommen sein, keiner seinen Eid gebrochen haben, keiner einen neuen schwören, gleich ob weltlicher, ob geistlicher Fürst; ganz beiseite, daß sie gegenüber dem «Puer Apuliae» sich wohl besser behaupten zu können glaubten als gegenüber dem kriegsgeübten und eher knauserigen Kaiser.

Denn natürlich ging's nur um den hohen Adel, hohen Klerus. Das Volk durfte jubeln und nachsehn. Herzog Friedrich III. von Oberlothringen, Friedrichs Vetter, erwartete für seinen Übertritt 3000 Mark plus 200 Mark für seine Domestiken. Der Bischof von Speyer, Konrad von Scharfenberg, der sinistre Zeuge des Bamberger Königsmordes (S. 76), der seinen Abfall mit flauen Ausreden beschönigt, läßt sich mit dem Bistum Metz belehnen, ohne sein bisheriges Bistum aufzugeben – und führt das unter Philipp wie Otto verwaltete Amt des Reichshofkanzlers gleich unter Friedrich weiter. Man hat keine Skrupel, man nötigt Verzichtleistungen ab, fordert Belohnungen, läßt sich alte Privilegien bestätigen, die neue Anhänglichkeit bezahlen, das heißt: läßt sich bestechen. Geld und Besitz gehn allemal über die Ehre, machen die Ehre erst; nur wer arm ist, hat auch keine Ehre.

Friedrichs Urkunden aus dieser Zeit sind voll von Dotationen, Verheißungen, und selbstverständlich lassen sich die Empfänger nicht bloß mit leeren Worten abspeisen. Der künftige Kaiser muß verbriefen, verpfänden, muß seine Anhänger überreden, Bürgschaften zu leisten, muß ganze Reichsgüter, etwa an den König von Böhmen, preisgeben, der als erster Reichsfürst von Friedrich große Gunsterweise erhält. Bei einer Begegnung am 19. November 1212 an der Reichsgrenze mit dem kapetingischen Thronfolger Ludwig VIII., der gemeinsam mit seinem Vater das englische Königtum bekämpft, erneuert man den alten antiwelfischen Pakt. Der französische Hof, schließlich Initiator von Friedrichs Erhebung, schickt dem Mittellosen 20000 Mark, und dieser gibt es gleich weiter, dem hohen Adel natürlich, und, hört, so überliefert der Chronist, «da erhob sich ein allgemeiner Jubel zu seinen Gunsten ...».

Auch die Gegenseite, König Johann von England, setzt Geldboten in Bewegung, gibt mal 1000, mal 9000, mal 10000 Mark, überschüttet den ganzen Nordwesten mit aufwendigen Subsidien. Es rettet Otto dennoch nicht. Er weicht an den Niederrhein aus, nach Köln, in die einstige Hochburg der Welfen. Und fast zur selben Zeit, während er in Aachen mit nur wenigen Fürsten und Kombattanten einen kümmerlichen Hoftag hält, wird «das Kind aus Apulien» von einer großen Adelsversammlung in Frankfurt in Gegenwart der Gesandten des Papstes und des Königs von Frankreich am 5. Dezember 1212 noch einmal formal zum «Römischen König» gewählt – die deutschen Quellen nennen den Staatsakt meist Kaiserwahl – und vier Tage darauf, am 9. Dezember, in Mainz gekrönt. Der Koronator, der dortige Erzbischof Siegfried II., hatte sich bis zu Beginn des Vorjahres noch für Kaiser Otto engagiert.[11]

Schon wenige Monate nach seiner Ankunft in Deutschland, am 12. Juli 1213, verbrieft Friedrich mit Zustimmung vieler Fürsten anläßlich des hochheiligen Pfingstfestes in der berüchtigten Goldbulle von Eger seinem «Beschützer und Wohltäter Innocenz, durch dessen Güte, Mühe und Sorge er erzogen, beschützt und gefördert sei», seinen gesamten Besitz. Das heißt alle vom Papsttum beanspruchten Gebiete, gleich ob mit ob ohne Rechtsanspruch, bestätigt ihm nicht nur das alte Patrimonium, nicht nur Spoleto und Ancona, nicht nur die Mathildischen Güter, sondern auch das Exarchat von Ravenna, die Pentapolis, Sardinien, Korsika und das Königreich Sizilien.

Es war gleichsam der Auftakt zu einer langen Reihe von Gebietsverlusten des Reiches. Der König will der Kirche sogar Güter, auf die sie noch unausgeführte Ansprüche habe, «als treuer Sohn und katholischer Fürst» dazu erwerben. Ferner verzichtet Friedrich, der in diesem bedeutsamen Privileg die deutsche Kirche an Rom ausliefert, auch auf jede Mitwirkung bei Bischofs- und Abtswahlen, ohne daß des im Wormser Konkordat dem König gewährten Aufsichtsrechts auch nur gedacht wird; er verzichtet auf jede Beschränkung klerikaler Appellationen, verzichtet auf das Spolienrecht und garantiert intensive Beihilfe zur «Ketzer»-Jagd.

Dabei genügt es dem Kirchenhaupt nicht, daß der König all dies im Beisein zahlreicher Fürsten bezeugt («presentibus subscriptis principibus imperii et nobilibus spondeo ...»). Es genügt ihm nicht, daß die Großen in einem nachträglichen Zusatz der definitiven Preisgabe des bisherigen Reichsbesitzes so eindeutig wie möglich beipflichten. Nein, sie mußten, jeder für sich sowohl als auch in corpore, ihre Zustimmung zu den Beurkundungen Friedrichs noch einmal beurkunden, ja diese Beurkundung später ein weiteres Mal verbriefen. Derart aber erhielt der versierte Juristenpapst von Friedrich nicht nur ein persönliches Versprechen, sondern quasi ein Reichsprivileg.[12]

Der deutsche Thronstreit wird in Frankreich entschieden

Im übrigen tobte auch 1213 der Bürgerkrieg in Deutschland fort. Kaiser Otto verzettelte, wie zuvor schon am Niederrhein, seine Kräfte mit nervösen Einzelaktionen im heimatlichen Sachsen, verheerte den ganzen Sommer über besonders das Gebiet des Magdeburger Erzbischofs, wütete darauf furchtbar in Thüringen, das im Herbst, aus Süddeutschland vorstoßend, auch Friedrich bis Magdeburg heimsuchte, wobei auf seiner Seite die Bischöfe von Würzburg, Meißen, Merseburg, Naumburg, der Erzbischof von Magdeburg und der Abt von Reichenau stritten, außer den staufischen Kontingenten vor allem die berüchtigten Böhmen und Mähren Feind wie Freund ausplünderten, Otto selbst aber vermutlich am wenigsten schadeten. Und kaum waren sie beutebeladen abgezogen, brach der Kaiser aus dem festen Braunschweig wieder sengend und brennend über die Lande herein – was doch (nicht nur) seinerzeit zu den wichtigsten Regierungspflichten gehörte.[13]

Herausragende «Erfolge» erzielte dabei niemand; ja der Kaiser hatte Friedrichs anfänglichen Siegeszug, trotz dessen Überlegenheit, offensichtlich gestoppt. Auch fiel die Entscheidung im deutschen Thronstreit überhaupt nicht in Deutschland, sondern im Endkampf zwischen England und Frankreich, genauer durch die Schlacht bei Bouvines, an der Friedrich gar nicht beteiligt war.

Johann Ohneland (1199–1216), der letzte überlebende Sohn Heinrichs II., war bereits 1206 im Krieg gegen Frankreich unterlegen, wodurch das «Angevin Empire», das 1154 von Heinrich II. gegründete Reich der Plantagenêts, das England und weite Gebiete Westfrankreichs umfaßte, sein Ende fand. (In England selbst herrschte die Dynastie aber bis zur Thronbesteigung der Tudors 1485; der wahrscheinlich letzte männliche Plantagenêt, Edward,

Earl of Warwick, wurde 1499 hingerichtet.) Und als 1205, nach dem Tod des Erzbischofs von Canterbury Hubert Walters, der Papst zum Nachfolger Stephen Langton einsetzte, der König jedoch heftig widerstand und seinen Ratgeber John de Gray, den Bischof von Norwich, auf den Erzstuhl bringen wollte, kam es zu jahrelangen Querelen zwischen Papst und König, was zu dessen Bannung und zur Verhängung des Interdikts über England führte (1208 bis 1214). Innozenz beauftragte 1213 den französischen Monarchen mit der Invasion der Insel. Doch als sich der in die Enge getriebene Brite in seiner Verzweiflung ganz dem Papst unterwarf und England von ihm zu Lehen nahm, verbot Innozenz nun dem Kapetinger strikt den Krieg, und Johann Ohneland griff jetzt seinerseits Frankreich an.[14]

Im Frühjahr 1214 landete er in La Rochelle; gleichzeitig ging von Osten her der deutsche Kaiser vor, wodurch der Kapetinger in einen gefährlichen Zangenangriff geriet, der seine Macht zermalmen sollte. Doch erst wurde König Johann von dem französischen Thronfolger (Ludwig VIII.) im Poitou schwer geschlagen, dann Kaiser Otto in Flandern von dem zahlenmäßig unterlegenen Heer Philipps am 27. Juli 1214 in der Schlacht von Bouvines östlich von Lille so vollständig besiegt, daß er sich nicht mehr davon erholen konnte und der staufisch-welfische Thronkrieg in Deutschland definitiv zugunsten Friedrichs II. entschieden war. Otto IV. mußte in sein Stammland zurück, wo er in den letzten Jahren blieb, blutige Schläge von nur noch lokaler Bedeutung austeilend, bis er am 19. Mai 1218, fünfunddreißigjährig, isoliert und deprimiert auf der Harzburg starb – in seinem Testament «zur Rettung Unserer Seele» auch noch den Zahn des Täufers (dentem sancti Johannis baptiste) notierend.

Als schicksalhaft erwies sich das Gemetzel von Bouvines auch für Frankreich und England, da letzteres am 18. September 1214 im Vertrag von Chinon seinen Landbesitz nördlich der Loire einbüßte, nachdem es zehn Jahre früher schon die Normandie und weitgehend das Poitou preisgegeben. Was es seit 1066 zusammengebracht hatte, war nun wieder verloren.

Zudem führte die Niederlage von Bouvines in England zum offenen Aufstand der Barone, der im Juni 1215 König Johann die Zustimmung zur «Magna Charta», zur «Großen Freiheitsurkunde», abzwang. Dieses wichtigste altenglische Grundgesetz, die Basis der britischen Parlamentsverfassung, enthält eine Fülle von fiskalischen, juristischen, sozialen Bestimmungen, wobei es sich vor allem gegen die wachsende Willkür des Königtums wandte und besonders die Ansprüche der Barone sicherte, aber auch sonstige Forderungen, die Garantien bürgerlicher Rechte betraf, den Prozeßverlauf, den Rechtsschutz minderjähriger Erben, der Witwen, das Eigentum, die persönliche Freiheit u. a. Bemerkenswert: daß die baronale Opposition auch die entschiedene Unterstützung des Erzbischofs von Canterbury, Stephen Langton, fand, des einstigen Papstprotegés im Kampf gegen den König. Da aber Innozenz inzwischen auf der Seite des Königs stand, suspendierte er jetzt den Erzbischof und annullierte die Magna Charta als Demontierung der Rechte seines Vasallen.

Während in Frankreich die zeitgenössische Historiographie den Triumph des regnum Francorum feierte und Philipp II. selbst als Fortsetzer der gloriosen Reihe karolingisch-kapetingischer Könige, als Mehrer des Reichs, als «augustus» und «rex fortunatissimus», hatte er ja den Boden für die Monarchie in der Francia tatsächlich bereitet, offenbarte das kaiserliche Nachbarreich weithin seine Zerrissenheit. Es sank seither, so ein Chronist, der Abt von Lauterberg, «der Ruf der Deutschen bei den Welschen», zumal der Thronstreit auch zu Verlusten nicht nur von Reichsrechten führte, wie zum Verzicht auf Spolien und Regalien bei Bistumsvakanzen, auf die Zulassung von Appellationen an die Kurie u. a., sondern auch zur Entäußerung von Reichsgebiet. So bekam Ende 1214 nördlich von Elbe und Elde König Waldemar II. von Dänemark (S. 175) durch einen völkerrechtlichen Vertrag deutsches Land für seine Parteinahme zugunsten des Staufers.

Andererseits freilich war der von Innozenz anerkannte König des sizilischen Reiches, Friedrich II., mit Zustimmung des Papstes zum römisch-deutschen König und künftigen Kaiser erhoben, war gerade das bestens vorbereitet, was das Papsttum fast um jeden Preis hatte verhindern wollen, die «Unio regni ad imperium».[15]

Das Vierte Lateranum (1215) – gegen die Juden, gegen die «Ketzer» und für einen neuen Krieg

Bei allen Triumphen Innozenz' III., ohne den in der abendländischen Welt schließlich kaum noch etwas Entscheidendes geschah: – vieles verlief doch nicht nach seinen Vorstellungen oder erwies sich überhaupt als undurchführbar, vieles zwang auch ihn zu Konzessionen, Doppelzüngigkeiten, Widersprüchen, Lügen. Ja, Eduard Winkelmann, dem ich hier folge, konnte behaupten, in allen wesentlichen Dingen sei es ganz anders gekommen, als von Innozenz gewollt. So hat er Philipp von Schwaben erst bekämpft, dann anerkannt, Otto von Braunschweig erst anerkannt, dann bekämpft; hatte er nichts mehr zu verhindern gesucht als die Vereinigung Siziliens mit dem Deutschen Reich unter einem Herrscher, dann aber selbst zu dieser Vereinigung beigetragen. Er hat den Kreuzzug gegen Konstantinopel mit Kirchenstrafen bedroht, dann ihm zugestimmt und seine Ergebnisse begeistert begrüßt. Verbündet mit Frankreich, machte er König Johann von England so schlecht, als es nur ging – bis sich Johann ihm unterwarf und er, Innozenz, sich an Johanns Seite nun gegen Frankreich wandte, das bloß vollstrecken wollte, was er selbst einst erstrebt.[16]

Doch wie auch immer, der päpstliche Absolutismus kulminierte unter ihm, und das Konzil, das Vierte Lateranum, das er zum 1. November 1215 einberief, das bestbesuchte des Mittelalters, spiegelt diese überragende Stellung mit allem Pomp. Fast 500 Patriarchen, Erzbischöfe, Bischöfe waren versammelt, über 800 Äbte und Prioren, dazu Vertreter ungezählter Städte, Scharen auch von Fürsten und die Gesandten der christlichen Könige.

«Sehnlichst habe ich verlangt, noch vor meinem Leiden dies Passahmahl mit euch zu feiern.» Mit diesen Worten des Herrn bei seinem letzten Mahl im Jüngerkreis (Lk. 22,15) eröffnete der angebliche Nachfolger in der Ahnung des eigenen Todes eine Kirchenversammlung, die im denkbar größten Kontrast stand zu jenem bescheidenen Jerusalemer Abendbrot – falls es denn stattgefunden –, eine Zusammenkunft in Rom, deren Garderobeluxus so weit ging, daß manche Prälaten, je nach Verhandlungsgegenstand, die Kleidung wechselten, den violetten Talar trugen, das Grün der Herzöge, den Scharlach der Grafen.

Worum ging es?

Das Konzil, auf dem es keine Abstimmung gab, definierte die zum Dogma erhobene Lehre von der Transsubstantiation, die sich unter den Händen des katholischen Priesters, nur unter den seinen, vollzieht, aus begreiflichen Gründen unsichtbar – obwohl es selbstverständlich vorkam, wie etwa um diese Zeit in Rozay-en-Brie, daß «Wein in Blut und Blut in Fleisch beim Opfer am Altar sichtbar gewandelt» wurden (visibiliter sunt mutata: Peter von Dusburg).

Das Vierte Lateranum erlegte jedem Katholiken die jährliche Ohrenbeichte auf, was ebenfalls die Macht der Seelsorger stärkte und vor allem zur Ausforschung «ketzerischer» Gedanken diente. Man begrenzte die Bibelübertragung in die Volkssprache und sprach sich – «mit Zustimmung des größeren und vernünftigeren Teiles des hochheiligen Konzils» (Historia Albigensis) – für Simon von Montfort und gegen Raimund VI. aus, für Friedrich II., der persönlich anwesend war, und gegen Otto IV., auch in mehreren scharfen, folgenreichen Bestimmungen gegen die Juden, denen man den Handel und öffentliche Ämter verbot sowie das Kennzeichnen ihrer Kleider auferlegte (c. 67 ff.). Es ging in den sogenannten Reformkapiteln um die Verurteilung verschiedener «Ketzer» (c. 2 f.), um Exkommunikation (c. 47, 49), Interdikt (c. 58), die Beziehungen zur staatlichen Gewalt (c. 43 ff.) und immer wieder, ganz typisch, um das eine nur, das not tut: um weltliche Güter (c. 33 f., 39 ff., 53 ff., 63 ff.).

Vor allem aber betraf die Kreuzzugskonstitution «Ad liberandam» (c. 71) die Vorbereitung eines neuen monströsen Krieges gegen den Islam, wobei man die Fehler des vorigen, des Vierten Kreuzzuges, vermeiden und der Papst sein peinliches Beiseitespielen wieder wettmachen wollte. Der neue Kreuzzug lag Innozenz, neben der Gesamtverbesserung der Kirche, wie er in der Berufung des Konzils bekannte, besonders am Herzen, man darf sogar sagen, ihm galt sein Hauptinteresse. Er hatte in den letzten Jahren seines Pontifikats beharrlich dazu gedrängt, hatte ihn schon im April 1213 ausgeschrieben, hatte große Gnadenspendungen verheißen und wollte den Zug selbst zu einem Instrument seiner Macht, einem Ausdruck seines hierarchischen Führungsanspruchs machen, zu einem Mittel, die Welt staunen zu lassen. Deshalb wurde auch Friedrichs II. Kreuzzugsgelübde auf dem Konzil von Innozenz gar nicht erwähnt. Es durfte eben nur sein Kreuzzug sein. Seit Urban II. (VI 6. Kap.), schreibt Hans Eberhard Mayer in seiner vielaufgelegten Geschichte der Kreuzzüge, das heißt seit mehr als hundert Jahren, «hatte kein Papst so darum gekämpft, den Kreuzzug zu einem kirchlich-päpstlichen Unternehmen zu machen».

Schon 1213, als England und Frankreich, zwei christliche Staaten, in einen großen Krieg verstrickt und ihre Herrscher unabkömmlich waren, betrieb Innozenz im April das neue Mordprojekt durch die Bulle «Quia maior». Er appellierte an die ganze Christenheit, setzte das Abstechen der Albigenser wegen des Fünften Kreuzzuges aus und warb für den Frieden zugunsten eines größeren Krieges. Selbstverständlich schickte er auch Kreuzprediger, darunter seinen Studienkollegen, den englischen Theologen Robert de Courson, den er zum Kardinal und Legaten in Frankreich machte, als welcher Courson das Kreuz noch an Frauen, Kinder, Blinde und Lepröse verteilte, ehe er selber auf der heiligen Heerfahrt umkam.

Innozenz mobilisierte die Christenheit umfassender als sonst. Immer weitere Kreise wurden herangezogen, auch Frauen und Behinderte, auch Ärmere, glaubte der Pontifex doch, laut Kreuzzugsbulle, «daß Personen nicht fehlen werden, wenn das Geld nicht fehlt». Über Wohlhabendere, besonders über Kaufleute, Schiffseigner etc., wurden strenge Sanktionen verhängt. Den Privathandel mit «Ungläubigen» traf ein vierjähriges Verbot. Und wer mit ihnen kriegsschädliche Geschäfte trieb, ihnen strategische Güter lieferte, wer gar als Pirat in ihre Dienste trat, dem drohte der Kirchenbann, Wegnahme des Besitzes, Sklaverei.

Andrerseits sollten die mitfahrenden Geistlichen ihr bisheriges Salär behalten dürfen. Wer aber freiwillig zu Hause blieb, der mußte einen andern für drei Jahre ausrüsten, was zwar schon früher verkündet, doch nun erstmals konziliar gebilligt wurde, allerdings zu folgenschwerem Mißbrauch führte, nämlich der Ablösung eines Kreuzzugsgelübdes durch Geld samt den sonstigen Ablaßusancen. Auch sammelte man ringsum, bestimmte dafür spezielle Kollektoren, besondere Opferstöcke, und gewann eine enorme Erfahrung zum Vorteil des bald so florierenden papalen Finanzsystems.

Immerhin wurde auch der Klerus zur Kasse gebeten, was keinesfalls stets so war; sind doch die frühesten Finanziers dieser Züge Laien, die königlichen Kreuzfahrer gewesen. Jetzt besteuerte die Konstitution «Ad liberandam» auch die Geistlichen. 30000 Pfund Silber wollte der Heilige Stuhl für die blutige Wallfahrt aufbringen, den Zwanzigsten seines Vermögens auf drei Jahre sollte der Klerus opfern, dieser Kreuzzug somit, schreibt Johannes Haller, «die gewaltigste Anstrengung des ganzen Abendlandes sein», und am 1. Juli 1217 sollte er beginnen. Der Papst selbst wollte die Einschiffung der «Pilger» nächstes Jahr in Brindisi und Messina leiten, er selbst die Kreuzfahrerflotten mit seinem Segen gegen die «Heiden» senden. Doch auf dem Weg, für solch hehres Ziel die Seemächte Pisa und Genua zu gewinnen, starb Innozenz III. am 16. Juni 1216 in Perugia.[17]

«Der sanftmütige Honorius» und der Beginn des Fünften Kreuzzugs

Nur zwei Tage nach Innozenz' Tod wählte man am 18. Juli auf Vorschlag der hierzu delegierten Kardinäle, des Kardinalbischofs Hugo von Ostia, eines Innozenz-Vetters, und des Kardinalbischofs Guido von Palestrina, den römischen Aristokraten Kardinal Cencio Savelli, der sich darauf Honorius III. (1216–1227) nannte. Der Jurist und kuriale Finanzexperte war bereits betagt, gebrechlich und hatte seine bedeutendste Leistung schon als päpstlicher Kämmerer vollbracht, den «Liber censuum Ecclesiae Romanae», das berühmte Zinsbuch der Kirche, u. a. eine systematische Aufstellung aller der römischen Kurie zinspflichtigen Kirchen, Städte und Einzelpersonen; eine nicht unwesentliche Voraussetzung dafür, daß das Papsttum dann als «eine erste Finanzmacht den Kampf mit dem Kaisertum aufnehmen konnte» (Kantorowicz).[18]

Honorius III. gilt, wie so viele, die meisten Päpste, als friedliches Kirchenhaupt. «Der sanftmütige Honorius ...», lobt Gregorovius und enthüllt uns im nächsten Satz: «Eine einzige Leidenschaft erfüllte ihn, die Ausführung ... des Kreuzzuges.» «Der sanftmütige und friedliebende Kirchenmann», applaudiert mehr als hundert Jahre später der Oxforder Papsthistoriker John Kelly, ein hoher Geistlicher der anglikanischen Kirche, und fährt gleichfalls im nächsten Satz fort: «Seine Hauptsorge galt dem Kreuzzug ...» Kelly rühmt Honorius als Förderer der «Kreuzzugsbewegung». «Honorius unterstützte tatkräftig die Missionsbewegung im Baltikum und führte 1218 einen Kreuzzug gegen die Mauren in Spanien durch. Er verstärkte den Kreuzzug, den Innozenz III. gegen die Albigenser begonnen hatte». Nicht genug: «Mit seiner Billigung erließen Friedrich (1220) und Ludwig (1226) Verordnungen, die für die Entwicklung der Inquisition von großer Bedeutung waren und Ketzern schwere Strafen auferlegten.»[19]

Aber sanftmütig und friedliebend!

Und gleich dem Anglikaner Kelly hebt auch der katholische Papsthistoriker Seppelt den großen Kreuzzug als «Hauptanliegen» des Papstes hervor; ferner dessen «Eifer für die Befreiung der heiligen Stätten», seine «Aufrufe zur Kreuzfahrt», «die andauernden päpstlichen Kreuzzugsbemühungen», «seine eifrigen Kreuzzugsbemühungen», seinen «Kreuzzugseifer».

Doch geht es nicht nur um den Kreuzzug zur «Befreiung der heiligen Stätten», der Honorius, so Seppelt wiederholt gleichlautend, «sehr am Herzen lag». Nein, der friedliebende Heilige Vater förderte «gleichzeitig auch andere Kreuzzugsunternehmungen» derart, daß manche «dadurch erheblich beeinträchtigt» worden sind. Beispielsweise rief er «zum Kampf und zur Unterwerfung der heidnischen Preußen» auf. «Weitere Kreuzzüge bezweckten die Eroberung und Christianisierung von Livland und Estland.» (S. 173 ff.) Auch dem «bedrohten lateinischen Kaiserreich von Konstantinopel» wandte er «seinen Schutz und seine Hilfe» zu. Und natürlich mühte er sich auch sehr darum, den französischen König samt Thronfolger «zur Führung des Kampfes gegen die Ketzer zu gewinnen» – und neigte doch, laut Seppelt, «in seiner Friedensliebe eher zur Milde und Nachgiebigkeit ...».[20]

Hatte Honorius auch nicht entfernt das kriminelle Format und die Spannkraft seines Vorgängers, gab es doch keinen Kurswechsel, setzte er dessen Politik nur gemäßigter und ohne das stete Insistieren auf die «plenitudo potestatis» fort.

Das galt vor allem für einen neuen Krieg.

Honorius III. übernahm voller Eifer Innozenz' Planung, ja «lebte» geradezu für diesen Kreuzzug. Und wie wenig er dem Verstorbenen auch glich, hierin wollte er ihm gleichen. Bereits sein erstes Regierungsschreiben versichert dies dem Titularkönig von Jerusalem, Johann von Brienne, in den dreißiger Jahren lateinischer Kaiser von Konstantinopel.

Doch mobilisierte Honorius alle Fürsten, alle großen Seestädte Italiens. Er warb in Deutschland, Ungarn und Burgund, in England und Frankreich, wo Philipp II. gerade seinerzeit starb, für den Kreuzzug aber 150000 Mark Silber hinterließ. Honorius schickte ganze Wolken von Werbern in den Norden, darunter Kardinal Konrad von Porto, Graf von Upach, der es später ausschlug, Honorius' Nachfolger zu werden, darunter auch König Johann von Jerusalem. Und nicht nur die Großen, die Reichen forderte Honorius zur Beisteuer auf. Noch der mittellose Laie sollte blechen, ein jedes Haus drei Jahre lang monatlich einen Pfennig berappen und der ach so arme, schon im letzten Kreuzzug so geschröpfte Klerus wenigstens ebensoviel. Schließlich: «The question of finance was crucial to the succes of the crusade» (Powell).

Aber die große Sache lief weniger großartig als erhofft. Der Kreuzzugseifer war nicht gerade mäßig, doch die Organisation mangelhaft, weder die Führung fest geregelt noch das Kriegsziel. Die Geldsammlungen erweckten Kritik, Mißtrauen, obwohl oder weil ungewöhnliche Summen eingingen – eine Liquidation vom Sommer 1220 ergab eine runde halbe Million Mark Silber –; hie und da wurden die Opferstöcke umgestürzt.

Eine einheitliche Aktion kam nicht zustande. Auch der Aufbruch verzögerte, die Gruppen zersplitterten sich.

Besonders die Franzosen, mit denen man zuerst gerechnet, ließen sich Zeit, waren noch immer mit den Albigensern befaßt, mit denen auch der sanftmütige und friedliebende Honorius kaum minder grausam umging als sein Vorgänger (ein vom Papst zusammengetrommeltes Kreuzheer brachte auf Anraten von Bischöfen bei der Erstürmung von Marmande fünftausend Männer, Frauen und Kinder um. Haufen fanatischer Pfaffen hetzten die Mordbuben auf, und in den Predigten des Kardinals Bertrand wiederholte es sich wie ein Kehrreim: «daß Tod und Schwert die ständigen Begleiter des Kreuzheeres sein müßten; daß alles Leben müßte vertilgt werden»).

Doch auch mit den Deutschen klappte es nicht gleich, obwohl ihnen u. a. zwei angesehene Kleriker und künftige Kardinäle jahrelang das Kreuz predigten, der Mainzer Konrad, ein Theologe aus Paris, und der Kölner Domscholaster Oliver, selbst Kreuzzugsteilnehmer und Verfasser einer Kreuzzugschronik, der «Historia Damiatina» (S. 220 ff.). Endlich aber hatte man die meisten Ritter durch zusätzliche Geldzahlungen gewonnen. Und mit einzelnen Großen sollen sogar regelrechte Teilnahmeverträge geschlossen worden sein.[21]

Lebte und reiste man ja auch als Kreuzkrieger (der gehobenen Klasse, versteht sich) oder als Kreuzzugspropagandist nicht so schlecht, wie schon das Beispiel des Bischofs Konrad von Hildesheim und Würzburg lehrte (S. 33), und wie nun, eine knappe Generation später, auch Jakob von Vitry, der berühmte Kreuzprediger und Geschichtsschreiber, bestätigt.

Berichtet Jakob doch, ein Jahr vor Beginn des Fünften Kreuzzuges von Damiette (1217–1221) zum Bischof von Akkon gewählt, von seiner Überfahrt zum Schauplatz des Geschehens, wo er vor Damiette auch den hl. Franziskus traf, für dessen einfaches Leben er so voller Sympathie war, er habe sich auf einem nagelneuen teuren Schiff eingemietet, das noch nie in See ging. Und zwar habe er, «herausragender Zeuge für innerkirchlich religiösen Aufbruch» der Zeit «in Ost und West» (Lexikon für Theologie und Kirche), für sich und die Seinen «ein Viertel des oberen Kastells» reserviert, um da in sturmfreien Zeiten zu speisen, zu lesen und das «Freie», augenscheinlich die Weite und die Seeluft, zu genießen. «Ich habe ein Zimmer gemietet, um dort des Nachts mit meinen Begleitern zu schlafen, ein anderes, um meine Kleider unterzubringen und dort die für die Woche nötigen Lebensmittel aufzubewahren: ich habe ein weiteres Zimmer gemietet, wo meine Diener schlafen und mir meine Speisen zubereiten; einen anderen Platz für meine Pferde, die ich mitführe. Im Kielraum des Schiffes endlich habe ich mein Brot, Zwieback, Fleisch und andere Dinge stapeln lassen, die für drei Monate als Lebensmittel genügen.» Und während zumal der europäische Hochadel oft mit einem Luxus ohnegleichen ins Heilige Land segelte, wie etwa der steinreiche Graf Odo von Nevers, der dort auch noch «im Geruch der Heiligkeit» starb, geschah die Überfahrt der meisten unter jämmerlichen Umständen.[22]

Als einer der ersten stach Herzog Leopold VI. von Österreich, der Glorreiche, von Split aus in See, ein in Rom wegen seiner Kirchenpolitik geschätzter Magnat, «durch und durch katholisch» (vir per omnia catholicus: Marbacher Annalen), Bekämpfer der Albigenser, der Mauren in Spanien sowie der «Ketzer» und Ungläubigen im eigenen Land; ein Christenfürst, von dem Thomasin von Zerklaere, Autor und Kleriker an der Residenz des Patriarchen von Aquileja, schreibt:

> «Die Lombardei wär' Eden gleich,
> hätt' sie den Herrn von Österreich,
> der alle Ketzer sieden läßt.»

So daß man demgegenüber das übliche Hängen, Blenden, Vierteilen noch relativ «gelinde» fand. Allerdings war der Herzog auch Förderer des Reinmar von Hagenau, Walther von der Vogelweide, Neithart von Reuental, wie ebenfalls in enger Beziehung zu seinem Hof die Aufzeichnung des Nibelungenliedes erfolgte.

Auch König Andreas II. von Ungarn (1205–1235) machte die Reise auf eigene Faust und fand sich mit einigen süddeutschen Feudalherren im Herbst 1217 in Palästina ein. Von ihm aber erhoffte Honorius besonders viel. Von einem Fürsten, der seine verschwenderische Hofhaltung, Günstlingswirtschaft, seine Zugeständnisse an die Kirche und fast jährlichen Kriege durch flotte Verschleuderung der Krongüter und die schonungslose Schröpfung seiner Untertanen finanzierte; freilich auch Vater der hl. Elisabeth von Thüringen war, deren ehrgeizige Mutter, Königin Gertrud (von Andechs-Meranien), die Schwester des Bamberger Bischofs Ekbert (S. 76 f.), wegen unmäßiger Verwandtenbegünstigung 1213 auf einer Hofjagd von ungarischen Großen im Wald Pilis ermordet worden ist, von Christen selbstverständlich.

Honorius befahl alsbald Bittprozessionen für den Triumph der Ungarn, in deren Land es auch von prunksüchtigen, mit Gold und Juwelen herausgeputzten Prälaten wimmelte, wo viele Priester plünderten, soffen, handelten, hurten, was indes anderwärts nicht viel anders war. Der Papst wallfahrtete selbst barfuß mit Klerisei und Volk durch Rom. Vergebens. Schon nach wenigen Monaten erfolgloser Streifzüge gegen die Sarazenen, die sich zum Kampf nicht stellten, sowie nach allerlei internen Wirren brach der Ungarnkönig mit einigen andren Herren im Januar 1218, vom Fluch des Patriarchen begleitet, den Kreuzzug ab, überdies weniger wohl aus gläubiger Begeisterung unternommen, als weil er ihn seinem sterbenden Vater versprochen und zudem glaubte, dabei die Kaiserkrone von Byzanz gewinnen zu können.[23]

Wie man dank eines «ungläubigen» Sultans nicht vernichtet wurde

Mit dem Frühjahr 1218 traf unter dem Kölner Domscholaster Oliver – der nicht die militärische Führung, als populärer Kreuzprediger aber den maßgebenden Einfluß hatte – allmählich die abendländische Hauptstreitmacht in Akkon ein; mehrere hundert Schiffe mit Rheinländern, Westfalen, Friesen, die sich schon vor einem Jahr eingeschifft, in Portugal gegen die Mauren gekämpft und nun gegen die islamische Machtbasis in Ägypten vorzurücken hatten, um von dort aus, ein bereits von Innozenz gefaßter Plan, desto eher Jerusalem, Palästina einnehmen zu können. Allerdings mußte erst die Masse der Krieger umgestimmt werden. Doch Domscholaster Oliver legte sich ins Zeug. Und schließlich – hatte nicht auch Moses in

Ägypten gelebt? Und die Gottesmutter auf der Flucht mit dem Jesuskind …?

Am Nil waren die seit 969 herrschenden schiitischen Fatimiden durch den Ersten Kreuzzug und die Errichtung der Kreuzfahrerstaaten um ihre Hegemonie im östlichen Mittelmeer gebracht, zwei Generationen später durch den Kurden Saladin (VI 550 ff.!) von der Dynastie der Ayyubiden (1171–1250) abgelöst und damit bedeutendes Gebiet endgültig für den sunnitischen Islam zurückgewonnen worden. Jetzt sollte dieses Machtzentrum der «Ungläubigen» vernichtet und der Weg ins Heilige Land geöffnet werden.

Die frommen Operationen verliefen zunächst etwas mühsam, doch erfolgreich.

Ende Mai gingen die Kreuzfahrer gegen das stark bewehrte Damiette im östlichen Nildelta vor, die zweitwichtigste Hafenstadt Ägyptens, schon wiederholt von den «Pilgern» attackiert, 1155, 1169; und 1249, beim Sechsten Kreuzzug, sollte gar ein veritabler Heiliger da kämpfen, König Ludwig IX. von Frankreich (S. 309 ff.).

Damiette war durch einen dreifachen Mauerring geschützt, durch 28 mehrstöckige Türme und 22 befestigte Tore. 1218 nun griffen die Christen vom Nilufer, gegenüber der Stadt, fast ein Vierteljahr lang einen im Fluß stehenden Kettenturm mit Schiffen, Brandern, Wurfapparaten an, deren acht größte Tag und Nacht bis Damiette Steine schleuderten, von denen jeder mehr als dreihundert ägyptische Pfund wog. Der Kettenturm aber, von einer zeitgenössischen Quelle «Schlüssel Ägyptens» genannt, war mit einem zweiten solchen Turm am anderen Ufer derart durch eine Kette verbunden, daß man mit ihr den Fluß sperren und so die ganze Nilmündung kontrollieren konnte.

Die Kreuzfahrer vermochten jedoch den ihnen nächsten vielstökkigen, besonders stark armierten und von einer ausgesuchten Mannschaft erbittert verteidigten Turm erst nach langer Zeit einzunehmen, erst nachdem Domscholaster Oliver, nachmals Bischof von Paderborn und Kardinal von S. Sabina, eine spezielle Belagerungsmaschine konstruiert hatte. Denn damit ließ sich eine durch Flaschenzüge beliebig zu hebende, zu senkende Fallbrücke auf die Turmzinnen praktizieren und am 24. August das Hindernis von oben her nehmen, die Sperrkette kappen, eine Pontonbrücke zur Stadt zerstören und die Besatzung, etwa dreihundert Muslime, gefangennehmen – wobei freilich auch «einige von den Unsrigen», so eine zeitgenössische Christenchronik, «wie wir glauben, vereint mit den Engeln» wurden. Die Eroberung sollte, wie es heißt, Sultan al-Adil, Saladins Bruder und Beherrscher aller Ayyubidenstaaten, der in Damaskus einen Vorstoß auf Jerusalem erwartet hatte, so schokkieren, daß er starb.[24]

Im Herbst kam Nachschub, ein großes Kontingent englischer, französischer, italienischer, spanischer Truppen. Freilich zogen auch immer Krieger ab, die ihr Soll geleistet, ihr Gelübde erfüllt hatten. Auch das Versprechen des Klerus, im Bleibensfalle den Plenarablaß noch auf die Lieben in der Heimat auszudehnen, hielt sie nicht, und sie taten gut daran. Raffte doch einen beträchtlichen Heeresteil die Ruhr hinweg – «nahezu schmerzlos», wie einer vom Schlage des Jakob von Vitry, nicht zufällig noch Kardinal und (gewählter) Jerusalemer Patriarch geworden, weiß, wobei er den elenden Seuchentod sogar als «Einladung zu einer himmlischen Mahlzeit» feiert. «Nie in der Geschichte», kommentiert Hans Eberhard Mayer, «hat es an interessierten Kreisen gefehlt, die den Tod im Kriege auf die eine oder andere Weise glorifizierten.» Und wahrscheinlich wurde er niemals schamloser glorifiziert als durch christliche Pfaffen (s. das Kapitel «Der katholische Klerus im Ersten Weltkrieg» in meiner Papstgeschichte des 20. Jahrhunderts!).[25]

Unterdessen hatte Honorius, der Milde, Friedliebende, gedrängt, hatte angetrieben und vieles versucht, um den Nachschub, die Kampfeswut zu steigern, hatte auch bereits Ende 1218 für die heilige Sache rund 100000 Mark Silber gesammelt. Doch offensichtlich wuchs ihm alles über den Kopf, war sein Ehrgeiz größer als sein kriminelles Können, und er außerstande, wie Albert Hauck bemerkt, «die einfachsten Aufgaben einer Regierung zu lösen: die Aufstellung eines Heeres und die Aufbringung einer Steuer. Er hielt einen Haufen Menschen für ein Heer, pathetische Worte für einen Feldzugsplan, in der ganzen Welt zerstreute Geldsummen für einen Kriegsschatz und einen intriganten Kardinal für einen Feldherrn.»[26]

Mit dem letzten großen Truppenverband waren auch zwei Legaten des Honorius angelangt, um die kirchliche Oberleitung des Ganzen durchzusetzen. Sollte der Kreuzzug doch, nach päpstlicher Vorstellung seit Innozenz III., ein allein von Rom geführter Krieg sein, auch wenn man König Johann von Brienne vorerst das militärische Kommando überließ.

Kardinal Robert de Courson, schon gegen die Albigenser hervorgetreten, trat hier endgültig ab; er starb bereits Anfang Februar nächsten Jahres. So suchte Kardinal Pelagius Galvani von Albano, ein unbelehrbarer portugiesischer Starrkopf, anmaßend und unfähig, doch vom Papst mit weitgehenden Vollmachten ausgestattet, das Heft in die Hand zu bekommen. Aber war er schon, beauftragt von Innozenz, Unionsverhandlungen mit der Ostkirche aufzunehmen, infolge seiner Intransigenz dabei wenig glücklich, scheiterte er erst recht in Ägypten; hatte ja «der eigensinnige und bornierte Prälat nur eine einzige Art des Sieges im Sinn: die bedingungslose Kapitulation des Islam» (Pernoud).

Damit jedoch war das christliche Kriegsziel gänzlich verändert. Denn zunächst wollte man nur Jerusalem gewinnen, die «heiligen Stätten». Inzwischen ging es um die Bekämpfung einer Religion, die Niederringung der «Ungläubigen», die damals ein weit größeres Gebiet beherrschten.

Für diese Aufgabe aber war der Papstgesandte kaum geeignet. Auch mehrten sich die Schwierigkeiten im Christenlager, schlechtere Ernährung, schlechteres Wetter, zunehmende Erkrankungen. Es gab Spaltungen, von Pelagius eigensüchtig selbst gefördert. Gleichwohl kamen ihm Differenzen auf der gegnerischen Seite zustatten, wo Saladins Bruder al-Adil und dessen ältester Sohn Malik al-Kamil sich in den Besitz Ägyptens gesetzt hatten.

Eine langfristige Waffenstillstandsofferte von Sultan al-Kamil, seit Sommer 1218 nominelles Oberhaupt des Ayyubidenstaates, verbunden mit der gleichfalls angebotenen Rückgabe fast des gesamten einstigen Königreiches von Jerusalem gegen Räumung Ägyptens durch die Kreuzfahrer, lehnte der Legat ab. Dafür unternahm er am 29. August 1219, gegen den Rat seiner militärisch erfahrenen Führer, einen Angriff und bekam prompt eine empfindliche Abfuhr. Der Sultan unterbreitete ihm ein erneutes Friedensangebot, ja, erweiterte es u. a. durch die Zusicherung, Jerusalems Festungen, vor Monaten schon vorsorglich geschleift, auf eigene Kosten wieder herzustellen. Aber selbst diese noch großzügigere Offerte, zu deren Annahme auch der König von Jerusalem sowie andere führende Feldzugsteilnehmer rieten, wies der Kardinal von neuem zurück.

Doch dann hatte er etwas Glück. Die Versorgungslage und das Elend der seit Februar 1219 eingeschlossenen Bevölkerung Damiettes waren so katastrophal geworden, daß die ausgehungerte, genauer ausgestorbene Stadt – von ihren schätzungsweise 60 000 Menschen lebten nur noch 10 000, und davon waren die meisten krank – am 5. November 1219 nachts beinahe mühelos, nach den «Gesta Treverorum» dennoch «durch göttliche Kraft», genommen werden konnte, worauf man den Bürgern die Kinder raubte, um sie gewaltsam zu Christen zu machen, und den Rest der Einwohner vertrieb oder versklavte. Bald darauf fiel noch ein zweiter Hafen, Tanis (heute Port Said). Honorius pries sein Werkzeug Kardinal Pelagius als einen zweiten Josua, womit er an jenen berüchtigten Räuber-Strategen des Alten Testaments erinnerte, dessen Ausrottungsorgien kaum zu übertreffen sind (183 f.!).[27]

Doch der Triumph des Legaten währte nicht lang.

Über den Besitz von Damiette stritt er mit Johann von Brienne, dem er die Stadt zugunsten der Kirche entzog, worauf der König, des dauernden Haders müde, im Frühjahr 1220 das Heer verließ. Zwist und Eifersüchteleien rissen auch sonst nicht ab. Auflösungserscheinungen griffen um sich. Der Graf von Arundel kündigte dem Kardinal Gewalt an, die Kreuzfahrer bedrohten sein Leben, Italiener und Franzosen schlugen einander in einem regelrechtem Gefecht. Der Legat schleuderte den Kirchenbann und verbreitete Schriften, die den baldigen Sieg der «Pilger» über die Ägypter prophezeiten. Dazu aber fehlte die erwartete Hilfe des Kaisers, zumal er selbst weiterhin ausblieb, auch wenn er mit dem Bayernherzog Ludwig und dem Hochmeister des Deutschordens, Hermann von Salza, im März 1221 fünfhundert Ritter auf seine Kosten schickte, die jedoch, entgegen seinem Befehl, dem Legaten auf seinem Marsch nach Kairo und zur Eroberung Ägyptens folgen wollten.

Davon freilich riet Johann von Brienne, auf starken Druck des

Papstes am 7. Juli 1221 nach Damiette zurückgekehrt, ebenso entschieden ab wie manch anderer landeskundiger Krieger. Pelagius aber, der stets auf Angriff gesetzt und jetzt auch die Bayern auf seiner Seite hatte, verwarf ein drittes Friedensangebot al-Kamils, brach Mitte des Monats mit dem Kreuzheer auf und igelte sich am 24. Juli in einer Nilgabelung, in der man sich besonders sicher glaubte, ein, vor dem Sultanlager, aus dem das heutige Mansura (die Siegreiche) entstand.

Schon etwa zehn Tage darauf waren die beiden Brüder al-Kamils, al-Muazzam, der Syrien und Palästina, al-Aschraf, der das obere Mesopotamien beherrschte, zur Stelle. Man kesselte die Abendländer in Kürze ein, schnitt ihnen jede Zufuhr an Lebensmitteln wie an Truppenverstärkung ab, durchstach die Flußdeiche, die Nildämme, überschwemmte Land und Straßen und zwang die bald im Schlamm steckenden verzweifelten Christen zur Aufgabe. Der Sultan blieb maßvoll, vernichtete sie nicht. Er verpflegte sie zwei Wochen, gewährte ihnen freien Abzug gegen einen achtjährigen Waffenstillstand und die Räumung Ägyptens. Selbst der streng kirchlich gesinnte Oliver, der spätere Kardinal, ist ergriffen von der Großmut des Sultans und trägt ihm und den Ägyptern in zwei ellenlangen Briefen voller Bibelperlen allen Ernstes als Dank – ihre Bekehrung an.

Von Jerusalem keine Rede mehr. Der muslimische Osten jubelte, der Westen hallte wider von Weh- und Wutgeschrei, war erschüttert, seine vielleicht stärkste Anstrengung in der Kreuzzugsbewegung kläglich mißlungen, ja, trotz des leidlich erträglichen Ausgangs, was nicht an den Kreuzfahrern lag, angesichts des gewaltigen Aufwands an Menschen und Material, ein Fiasko. Zwar war das Ende der «bewaffneten Wallfahrten», dieser so machtgierigen wie geisteskranken Ausgriffe in den Orient, noch nicht absehbar, doch der Anfang vom Ende erreicht. Und das mit einem Kreuzzug, der mehr als jeder andere ein kirchlicher, ein päpstlicher Kreuzzug sein sollte und auch ein kirchlicher, ein päpstlicher war.

Somit traf ohne Zweifel die Hauptschuld an dem beträchtlichen Prestigeverlust über viele Grenzen hin die Kirche selbst, was schon Zeitgenossen nicht verborgen blieb. Stimmen aus Unteritalien, aus Südfrankreich geißeln sie als Ursache des Christengemetzels, des

Heidentriumphes, wobei zwar Pelagius, dem bevollmächtigten Vertreter der Kurie, die häufigsten Vorwürfe galten. Doch hinter ihm stand der Papst, und kein anderer als er hatte einen Ungeeigneten beauftragt. Und kein anderer als er trommelte noch im Jahr des gescheiterten Krieges zu einem neuen, wozu er alle abendländischen Oberhirten ihren Anhang auffordern ließ.

Die alleinige Schuld aber am gerade beendeten Fiasko schob Honorius jetzt, mit dem Bann drohend, auf den Kaiser. Und ganz «unschuldig» freilich war auch er nicht.[28]

Papst Honorius drängt den Kaiser zum Krieg

Friedrich II. hatte 1215, einundzwanzigjährig, in Aachen das Kreuz genommen und für den Kreuzzug auch gleich geworben, ohne ihn freilich anzutreten. Vielmehr verschob er ihn von Mal zu Mal, versprach ihn immer wieder. Er überredete Honorius, zerstreute Bedenken, gab sich dankbar, war es vielleicht, stellte sich stets erneut als ergebener Diener des Papsttums dar, war es zeitweise auch, er half ihm zuweilen, etwa indem er Honorius nach über einjährigem Exil im Oktober 1220 die Rückkehr an die Kurie ermöglichte.

Friedrichs zentrales Interesse aber galt unverkennbar der Vereinigung des Reiches mit Sizilien, der Union beider. Dieses fundamentale Konzept freilich bedrohte Ober- und Mittelitalien, also auch den Papst. Ergo suchte Honorius die starken militärischen Kräfte des Königs dem Kreuzzug zuzuführen, ohnedies sein Haupt- und Lieblingsprojekt. Immer jedoch wenn Honorius daran erinnerte, verstand es Friedrich, ihn zu beschwichtigen. Diese Divergenzen durchziehen noch den ganzen Pontifikat Gregors IX., beschäftigten sogar dessen Nachfolger Innozenz IV. noch.

Friedrich II. war zwar als «Pfaffenkaiser», als Kandidat der Kurie an die Macht gekommen und hatte zu den Päpsten auch lange eine zumindest passable Beziehung erstrebt. Da er aber die ehrgeizige Großmachtpolitik seines Vaters Heinrich VI. wieder aufgreifen, da er sich nicht unterordnen wollte, zumal nicht der noch ehrgeizigeren Großmachtpolitik Roms, mußte es zum Kampf kommen, auch wenn beide Seiten immer wieder einlenkten, weil jeder den anderen brauchte, Friedrich den Papst, zum Beispiel, um Kaiser zu werden, Honorius Friedrichs Truppen für den Kreuzzug, auf den Rom unentwegt bestand.[29]

Als der König schon fast vier Jahre das Kreuz genommen, ohne auszurücken, befahl ihm dies Honorius bis spätestens zum 24. Juni 1219, andernfalls er exkommuniziert werden sollte. Doch dann verschob er die Frist bis zum 29. September, und danach, wenn auch bereits recht ungehalten, bis zum 21. März 1220. Und obwohl es auch da, als er noch in Deutschland weilte, nicht zum Abmarsch kam, krönte ihn Honorius – vor allem, um seiner Truppen und seiner Teilnahme am Kreuzzug sicher zu sein – noch im selben Jahr, am 22. November 1220, in St. Peter zum Kaiser.

Friedrich gelobte dabei den Kampf gegen die Feinde der Kirche, was besonders italienische Städte, deren Satzungen und Besitzansprüche betraf. Vieles hob er mit einem Federstrich auf, was dem kanonischen Recht widersprach. Er bestätigte dem Klerus die Freiheit von weltlichen Abgaben und sicherte ihm das Recht auf eigene Gerichtsbarkeit zu. «Ketzer» dagegen, noch immer weit verbreitet, zumal in der Lombardei, bedrohte der Kaiser mit Bann und Güterkonfiskation, was noch die «Ketzer»-Kinder treffen sollte, «da es weit schwerer wiegt, die ewige Majestät zu beleidigen als die irdische». Ergo wurden auch alle Begünstiger von Häretikern durch strenge Strafandrohungen geschreckt. Nach Henry Charles Lea hat Friedrich gerade durch diese barbarischen «Ketzer»-Erlasse die Kaiserkrönung erlangt und sei der so übernommenen Aufgabe «immer treu» geblieben. Auch sonst kam er den kurialen Bedürfnissen großzügig entgegen. Er leistete dem Papst den Marschalldienst. Er trat in die Bruderschaft der Kanoniker von St. Peter ein und nahm, wie viele Männer seiner Umgebung, nochmals das Kreuz, diesmal aus der Hand des Kardinals Hugo von Ostia, des künftigen Papstes Gregor IX., der im folgenden Jahr (1221) in Mittel- und Oberitalien den Kreuzzug predigte.

Es war dasselbe Jahr, in dem auch der Kaiser am 11. Februar seinen berühmten Appell erließ: «Auf, Ihr Ritter, Ihr Getreuen des Reiches ergreift rasch die Waffen des christlichen Rittertums ...»; wobei er «nicht ohne bitterste Bitterkeit» der heiligen Stadt Jerusalem gedachte, «tief im Herzen von Schmerz und Erröten betroffen» und «Tag und Nacht auf rasche Hilfe» sinnend ...

Seinen Schwur, sich dem Aufgebot bis August 1221 anzuschließen, hielt er freilich wieder nicht. Vielmehr ging er nach Süden, wo er rigorose Maßnahmen ergriff, vor allem durch die «Assisen von Capua» (Dezember 1220) – ein kompromißloser Angriff auf die feudalen Kreise des Landes, eine Einschränkung ihrer Mittel und eine Erweiterung der eigenen. Das Königreich sollte seine Hausmacht werden, eine Quelle nicht zuletzt gewaltiger Gelder. Wo es ihm erwünscht schien, zog er Schenkungen und Vergabungen, Güter und Gerechtsamkeiten an sich, verlieh sie Vasallen wieder oder nicht, ganz nach Gusto. Er besetzte Burgen der Barone, schleifte andere, baute neue. Dabei entmachtete er erst die Großen mit Hilfe der Kleinen und ging dann auch den Kleinen an den Kragen – seriös gesagt: eine zielstrebige «Aufbautätigkeit» (Seppelt), «die Reorganisation der Verwaltungsstrukturen» (Cuozzo). Faktisch: ein jahrelanger erbitterter Kleinkrieg.[30]

Auch auf Sizilien unterwarf Friedrich den unbotmäßigen Adel und räumte in langwierigen Auseinandersetzungen besonders brutal mit den Sarazenen auf, die von befestigten Bergnestern aus ihrem Brigantengewerbe nachgingen. Dem beim Kampf um das Sarazenenkastell Jato 1222 um Gnade bittenden Emir Ibn-Abbad, der sich Friedrich zu Füßen warf, gab dieser einen Tritt, schlitzte ihm mit dem Sporn die Seite auf und ließ ihn und seine Söhne einige Tage später hängen.

Etwa 15 000 bis 20 000 wehrfähige Moslems nebst ihren Familien deportierte er – nach insgesamt fünf, sich über ein Vierteljahrhundert (1222–1246) erstreckenden Feldzügen – nach Lucera, in das apulische Grenzgebiet zum Kirchenstaat, die von ihm zur Jagd bevorzugte Capitanata, wo er in Foggia eine prunkvolle Residenz erbaute und im nahe gelegenen Castel Fiorentino starb. Die ausgesiedelten Sarazenen hatten den abhängigen Status von Kammerknechten (servi curiae), genossen jedoch weitgehende Selbstverwaltungsrechte, auch völlige Religionsfreiheit und waren natürlich immun gegen papale Bannblitze. Rom protestierte vehement, aber vergeblich.

Der Imperator wählte aus dieser Gemeinschaft der «Ungläubigen», für die er sogar Bildwerke aus dem Orient erwarb, seine (schon im Knabenalter rekrutierte) Leibwache, eine wichtige, ihm gleichfalls unbedingt ergebene Heeresabteilung, ferner einen beträchtlichen Teil seiner Dienerschaft und Beischläferinnen. Allerdings schröpfte er, wie Adel und Städte, so auch seine Lucera-Muslime erheblich; ihr Steueraufkommen betrug ein Sechstel der Gesamtsteuerabgaben der Provinz. Ja, er erlaubte schließlich auf päpstlichen Wunsch den Dominikanern unter diesen Muslimen die Mission, strich deshalb seine Verdienste um die Kirche heraus – und im Sommer 1300 erlitt Friedrichs einstige Militärkolonie noch ein übles Schicksal, die «ungläubige» Einwohnerschaft wurde versklavt, die Stadt rechristianisiert.[31]

Inzwischen hatte der Monarch die Erfüllung seines Kreuzzugsgelübdes immer wieder hinausgeschoben. Doch wie sehr die Kurie auf dessen Einhaltung bestand, wie sehr ihr an einer persönlichen Präsenz des Herrschers am heiligen Krieg lag, erhellt auch daraus, daß Papst und Kardinäle nach Konstanzes Tod im Sommer 1222 in Catania Friedrich zu einer neuen Eheschließung drängten, nicht zufällig mit der Erbtochter des Königs von Jerusalem, der erst zwölfjährigen Isabella II. von Brienne (erfolgte ja einst auch Friedrichs Ehe mit der gut zehn Jahre älteren Konstanze unter päpstlichem Druck; S. 203). Man glaubte, den Staufer durch die Krone von Jerusalem leichter ins Heilige Land locken zu können, wobei die vermittelnden Monsignori jetzt sogar die Mitgift für die arme Prinzessin zu geben versprachen, die Erbin eines Reiches, das erst noch zu erobern war.

Wenigstens diese Rechnung ging einigermaßen auf. Friedrich heiratete das mittellose Mädchen am 9. November 1225 in Brindisi, zweieinhalb Jahre später starb Isabella im Kindbett. Der Kaiser aber nahm seinem Schwiegervater noch am Hochzeitstag die Kronrechte (worauf Honorius den Entthronten zu einer Art Verwaltungsangestellten des Kirchenstaats machte, «Protector Patrimonii»), und

Friedrich II. führte seitdem den Titel eines Königs von Jerusalem, den die Staufer bis zu Konrads Ende (1268) behielten.

Was den Kreuzzug betrifft, erreichte der Fürst immer wieder Fristverlängerungen, neuen Aufschub, wie stets ungehaltener, widerwilliger der Papst sich auch dazu bereit fand. Doch es gab innenpolitische Schwierigkeiten, kirchenpolitische Differenzen, Rüstungsprobleme, Gesundheitsprobleme ... Und nicht zuletzt gab es auch gemeinsame Interessen, war man aufeinander angewiesen, so daß man, trotz aller Vorwürfe und scharfer Reaktionen, immer wieder den gänzlichen Bruch vermied.

Ein für August 1221 vereinbarter Termin, zur Zeit der Katastrophe von Mansura unter dem Legaten Pelagius, verstrich ungenutzt, und viele, selbst die sonst so kaiserlich gesinnten Troubadours, beschuldigten den säumigen Herrscher, der sich denn auch beeilte, Honorius zu versichern, die «trauervolle Kunde» durchbohre sein Herz «mit dem Schwerte des Schmerzes ... O diese Schmach! die Söhne der Kirche fliehen vor den Hunden der Synagoge, und über dem Kriege des Herrn erhebt sich der Sieg Mohammeds!» Zwar beteuerte der Kaiser seinen brennenden «Eifer zu baldiger Hilfe». Doch auch die darauffolgenden Treffen beider Christenhäupter mißrieten – im April 1222 in Veroli in den Abruzzen, an der Südgrenze des Kirchenstaates, und im März 1223 in Ferentino (Campanien), wohin auch die Hochmeister der drei Ritterorden zitiert worden waren sowie der Patriarch und der König von Jerusalem, letzterer so unbemittelt, daß ihm der Kaiser die Reise bezahlte. Im übrigen leistete Friedrich ein weiteres Mal seinen Kreuzzugsschwur, und der Papst nahm einmal mehr eine Verzögerung in Kauf, diesmal bis zum 24. Juni 1225, an dem es aber wieder zu keiner kaiserlichen Kreuzfahrt kam. Immerhin zwang man im folgenden Monat im Vertrag von San Germano Friedrich die eidliche Zustimmung ab, den Kriegszug im August 1227 anzutreten, widrigenfalls er ohne weiteres der Exkommunikation zuzüglich einer Konventionalstrafe in der riesigen Höhe von 100000 Unzen Gold verfalle – es war das Jahr, in dem Honorius III. starb.[32]

Nachdem Kardinal Konrad von Porto, ein Sproß aus dem Schwabengeschlecht der Grafen von Urach, die Papstwahl abgelehnt hatte, da er nicht von drei wählenden Vertrauensmännern, darunter er selbst, durch seine eigene Stimme Papst werden wollte, nahm die zweite Wahl, unter denselben Umständen, Kardinal Hugo (Hugolino) von Ostia, Graf von Segni, bedenkenlos an. Er war ein Neffe Innozenz' III., der ihn, kurialem Nepotismus gemäß (vgl. S. 51 f., 382 ff.), zum Kardinal und Dekan des Kardinalskollegiums gemacht hatte.[33]

GREGOR IX. (1227–1241) BEGINNT UND DER NÄCHSTE KREUZZUG

Der neue Papst war zwar schon alt, doch voller Tatkraft, Zähigkeit, an Energie und vielleicht auch an Verschlagenheit etwas dem Dogen Dandolo von Venedig, eher aber noch Innozenz III., seinem Verwandten (dritten Grades), ähnelnd, der für manche mit Gregor «wieder aus dem Grabe erstanden zu sein schien» (Wetzer/Welte).

Der junge Graf hatte in Paris Theologie und Jura studiert, hatte als päpstlicher Legat unter Onkel Innozenz, unter Honorius III. zwischen 1207 und 1221 vor allem im Interesse des Kreuzzugs in Süditalien, der Toskana, der Lombardei, in Deutschland Erfahrungen gesammelt und sich als geschickter Politiker erwiesen. Dabei konnte er auch Charaktereigenschaften, Verhalten und Vorhaben jenes Mannes studieren, dessen Gönner er zwar als Kardinal gewesen, dessen größter Gegner er jedoch wurde und dessen Vernichtung er systematisch wie kein anderer betrieb, ohne sie freilich ganz zu erreichen, weil er darüber starb.[34]

Man sagte Gregor IX. zügellose Leidenschaft ebenso nach wie mystische Pietät; doch mag die mystische Pietät geheuchelt sein oder nicht, es ist stets eine der fatalsten Verbindungen in einem Pfaffenkopf. Hatte der Gedanke an den Kreuzzug den Vorgänger während seines ganzen Pontifikats beschäftigt und bis in seine letzten Tage hinein, begann Gregor IX., der noch, genau wie ein weltlicher Fürst, von den Bischöfen die Stellung von Soldaten verlangte, gleichsam mit dem Gedanken an den Kreuzzug zu regieren. Schließlich liefen die Vorbereitungen für den Orientkrieg gerade beim Amtswechsel auf vollen Touren. Gregor brauchte sie nur aufzunehmen und fortzusetzen, was er denn auch tat, wobei es ihm jedoch weniger um das Heilige Land ging, als um die Zerschlagung der staufischen Territorialmacht in Italien, letzten Endes um die Vernichtung Friedrichs II. überhaupt. Bereits in seiner Wahlanzeige, die er dem Monarchen am dritten Tag nach seiner Weihe schickte, spornte er ihn zum Kreuzzug an und drohte versteckt für den Fall einer Weigerung. Denn die Ablenkung des bald immer unbeliebteren, immer verhaßteren Regenten nach dem Osten mußte Gregor willkommen sein.[35]

Der Herrscher hatte den Orientzug politisch gut vorbereitet durch seine Hochzeit mit Isabella, der Tochter des Königs von Jerusalem (1225), der Erbin des Kreuzfahrerstaates. Denn da Johann von Brienne dort nur als Vormund regierte, hatte Friedrich jetzt einen dynastischen Anspruch, einen Besitztitel, war er der eigentliche König des Heiligen Landes, was zumindest die Legitimität seiner Kriegführung erhöhte. Außerdem hatte er Verhandlungen mit Sultan al-Kamil aufgenommen, der in zunehmenden Schwierigkeiten mit seinen Brüdern steckte, besonders in einem Machtkampf mit al-Muazzam.

Friedrichs Heer, umfangreichere deutsche, kleinere englische, französische, spanische Kontingente, war wohl zahlreicher als erwartet, ließ aber an Stärke zu wünschen übrig, auch an der Beteiligung von Fürsten. Außer dem Thüringer Landgrafen, dem Herzog von Brabant und etlichen Prälaten fand sich nur viel kleiner Adel ein und eine überraschende Menge sogenannten Volks. Doch als sich alles im Juli/August 1227 in Brindisi sammelte, brach unter der apulischen Sommerglut, einer Hitze, so eine alte Quelle, «die das Erz zu schmelzen schien», infolge schlechter Unterkünfte und Verpflegung eine pestartige Seuche aus. Zwar stach ein Teil der «Pilger» mit Hermann von Salza Anfang September in See, viele jedoch blieben zurück, starben oder kehrten heim. Der Landgraf von Thüringen, Ludwig IV. der Heilige, ein strammer Krieger und enger Kaiser-Vertrauter, wurde nach wenigen Tagen am 11. September in Otranto hinweggerafft, auch der Bischof von Augsburg starb – beide, munkelte man allerdings auch, «an einem Gifttrunk» (Annales Marbacenses). Friedrich selbst erkrankte schwer und begab sich, gedrängt von seiner Umgebung, wozu Patriarch Gerald von Jerusalem gehörte, in die Heilbäder von Pozzuoli bei Neapel.

Nun sah der Vertrag von San Germano zwar eine Bestimmung für Friedrichs Todesfall vor, aber nicht – im Gegensatz zu vergleichbaren Verträgen mit anderen Feudalherren – für seinen Krankheitsfall. So nützte Papst Gregor, von Friedrich alsbald über die Unterbrechung informiert, die Gelegenheit und tat den kranken Kaiser, kaum vierzehn Tage später, am 29. September in Anagni, in vollem Ornat von der Domkanzel aus unter unmäßigen Bezichtigungen in den Kirchenbann, indes seine Priester – gute Regie – zu beiden Seiten des Hochaltars ihre flammenden Kerzen am Boden löschten.[36]

Selbstverständlich war Gregor formal im Recht. Doch hätte er den Kaiser in Anbetracht der Umstände von der Strafe dispensieren können, ihn als Opfer höherer Gewalt gerechterweise dispensieren müssen. Aber Gregor, der Friedrichs jahrelanges Zaudern, Aufschieben, Hinhalten kannte, ließ keine seiner Rechtfertigungen (vgl. MGH Const. 2, Nr. 116) gelten, empfand das Ganze nur als neue Ausflucht, Finte, tat zumindest so, erklärte die Krankheit freiweg für erlogen und sandte mit der Exkommunikation entsprechende Briefe in alle Welt, Episteln voller Verdächtigungen, Vorwürfe, Verleumdungen. Er halste dem Herrscher die Schuld am Fiasko von Damiette auf, am Tod ungezählter Kreuzfahrer, an der Pest in Brindisi, wo er, aller Versprechungen zum Trotz, das christliche Heer so lange in der Hitze, der verseuchten Luft der mörderischen Gegend festgehalten habe, «daß nicht nur ein großer Teil des Volkes, sondern sogar eine nicht unbeträchtliche Menge von Adligen und Führern an der Seuche, der Heftigkeit des Durstes und vielen anderen Unzuträglichkeiten verstarb». Nicht wenige seien geflohen und unterwegs auf Straßen, Bergen, in Wäldern und Höhlen zugrunde gegangen; wieder andere im Vertrauen auf den Kaiser in See gestochen, der «aber verließ, ohne an seine Versprechungen zu denken, unter Bruch der Bande, durch die er gebunden war, und indem er die Furcht Gottes mit Füßen trat, unter Verachtung der Ehrfurcht vor Jesus Christus und Geringschätzung der kirchlichen Strafgewalt, indem er das christliche Heer im Stich ließ, das Heilige Land den Ungläubigen preisgab und die Ergebenheit des christlichen Volkes nicht achtete, zu seiner und der ganzen Christenheit Schmach den Hafen und zog sich, verlockt und verleitet, zu den gewohnten Schwelgereien seines Königreiches zurück, bestrebt, die Niedertracht seines Herzens mit leichtfertigen Ausreden zu bemänteln, wie man sagt ...»

Der Heilige Vater ist unglücklich über den nun ausbleibenden großen Krieg und Sieg, über die getäuschten Hoffnungen der Gläubigen, die Vorwände des Kaisers. «Es schmerzt Uns, daß dieser von der Kirche so sorgfältig erzogene und so hoch erhobene Sohn jetzt auf so erbärmliche Art und Weise ohne Krieg bezwungen und ohne Feinde zu Boden geworfen und in Schmach und Schande versunken ist.»

Der Heilige Vater protestiert, weil der Kaiser nicht in den Krieg zieht. Ein anderes Mal wird er protestieren, weil er in den Krieg zieht. Die Begründung aber, bemerkt Johannes Haller, «ließ die Gerechtigkeit so sehr vermissen, sie schlug den Tatsachen so offen ins Gesicht, die Maßregel selbst war mit solcher Eile ins Werk gesetzt ..., daß man sich nicht darüber täuschen kann: was der Papst da vorbrachte, war Vorwand, und das angebliche Verschulden des Kaisers nicht die Ursache, nur der Anlaß, der willkommene Anlaß für einen Schritt, dessen wirkliche Beweggründe ganz woanders lagen.»

Sie lagen in der Rivalität zweier Mächte. Die beiden Führer der Christenheit wollten – so primitiv ist derartiges einfach – mehr Macht, und beide standen dabei einander im Weg. Dem Papst war Friedrich zu stark geworden, also suchte er die weitere Rückgewinnung kaiserlicher Gewalt in Italien, suchte er seine eigene Abschnürung durch ein Stauferreich im Süden wie im Norden um jeden Preis zu verhindern. Und ebendies begehrte Friedrich. Doch während er noch diplomatisch vorging, verhandeln wollte, wiederholt die Hand bot, operierte Gregor bereits mit nackter Feindschaft, mit dem Versuch, die Revolution zu entfesseln. Er empfing Friedrichs Gesandte nicht oder ließ sie nur verspätet zu, er durchkreuzte jede Vermittlung. Auch der zuletzt noch vorsprechende Erzbischof von Magdeburg hatte keinen Erfolg. Dagegen verkündete Gregor mehrmals Friedrichs Exkommunikation, verschärfte sie noch am 23. März 1228

(Gründonnerstag), indem er über alle Orte, an denen der Kaiser weilte, die Kirchensperre verhängte (interdictum ab ingressu ecclesiae), ihnen die Vornahme von Gottesdiensten wie die Teilnahme verbot. Auch drohte er mit der Entbindung seiner sizilisch-apulischen Untertanen vom Treueid und setzte überhaupt weiter alte und neue Anklagen in die Welt, wie evident ihre Haltlosigkeit auch war. Und als in den Abruzzen, im Norden des sizilischen regnum, an der Grenze zum Kirchenstaat ein Aufstand begann, fanden die Rebellen aus dem Papstland Unterstützung. Die erste große Auseinandersetzung zwischen Kaiser und Papst war entfacht und wurde von einer ausgedehnten publizistischen Propaganda beider Seiten begleitet.[37]

Papst Gregor überfällt das Reich, während der Kaiser auf einem Kreuzzug weilt

Friedrich hatte inzwischen seinen Kreuzzug vorbereitet, den der Papst ausdrücklich verbot und verhindern wollte, besonders durch einen Pakt mit den Lombarden, aber auch durch einen Putschversuch in Deutschland mit Hilfe eines welfischen Gegenkönigs, kurz, «auf alle Weise» (Seppelt). Kurios genug. Denn vordem hatte er den Kreuzzug ebenso strikt gefordert, wie er ihn jetzt verbot. «Derselbe Papst stellte Friedrich als Verbrecher dar, weil er den Kreuzzug nicht unternahm und weil er ihn unternahm» (Gregorovius).

Der gebannte Kaiser stach gleichwohl, zu Gregors großer Überraschung, denn das Unterfangen war beispiellos, am 28. Juni von Brindisi aus mit vierzig Schiffen in See, freilich, wie ihm seine Kirche nachrief, nicht als Kreuzfahrer, sondern als «Pirat» – mag da der Unterschied auch gering sein (siehe Nietzsches Kreuzzugsdefinition als «höhere Seeräuberei», wobei das Attribut noch generös ausfiel).

Friedrich sicherte sich erst Zypern, den wichtigsten Kreuzfahrerstützpunkt, indem er dessen Herrn mit harter Hand unterwarf und eigene Besatzungen in die Burgen steckte; dann landete er Anfang

September, von den Christen umjubelt, in Akkon. Doch obwohl er mit einem sehr geringen Aufgebot erschien – man spricht von tausend Rittern und einem mehrfachen «Pilger»-Kontingent –, obwohl ihm an Ort und Stelle nur Sizilianer, Pisaner, Genuesen sowie der Deutsche Ritterorden beistanden, während ihm die französischen Orden, die einander bald selber bekriegenden Templer und Johanniter, ebenso der vom Papst zum Legaten bestellte Jerusalemer Patriarch Gerald von Valence und überhaupt der durch ihn aufgehetzte Klerus immer heftiger widerstrebten, war sein Auftritt von Erfolg gekrönt, ein politischer Triumph.

Friedrich verhandelte sofort und geschickt mit Sultan al-Kamil, der von dem fließend arabisch sprechenden, mit arabischer Kultur und Wissenschaft vertrauten Kaiser anscheinend beeindruckt war, allerdings selbst keinen Krieg wollte und sich wohl auch sagte, wie die muslimische Seite überliefert, daß er den ewig zerstrittenen Christen, das, was er ihnen nun zugestand, bei Gelegenheit wieder abnehmen konnte. Äußerlich schienen die Muselmanen offenbar weniger von dem Staufer berührt; glatzköpfig sei er, kurzsichtig, ja, meint einer, «auf dem Sklavenmarkt wäre er keine 20 Dirham wert gewesen».

Die Papstpartei aber, die sich nicht scheut, den Sultan während der Verhandlungen zu ersuchen, Jerusalem dem Kaiser nicht auszuliefern, beschuldigt diesen dann, als er es besitzt, mit dem Sultan verhandelt zu haben. Denn Friedrich gewann durch den Vertrag mit al-Kamil vom 18. Februar 1229 zu Jaffa kampflos, ohne jeden Schwertstreich, nur mit einem Federstrich Jerusalem, ausgenommen den Tempelplatz mit den islamischen heiligen Stätten des Felsendomes und der Aqṣā-Moschee, bei freiem Geleit für Mohammedaner; er gewann Bethlehem und vielleicht Nazareth samt seinem Korridor (zwischen Jaffa und Jerusalem) zum Meer für zehneinhalb Jahre sowie viel Land im Norden. Die Umgebung Jerusalems dagegen, mit einst enormem «Besitz des Hl. Grabes», blieb muslimisch.

Gleichwohl sahen die Fanatiker in diesen Vereinbarungen ihres Führers Verrat und ein gewaltiges Unglück. «Groß war das Wehklagen, Jammern und Weinen unter den Mohammedanern», berichtet der Araber Makrizi. «Die Imam und die Muazzin von Jerusalem kamen zum Zelte el-Kamils, wo sie sich vor dem Ausgang aufstellten und außerhalb der Zeit den Ruf zum Gebete anstimmten ... und nicht nur schwerer Tadel erhob sich deshalb gegen Malik el-Kamil, sondern auch tiefer Groll in allen von Mohammedanern bewohnten Gebieten.»[38]

Der Papst aber qualifizierte den Friedensvertrag als Schmach und Verrat an der Sache der Christen und obendrein wertlos, da nicht, was falsch war, mit dem legitimen Herrn Jerusalems, dem Sultan von Damaskus, abgeschlossen. Der Patriarch Jerusalems, agitatorischer beinah, päpstlicher als der Papst, versagte selbstverständlich seine Mitwirkung bei der bevorstehenden Inthronisation. Und die Templer gar, zum Pilgerschutz gegründet, hatten dem Sultan – wohl «auf Veranlassung des Papstes» (Katholik und Papsthistoriker Kühner) – die Stunde genannt, zu der Friedrich am Jordan, an Jesu Taufstelle sein würde, als gute Gelegenheit, ihn umzubringen; er empfing indes keinen Sarazenendolch, sondern den verräterischen Templerbrief samt kurzem Sultankommentar.

Unirritiert nahm der Staufer am 18. März 1229, an einem Sonntag, in der Grabeskirche von Jerusalem vor zahlreichen Zuschauern, doch ohne alles kirchliche Brimborium, die Krone des Königreichs eigenhändig vom Altar und bekrönte sich selbst. Ein hochprovokativer Akt, dem noch am Krönungstag ein nicht minder kühnes Manifest an die Völker der Welt folgte. Darin versetzte sich der Herrscher, in der Tradition davidischen Königtums, gespickt mit Bibelsprüchen und mit dem für den Kanzleistil der Spätstauferzeit typischen Pathos, fast in Gottnähe, den Rechtgläubigen gebietend, «weit und breit auf dem Erdenrund» zu verkündigen, «daß jener, der gebenedeit ist für alle Zeiten, uns heimgesucht und Erlösung geschaffen seinem Volke ...».

Der Patriarch belegte am nächsten Tag «die heiligen Stätten» mit dem Interdikt und verbot Pilgern den Zutritt. Friedrich II. aber hatte erreicht, was der Westen mit all seinen blutigen Offensiven seit Jahrzehnten, seit dem Dritten Kreuzzug, nicht zustande gebracht. Auch der katholische Theologe und Papsthistoriker Seppelt räumt ein, daß einerseits der Papst den Kreuzzug dadurch sehr gefährdete, daß er «dem Kaiser Schwierigkeiten über Schwierigkeiten in den Weg legte», daß man andrerseits den beträchtlichen Erfolg der Christensache «vor allem der überlegenen Verhandlungskunst und dem hohen persönlichen Ansehen des Kaisers bei den Muslim [sic] zu verdanken» hatte. Aber auch in den eigenen Reihen war Friedrichs Ruf gewachsen, der Respekt vor ihm noch gestiegen.

Um so mehr erregte sich der Papst, der schon zuvor den Staufer Parteigänger der Sarazenen gescholten, Diener Mohammeds, Feind der Kirche Christi. Gregor verdammte das ganze Geschehen und trieb gegen den Kaiser vom Heiligen Rom bis zum Heiligen Land, wo der Patriarch, gewiß weisungsgemäß, mit solchem Erfolg die päpstliche Hetze aufnahm, daß die Menge Friedrich vor seiner Einschiffung in Akkon am 1. Mai 1229 nicht mehr, wie bei seiner Ankunft, umjubelt, sondern beschimpft hat. Ja, die Metzger sollen ihm, dem mächtigsten Mann der westlichen Welt, bei seinem Ritt zum Hafen stinkende Gedärme nachgeschmissen haben.

Dem Kaiser pressierte es.

Kaum nach seiner Abfahrt in den Orient waren an der Grenze des Kirchenstaates Unruhen ausgebrochen, blutige lokale Erhebungen, die der Papst anheizte, indem er Friedrichs Untertanen im süditalienischen Reich von ihrer Gehorsamspflicht entband, worauf es zum Einmarsch des kaiserlichen Stellvertreters Reinald von Urslingen, Herzogs von Spoleto, in die «rekuperierten» Gebiete des hl. Petrus kam (mit schlimmen Ausschreitungen der Sarazenenverbände) und zur Exkommunikation des Herzogs durch den Papst.

Gregor hatte den Krieg, diesen gerade unter katholischen Moralbegriffen besonders unmoralischen Krieg, der viel Geld verschlang und für den er von der Welt noch Unterstützung heischte, als seine Truppen vor Friedrich schon davonzulaufen begannen, dreifach vorbereitet. Einmal durch einen Pakt mit der Lombardischen Liga, die ihn freilich schmählich im Stich ließ; dann durch Aufwiegelung der deutschen Fürsten und die angestrebte Wahl eines Gegenkönigs, des Welfen Otto von Lüneburg, eines Neffen Ottos IV., um die sich der Legat, Kardinal Otto Candidus von St. Nikolaus, allerdings gleichfalls vergeblich mühte; endlich durch eine von Gregor VII. einst so ersehnte «militia Sancti Petri» (VI 247 ff.), eine eigene päpstliche Streitmacht, die er bereits vor Friedrichs Abfahrt angeworben. Zu finanzieren suchte er die «Schlüsselsoldaten» (clave signati) – nach ihrem Abzeichen, dem Schlüssel Petri genannt – durch Kirchentribute, Besteuerungen von Italien bis England und Skandinavien.

Ganz Europa rief er auf, Soldaten zu schicken und Geld – beides für einen Krieg gegen einen katholischen Kaiser, der auf einem Kreuzzug war und dem er, der Heilige Vater, unterdessen sein Königreich entreißen wollte; mal was Neues in der Heilsgeschichte. Denn das Land eines Kreuzfahrers hatte nach Völker- und Kirchenrecht unantastbar zu sein. Nun aber wurden drei päpstliche Armeen ins Feld geführt: von Johann von Brienne, dem Jerusalemer Exkönig und kaiserlichen Schwiegervater, von Kardinal Johann Colonna und von dem Kaplan des Papstes, Pandulf von Anagni. Zuletzt stand alles unter dem Kommando des Kardinals Pelagius, der so selbstbewußt schon den Kreuzzug von Damiette ins Verderben befohlen (S. 223 ff.), jetzt anscheinend sogar Gefangene verstümmeln und töten ließ, auch die Kirchenschätze von San Germano und Monte Cassino kassierte, als dem Papst das Geld für seinen Krieg ausging.

Indessen eroberten Gregors «Schlüsselsoldaten» beträchtliche Teile des unteritalischen Königreichs. Sie «legen Feuer an Dörfer und Städte», meldet Graf Thomas von Acerra im Frühjahr 1229 dem Kaiser, «rauben Güter und Vieh, nehmen die Menschen gefangen und setzen sie den verschiedensten Martern aus, erpressen die höchsten Lösegelder, schonen kein Alter und Geschlecht, lassen außer Kirche und Friedhof nichts in Frieden, verheeren Dörfer und Burgen und nehmen keinerlei Rücksicht darauf, daß Ihr im Dienste Jesu Christi steht». Aber der Heilige Vater hatte nun mal, wie der Graf von Acerra dem Herrscher auch schreibt, «gegen das christliche Gebot beschlossen, Euch mit dem weltlichen Schwerte zu besiegen, da es ihm nicht gelang, Euch mit dem geistlichen niederzuwerfen».

Tatsächlich schwang Gregor, recht schön christlich, väterlich, päpstlich, beide Schwerter. Noch im August 1229 wiederholte er Friedrichs Bannung und noch im September gebot er französischen Bischöfen, ihm mit Truppen ungesäumt Beistand zu leisten. Er beanspruchte andere Rechte, befahl die Annexion eroberter Gebiete und ließ sich huldigen als neuem Landesvater. Man verbreitete das

Gerücht vom Tod des Kaisers. Es herrschte Anarchie, Abfall und Aufruhr bis Sizilien, wobei die Franziskaner als eifrigste Werkzeuge papaler Politik fungierten, als Wegbereiter des Umsturzes. Friedrich wies sie samt und sonders aus, nachdem er, kaum zurück aus dem Orient, das Königreich, auch mit Sarazenen unter dem Banner Christi, in zwei Monaten – barbarisch hart gegenüber Abtrünnigen, selbst einen gefangenen Bruder des Papstes soll er haben hängen lassen – wieder an sich gebracht und die Päpstlichen bis in den Kirchenstaat zurückgeschlagen hatte, dessen Grenze er nicht überschritt.[39]

Gregors doppeltes Spiel im Kampf um die Lombardei

Wie schon früher, mühte sich der Kaiser auch jetzt jahraus, jahrein um bessere Kontakte zum Papst, der jedoch unzugänglich blieb, nur notfalls, wenn ihm, mehr als einmal, das Wasser am Hals stand, doch auch dann nur widerwillig und mehr scheinbar, in Verhandlungen eintrat, während Friedrich wirklich Frieden mit der Kirche und seine Wiederaufnahme suchte, sogar ein Bündnis mit dem Papst.

Noch von Jerusalem aus hatte der Kaiser Gregors feindseliges Vorgehen entschuldigt. Und kaum in Apulien gelandet, betrieb er die Aussöhnung mit ihm. Wiederholt schickte er Kuriere an seinen Hof und schaltete, neben immer neuen Gesandten, auch den Deutschordensmeister Hermann von Salza (um 1170–1239) ein. Der versierte Diplomat zählte zu den engen Beratern des Kaisers, besaß aber gleichzeitig das Vertrauen des Papstes und spielte seit 1222 zwischen ihnen eine bedeutende Vermittlerrolle. Auch deutsche Fürsten und Bischöfe wurden bemüht, bis es nach langen, in San Germano geführten, in Ceprano abgeschlossenen Besprechungen, nach vielem Gefeilsch des Papstes im August 1230 zum Friedensschluß kam und zur Lösung der über Friedrich seit September 1227 verhängten Exkommunikation. Dafür freilich mußte dieser die besetzten Gebiete des Kirchenstaates räumen, im Königreich Sizilien freie Bischofswahlen gewähren, auch die Befreiung des Klerus von allgemeinen Steuern und weltlichem Gericht (Privilegium fori) sowie die Amnestie politischer Gegner, aller Vertriebenen und Verbannten.[40]

Ein erstaunliches Entgegenkommen, ja Schuldeingeständnis, eine Kapitulation. Dabei ein Friedensschluß ohne Frieden, ein scheinbarer Frieden. Denn im Grunde wollte der Papst, der hier zweifellos gewann, keinen Frieden, keinerlei Frieden mit dem Kaiser, wie auch der keinen wünschte um jeden Preis, auch er Mißtrauen hegte, Hintergedanken, was sich bald zeigte, was schon der Friedensvertrag selbst erkennen ließ. War doch das Entscheidende, der Kern der Auseinandersetzung, gänzlich ausgeklammert, überhaupt nicht erwähnt: die lombardische Frage.[41]

Die oberitalienischen Stadtrepubliken standen seit Jahrzehnten gegen die zentralistische Stauferpolitik, was schon unter Barbarossa zu schweren Kämpfen, zur Zerstörung Mailands führte (VI 497 ff.! 532) und 1167 zur Gründung der Lombardischen Liga. Allerdings gab es traditionell stauferfreundliche (besonders Cremona) und stauferfeindliche Städte, letztere von Mailand angeführt. Die Gruppierungen wechselten aber, und 1226, als der Kaiser in Oberitalien seine «Ketzer»-Gesetze durchzubringen suchte, reorganisierte man die Liga, schlossen sich verschiedene Kommunen und Signorien der Poebene zum «Zweiten Lombardenbund» gegen Friedrich zusammen, der nun wieder jene bekämpfte, denen sein Großvater unterlegen war.

Friedrich wollte die durch Fehden zerrissene Lombardei «befrieden», wollte Oberitalien konsolidieren, zu seinen Gunsten, versteht sich, wollte es nach dem Beispiel Siziliens straff strukturieren, absolutistisch, was dem Papst strikt widerstreben mußte, da er selbst auf Leitung der christlichen Welt, auf Unterordnung aller anderen Mächte beharrte. Doch brauchte er den «Tyrann von Sizilien» wider die in Oberitalien grassierende «Ketzerei», brauchte ihn noch mehr im Kampf gegen Rom, bei dem er sich gern in Viterbo durch Friedrichs Truppen verteidigen ließ. Einerseits kam er ihm, der so unzweideutig seine Partei ergriff, soweit es die Verhältnisse erforderten, entgegen; insgeheim aber stand er auf der Seite des Feindes. Und als Friedrich am 14. Januar 1232 über die Liga die Reichsacht verhängte, schickte Gregor zu Verhandlungen prompt zwei lombardenfreundliche Kardinäle in den Norden, beide überdies gebürtige Lombarden, ja, einer von ihnen, Otto von St. Nikolaus, hatte während Friedrichs Kreuzzug die Wahl eines deutschen Gegenkönigs propagiert (S. 238). Sie traten denn auch offen für die Liga ein, die schon einem Heer von mehr als 20000 Mann gebot, indes der Papst nur versteckt ihre Sache betrieb, doch eindeutig zum Nachteil des sich wieder einmal beugenden Kaisers.[42]

Als aber im Herbst 1233 ein Umschwung in Rom Gregor erneut in die Bredouille brachte, als er im nächsten Sommer nach Rieti floh, die Römer den Lateran, Kardinalspaläste plünderten, päpstlichen Familienbesitz in der Campagna, als überhaupt ein Ausgreifen der Unruhen in der Stadt auf den Kirchenstaat drohte, was sie freilich im Frühjahr 1235 zu büßen hatte, war Friedrichs Hilfe wieder sehr begehrt, wurde nur so Roms Unterwerfung erreicht. Scheinheilig trug Gregor erneut seine Intervention beim Lombardenbund an, und Friedrich, der auch sonst den päpstlichen Beistand brauchte, im Königreich Jerusalem, in Deutschland, wo sich Sohn Heinrich stets mehr gegen ihn zu stellen begann, fiel abermals auf den Heiligen Vater herein, dessen Gesellschaft er im Sommer fast zwei Monate in Rieti genoß, wo beide ein Herz und eine Seele schienen. Doch als im Dezember 1234 die Liga mit König Heinrich paktierte, was den offenen Aufruhr bedeutete, den schon länger sich anbahnenden Bruch mit dem Vater, tadelte Gregor die Lombarden mit keinem Wort. Nur gegen Heinrich kehrte er seine Ungnade, ließ ihn bannen und erklärte ihm geleistete Treueschwüre für nichtig.

Gregor IX. holt zur Vernichtung Friedrichs aus und stirbt

Friedrich II. schien jetzt endlich die Heimtücke des Papstes voll durchschaut zu haben, schien nun endlich zu wissen, daß er des Reiches Macht in Italien nur gegen ihn wiederherstellen konnte, mit Hilfe des Reiches. So zog er zwar in geringer Begleitung, doch mit spektakulärem orientalischem Prunk nach Deutschland, begnadigte dort die Empörer, setzte aber am 2. Juli in der Pfalz Wimpfen seinen Sohn ab, den so lebensfrohen, die Minnesänger fördernden, allerdings ein anderes, städte- und reichsministerialenfreundliches und eher fürstenfeindliches Konzept vertretenden jungen Heinrich, der sich bedingungslos unterwerfen mußte. Friedrich kerkerte ihn erst in Heidelberg, dann in mehreren apulischen Bergfestungen ein, wo er nach jahrelanger rigoroser Haft, vielleicht durch eigene Hand, 1242 umkam; vom Vater vielbeweint, mit einer «Flut von Tränen aus Unserem Innersten», jedenfalls in vier Schreiben beklagt und mit Meßgesängen, Sakramenten, mit königlichen Ehren unter die Erde gebracht.[43]

Nach der Verurteilung des Sohnes feierte der Kaiser am 15. Juli 1235 zu Worms seine Hochzeit mit Isabella, der Schwester des englischen Königs Heinrich III. Die Ehe bahnte die Aussöhnung mit den Welfen an, wurde doch kurz darauf Otto das Kind, der Enkel Heinrichs des Löwen, als Herzog von Braunschweig-Lüneburg in den Reichsfürstenstand erhoben. Isabella von England aber verschwand nach Vollzug der Ehe in den Händen von Friedrichs sarazenischen Eunuchen, das Schicksal aller seiner Frauen teilend – nichts als Mütter seiner Kinder, ohne jede öffentliche Rolle.

Einen Monat nach dem Hochzeitspomp schloß der Regent auf dem glanzvollen, mit Fürsten übersäten, auch von Italienern besuchten Mainzer Reichstag zur Förderung des bevorstehenden Krieges einen zeitlich unbegrenzten Reichslandfrieden und versicherte sich der Hilfe der deutschen Großen bei der Niederkämpfung seiner lombardischen Gegner und all seiner Widersacher. Die Reichsheerfahrt, meldet er dem Papst, sollte im kommenden April beginnen, worauf die Beziehung zur Kurie sich noch verschlechtert. Gregor unterstützt jetzt offen die aufmüpfigen oberitalischen Kommunen, wie stets natürlich im Interesse des Friedens, ermuntert sie für alle Zeit gegen jeden aus Deutschland sie bedrängenden Herrscher, wenn auch vorbehaltlich der römischen Imperatoren zukommenden Ehren und Dienste. Doch wurde immer offensichtlicher, es ging nicht nur gegen die kaiserfeindlichen Lombarden, es ging um einen Krieg zwischen Kaiser und Papst.

Gregor tat nun alles, um Friedrich zu schaden. Erfolgreich operierte er zumal durch den Kardinallegaten Jakob von Palestrina, seinen, so sagte er, «Friedensengel», der, aus Piacenza gebürtig, seine Vaterstadt zum Abfall von der kaiserlichen Sache und zum Anschluß an die Liga brachte, ein schmerzlicher Verlust für den Monarchen. Gregor appellierte an die oberitalischen Prälaten, seinen Legaten zu unterstützen, und kanzelte den Herrscher in einem ellenlangen Schriftstück ab. «Könige und Fürsten siehst Du vor den Knien der Priester den Nacken beugen, christliche Kaiser dürfen sich nicht nur nicht über den römischen, nein, auch nicht über irgendeinen andern Bischof erheben.»

So liebten es die Herren. Dabei mußten gerade die größten Fälschungen ihre hypertrophe Machtsucht stützen, wie hier die Konstantinische Schenkung. Habe doch Konstantin, so der Papst, dem römischen Bischof Kaiserwürde und Kaisertum, die Stadt Rom und ganz Italien überlassen, bevor er selbst nach Griechenland verschwand (vgl. IV 14. Kap.!). «Darum denn», schließt Gregor, nachdem er Friedrich noch an «das Recht des apostolischen Stuhles» und die «Treuepflicht» erinnert hat, «demütige Dich unter die gewaltige Hand Gottes ...» Und diese Hand, kein Zweifel, ist in diesen Kreisen stets die ihre. Denn «Gott», das sind die Herren selbst![44]

Der Kaiser fackelte jetzt nicht mehr lang. Er stand im August 1236 mit starken Kräften in Verona, verließ gegen Jahresende die Lombardei, wo unter seinen Vertretern überall der Bürgerkrieg entbrannte, bis er selbst im September des darauffolgenden Jahres mit doppelt großer Streitmacht wiederkam, sein Eingreifen natürlich nicht als «Krieg» betrachtend, sondern als ein Wiederherstellen der Ordnung, eine «Exekution des Rechts». Er nahm Mantua in Besitz, und am

27. November 1237 ritten bei Cortenuova – «ein furchtbares Gemetzel» (Salimbene von Parma) – die schweren deutschen Reiter das mailändische Heer vollständig zusammen. Der Podestà der Stadt, ein Sohn des Dogen von Venedig, wurde gefangen und ihr Fahnenwagen (carroccio) erbeutet. Im Frieden in der Kathedrale (!) aufbewahrt, im Krieg hervorgeholt («extrahere carrocium», auch in übertragener Bedeutung gebraucht), hatte das Kriegsvehikel sakralen Charakter und genoß patriotische Verehrung. Friedrich zog darauf triumphal in Cremona ein, voraus ein weißer Elefant, und oben am Mast, in Ketten, Mailands Podestà Pietro Tiepolo. Später schickte man das grandiose Beutestück mit weiteren Feldzeichen den Römern, zum Verdruß des Papstes.

Doch hatte der Sieg nicht die erwarteten Folgen. Zwar unterwarf sich Mailand, aber nicht, wie Friedrich es von Rebellen verlangte und gerade von einer seinem Hause so verhaßten Stadt, bedingungslos, auf Gnade und Ungnade. Also ging der Krieg weiter, allerdings ohne einen nennenswerten Erfolg des Kaisers. Die Kommunen nämlich, die ihm außer Mailand noch widerstanden, Genua, Piacenza, Alessandria, Bologna, Faenza und Brescia, mieden die offene Feldschlacht und hielten sich hinter anscheinend unbezwingbaren Mauern bedeckt. Fast ein Vierteljahr berannte er im Spätsommer 1238 Brescia vergeblich, wobei die Brescianer die Gefangenen aus dem kaiserlichen Heer außerhalb der Stadtumpfählung an den Armen aufhängten.

Mit ramponiertem Prestige und schlechten Aussichten zog Friedrich am 9. Oktober ab, während Gregor – erstes Resultat der kaiserlichen Niederlage – eben jetzt, nach dreijährigem Exil, unter üblichem Volksgejubel, doch gegen eine Gebühr von mehr als 10 000 Pfund baren Goldes, wieder in Rom einziehen konnte. Auch kriselte es dort weiter, wo es gerade den lang anhaltenden Aufruhr des Petrus Frangipane gegeben, Sproß eines meist papstfreundlichen, seit Heinrich VI. aber papstfeindlichen Geschlechts, jetzt die mächtigsten römischen Parteigänger der Staufer. Deshalb ließ Gregor auch gleich die Burg der Frangipani zwischen Kolosseum und Palatin, die Turris Chartularia, schleifen, was den Verlust vieler antiker Denkmäler bedeutete, wie schon bei ungezählten anderen Tumulten im christlichen Rom und im ganzen Christenreich (vgl. III 559ff. u.o.).[45]

Gregor holte nun zum endgültigen Vernichtungsschlag aus, zum Kampf auf Leben und Tod, von beiden Seiten mit beinah beispielloser Leidenschaft geführt. Papstlegat Gregor von Monte Longo, Friedrichs entschiedener Widersacher, stiftete in Oberitalien weisungsgemäß Frieden und Bündnisse unter den Feinden des Kaisers. Und Heiligkeit selbst versöhnte aufwendig, doch in aller Heimlichkeit, zwei der führenden Seemächte des Landes, die alten Rivalen Venedig und Genua, verpflichtete sie zum gegenseitigen Beistand und verband sich mit ihnen im Spätherbst 1238 für neun Jahre gegen den Staufer, wobei der Pakt insbesondere auch einen Angriff auf das Königreich Sizilien vorsah.

Ein Brief Friedrichs vom 10. März nächsten Jahres an das Kardinalskollegium, das gespalten war, hat dieses nicht erreicht; der Papst fing das Schreiben ab. Und am 20. März 1239, Palmsonntag – der Tag, an dem in Salerno der Hochmeister des Deutschen Ordens, Hermann von Salza, der bisher das Schlimmste verhindert hatte, starb –, schloß er Friedrich erneut aus der Kirche aus. Er entband seine Untertanen vom Treueid, wiederholte den Bannfluch öffentlich und feierlich am Gründonnerstag, traditioneller Termin für derlei papale Feindesliebeakte. Dann teilte er der Welt mit, er habe des Kaisers Leib «dem Satan überliefert ...», worauf er all dessen Schlechtigkeiten, wie so oft schon, enthüllte, wenn auch weder inhaltlich noch formell überzeugend. Zum Beispiel hob er in dieser mühseligen Sündensammlung gleich zuerst hervor, Friedrich habe die Römer zur Rebellion wider die Kirche aufgestachelt, während er die päpstliche Herrschaft im Jahr 1234 gerade gerettet hatte. Und keine Silbe verlor der Papst über das ihn fast allein motivierende Lombardenproblem.

Der Staufer antwortete so versiert wie genau einen Monat später, am 20. April, in einem ausführlichen Schreiben an die Könige und Fürsten. Er warf Gregor, der sich als sein Todfeind erwiesen, Heuchelei, Bestechlichkeit, Verschleuderung der Kirchengüter vor, Verkauf von Ehedispensen hinter dem Rücken der Kardinäle, Parteiergreifung für die lombardischen Rebellen, den «Ketzerherd» von Mailand.

Der Heilige Vater seinerseits schleuderte seitenweise Insulte heraus, schimpfte Friedrich das dem Meer entstiegene apokalyptische Tier, den Drachen und Hammer der Welt, einen schamlosen Lügner. Dabei flossen doch gerade ihm, Gregor, Verdrehungen, Verleumdungen, Lügen nur allzu flink in die Feder. So wenn er den Landgrafen von Thüringen, das Seuchenopfer (S. 232), «vermutlich an Gift gestorben» sein läßt. Wenn er behauptet, der Kaiser, in dessen Königreich – eine krasse Unwahrheit – die «Ketzerei» floriere, sei selber «Ketzer», Vorläufer des Teufels, des Antichrists, der Moses, Christus, Mohammed die größten Menschheitsbetrüger nenne, die Jungfrauengeburt Gottes lächerlich mache und dergleichen mehr, was er, Gregor, gelegentlich noch belegen wolle. Sein Aufbrausen ist so maßlos, daß Katholik Seppelt der Papstreplik nicht den Vorwurf ersparen kann, sie ergehe sich «gehässig in Einseitigkeiten und Verzerrungen der Tatsachen», sie erhebe Anklagen gegen den Kaiser, «die nicht erweisbar sind, und für die sie sich nur auf Gerüchte zu berufen vermag». Friedrich legte eilends den Kardinälen brieflich ein katholisches Glaubensbekenntnis ab und schmähte auch seinerseits den Papst den Antichrist.[46]

In dieser Weise kämpften die beiden Führer der Christenheit gegeneinander und taten alles, die Welt aufzuklären, wobei Gregor im Vorteil war durch seine Multiplikatoren, seine Geistlichkeit, besonders seine Bettelmönche, die Friedrich sämtlich ausweisen ließ. Und den geistlichen Waffen fügte auch der Hohepriester erst recht die handgreiflichen, einschneidenden hinzu: Soldaten und Geld, überall von ihm zum frommen Zweck zusammengetrommelt, manchmal gegen den resoluten Widerspruch des Klerus. Ganz Frankreich sollte wider den Kaiser marschieren, wofür Gregor generös, doch vergeblich mit dessen Krone lockte. Dabei wurde allmählich «offenkundig, daß die Lombardenfrage das eigentliche Hindernis einer Verständigung zwischen Kaiser und Papst war, nicht die kirchlichen Übergriffe, mit denen vornehmlich der Bann gegen Friedrich begründet worden war» (Seppelt).

In Deutschland legte sich vor allem Albert Behaim (Albertus Bohemus, ein Bayer) mächtig für den Papst ins Zeug. Der ebenso betriebsame wie rigorose Passauer Kanoniker – vermutlich scharf auf ein Bischofsamt, nicht nur politisch, auch literarisch tätig (wir besitzen die erste in Deutschland aufbewahrte Papierhandschrift von ihm) – hatte unter Innozenz III. und Honorius III. an der Kurie gewirkt und wurde 1239 von Gregor IX. als Legat (oder, meinen andere, Agent – in praxi Jacke wie Hose) an die deutsche, besonders die bayerische Front gestellt. Dort fädelte er nicht nur das antikaiserliche Bündnis des Böhmenkönigs mit den Herzögen Otto von Bayern und Friedrich von Österreich ein, sondern warf auch so mit kirchlichen Prosekutionen, der Exkommunikation von Bischöfen, dem Interdikt gegen Städte, um sich, daß er mehrmals das Weite suchen mußte. Erst im Todesjahr Friedrichs II. konnte der Fanatiker die Absetzung des stets entschieden kaisertreuen Passauer Bischofs Rüdiger erreichen.

Albert Behaim hatte im übrigen schon deshalb wenig Erfolg, weil der deutsche Klerus zu Friedrich stand. Gregors Invektiven wurden im Reich nördlich der Alpen anscheinend gar nicht verkündet. Manche Prälaten opponierten wütend. Der Bischof von Brixen sperrte den Boten des Papstes die Straße. Der Erzbischof von Salzburg, der Bischof von Freising traten ein päpstliches Schreiben mit Füßen. Öffentlich verhöhnte der Regensburger Seelenhirte die Gesandten Roms, und sein Domkapitel wollte für den Kaiser 600 Ritter ins Feld jagen.[47]

Etwas weniger engagiert waren Deutschlands weltliche Fürsten. Zwar konnte Friedrich für Geld da jede Menge Söldner kaufen, blieb aber hinsichtlich Menschen und Material vor allem auf das unteritalische Reich angewiesen, gegen das der Papst jetzt einen Angriffskrieg plante: Eroberung Siziliens und Einsetzung eines anderen Königs. Ebendeshalb hatte sich der Heilige Vater mit den Seestädten Venedig und Genua verbündet (S. 246), die fünfzig Kriegsschiffe und einige hundert Ritter zu stellen, auch die Landungsoperationen durchzuführen hatten und dafür mehrere Städte, eine gewaltige bewegliche Kriegsbeute und weitere Privilegien versprochen bekamen. Gregor seinerseits wollte 2000 Ritter ins Gefecht werfen und das Pekuniäre regeln.

Zunächst ließ sich der Krieg günstig für den Papst an. Man eroberte Como, Treviso, bekam Ravenna in die Hand und schlug

Friedrichs Heer vor Piacenza. Erst als dieser seine Strategie änderte, nicht mehr gegen die Lombarden, sondern gegen das Patrimonium und Rom selbst marschierte, wurde es für Gregor gefährlich, stand für ihn alles auf dem Spiel, zumal er nicht fliehen konnte und in der Hauptstadt, deren große Handelsherren Friedrichs Krieg mitfinanzierten, genug Gegner hatte, bis in das Kardinalskollegium hinein. War doch Roms Bevölkerung selbst zum erheblichen Teil papstfeindlich, hatte ihn zumindest wiederholt verjagt.

In höchster Not besann sich der greise Priester auf einen bei seinesgleichen stets so beliebten wie bewährten «metaphysischen» Trick. Er wallfahrtete am 22. Februar, am Tag vor Petri (angeblicher) Stuhlbesteigung, mit den heiligsten (angeblichen) Märtyrerresten, den vermeintlichen Häuptern der Apostelfürsten, vom Lateran nach Sankt Peter, sprach dort zum Volk und rief zuletzt, indem er die Mitra vom Kopf nahm und den Reliquien aufsetzte: «Verteidigt ihr Rom, wenn es die Römer nicht tun wollen!» Ein wohlkalkuliertes und -inszeniertes Klerikaltheater. Schlagartig kippte die Stimmung der Menge zugunsten des Papstes um, der nicht versäumte, allen, auch Frauen, die nun zum Waffengang gegen Friedrich herandrängten und sich gleich das Kreuz anhängen ließen, einen Ablaß zu gewähren. Der Kaiser hatte danach nichts mehr zu gewinnen und rückte ab.

Beim nächsten Schlag allerdings zog der Papst den kürzeren, obwohl er gerade dabei den Kaiser treffen wollte.

Die Rede ist von dem zu Ostern 1241 einberufenen Konzil, an dem auch Vertreter der Klöster und Domkapitel sowie Repräsentanten weltlicher Fürsten teilnehmen sollten, fast ausschließlich Feinde Friedrichs. Er selbst hatte zwar das Konzil gefordert, doch unter anderen Umständen, anderer Leitung: ein von den Kardinälen angesagtes Konzil. Jetzt aber, da Gregor auf seinem Vorhaben insistierte, womit das Ergebnis von vornherein feststand, sabotierte der Monarch die Sache. Er verlangte eine allgemeine Blockade der zur Kirchenversammlung Reisenden, verlangte Straßensperren, Festnahme, Ausraubung, so daß der Landweg entfiel.

Der Papst betraute Genua mit dem Transport der Synodalen zu Schiff. Doch der Plan wurde dem Kaiser bekannt. Und als die am 25. April von Nizza ausgelaufene Genueser Flotte, 27 Galeeren mit

Klerikern aus England, Frankreich, Spanien, am 3. Mai 1241 südöstlich von Elba die Inseln Giglio und Montecristo passierte, überfiel sie ein kaiserliches Geschwader unter seinem aus Genua stammenden Admiral und dem König Enzio von Sardinien, Friedrichs Lieblingssohn, als Kommandant eines sizilisch-pisanischen Verbandes. Die Angreifer versenkten 22 Galeeren, nur fünf entkamen, der Erzbischof von Besançon ertrank. Über hundert Prälaten wurden gefangen, gänzlich ausgeraubt und auf Burgen des Kaisers in Apulien, teilweise in Ketten, inhaftiert – nicht ohne Gregors gütige Ermahnung, in ihrem schweren Los geduldig auszuharren.

Der Sieg war beachtlich, die Betroffenheit der Päpstlichen, der Protest entsprechend, darunter eine scharfe und erfolgreiche Verwahrung König Ludwigs IX. von Frankreich gegen das schimpfliche Traktieren seiner Bischöfe. Von der Landung in Sizilien sprach niemand mehr. Das grandiose Papstprojekt fiel mit dem Untergang der Genueser Flotte buchstäblich ins Wasser. Außerdem drohte Gregor jetzt selbst der Angriff. Der Kaiser rückte in den Kirchenstaat ein, zog gegen Rom, wo sein Anhang immer mehr wuchs, wo schon vor Monaten Kardinal Johann Colonna sich vom Papst losgesagt und Friedrich zum Sturm auf die Metropole gerufen, wo noch im Juli der eben aus dem Heiligen Land kommende Richard von Cornwall, der Schwager des Kaisers und spätere deutsche König (S. 351), einen letzten und freilich wieder vergeblichen Vermittlungsversuch unternommen hatte. Und während Friedrich in jenem fieberheißen Sommer stets enger die Ewige Stadt zernierte, die Umgebung verheerte, Orte einnahm, schleifte, ohne daß der in die Enge getriebene Pontifex auch nur daran dachte nachzugeben, vielmehr wie eh und je Unterwerfung von Friedrich verlangte, demütiges Zukreuzekriechen, holte ihn selbst am 22. August 1241 der Tod.[49]

Wie sehr aber auch die Anschauungen, die Ziele beider auseinandergingen, einen gemeinsamen Gegner hatten sie, die «Ketzer», und bei ihrer Bekämpfung arbeiteten sie einander nolens volens in die Hand.

7. KAPITEL

DIE INQUISITION BEGINNT

«Was die Ketzer anlangt, so haben sie sich einer Sünde schuldig gemacht, die es rechtfertigt, daß sie nicht nur von der Kirche vermittels des Kirchenbannes ausgeschieden, sondern auch durch die Todesstrafe aus dieser Welt entfernt werden. Ist es doch ein viel schwereres Verbrechen, den Glauben zu verfälschen, der das Leben der Seele ist, als Geld zu fälschen, das dem weltlichen Leben dient. Wenn also Falschmünzer oder andere Übeltäter rechtmäßigerweise von weltlichen Fürsten sogleich vom Leben zum Tode befördert werden, mit wieviel größerem Recht können Ketzer unmittelbar nach ihrer Überführung wegen Ketzerei nicht nur aus der Kirchengemeinschaft ausgestoßen, sondern auch billigerweise hingerichtet werden.» Thomas von Aquin[1]

«Die Päpste waren nicht nur Mörder in großem Stil, sondern machten den Mord auch zu einem Rechtsgrundsatz der christlichen Kirche und zu einer Bedingung für die Erlösung.» Der katholische Historiker Lord Acton[2]

«In jedem Gefängnis standen Kruzifix und Folter Seite an Seite, und in fast allen Ländern war die Abschaffung der Folter schließlich auf Bewegungen zurückzuführen, die auf den Widerstand der Kirche stießen, und auf Männer, die die Kirche verfluchte.» William E. H. Lecky[3]

Die Anfänge der päpstlichen Inquisition in Deutschland – Konrad von Marburg

Die Möglichkeit, gegen Häretiker einzuschreiten, bestand zwar längst im bischöflichen Sendgericht, genügte den Hierarchen aber nicht. Gewiß, es ging noch keinesfalls um ihre Selbstbehauptung, die Sicherung der klerikalen Existenz, jedoch um ein Vorbeugen, um entschiedenere Abwehr. Wiederholt sprachen sich Synoden des 11. und 12. Jahrhunderts für das Unschädlichmachen der Häretiker aus, ohne indes ein entsprechendes Vorgehen zu organisieren. Da rief am 8. Juli 1119 Papst Calixt II., uns schon als Urkundenfälscher begegnet, durch die Synode von Toulouse die weltliche Gewalt zur Ausrottung der «Ketzer» auf (VI 401 f.). Und nachdem 1179 Alexander III. dazu auf dem Dritten Lateranum etwas genauere Direktiven gegeben (VI 539) und die staatlichen Mächte zur Verfolgung unter Strafandrohung verpflichtet hatte, beschlossen 1184 sein Nachfolger Lucius III. und Kaiser Friedrich Barbarossa in Verona noch schärfere Maßnahmen und drohten bei Pflichtverletzung mit Bann, Interdikt, Absetzung.

Wer sich dem priesterlichen Befehl versagte, galt als «Ketzer», und es war die Kirche, stets die Kirche, die den weltlichen Herrscher zur Härte, zur Erbarmungslosigkeit zwang. «Sie wollte von Gnade nichts hören und von Ausflüchten nichts wissen. Der Monarch trage seine Krone mit der Verpflichtung, die Ketzerei auszurotten und dafür zu sorgen, daß die Gesetze gegen sie scharf seien und mitleidlos durchgeführt würden. Jede Zögerung wurde mit der Exkommunikation bestraft. Erwies sich das als unwirksam, so wurden seine

Besitzungen dem ersten besten kühnen Abenteurer preisgegeben und ihm von der Kirche noch ein Heer zur Verfügung gestellt» (Lea).

Die Episcopi mußten jetzt ein- bis zweimal jährlich in allen verdächtigen Orten Untersuchungen anstellen, was weniger die Einführung der bischöflichen Inquisition war als eine Fortsetzung des bischöflichen Sendgerichts. Innozenz III., der die Verfügung übernahm, forderte dann für exkommunizierte Häretiker den andauernden Bann. Und Gregors IX. Konstitution von 1231 setzt schon die Todesstrafe voraus. Als sie darum im nächsten Jahr Friedrich II. in seinen berüchtigten Blutgesetzen gebot, bestätigte er «lediglich eine bereits vorhandene Rechtsgewohnheit» (Hauck).

Der Kaiser – was ihn weder entlasten kann noch soll, ihn vielmehr zusätzlich belastet – erließ diese abscheulichen Gesetze nur aus politischer Rücksicht, weil er, wie der Franziskaner Thomas Tuscus ausdrücklich sagt, dem Papst zu Gefallen sein, weil er sich als rechtgläubig, als katholisch erweisen wollte, um eine ihm drohende Exkommunikation zu verhindern. Und der, wenn auch zu Unrecht angesehene Dominikaner, der päpstliche Inquisitor Bernhard Guidonis, der allmählich in seinem Orden die höchsten Ämter einnahm, wies expressis verbis darauf hin, daß diese Kaiser-Erlasse dem Papst ihr Dasein verdanken. Wörtlich schreibt der Inquisitor: «Zu verschiedenen Zeiten hat der apostolische Stuhl Verordnungen erlassen gegen die ketzerische Bosheit; auch die kaiserlichen Gesetze wurden zu diesem Zweck vom Kaiser Friedrich *auf Betreiben des apostolischen Stuhles* (procurante eadem sede) verkündet.»[4]

Erstmals legalisierte den Feuertod für «Ketzerei» König Peter II. von Aragón in einem Edikt 1197, doch ohne daß man diesem Beispiel rasch gefolgt wäre. 1210 verfügt Otto IV. gegenüber Häretikern die Vermögenskonfiskation sowie Zerstörung ihrer Häuser, letzteres bereits von Heinrich VI., dann auch von Friedrich II. beschlossen. Friedrich droht ferner «Ketzern» am 22. November 1220 Einziehung ihrer Güter und die Acht an, die schon der Todesstrafe gleichkam, da sie die Verurteilten für jedermann vogelfrei machte. 1224 befiehlt er je nach Wahl des Richters für «Ketzerei» das Ausschneiden der Zunge oder den Scheiterhaufentod, den er 1231 in seiner sizilischen Verfassung definitiv festsetzt. Auch läßt er gleich, zumindest in seinen neapolitanischen Besitzungen, zahlreiche Menschen hinrichten und meldet zwei Jahre später dem Papst, er habe die Verfolgung forciert.

Gregor IX., der dem Kaiser damals Mißbrauch vorhielt, der ihm unterstellte, so auch persönliche Feinde, ja mehr gute Katholiken als «Ketzer» zu verbrennen, hatte jedoch deren systematisches Aufspüren 1231 befohlen. Auch ihre Beschützer und Hehler sollten unfähig zu allen Ämtern sein, sollten nicht erben, nicht Erben einsetzen, nicht als Zeugen bei Gericht auftreten dürfen. Gregor selbst war als Verfolger erfolgreich, und «die Gläubigen konnten sich häufig an dem Schauspiel der Ketzerverbrennung erfreuen» (Lea). Um diese Freuden nun möglichst vielen zu vermitteln, übersandte der Heilige Vater im Februar 1231 das neue Häretikerrecht den Bischöfen und, im nächsten Jahr, entsprechende Erlasse den Fürsten. Außerdem betraute er die Predigermönche, die Dominikaner, mit der Ausführung einer eigenen Inquisition, ebenso den Mainzer Kleriker Konrad von Marburg.

Mit Konrad, der Kurie längst als verläßlich bekannt, begann die päpstliche Inquisition in Deutschland. Der durch «hohe Bildung» (Patschovsky) ausgezeichnete klerikale Schindermeister hatte sein ruhmreiches Wirken als päpstlicher Kreuzzugspropagandist 1215/1216 in Nord- und Mitteldeutschland eröffnet. Die «Ketzer» aber attackierte er zunächst auf eigene Faust. Graf Hoensbroech hält die Verbrennung von 80 Waldensern in Straßburg 1212 für Konrads erste Tat als Inquisitor. Zum Jahr 1214 melden die «Annales Wormatienses», «welche Ketzer er immer wollte, ließ er in ganz Deutschland, ohne Widerspruch zu finden, verbrennen». Auch die «Gesta Treverorum» erwähnen nicht nur die Scheiterhaufenopfer des Dominikaners – «eine ungezählte Menge Menschen niederen Standes und beiderlei Geschlechts» –, sondern bejubeln geradezu seinen unbeugsamen Mut und die Leidenschaft «für seine Sache».

Kein Zweifel, ein Pfaffe nach dem Herzen des Papstes, seines großen Gönners. Gregor IX. legitimierte ihn am 12. Juni 1227 geflissentlich zum hehren Tun, nämlich «das Unkraut vom Acker des Herrn auszurotten». 1231 bestellte er ihn als selbständigen «Ketzer»-Richter «mit ausgedehnten inquisitorischen Vollmachten» (Lexikon für Theologie und Kirche). Am 11. Oktober dieses Jahres wünschte er «dem geliebten Sohne Magister Konrad von Marburg, Prediger des Wortes Gottes, Heil und apostolischen Segen!». Gregor lobpries «nach Kräften den Schöpfer, der seine Gnadengeschenke an dir zahlreich gemacht und dich zu seinem auserlesenen Kinde erkoren hat!». *«Glorreiches wird von dir erzählt, und wir freuen uns deiner Fortschritte* ... Du kämpfest mit all deiner Kraft gegen die [ketzerische] Schlechtigkeit so erfolgreich, daß zahlreiche Ketzer durch dich vom Acker des Herrn ausgerottet worden sind. Damit du aber diese Füchse, die auf allerhand Schleichwegen den Weinberg des Herrn verwüsten, um so schrankenloser bekämpfen kannst, so wollen wir, daß du dich mit der Untersuchung der Rechtsfälle nicht abgebest (te a cognitionibus causarum habere volumus excusatum) und bitten und mahnen dich unter Erlaß deiner Sünden, daß du dich zur Ausrottung der verderblichen Ketzer [nicht Ketzerei] um taugliche Mithelfer umsehest, woher immer sie seien ...»

Natürlich hatte sich Konrad auch des «weltlichen Arms» zu bedienen, und Gregor erließ jedem Mitwirkenden am guten Werk alle ihm aufgebürdeten Kirchenstrafen für drei Jahre. Sollte jedoch einer von ihnen bei der «Ketzer»-Verfolgung sterben, eröffnete ihm der Papst die schönsten Aussichten: keinerlei Fegfeuer mehr, sondern mitten hinein gleich ins Paradies.

Der vom «Statthalter Gottes» und von Gott selbst geliebte «Bruder Konrad» wirkte indes auch als Beichtvater und wichtigster geistlicher Berater der jungen Landgräfin Elisabeth von Thüringen und urgierte zur selben Zeit, als er auch, besonders im mittelrheinischen Raum, sein äußerst ertragreiches Wirken als päpstlicher «Ketzer»-Jäger wahrnahm, Elisabeths Heiligsprechung.

Weithin rauchen die Scheiterhaufen, geht nun «eine ungezählte Zahl von Menschen ... zu Grunde» (Annales Colonienses maximi) in Erfurt, Mainz, Köln, Marburg, wo man auch eine Greisin, die sich nicht «bekehren» wollte, in Asche verwandelt (vgl. S. 159 f.). Auch die «Sächsische Weltchronik» bemerkt jetzt «in dutschen Landen vil Keczerie ... darumme ward an deme Rine von Meister Conrade von Marpurg des Predigers wegen vil Ketzere gebrant». Allein Konrads Gehilfe, der Dominikanerbruder Konrad Dorso, hat «wol dusent gebrant». Schließlich gingen Frater Konrad Dorso und sein einäugiger verstümmelter Spießgeselle Johannes, ein wirklicher Schinderhannes (totus nequam), von dem sehr kirchlichen Grundsatz aus: besser, daß hundert Unschuldige krepieren, als daß ein Schuldiger entrinne. «Sie ließen in den Städten und Dörfern verhaften, wen sie nur wollten, und übergaben diese Leute den Richtern *ohne alle weiteren Beweise* mit den Worten: das sind Ketzer, wir ziehen unsere Hand von ihnen zurück.» Darauf mußten die Richter, ob sie wollten oder nicht, sie verbrennen, nach den «Annales Colonienses maximi» noch am Tag der Anklage.

So wurden, wie durch die ganze Zeit der heiligen Inquisition, schon jetzt ungezählte Menschen kraft krasser Rechtsverletzungen, kraft falscher Zeugnisse, ja gar auf Verdacht hin und ohne weitere Untersuchung umgebracht, selbst solche, die ihren Glauben bis zum letzten Atemzug bekannten, die «noch in den Flammen Christus und seine göttliche Mutter anriefen ...».

Gregor gestattete «Ketzern» keine Berufung. Anwälte, Notare, die ihnen beistanden, verloren, so befahl er, «für immer ihr Amt». Ja, sie gerieten in Gefahr, gleichfalls verbrannt zu werden; ebenso «Ketzer», die sich weigerten, Mitschuldige zu nennen. Sie verklagten Leute, «ohne sie verklagen zu wollen; Dinge aussagend, von denen sie nichts wußten. Auch wagte es Niemand, für Jemand, der verklagt war, Fürsprache zu erheben oder auch nur Milderungsgründe vorzubringen, denn dann wurde er als Vertheidiger der Ketzer betrachtet, und für diese und die Hehler der Ketzer waren vom Papste die gleichen Strafen wie für die Ketzer selbst bestimmt. Hatte jemand der Sekte abgeschworen und wurde rückfällig, so wurde er, ohne noch einmal widerrufen zu können, verbrannt» (Gesta Treverorum) – bald ein allgemeiner Grundsatz.

Der deutsche Episkopat hat die Blutarbeit dieser Papstkreaturen, deren unsäglich scheußliches Treiben das vielbändige katholische Handbuch der Kirchengeschichte völlig ignoriert, jahrelang nicht nur geduldet, sondern unterstützt, mancher Bischof noch nach ihrem Tod verteidigt. Gewannen sie doch geistliche und weltliche Herren, auch den König, indem sie sagten: «Wir verbrennen viele reiche Ketzer, und ihre Güter sollt ihr haben. In den bischöflichen Städten soll die eine Hälfte der Bischof, die andere aber der König oder ein anderer Richter bekommen. Darüber freuten sich nun diese Herren, leisteten den Inquisitoren Vorschub, beriefen sie in ihre Städte und Dörfer.»

Erst als sich Konrad an Höhergestellten, an Burgherren, Adligen vergriff, als er selbst die Grafen von Sayn, Solms, Arnsberg, die Gräfin Looz der «Ketzerei» bezichtigte, ermahnten ihn die Erzbischöfe von Mainz, Köln und Trier, «er möge mit mehr Mäßigung verbrennen, aber er gab nicht Ruhe». Als jedoch König Heinrich auf dem Mainzer Hoftag 1233 für den Hochadel und gegen Konrad Partei ergriff, wurde dieser noch auf der Heimreise am 30. Juli erschlagen. Und erst seine Beseitigung, schon nahe Marburg, seiner Vaterstadt, wo er die letzte Ruhe fand, sinnigerweise in der Elisabeth-Kirche, an der Seite der Heiligen, soll wenigstens die schlimmsten Exzesse vorübergehend beendet haben.[5]

Noch wenige Wochen aber vor Konrads Tod hatte ihn Papst Gregor IX. am 10. Juni 1233 aufgestachelt, «das faulende Fleisch mit *Feuer und Eisen*» zu entfernen. Zur gleichen Zeit animierte Gregor auch den Mainzer Erzbischof zur «Ketzer»-Abschlachtung, ebenso König Heinrich, indem er diesem leuchtende Beispiele des Alten Testaments zur Nachahmung empfahl, biblische Mörder und Massenmörder: «Wo ist der Eifer eines *Moses*, der an einem Tag 23 000 Götzendiener vernichtete? Wo ist der Eifer eines *Phinees*, der den Juden und die Madianiterin mit einem Stoße *durchbohrte*? Wo ist der Eifer eines Elias, der die 450 Baalspropheten mit dem Schwerte *tödtete* ...»

Und am 21. Oktober 1233 schickt der Papst einen enthusiastischen Nachruf in den Norden: «Ihr Kirchenfürsten von Deutschland, was ist denn das, daß ihr über die grausame, von Dienern der Finsterniß verübte Ermordung Konrad's von Marburg, des Dieners des Lichts und Führers der Braut Jesu Christi, nicht weinet und trauert?» Niemand habe die «Ketzer» mehr erschreckt, die Kirche mehr verteidigt, schreibt Gregor IX. und zögert nicht zu erklären, die Ermordung Konrads, «eines Mannes von vollendeter Tugend und eines Herolds des christlichen Glaubens», könne gar nicht nach Gebühr gezüchtigt werden ...[6]

Je dreckiger, desto heiliger

All dies geht auf Papst Gregor IX. zurück: Er hat eine Inquisition durch Legaten versucht, er hat in Rom, in Florenz Inquisitoren ernannt, hat die bestehende Gesetzgebung gegen Häretiker 1231 intensiviert und diese so der Todesstrafe ausgesetzt. Er hat endlich auch eine päpstliche Inquisition, neben der bischöflichen, begründet und ihre Durchführung nach 1231 in die Hände der Dominikaner gelegt, die vor allem in Norditalien und im Languedoc entsetzlich wirkten.

In Toulouse wurden 1232 durch den Dominikaner Raimund de Falguario neunzehn Albigenser, darunter mehrere Frauen, verbrannt. In Florenz brachte der Dominikanerinquisitor Johann im Juli 1233 sechzig angesehene Männer und Frauen auf den Scheiterhaufen. Der von Gregor ernannte Dominikanerinquisitor Robert, der auch in Cambrai, Douai, Lille viele Menschen zu Asche machte, ließ allein am 29. Mai 1239 zu Mont-Aime in der Champagne 183 «Ketzer» verbrennen – «ein großes und dem Herrn wohlgefälliges Brandopfer» (maximum holocaustum [!] et placabile Domino), wie der Bericht meldet.

Die Dominikaner übten ihr gemeines Mordwerk schließlich in ganz Europa aus, besonders aber im Süden, in Spanien, Italien, Südfrankreich. Ja, es gab eine, wenn auch verhältnismäßig harmlose, weil nicht durch grausame staatliche Gesetze (etwa Friedrichs II. oder Ludwigs des Heiligen) gestützte dominikanische Inquisition in Afrika und Asien, in Tunis und Marokko, in Armenien, Rußland, Georgien. Doch zumindest in Europa wurden die die Predigerbrüder die wohl schlimmsten katholischen Bluthunde durch Jahrhunderte. Dabei hatte ihr Gründer, der spanische Priester Domingo de Guzman, Dominikus, «frühe schon den Geist Christi zu dem seinigen gemacht» (Wetzer/Welte, Kirchen-Lexikon, 1849), gehörte Dominikus zu den «großen Gestaltern der im Ordensleben institutionalisierten Nachfolge Jesu» (Lexikon für Theologie und Kirche, 1995). Papst Gregor sprach ihn 1234 heilig, einen Mann, dessen häufigstes Emblem ein Hund wird mit brennender Fackel im Maul. Wie man denn die Dominikaner infolge ihrer blutrünstigen Heilsrolle «Domini cani» nannte, Hunde des Herrn.

Die Strafen waren im Laufe der Heilsgeschichte immer härter und heilsamer geworden. Die Konzilien von Reims 1157 und von Oxford 1160 hatten gegen Häretiker die Brandmarkung im Gesicht verhängt. Und selbst Innozenz III. drohte 1199 den Albigensern zunächst «nur» Verbannung und Konfiskation an. Dann aber wird die Todesstrafe häufiger. Und kamen auch verschiedene Hinrichtungsarten vor – in Köln, Nürnberg, Regensburg zeitweise das Ertränken der «Ketzer», in Würzburg das Köpfen –, so wurde doch der Feuertod für sie die Regel.

Die Verbrennung, meist an einem Feiertag, machte die Kirche zu einer Demonstration ihrer faktischen Allmacht, zu einer pompösen rituellen Opferung, attraktiver als jedes andere Kirchenfest. Die Sache hieß mit einem portugiesischen Ausdruck Autodafé, lateinisch actus fidei, war also ein Glaubensakt, fraglos der feurigste der Religionsgeschichte. Sonderreiter luden ein, in Prozessionen wurden die Volksscharen und die Verurteilten herbeigeführt, für Fensterplätze hohe Preise gezahlt und jedem Holz zum Scheiterhaufen schleppenden Christkatholiken war ein vollkommener Ablaß sicher – um diese großartige Möglichkeit ist die katholische Welt seit dem 19. Jahrhundert gebracht, denn das letzte Autodafé soll 1815 in Mexiko zelebriert worden sein (das erste 1481 in Sevilla).

Geistliche und weltliche Fürsten nahmen teil, und nachdem der Großinquisitor auf einem Platz oder in einem Gotteshaus nach Hochamt und Predigt die zum Tod Verdammten der weltlichen Macht überliefert hatte, nicht ohne den innigen Wunsch, «Leben und Glieder» dieser Leute zu schonen, wurden sie zur Richtstätte gebracht – ihrer aberwitzigen Verderbtheit wegen meist mit einem Narrenhut, in einem Sackgewand, grellgelb und voll der tollsten Teufelsvisagen, damit auch der dümmste Katholik gleich sah, welch Geistes Kind die Bösen waren; wobei man sie, in probater Nächstenliebe, auch gern mit Stockschlägen traktierte, mit glühenden Zangen zwickte und ihnen manchmal noch die rechte Hand abschlug. Auch bekamen, mit zarter Rücksicht auf das Gottesvolk, die «Ketzer» zur Verhinderung ihrer Schreie eine Art Bremse in den

Mund, so daß man nichts hörte als das fast anheimelnde Knistern der Flammen und die Litanei der Pfaffen. Und während ihre Opfer, je nach Windrichtung, erstickten oder langsam verbrannten, sang die versammelte Gemeinheit, Adel, Volk und Klerisei, «Großer Gott, wir loben dich».[7]

Die Inquisitionsgerichte waren die vornehmsten Gerichte der Kirche und jedem profanen Einfluß entzogen. Sie galten als unverletzlich und schmückten sich gewöhnlich mit den Attributen «heilig» und «hochheilig». Denn je dreckiger da eine Sache ist, desto mehr muß sie verbal vom Dreck befreit, muß sie geschönt, veredelt, ins Hehre, Erhabene gehoben werden.

Offizielle kirchliche Verlautbarungen oder Päpste wie Innozenz IV. und Clemens IV. verherrlichten die Inquisition in ihren Bullen vom 23. März 1254 und vom 26. Februar 1266. Auch die Inquisitoren selbst brachte man in eine erlauchte Ahnenreihe, in Konnex mit einer ganzen Galerie glorioser alttestamentlicher Gangster, mit Saul etwa, mit David (I 85 ff.!), Josua (I 83 f.) u. a. Doch auch Jesus, Johannes der Täufer, Petrus zählten zum Stammbaum des Inquisitors. Ja, Gott selbst, der Vertreiber von Adam und Eva aus dem Paradies, galt geradezu als erster «Inquisitor». Jedenfalls waren diese Mordbuben Beauftragte des Papstes. Unentwegt und überall führten sie ihre Vollmacht einzig und allein auf ihn zurück.

Inquisitionsgefängnisse, Orte unausdenkbaren Grauens

Eröffnet wurde das Inquisitionsgericht durch eine Anrufung des Heiligen Geistes, und auch vor der Urteilsverkündung betete man. Das Urteil freilich war, sogar bei großem Zweifel, jeder Nachprüfung durch staatliche Gerichtshöfe entzogen. Diese fungierten nur als ausführende Werkzeuge der kirchlichen, deren Sentenzen sie «blindlings» (coeca obedientia), «mit geschlossenen Augen!» (oculis clausis) zu vollstrecken hatten.

Zahlreiche päpstliche Bullen schärften den Fürsten ihre verdammte Pflicht und Schuldigkeit ein. Nicht nur die Dogen von Venedig waren schließlich durch einen Amtseid verpflichtet, alle Häretiker zu verbrennen. Und der Welfe Otto IV. wollte ebenso «wirksame Unterstützung» bei der Ausrottung der «ketzerischen Bosheit» leisten wie sein Gegner, der Staufer Friedrich II., der jedoch noch weiter, am weitesten ging und von seinen sämtlichen Machthabern, Konsuln, Rektoren verlangte, «daß sie in ihren Landen alle von der Kirche bezeichneten Ketzer nach Kräften auszurotten bemüht sind». Dies mußten sie öffentlich beschwören, widrigenfalls sie Absetzung und der Verlust ihres Landes traf, was weithin wirkte.

Energisch drangen die Päpste darauf, daß alle Befehle und Forderungen der Inquisitoren rasch zu erfüllen, daß diesen selbst durch den Staat Geleitwachen zu stellen waren, vor allem aber, daß die Inquisitionserlasse in die weltlichen Gesetzessammlungen kamen. So schreibt Innozenz IV. in seiner Bulle «Cum adversus haereticam» vom 28. Mai 1252: «Da der römische Kaiser Friedrich gegen die ketzerische Bosheit gewisse Gesetze erlassen hat, durch welche die Ausbreitung dieser Pest verhindert werden kann, und *da wir wollen, daß diese Gesetze zur Stärkung des Glaubens und zum Heile der Gläubigen beobachtet werden, so befehlen wir den geliebten Söhnen, die die Obrigkeit bilden, daß sie diese Gesetze, deren Wortlaut wir mitschicken, in ihre Statuten aufnehmen und daß sie mit großer Emsigkeit gegen die Ketzer vorgehen. Deshalb befehlen wir euch* [Inquisitoren], *daß, wenn diese Obrigkeiten unsere Befehle nachlässig erfüllen, ihr sie durch Exkommunikation und Interdikt dazu zwingt ... Die vom katholischen Glauben Abfallenden verfluchen wir ganz und gar, wir verfolgen sie mit Strafen, wir berauben sie ihrer Vermögen; ihre Erbfolge heben wir auf, alle Rechte erkennen wir ihnen ab.*»[8]

Die übliche Strafe für «Ketzer» wurde die Einkerkerung, oft lebenslänglich. In einem nur teilweise tradierten Urteilsregister der Inquisition von Toulouse aus den Jahren 1246 bis 1248 mußten von 149 Eingekerkerten 6 zehn Jahre, 16 eine unbestimmte Zeit, je nach Gutdünken der Kirche, und 127 lebenslänglich büßen.

Die Inquisitionsgefängnisse waren Orte nicht ausdenkbaren Grauens, nach päpstlicher Anweisung eng und dunkel; gewöhnlich ohne jede Beleuchtung und Ventilation, aber voller Unrat, Gestank. Und in diesen durch den Klerus vollgestopften Stätten, die bald zu klein wurden, weshalb Gregor IX. den Bau weiterer befahl und dazu beisteuernden Christen reichlich Ablässe verlieh, verbüßten Menschen eine Strafe, die noch weit schlimmer war als der rasche Tod auf dem Scheiterhaufen, schmachteten Frauen und Männer oft viele Jahre, ohne verurteilt oder freigesprochen zu sein. So wurde ein Mann namens Wilhelm Salavert am 24. Februar 1300 erstmals verhört und am 30. September 1319 verurteilt, nach neunzehnjährigem pausenlosem Elend. In Toulouse wurde eine Frau «zum Kreuztragen begnadigt», nachdem sie 33 Jahre lang in den dortigen Gefängnissen gelegen.

Es versteht sich von selbst, daß die wenigsten Häftlinge eine solche Zeit lebend durchstanden. Der überaus sanfte, bescheidene, liebenswürdige Franziskaner Gerhard von Borgo San Donnino kam im 13. Jahrhundert wegen unorthodoxer Trinitätsspekulationen aus purer «Gnade» 18 Jahre in den Kerker, bei Wasser und Brot, in Ketten, bis zu seinem Tod; ebenso die beiden Mönche Leonardo und Piero de'Nubili. Im frühen 14. Jahrhundert wurde der Franziskanerspirituale Pontius Bautugati für seine Weigerung, einige der verbotenen Traktate des Petrus Johannis Olivi, eines führenden Spiritualen (gest. 1298), zur Verbrennung auszuliefern, eng an die Mauer eines feuchten, dreckstarrenden Verlieses gekettet, wo er, bei wenig Wasser und Brot, im Schmutz zu Tode faulte; als man ihn eiligst verscharrte, war sein Fleisch schon von Würmern angefressen.

Auf engstem Raum hat man die Opfer oft haufenweise in modrigen stinkenden Löchern zusammengepfercht. Zum Beispiel, wird überliefert, vierzig Personen in einem 40 Fuß langen und 15 Fuß breiten Gelaß. In der Mitte eine Senkung zum Harnen, dazu ein großer Fäkalientrog, der zweimal in der Woche geleert worden ist. «Aus dem Frauenkerker, der über uns lag, sickerte der Urin durch die Dekke in unseren Kerker». Diese Höllen waren häufig unterirdisch, ohne frische Luft, ohne Licht. Die Opfer von Kirche und Staat, nicht selten an die Mauer geschmiedet, vegetierten bei spärlicher Nahrung oft jahre- und lebenslang dahin, verzehrten sich, bis sie im Irrsinn, durch Selbstmord endeten, durch einen sogenannten natürlichen Tod oder eines Tages auf der Folter oder in den Flammen der Scheiterhaufen.

Practica Inquisitionis

Viele Experten schrieben Hand- oder Lehrbücher ihrer Heilswissenschaft. So besitzen wir, um nur einige der geachtetsten zu nennen, die «Practica Inquisitionis haereticae pravitatis» des Dominikaners Bernhard Guidonis (oder Gui), der in seiner Amtszeit als Inquisitor nach einer Überlieferung 637 Menschen verbrennen ließ und zum Dank dafür 1324 von Papst Johann XXII. zum Bischof von Lodève erhoben wurde – durchaus nicht, wie Unschuldslämmer meinen könnten, zynisch gesagt. Die Kirche wählte mehrere Inquisitoren zu Päpsten, und noch 1867 sprach sie durch Pius IX. Pedro Arbues, einen der grausamsten, durch diverse Autodafés brillierenden Verbrennungsmeister Spaniens, heilig (Fest 17. September).

Die Absicht der Inquisition drückt der Dominikaner Guidonis in seiner Lehrschrift deutlich so aus: *«Zweck der Inquisition ist die Zerstörung der Ketzerei; die Ketzerei kann aber nicht zerstört werden, außer durch Vernichtung der Ketzer; ... Auf zweierlei Art werden aber die Ketzer vernichtet;* erstens, indem sie sich von der Ketzerei zur katholischen Religion zurückwenden, *zweitens, indem sie, dem weltlichen Gericht überliefert, körperlich verbrannt werden.»*

Der Dominikaner Nicolas Eymerich, Generalinquisitor für Aragonien und päpstlicher Kapellan in Avignon, verfaßte dort 1376 einen «Wegweiser für Inquisitoren», das vielaufgelegte «Directorium Inquisitorum», das in seiner Wirksamkeit «unübertroffen» (Graf Hoensbroech) sein soll und der römischen Kurie bald als «unersetzliches Arbeitsinstrument für den Inquisitionsprozeß» galt (Romanello). In einem späteren Anhang enthält es ein 425 Nummern umfassendes Verzeichnis häretischer Sätze «zur Bequemlichkeit der hochwürdigsten Herren Inquisitoren».

Der «Tractatus de Officio sanctissimae Inquisitionis» des Thomas Careña – Fiskal der römischen Inquisition und Vertrauter des hl. Karl Borromäus – stellt schon im «Vorspiel» (anteludia) den sein ganzes Opus beherrschenden Grundsatz auf: «die Ketzereien sind auszurotten, und die Ketzer müssen *mit Feuer und Schwert* bezwungen werden, denn leichter werden sie überwunden, als überredet. Nirgendwo werden die Ketzer so heilig und gerecht bestraft wie vor dem Richterstuhl der Inquisition ...»

Ein Inquisitionshandbuch des Franziskanerordens aus dem 16. Jahrhundert ist überschrieben: «Strafrichterliche Anleitung für den Orden der minderen Brüder des heiligen Franziskus, um in heiliger Weise die Gerechtigkeit anzuwenden: Practica criminalis ad sancte administrandam justitiam in Ordine Fratrum Minorum S. Francisci.»[9]

Die Gerechtigkeit ging diesen Mördern, nach der Heiligkeit, über alles.

Was die «Handbücher der Inquisition» den geschätzten hochwürdigsten Kollegen aber tatsächlich immer wieder unterbreiten, ist eine Fülle schmutziger Tricks, um ihren meist schon durch die Haft erschöpften Opfern ein Geständnis abzuringen. So soll der Inquisitor, in Akten, in Papieren blätternd, tun, als wisse er schon alles, auf daß der Gefangene sich bereits überführt glaube. Oder es soll ein bekehrter «Ketzer», als Sektenmitglied eingeschleust, das Vertrauen seines früheren Genossen erlangen und ihn zum Sprechen bringen, worauf Lauscher an der Tür, darunter ein Notar, alles Belastende aufschreiben. Oder man lügt einfach drauflos, erzählt, verreisen zu müssen, heuchelt Teilnahme mit dem Häftling, sagt, man hätte ihn «gerne rasch losgelassen, weil du leicht Schaden an deiner Gesundheit nehmen kannst. Jetzt aber muß ich abreisen und ich weiß nicht, wann ich zurückkomme. Da du nun nicht bekennen willst, so muß ich dich leider bis zu meiner Rückkehr gefesselt im Kerker belassen. Dann wird der Gefangene wohl anfangen zu bitten, daß er nicht im Kerker belassen werde, und so wird er vielleicht anfangen, zu gestehen» (Inquisitor Nicolas Eymerich).

Eine plumpere, aber durchaus wirksame Methode handhabte Frà Tomaso von Aversa. Als er 1305 in Neapel den Franziskanerspiritualen selbst durch grausamste Folterungen kein Geständnis abrang, ließ er einen der jüngeren Brüder tagelang hungern, machte ihn endlich durch starken Wein besoffen und bekam schließlich zu hören, daß er und seine 40 Gefährten alle «Ketzer» seien. Auch Papst Clemens V. konnte so, nur ein Jahr später, als geständnisförderndes Mittel, neben der Folter und der Härte des Kerkers, den Mangel an Nahrung in Erinnerung bringen.

Angelegentlich empfohlen wird auch, Beschuldigten oft Gnade zu versprechen, weil dann der Begnadigte andere anzeige, noch Unbekannte, somit «die listigen Schlangen aus ihren Schlupfwinkeln» locke. Zwar verliere man derart die Güter Amnestierter, gewinne aber das Vermögen der neu Denunzierten, habe also eher mehr als weniger.

Die Folter, das beeindruckendste Instrument christlicher Nächstenliebe

Von den drei Überführungsarten der Inquisition, Reinigung, Abschwörung, Folter, «ist die Folter das geeignetste. Weil die Ketzerei schwer zu beweisen ist, soll der Inquisitionsrichter geneigt sein zur Anwendung der Folter: ad torturam judex debet esse promptior» (Antonius Diana, Konsultor der sizilischen Inquisition).

Die Folter hatte schon der hl. Bischof und Kirchenlehrer Augustinus, das Urbild aller mittelalterlichen «Ketzer»-Jäger, gegen die Donatisten gestattet, die Folter quasi als Bagatelle gegenüber der Hölle verteidigt, geradezu als eine «Kur», emendatio (I 485).

Die augustinische «Ketzer»-Polemik baute im 11. Jahrhundert u. a. Bischof Anselm von Lucca, 1080 von seinen eigenen Klerikern vertrieben, systematisch aus, wobei er Augustin ganz richtig versteht: ein Vorgehen gegen die Bösen sei eigentlich kein Verfolgen, sondern eine Äußerung der Liebe. Auch Bischof Bonizo von Sutri, der Schismatiker und schlimmere Abweichler «mit allen Kräften und Waffen zu bekriegen» aufruft und von seinen Christen 1089 geblendet und verstümmelt wird, zögert nicht, Augustin die Worte in den Mund zu legen, «daß diejenigen selig seien, die um der Gerechtigkeit willen Verfolgung ausüben».

Nördlich der Alpen kam das beeindruckendste Instrument christlicher Nächstenliebe schon in karolingischer Zeit zur Anwendung, begann aber erst im 13. Jahrhundert zu florieren, als Innozenz IV. in der Bulle «Ad exstirpanda» 1252 die Folter gegen norditalienische «Ketzer» vorschrieb und kanonisch regelte. 1256 wurde dies auf ganz Italien ausgeweitet und in den nächsten Jahren von den Päpsten Alexander IV. und Clemens IV. bestätigt. 1261 erlaubte Urban IV., daß Inquisitoren, denen bei dieser etwas robusteren Art der Meinungserforschung ein Delinquent starb, sich gegenseitig absolvieren können. Denn zu Tode foltern durfte man einen «Befragten» nicht. In diesem Fall verfiel der Inquisitor der Exkommunikation. Er wurde allerdings sofort befreit davon, sprach ein Priester der Inquisition ihn los durch die Formel: Ego te absolvo.

Zu Beginn des 14. Jahrhunderts, in dem auch Clemens V. das Foltern während der Templer-Ausrottung befahl (S. 467), wurden im Königreich Neapel 42 Franziskanerspiritualen fünf Monate lang schärfstens torturiert, so daß einige von ihnen starben, die Überlebenden dann nackt durch die Straßen der Hauptstadt gepeitscht und verbannt. Man hat die Spiritualen, die mehr frühfranziskanischer Lebensart zuneigten, größerer Kontemplation, strengerer Armut, bis Kalabrien, Sizilien, bis nach Armenien und Jaffa gejagt, hat, so weist eine Liste des Inquisitionstribunals in Carcassonne aus, zwischen 1318 und 1358 auch 113 «Brüder des armen Lebens» verbrannt. Freilich – die Praxis selbst der Spiritualen war nicht stets spirituell. So warteten sie in Asciano in dem von ihnen besetzten Minoritenstift oder im Kloster von Carmignano bei Florenz hinter Schießscharten mit Standarmbrüsten auf ihre Verfolger.

Neben der Folter hing das Kreuz, und während des Marterns besprengte man die Instrumente der Heilsvermittlung mehrmals mit Weihwasser. So waren sie denn zur Erzwingung aller erwünschten Geständnisse auch meist rasch wirksam und ersparten der Inquisition überdies Nahrungs- und Unterbringungskosten.

Im Inquisitionskerker zu Carcassonne gestand man für den Unterhalt der Gefangenen pro Tag und Kopf 8 déniers zu (etwa 8 Pfennig nach der deutschen Währung von 1900), woran jedoch die Gefängniswärter noch verdienen wollten. So wurde die Folter bei den geistlichen Herren schnell beliebt, indes die staatliche Gerichtsbarkeit sie nur langsam einführte.

Die Folterarten waren, von verschiedenen Handbüchern ausdrücklich betont, durch das Kirchenrecht nicht festgelegt; sie standen im Belieben des Richters. Untersagt war nur, einen Gefolterten – außer im Fall neuer Anklagepunkte – ein zweites Mal zu foltern. Man umging das aber dadurch, daß man nach Unterbrechung der Folter diese ein, zwei Tage später wieder aufnahm, sie dann allerdings nicht «erneuerte», sondern «fortgesetzte» Folter nannte (continuata tormenta, non iterata). Verlor ein Gefolterter das Bewußtsein, sollte man ihn mit Wasser übergießen oder durch Schwefel, unter seiner Nase entzündet, der Ohnmacht entreißen, worauf man weiter foltern konnte.

Umstritten war auch die Altersgrenze der zu Folternden. Nach oben war sie selbstverständlich offen. Für Jugendliche setzten Konzilien von Toulouse, Béziers und Albi vierzehn Jahre für das männliche, zwölf für das weibliche Geschlecht fest. Doch gab es auch kirchliche Autoritäten, die das Alter bis auf sieben Jahre reduzierten. Das «Sacro Arsenale» des Dominikanerinquisitors Thomas Menghini erlaubte auch das Geißeln unmündiger Kinder.

Was die Zeugen betrifft, machte es der im Veltlin tätige päpstliche Inquisitor Royas zum Prinzip: «Zeugen, die Schlechtes von einem Ketzer aussagen, z. B. daß er ein Mörder oder ein Dieb sei, sind im allgemeinen den Zeugen vorzuziehen, die Gutes über ihn aussagen.» Überhaupt wollte man bloß Belastungszeugen hören. Frauen, Kinder, Diener durften nicht zugunsten eines Angeklagten sprechen, wohl aber gegen ihn, ja dann war ihr Zeugnis willkommen und besonders schwerwiegend. Auch konnten Belastungszeugen nicht nur Familienmitglieder und Hausgenossen sein, Ehegatten, minderjährige Kinder, Domestiken, sondern selbst Juden, Infame, Verbrecher, Meineidige, sogar Exkommunizierte, Leute, die nach kirchlicher Anschauung sonst ganz und gar rechtlos und als Zeugen unfähig waren. Lediglich «Todfeinde» schloß man aus, doch auch sie offenbar bloß bedingt. Zuweilen konnten Zeugen zur

Aussage gegen Angeklagte gezwungen werden, die Inquisitoren auch diese Zeugen «zur Erlangung der Wahrheit foltern lassen».

Der Franziskaner Bernhard Délicieux, der im Jahr 1300 dokumentarisch erklärt, die Aufzeichnungen der Inquisition verdienten kein Vertrauen, was allgemeiner Glaube sei, stellte auch den Satz auf: Selbst der hl. Petrus und der hl. Paulus wären, hätte man sie nach der Methode der Inquisition verhört, der «Ketzerei» überführt worden.

«Für die katholische Sache ist es sehr zuträglich, wenn die Inquisition reichlich Geldmittel besitzt»

Während das Volk, die Masse der Christen, ringsum in ungemessenem Elend versank, wurden Dominikaner wie Franziskaner reich durch ihr Blutgeschäft, durch Bestechung Schuldiger, durch Erpressung Unschuldiger. Und da sie genug Geld bekamen, versprachen sie auch erfolgreichen «Ketzer»-Jägern «ewigen Lohn von Gott» sowie «angemessenen zeitlichen Entgelt» (Inquisitor Bernhard Guidonis).

Henry Charles Lea hat gezeigt, wie sich aus Bestechungen, Erpressungen, Bürgschaften ein über Jahrhunderte fortdauernder Geschäftszweig entwickelte, in dem man sehr viele Menschen nur zum Zweck der Ausbeutung verfolgen ließ. Mitte des 14. Jahrhunderts beschwor in Florenz ein einziger Zeuge sechzig Fälle von Erpressungen durch den Inquisitor Piero di Aquila, wobei die heute noch nachweisbaren abgezwungenen Summen zwischen fünfundzwanzig und siebzehnhundert Goldgulden schwanken, insgesamt der Inquisitor in nur zwei Jahren den seinerzeit gewaltigen Betrag von siebentausend Gulden erpreßt habe – «obwohl es damals gar keine Ketzer in Florenz gab».

Solche Praktiken aber waren häufig und wurden durch das Konzil von Vienne 1311 bestätigt. Ein Jahrzehnt früher, 1302, schrieb

Papst Bonifaz VIII., seinem Vernehmen nach haben die Franziskanerinquisitoren von Padua und Vicenza «in ihrer schändlichen Habgier von vielen Männern und Frauen unermeßliche Summen erpreßt und ihnen jegliche Art von Unrecht zugefügt». Doch was bedauert der berühmte Papst? Daß die Übeltäter «den unerlaubten Gewinn nicht zum Besten des Heiligen Offiziums oder der römischen Kirche oder ihres eigenen Ordens verwendet hätten»!

Nun verschlang gewiß der Apparat der Inquisition Geld. Zum Beispiel hatte Guido von Thusis, der Inquisitor der Romagna, anno 1302 immerhin 39 Assistenten. Wesentlich mehr aber floß wohl für anderes fort oder eben zusätzlich in Klerikertaschen. Zunächst zwar war den Inquisitoren das Erheben von Geldbußen verboten. Doch kam es früh vor. Und dann führte man sie bestimmten Zwecken zu, vor allem der heiligen Inquisition selbst. Gab es ja, so Inquisitor Nicolas Eymerich, keine heilsamere Einrichtung als diese, durch deren «einzig dastehende Wohlthat die Ketzerei ausgerottet wird. Für die katholische Sache ist es sehr zuträglich, wenn die Inquisition reichlich Geldmittel besitzt.»

Sehr zuträglich war Geld natürlich auch für die Funktionäre der Inquisition. Und so konnten sie schließlich über Geldbußen ganz nach ihrem Ermessen verfügen, konnten aber auch sonstige Strafen in Geldstrafen umgewandelt werden. Dabei gingen die Päpste mit gutem Beispiel voran. Waren sie knapp bei Kasse, führten sie kostspielige Kriege, drangen sie auf Umwandlung von Inquisitionsbußen in Geldstrafen, und zwar ohne Rücksicht auf die Vorrechte der Inquisitoren.

Die Inquisitoren freilich verfuhren bald analog, wobei die Gelder manchmal «frommen Zwecken» zugute kamen, oft indes auch nur denen, die solche Zahlungen festsetzten. Denn nicht selten betrogen die Inquisitoren die Päpste, die ihrerseits wieder die Inquisitoren beargwöhnten und überwachen ließen. Auch die weltlichen Behörden und die Bischöfe wurden an der Beute beteiligt, doch differieren die Gesetze nach Zeit und Ort. Allgemein war nur die Gier nach Geld, nach dem Besitz der Opfer, ein unablässiges Geschnüffel und Gefeilsch, eine permanente, juristisch mehr oder weniger geregelte Gangsterei.

Im übrigen bestrafte man mit Geld bloß die Reumütigen. Aber keinesfalls immer bloß mit Geld. Bestimmte ja 1229 Gregor IX. in der Bulle «Excommunicamus», daß alle, die sich nach der Verhaftung aus Todesangst zum «wahren Glauben» bekehren, «lebenslänglich eingekerkert werden und auf diese Weise die gebührende Buße vollbringen». Und fast gleichzeitig verfügte das Konzil von Toulouse dasselbe. Hartnäckigen und Rückfälligen aber nahm man alles und übergab sie «ohne Barmherzigkeit» (absque misericordia) dem weltlichen Gericht, gewöhnlich mit der stereotyp wiederkehrenden Wendung, ihnen die «gebührende Strafe» (animadversio debita) zu erteilen, was dann stets die Todesstrafe bedeutete.

Es gibt vermutlich nichts im Christentum, das mit soviel Furcht und Abscheu erduldet wurde wie die Inquisition, und wohl wenig, das mit solcher Intensität und Erbarmungslosigkeit betrieben worden ist. «Selbst die Menschenquäler der KZs», schreibt Hans Wollschläger mit allem Recht, «haben so zu quälen nicht verstanden.» Dies liegt, neben dem Fanatismus, dem kriminellen Wahnsinn für die Sache, zweifellos am meisten am Gewinn, den sie abwarf durch die Bußgelder, die Konfiskationen; eine Strafe, die die Kirche selbst aus dem römischen Recht in die europäische Gesetzgebung zur Pönalisierung von Gebotsübertretungen eingeführt hat.

Sowohl Alexander III. (1163) als auch Lucius III. (1184) forderten die Konfiskation. König Ludwig der Heilige befahl sie 1259 sogar für solche, die Vorladungen absichtlich nicht folgten oder in deren Häusern Häretiker angetroffen wurden. Innozenz III. schrieb sie für alle «Ketzer» vor. Und schon eine seiner ersten Amtshandlungen befaßte sich damit. So heißt es in der Dekretale «Vergentis»: «In den Ländern, die unserer Gewalt unterworfen sind, sollen die Güter der Ketzer beschlagnahmt werden; in den anderen Ländern soll dies durch die weltliche Obrigkeit geschehen, die wir, falls sie sich nachlässig zeigen sollte, durch kirchliche Strafen dazu zwingen.»[10]

Es gab allerdings keine allgemeingültige Regelung der Raubverteilung. Papst Lucius III., beispielsweise, wollte den Ertrag der Konfiskation, was in den päpstlichen Gebieten auch selbstverständlich war, ausschließlich der Kirche zuwenden. Zur Zeit des Konrad von

Marburg (S. 257 f.) sollte in deutschen Bischofsstädten eine Hälfte der Bischof, die andere der König oder ein sonstiger Richter bekommen. Die Bischöfe aber erhoben zuweilen auch Anspruch auf die Konfiskation des gesamten Eigentums eines ihrer Jurisdiktion unterstellten «Ketzers». So bedrohten sie 1251 auf dem Konzil von Lille jeden mit Exkommunikation, der ihnen «dieses Recht streitig machen würde».

Es kam deshalb häufig zu Interessenkollisionen, zu lang anhaltenden Auseinandersetzungen. Unentwegt prozessierten die Brüder in Christo um Schlösser, um Weinberge, Obstplantagen, um sonstige Ländereien, um bewegliches Gut. Dreißig Jahre stritten die rührigen Bischöfe von Albi mit der Krone um die Beute aus der Albigenserabschlachtung; dreißig Jahre lang rauften mit ihr die Bischöfe von Rodez; etwa ebensolang rang die Gräfin von Vendôme, Eleonore von Montfort, mit dem französischen König um «Ketzer»-Güter. Die Konfiskation hatte schon im Jahr 1300 stattgefunden, 1335 wurde der Prozeß beendet.

Selbst gegen Tote strengte man nicht selten noch Gerichtsverfahren an. Zweiunddreißig Jahre kämpften der Bischof und der Inquisitor von Ferrara um das Skelett des Armanno Pongilupo von Ferrara, bis der Inquisitor 1301 siegte. Und wie furchtbar mögen wohl Kinder und Enkelkinder, die Erben des 1250 verstorbenen mächtigen und reichen Gherardo von Florenz, insgeheim ein «Ketzer», erschrocken sein, als noch 1313 der Inquisitor der Stadt einen Prozeß gegen sie begann, alle enterbt und der Rechtsunfähigkeit von «Ketzer»-Nachkommen unterworfen hat.[11]

Die unbeugsame Grausamkeit der Kirche und ihrer Komplizen (darunter ein veritabler Heiliger wie König Ludwig IX.) strafte an Gut und Blut. Aber sie strafte nicht nur die Häretiker, sondern oft auch ihre Helfer, Beschützer, strafte jeden, der diese in irgendeiner Weise begünstigt hatte. Das Bespitzeln, Aushorchen, Denunzieren wird systematisch gezüchtet, jede Art scheußlicher Seelenstimmungen, der immerwährenden Angst, Arglist, der Gehässigkeit gefördert, herausgelobt und belohnt, jedes Vertrauen zwischen Menschen untergraben und das Ganze, Gipfel der Perversion, auch noch als gesellschaftliches Ideal hingestellt – eine Hölle, die Generation um

Generation ins Elend stürzt, eine der Grundlagen der Geschichte, die wir haben.

Und wie oft doch hat einer den andern da nur denunziert, um möglicherweise nicht selbst denunziert zu werden. Ein Terror, der Terror zeugt, immer wieder von neuem, auch und gerade unter den Nächsten. Denn wo hätte sich das Bibelwort «des Menschen Feinde werden seine Hausgenossen sein» mehr erfüllt! Papst Gregor IX. rühmt geradezu, daß Männer ihre Frauen, Frauen ihre Männer, daß Eltern ihre Kinder, Kinder ihre Eltern verraten, befiehlt, daß niemand zögern dürfe, die eigene Familie preiszugeben, «... uxor propriis liberis, aut marito, vel consortibus ejusdem criminis, in hac parte sibi aliquatenus non parcebant». Ein teuflisches System, das seine Sicherheit darauf gründet, daß es alle Welt unsicher macht, bedroht, ruiniert, daß es sogar und gerade die Familien, daß es noch das intimste Privatleben, ja, daß es noch die Nachkommen in seine barbarische Justizrache hineinreißt.

So hob man alle Kindespflichten gegenüber häretischen Eltern auf, sollte man diese «wie *Fremde* und *Ausländer*» ansehen und sie der Inquisition überstellen; nur dann bestand das Kindeserbrecht fort. Andernfalls verloren auch katholisch gebliebene Kinder ihr Hab und Gut, wurden sie restlos um ihr Vermögen gebracht. Die Kirche ließ ihnen nicht einmal den Pflichtteil, ließ ihnen nur das nackte Leben, und dies, so Innozenz III. in seiner Dekretale «Vergentis», *«nur aus Barmherzigkeit»*. Alles andere verloren sie unbarmherzig. Keinen einzigen Denar sollten sie erben können, kommentiert Innozenz' Dekretale Kanonist Paul Ghirlandus, Beirat des päpstlichen Generalvikars in Rom. Vielmehr mußten sie dauernd in Armut und Elend dahinvegetieren (debent semper in miseria et egestate sordescere); «nichts soll ihnen bleiben, als das nackte Leben, das ihnen aus Barmherzigkeit gelassen wird; sie sollen sich in dieser Welt in einer solchen Lage befinden, *daß ihnen das Leben zur Pein und der Tod zum Troste wird*».[12]

Es gehört kaum große Phantasie dazu, sich die Aussichtslosigkeit, die entsetzliche Not vorzustellen, in die ungezählte Menschen jeden Alters und Geschlechts durch dieses Kirchenverfahren oft buchstäblich über Nacht gestürzt, mittellos buchstäblich vor die Tür gesetzt worden sind; zumal nicht selten schon der Verdacht der «Ketzerei», schon die Verhaftung die Konfiskation des ganzen Vermögens nach sich zog.

Doch nicht nur das private Leben wurde so unheimlich gefährdet, sondern auch die gesamte geschäftliche Existenz grenzenlos verunsichert, jede Möglichkeit der Vorausschau verunmöglicht, da jeder Handelspartner ein «Ketzer» sein oder zumindest der «Ketzerei» bezichtigt werden, all seine Habe verlieren konnte und jeder Käufer, jeder Gläubiger dann vor dem Nichts stand. Denn nicht nur war der Verkehr mit Exkommunizierten unerlaubt und strafbar, sondern die Kirche hat auch die Ungültigkeit von Rechtsgeschäften und Rechtshandlungen Exkommunizierter behauptet. Exkommunizierte – Gregor XI. exkommunizierte bis in die siebte Generation – galten bis zum Ende des 13. Jahrhunderts nach kanonischem Recht als exlex, und zwar auch für das weltliche Forum, weshalb die Kirche die Verfolgung der hartnäckigen Exkommunizierten auch durch die Acht, den bürgerlichen Tod, gefordert hat.

Die Sache, «die Sache Christi», aber war um so prekärer, als der Klerus in seinem Wahn, seiner Gier und Unersättlichkeit stets auch gegen Tote vorging, sobald deren Häresie aufkam, so daß niemand seines Vermögens, seines Besitzes sicher war. Dabei trat die Verjährung für «Ansprüche» der Kirche erst nach vierzig, bei der römischen Kirche erst nach hundert Jahren ein. Zudem berechnete man diese Verjährung nicht vom Zeitpunkt des «Verbrechens», sondern von seiner Entdeckung an. «Diese Begleiterscheinungen der Verfolgung haben dazu beigetragen, daß die so viel versprechende Zivilisation des südlichen Frankreich zurückging und die Vorherrschaft in Handel und Gewerbe auf England und die Niederlande, wo die Inquisition verhältnismäßig unbekannt war, überging, was dann wieder Freiheit, Reichtum, Macht und Fortschritt für jene Staaten zur Folge hatte.» (In England wurde die Todesstrafe für «Ketzerei» erstmals 1400 festgesetzt.)[13]

Es gab wohl kein Geschäft der Welt, bei dem so schnell und so perfid so ungeheure Reichtümer, Summen und Besitzungen «umverteilt», gehortet werden konnten. Kein Wunder, wenn die Profiteure der Inquisition, das Papsttum, die weltlichen und geistlichen Fürsten, nicht zuletzt die Inquisitoren selbst, alles taten, um das Fortdauern ihres Instituts zu sichern; wenn die klerikalen Henker beim Verfolgen ihrer Prätentionen mit einer Gründlichkeit ohnegleichen vorgingen, wie sie noch das letzte Stückchen Besitz, noch den letzten Pfennig aufstöberten, und dies mit unerschöpflicher Geduld.

Nach dem Tod einer Frau Raimonde Barbaira hatten deren Verwandte ihre armselige Hinterlassenschaft, etwas Bettzeug, Kleidung, eine Kommode, ein paar Tiere sowie vier Sous unter sich geteilt. Da die Verstorbene aber die ihr von der Inquisition auferlegte Buße, Pilgern und Kreuztragen, noch nicht geleistet hatte, verlangte der Inquisitor am 7. März 1256 von den Erben vierzig Sous und eine Bürgschaft dafür, daß sie das Geld um Ostern zahlen werden. Hinter der Habe eines gewissen Wilhelm von Fenasse, eines begüterten Häftlings, und seinen achthundertneunundfünfzig Forderungen schnüffelte die Inquisition ein rundes Jahrzehnt her.

Bei diesen Konfiskationen aber verfuhr man desto sorgfältiger, als viele Inquisitoren eben nicht nur ihre Kirche, die päpstliche Kammer, die Bischöfe, Orden, den Fiskus oft enorm bereicherten, sondern, die Versuchung war groß, die Gelegenheit zu günstig, auch sich selbst und ihre Bediensteten. Es war «fast unmöglich, daß ein Beamter ehrlich blieb, wo die Verfolgung beinahe ebensosehr zu einer finanziellen Spekulation wie zu einer Glaubenssache geworden war» (Lea). Alvarus Pelagius (Álvaro Pelayo), Franziskaner und später Bischof von Silvez in Algarve (Südportugal), zeitweise auch Pönitentiar an der Kurie in Avignon, behauptet geradezu, daß die Inquisitoren die vom Papst vorgeschriebene Dreiteilung der eingehenden Geldstrafen und Konfiskationen allgemein mißachteten, daß sie alles selbst einsteckten, für sich verschleuderten oder ihre Verwandten begünstigten, was zeitgenössische Urkunden bestätigen. Die immer wieder lockende Beute war denn auch der Hauptgrund für das über Jahrhunderte aufrechterhaltene Unwesen dieser Einrichtung, für ihre terrible Permanenz.[14]

Und für ihre Verhaßtheit.

Viele Städte sträuben, empören sich. Seit Mailand, der Zufluchtsort der Katharer, dann doch 1233 unter Zwang viele von ihnen verbrennen ließ, gibt es Widerstand in Florenz, Treviso, Bologna, Genua, besonders in Venedig. In Südfrankreich wehren sich Narbonne, Toulouse, Albi. Im Norden, wo Robert le Bougre (!) und Konrad von Marburg wüten, begehren sogar Fürsten auf. In Straßburg ersticht 1232 Junker Heinz von Müllenheim den Dominikanerinquisitor Droso, einen Begleiter Konrads, bevor dieser selbst ein Jahr darauf im Hof Capelle bei Marburg fällt. 1242 ermordet man in Avignonet zehn Beamte der Inquisition in einer Nacht.

Gegen Mitte des 13. Jahrhunderts wird der Inquisitor Pontius von Blanes oder von Espira vergiftet, der Inquisitor Peter von Cadreyta etwas später von der erbitterten Bevölkerung Urgels zu Tod gesteinigt.

In Italien eilt dem nachmaligen Schutzheiligen der spanischen Inquisition Peter von Verona (Petrus Martyr), der einen Aufstand erregt, schon nach neunmonatigem Wirken in der Lombardei und der Toskana ein solcher Ruf voraus – in der «Legenda Aurea» figuriert der Dominikaner aus katharischer Familie als einer der herausragenden Vertreter der zeitgenössischen «vita apostolica et evangelica» –, daß ihm 1252 Carino da Balsamo auf offener Straße mit einem Schlag den Schädel spaltet. (Danach werden beide heilig, auch der bereuende Mörder, und es gibt Wunder über Wunder.)

Zu Beginn des 14. Jahrhunderts kommt es zur Empörung gegen Inquisitoren im Languedoc. In Triest zerrt man 1324 den Inquisitor Fabianus von der Kanzel und verprügelt ihn. Der Inquisitor der Diözese Breslau, der Dominikaner Johann von Schwenkenfeld, der nach Prag flieht, wird dort am 28. September 1341 ermordet, der Inquisitor von Piemont Peter von Ruffia unter Gregor XI. (1370 bis 1378) im Dominikanerkloster in Susa, der Inquisitor Anton Pavo ebenfalls im Piemont erschlagen.

Nicht selten bekämpfen sich die franziskanischen und dominikanischen Inquisitoren sogar gegenseitig. Schon 1266 brach in Marseille ein solcher Streit zwischen ihnen aus, daß Clemens IV. eine Art Sicherheitszone zwischen den beiderseitigen Gebieten einführen ließ, einen Mindestabstand von 300 Fuß. Dann kam es in Verona zu so starken Unruhen, daß 1291 Papst Nikolaus IV. einschreiten mußte. Und noch 1479 verbot Sixtus IV. den Inquisitoren beider Orden, über Brüder des andern Ordens zu Gericht zu sitzen.

Gelegentlich wirkten die Herren aber auch als päpstliche Inquisitoren zusammen, wie 1236 im Grenzgebiet zwischen Frankreich und Flandern, und zwar durchaus fruchtbar. «Sehr viele Ketzer beiderlei Geschlechts», heißt es dazu in einer alten Quelle, «wurden verbrannt, innerhalb von zwei Monaten ungefähr fünfzig; einige wurden lebendig begraben». Auch als Bischof Heinrich I. von Breslau 1315 zu Schweidnitz fünfzig «Ketzer» auf einmal ins Feuer werfen ließ, kooperierten beide Orden.

Der eigentliche Begründer der Inquisition, Gregor IX., stand bemerkenswerterweise nicht nur den Dominikanern nahe, war nicht nur mit deren Stifter befreundet, sondern noch inniger mit Franz von Assisi. Ihn kanonisierte er gleichfalls und übertrug dessen Jüngern 1236 gleichfalls die blutige Arbeit, die sie vor allem in der Provence und in Süditalien ausübten. Dabei rühmt man, wie bei so vielen Päpsten, Gregors unerschütterliches «Gottvertrauen», die «Aufrichtigkeit und Tiefe seiner mystisch gefärbten Frömmigkeit», nennt ihn aber auch, fast im selben Atemzug, «rücksichtslos in seinem Vorgehen bis zur erschreckenden Härte» (Seppelt). Doch das fügt sich bei den Heiligen Vätern ja in aller Regel schönstens zusammen.[15]

8. KAPITEL

KAISER FRIEDRICH II. UND PAPST INNOZENZ IV.

«Diese Anordnungen der Kurie wurden einheitlich von Lyon aus getroffen, wo jetzt die Fäden der kirchlichen Welt zusammenliefen, von Papst Innozenz IV. meisterhaft geknüpft. Hier zeigte sich dieser Papst in der Tat als ein Virtuose ... auch er ein Umformer der Energien, der aus allen geistigen Kräften Stoff zu gewinnen wußte und die Spiritualien in Temporalien umzuwandeln verstand: in politische militärische finanzielle Machtmittel. Die Voraussetzung hierfür war freilich eine vollkommen berechnende skrupellose Verwendung aller vorhandenen Gewalten, und sieht man die Kirche nur als eine politische Macht an, die als solche vor ganz neuartige militärisch-politische Aufgaben gestellt war, dann erscheint der Genuese zweifellos als einer der glänzendsten Politiker auf dem päpstlichen Thron. Denn indem er vollkommen unbedenklich mit dem geistlichen Pfunde wucherte, erschloß er für den Augenblick der Kirche wirklich zahllose neue, noch nie angeschöpfte Quellen. Wie sich Papst Innozenz über jedes Bedenken, jedes nur-geistliche Sentiment hinwegsetzte, um sein einziges Ziel: die Vernichtung des Staufers zu erreichen, hat unbedingt etwas Großartiges.» Ernst H. Kantorowicz[1]

«Dem Rex Tyrannus wurde Friedrich II. allerdings von Tag zu Tag ähnlicher. Er sah, während er vor Parma lag, den hellen Aufruhr in seinem italischen Staat, wo von der Kirche aufgepeitscht alles dem Verrat zutrieb. Wie sollte Friedrich dieser gespenstischen unfaßbaren Geister Herr werden! Dank der Tüchtigkeit seiner Söhne und Statthalter blieb er vorerst noch in den Provinzen siegreich, aber immer schwerer waren die Gegner wirklich zu packen. Florentiner Parmenser Ferraresen Mantuaner und andre kämpften sowohl im Kaiserheer wie auf seiten der Guelfen ...»
Ernst H. Kantorowicz[2]

Die Flucht nach Lyon

Das Kardinalskollegium, gespalten in kaiserfreundliche und kaiserfeindliche Kardinäle, war nach Gregors Hingang tief zerstritten. Keine Gruppe erreichte die vom Dritten Laterankonzil (1179) in der Dekretale «Licet de vitanda» vorgeschriebene Zweidrittelmehrheit. Da sperrte der von Gregor geförderte Senator Matteo Rosso Orsini, Mitglied des dritten Ordens der Minoriten, in Rom jetzt faktisch als Diktator herrschend, die Kardinäle unter zermürbenden Begleiterscheinungen in das Septizonium ein, den verfallenen Palast des Kaisers Septimus Severus. Ein Kardinal bekam beim Hereinschleifen den Rücken aufgerissen; ein Kardinal, der Engländer Robert von Somercote, starb nach einem Monat von den Wächtern verhöhnt unter erbärmlichen Umständen; einige der Herren erkrankten ernstlich; alle mußten mancherlei Übles ertragen, auch den Gestank der Exkremente der Wachsoldaten – das erste Konklave der Geschichte.

Nach 60 Tagen aber, am 25. Oktober 1241, erhielt die Welt einen neuen Papst, den Mailänder Adligen Goffredo da Castiglione, der 1228 als Legat in seiner Vaterstadt die Inquisition eingesetzt hatte. Er nannte sich Coelestin IV., erkrankte jäh, wohl an den Folgen des Konklaves, und starb nach zwei Wochen, am 10. November, ohne geweiht zu sein, ohne Abzeichen, ohne Siegel, ohne eine einzige Amtshandlung, außer der Exkommunikation des Senators Orsini und seiner Schergen. Den «Gesta Treverorum» zufolge endete der Papst, der genaugenommen kaum einer war, jedoch als solcher zählt (vgl. V 477 f.!), «durch Gift. Daher ließen die Kardinäle die heilige Kirche viele Tage ohne Oberhaupt und gleichsam verödet, da sie ein ähnliches Ende befürchteten.»

Ein Teil von ihnen floh nach Anagni. Giovanni Colonna, Haupt der kaiserfreundlichen Purpurträger, wurde vom Senator eingekerkert, seine Stadtburg geschleift. Friedrich entließ zwar den gefangenen Kardinal Otto von St. Nikolaus im Frühjahr 1242, behielt aber Jakob von Palestrina, den er besonders verabscheute, in Haft. So kam es zu keiner Papstwahl. Frankreich drohte bereits mit einem Alleingang. Die Römer stürzten sich, gemeinsam mit einigen Nachbarstädten, auf die kaiserlichen Truppen in der Campagna. Friedrich brandschatzte die Umgebung Roms, verheerte Äcker, Weinberge, stieß im Mai 1243 mit starker Streitmacht auf die Stadt vor und kreiste sie vollständig ein. Doch erst als er Jakob und andere Kardinäle freigab, wählte man nach achtzehnmonatiger Sedisvakanz am 25. Juni 1243 in Anagni den Genuesen Sinibaldo Fieschi aus dem Geschlecht der Grafen von Lavagna.[3]

Innozenz IV. (1243–1254), ein glänzender Jurist, der in Bologna studiert, dann dort gelehrt hatte, wurde nach rascher Karriere durch Gregor IX. Kardinal, Vizekanzler der römischen Kirche und 1235 (bis 1240) Rektor der Mark Ancona, deren Rückgliederung in das Reich den Statthalter vertrieb. Ursprünglich eher kaiserfreundlich – mehrere Mitglieder der Familie waren erklärte Ghibellinen (ein Begriff, der, als Gegensatz zu Guelfen, erst im frühen 13. Jahrhundert in der italienischen Politik eigene Bedeutung gewinnt) –, führte er bald den Endkampf gegen Friedrich II. an, der in ihm, so sagte er, einen Freund als Kardinal verlor und im Papst ihn wiederfand als Feind.

Selbstverständlich wußte sich auch der vierte Innozenz, wie der Vorgänger, allen Königen und Kaisern an Würde übergeordnet und trieb, um dies auch de facto zu verdeutlichen, eine völlig skrupellose Politik. Dabei begünstigte er, gleich so vielen Heiligen Vätern, seine Sippe, frönte er «in nie dagewesenem Ausmaß der Vetternwirtschaft» (Kelly). Der zum Bischof von Reggio gewählte Guizolus de Albriconibus mußte 1243 resignieren, weil der dort ebenfalls gewählte Wilhelm de Foliano ein Papstverwandter war. Ebenso nahm Innozenz Bischof Bernhard Vicius de Scotis das Bistum Parma und gab es Albert von San Vitale, einem Sohn seiner Schwester Margareta. Lieblingsnepote Ottobuono Fieschi wurde Kardinal und später als Hadrian V. Papst, womit die Fieschi in zwei Jahrzehnten zwei Päpste stellten.[4]

Friedrich, der den neuen Pontifex – «in Wort wie Tat uns immer wohlgesinnt», schrieb er, obwohl ihn schon der Name «Innozenz» hätte skeptisch machen können – für einen Vertreter der Friedenspartei im Kardinalskollegium gehalten und deshalb im sizilischen Reich hatte Dankgottesdienste zelebrieren lassen, mußte allmählich seinen Irrtum erkennen. Wurde sein letzter päpstlicher Feind doch in vieler Hinsicht sein schlimmster, geriet er durch ihn in einen derart eskalierenden Konflikt, daß der seit dem Investiturstreit entbrannte Kampf zwischen Imperium und Sacerdotium jetzt kulminierte.

Noch während man über die alten zentralen Punkte stritt, die Lombardenfrage, die Rückgabe gewisser Gebiete des Kirchenstaates, entfachte der fanatische Kaisergegner Kardinal Rainer Capocci, ein glühender Verehrer des von ihm bedichteten hl. Franz und – harmoniert hier gut – besessener Draufgänger zugleich, eine Rebellion im bisher kaiserlichen Viterbo. Es war die Vaterstadt des Kardinals. Und als er sie am 8. September 1243 im Handstreich nahm – nicht das von des Kaisers Truppen weiter gehaltene Kastell – und dieser darauf Viterbo viele Wochen lang vergeblich berannte, war es kein anderer als der Papst, der die Verteidiger mit Geld und Kriegern unterstützte. Und kein andrer als Kardinal Rainer hatte die Viterbesen so verhetzt, daß sie die gänzlich erschöpfte kaiserliche Burgbesatzung bei ihrem Abzug größtenteils meuchelten, obwohl sie ihr freien Abzug geschworen.

Dennoch verhandelte man weiter, wobei der Kaiser zu Kreuz kroch, seine Versündigung gegen die Kirche bekannte, dafür nicht nur Buße, Fasten, Almosen, sondern dem Papst auch Soldaten versprach, Räumung des Kirchenstaates, Rückgabe von eroberten Orten, von Gefangenen u. a. «Den ganzen Gewinn von fünf Kriegsjahren gab er preis und bezahlte den Rückzug in die Ausgangsstellung noch dazu mit bedingungsloser Unterwerfung unter die geistliche Strafgewalt der Kirche» (Haller).

Gewiß hatte Friedrich, der für all seine Verzichte faktisch so gut wie nichts bekam, seine Hintergedanken. Doch auch Innozenz, geschmeidig und eiskalt wie kaum einer, hatte sie, und er war gefährlicher. Denn er ging aufs Ganze; er wollte seinen Widerpart um jeden Preis verderben, wollte ihn vernichten, auch physisch und persönlich, total.

So unterblieb eine vom Kaiser angeregte Zusammenkunft. Führte der Papst doch bloß noch Scheinverhandlungen, ein inszeniertes ergebnisloses Hin und Her. Er empfing Friedrichs Boten, schickte seinerseits Gesandte, Kaiser Balduin, den Grafen Raimund, er sorgte für Verzögerungen und bestellte durch einen Vetter bereits Galeeren aus Genua für seine Flucht. Um nämlich jeder direkten Bedrohung, einer Einschließung etwa wie zu Gregors Zeiten zu entrinnen und um einer sicheren Operationsbasis willen, eilte er im Sommer 1244 in der Nacht und verkleidet mit geringem Gefolge, darunter drei seiner Vettern, von Sutri nach Civitavecchia ans Meer, dann mit bereitliegenden Schiffen nach Genua, in seine Vaterstadt, und von dort im Spätherbst und Winter weiter nach Lyon, zwar noch Reichsgebiet, doch bereits im Einflußbereich des französischen Königs, der sich allerdings der Bitte um Hilfe versagte. Jedenfalls eine überaus wichtige Entscheidung, eine Art Avignon vor Avignon. Und daß das kuriale Gewerbe auch fern von Rom funktionierte, daß Innozenz IV. auch von der Rhône aus Macht genug hatte, seinem Feind zu widerstehen, ja das Staufertum schließlich niederzuringen, kaputtzumachen, sollte sich bald zeigen.[5]

Das Konzil von Lyon, die Lügen des Kardinals und die Absetzung des Kaisers

Zunächst berief der Papst am 3. Januar, den vier Jahre zuvor durch Friedrich brutal verhinderten Konzilsplan Gregors IX. (S. 249 f.) wiederaufgreifend, das I. Konzil von Lyon auf den 24. Juni 1245 ein, und zwei Tage danach trat es zusammen. Mit höchstens 150 Bischöfen kärglich besucht, kamen die meisten aus den romanischen Ländern, fünf aus England, zwei aus Deutschland (aus Lüttich und

Prag); niemand erschien aus Ungarn, Polen, den Ostseeländern. Und überhäuften auch viele den geldgierigen Papst mit Geschenken – es hätte, soll er dezent bekundet haben, mehr sein können; beliefen sich die hausgemachten Schulden doch angeblich auf 150 000 Pfund an Kapital und ebensoviel an anstehenden Zinsen.

Von den Hauptpunkten, die das Konzil nach papaler Vorgabe thematisierte – innerkirchliche Reform (u. a. der Vermögensverwaltung), Schisma der Griechen, Wiedergewinnung des Heiligen Grabes, Schutz gegen erneute Mongoleneinfälle –, bildete das beherrschende Thema auf allen drei Sitzungen das «Geschäft zwischen Kirche und Kaiser», die «persecutio» durch den Monarchen, der zwar formlos, in einer Predigt, vom Papst geladen, doch nicht gekommen war, da er nicht als Angeklagter vor ein ihm überdies feindseliges Pfaffengericht treten konnte.

Friedrich hatte nur kurz zuvor zwei Wochen lang das Land um Viterbo verheert, vielleicht auch kuriales Gebiet geringfügig verletzt. Doch aus mehr beiläufigen Streifzügen und eher belanglosen Übergriffen machte der als Vertreter des Papstes in Italien gebliebene Kardinal Rainer von Viterbo, der wilde, streitsüchtige Priester, der nichts als Krieg, unter allen Umständen Krieg mit dem Kaiser wollte, geradezu Staatsaktionen, furchtbare Paktbrüche. Er schickte haßsprühende, maßlos übertriebene Berichte an Innozenz, an die Konzilsväter in Lyon, gift- und gallespeiende, Vorgänger Gregors große Schule verratende Flugschriften, in denen der Kaiser zu einer Schreckgestalt, systematisch zum Vorläufer des Antichrists, wenn nicht zum Antichrist selbst heraus- oder besser heruntergeputzt wurde, zu einem Monstrum, einem Moloch von Rainer Capoccis Gnaden. Alle apokalyptischen Terrorfratzen, Horrorvisionen, Unheilsprophetien spann der Kardinal in seine dreisten Verzerrungen hinein, und alles um so effizienter, als man den Antichrist gerade für das Jahr 1260 erwartet hat.

Auch sparte er mit keinen Lügen, mit den aberwitzigsten nicht; behauptete, daß man in den Sarazenenkolonien des Kaisers christliche Frauen und Mädchen mit Vorliebe vor den Altären stupriere, daß Friedrich seine drei Gattinnen vergiftet habe. Er eifert und geifert, daß der Staufer gegen den Herrn anrenne «mit dem aufgestellten Halse des Stolzes wie mit dem breiten Nacken des Reichtums und der Macht», daß er im Tempel des Herrn sitze, «wie der Herr selbst», «als wär er Gott selbst», daß er die Menschen «schlachtete wie die Lämmer» (woran ja Wahres war), daß er hündischer als Herodes, grausamer als Nero, gemeiner als Julian sei ...», er, «der Tyrannei Fürst, der Umstülper des kirchlichen Glaubens und Kultes, der Vernichter der Satzung, der Grausamkeit Meister, der Zeiten Verwandler, der Verwirrer des Erdrunds und Hammer der ganzen Erde ... Habt kein Mitleid mit dem Ruchlosen! Werft ihn zu Boden vor der Könige Antlitz, daß sie ihn sehen und fürchten, im Handeln diesem zu folgen! Werft ihn hinaus aus dem Heiligtum Gottes, daß er nicht länger herrsche über das christliche Volk! Vernichtet Namen und Leib, Sproß und Samen dieses Babyloniers! Die Barmherzigkeit möge seiner vergessen ...!»

Die in Lyon Versammelten, denen diese wutschnaubenden Auslassungen ja zugedacht waren, hatten dafür meist offene Ohren, zumal sie wußten, wie willkommen all das auch dem Papst sein mußte. Friedrich sandte unterdessen neue Friedensvorschläge an die Rhône, wo ihn Thaddäus von Suessa, sein Großhofrichter, unerschrocken und geschickt, doch aussichtslos verteidigte. Der Kaiser wurde, was von vornherein feststand, von der Mehrheit als schuldig verdammt, wurde des Meineids, Sakrilegs, des Friedensbruchs und der «Ketzerei» angeklagt und am 17. Juli 1245 für abgesetzt erklärt (privans ipsum omni honore et imperio et aliis regnis suis: MGH Const. 2,516). Während die Priester ihre Fackeln auf dem Steinboden löschten, schlug sich Thaddäus tränenreich die Brust und verließ samt Gefährten die Kathedrale, das auftönende Tedeum der Prälaten im Ohr.

Auch Friedrichs Untertanen wurden des Treueids entbunden und die deutschen Großen angehalten, einen neuen König zu wählen, ohne daß jedoch damals, weithin kritisiert, eine Abstimmung stattfand. Innozenz entschied wie ein unumschränkter Souverän, und die Synodalen fügten sich. Eigentliche Beweise für die papalen Bezichtigungen gab es kaum, und vor allem fehlte, wie Johannes Haller breit ausführt, der Nachweis schuldhaften Handelns, entsprach die päpstliche Sentenz den Anforderungen, die man an ein richterliches

Urteil stellen muß, in keiner Hinsicht, «ja wir dürfen fragen, ob jemals ein Aktenstück von ähnlicher Tragweite in so oberflächlicher, nicht zu sagen leichtfertiger Weise abgefaßt worden ist.»

Doch war das Papstverdikt nicht nur ein Fehlspruch, es war auch eine Kriegserklärung und mehr als das. Denn damit hatte Rom den Endkampf zwischen Papst und Kaiser eingeleitet. Es ging jetzt nicht mehr nur um Sicherung des Kirchenstaates, sondern um die Ausschaltung Friedrichs und seines Hauses überhaupt. Es war der Anfang vom Ende der Stauferdynastie.[6]

Zwei päpstliche Gegenkönige in Deutschland und ein neuer Bürgerkrieg

Fatal für Friedrich und ein Glücksfall für den Papst: der beginnende Umschwung in der deutschen Kirche. Sie stand nicht mehr, wie noch unter Gregor IX., geschlossen zum Kaiser, vielmehr scherten gerade die drei prominentesten Prälaten aus, allen voran der herrschsüchtige Mainzer Siegfried III. von Eppstein, Neffe seines Vorgängers – das Haus Eppstein brachte damals in einem Jahrhundert vier Erzbischöfe auf den Mainzer Stuhl. Siegfried, seit 1230 Platzhalter, bekam vom Kaiser die Reichsabtei Lorsch übertragen und wurde 1237, als man vor dem Aufbruch nach Italien den minderjährigen Konrad IV. in Wien zum deutschen König und künftigen Kaiser wählte, zum procurator imperii (Reichsverweser) bestimmt. 1241 aber wechselte der Mainzer aus purem territorialpolitischem Kalkül plötzlich ins antistaufische Lager über.

Freilich haben, wie so oft, auch in jenem Jahrzehnt fast alle deutschen Fürsten die Front vertauscht, manche mehrfach, und es nicht bereuen müssen. Denn gleich vielen seiner Vorgänger war auch Innozenz IV. bekannt für seine Bestechungen, für solche mit barem Geld, für dezentere Methoden der Käuflichkeit, Verleihung von geistlichen Gnaden, von Annaten, Prälaturen, Abteien, Bistümern. «In diesen nie zu erschöpfenden Sack hat Innozenz unbedenklich gegriffen und mit vollen Händen Dispense, Verleihungen und Anwartschaften ausgestreut, wo immer es galt, geleistete Dienste zu belohnen oder sich künftige zu sichern.» Auch Verwandte der geistlichen Herren wurden entsprechend bedacht.

Der Mainzer Metropolit aber durfte gleich fünf Jahre lang von sämtlichen Pfründen seines Bistums die doppelte Abgabe beziehen. Und trat jetzt an die Seite Konrads von Hochstaden, der schon 1239, ein Jahr nach seiner Erhebung auf den Kölner Stuhl, zur päpstlichen Partei gewechselt war. Beide Erzbischöfe bannten den Kaiser und überfielen sengend, brennend die Wetterau, sein Gebiet. Und Dritter im frommen Bund wurde Arnold II. von Trier, seit 1242 Nachfolger seines Onkels Theoderich.[7]

Die drei vornehmsten Kirchenfürsten des Reiches, die «Krönungsbischöfe», waren damit zu Innozenz übergegangen, der sofort mit ihrer Hilfe in Deutschland den Umsturz betrieb, indem er besonders den staufertreuen Klerus, bis herab zum niedersten, zum weitaus größten Teil stauferfreundlichen, zu spalten und zu zersetzen begann, kaiserergebene Domherrn schlicht degradiert, Bischöfe, falls möglich, entfernt hat. In solche Prozesse waren Oberhirten dutzendweise verstrickt, von Brixen bis Bremen, von Utrecht bis Prag.

Schneller als gedacht, geriet so die deutsche Kirche nach dem Konzil von Lyon wieder in die Hand des Papstes, der jede freie Kapitelwahl verboten, der nicht nur die Bischöfe ernannt, sondern noch die Berufung der unteren Klerisei kontrolliert hat, wobei Geld, die Simonie, eine enorme Rolle spielte. Überhaupt: «kein kanonisches Gebot, von dem Innozenz IV. nicht Dispens erteilt, kein Kirchengesetz, das er nicht umgangen, kein kirchliches Vergehen, das er den Seinen nicht nachgesehen hätte, wenn es ihm für den Kampf gegen den – oder genauer: *die* Staufer nützlich schien. Um Anhänger zu werben, begann der Papst die Kirchengüter auszugeben wie ein souveräner Fürst seine Lehen: wer ihm einen Dienst erwies, empfing etwa eine Anweisung – ‹Zahlungsanweisung› möchte man sagen – auf die erste erledigte Prälatur oder Pfründe, die frei wurde, gleichgültig in welchem Lande sie lag. Es konnten also Spanier in England und Deutschland eine Kirche oder vor allem: deren Einkünfte erhalten, und die meisten Benefizien im Ausland erhielten naturgemäß die Italiener, die der Papst für die unmittelbare Kriegführung gegen den Kaiser selbst benötigte. Vielfach haben diese Italiener ihre Pfarren niemals gesehen, da es ja nur auf die Einkünfte ankam, und die Pfründenanhäufung, welche kanonischen Satzungen von jeher aufs strengste zuwiderlief, wurde jetzt eines der bevorzugten Mittel des Papstes, um sich Anhänger zu schaffen oder sie fester an sich zu ketten. Die Fünften, Zehnten, Zwanzigsten, die der Papst ausschrieb, nahmen kein Ende ...» (Kantorowicz)[8]

All dies aber trieb, wie in Italien, so auch in Deutschland, erneut in einen jahrelangen Bürgerkrieg hinein. Dabei kämpften vor allem die Städte – Mainz, Frankfurt, Friedberg, Wetzlar, Gelnhausen, ganz besonders das eine eigene Kriegsflotte stellende Worms – gegen die rheinischen Bischöfe auf seiten der Staufer, die dafür Zollfreiheit gewährten, Steuererleichterungen etc., ja, wobei Konrad IV. noch die Jagd auf Juden in Geld ummünzte, indem er hohe Summen für ihren Schutz oder ihren Freikauf erpreßte. Auf der anderen Seite nutzte zumal der Hochadel, wie gewöhnlich im Casus belli, diesen zu seiner persönlichen Bereicherung, zum dreckigen Kriegsgewinn, feiner: zum Ausbau der Landesherrschaft, zur Arrondierung und Konsolidierung des Besitzes.

Fortgesetzt begleiteten das Elend heftige publizistische Kampagnen, bei denen Innozenz allüberall – an Sonn- und Feiertagen, wo das Volk sich sammelte, bei Prozessionen, auf Märkten – die Strafen verkünden ließ, das Absetzungsdekret, die Bannsentenzen, die er über Friedrich, den bösen Feind, den Verfolger, Zerfetzer des Glaubens, samt Anhang geschleudert. Seine Propagandisten, vor allem die in Scharen ausgeschickten Bettelmönche, malten das Bild des Kaisers schwarz in schwarz, teils aus eigenem pfäffischem Ingenium, teils aber und bevorzugt mittels der wutschäumenden Pamphlete des Kardinals Rainer Capocci von Viterbo. Und nach jeder Predigt riefen sie befehlsgemäß die Menge auf, gegen Friedrich das Kreuz zu nehmen, wobei Innozenz schon für das Anhören einer antikaiserlichen Kreuzpredigt einen vierzig- bis fünfzigtägigen Ablaß verlieh.

Besonders besorgte das Geschäft des Heiligen Vaters der Legat

Philipp Fontana, ein überaus würdiger, in manchem an den Kardinal Capocci erinnernder Mann. War er ja wie dieser ein inniger Verehrer des hl. Franz und harter Haudegen zugleich; außerdem ein Säufer, der immerhin mit zwei Kindern, einem Sohn, einer Tochter, sich gebrüstet und noch nach seiner Erhebung auf den Erzstuhl von Ravenna die Bischofsweihe verschmäht hat. Philipp Fontana stellte jetzt den Thüringer Landgrafen Heinrich Raspe – noch 1239 für seine Staufertreue gebannt, noch 1241 von dem ihm blutsverwandten Kaiser durch Amt und Titel des Reichsprokurators geehrt, nun aber vom Papst favorisiert – als Gegenkönig auf.

Heinrich entstammte einem Haus, bekannt für seinen besonderen Machthunger, für die eifrige Förderung der Inquisition, zumal des Konrad von Marburg, und für eine devote Kirchlichkeit. So wurde der Landgraf am 22. Mai 1246 in Veitshöchheim bei Würzburg von einem kleinen Prälatenkreis, darunter die Metropoliten von Mainz und Köln, auf Weisung des Papstes, der dem zunächst Zögernden 25 000 Mark Silber für die Annahme der Krone zahlte, im Beisein seines Legaten als antistaufischer Gegenkönig gewählt – rex clericorum, der Pfaffenkönig, wie man von Anfang an spöttelte, worauf Innozenz auch zur Fortsetzung des Krieges noch beträchtliche Geldmittel springen ließ.

Außer den Prälaten standen nur einige Grafen und Herren an der Seite der geistlichen Empörer, doch kein einziger weltlicher deutscher Fürst, von denen freilich auch keiner Friedrich stützte, fast ein Fremder für sie, ein italienischer Kaiser. Heinrich Raspe aber, den Pfaffenkönig, lehnte selbst die Majorität des Klerus ab. Der Legat belegte deshalb eine Reihe von Äbten und mehr als ein Dutzend Bischöfe mit schweren Kirchenstrafen.[9]

Schon einen Monat nach der Wahl, am 27. Juni 1246, rief Innozenz IV. zum Kreuzzug gegen Friedrich auf, wobei er die Propaganda für das Heilige Land durch einen Geheimbefehl einstellen, die Predigt zur Befreiung der heiligen Stätten strengstens untersagen und ältere Kreuzzugsgelübde transformieren ließ in solche für die Bekämpfung des Kaisers. Und dies, obwohl Ludwig der Heilige seinen traditionellen, seinen Kreuzzug sozusagen alten Stils schon vorbereitet hat.

Am 5. August 1246 wurde Konrad in der «Königsschlacht» bei Frankfurt geschlagen und konnte sich selbst gerade noch hinter die Stadtmauer retten, was allerdings nur durch Verrat möglich war, ein weiteres Missionswerk gleichsam des Papstes. Hatte er doch von Lyon aus die schwäbischen Grafen von Wirtemberg und Grüningen durch Versprechung des Herzogtums sowie durch erhebliche Gelder, 6000 Mark, gekauft; also gingen die Herren mit ihren Truppen während der Schlacht zum Feind über und brachten ihm den Sieg. Natürlich wurde auch für weitere Kriege des Gegenkönigs und seines Nachfolgers mit kurialem Kapital geworben, die Soldateska ausgerüstet, überhaupt der ganze Feldzug gegen die Staufer in Deutschland vor allem mit Geld gewonnen. Innozenz soll immer größere Summen, 15 000, 25 000, 50 000 Mark investiert, Friedrichs Leute allerdings die Überbringer gelegentlich überfallen und ausgeraubt haben.[10]

Heinrich Raspe konnte sich indes nicht lange seines Waffenglücks erfreuen. Er drang noch bis Schwaben, ins staufische Zentrum vor, mußte aber die Belagerung Ulms im Februar ergebnislos abbrechen. Schwer erkrankt kam er nach Thüringen zurück, wo er, nach nur neunmonatiger Herrschaft, als letzter männlicher Vertreter der thüringischen Landgrafen, am 16. Februar 1247 auf der Wartburg starb. Doch schon bald setzte ein neuer Papstlegat das alte Spiel mit einem weiteren Pfaffenkönig fort, wobei man freilich nicht vergessen darf, daß auch die Seelenhirten seinerzeit über Truppen und ungezählte Burgen geboten und der Stellvertreter Christi von ihnen, wie von Vasallen, Heeresfolge, falls nötig, sogar gewaltsam, herbeizuführen suchte.

Am 3. Oktober 1247 wählte somit erneut ein Gremium von Gottesdienern, darunter die Erzbischöfe von Trier, Mainz, Köln, Bremen, im rheinischen Worringen für Heinrich Raspe einen Nachfolger: den achtzehnjährigen Grafen Wilhelm II. von Holland; besonders gefördert von dem spiritus rector der Wahl, den Wilhelm am 1. November 1248 in Aachen krönenden Kölner Erzbischof Konrad von Hochstaden (1238–1261), aus dem Geschlecht der Grafen Are, einem der mächtigsten Deutschen.

Konrads ganzer Episkopat war gezeichnet von Territorialkonflikten: Kämpfen mit seinen regionalen, seinen westfälischen, rheinischen Gegnern, seinen eigenen Diözesanen, Fehden über Fehden, Fehden mit Limburg, mit Sayn, Brabant, Jülich, Bayern, mit dem Bischof Simon von Paderborn. Ja, der Mann Gottes, der Wilhelm von Holland vor einigen Jahren gewählt und in Aachen gekrönt hatte, machte auf ihn, da er ihm zu unbequem, zu selbständig wurde, einen Mordanschlag. Im Januar 1255 ließ er das Neußer Haus, in dem Wilhelm und der päpstliche Legat gerade weilten, in Flammen aufgehn, wobei beide dem Attentat nur knapp entrannen. War doch auch unlängst erst, im Oktober 1252, der König in Koblenz einem Überfall entkommen, dem viele seines Gefolges erlagen. Als Anstifter verklagte Wilhelm damals – den Erzbischof von Trier. Doch trat – der Erzbischof von Köln für ihn ein. Und dieser wilde Krieger, dieser «Blutmensch», unter seinesgleichen begraben im Kölner Dom, war zeitweise Legat des Papstes, Werkzeug des Papstes, wie auch der Gegenkönig Werkzeug des diesmal 30 000 Mark zum edlen Tun opfernden Pontifex war, der alles tat, die staufische «Vipernbrut» auszurotten.

Unter solch christlichen Brüdern konnte Wilhelm seine Position am Niederrhein nur mühsam festigen, nur da und dort staufertreue Städte gewinnen, Überläufer, Verbündete durch Reichsgut, durch Geldversprechen an sich ziehen oder Dörfer, Klöster, Besitzungen des Gegners ausplündern und niederbrennen. Für entscheidende Aktionen reichten seine Kräfte nicht, gewiß auch nicht die seines Gegners. Erst seit des Kaisers Tod und Konrads IV. Abzug nach Italien, um kurz vorauszublicken, konnte Wilhelm, gestützt auf päpstliches Gold, einige Erfolge verbuchen. Doch, wie Konrad, starb auch er früh und unerwartet. Mit 28 Jahren, am 28. Januar 1256, versank er nahe Alkmaar auf einem Winterfeldzug gegen die Westfriesen unerkannt samt Pferd in einem Sumpf.[11]

Parma – Friedrichs II. grösste Niederlage

Schlimmer als in Deutschland tobte in Italien der Bürgerkrieg, wo zwar die Gegenkönige keine Rolle spielten, aber der Endkampf zwischen Kaiser und Papst sich entscheiden mußte. «Und so herrschte ein überaus heftiger Krieg in jenen Zeiten, der viele Jahre dauerte; und man konnte weder pflügen noch säen, noch ernten, noch Weinbau treiben, noch Weinlese halten, noch auf den Villen wohnen. So vor allem in Parma, Reggio, Modena und Cremona.» Dazu nahmen Straßenräuber, Diebe, Plünderer überhand, die «die Leute einfingen und in den Kerker warfen, damit sie sich für Geld loskauften, und die Ochsen wegtrieben, um sie zu verzehren oder zu verkaufen. Und wenn jene sich nicht loskauften, so hingen sie sie an Händen und Füßen auf, rissen sie ihnen die Zähne aus und steckten ihnen Kröten in den Mund, um sie zu schnellerem Loskauf zu zwingen – was für jene ekliger und scheußlicher war, als der Tod selbst» (Salimbene von Parma).[12]

Friedrich hatte zuletzt stark gerüstet. Städte konnten gehalten, konnten erobert werden, Florenz fiel an den Kaiser, endlich auch das lang umkämpfte Viterbo. Dagegen war Mailand im Herbst 1245 von dem päpstlichen Legaten Gregor von Montelongo, später Patriarch von Aquileja, versiert verteidigt, trotz eines Zangenangriffs im Norden und Süden zugleich nicht zu nehmen gewesen. «Denn er [der Papstlegat] war ein hochgemuter Mann und erprobt im Kriege, und besaß ein Buch über die Kunst und die Listen der Kriegführung; er verstand Schlachten und Kriege zu leiten und kannte trefflich alle Listen und Ränke. Er wußte, wann man Ruhe halten, wann gegen den Feind losbrechen sollte», wonach Salimbene viele Bibelstellen über die richtige Erkenntnis des Augenblicks und die sogenannte Kriegskunst folgen läßt.

Mitte Juni 1247 ging auch das kaiserliche Parma, strategisch hochbedeutsam, an die Guelfen verloren. Aus Parma verjagte Papstverwandte gewannen die Stadt zurück, worauf sich die Guelfen fast ganz Italiens erhoben, und alle noch so großen persönlichen Anstrengungen Friedrichs, Parma, durch Gregor von Montelongo wieder so verwegen wie trickreich verteidigt, zu gewinnen, blieben erfolglos. Das mag des Staufers Wut gesteigert haben. Er ließ ertränken, erhängen, enthaupten. «Der Kaiser», berichtet wieder der selbst aus Parmas reicher bürgerlicher Oberschicht stammende Franziskaner Salimbene in seiner umfangreichen, als historische Quelle ersten Ranges geltenden «Cronica», «erschien allmorgendlich mit den Seinen am Kiesbett der Parma, um dort drei oder vier oder mehr Parmesen, Modenesen oder Reggianer, die zur Partei der Kirche gehörten und die er gefangen hielt, wie es ihm gut schien, köpfen zu lassen; und zwar vor den Augen der Parmesen in der Stadt, damit er ihnen dadurch Trübsal bereite.»

Bei einem Überraschungsangriff der Belagerten aber erlitt Friedrich eine schwere Schlappe.

Er hatte zu Beginn des Winters vor Parma eine Lagerstadt errichten lassen, die er, seinen Sieg antizipierend, «Victoria» nannte. Nach der Einnahme Parmas sollte die alte Stadt ganz und gar verschwinden und bloß noch Victoria blühen und gedeihen. Doch am 18. Februar 1248, als das Lager durch diverse Verrichtungen von mehreren Heeresteilen entblößt, Friedrich selbst wie üblich auf der Jagd war (vgl. V 28 ff.), machten die Parmenser, von der verlockenden Lage durch Spione informiert, erst einen erfolgreichen Schein-, dann einen erfolgreichen wirklichen Ausfall, steckten Victoria in Brand, schlachteten fünfzehnhundert Kaiserliche ab, darunter Großhofrichter Thaddäus von Suessa und andere Prominenz, nahmen dreitausend Leute gefangen und erbeuteten den gesamten Staatsschatz, wodurch Friedrich in eine bemerkenswerte Geldknappheit geriet.

Man hat dies die schwerste Niederlage seines Lebens genannt. Doch war es nicht nur ein beträchtlicher Verlust an Menschen, an wertvollstem Kriegsmaterial, an Geld, es war auch ein immenser Verlust an Ansehen in der Welt.

«... DIE UNNAHBAR ADLIGE HALTUNG»

Friedrich glitt nun eher in die Rolle des Verteidigers. Weithin in Italien erhoben sich Rebellen, Abtrünnige, mehrten sich die Aufstände, Kriegsschauplätze, die Gefechte, wirkten die Wühlereien des Papstes, begann ein Kampf aller gegen alle auf Jahrzehnte.

Manche, die sich erst kürzlich dem Monarchen unterwarfen, fielen wieder ab, wie Markgraf Bonifaz von Montferrat, der Turin eroberte, durch den Kaiserenkel Friedrich aber wieder aus der Stadt geworfen wurde. Kaisersohn Graf Richard von Theate schlug ein päpstliches Heer bei Interamma; ein weiteres unter dem Legaten Bischof Marcellin von Arezzo wurde südlich von Ancona vernichtet, viertausend Päpstliche blieben auf der Strecke. Gewaltig gärte es in der Toskana, in Florenz tobten Straßenschlachten. Italien wurde von der Kirche aufgehetzt, überall ringsum Verrat gesponnen. Der Kaiser rang um seine Herrschaft, die zur Schreckensherrschaft geriet, der Rex Tyrannus wehrte sich seiner Haut. Dabei wuchsen sein Mißtrauen, seine Strenge, seine Repressalien, seine Grausamkeit.

Gewiß war Friedrich II. schon früher fast jeder Härte fähig – auch wenn sein vielleicht bester Biograph Ernst H. Kantorowicz ihm ein nie sinnloses Wüten und Richten zugute hält, gar «die stolze freie Caesarengeste» preist, «die unnahbar adlige Haltung» (was heißt das überhaupt bei der Haltung, die wir unentwegt vom Adel eingenommen sehen!) «und die immer erhabene Würde, die sich niemals gemein machte ... die Fassung, die Form des römischen christlichen Caesar.» Wo war denn all dies, als er dem Sarazenenemir, eh er ihn nebst Söhnen hängen ließ, noch durch einen Fußtritt mit dem Sporn die Seite aufriß? Als er den eigenen Sohn jahrelang in seine schlimmen süditalischen Kerker steckte und darin krepieren ließ?

Haufenweise und systematisch exilierte er Verdächtige, nahm er Geiseln, die, in seinen apulischen Verliesen festgesetzt, bei geringster Veranlassung liquidiert worden sind. Wer Papstbriefe zeigte, wurde um Hände und Füße gebracht, wer als Nicht-Kaiserlicher Waffen trug, kurzerhand gehängt. Die Folter, bisher im Reich Sizilien ziemlich eingeschränkt, kam in Gang. Einen suspekten sizilischen Franziskanerprokurator setzte der Kaiser achtzehn verschiedenen Torturen aus. Einen verdächtigten Adligen ließ er mit einem Mühlstein um den Hals ins Meer versenken; den Bischof Marcellin von Arezzo erst einkerkern, darauf hängen, was große Erregung hervorrief und Kardinal Rainer Capocci, kurz bevor er selber starb, noch zu wahrhaft atemberaubenden Greuelmärchen inspirierte, denen dann durch das Bischofsgebein auch Wunder über Wunder folgten. Toskanische Guelfen, die sich schon bald ergaben, ließ Friedrich teils hängen, teils geblendet und verstümmelt im Meer ersäufen, hundert Verschwörer in Reggio durch König Enzio öffentlich köpfen und, durch denselben, dreihundert Mantuaner und Ferraresen, die den halbverhungerten Parmensern Fourage bringen wollten, links und rechts des Po aufknüpfen.[13]

Er bekam Parma dennoch nicht. Und wie Parma, wie Mailand, hielt auch Rom, von Friedrich umworben, fest zu Innozenz. Und der gute Heilige Vater hätte dem Land all die blutigen Aktionen für sein Leben gern erspart durch eine einzige blutige Aktion – die Ermordung des Kaisers.

Mordanschläge auf den Kaiser und ungeheurer Papstjubel über seinen Tod

Ob der Plan auf Innozenz allein zurückgeht, läßt sich nicht erweisen, aber intensiv beteiligt, herausragender Komplotteur ist er gewesen. Das blutige Vorhaben, der Anschlag auf das Leben Friedrichs wurde «vom Papst angezettelt» (Kantorowicz), «von päpstlicher Seite angezettelt» (Lexikon des Mittelalters).

Den ersten Wink auf die weitverzweigte Verschwörung bekam man im September 1245 aus dem Kloster Fontevivo, ein schöner Name angesichts der Sache, durch die Entdeckung einiger konspirativer Papiere über die geplante Liquidierung des Kaisers und König Enzios von Sardinien, Friedrichs (außerehelichen) Lieblingssohnes, der vor allem als Heerführer in Italien tätig war. Das Kloster

Fontevivo lag nächst Parma, und nach Parma wiesen im folgenden Winter auch die weiteren Spuren, genauer zu der Sippe des Innozenz.

Anstifter der Revolte, an deren Spitze einige der höchsten Würdenträger, Provinzgouverneure und nächsten Vertrauten Friedrichs, auch der Podestà von Parma, Tibald Franziskus, standen, war Bernardo Orlando di Rossi, der Schwager des Papstes; gefördert wurde das Projekt von den in Italien verbliebenen Kardinälen. Doch im letzten Moment, Ende März 1246, einen Tag vor Ausführung des Komplotts bei einem Gastmahl in Grosseto am Südrand der Toskana, warnte Friedrich ein Kurier des Grafen Richard von Caserta, seines Schwiegersohnes. Die Rädelsführer konnten sich noch drei Monate in der kaiserlichen Burg Capaccio halten, dann ließ sie Friedrich, «in schleuniger Rache», furchtbar verstümmelt, überall zur Schau stellen und unter martialischen Torturen töten.

Die Attentäter, so unterrichtet er selbst Alfons, den ältesten Sohn Ferdinands III. von Kastilien und späteren deutschen König, wurden ihrer Augen beraubt, an Pferdeschwänzen über die Erde geschleift, aufgehängt, in Ledersäcken, zusammen mit Giftschlangen eingenäht, ins Meer geworfen, ins Feuer. Sogar zur Sippenhaftung schritt der Souverän. Wer mit den Verschwörern auch nur im vierten oder fünften Grad verwandt war, sollte geblendet werden und verbrannt. Ergo flogen in Neapel auch zwei Schwestern eines Herrn Perri samt anderen ins Feuer. Nur Tibald Franziskus, allgemein als Rebellenhaupt angesehen, sollte nicht sterben, sollte mit ausgerissenen Augen und verstümmelt durch die Welt geschleppt, vor Völker und Fürsten geführt werden, auf der Stirn befestigt eine bei den Frevlern entdeckte päpstliche Bulle, um jedermann gleich den Inspirator des ausgedachten Stücks zu signalisieren.

So «bewahrte», schreibt der Kaiser am 25. April 1246 seinem Sohn Enzio, «Unsere Unschuld der Herr vor ihren Händen».

Nun bewahrte Friedrichs II. Unschuld der Herr immer wieder vor irgendwelchen Händen. Nicht so selten werden Fälle von großer Krudelität tradiert. Bei Majestätsbeleidigungen ließ er an Angeklagten, so bekennt er selbst, erst «nach vielen schweren Foltern die Todesstrafe vollziehen», zumal der unschuldige Fürst mit geradezu augustinischer Theo-Logik überzeugt war, es sei «*ein Zeichen der Milde, in der Bestrafung derartiger Verbrechen grausam zu sein*».

Innozenz IV. hat seine Mitwisserschaft nie geleugnet, hat vielmehr nach Rom entwichene Rädelsführer gedeckt. Auch ist er nicht der einzige eng in ein Mordvorhaben großen Stils involvierte Papst. Gregor XIII., der seinem «natürlichen» Sprößling Giacomo eine Grafschaft und ein Herzogtum gekauft («Sein Leben als Papst blieb schlicht und würdig»: Lexikon für Theologie und Kirche), der öffentlich in Rom das Blutbad der Bartholomäusnacht überschwenglich gepriesen, gefeiert hat, er billigte auch den Plan zur Ermordung Königin Elisabeths I. von England und unterstützte ihn persönlich – alles «schlicht und würdig».

Was Friedrich II. angeht, war die ausgedehnte Aktion vom März 1246 nicht der einzige Anschlag auf sein Leben. Nur wenige Jahre später versuchte auch sein Leibarzt einen Giftmord und wurde gehängt. Und auch dieses heimtückische Projekt führte über Parma zum Papst. Denn der in Parma gefangene, von Friedrich hochgeschätzte Leibarzt war von ihm ausgelöst, zuvor jedoch durch den dortigen Papstlegaten für die Beseitigung des Kaisers gewonnen worden. Ob dagegen Petrus de Vinea, Friedrichs einflußreichster Rat, Verfasser vieler glanzvoller, gerade auch ihrer antipäpstlichen Tendenz wegen bis in die Zeit der Reformation, der Aufklärung stark fortwirkender Briefe und Manifeste des Kaisers, mit dem Mordversuch zu tun hat, ist unklar und unerwiesen. Der Monarch ließ Petrus im Februar 1249 verhaften, ins Verlies der Reichsburg San Miniato werfen und Ende April wegen Verrat und Bestechlichkeit blenden. Möglicherweise hatte er geheime Kontakte zum Papst, möglicherweise starb er darauf durch Selbstmord, indem er, wie einige Quellen überliefern, an der Kerkerwand seinen Kopf einrannte. Wie auch immer, bei dem Attentatsversuch des kaiserlichen Leibarztes war «eindeutig die päpstliche Kurie der Urheber; es gibt hier keine Beschönigung und keine Entschuldigung» (Heinisch).

«Seht, der Herr Papst», schrieb Friedrich selbst, «den das Reich unter Meinen großen Vorgängern aus dem Nichts erhoben und reich gemacht hat, sucht dasselbe Reich zu vertilgen und Mir, dem Lenker des wankenden Reiches, den Untergang zu bereiten.» Offen klagt er Innozenz an, «um verschwenderischen Sold im Herzen Unserer Hofhaltung Verschwörer zu Unserer Ermordung» gekauft zu haben, während die päpstliche Seite verbreitete, der Kaiser habe «die Ermordung des Papstes ins Werk gesetzt».

Friedrich aber verkündete im Frühjahr 1249 in einem Manifest an die Könige und Völker einmal mehr «die furchtbarste, in aller Welt unerhörte Niedertracht»: «Kürzlich nämlich – Wir sagen es voll Bestürzung, und noch die Mitteilung macht Uns bestürzt – hat dieser Priester, dieser große Hüter, der friedfertige Lenker Unseres Glaubens, nicht zufrieden mit den zahllosen Anschlägen und ehrlosen Aufwiegelungen, mit denen er, wie alle Welt sieht, über die Regel seines Standes hinaus, ja selbst gegen Gott in Wort und Werk Uns überall öffentlich anfeindet, versucht – welche Schande! – durch geheime Anschläge Unser Leben zu vernichten. Und mit Unserem Leibarzt, der seinerzeit in Parma eingekerkert war, hat er durch seinen Legaten, der bei einer derartigen Verhandlung als Vermittler auftrat, unmenschlich und ruchlos ausgemacht, daß dieser Uns nach seiner Rückkehr in Form eines Heiltrankes Gift zu trinken gebe ... Seht nun also, wie Uns Unser teuerster Vater liebt! seht den löblichen Eifer und die Sorge des Hirten! seht die würdigen Werke des Fürsten der Priester!»[14]

«... DIE SACHE GOTTES»

Inzwischen war der geplante Großangriff des Papstes im Frühjahr 1246 zusammengebrochen, noch bevor er recht begonnen. Von Sizilien, wo päpstliche Legaten und Truppen hätten einrücken sollen, bis in den Norden hinauf hatte man nicht nur den Kaiser, sondern die Staufer überhaupt, die «Vipernbrut», um die Herrschaft bringen wollen. Aber nach dem gescheiterten Attentat war der intendierte Aufstand unterblieben, abgesehen von einem blutig zurückgewiesenen Vorstoß Kardinal Rainers mit einem päpstlichen Heer in die Mark Ancona.

Friedrichs Kräfte schienen in der Gefahr noch zu wachsen. Er forderte König Enzio auf, mannhaft und eifrig die «lombardischen Rebellen» zu unterdrücken. Und auch er wollte nach Italien eilen, «um die Reste Unserer Empörer mit dem unerbittlichen Hammer Unserer Macht zu zerschmettern». Doch obwohl ihm verschiedene Ereignisse zum Vorteil gereichten, erschien ihm selbst die Lage nicht so günstig, suchte er wiederholt Versöhnung mit dem Papst, woran dieser offensichtlich gar nicht dachte. Seit längerem widersprach er Friedensgerüchten energisch, forderte er von den englischen Bischöfen Truppenkontingente, offensichtlich Soldaten auch von französischen Prälaten. In Lyon ließ er 1247 ein Heer ausrüsten, das unter Kardinal Oktavian Ubaldini in Italien operieren sollte. Ringsum schürte er die Rebellion und sandte Legaten aus, «die Sache Gottes» siegreich zu vollenden, das heißt, den Staufer und alles Staufische für immer in die Hölle zu schicken, Friedrich, den Friedensstörer, den «unbändigen Fürsten der Pestilenz», den «Vorläufer des Antichrist, wilder als jedes wilde Tier, herodischer als Herodes».[15]

Dabei stand es um 1250 nicht gar so glänzend mit der «Sache Gottes».

Ein Kreuzzug – diesmal mit dem französischen König Ludwig IX. dem Heiligen an der Spitze – war kläglich verloren, das Königreich Sizilien, was immer dort Innozenz an Geistlichem und Weltlichem geboten und aufgeboten hatte, keinesfalls gewonnen worden, auch der da angeblich so scheußlich traktierte Klerus nicht übergelaufen. Im nördlichen Italien erzielte Friedrichs Kriegsvolk Fortschritte. Und in Deutschland, wo längs des Rheins verheerende Plünderungszüge tobten, Konrad IV. die Besitzungen der Bischöfe von Straßburg, Speyer, Mainz ruinierte, besiegte dieser im August 1250 auch seinen neuen Gegenkönig, den Grafen Wilhelm von Holland.

Doch noch bevor das Jahr endete, überraschte eine fiebrige Darmentzündung den Kaiser auf der Jagd in Apulien, in der Nähe von Lucera. Man brachte ihn zum Castel Fiorentino, wohl nie zuvor von ihm besucht, jetzt erstmals in den Quellen erwähnt, und nach kurzer Krankheit starb hier Friedrich II. am 13. Dezember 1250, umgeben von einigen Getreuen; darunter sein achtzehnjähriger unehelicher Sohn Manfred, ihm damals wohl der nächste seiner Söhne, sein Schwiegersohn Richard von Caserta, sein alter Freund Erzbischof Berard von Palermo, den er eigens noch hatte hinzurufen lassen, sowie einige Großhofrichter, Notare, sein Arzt Johann von Procida.

Im Dom zu Palermo fand Friedrich neben Roger II. und seinen Eltern Heinrich VI. und Konstanze endlich Ruhe, die letzte, wie man oft meint. Der geistliche Chronist Salimbene schrieb, man habe den einstigen Kaiser nicht überführen können «wegen des furchtbaren Gestanks, den seine Leiche ausströmte», ein so unerträglicher Gestank, wie er mit dem 2. Makkabäerbuch, Kapitel 9, behauptet, daß «Maden wuchsen aus dem verfluchten Leibe und er verfaulte mit großen Schmerzen, daß ganze Stücke von seinem Leibe fielen und stank so übel, daß niemand vor dem Gestank bleiben konnte» – «Wort für Wort» habe sich das «an Friedrich erfüllt».

Doch derart diffamiert der Klerus durch alle Jahrhunderte ihm auf den Tod Verhaßte. Und nachdem Mönch Salimbene den Entseelten seitenlang geschmäht, einen Fürsten, der einst sogar brieflich für ihn bei seinem Ordensgeneral eintrat, schloß er bezeichnend: «Und – um es kurz zu machen – wäre er ein guter Katholik gewesen ..., so hätte er wenige seinesgleichen unter den Herrschern der Welt gehabt.»[16]

Interessant, daß der Sterbende das Erbfolgeprinzip ganz selbstverständlich voraussetzte, als er zum Erben des Imperiums und des sizilischen Reiches seinen Sohn Konrad bestimmte. Sollte dieser ohne Söhne sterben, sollte Carl Otto Heinrich herrschen, dann Manfred.

König Konrad wäre damals dem Vater fast in den Tod gefolgt. Denn als er 1250 in Regensburg einen Konflikt zwischen den staufertreuen Bürgern und ihrem Oberhirten schlichten wollte, ließ der Bischof auf den in der Nacht zum 29. Dezember im Kloster St. Emmeram schlafenden König einen Mordanschlag machen, dem dieser nur durch viel Glück entging, während zwei seiner Vertrauten getötet und drei gefangen fortgeschleppt worden sind.

Zwei tote Staufer in zwei Wochen – zuviel wohl des göttlichen Gnadenerweises. Der Papst mußte sich mit dem Hingang seines

Hauptfeindes begnügen, gewiß schon allein Grund genug für jederlei Hochstimmung, Jubel. «Es freue sich der Himmel und jauchze die Erde», frohlockte er. «O Tag der Freude und ungeheurer Fröhlichkeit! O willkommener Tod, erwünschter Tod!» Denn nun sah er, der originelle Rhetoriker, «das schreckliche Ungewitter» sogleich «in sanften Tauwind verwandelt», sah er Sizilien, das «erhabene Königreich», jäh «der harten Knechtschaft entronnen», «das Joch Pharaos abgeschüttelt, die Folter Neros überstanden ...» Ja, jetzt war die Reihe an ihm, jetzt wollte er notfalls selbst das regnum mit starker Militärmacht an sich reißen. Alle anderen aber, die «ihre räuberischen Hände» nach der kostbaren Beute streckten, bedrohte er mit Ausschluß.[17]

Dies galt besonders Konrad IV.

Der Sproß des Kaisers aus seiner Ehe mit Isabella von Brienne, Erbin des Königreichs Jerusalem (S. 229), hatte seine ersten Lebensjahre im sizilischen Reich verbracht. Im Februar 1237, neunjährig, war er in Wien zum deutschen König und künftigen Kaiser gewählt, wenige Monate darauf in Speyer durch weitere, in Wien nicht anwesende Fürsten bestätigt worden, doch auch hier ungekrönt geblieben. So führte er von da an den Titel «in Romanorum regem electus».

Seit 1241/1242 hatte Konrad für die Erhaltung des staufischen Königtums im deutschen Bürgerkrieg wider die Papstpartei und ihre Gegenkönige gekämpft. Sobald aber seine Position nach Friedrichs Tod schwächer wurde, entschied er sich ohne Zögern, wenigstens das ihm testamentarisch hinterlassene, jetzt durch schwere Aufstände erschütterte sizilische Reich für sich zu retten. Und als er zur Aufrüstung genügend Haus- und Reichsgut verkauft oder verpfändet und Herzog Otto II. von Bayern zu seinem Stellvertreter in Deutschland gemacht hatte, brach er im Oktober 1251 nach Italien auf.

Ebendahin hatte sich, ein halbes Jahr früher, sein siebenjähriges Lyoner Exil beendend, auch der Papst auf den Weg gemacht. Rhôneabwärts war er über Marseille auf eigens für ihn reparierten Straßen nach Genua gezogen, in seine Vaterstadt, wo er im Mai mit seinen Kardinälen und 80 Bischöfen der Hochzeit eines Neffen beiwohnte, wie sie «nirgends sonstwo gefeiert worden in unseren Tagen, sowohl was die Teilnehmer wie was die aufgetragenen Speisen betrifft, so daß sie das Staunen der Königin von Saba, wenn sie sie gesehen, erregt hätten» (Salimbene). Über Mailand kam der Papst Anfang November nach Perugia, wo er, weil Rom inzwischen zu unsicher, zu unabhängig geworden war, eineinhalb Jahre residierte.

Da Innozenz IV. aber im Himmel und auf Erden nichts mehr begehrte als die völlige Vernichtung der Staufer diesseits wie jenseits der Alpen, da er sich immer verbissener in den großen Endkampf verstrickte, fand alles andere nur seine reduzierte Aufmerksamkeit, selbst der Kreuzzug König Ludwigs IX., dem der Heilige doch immerhin sechs Jahre (1248–1254) seines Lebens gewidmet hat.[18]

9. KAPITEL

ENDE DER STAUFER, AUFSTIEG DER ANJOU

«Haß und Angst vor der ‹Vipernbrut› der Staufer hatten nach Friedrichs II. Tod innerhalb einer einzigen Generation zur Ausschaltung und geradezu Austilgung dieses Geschlechts geführt, das höher als jedes andere emporgestiegen war. Keine deutsche Dynastie fand ein Ende wie die Staufer, in Armut und Bedrängnis, im Kerker, auf dem Schafott und am Galgen ... Innozenz IV. und Alexander IV. hatten sogar den deutschen Fürsten untersagt, ein Mitglied dieses Hauses nochmals zum König zu wählen, und konstatierten damit geradezu eine ‹negative Legitimität›.» Walter Koch[1]

«Mit Gut und Blut sollte Frankreich einstehen, um dem Papst das sizilische Königreich zu erobern, darum mußte vor allem der König gewonnen, er mußte überzeugt werden, daß es eine gerechte Sache, eine Sache des Christenglaubens sei.» Johannes Haller[2]

Auf der Suche nach einem zuverlässigen König für die Insel kam man in Rom auf *Karl von Anjou*, Bruder Ludwigs des Heiligen ... Karl war ein rücksichtsloser Gewaltherrscher, der Sizilien regelrecht ausplünderte. Italien drohte zum französischen Protektorat zu werden. Überall gaben die Franzosen jetzt den Ton an. Im Kirchenstaat beherrschten sie die Verwaltung. Eine Reihe von Päpsten dieser Zeit waren Franzosen, von denen einer Karl zum römischen Senator erhob.» Karl Kupisch[3]

«Sein olivenfarbiges Gesicht streng und hart; sein Blick finster und furchterregend. Ein rastloser Geist lebte in dieser rauhen Natur; er beklagte es, daß der Schlaf den Taten der Menschen die Zeit verkürze. Er lachte fast nie. Alle Eigenschaften, welche ohne Genie einen ehrgeizigen Krieger befähigen, Eroberer und Tyrann zu sein, besaß Karl in so hohem Maße, daß er sich für die Absichten der Päpste als das passendste Werkzeug darbot.» Ferdinand Gregorovius[4]

König Ludwig der Heilige – «Muster des katholischen Frankreichs»

Über Ludwig IX. (1226–1270) haben nicht nur Legendenschreiber viel Erbauliches zusammengetragen, zumal die Heiligkeit hier, freilich auch sonst nicht so selten, hereditär war: schon Mutter Blanca (Blanche de Castille) heilig, und Schwester Elisabeth von Frankreich gleichfalls heilig. Ludwigs Frömmigkeit, sein tägliches Messehören, seine Kniefälle vor Reliquien – lauter echten, versteht sich – werden ebenso gewürdigt wie die Almosen, mit denen er die Elenden seines Reiches überschwemmt, wie die Wohltaten, die er eigenhändig Kranken, sogar Aussätzigen, erwiesen haben soll; nicht zu vergessen seine «Heilkraft gegen Drüsenkrankheiten» (Pierer).

Ludwig erwarb (1239) ein so kostbares, in jeder Hinsicht teures Stück wie die Dornenkrone Christi, erwarb die hl. Lanze, auch «große» Kreuzesteile. Er errichtete für sie und weitere ehrwürdigste Memorialobjekte an die Passion des Herrn (vgl. III 279 ff.!) zu Paris die Sainte-Chapelle als zweistöckige Pfalzkapelle, legte bei Erbauung der Zisterzienserabtei Royaumont persönlich Hand an, wusch manchmal Mönchen die Füße und machte seiner Gattin Margarete von der Provence – einer militanten Dame, einer Kreuzzüglerin, die später zur Verteidigung ihrer Witwenrechte ein Heer aufstellte – immerhin elf Kinder (ein ja auch sehr christliches Tun). Und ein wirkliches Verdienst hat Ludwig IX. durch sein Verbot des gerichtlichen Zweikampfes und der privaten Fehde.[5]

Dem allen und mehr steht freilich anderes aus dem Leben des rex pius und rex pacificus gegenüber, mochte seine Erhebung zur «Ehre der Altäre» (Fest 25. August) selbst Voltaires Beifall finden.

Ludwig, bei dessen Kanonisationsprozeß übrigens nicht seine Gattin Zeugnis geben durfte, sondern für sie ihr Beichtvater Guillaume de Saint-Pathus, verstand schon früh und kräftig das Schwert zu schwingen, und achtundzwanzigjährig begründete er «endgültig seinen militärischen Ruhm» (Ehlers) – eine erhebende Sache für einen Heiligen. Doch zeichnete sich bereits seine hl. Mutter Blanca von Kastilien durch eine gesunde katholische Robustheit aus. So hat sie zweimal die Regierung übernommen, zahlreiche vehemente Adelsrevolten, nicht ohne Hilfe des Hl. Stuhls, resolut niedergeworfen, die hl. Inquisition in Südfrankreich erschreckend mächtig gemacht und die kapetingische Herrschaft ausgeweitet.

Ähnlich führte der hl. Ludwig erfolgreiche Feldzüge gegen den Grafen von der Marche, Hugo von Lusignan, gegen Heinrich III. von England, den er am 23. Juli 1242 bei Saintes in die Knie zwang. Er schleifte Burgen, schlug Schlachten, nötigte 1243 auch den Grafen Raimund VII. von Toulouse zur Unterwerfung. Und schließlich war er einverstanden, daß sein Bruder Karl von Anjou das staufische Sizilienerbe an sich riß. Von seinem Herrscheramt, rühmt das «Lexikon der Heiligen und Päpste», «hatte er eine hohe Auffassung, und so sorgte er für Gerechtigkeit und Ordnung in seinem Lande, indem er selbst mit dem besten Beispiel voranging.»

Zum besten Beispiel gehörte für den hl. König natürlich auch das Verfolgen von Andersgläubigen und «Ketzern». So bekämpfte der Fürst mit dem «engelgleichen Blick und sanften Gesicht» (Salimbene), der «von einem tiefen Rechtsbewußtsein und einer verinnerlichten Religiosität geprägte» König (Herde) die Katharer und führte die Inquisitionsgerichtsbarkeit ein. Er befahl das Vertreiben jüdischer «Wucherer» und ließ 1242 den Talmud vernichten. Auch am 13. Mai 1248 verschwanden davon in Paris vierzehn Wagenladungen auf einmal in den Flammen und bei anderer Gelegenheit noch einmal sechs. Und 1255 befahl der Heilige erneut die Verbrennung des Talmud sowie die aller buchstäblich gotteslästerlichen Bücher überhaupt. Hatte doch schon im Sommer 1239 Papst Gregor IX. viele europäische Könige von Spanien und Portugal bis Britannien samt ihren Bischöfen beauftragt, den Juden, wenn sie an einem Sabbat in ihren Synagogen steckten, alle Schriften wegzunehmen.

Verbrannt aber wurden unter dem Heiligen auch Menschen, wurden nach Einnahme des albigensischen Hauptstützpunktes Montségur durch ein königliches Heer auch die letzten mehr als 200 Katharer am 16. März 1244 am Fuß der Burg auf dem Scheiterhaufen. Schließlich hatte sie schon sein Vater Ludwig VIII. – ständig von Papst und Bischöfen gedrängt – auf diversen, voll und ganz von der französischen Kirche bezahlten Kreuzzügen bekriegt und in häufigen «Ketzer»-Prozessen die Adelsgüter konfisziert, bevor er 1226 entweder an einer Ruhrerkrankung oder, nach den «Annales Marbacenses», an einem Gifttrank zugrunde ging.

Wie der Vater aber, so weiß das Kirchenlexikon von Wetzer/Welte, schuf auch der Sohn «mit kräftiger Hand, wenn es sein mußte, Frieden und Ruhe im Lande» und wurde endlich «der Lieblingsheilige des französischen Volkes und das Muster des katholischen Frankreichs».[6]

Die kräftige Hand im eigenen Land hätte jedoch für so viel Popularität und Vorbildlichkeit im Reiche der Franzosen kaum genügt, wären nicht auch gewaltige übergreifende hl. Leistungen hinzugekommen: zwei Kreuzzüge gleich, wobei es der Heiligkeit keinen Abbruch tut, daß beide mit einem Fiasko endeten – im 20. Jahrhundert würdigt das Lexikon für Theologie und Kirche Ludwig IX. gleichwohl als «Muster eines christlichen Herrschers». Und viele «Profanhistoriker» würdigen mit.[7]

Der heilige Krieger und zwei weitere Kreuzzüge

Noch bevor Innozenz IV. auf dem Konzil von Lyon mit mäßigem Erfolg für den heiligen Krieg warb, hatte der französische König im Dezember 1244 das Kreuz genommen, offensichtlich in nicht zu bestreitender Begeisterung, mochte er sich so auch zugleich dem starken Einfluß seiner energischen, die Expansion in den Süden zielstrebig vorantreibenden hl. Mutter effektvoll entziehen. Ungewiß ist Ludwigs unmittelbares Motiv; ob es die Trauer über den Fall Jerusalems war oder die Freude über die Genesung von einer bedrohlichen Diarrhö. Doch von jetzt an bis zu seinem Tod 1270, also ein Vierteljahrhundert lang, kam er, von Papst Innozenz dazu auch durchaus ermuntert, vom Gedanken an den Kreuzzug kaum noch los, spielte dieser in fast all seine Pläne hinein, dominierte er sämtliche sogenannte Führungsaufgaben. Der Kreuzzug war für den Heiligen nicht weniger als «die Basis der französischen Politik» (H. E. Mayer), «das wichtigste aller Königswerke» (Ehlers). Trieb somit Ludwig in der zweiten Hälfte seiner Regierung in Europa eine fort und fort bejubelte Friedenspolitik, so ja nur, um anderwärts desto aussichtsreicher Krieg gegen den Islam führen, um die Muslime – seine Worte – «wie die Rinder» jagen zu können.[8]

Ausgerechnet der Heilige Vater aber wollte nun den heiligen König, der immerhin samt seinen Brüdern jahrelang gerüstet hatte, vom doch so ehrenwerten Tun abhalten. Zumindest behauptet Salimbene von Parma, seinerzeit selbst in Lyon und mit Innozenz IV. vertraulich verkehrend: «Da nun der Papst erkannte, daß Friedrich der schlimmste Verfolger der Kirche sei und voll Schadenfreude sein Gift, so viel er konnte, verspritzte, und da er um das eigne Leben in große Furcht geriet, schickte er zum König von Frankreich mit der Bitte, er möge seine Kreuzfahrt so lange verschieben, bis er erkannt habe, was Gott schließlich noch mit Friedrich vorhabe.» Doch der heilige König ließ dem Papst melden, er möge das Schicksal Friedrichs dem Ratschluß Gottes anheimstellen und «blieb hartnäckigen Sinnes, unweigerlichen Entschlusses und festen und frommen Geistes dabei, den Kreuzzug zu unternehmen und so schnell als möglich dem heiligen Lande zu Hilfe zu eilen».[9]

Das Heer, fast ausschließlich Franzosen, schiffte sich im August 1248 mit der Kreuzfahrerhymne «Veni Creator Spiritus» im Alten Hafen von Marseille ein. «Und der Schiffsmeister rief seinen Seeleuten zu: ‹Setzt die Segel, in Gottes Namen!› Und so taten sie», schildert den Auftakt Jean de Joinville, Seneschall der Champagne, in seiner oft hagiographisch verklärenden, doch lebendigen Kreuzzugsschrift «Histoire de Saint Louis». «Bald füllte der Wind die Segel und entzog uns den Anblick des Landes, so daß wir nur noch Himmel und Wasser sahen, und jeden Tag trug uns der Wind weiter fort von den Orten, wo wir geboren waren.»

Auch der König, seine Brüder Robert von Artois und Karl von Anjou hatten sich am 28. August, alle samt ihren Gattinnen, von Aigues Mortes, dem von Ludwig gegründeten Hafen, auf die Reise begeben, selbstverständlich eng verbunden mit Gott und allen seinen Heiligen. So geschah auch nach der Überwinterung auf Zypern, unmittelbar vor der Landung bei Damiette in Ägypten am 5. Juni 1249, alles mit Gott, in der Ansprache des Herrschers, bei der Messe, durch den Legaten, der natürlich, wie es wiederholt heißt, «das wahre Kreuz hielt», womit er die Christen segnete, die «Ungläubigen» schreckte. Wie denn auch der heilige König, als er in Ägypten an Land ging, dem kranken Sultan al-Malik aṣ-Ṣāliḥ brieflich drohte: «Wisse auch, daß die [muslimische] Bevölkerung Andalusiens uns [Christen] Tribut und Geschenke leistet und wir sie wie die Rinder jagen, die Männer töten, die Frauen zu Witwen machen, ihre Töchter und Söhne gefangennehmen und ihre Häuser veröden lassen.» Selbst wenn der Sultan katholisch würde, selbst wenn er ihm jeden Eid dafür schwüre, nichts hielte ihn, Ludwig, noch ab, «Dich im Dir liebsten Land anzugreifen und zu bekämpfen.» Und schließt mit der einem christlichen Heiligen zustehenden Demut: «Ich habe Dich unterrichtet und Dich gewarnt vor den Heeren, die mir gehorchen und Berg und Tal füllen, zahlreich wie die Steine auf der Erde und gegen Dich gesandt mit den Schwertern des Geschickes.»

Dem Sultan, meldet der arabische Historiker Makrizi, hätten sich beim Anhören des Briefes die Augen mit Tränen gefüllt. Doch dann erinnert er an die eigne, die muslimische Macht. Kennte der König sie – «Du bissest Dir vor Reue in die Finger». «Vom Schicksal ist es Dir bestimmt, an einem Tag zu stürzen, der uns zu Nutzen beginnt und Dir zu Schaden endet.» Und schließt seinerseits: «‹Wer sich überhebt, stürzt›; so wird Deine Anmaßung Dich fällen und Dich ins Unglück stoßen. Sei gegrüßt.»

Seelsorgerlich bestens präpariert, stach man bereits beim An-Land-Gehen durch die Wogen, mit der «Kraft Jesu Christi und des heiligen Kreuzes», wie Johann Sarrasin brieflich berichtet, fast ohne eigene Verluste «wohl an die 500» Türken ab «und viele von ihren Pferden». Auch nahm man das stark befestigte und mit allem wohlversehene Damiette, zu dessen Eroberung man einst drei Jahre gebraucht, Anfang Juni ganz kampflos ein, hatten es doch die Bewohner und die bald darauf dafür gehängte kinatische Besatzung, um ihr Leben fürchtend, überstürzt verlassen. «Ganz Ägypten erfaßte Verzweiflung» (Ibn Wāṣil).

Ludwig der Heilige aber, der als erster in die Stadt einzog, riß nicht nur sämtliche Waffen, Munition, Vorräte, Lebensmittel an sich, sondern nahm auch gleich alles fort, «was sich in der größten Moschee der Stadt und allen anderen befand und ließ davon eine Kirche bauen, zu Ehren Jesu Christi» (Johann Sarrasin). Auch begründete der König alsbald einen Erzbischofssitz, wobei alle näheren Umstände deutlich auf eine ganz nüchterne territoriale Erwerbspolitik weisen, durch die er das eroberte Land seiner Krone anzugliedern gedachte.

Doch sosehr sich der pius rex hier wie überall bewährte – sei es auf dem Schlachtfeld «durch gewaltige Schwerthiebe» oder bei der Gattin, die in Damiette einen Sohn gebar –, trotz Christus und wahrem Kreuz und deutschem Schwert und allen Messen und Beichten und Beilagern, es kam verhältnismäßig bald die Zeit, wo es ständig schlechter ging, Ludwig zwar «immer im Gebet» war, doch ihm auch buchstäblich die Zähne klapperten und man ihn des Durchfalls wegen dauernd vom Pferd heben mußte. Es kamen Hunger, Seuchen, Massaker und Schlachten, in denen «die türkischen Löwen die ungläubigen Hunde bezwangen» (Ibn Wāṣil). Es begann für das Heer, erzählt Joinville, «das große Elend, denn nach neun Tagen kamen die Leichen unserer Leute, welche die Feinde getötet hatten, wieder an die Oberfläche ... eine so große Menge, daß der ganze Strom von einem Ufer zum andern voller Toten war und längsseits so weit, wie man einen Stein wirft».

Der arabische Historiker Ibn Wāṣil, gleichfalls Zeitgenosse und zeitweiser Augenzeuge, spricht von den furchtbaren Verlusten der Franken: «Die Zahl der Toten soll bei dreißigtausend gelegen haben ...» Auch sein freilich erst später schreibender Kollege Makrizi erwähnt dreißigtausend Getötete, «außer denen, die sich in die Fluten geworfen hatten; die Gefangenen kann man gar nicht zählen. Der Franzose floh nach al-Munja und flehte um sein Leben, das wir ihm zusicherten. Wir nahmen ihn gefangen, behandelten ihn ehrenvoll und erlangten mit Gottes Hilfe und Kraft, seiner Größe und Erhabenheit Damiette zurück ...» Ibn Wāṣil sagt lakonisch: «So reinigte Gott Ägypten von ihnen.»

Ludwig IX. war der letzte Monarch Europas, der das Heilige Land als Kreuzzügler betreten hat.

Auf dem Vormarsch nach Kairo wieder ausweglos, wie schon 1221 unter dem Legaten Pelagius (S. 223 ff.), in die Enge getrieben, war bei Mansurah dem Kreuzfahrerheer nichts anderes übriggeblieben als die Kapitulation. Und wer weiß, wie wenige von der stolzen Feudalarmee – auf bis zu 25 000 Soldaten geschätzt, darunter 2500 Ritter und 5000 Armbrustschützen – noch französischen Boden betraten! Die ungeheuren Kosten des sorgfältig vorbereiteten, technisch gut organisierten, militärisch aber mangelhaft geführten Unternehmens waren ohnedies in den Wind geschrieben. Das königliche Schatzamt bezifferte die Gesamtkosten auf 1,3 Millionen livres tournois, ein Vielfaches seiner Jahreseinnahmen; davon Kriegskosten 750 000, Festungsbauten im Heiligen Land 120 000, Schiffsbau 40 000, Hofausgaben 200 000, Lösegeld für den König 210 000, Auslösung christlicher Gefangener 1300 livres.

Woher kam das Geld?

950 000 livres tournois stammten aus einem fünfjährigen Kreuzzugszehnten der französischen Kirche, die der hl. Ludwig dazu breitschlug, weil ein allgemeiner Kreuzzugszwanzigster der Kirche außerhalb des Landes viel zuwenig erbrachte. Den Beitrag der Städte berechnete man, sehr problematisch, auf 274 200 livres tournois. Dabei kann es nicht schaden zu wissen, daß sich seinerzeit, in der Mitte des 13. Jahrhunderts, die Einkünfte Ludwigs des Heiligen, des Förderers der Bettelorden und hochgelobten Wohltäters der Armen, pro Jahr auf 250 000 livres beliefen, daß also das königliche Salär (Staatsbudget), ganz grob überschlagen, Jahr für Jahr so viel betrug, wie der gewaltige Krieg Jahr für Jahr verschlang.[10]

Trotz des Fiaskos schwang sich der Heilige im Alter abermals zu einem heiligen Krieg auf.

Am 25. März 1267 nahm er auf einem Hoftag in Paris mit drei Söhnen, einigen Fürsten und vielen Baronen erneut das Kreuz und landete am 18. Juli mit angeblich 6000 Reitern und 30 000 Fußsoldaten am Strand von Karthago, bei dem kläglichen Rest der antiken Metropole, um den Emir von Tunis zu «bekehren». Ihn hielt man nicht zuletzt dank der Tätigkeit eines Dominikanerklosters in Tunis (seit 1250) für «konversionsbereit».

Nach Makrizi wollte Ludwig dort allerdings bloß Hunger und Seuchen nützen, und es gibt gar keinen Zweifel, daß der hl. Souverän, bei aller seriösen Beschränktheit, die freilich kommenden Geschlechtern bloß als Ausdruck seiner Sanktitas galt, nicht nur mit frommen Absichten an Land gegangen war. Der Emir hatte denn auch vorsorglich gerüstet; außerdem aber, überliefert der arabische Chronist, «schickte er ihm Boten mit achtzigtausend Dinar und ließ ihn um Frieden bitten. [Der Franzose] nahm sie, machte aber nicht Frieden mit ihm». Wie das einem heiligen Christenkönig zusteht. Gleichwohl war der Himmel auch bei diesem Kreuzzug gegen ihn. Denn bald nach der Landung gab es große Verluste auf beiden Seiten, ja, im französischen Heer brach die Pest aus, eine typhus- oder ruhrartige Seuche, die es vernichtete und am 25. August 1270 auch den König. Doch dafür geschahen jetzt bei Überführung seines Fleisches und Intestinum nach Monreale, beim Transfer seines Herzens und Gebeins nach Saint-Denis wieder Wunder über Wunder ...

Was aber Ludwigs erste Offensive, den Fehlschlag in Ägypten, betrifft, so hörte man schon seinerzeit Stimmen im katholischen Lager, die Innozenz IV. nicht für schuldlos hielten. Der Papst war einfach zu tief in den Streit mit den Staufern verwickelt, um Ludwigs Kreuzzug wirksam fördern zu können. So erfolgten aufsehenerregende Proteste in ganz unterschiedlichen Kreisen und Formen. Der König selbst beorderte damals seine Brüder nach Frankreich, um den Papst zum Frieden mit Friedrich zu bringen, wobei sie sogar mit der Vertreibung aus Lyon drohten, und Innozenz, kurz vor des Kaisers Tod, bereits seine Flucht nach dem englischen Bordeaux ventilierte. Königin Blanca, während Ludwigs Abwesenheit regierend, verbot die Werbung für Innozenz' sizilischen Krieg. Und ein Reichstag der Barone verwahrte sich entschieden dagegen, «daß der Papst den König, der für den Glauben dulde, im Stich lasse, um seine eigne Herrschaft auszudehnen».[11]

Der Pastorellenaufstand

In engem Zusammenhang mit diesem Kreuzzug Ludwigs steht auch die Pastorellenerhebung 1251, eine eher antiklerikale Aktion vor allem der Hirten (pastoreaux), der ländlichen und städtischen Unterschichten in Nordfrankreich, der Picardie, Flandern, ein traditionell kreuzzugsanfälliger Landstrich, auch wenn keine unmittelbare Verbindung zu dem Orientkrieg nachweisbar ist.

Möglicherweise empörte diese Kreise – denen zunächst niemand zu widerstehen wagte, denen man Lebensmittel gab «und alles, was sie begehrten» – u. a. auch der antistaufische Kreuzzugsaufruf des Papstes, empörte sie das Verhalten der Prälaten, ihre Versäumnisse beim Kreuzzug des Königs. Jedenfalls erregten sie «einen furchtbaren Aufstand gegen die Mönche, vor allem Predikatoren und Minoriten, weil diese das Kreuz gepredigt und die Menschen zur Kreuzfahrt im Gefolge des Königs, der von den Sarazenen besiegt worden war, mit dem Kreuze bezeichnet hatten. Und es erbosten sich die Gallier, die in Frankreich geblieben waren, damals so sehr gegen Christus, daß sie Christi über alles geheiligten Namen zu verspotten wagten. Wenn z. B. in jenen Tagen die Minoriten und Predikatoren die Franzosen um Almosen im Namen Christi baten, da knirschten sie mit den Zähnen über jene und riefen vor ihren Augen einen andern Armen, gaben dem ihre Pfennige und sprachen: ‹Nimm das im Namen Mahomeds, der mächtiger ist als Christus›» (Salimbene von Parma).

Vieles liegt da im dunkeln, durch die einseitigen Quellenberichte, eine feindselige Chronistik, die auch diese Randgruppen der Gesellschaft diskreditierte und kriminalisierte, wohl erheblich noch über deren eigene Schandtaten hinaus.

Unter ihrem Führer Jakob (?), einem gebildeten, sprachgewandten Ungarn, vielleicht einem ehemaligen Zisterzienser, der vorgab, im Auftrag der Mutter Gottes zu handeln, und großen Zulauf gewann, planten die Pastorellen, die Hirtlein, anscheinend einen Kreuzzug ins Heilige Land. Auf ihrem Weg von Amiens nach Paris, wo Blanca von Kastilien ihren Führer empfing, sollen sie auf 100 000 Menschen (nicht nur aus dem «niederen» Volk) angewachsen sein. Durch zunehmende Radikalisierung und Exzesse aber, durch Plünderungen, Morde an Geistlichen, Mönchen, Adligen, auch, wie so häufig bei Kreuzzügen, durch Judenpogrome, wurden sie offenbar eine Gefahr für die Städte und alsbald selbst verfolgt, grausam gejagt und vernichtet, im Süden bis nach Marseille, im Norden bis Südengland hin. Auch ihr Führer kam dabei um. Obwohl man den Aufruhr in wenigen Monaten zuzusammenschlug, zeigte er doch das Aufbegehren, den spontanen Protest einfacher Volksgruppen wider eine Hierarchie, die ihre Selbst- und Machtsucht noch über einen Kreuzzug für den gemeinsamen Glauben stellte.[12]

Eine wirkliche Bedrohung für die Christenheit, eine Gefahr von kaum je dagewesenem Ausmaß, vor der alles andere, auch der Islam verschwand, war der Mongolensturm. Und wie er Rußland für immerhin zwei Jahrhunderte unterjochte, hätte er vermutlich ganz Europa unterjochen können, wäre es davor nicht durch einen Führungswechsel auf mongolischer Seite bewahrt worden.

Der Mongolensturm und die Mission des Johannes von Plano Carpini

Das zentralasiatische Volk der Mongolen – die russischen Quellen sprechen ausschließlich von Tataren: die ursprüngliche Bezeichnung eines kleinen mongolischen Teilstammes – trat als autarker politischer Verband erst im ausgehenden 11. Jahrhundert hervor. Unter Dschingis Khan (gest. 1227), eigentlicher Name: Temüjin, und seinem Sohn und Nachfolger Ögödei (1227–1241) wurde von ihnen der riesige Raum zwischen China und der Schwelle Europas, bis

Rußland, Polen, Ungarn «vom Sattel aus», mit der überlegenen Taktik rasch reaktionsfähiger Reiterscharen, in nahezu ununterbrochenen Kämpfen in zwei Jahrzehnten überrollt und alles, was sie durchstürmten, in Schutt und Asche zurückgelassen.

Im November oder Dezember 1240 eroberten sie das einst starke Kiew (vgl. V 464 ff.) und ruinierten es gänzlich. Am 24. März nächsten Jahres zerstörten sie Krakau, am 9. April schlugen sie bei Liegnitz das deutsch-polnische Ritterheer mit dem Piastenherzog Heinrich II. dem Frommen von Niederschlesien völlig, wobei dieser selbst umkam. Zwei Tage darauf ging das ungarische Heer in der Schlacht auf der Ebene von Mohi am Sajo unter Béla IV. (1235 bis 1270) zugrunde, wonach der König nie mehr von dem Alptraum freikam. Die Hälfte der Ungarn fiel den Invasoren zum Opfer.[13]

Die Länder des Ostens waren ganz auf sich gestellt. Ein Kreuzzugsaufruf Gregors IX. und ein Appell des Kaisers fanden nur geringes Echo, wie auch beider Streitkräfte sich in Italien gegenseitig banden. Zudem war Friedrich gewarnt, hatte doch schon einmal in seiner Abwesenheit der Heilige Vater das süditalische Reich überfallen. Dies durfte er kein zweites Mal riskieren. Die Päpstlichen aber beschuldigten den Monarchen, er selbst habe die Mongolen zur Bestrafung Österreichs und Ungarns gerufen! Auf dem Konzil von Lyon hatte zwar Innozenz ihre Abwehr zur Sprache gebracht. Doch als der kaiserliche Großhofrichter Thaddäus von Suessa nicht nur die Rückgabe des Kirchenstaates, nicht nur eine Kreuzfahrt ins Heilige Land, sondern auch einen Feldzug gegen die Mongolen anbot, endlich dafür die Könige Frankreichs und Englands sogar als Bürgen nannte, wies der Papst all dies mit offenkundigen Ausreden zurück.[14]

Erst vier Jahre nach der Vernichtung der abendländischen Heere bei Liegnitz und Mohi schickte Innozenz Kundschafter aus mit dem Auftrag, «alles zu durchforschen und die einzelnen Dinge sorgfältig zu beobachten». Offiziell, so die Gesandten, «weil er wünsche, daß alle Christen die Freunde der Tataren sein und mit ihnen in Frieden leben sollten; darüber hinaus wünsche er, daß sie groß seien bei Gott im Himmel».

In den Vorderen Orient zogen die Dominikaner Ascelin, Simon von St. Quentin und Andreas von Longjumeau, über Rußland der Franziskaner Johannes von Plano Carpini und Genossen – sehr beschwerliche, gefährliche und letztlich ergebnislose Expeditionen. Brieflich drückt Innozenz den Mongolen in gewohnter Heuchelei – denn alle Vorwürfe hätte er genauso den Christen machen können – sein Erstaunen darüber aus, «daß Ihr, wie wir vernommen haben, viele christliche und auch andere Länder überfallen habt, sie in schrecklicher Zerstörung verheert und nicht ablaßt, in noch andauernder Raserei Eure verwüstenden Hände nach weiteren Ländern auszustrecken, und losgelöst vom Band der naturgegebenen Verwandtschaft, ohne Unterschied gegen alle, ohne Rücksicht auf Geschlecht oder Alter, mit dem Schwert der Rache zu wüten». Der Papst warnt, bittet, mahnt, daß das Mongolenvolk derartige Angriffe und zumal die Verfolgung der Christen gänzlich einstelle, daß es «den Zorn der göttlichen Majestät ... durch Wiedergutmachung mit einer angemessenen Buße beschwichtigt ...», daß es sich taufen lasse.

Nach dem katholischen Theologen Seppelt wünschte Innozenz den Herrn des riesigen Mongolenreiches nicht nur zur Annahme des Christentums zu bewegen, sondern suchte ihn auch «für ein gemeinsames Vorgehen gegen die Sarazenen zu gewinnen». Der Tatarenherrscher aber schrieb dem Papst: «Die Folge Deiner Worte enthielt den Satz, wir sollten uns taufen lassen und Christen werden. Darauf antworten wir Dir in Kürze, daß wir den Grund nicht einsehen, warum wir das tun sollen. – Auf einen zweiten Punkt, den Dein Brief noch enthielt, nämlich daß Du Dich wundertest über das Hinschlachten so vieler Menschen, vor allem Christen, und am meisten Polen, Mähren und Ungarn, antworten wir Dir, daß wir das ebensowenig verstehen. Damit es indes nicht scheine, als wollten wir all das gänzlich mit Stillschweigen übergehen, geben wir dir folgendes zur Antwort: Weil sie dem Wort Gottes und dem Befehl von Cyngis-Chan und Chan nicht gehorchten und auf einer großen Versammlung unsre Boten töteten, deshalb befahl uns Gott sie zu vertilgen und gab sie in unsre Hand. Denn andernfalls, wenn das nicht Gottes Werk wäre, was hätte der Mensch dem Menschen antun können? Ihr Männer des Westens aber, Ihr glaubt, daß Ihr Christen allein auf der Welt seid und blickt auf andre herab. Wie aber könnt Ihr wissen, wen Gott für wert hält ihm seine Gunst zu schenken? Wir aber haben in Anbetung Gottes und mit der Kraft seines Beistands die ganze Erde von Ost nach West verwüstet. Und wenn das nicht die Kraft von Gottes Beistand täte, was hätten dann Menschen zu tun vermocht?» Der neugewählte Großkhan Güyük (1246 bis 1248) freilich erhob, wie der Papst, Anspruch auf Weltherrschaft und forderte seine Unterwerfung.

Johannes von Plano Carpini, dessen damals als sensationell empfundener, reichhaltiger, lebendiger und vielgelesener Bericht «Ystoria Mongalorum» bis heute eines der wichtigsten zeitgenössischen Zeugnisse über die Frühkultur der Mongolen vor ihrem Übertritt zum Buddhismus ist, machte sich Mitte April 1245 in Lyon auf den Weg und war über zwei Jahre unterwegs, zweifellos weniger als Missionar denn als Spion.

Gewiß erwähnt der Franziskaner alles mögliche, auch religiöse Riten, Vorstellungen, schreibt zum Beispiel: «Sie glauben an einen einzigen Gott, von dem sie glauben, daß er der Schöpfer alles Sichtbaren und Unsichtbaren sei», was sich ja nicht sehr vom christlichen Glauben unterscheidet, wenn sie auch allerlei sonst noch verehren, wie gleichfalls die Christen. Aber unser Mönch, zwar sechzig schon und wohlbeleibt, einst noch persönlicher Gefährte des hl. Franz, war doch, vom Papst durchaus instinktsicher gewählt, vor allem ein militärischer Emissär, der so gründlich wie möglich über die mongolische Expansion referiert, über ihre Kriege und «wie man ihnen im Krieg begegnen soll», im Festungs-, im Burgenkampf, am Wasser, im Kampf Mann gegen Mann, den sie nicht liebten, in offener Feldschlacht, von ihnen eher gescheut, während sie die Zernierten «ihre eingepferchten Schweine» nannten, «die sie nur noch bewachen müssen». Ihre Führer griffen nie direkt in ein Gemetzel ein, hielten vielmehr – bewährte Feldherrnpraxis – «fernab dem feindlichen Heer gegenüber».

Mönch Johannes liefert eine lange Liste erforderlicher Ausrüstungen, von «Lanzen mit Haken ..., die dazu taugen, die Tataren aus dem Sattel zu ziehen», bis zur Panzerung für Mensch und Pferd.

«Kein Geld darf gespart werden beim Waffenkauf ...» Kurz, der Franziskaner schuf «ein ausführliches taktisches und strategisches Handbuch der Mongolenabwehr», «das sowohl Rücksicht nahm auf alle mongolischen Waffen, Techniken, Motive und Handlungsweisen, die er irgend in Erfahrung bringen konnte, als auch auf die Voraussetzungen im Abendland» (Schmieder).[15]

Selbstverständlich erwartet der Sendbote des Papstes, wie er gleich im Prolog, im ersten Satz betont, einen «triumphalen Sieg über die Feinde Gottes und unseres Herrn Jesus Christus». Gibt es doch auch sonst, in allem Wesentlichen, fast nur Negatives von diesen Leuten zu berichten. Vor allem immer wieder, daß sie im Krieg «extrem verschlagen» seien. Ja, hinterlistig sind sie, weiß Mönch Johannes, hinterlistig in Worten und Taten. Und ungeheuer habsüchtig sind sie, tributgierig, sie lauern nur darauf, anderen zu schaden, andere zu fangen und – anscheinend ihr liebstes Geschäft – sie zu massakrieren. «Aber Menschen töten, fremde Länder überfallen, fremdes Eigentum rauben auf jedwede unrechte Weise, huren, fremden Menschen Gewalt antun, gegen Verbote und Vorschriften Gottes handeln: Das alles gilt ihnen nicht als Sünde.»

Wie, zumindest in praxi, und nur das interessiert uns, den Christen. Doch im Unterschied zu diesen waren die Mongolen, waren Dschingis Khan und seine Nachkommen, in Glaubensdingen generös. Sie übten religiöse Toleranz, vorausgesetzt lediglich, daß die Priester der verschiedenen Bekenntnisse für das Wohl der Dynastie beteten. Der Erzbischof von Kiew konnte dort, nach Zerstörung der Stadt, weiter residieren. Die päpstlichen Boten durften Messe lesen, und der «derzeitige Kaiser» der Tataren, meldet Johannes, duldete nicht nur Christen in seinem Hofstaat, sondern auch christliche Geistliche und eine christliche Hauskapelle vor seinem Zelt.

Hatten die Mongolen aber nichts dagegen, daß sich die Christen bei ihnen umsahen, schien es den päpstlichen Gesandten «aus zahlreichen Gründen nicht dienlich», so Johannes, daß mongolische Gesandte mit ihnen zurückreisten, schreckte sie doch, wie bezeichnend, der Gedanke, «Spione einzuschleppen». Stärker noch bedrückte sie, die Mongolen würden «vom Anblick der Zwistigkeiten und Kriege unter uns noch mehr animiert ..., uns zu überfallen ... Drittens fürchteten wir, daß sie getötet werden könnten, da unsere Völker ja zu einem großen Teil rücksichtslos und hochfahrend sind ...»[16]

Papst Innozenz feilscht um ein Königreich und stirbt

An Rücksichtslosigkeit und Arroganz, an Wirren, Zerrissenheit, Krieg mangelte es zu keiner Zeit im Abendland. Gewiß auch nicht, als Innozenz IV. nach dem Tod seines großen Gegners erst recht aufs Ganze ging. Dabei konzentrierte er sich, auch wenn er die Staufer im Norden wie im Süden entmachten, auslöschen wollte, zunächst und zumeist auf das sizilische regnum.

Gerade da freilich, zumindest auf der Insel selbst, waren die alten Machtstrukturen noch intakt, bröckelte Friedrichs Reich, von seiner harten Faust mehr schlecht als recht zusammengehalten, noch wenig. Der Papst aber tat alles, um Land und Leute zum Aufruhr, zum Abfall zu bringen. Wie der dritte, hatte auch der vierte Innozenz noch nie mit Bestechungen, Versprechungen gegeizt. Doch jetzt, im Kampf gegen Friedrichs unehelichen Sohn Manfred, den Fürsten von Tarent, der für Konrad IV., der in Deutschland weilte, die Regentschaft führte, übertraf sich Innozenz fast selbst, auch wenn oder gerade weil ihm das, worüber er verfügte, gar nicht gehörte.

Während Manfred (1232–1266), im Konflikt mit den sizilischen Baronen, zum Papst Verbindung suchte, lockte dieser Manfreds Feinde, machte Zugeständnisse, beschenkte Rebellen und Überläufer, er vergab Stadtrechte, verlieh Grafschaften, bestätigte sie. Doch wenn Innozenz auch Neapel für den Kirchenstaat kassierte, gar gleich «für ewige Zeiten», man drängte nicht zu ihm. Sein Heerführer Kardinal Peter Capocci kam von der Mark Ancona aus keinen Schritt voran, wurde auch bald abgelöst. Und als Konrad IV. mit starkem Gefolge auf dem Kriegsschauplatz erschien, verschlechterte sich die päpstliche Lage noch, zumal Manfred seinem Halbbruder sofort die Regierung übergab, als dieser, zu Schiff von Venedig kommend, am 8. Januar 1252, in Siponto auf Sizilien an Land gegangen war.[17]

Innozenz aber, bei dem auch Konrad bald in Perugia um gütliche Verständigung, um Anerkennung im Königreich Sizilien und als Kaiser ersuchen ließ, stützte weiter den deutschen Gegenkönig Wilhelm von Holland. Trotz mehrerer Kardinäle, die keine Fortsetzung des Krieges gegen die Staufer wünschten, wollte der Heilige Vater keinen Frieden, wollte er weder in Deutschland noch in Sizilien einen Staufer herrschen sehen. Er übersiedelte zur selben Zeit, als Konrad im Oktober 1253 das seit dem Sommer belagerte und langsam ausgehungerte Neapel einnahm, von seinem umbrischen Asyl wieder nach Rom, wo man jetzt immer noch lieber ihn als den Staufer sah, der inzwischen uneingeschränkt über das ganze sizilische Reich gebot.

Im Winter 1253/1254 erstrebte Konrad ein weiteres Mal die Versöhnung mit dem Papst, der indes unbeirrt an seinen radikalen Zielen, seiner Feindschaft festhielt. Wieder streute er alte und neue Bezichtigungen aus, teilweise so perfid wie lächerlich. Konrad würde, zum Beispiel, nicht nur tyrannisch herrschen, nicht nur «Ketzer» tolerieren, Kirchen wie Klöster ausrauben, sondern er sollte auch seinen Stiefbruder Carl Otto Heinrich (1238–1253/1254), den jüngsten Kaisersohn (aus der Ehe mit Isabella von England), dauernd eingekerkert und einen Neffen vergiftet haben. Konrad verteidigte sich gut, wies vieles überzeugend ab, wurde aber, weil er der Kirche noch immer das Königreich in aller Frechheit vorenthalte, am Gründonnerstag, am 9. April 1254, von Innozenz gebannt. Und schon bald darauf, am 25. Mai, starb Konrad IV. nach einem freudlosen, mühereichen Leben, gerade 26 Jahre alt, im Heerlager bei Lavello (Umbrien) auf dem Weg nach Deutschland, wo er wahrscheinlich militärisch eingreifen wollte. Sein Körper wurde vor der endgültigen Beisetzung in Messina verbrannt.

Mittlerweile hatte der Papst erkannt, daß er nicht stark genug war, das Königreich im Süden selbst zu unterwerfen. Seine eigenen Machtmittel reichten dazu weniger denn je. So sah er sich nach Hilfe um und verhandelte seit dem Frühjahr 1252 mit Richard von

Cornwall, den in den Quellen wegen seines Reichtums gerühmten Bruder König Heinrichs III. von England, und es läßt sich denken, daß gerade Richards enorme Mittel den ungemein geldgierigen Pontifex besonders gereizt hatten. Mindestens zweimal bot er dem Grafen die sizilische Königskrone an, war freilich versiert genug, deshalb gleichzeitig mit einem weiteren Interessenten zu kontaktieren, mit Karl von Anjou, dem Bruder des französischen Königs, an dessen erfolglosen Kreuzzügen ins Nildelta und nach Tunis Karl teilgenommen.

Die Verhandlungen führte der päpstliche Notar Albert von Parma, nachdem Innozenz ihm am 3. und 5. August entsprechende Briefe sowohl an die englische wie französische Seite ausgestellt hatte, die aber nur «im Ernstfalle» einem Adressaten zu übergeben waren. Denn der Engländer wußte sowenig wie der Franzose von dem doppelten Spiel des Papstes. Da aber Richard von diesem weder wirtschaftlich noch finanziell Hilfe zugesagt erhielt, so daß ihm das Sizilienprojekt zu riskant erschien, ja angeblich vorkam, als wolle man ihm den Mond verkaufen mit der Offerte, ihn sich zu holen, geriet Innozenz jetzt mit dem ebenso ehrgeizigen wie hinterhältigen Karl tiefer ins Geschäft.

Der Angiovine sollte die Riesensumme von 400 000 Pfund jährlich bis zum vollen Übergang des Königreichs in seine Hände aus der Tasche des Papstes bekommen, die derzeit allerdings leer war. Große Anleihen waren nötig, «auch gegen hohe Zinsen», gedeckt durch Kreuzzugsgelder u. a. Karl hatte dafür, wogegen sich vor allem seine Räte wehrten, einen ganzen Haufen kurialer Bedingungen zu schlucken und sollte bis zum 1. November 1253, natürlich mit einem starken Heer, den Krieg in Süditalien eröffnen. Da Innozenz nicht nachgeben wollte, empfahl er seinem Partner die Entscheidung eines Schiedsgerichts, die freilich durch eine anderslautende geheime Erklärung Karls im vorhinein unwirksam gemacht werden und festlegen sollte, daß er ausschließlich an die päpstlichen Forderungen gehalten sei. Indes zerschlug sich auch dieser saubere Handel, griff Karl jetzt doch lieber in einen flandrischen Erbstreit an der Seite der Gräfin Margarethe ein, wobei ihm der Hennegau winkte, ein zwar beträchtlich kleineres, aber leichter zu erbeutendes Gebiet, weshalb er von der sizilischen Sache im Herbst 1253 wieder absprang.[19]

Doch genau seitdem operierte auch Innozenz wieder in England, und zwar durch eine geheime Mission seines Neffen Ottobuono Fieschi, der es, vor kurzem zum Kardinaldiakon erhoben, wenn auch für wenige Wochen nur als Hadrian V. noch zum Papst bringen sollte. Konferiert hatte man diesmal nicht mit Richard von Cornwall, sondern mit dem König. Und vermutlich hat auch der Papstneffe, Kardinal Fieschi, Heinrich III. die Idee eingegeben, die Krone des Landes für seinen achtjährigen Sohn Edmund zu erwerben.

Man wurde rasch einig und segnete das neue Ergebnis von beiden Seiten ab. Am 14. Mai 1254 erteilte Innozenz die Bestätigung, sah Edmund bereits als neuen Herrn Siziliens an – und trat diesmal seinerseits zurück. Denn am 25. Mai war König Konrad gestorben, und nun, dies jedenfalls der weitaus plausibelste Grund in dem Spekulationengewirr, glaubte der Papst, die Lage wieder allein bewältigen, glaubte er, wieder ohne den Engländer, ohne den Franzosen fertig werden und das unteritalische regnum, wie einst geplant, dem Kirchenstaat eingliedern zu können.[20]

Konrad IV. hatte einen Sohn gleichen Namens hinterlassen, der 1252 auf Burg Wolfstein (nördlich von Landshut) geboren, in Bayern und Schwaben unter dem Schutz seiner Mutter, der Wittelsbacherin Elisabeth, und seines Onkels Herzog Ludwigs II. von Bayern aufgewachsen und von den Italienern anfangs ironisch Konradin, il Corradino, genannt worden war. Niemand sprach ihm sein Erbrecht auf Sizilien ab, außer den Päpsten. Innozenz und Nachfolger erkannten Konradin nur als König von Jerusalem und Herzog von Schwaben (seit 1262) an. Denn das unteritalische Königreich glaubte Innozenz jetzt eben wieder selbst gewinnen zu können und machte diesbezüglich auch wieder einen krummen Zug nach dem andern.

Zunächst nahm man dem Markgrafen Berthold von Hohenburg, Führer der deutschen Truppen im regnum und von Konrad IV. zum Vormund seines zweijährigen Sohnes gemacht, die Vormundschaft und übertrug sie Manfred, wobei der Papst immer noch den Anschein wahrte, Konradins Erbrecht nicht unbedingt abzulehnen. Alsbald aber exkommunizierte er nicht nur den Hohenburger samt seinen Brüdern, sondern auch Manfred, nahm ihnen ihre Lehen und ließ ein schon im Süden des Patrimoniums bereitstehendes, vor allem von den italienischen Kirchen bezahltes schlagkräftiges Heer in das Stauferreich einmarschieren, an dessen Grenze in Anagni er sich bereits seit Konrads Tod aufhielt, um die Dinge aus der Nähe möglichst rasch in den Griff zu bekommen.

Kommandant der päpstlichen Truppen war der Papstneffe Kardinal Wilhelm Fieschi, den eigentlichen Oberbefehl aber führte ein Bruder des Papstes. Das Ganze sah fast nach einem päpstlichen Familienunternehmen aus. Der Papstbruder, hieß es sogar schon, werde sizilischer König werden. Jedenfalls rückte man vor, gewann Anhang, man lief über, huldigte. Innozenz schaltete und waltete bald, als wäre das sizilische Reich der Kirchenstaat. Manfred bekam es mit der Angst zu tun, unterwarf sich, wurde Vasall, und der Papst schien vor einem Triumph zu stehen wie noch kein andrer zuvor, rühmte er sich doch selbst in einem Brief an seine Vaterstadt, «daß die Lage der Kirche heute glorreicher ist als jemals früher».[21]

Entsprechend war das Auftreten des Landesherrn. Er bestimmte alles. Er bestimmte die Lehen für Manfred, legte den genauen Umfang seines Gebietes fest, maß ihm, während er sich selbst die Einkünfte des Ganzen vorbehielt, ein Jahresgehalt zu, das mit Sicherheit für keine eigenen politischen oder militärischen Unternehmen gereicht, ihn also weitgehend kaltgestellt hätte. Bei der Besitzergreifung des neuen Reiches mußte der Staufer an der Grenze den Stratordienst leisten, mußte das päpstliche Pferd führen, er mußte den Heiligen Vater begleiten, der als Obereigentümer Ämter verlieh, Rechte bestätigte, Gnadenerweise erteilte, Landstriche zuwies, auch ohne die Grenzen von Manfreds Fürstentum zu respektieren. Ähnlich selbstherrlich benahm sich der Legat. Der Staufer wußte also, was er zu erwarten hatte, setzte sich mitten durch die päpstlichen Truppen nach Lucera ab, wo ihn die Sarazenen seines Vaters umjubelten, wo zudem eine pralle Staatskasse sogleich den Kampf gegen das Heer des Legaten erlaubte, das am 2. Dezember bei Foggia ausgeschaltet worden ist.

Innozenz, der seine hochgespannten Erwartungen schwinden, der sich wieder einmal nicht mehr in der Lage sah, allein den Kampf zu führen und zu siegen, ersuchte ein weiteres Mal England um Hilfe, lag aber seit einiger Zeit krank in Neapel, wo er den Verlust seiner Streitmacht erfuhr und, zutiefst von dieser Wendung getroffen, am 7. Dezember 1254 kurz nach Sonnenuntergang starb. Und Jahrzehnte später prahlt die Inschrift seines prunkvollen Grabmonuments in der Kathedrale der Stadt, er habe «Friedrich, die Christen bestreitende Schlange, in den Staub gestreckt».

Der katholische Papsthistoriker Kühner nennt Innozenz IV. nicht nur einen rücksichtslosen Politiker, der sinnlos und verblendet Kaiser und Könige, Friedrich II., Sancho II. von Portugal, Jakob I. von Aragón, abgesetzt und gebannt, sondern der die weltlichen Herrscher auch zur Anwendung der Folter gegen «Ketzer» ermächtigt, der sich durch seine Steuerpolitik verhaßt gemacht habe, er attestiert ihm Hinterlist, Geldgier, Nepotismus und spricht ihm «jede innere Größe» ab.[22]

Papst Alexander IV. (1254–1261) sucht die Staufer durch England zu vernichten

Die nun bis gegen Ende des 13. Jahrhunderts herrschenden Päpste regierten nur wenige Jahre, Innozenz V. und Coelestin V. nur wenige Monate, Hadrian V. amtierte bloß ein paar Wochen. Bestimmt wurde die kuriale Politik dieser Zeit weitgehend von der «sizilischen Frage». Dabei begab man sich, nicht ohne Gegenreaktion, immer mehr in Abhängigkeit von Frankreich, dessen Einfluß ebenso wuchs wie der Deutschlands zurückging. Und seinem Macht- und Prestigeschwund folgte auch der des Papsttums.

Am längsten pontifizierte noch Innozenz' unmittelbarer Nachfolger Alexander IV. (1254–1261), bereits der dritte Papst aus dem Hause der Grafen di Segni, ein Neffe Gregors IX., der ihn sofort, bei seiner ersten Promotion, zum Kardinal gemacht. «Dick, das heißt korpulent, und fett war er wie ein zweiter Eglon; ferner gütig, mild, fromm, ‹gerecht und gottesfürchtig› und Gott ergeben» (Salimbene von Parma).[23]

Im selben Jahr, in dem Alexander IV. (unter dem Einfluß des Kardinals Ottaviano Ubaldini) zur Regierung gelangte, hatte mit Konrads Tod in Deutschland das Interregnum begonnen, «die kaiserlose, die schreckliche Zeit», und Alexander den Gegenkönig Wilhelm von Holland eifrig gefördert. Er verhielt sich aber neutral, als Wilhelm 1256 auf einer Heerfahrt zur Ausdehnung seiner Hausmacht gegen die Friesen fiel und eine Doppelwahl erfolgte – erstmals ausschließlich durch das Kollegium der sieben Kurfürsten, das zwei Ausländer, einen Engländer und einen Spanier, zum deutschen König wählte: Prinz Richard von Cornwall, der Deutschland viermal besuchte, und Alfons X. von Kastilien, der Deutschland nie betrat, aber der Enkel Philipps von Schwaben war. Der Papst erklärte sich jetzt für keinen, wollte er doch das Schisma erhalten, damit beide Seiten sich gegenseitig schwächten und Italien kaiserlos blieb. Hauptsache: der Staufer Konradin stand nicht zur Wahl. Dies hatte er den rheinischen Erzbischöfen und ihren Mitwählern unter Androhung des Kirchenbanns verboten.

Denn Alexander IV. setzte, weniger energisch, gewiß, die antistaufische Politik seiner Vorgänger fort, wie auch sonst so manch schönen päpstlichen Brauch – zum Beispiel die Verpfändung oder Vergabe von Ländereien und Burgen an seine Verwandtschaft. Im übrigen schloß er einerseits Manfred samt Anhang aus der Kirche aus und belehnte andererseits den noch unmündigen englischen Prinzen Edmund Crouchback, Earl of Lancaster (1245–1296), den zweiten Sohn Heinrichs III., mit dem Königreich Sizilien, worauf jedoch das Parlament die Kandidatur wegen überspannter päpstlicher Forderungen scheitern ließ: hohe Zehntverpflichtungen der die Hauptlast des Handels tragenden englischen Kirche und Rückerstattung von mehr als 135 000 Pfund Sterling, angeblichen Aufwendungen des Hl. Stuhls für Sizilien; bei Nichterfüllung der schweren Bedingungen hatte der Vertrag annulliert werden, der König der Exkommunikation, das ganze Land dem Interdikt verfallen sollen.[24]

Der Papst, dessen Kriegspolitik große Summen verschlang, so daß er bei den Banken von Rom, Florenz, Siena 150 000 Pfund

Schulden hinterließ, brauchte dringend Geld. Er hatte inzwischen gerüstet, und wenn er auch, wie erinnerlich, gütig gewesen ist und mild, fromm sowieso, «eine innerliche, religiöse Persönlichkeit von tadellosem Wandel» (Seppelt), und wenn er auch gleich in seiner Regierungserklärung die Eintracht der Völker proklamierte, den Frieden für Länder und Kirchen, so setzte er doch Ende April 1255 auch ein Heer in Marsch, das dem Oberkommando des Papstmachers, Kardinals Ubaldini, und der militärischen Führung des bayerischen Markgrafen Berthold von Hohenburg unterstand. Bei Foggia freilich wurde die Hauptmacht unter dem Legaten eingeschlossen und zur Aufgabe gezwungen. Der Hohenburger, von Manfred wegen Verrats lebenslänglich eingelocht, kam im Verlies um; wie, ist unklar.

Papst Alexander aber, der mit einer Art pazifistischem Programm begonnen, wollte auch jetzt keinen Frieden. Händeringend verhandelte er mit England, suchte, während ihm das noch zu bezahlende Geld für den gescheiterten Feldzug fehlte, schon einen neuen nach Sizilien zu arrangieren. Doch obwohl man an der Kurie hoffte, der Bruder des englischen Herrschers, Richard von Cornwall, durch einen Teil der deutschen Fürsten, wie erwähnt, 1257 zum König gewählt, könne einem englischen Heer den Weg durch Deutschland leichter machen, kam man erst gar nicht so weit. Denn nicht nur erteilte das Parlament dem päpstlichen Eroberungsplan eine Abfuhr, Heinrich III., mit dem Adel um die Macht ringend, geriet selbst in ernste Schwierigkeiten, er sah sich einem Aufstand gegenüber, kurz, England schied aus, Sizilien für die römische Kirche zu erkämpfen.[25]

«Seht doch, wie sie einander lieben ...»

Inzwischen hatte Manfred – nach einem vergeblichen Verständigungsversuch mit dem Papst – das unteritalische Festland und die Insel erobert. Zug um Zug war er, nachdem er sich schon 1254, auf ungeklärte Weise, des Stauferschatzes bemächtigt, im Namen des unmündigen Konradin Herr des Königreichs geworden. Und als etwa mit seinem Einzug in Sizilien im Frühjahr 1258 das Gerücht zirkulierte, Konradin (der legitime Erbe) sei gestorben, salbten und krönten im August einige Erzbischöfe Manfred in Palermo zum König. Vergeblich protestierten Konradins Gesandte. Vergeblich exkommunizierte ihn der Papst und verhängte über seinen jeweiligen Aufenthaltsort das Interdikt. Vergeblich zettelte der Heilige Vater eine Erhebung auf Sizilien unter Führung eines Schwindlers an, der sich als Friedrich II. ausgab.

Manfreds Macht wuchs über das jetzt eigene Reich hinaus. Er gewann große Teile des Kirchenstaates, die Mark Ancona, das Herzogtum Spoleto, die Romagna. Ohne jeden Rechtstitel (aber Macht geht vor Recht, auch heute noch; s. erst jüngst den Überfall auf Serbien 1999) gewann Manfred, der mehrere Statthalter mit Soldaten und Geld in den Norden geschickt, immer mehr Einfluß in Mittel- und – durch den zu ihm übergelaufenen, als «capitanus generalis» für ihn fechtenden Markgrafen Uberto Pallavicini – in Oberitalien, wo weithin das Land in Flammen, wo oft Stadt gegen Stadt stand, oft innerhalb ein und derselben Kommune Guelfen und Ghibellinen einander bekämpften oder auch die Aristokratie die reich gewordenen Handelsleute.

In der Lombardei hatten die vereinigten Heerscharen Pallavicinis und Ezzelinos III. da Romano, des bedeutenden Ghibellinen-Führers und Landesherrn von Verona, Treviso, Padua, Ende August 1258 den einen Kreuzzug führenden Papstlegaten geschlagen, sich aber über die Beute zerstritten. Deshalb wechselte der als «Ketzer» verfluchte Pallavicini im Sommer 1259 ins päpstliche Lager und besiegte mit seinem Verbündeten Azzo II., Markgrafen von Este, Ende September in der Schlacht bei Cassano d'Adda Ezzelino, den seit 1248 exkommunizierten Schwiegersohn und Freund Friedrichs II. Ezzelino erlag wenige Tage danach in der Gefangenschaft einer Verwundung; sein «ganzes Geschlecht wurde ausgerottet» (Haller). Siegreich blieb Manfred auch ein Jahr später, zur Zeit seiner größten Machtfülle, im Krieg zwischen Siena und Florenz an der Seite der Sienesen in der durch Verrat gewonnenen verlustreichen Schlacht bei Montaperti am 4. September 1260.[26]

Papst Alexander, der bei seinem Pontifikatsbeginn Frieden und Eintracht gefordert, alsbald aber selbst Krieg gemacht, der auch «den Spielraum der Inquisition», wie Herders «Lexikon für Theologie und Kirche» formuliert, «erweitert» hatte, womit seine Vorliebe für die Bettelorden, die ordines mendicantes, u. a. zusammenhängen mag, Alexander sah auch sonst die christliche Welt zerrissen. Im Osten stritten die Ritterorden der Johanniter und Templer gegeneinander, an der Pariser Universität (seit 1252) die Weltgeistlichen (Wilhelm von Saint-Amour, Gerhard von Abbeville) gegen die Seelsorge und Lehrtätigkeit der Dominikaner und Franziskaner, ja bald und jahrzehntelang gegen die Orden überhaupt, ohne auf den Papst zu hören. In Italien kämpfte Venedig gegen Genua sechzehn Jahre, im ersten Genuakrieg Venedigs. Und auch hier suchte Alexander «diesen Christenkrieg vor den Toren des heiligen Landes» (Kretschmayr) vergebens zu befrieden.

Der Papst verlor weithin an Geltung, sogar in Rom, wo es durch die ständigen Zusammenstöße von Volk und Adel, doch auch in der Adelsoligarchie selbst, drunter und drüber ging; wo einmal der Podestà der Bürger eingekerkert, einmal der Senator des Adels erschlagen wird; wo die Volkswut zu Verbannungen, zu Hinrichtungen führt, wo man sich auch in der Umgebung an den Besitzungen des Papstes und seines hochherrschaftlichen Clans vergreift; wo Brancaleone degli Andalò, der eng mit Manfred verbündete Jurist und demokratische Senator, der Capitano del popolo, 140 Adelstürme zerstören und zwei Annibaldi, Mitglieder des berühmten, mit den Päpsten der Familie Conti (Innozenz III., Gregor IX., Alexander IV.) verschwägerten Geschlechts, aufhängen läßt, bevor er selbst 1258 in Rom endet, vielleicht an Gift. Zeitweise muß nicht nur die Oberschicht fliehen, sondern vor allem auch der Papst, der da stets weniger zu sagen hat, dessen antistaufische Politik gescheitert ist. Alexander residierte in Anagni, in Viterbo, erneut in Anagni, endlich wieder in Viterbo, wo er erkrankt und am 25. Mai 1261 stirbt.

Hatte dieser Papst jedoch bis zuletzt den englischen Prinzen Edmund Crouchback als Kandidaten für den sizilischen Thron favorisiert, so lenkte sein Nachfolger die Italienpolitik in völlig andere Bahnen.[27]

Papst Urban IV. (1261–1264) und Karl I. von Anjou kommen ins Geschäft

Urban IV., wie der Franzose Jacques Pantaléon sich nannte, war Legat in Schlesien, Polen, Preußen, Deutschland gewesen, zuletzt lateinischer Patriarch von Jerusalem. Gerade geschäftlich an der Kurie weilend, wurde er am 29. August 1261 nach einem drei Monate dauernden Konklave vermutlich als Kompromißkandidat Papst: ein Karrierist von überraschend niedriger Herkunft, der aber dem französischen Hof nahestand und, anders als sein Antezessor, zweifellos sogenanntes Führungsformat hatte. Dazu gehörte auch, daß er seinen mitgebrachten Sohn als Neffen ausgab und zum Kardinal ernannte; daß er wenigstens einen Teil der verlorenen Orte und Provinzen des Patrimoniums zurückeroberte; daß er einem in Sizilien agierenden falschen Friedrich den Rücken steifte; daß er Ludwig den Heiligen 1263 zu einem neuen Kreuzzug rief.

Obwohl König Manfred nun sofort alle Attacken auf den Kirchenstaat unterließ und, reich, wie er war, der Kurie für eine Aussöhnung ein verlockendes Angebot machte – 300 000 Unzen Gold (1,5 Millionen Gulden) für Belehnung mit dem regnum und 10 000 Unzen Gold (statt bisher 1000 Unzen) jährlich, also das Zehnfache, als Lehenszins –, ging der mißtrauische, auch ganz anders orientierte Pontifex nicht darauf ein.

Urban IV., der erst in Viterbo, dann in Orvieto Wohnung nahm, aber nie als Papst Roms Boden zu betreten wagte, schon weil er, hochverschuldet, zu sehr die Scharen seiner Gläubiger fürchten mußte, war durch und durch Franzose. Und als er vierzehn neue Kardinäle kreierte, zählte man sieben Franzosen darunter, sogar zwei einstige Kanzler des Königs; die Kurie wurde vorherrschend frankophil.

Urbans Vorgänger hatte vor neun Jahren den zweiten Sohn Heinrichs von England, den Prinzen Edmund, mit dem Königreich Sizilien belehnt. Jetzt löste Urban einvernehmlich den unerfüllten Vertrag und bot Siziliens Krone einem französischen Prinzen, dem jüngeren Sohn Ludwigs IX. an.

Es war wohl mehr ein Höflichkeitsakt. Und als der König, vielleicht, wie es manchmal heißt, wegen rechtlicher Skrupel, ablehnte, dürfte der negative Bescheid kaum überrascht haben, und der Papst machte sein Angebot, mit Einverständnis nun des Königs, seinem wirklichen Kandidaten, dessen jüngstem Bruder Karl, Graf von Anjou und der Provence, was zur endgültigen Vernichtung der Staufer führte und natürlich führen sollte.[28]

Große Invasionen – zur Rettung und Mehrung ihrer Macht und zum Untergang anderer – hatten die Heiligen Väter schon des öfteren initiiert: als sie die Byzantiner zu einer Art Kreuzzug wider die Wandalen drängten (II 415 ff.!); als sie zur «Treibjagd auf die Goten» bliesen, die deren ganzes Volk auslöschte (II 424 ff.!); als sie mit den Langobarden gegen Byzanz rebellierten (IV 353 ff.) und dann, verlogen, trickreich, die Franken zweimal gegen die Langobarden jagten (IV 377 ff.!). Immer ließen sie andere für sich bluten und gingen aus allen Opferungen fetter hervor.

Ein Mann wie Karl mußte die Päpste anziehen. Nicht zufällig hatte ihn bereits 1252 Innozenz IV. als Nachfolger der Staufer im Süden ausersehen, hatte er den jungen Karl persönlich und ständig gefördert, ihm zum Beispiel jahrelang kirchliche Einkünfte in der Provence überlassen sowie die Ablösungsgelder für die Entbindung vom Gelübde der Kreuzfahrt. Daß der finstere Graf eine Spielernatur und seine gern zur Schau gestellte Frömmigkeit nur aufgesetzt war, konnte die Heiligen Väter nicht irritieren. Hauptsache, er sprang als «athleta Christi», als «campion di San Piero» in die Bresche, je brutaler, desto besser. Der Angiovine aber, für seinen grausamen Charakter, seine unerbittliche Härte bekannt, hatte sich schon auf dem Kreuzzug 1249/1250 in Ägypten «ausgezeichnet» (Gregorovius), «in glänzender Weise» bewährt (Herde). Und bald danach unterwarf er in den heimischen Gefilden, gegen mannigfache Widerstände, nacheinander Arles, Avignon, Barral de Baux, aus einem der feinsten provenzalischen Adelsclane, Marseille, endlich auch die Grafen von Ventimiglia.

Die Eroberungspläne seines Bruders in Italien ließen den französischen König, dessen Zustimmung faktisch unerläßlich war, zunächst zögern. Anscheinend hatte er rechtliche Bedenken gegenüber

England (Edmund) und den Staufern (Konradin), gegen den auch Urban, wie schon Vorgänger Alexander, unter Androhung des Banns, Partei ergriff. Doch Ludwigs Zweifel vergingen, als ihm der Papst den Besitz Siziliens als Weg zum Orient vorstellte.

Der Monarch war auch gegen Manfred anfangs unvoreingenommen, einen Fürsten, den man nicht den schlechtesten, doch den schönsten, liebenswürdigsten, den geliebtesten Staufer und König von Sizilien nannte. Überdies war Manfred, von Friedrich II., dem er in manchem ähnelte, zeitweise persönlich unterrichtet, geistig wach, sprachbegabt, ein Übersetzer des Aristoteles aus dem Arabischen ins Lateinische, ein Erneuerer des kulturellen Lebens am sizilischen Hof. Sogar die päpstliche Kanzlei übernahm nach seinem Tod staufische Bedienstete. Ludwig IX. wollte auch zwischen dem jungen König und dem Papst vermitteln, was dieser aber von sich wies, indem er freiweg log, jener habe sich mehrfach unzugänglich gezeigt, obwohl Manfred wiederholt die Aussöhnung suchte, gerade auch seinerzeit durch ein generöses Friedensangebot. (Noch das Lexikon für Theologie und Kirche konstatiert Urbans «Ablehnung der wiederholten Bemühungen Manfreds um Frieden».) Und auch andre, die beredt zum Staufer standen, schwärzte der Papst am gallischen Hof an: darunter Balduin II., der exilierte lateinische Kaiser von Konstantinopel (1237–1261), der sich schließlich durch den Handel mit Reliquien (u. a. Hand und Arm von Johannes dem Täufer!) und Rittertiteln über Wasser hielt, der auch ihm, Ludwig, schon 1238 die Dornenkrone, die «Passionsreliquie», verkauft hatte, worauf deren Verehrung – o Segen! – im ganzen Abendland wieder anhob.[29]

Jedenfalls schlug die Stimmung am Hof jetzt um. Urbans Lügen und Halbwahrheiten taten das ihre. Sogar seine Wahrheiten. Etwa wenn er Manfreds Kollaboration mit den Sarazenen besonders betonte, weil es auf den gläubigen Ludwig stärker wirken mochte als die Morde, die er, Urban, zu Recht oder Unrecht, dem Staufer anhängte. Und welch gekröntes Haupt, zumal welch päpstliches, hat, direkt oder indirekt, keine Morde auf dem Gewissen!

Im Sommer 1263 kam man Karl immer näher, wobei sich der Papst durch nicht weniger als 34 Punkte vor dem ebenso ehrgeizigen wie brutalen Provenzalen abzusichern suchte. Denn man wollte zwar die Staufer liquidieren, doch den Angiovinen nicht zu mächtig werden lassen, wenn man auch zunächst mehr verlangte, als man dann durchsetzen konnte. Immerhin fertigten Urban IV. und Nachfolger Clemens IV. bis zum endgültigen Vertragsabschluß nur in dieser Sache rund 100 Urkunden aus.

Vor allem war Karl und seinen Erben die Personalunion von Kaisertum und sizilischem Königtum untersagt, durften sie nie die römische Kaiser-, nie die deutsche Königskrone tragen, nie auch eine Eheverbindung mit einem deutschen Kaiser- oder Königshaus eingehen, nie nach Mittel- oder Norditalien ausgreifen, nie zum Herren der Lombardei, der Toskana sich machen, von den zahlreichen Leistungen, die der Kirche zu erbringen, den Freiheiten, die ihr zu gewähren, den Verzichten und Entschädigungen, die ihr diesbezüglich zu erweisen waren, ganz zu schweigen. Natürlich mußte dem Hl. Stuhl für die Belehnung Geld gezahlt werden, 50 000 Sterlingmark und ein jährlicher Tribut von 10 000 Goldunzen. Auf Wunsch waren außerdem einmal im Jahr für drei Monate 300 gepanzerte Ritter zu überlassen, 1200 Pferde oder eine demgemäße Anzahl von Kriegsschiffen. Und man schrieb Karl vor, innerhalb eines Jahres mit 1000 Rittern, einem entsprechenden Kontingent Fußvolk und 300 Armbrustern den Krieg zu eröffnen.

Auch wenn der Franzose selbstverständlich Einwände gegen die Forderungen hatte, in 14 Punkten Bedenken erhob und das Feilschen sich ein Jahr hinzog, zumal er noch zwischenzeitlich in Rom zum Senator auf Lebenszeit gewählt worden war, was Papst Urban doch etwas lang schien – der ehrgeizige Anjou drängte zum Losschlagen, und seine Ungeduld, seine zielstrebige Eile vor allem brachten ihm Erfolg und Sieg.[30]

KARL DER RETTER IST DA

Der Vertragsabschluß im Herbst 1264 fiel ungefähr mit Urbans IV. Tod am 2. Oktober in Perugia zusammen, worauf es wegen der Zerstrittenheit der Kardinäle vier Monate dauerte, bis der nächste Papst am 5. Februar gewählt war: Clemens IV. (1265–1268), Guy Foulques (Guido Fulcodi), ebenfalls Franzose, Richtersohn und selbst Jurist, verheiratet, Vater zweier Töchter, Rechtsberater Ludwigs IX. Erst neun Jahre vor seiner Wahl wurde er Priester, im nächsten Jahr bereits Bischof von Le Puy, zwei Jahre darauf Erzbischof von Narbonne, wieder nur drei Jahre später Kardinal, eine rasante Karriere. Allerdings ließ ihn die herrschende Papstfeindlichkeit nur als Mönch verkleidet nach Perugia gelangen und bloß dort und in Viterbo residieren, während man in der Heiligen Stadt selbst raubte, mordete, die Straßen verschanzte.

Der neue Papst und der künftige König, beide berechnende kalte Naturen, kamen aus denselben Gefilden, mochten einander aber nicht, wenngleich sie einander benutzten, ohne aus ihrem Mißfallen ein Geheimnis zu machen. Zumal Karls Verhalten war von ungebremster Despektion. Doch fesselten ihn seine Pläne, seine Machtsucht zu sehr, um sich sonderlich um den Papst, seinen einstigen Untertanen, zu kümmern. Jedenfalls schlossen sie den Sizilienhandel endgültig ab. «Der Nerv des Unternehmens war das Geld» (Gregorovius).

Karl unterschrieb, was der Papst wünschte, aber scherte sich den Teufel darum. Er wies seinem Heer den Landweg zu und kam selbst, begünstigt durch allerlei Zufälle – die oft mehr Geschichte machen, als man glauben möchte – mit etwa 40 Schiffen und 1500 Mann, doch ohne Pferde, am 21. Mai nach Ostia, wo infolge hoch stürmender See die zwischen Marseille und der mittelitalischen Küste kreuzende sizilisch-pisanische Flotte zu spät erschien, um seine Landung verhindern zu können. Clemens IV. kam gar nicht. Doch besteuerte er, nach gutem päpstlichem Brauch, fast ganz Europa, und vier Kardinäle belehnten den Angiovinen weisungsgemäß am 28. Juni 1265 in der Basilika des Lateran mit dem sizilischen Königreich.[31]

Nicht nur Papst Clemens war nicht nach Rom gekommen, auch kein Geld kam mehr; weder von ihm noch kaum von der französischen Kirche, die Karls Raubzug insgesamt finanzieren sollte. Doch verschlang die eingehenden Kirchenzehnten meist schon das in Frankreich unter dem Kardinallegaten Simon de Brion, dem späteren Papst Martin IV., einem Franzosen, einst «Kanzler» und Großsiegelbewahrer Ludwigs des Heiligen, sich sammelnde und von ihm notdürftig ausgerüstete Kreuzheer. In Rom aber verbrauchten die Ritter und Armbrustschützen des Anjou schätzungsweise tausend Gulden und mehr (1200 turonesische Pfunde) Tag für Tag, so daß Karl, der, zum Mißfallen des Papstes, «wider alle Schicklichkeit», im Lateranpalast domizilierte, wo schon sein Vikar Gantelmi die Schatzkammer erbrochen und geleert hatte, unentwegt Geld verlangte, seine Gattin ihre Juwelen verpfändete und der Heilige Vater den Legaten Geldeintreiber in Frankreich bedrängte, «jeden Zwang anzuwenden, niemand zu schonen».

Immer dringender auch appellierte Clemens an den hl. König Ludwig: «Erbarme dich deines Bruders, hilf dem Christenvolk!» Nichts half. «Mein Schatz ist völlig leer», klagte er dem Anjou selbst und breitete sein Unglück vor ihm aus: «England widerstrebt, Deutschland will nicht gehorsamen, Frankreich seufzt und murrt, Spanien hat mit sich selbst genug zu tun, Italien zahlt nicht, sondern verschlingt.» Clemens delogierte Karl kurzerhand aus dem Lateran («Such dir anderswo in der Stadt deine Wohnung ...»), versetzte die Einnahmen der römischen Kirchen, ja den eignen Kirchenschatz, und verschuldete sich bei den ihn mit hohen Zinsen aussaugenden Kaufleuten in Siena und Florenz, bei Wucherern von Italien bis Südfrankreich.

Doch wenn der hl. Ludwig auch nichts zahlte für den Kreuzzug, den Glaubenskrieg, als welchen der Papst die Eroberung des süditalischen Stauferreiches, die Heerfahrt wider Manfred, den «Sultan von Lucera», den «gottlosen Heiden», «die giftgeschwollene Brut eines Drachen aus giftigem Geschlecht», ausgab und sogar populär machen konnte, zumal er «jedes Verbrechen verzieh», gepredigt hat Ludwig, gepredigt hat der Heilige zugunsten des neuen großen Schurkenstücks, gepredigt wie der päpstliche Legat und die päpstlichen Bettelmönche.

Endlich, im Juni, brach, so nannte es sich, das «Heer Gottes» auf, darunter der Bischof Gui de Beaulieu von Auxerre, der Erzbischof Bertrand von Narbonne sowie viele Träger klangvoller und glanzvoller Namen, raubgeiles Kriegsvolk, auf nichts mehr aus als auf Geld und Besitz, auf Beute, Beute unter dem Zeichen des Kreuzes.

Es gelangte fast ungehindert durch die Lombardei, wo ebenfalls das Kreuz gepredigt und jeder Anhänger Manfreds als «Ketzer» verschrien worden war. Und es stellte seine Legitimation durch gräßliche Verwüstungen, Greuel aller Art unter Beweis; auch dadurch, daß es in einer Kleinstadt, die einen französischen Ritter wenig chevaleresk gehenkt hatte, sämtliche Einwohner, auch alle Frauen und Kinder, ausnahmslos abstach – ein Lidice vor Lidice. Aber – war es nicht gottgewollt? Nicht wenigstens zugelassen von Gott? Nicht eine Lappalie neben seinen eigenen gloriosen Bibeltaten? «So wahr ich ewig lebe ... so will ich mich rächen an meinen Feinden ... will meine Pfeile mit Blut trunken machen, und mein Schwert soll Fleisch fressen, mit Blut von Erschlagenen und Gefangenen ...» «Du sollst keine Seele am Leben lassen ...» (I 73 ff.!)[32]

Nach sieben Monaten, um die Jahreswende 1265/1266, war man, abgerissen und ohne Geld, in Rom, wo sich Papst Clemens auch jetzt nicht blicken ließ, aber fünf Kardinäle Karl von Anjou am 6. Januar zum König von Sizilien krönten. Ende Januar zog das Heer, der Usurpator an der Spitze, weiter, mit dem Segen der Kardinäle, mit ihrer Absolution, bis zur Grenze noch begleitet, wie seit längerem, vom päpstlichen Legaten Oktavian Ubaldini. Ohne Feindberührung drang man nahe Ceprano ins sizilische Reich ein, bis der Aggressor bei Rocca d'Arce und Cassino erste Gefechte gewann, die gesamte Terra di Lavoro zu ihm übertrat und Manfred, der die Gefahr vielleicht unterschätzt hatte, bei Benevent Stellung bezog, wo am Morgen des 26. Februar 1266 die Entscheidungsschlacht begann.

Eine Schlacht für das Papsttum ...

Trotz des Nachtmarsches von Karls erschöpfter, ausgehungerter Armee, trieb er sie sofort zum Angriff, durch Bischof Gui de Beaulieu und die Bettelmönche gerade noch von ihren Sünden befreit, und zunächst sah es aus, als beherrschten Manfreds arabische Bogenschützen und deutsche Reiter das Feld, die einzigen, auf die der König, von Verrätern umgeben oder schon verlassen, sich noch verlassen konnte. Das Heer des Anjou hatte bereits schwere Verluste, als er seine Reserve ins Treffen warf, worauf Manfred gleichfalls sein letztes Aufgebot nach vorn befahl. Doch die Truppen aus dem Königreich, auch Römer, Toskaner, Lombarden flohen oder waren schon geflohen, und die überlegene Reiterei der Franzosen, fraglos inzwischen die erste Streitmacht der westlichen Welt, gab dem noch übrigen den Rest.

Einen Tag lang hatte man einander gut christlich umgebracht, erschossen, erstochen, erschlagen, aufgespießt, der Franzose nicht geringere Verluste, Einbußen, Ausfälle, Abgänge, Gefallene, wie das ja heißt, und am Abend lagen 3000 Geschlachtete da. Was zählt's! In Italien aber stand anstelle der staufischen Dynastie nun die angiovinische, hatte eine völkerunterdrückende und -hinmordende Macht die andere abgelöst. Das zählt! Vive la France? Vive le roi![33]

«Nach heißem Streit von beiden Seiten», so diktierte der Sieger noch am Abend einen Brief an den Papst, «brachten wir mit Gottes Hilfe die zwei ersten Schlachtreihen der Feinde zum Weichen, worauf die andern alle ihr Heil in der Flucht suchten. So groß war das Gemetzel auf dem Felde, daß die Leichen der Erschlagenen das Angesicht der Erde verhüllten ... Ich melde Eurer Heiligkeit diesen großen Sieg, damit ihr dem Allmächtigen danket, der ihn verliehen hat und durch meinen Arm die Sache der Kirche verficht.»[34]

Manfred war inmitten des größten Getümmels umgekommen und erst am nächsten Tag gefunden worden. Karl hatte ihn, schrieb er dem Papst, «vom Gefühle der Natur bewegt ..., mit Ehren, doch nicht in kirchlicher Weise, zu Grabe bestatten», hatte ihn bei Calore-Brücke in Benevent mit Steinen zuschütten und ein Kreuz darauf stecken lassen. Papst Clemens fand das unangemessen für einen «Ketzer», zumal auf kirchlichem Boden. So ließ denn Erzbischof Pignatelli von Cosenza den «stinkenden Leichnam des verpesteten Menschen», wie ihn der Heilige Vater auch nannte, anderwärts, am Ufer des Grenzflüßchens Verde, jedem Wetter ausgesetzt, verfaulen – «von Wind und Regen draußen – am Verdeufer hin und her gezerrt», wie selbst Dante, der Kirchentreue, mißfällig bemerkt.

Für den Rest der Familie, durch ein ungestümes Meer am Entkommen gehindert und dann von Bettelmönchen verraten, sorgte der Nachfolger. Nur Manfreds Tochter Beatrix wurde durch einen Seesieg der Aragonesen nach achtzehnjähriger Kerkerhaft im Kastell del Uovo zu Neapel befreit. Die übrigen, Manfreds junge schöne Witwe Helena von Epiros sowie ihre drei Söhne Friedrich, Azzolino und Heinrich, sie alle noch kleine Kinder und öffentlich für tot erklärt, krepierten angekettet im Verlies, als letzter Heinrich 1318 in Neapel nach 52 Jahren Kerker.

Vive le roi![35]

Nach der Schlacht bei Benevent, die nicht nur das Schicksal eines Königreichs entschied, die auch Frankreich, wie die Schlacht schon bei Bouvines, weiter auf den Weg zur Vormacht in Europa brachte, zeigte sich sogar Papst Clemens mit dem Sieger zufrieden, nein, entzückt. Alle Glocken Perugias ließ er läuten, sah im ganzen Land «die Hörner der Sünder zerbrochen» und ein goldenes Zeitalter der Glückseligkeit nahen. Lang allerdings hielt seine Euphorie nicht an. Dann begannen wieder die Klagen über den König, der sich selbst einen Streiter Gottes nannte, dessen Soldateska aber gleich nach der Schlacht, ungeachtet einer ihr entgegenflehenden Pfaffenprozession, sich an Beneventer Frauen und am Kirchengut vergriffen, ja, in der Stadt der Päpste, den Siegern wohlgesinnt, acht Tage lang die Bürger unterschiedslos hingemetzelt hatte, als müßte sie ihrer Väter und Vorväter Greuel von Béziers wiederholen. Wie ja auch Karls Marschall Jean de Braiselve nach Einnahme von S. Ellero bei Florenz die gesamte ghibellinische Besatzung hatte über die Klinge springen lassen. Der Papst äußerte Unwillen, Protest, sah auch durch Karls Steuerpolitik die Kirche belastet; 50 000 Mark blieb er ihr für immer schuldig. Seine Beamten, so rügte Clemens, bestahlen, beraubten das Volk. Überhaupt übte er ein gnadenloses Regiment aus, eine Schreckensherrschaft, so daß eine Erhebung auf Sizilien im Herbst 1267 immer mehr Zulauf gewann und zuletzt nur noch Palermo, Messina und Syrakus in seiner Gewalt waren.[36]

... und ein zweites Gemetzel für das Papsttum nebst Karls Siegesbotschaft

Da Clemens' Schicksal indes beträchtlich von dem Provenzalen abhing, mußte er mit ihm kooperieren, zumal bereits eine neue Gefahr drohte: Konrads IV. Sohn, der junge Konradin, der letzte legitime Staufer, der ein unbestreitbares Erbrecht auf jenes Reich hatte, das Päpste und Angiovinen ihm zu rauben suchten. Grund genug, das künftige Opfer in der bewährten Tonart der Heiligen Väter zu diffamieren. So schrieb Clemens am 10. April 1267 den Florentinern: «Vom Stamme des Drachen ist ein giftiger Basilisk hervorgestiegen, welcher Toskana schon mit seinem Pesthauch erfüllt; er sendet ein Schlangengezücht, Menschen des Verderbens, unsere und des vakanten Reichs wie des erlauchten Königs Karl Verräter, die Genossen seiner Pläne, an Städte und Edle; mit feiner Lügenkunst brüstet er sich im Flitterprunk» usw.

Der junge Konradin aber, das «Idol», wie der Papst höhnte, «dies schändliche Götzenbild», zog, ermuntert von der sizilischen Stauferpartei, von unteritalischen Exulanten, der Opposition im Kirchenstaat, Florentiner Ghibellinen, der kaiserlichen Partei Oberitaliens, am 8. September 1267 von Augsburg aus über den Brenner nach Bozen, Trient, aus dem man den stauferfeindlichen Bischof Egno vertrieben, nach Verona.

Doch die deutsche Heerschar, von dem landeskundigen Konrad Kroff von Flüglingen, einem bayerischen Grafen, geführt, war nicht gewaltig und mußte sich in Eilmärschen durch meist feindliche Gebiete schlagen. Mächtige Fürsten fehlten Konradin, nachdem sein Onkel Ludwig II. von Bayern, sein Stiefvater Graf Meinhard II. von Görz und Tirol sowie dessen aufstrebender Freund Graf Rudolf von Habsburg aus dem riskanten Feldzug schieden. Sie, die Konradin erst zugeraten, setzten sich in Verona ab und kehrten nach Hause zurück. Rudolf von Habsburg wurde 1273 deutscher König, dessen Freund Meinhard II. durch ihn 1286 Herzog von Kärnten, und Ludwig II. «der Strenge» (weil er seine fälschlich der Untreue verdächtigte erste Frau Marie von Brabant hatte köpfen lassen) strich als Konradins Erbe große territoriale Gewinne ein, seine Eigengüter, Burgen, Vogteien wie Hersbruck, Vilseck, Augsburg, Füssen u. a. Zur Sühne für die etwas vorschnelle Enthauptung der Gattin, um dem gestrengen Herzog Gerechtigkeit widerfahren zu lassen, errichtete er das Kloster Fürstenfeld. Denn für gewisse Vergehen machten Große oft erstaunliche Stiftungen. So erbaute – doch solche Fälle sind zahlreich bezeugt – ein Graf von Rothenburg, der eine Scheune voll hungernder Leute verbrannt hatte, zur Buße das Kloster Deutz. Man kann sich denken, wie dankbar die Kirche für reiche spendable Sünder war.[37]

Papst Clemens exkommunizierte am 18. November 1267 den Staufer samt hohem Anhang in Deutschland wie Italien. Er drohte ihm den Verlust des Königreichs Jerusalem an und rief schließlich zum Kreuzzug gegen ihn auf. Konradin, dessen Heer nach Heimkehr der deutschen Fürsten noch aus rund 3000 Rittern bestand, verließ Verona Mitte Januar 1268 und rückte über die ihm befreundeten und ihn fördernden Städte Pavia, Pisa, Siena nach Rom vor, wo ihn am 24. Juli Heinrich «el Senador», ein Sohn König Ferdinands III. von Kastilien-León, mütterlicherseits ein Staufersproß, triumphal empfing. Heinrich, vom Papst erst am 5. April exkommuniziert und schon vordem von Karl, seinem Vetter, dem er beim Raub Siziliens geholfen, um gewaltige Beträge geprellt, zog nun mit Konradin weiter,

> «mit obergrozes heres vulle
> an daz lant zo Pulle.
> mit im ouch dhe hervart vor
> von Rome eyn senator,
> dhes koninghes brudher von Kastelle,
> und anderes volkes me dan ich zelle,
> Dhudeschen, Lumbarte und Romere ...»

Inzwischen brodelte es im Königreich, auch unter den Sarazenen Luceras, wegen Willkür und Härte des neuen Herrn. Auch war eine Truppe Karls im Arnotal vernichtet, sein Marschall Jean de Braiselve gefangengenommen und Konradins Streitmacht durch Aufständische, deutsche Söldner, italische Ghibellinen und Heinrichs schwergepanzerte Reiterei merklich verstärkt worden, während

Papst Clemens sehnlich darauf wartete, «die eisernen Nacken der Rebellen in ein ebensolches Joch zu zwängen».[38]

Das konnte er auch bald; fand allerdings selbst das Joch etwas hart. Karl hatte fast den ganzen April als sein Gast in Viterbo verbracht, später lang, doch vergebens Luceras meuternde Moslems belagert, dann in gemessenem Abstand den Zug seines Gegners verfolgt, ihm den Weg nach Lucera verstellt, bis er in der Ebene östlich von Tagliacozzo die beste Chance zum Angriff bot. Seine eigne Truppe, etwa 4000 Franzosen, Provenzalen, italische Guelfen, war zwar kleiner, aber besser bewaffnet, weniger zusammengewürfelt, auch er, Karl, kampferfahrener als der Feind, der am Morgen des 23. August vor der Schlacht erst noch den gefangenen Marschall Jean de Braiselve einen Kopf kürzer machte; für alle Fälle sozusagen, und als kleines Stimulans vielleicht für das nun anbrechende Gefecht.

Dabei schien es, besonders dank Heinrichs spanischen Panzerreitern, schon nach kurzer Zeit von Konradin – der, weil zu jung, nicht aktiv eingriff – gewonnen zu werden. Karls italische Mitstreiter waren bereits verjagt, auch die Franzosen scheinbar geschlagen, so daß der Sieg als sicher galt, viele deutsche Herren ihre Pferdesättel schon verlassen hatten und – welch ritterliche Haltung, hochgemutes Tun! – Leichen fledderten, gierig am Boden die Toten, die Wehrlosen ausnahmen ... Doch Stehlen, Plündern, Landrauben, Menschenausbeuten und -schlachten, was sonst hätte den Adel mehr zum Adel gemacht, außer den Phrasen, die das Ganze begleiteten und mutatis mutandis begleiten bis heute? (Der Hinweis sei erlaubt, daß ich selbst als Soldat im Zweiten Weltkrieg Leichenfleddereien in Italien zusah, sogar einen derart tätigen «Kameraden» später wieder traf – als Juwelier.)

Beinah aufs Jahr genau ein Jahrhundert vor dem Treffen bei Tagliacozzo notiert der Lodeser Anonymus (?) von den Kriegern im Heer Friedrich Barbarossas, daß «fast alle» (fere omnes), «Bischöfe wie Grafen, Markgrafen und andere Kleriker und Laien mehr von dem, was anderen geraubt oder mit Gewalt weggenommen war, als von ihren eigenen Mitteln lebten» (magis ex rebus aliis raptis et vi ablatis quam ex suis propriis quotidie vivebant). Und woher die «eigenen» Mittel? Doch während des Staufers edle Ritterschar im blutigen Dreck ihr Ein- und Auskommen, ihre Ehre etwas zu vergrößern suchte, stieß Karl, der, bereits tot geglaubt, von einem Hügel aus alles beobachtet und gerade noch, so ein guelfischer Chronist, tränenreich die Madonna angefleht hatte, mit seiner in einer Erdsenke versteckten Reserve aus dem Hinterhalt hervor und leitete die Wende ein.[39]

Ja, immer etwas in petto haben! – Die Madonna allein genügt nicht. Auch nicht die ganze Dreifaltigkeit. Der Papst hatte noch die Bankiers. Und er hatte Karl. Und Karl hatte noch seine «Kerntruppe». Und den Hinterhalt. Auch der Hinterhalt macht Geschichte. Das Hinterhältige überhaupt. Es vor allem.

Ungefähr 4000 Menschen lagen am Abend auf dem Schlachtfeld, elend krepiert, in der Mehrzahl vermutlich Provenzalen und Franzosen. Doch Karl I. von Anjou berichtete noch am selben Tag begeistert dem Papst, die Anzahl der Gefallenen übertreffe die von Benevent. «Die Freudenbotschaft, welche alle Gläubigen der Welt so lange ersehnt haben, biete ich Euch, Heiliger Vater, jetzt wie Weihrauch dar, und ich bitte Euch: Vater, erhebet Euch und eßt von dem Jagdwild Eures Sohnes ...»

Ja, Stil als Spiegel keiner schönen Seele zwar, aber einer hohen, einer hochgestellten, höchsten. Und nachdem der König, Ludwig des Heiligen Bruder, dem Heiligen Vater das Resultat von Tausenden unsäglich schändlich abgemurkster Menschen als «Freudenbotschaft» gemeldet und den Blut- und Verwesungsgestank der Gemetzelten gleichsam als «Weihrauch» die papale Nase hatte kitzeln lassen, ja, ihm die erlegten Feinde als deliziöses Gericht offeriert, geschmackvoll als «Jagdwild» aufgetischt, gedachte er auch der heiligen Kirche. Er forderte «unsere Mutter» auf, sich zu erheben, «zum jubelnden Preise des Allmächtigen, der ihr durch seinen Kämpfer einen so großen Sieg verliehen ...». Ähnlich hatte er schon nach dem Beneventer Massenmord die «Heiligkeit» gleich wissen lassen, daß der «Allmächtige ... durch meinen Arm die Sache der Kirche verficht ...». Und erbaute dankbar nah dem Ort der Schlächterei eine Zisterzienserabtei, S. Maria della Vittoria.

Doch der Sieg, das Grauen und die Greuel, dies alles genügte dem

Schützer und Schirmer des Hohenpriesters und seiner Gemeinschaft der Heiligen nicht. Und so ließ er, vom Papst erst unlängst in Toskana zum «Wiederhersteller des Friedens» («friedenschaffende Maßnahmen») ernannt, vielen Gefangenen die Füße abhauen, und dann, um der (einst – wie heute – doch gar nicht so empfindlichen) christlichen Welt ihren Anblick zu ersparen, alle Verstümmelten taktvoll hinter den Mauern eines Gebäudes verbrennen. Ein Mann von Adel eben, Hochadel. Und selten zeigte er so viel Dezenz.

Von den gefangenen Baronen befahl er alsbald eine Reihe öffentlich hinzurichten. Darunter Konradins Kämmerer für die Königreiche Jerusalem und Sizilien, Thomas von Aquino. Darunter auch der ihm meistverhaßte, ihn als General Manfreds und Kombattant Konradins erbittert bekämpfende Graf Galvano Lancia; doch exekutierte man ihn erst, nachdem sein Sohn Galiotto in den Armen des Vaters erdrosselt worden war. Und schließlich fielen auch – nach einer wieder von unglückseligen Zufällen gezeichneten Flucht – am 29. Oktober 1268 auf der Piazza del Mercato, dem Marktplatz von Neapel, das Haupt des letzten Staufers, eines Kindes, und eine Reihe von Köpfen seiner Freunde – «unde edeler herren ein teil» – im Beisein des Usurpators auf dem Schafott; von Anfang des ihnen gemachten Prozesses an beschlossene Sache.

Der hl. Thomas von Aquin verfaßte eben seinerzeit am päpstlichen Hof in Viterbo seinen, so schwärmt ein Katholik, «herrlichen Traktat»: «Über die Herrschaft und den Lohn der Könige».[40]

Im Jahr nach dem Schauprozeß ließ König Karl auch Konrads Halbbruder gleichen Namens und gleichen Alters, einen außerehelichen Sohn Konrads IV., in Lucera liquidieren, nur nicht durchs Beil diesmal, sondern durch den Strang. In Rom, über das der Anjou als Senator gebot, brachten seine Vikare in Kürze zweihundert Räuber an den Galgen. Denn, Ausnahmen beiseite, verfuhr man auch seinerzeit wie stets nach dem Spruch: Die Kleinen hängt man ... Als der von Karl hoch geschätzte und belohnte Guido von Montfort, Statthalter der Toskana, den englischen Prinzen Heinrich, Richards von Cornwall jungen Sohn, im März 1271 aus Blutrache in Viterbo ermordete, als er im Beisein mehrerer Könige und Kardinäle den völlig Schuldlosen vor dem Altar abstach, wobei noch zwei zelebrierende Priester umkamen, als er den Leichnam des Prinzen an den Haaren fortschleifte und über die Kirchentreppe warf, wurde der Mörder dafür nie bestraft – zwölf Jahre später aber erhob ihn ein Papst zum General im Kirchendienst.[41]

10. KAPITEL

DIE HABSBURGER KOMMEN

«Ich ankere meine Hoffnung fest in Euch und stürze zu den Füßen Eurer Heiligkeit nieder, flehentlich bittend, Ihr möget mir in meiner übernommenen Pflicht mit wohlwollender Gunst beistehen und das kaiserliche Diadem mir huldvoll zuerteilen.» Rudolf I. von Habsburg[1]

«Er was ein gepaurischer man an der persone und het neur ain auge und gar einen unwirdischen anplich. Er was gar geitich nach gut, daz er doch dem reich niht zufügte, wan neur sinen chinden, der er vil het.» Sächsische Weltchronik. Erste Bairische Fortsetzung; über Albrecht I., Sohn Rudolfs[2]

«Denn hinter dem Gelde laufen sie alle her. Um Geld zu bekommen, verdingen sie sich heute an den König von Frankreich, morgen an den von England, übermorgen an den Herrn von Mailand und überübermorgen an die Republik Venedig. Ist es doch sogar vorgekommen – die Beweise liegen urkundlich im Pariser Archiv –, daß eine ganze Koalition westdeutscher Fürsten, geführt von König Adolf von Nassau, unter Bruch der geschworenen Eide und trotz empfangener Hilfsgelder den König von England im Stiche ließ, als der Franzose mehr zahlte ... In solchen Zügen – die Beispiele ließen sich vermehren – spricht sich immer wieder das eine aus: die Fürsten haben Sinn nur für ihre eigensten Angelegenheiten und ihren persönlichen Vorteil; das Ganze und sein Wohl gilt ihnen nichts.» Johannes Haller[3]

Rudolf von Habsburg stürzt dem Papst zu Füssen

Über die Päpste in den letzten Jahrzehnten des 13. Jahrhunderts schreibt der Jesuit Hertling: «Alle diese Päpste waren höchst würdige Männer, einige werden als Heilige verehrt.» Nach dem katholischen Historiker Seidlmayer aber liegen die Päpste in diesen Jahrzehnten mit ihren eigenen Ländern fast ständig im blutigen Kampf. Doch vielleicht ist das ja gar kein Widerspruch.

Clemens IV. war 1268 in Viterbo gestorben, und es dauerte fast drei Jahre, die längste Sedisvakanz seit nahezu einem Jahrtausend, bis endlich der Heilige Geist die tief entzweiten Kardinäle den neuen Stellvertreter Christi finden ließ, wobei auch eine von erbosten Viterbesen angedrohte Hungerkur mithalf. Man hatte den Lütticher Archidiakon Tedald aus Piacenzas Visconti-Familie erwählt, der derzeit noch auf einem Kreuzzug in Palästina für das Reich Gottes stritt und sich dann Gregor X. (1271–1276) nannte.

Nicht nur für Hertling war er «ein vortrefflicher Papst»; fast allgemein haftet ihm der Ruf eines gerechten, uneigennützigen Mannes an. Dabei hat er, wie üblich, seine Verwandten mit lukrativen Posten in der Kurialbürokratie und im Kirchenstaat bedacht, hat er zwei Neffen nebst seinem Leibarzt zu Kardinälen kreiert. Und wenigstens ein Beispiel noch mag den Vortrefflichen beleuchten, die Restitution des Erzbischofs Heinrich von Trier.

An der Mosel beanspruchen 1259 zwei Nebenbuhler den altehrwürdigen Stuhl. Alexander IV. läßt sie, zu seinem großen Vorteil, zwei Jahre lang aneinandergeraten und übergeht dann beide. Statt ihrer wird der Dechant von Metz, Heinrich von Finstingen, Erzbischof, da er dem Papst Rückzahlung der enormen Schulden beider Kampfhähne verspricht. Der neue Oberhirte stürzt sich gleich in allerlei militärische Aktionen, wobei er die Abtei St. Matthias so verwüstet, daß deren Mönche fast lebendig verbrannt worden wären. Erzbischof Heinrich wird der Simonie, des Meineids, des Totschlags angeklagt. Urban IV. beauftragt 1261 die Bischöfe von Worms, Speyer und den Abt von Rodenkirchen mit der Untersuchung des Falls. Der Erzbischof besticht sie, die Untersuchung unterbleibt. 1262 schickt Urban eine weitere Kommission, zwei Franziskaner. Unter Androhung des Kirchenbanns befiehlt er ihnen, die Sache zu prüfen. Aber ihre eigenen Oberen verbieten dies bei Strafe der Einkerkerung. Schließlich sind sie froh, ihr Leben durch die Flucht zu retten. Nun spricht Clemens IV. die Suspension des Trierers aus. Doch zieht sich der Streit noch Jahre hin, bis 1272. Dann bekommt Heinrich das Bistum zurück, und zwar ohne jeden Abschluß der Causa: er hatte der Kammer Gregors die Riesensumme von 33 000 Mark Silber bezahlt – und war, beiläufig, immer noch wohlhabend genug, 1273 der Krönung des Habsburgers mit einem Gefolge von 1800 Bewaffneten beizuwohnen.

Schon Albert Hauck stellte fest, daß die kuriale Verwaltung unter Gregor X. nicht besser war als unter seinen Vorgängern.

Entsprechend verhält es sich mit seiner oft gerühmten Friedensliebe. Wie so viele Heilige Väter suchte auch Gregor Frieden, um Krieg führen zu können. Er hatte die Mitteilung von seiner Berufung zum Papst als Kreuzfahrer bekommen und ist auch danach stets Kreuzfahrer geblieben: «der letzte Kreuzzugspapst» – obwohl man noch im 20. Jahrhundert Kreuzzüge führt. Gregors erste Amtsmaßnahme war ein Aufruf zugunsten der Kreuzfahrer in Syrien. Im Winter 1273 ließ er sich Vorschläge zu einer volkstümlicheren Kreuzzugspropagierung unterbreiten. Und auch auf dem Konzil von Lyon 1274 lockte er mit seiner Lieblingsidee. Dreizehn Könige hatte er geladen, einer kam, Jakob von Aragón, «ein prahlerischer alter Säbelraßler». Er interessierte sich zwar wirklich. Doch Gregors Pläne waren ihm zu weltfremd: sechs Jahre sollte kein christliches Schiff einen muslimischen Hafen anlaufen. Und ein neuer Kreuzzugszehnt konnte das kaum attraktiver machen. Während seines ganzen Regiments wünschte er nichts sehnlicher als die bewaffnete Orientfahrt, und bis zu seinem Tod diktierte er Brief um Brief, um sie zu bekommen – alles vergeblich.[4]

Seinen Kriegsplan suchte der «nur auf Friede und Versöhnung bedachte» Papst (Kühner), erst wenige Tage vor seiner Erhebung in Rom zum Priester geweiht, auch durch einen neuen teutonischen Fürsten zu fördern, dessen Königswahl er mit Erfolg betrieb, dessen Kaiserkrönung ihm sein früher Tod versagte.

1272 war Richard von Cornwall, einer der zwei Rivalen um den deutschen Thron, gestorben, und Alfons von Kastilien forderte von Gregor die Anerkennung als römischer König sowie seine Krönung als Kaiser. (Es war auch das Jahr, in dem der letzte noch lebende Sohn Friedrichs II., der ihm äußerlich und charakterlich ähnliche, allseits als schön, gebildet, tapfer gerühmte König Enzio von Sardinien, im Bologneser «Palazzo di re Enzo», wie das Haus bis heute heißt, nach mehr als 22jähriger Haft und vielen melancholischen Versen verschied – noch 1909 Italiens großen Lyriker Giovanni Pascoli zu seinen «Canzoni di Re Enzo» inspirierend.)

Während der Thronvakanz 1272/1273 hatte Gregor X. insgeheim mit den deutschen Kurfürsten kontaktiert, mit einem Kolleg, auf das im 13. Jahrhundert das aktive Königswahlrecht begrenzt worden war. Vom Papst gedrängt, wählten die Herren am 1. Oktober 1273 in Frankfurt unter Führung Werner von Eppsteins, des Mainzer Kirchenhauptes, nach einigem Schwanken unisono – doch gegen die böhmische Kurstimme – Rudolf, den Grafen von Habsburg und Landgrafen des Elsaß, zum König; und am 24. Oktober wurde er im Aachener Münster vom Kölner Erzbischof Engelbert II., Grafen von Kleve, gesalbt und gekrönt.

Es war dies, trotz päpstlicher Gunst, ein wenig glücklicher Pfaffenfürst, ständig im Kampf um die Stadtherrschaft mit den eigenen Diözesanen, die ihn 1263 gefangensetzten, aber auch in Fehden mit Territorialherren des Umlands, insbesondere mit dem Grafen von Jülich. Und auch er sperrte Engelbert (nach der Schlacht bei Zülpich) 1267 bis 1271 auf Burg Nideggen ein, wonach man 1278 freilich Graf Wilhelm von Jülich und zwei seiner Söhne in Aachen erschlagen und der nachfolgende Kölner Bischof die Stadt Jülich –

zum erstenmal von einem Vorgänger schon 1239 zerstört – noch einmal zerstört hat.

Warum man den Habsburger gewählt, ist umstritten. Doch weshalb sollte der von Otakar gemachte Vorwurf, die Fürsten hätten sich aus Eigennutz für den schwächeren Thronprätendenten entschieden, «unsachlich» sein? Hätte man hier denn zum erstenmal einem energischeren Herrscher den bequemeren vorgezogen? Gewöhnlich ging den Herren ihr Egoismus doch über alles. Ein «kleiner König» konnte ihnen nur willkommen sein.[5]

Wie schon sein Vater Graf Albrecht IV., der auf einem Kreuzzug starb, war auch Rudolf von Habsburg (die Familie ist seit dem 10. Jahrhundert nachweisbar), trotz zweimal verhängten Bannes, ein unverbrüchlicher Gefolgsmann der Staufer gewesen. Friedrich II. hatte ihn aus der Taufe gehoben, später weilte er manchmal am Hof des Regenten in Italien, bekam auch Zuwendungen von dessen Sohn Konrad IV. und begleitete den Enkel Konradin noch bis Verona, bis zum Ende der Staufer ihre Grundsätze vertretend. Dann allerdings beteuerte er gleich nach seiner Inthronisation dem Papst: «Ich ankere meine Hoffnung fest in Euch und stürze zu den Füßen Eurer Heiligkeit nieder, flehentlich bittend, Ihr möget mir in meiner übernommenen Pflicht mit wohlwollender Gunst beistehen und das kaiserliche Diadem mir huldvoll zuerteilen.»

Demgemäß ließ Rudolf auch bald durch seinen Kanzler die der Kurie bereits von früheren Kaisern, von Otto IV. und Friedrich II., gemachten Zusagen beeiden, auch versichern, nie das Territorium der Päpste und ihrer Vasallen, zumal Karls von Anjou, anzutasten. Der Schwurakt geschah auf dem von über 250 namentlich bekannten Bischöfen besuchten Zweiten Konzil von Lyon 1274. Die Gesandten Alfons' X. des Weisen von Kastilien (1252–1284), des anderen Thronanwärters, wurden abgewiesen, die des inzwischen gekrönten Rudolf aufmerksam empfangen. Man brauchte den König für den beabsichtigten großen Kreuzzug, an dessen Spitze er als Kaiser und Schirmherr der abendländischen Christen stehen sollte. Galt dem «subsidium Terrae Sanctae», dem «passagium generale» doch hier wie stets die Hauptsorge des Heiligen Vaters, der auch selbst in den so sehr ersehnten Krieg ziehen, der sogar die Mongolen einspannen, mit dem mongolischen Ilchane-Reich den die Kreuzfahrerstaaten bedrängenden Sultan Baibar von Ägypten (1260–1277) bekämpfen wollte.[6]

Gewiß erwartete der Papst von der Wahl des Habsburgers nicht nur eine Hilfe für den Kreuzzug, sondern auch eine Stärkung der eigenen Position wider die ständig wachsende Macht des Anjou in Mittel- und Oberitalien. Der Provenzale konnte sich auf sein Senatorenamt in Rom ebenso stützen wie auf den Titel eines Reichsvikars in der Toskana. Doch reichten seine Ambitionen darüber hinaus, begehrte er ein Großreich im östlichen Mittelmeerraum, vor allem die Eroberung von Byzanz, gegen das er schon jahrelang rüstete. Seit dem 27. Mai 1267 hatte er auch Geheimverträge mit Kaiser Balduin, der ihm das Fürstentum Achaia abtrat gegen die Stellung von 2000 Rittern «binnen sechs oder sieben Jahren» für die Einnahme Konstantinopels; ein Versprechen, das der Angiovine bei seinem Tod noch nicht eingelöst hatte. Im Dienst dieser Ostpolitik standen auch diverse Eheverbindungen seiner Kinder mit Verbündeten, darunter mit dem Monarchen Ungarns. Und 1272 wurde Karl König von Albanien.[7]

Die Aggressionspläne des Anjou waren allerdings mit Gregors eigenen politischen Projekten unvereinbar, besonders mit seinem Kreuzzugsvorhaben und der Kirchenunion, seit dem Schisma 1054 stets vergeblich erstrebt. Doch verständigte er sich deshalb mit Kaiser Michael VIII. Palaiologos (1259–1282), der so Karls Konstantinopel-Träume zu vereiteln suchte. Wurde aber die Einheit mit der griechischen Kirche gegen Karls Sträuben wenigstens kurz und formell auf dem Konzil von Lyon hergestellt, die Anerkennung des römischen Kredos und römischen Primats erreicht (worauf freilich der protestierende Patriarch Joseph und Beichtvater des Kaisers verbannt ans Schwarze Meer verschwand), blieb Gregors Hoffnung auf den Kreuzzug wie auf Rudolfs Kaiserkrönung unerfüllt.

Zu einem lang geplanten Treffen beider kam es auf der Rückreise des Papstes von Lyon im Oktober 1275 in Lausanne. Der Habsburger versprach hier selbst noch einmal feierlich unter Eid, alle Privilegien und Besitzungen der Kurie zu sichern und wiederherzustellen, versprach ihr auch bei Verwicklungen in Kriege seinetwegen finanziellen Beistand, ebenso Freiheit der Bischofswahlen und Appellationen nach Rom. Und natürlich schloß er jede Vereinigung des unteritalischen regnums mit dem Reich für immer aus. Da Rudolf, nach wiederholten Verschiebungen, nun endgültig am 2. Februar 1276 zum Kaiser gekrönt werden sollte (mit Bezahlung der Reisekosten durch den Papst, 12 000 Mark Silber, worauf der Habsburger «schamrot», sagt er selbst, noch weitere 3000 Mark erbat), da Rudolf samt anwesenden Fürsten und Rittern auch gleich das Kreuz nahm, mochte Gregor guten Mutes sein, als er über die Alpen nach Rom weiterzog: doch starb er nach einem Fieberanfall am 10. Januar 1276 in Arezzo, wo noch heute im Dom sein Grabmal steht.[8]

Nikolaus III. und der Nepotismus

Die jeweils nur kurz regierenden nächsten Päpste begünstigten wieder mehr oder weniger Karl von Anjou.

Innozenz V. (21. Januar–22. Juni 1276), vordem Pierre de Tarentaise aus der Diözese Lyon, der erste Dominikanerpapst, engagierte sich so schnell und sehr für den Angiovinen und so entschieden gegen Rudolf, daß ihm der dankbare Freund in der Lateranbasilika ein Grabmal aus Porphyr erbauen ließ. Aus dem folgenden Konklave in Rom, dessen Teilnehmer Karl massiv beeinflußt hat, ging gleichwohl kein Gallier, sondern Hadrian V. hervor (11. Juli–18. August 1276). Er war ein Neffe Innozenz' IV., der ihn auch zum Kardinal gemacht, und durch seine Habsucht wie Bestechlichkeit berüchtigt. Doch der Greis, noch nicht einmal zum Priester konsekriert, starb nach wenigen Wochen. Und auch Johann XXI. (8. September 1276–20. Mai 1277) war kein Franzose, sondern der einzige Portugiese unter den Päpsten. Vordem Gelehrter und Leibarzt Gregors X., mühte er sich jetzt um einen neuen Kreuzzug und lenkte, ehe ihn die einstürzende Decke seines Studios in Viterbo erschlug, vorsichtig zu Gregors Politik zurück, mit der sein Nachfolger, nach einer Vakanz von immerhin sechs Monaten, viel entschiedener fortfuhr.[9]

Nikolaus III. (1277–1280), bisher Giovanni Caetano Orsini, gelegentlich, trotz seines kurzen Pontifikats, mit Innozenz III. verglichen, hatte unter acht Päpsten gedient und sieben Päpste gewählt. Zur Zeit Urbans IV. bekleidete er das ihn besonders empfehlende Amt eines Großinquisitors, und er verstand auch sonst sein Geschäft. Er brachte Karl von Anjou um sein Senatorenamt in Rom, um das Reichsvikariat in der Toskana, und von Rudolf von Habsburg bekam er die Romagna. Er schickte alte Kaiserurkunden nach Deutschland, kopierte Texte aus Diplomen Ludwigs des Frommen, Ottos I., Heinrichs II. – die berühmteste «Schenkung» (IV 14. Kap.) fehlte leider –, und Rudolf gab, ohne jede Echtheitsprüfung, alte Reichsrechte und -länder preis.

Als Kardinal soll Giovanni Caetano Orsini ehrenhaft gelebt haben – «man sagt», fügt der 1348 an der Pest gestorbene Florentiner Giovanni Villani nicht ohne etwas Skepsis hinzu, «er habe die Jungfräulichkeit seines Körpers bewahrt. Von keinem der anderen höchsten Hierarchen verzeichnet man indes Ähnliches.» Doch hatte auch Nikolaus III., der als erster Papst im Vatikanpalast, von ihm umgebaut und vergrößert, residierte, seine Schwächen. Er gab viel Geld der Christenheit für Bauten, Pomp, für Aufwand aus und bedachte vor allem wieder fürstlich den eigenen Klüngel. So machte er zwei jüngere Verwandte und seinen Bruder Jordan Orsini zu Kardinälen, seinen Bruder Matteo Rosso Orsini ernannte er zum Senator, den Neffen Latino Malabranca zum Legaten, Neffen Ursus zum Rektor Tusziens, Neffen Berthold zum ersten Statthalter der Romagna, seit Jahrhunderten ein Teil von Reichsitalien. Der letzte, auf Kosten des Kirchenstaats seinen Nepoten ganze Fürstentümer vermachende Papst soll Innozenz III. gewesen sein, was ja so weit nicht zurückliegt. Doch während ein zeitgenössischer Chronist Nikolaus III. rühmt, ohne Nepotismus «auf dem Erdkreis seinesgleichen nicht gehabt» zu haben, steckt ihn Dante wegen seiner Goldgier unter die Simonisten der Hölle.[10]

Nepotismus gab es im Christentum immer und von Anfang an, lang bevor es eine Kirche gab, schon in der Familie Jesu. Und diese speziell klerikale Spielart der Nächstenliebe blüht durch die gesamte Antike (III 499 f.), grassiert im ganzen Mittelalter und weit darüber hinaus.

Am Sitz des Papstes, auf anderen Bischofsstühlen trieb man durch Jahrhunderte eine zielstrebige Verwandtenpolitik. Die Hierarchen versorgten zeitweise, im 10. Jahrhundert fast allgemein, ihre noble Mischpoke üppig mit Kirchengütern. Und vor allem gerieten die Bischofssitze selbst und ihre Diözesen oft durch viele Jahrzehnte in die Hand bestimmter feudaler Geschlechter, wurden sie wie ein Stück Familienherrschaft betrachtet. Die Salier besetzten die Würzburger Bischofskanzel meist mit ihren Verwandten. Die Streußlinger stellten in knapp drei Generationen drei Erzbischöfe und drei Bischöfe. Gelegentlich schien es sogar, als habe man den päpstlichen Thron als Erbstück betrachtet; zumindest spricht die Grabschrift von Sergius III., gewiß ein Sonderfall, Papst und Doppelmörder, Mörder zweier Päpste (V 478 ff.!), von seinem «Vaterrecht auf die apostolische Würde»; in diesem Fall ja ganz besonders würdig.

Auch in Klöstern vererbte sich der Abtsrang oft vom Onkel auf den Neffen. Selbst in «Ketzer»-Kreisen floriert das Phänomen. Bei den Nestorianern, beispielsweise, war der Nepotismus fast unausrottbar und reicht bis ins 19. Jahrhundert. Und bei den Päpsten dauert er – am unverschämtesten bei Pius XII. und seiner unter Mussolini gefürsteten Familie – bis tief ins 20. Jahrhundert hinein.

Nicht jeder, gerechterweise sei's gesagt, strebte in die nächste Nähe der Sedes Apostolica. Als Nikolaus III. dem ehemaligen Franziskanergeneral Johann von Parma – er wurde 1777 beatifiziert (trotz eines ihm einst gemachten «Ketzer»-Prozesses) – den Kardinalshut anbot, um sich seines Rates zu versichern, lehnte er dankend ab: «Ich könnte guten Rat nur dann geben, wenn es Leute gäbe, die auf mich hören würden; an der römischen Kurie ist aber nur von Kriegen und Triumphen, nicht von der Erlösung der Seelen die Rede.»[11]

Der «französischste» der Päpste und die Sizilianische Vesper

Nikolaus' III. Abmachungen mit Rudolf von Habsburg hatten das Papsttum ebenso gestärkt wie Karl von Anjou geschwächt, der sich nun wieder auf das süditalische Königreich beschränkt sah. Und als Nikolaus am 22. August 1280 einem Schlaganfall erlag, nebenbei: in einem seinem Neffen Ursus widerrechtlich übereigneten Kastell, kam es in Rom zu Unruhen, in Viterbo zu einer tumultuösen Papstwahl, die sich mit Feilschen und Ränken sechs Monate hinzog. Doch erst als Karls Vertrauter Richard Annibaldi, einst Mitkämpfer Konradins bei Tagliacozzo, mit seinen Bütteln zwei Orsini-Kardinäle, Neffen des verstorbenen Papstes, mit Waffengewalt aus dem im Bischofspalais versammelten Kollegium gerissen und unter Mißhandlungen hinter Gitter gebracht, auch einen weiteren Orsini-Kardinal an der Teilnahme gehindert, bekam man das Karl genehme Kirchenhaupt: den Franzosen Simon de Brie (oder Brion), der als Legat Urbans IV. und Clemens' IV. in Frankreich die angiovinische Machtergreifung im süditalischen regnum vorbereitet hatte.

Jetzt war Martin IV. (1281–1285), wegen seiner Konflikte mit den Römern meist in Orvieto residierend, natürlich erst recht der Mann des Königs; ja er, der dessen Usurpation eingeleitet, ihm den Weg nach Italien eröffnet hatte, wurde der «französischste» Papst des Jahrhunderts und ein dezidierter Deutschenhasser. Außenpolitisch förderte er Karls projektierte Rückeroberung Konstantinopels, einen Krieg, der nach großen Rüstungen im Mai 1282 beginnen sollte. Gegen Karls Hauptfeind Peter III. von Aragón schleuderte er seine Bannbullen, setzte er alle Kirchenmittel ein. Und innenpolitisch verschaffte er dem Anjou wieder die senatorische Gewalt in Rom, die ihm Nikolaus III. gerade erst entzogen.

Karls Macht wuchs im ganzen Land. Von Palermo bis zum Po amtierten Provenzalen und Franzosen. Selbst sehr bevorzugt, reich mit Gütern und Lehen bedacht, unterjochten sie das Volk, bedrohten sie die Freiheit der Städte. Die castelani, die Kommandanten der Kastelle, meist französische Ritter, drangsalierten mit ihren Besatzungen die Bewohner der Umgebung, verübten oft die ungezügeltsten Exzesse. Selbst im Kirchenstaat überließ Martin dem König weitgehend freie Hand, im Patrimonium zogen sizilische Garnisonen ein, blutige Zusammenstöße mit Ghibellinen folgten in der Romagna.[12]

Die «mala signoria» des Anjou wurde rasch offenkundig. Er hatte von Anfang an Köpfe rollen lassen und die Anhänger Konradins gejagt. Bei der Eroberung Luceras am 27. August 1269 machte man wenig Sarazenen, doch viele, die meisten Christen nieder. Selbst streng kirchliche Kreise, sogar erklärte Guelfen wandten sich allmählich gegen den König. Auch auf dem Lyoner Konzil fand Karls Terror scharfen Tadel. Und während seine Außenpolitik zuletzt stagnierte, wuchsen die Probleme im Innern, die schikanöse Besatzungs-, die Land und Leute hart ausbeutende angiovinische Fiskalpolitik, entlud sich schließlich der aufgestaute Fremdenhaß in einer gewaltigen Explosion, so daß der Anjou einen für April 1283 gesehenen Feldzug, den Papst Martin freundlicherweise als Kreuzzug ausgab, nicht mehr beginnen konnte.

Es war am 31. März 1282, am Ostermontag, während eines großen Landausflugs zum Kirchweihfest des Klosters Santo Spirito bei Palermo zur Zeit der Vesper. Französische Soldaten belästigten Sizilianerinnen, und beim Abfingern einer Schönen nach einem verborgenen Dolch stachen Vater und Ehemann einen Zudringling nieder. Rasch artete der Mord in ein Massaker am gallischen Kriegsvolk aus. Dann griff das Gemetzel auf die französischen Bewohner Palermos über, die sämtlich, ohne Unterschied von Alter und Geschlecht, massakriert worden sind, darunter sogar von Besatzungstruppen geschwängerte Insulanerinnen. Innerhalb eines Monats stand die ganze Insel in Aufruhr. In Catania sollen 8000, in Messina, obwohl guelfisch orientiert, 3000, insgesamt sollen 24 000 «Ultramontani» ermordet worden sein.[13]

Das Blutbad, die Sizilianische Vesper, ohne die Politik der (französischen) Päpste kaum denkbar, war keineswegs, wie ältere Historiker oft behaupten, Ausdruck nur spontaner Volkswut, nur eine frühnationale Revolte wider die französische Fremdherrschaft. Vielmehr führten Vornehme, meist «adlige Aufsteiger» die Erhebung an, ging ihr überhaupt schon «eine Verschwörer- und Agententätigkeit großen Ausmaßes voran» (Herde).

Die Umtriebe standen unter der Regie König Peters III. «el Gran» von Aragón (1240–1285) und seiner diversen Verbündeten, u. a. des ihn finanzierenden, weil durch Karl bedrohten byzantinischen Kaisers Michael VIII. sowie sizilianischer Dissidenten. Eine Schlüsselfigur, ein Hauptdrahtzieher der antiangiovinischen Aktionen war der Salernitaner und hochangesehene Arzt Giovanni da Procida, ein Vertrauter Friedrichs II., auf dessen Testament sein Name stand. Procida kämpfte bereits mit Manfred bei Benevent, mit Konradin bei Tagliacozzo, und nach dessen Tod suchte er 1270 einen jungen Vetter, Friedrich I. Markgrafen von Meißen und Landgrafen von Thüringen, den letzten männlichen Staufer, vergeblich zum Kampf um den sizilischen Thron zu ermutigen. Zuletzt weilte Procida am aragonesischen Hof, wo König Peter, seit 1262 verheiratet mit Konstanze, König Manfreds Erbtochter, Wahrer staufischer Rechte auf Sizilien war, der Verfechter von Ansprüchen, die nach Konradins Auslöschung noch an Gewicht gewannen.

Unter Nutzung der Revolution bekam Peter die Insel auch in die Hand. Er hatte, vorschützend, die Mohammedaner Tunesiens zu bekriegen, gerüstet, ein Expeditionskorps von mehr als 10 000 Mann aufgestellt, hatte sogar, zur Täuschung, den Papst um einen «Kreuzzugszehnten», ja, den Anjou selbst um finanzielle Hilfe gebeten; beides vergebens. Interessen Peters galten zwar auch Nordafrika, sein eigentliches Ziel aber war Sizilien. Und als Karl im Juli dort landete und Messina angriff, setzte der Aragonese, von den Sizilianern gerufen, Ende August von Nordafrika nach Trapani über, zog am 4. September, begeistert begrüßt, in Palermo, am 2. Oktober in Messina ein, wo Karl die Belagerung aufgab und zum Festland zurückkehrte. Er hatte Sizilien für immer verloren.

Während aber das für den 1. Juni 1283 anberaumte, vom ganzen ritterlichen Europa spannungsvoll erwartete Schauspiel eines Fürstenzweikampfs zwischen Karl und Peter bei Bordeaux zu einer peinlichen Farce geriet, weil beide, mit je hundert Rittern zum Turnier ziehend, einander um ein paar Stunden auf dem Duellplatz offenbar absichtlich verfehlten, worauf jeder sich als Sieger, den Gegner als feig erklärte, kam etwas anderes zwischen Anjou und Aragón durchaus zustande: «ein ruinöser, den ganzen westlichen Mittelmeerraum erfassender zwanzigjähriger Krieg» (Lexikon für Theologie und Kirche); Fürstenkomödie und Völkertragödie ...[14]

Die Sizilianer, die sich durch ihr gräßliches Schlachtfest aus dem angiovinischen Joch befreit und alle Franzosen der Insel ermordet oder vertrieben hatten, erkoren nun mit untrüglichem Instinkt Karls gefügigstes Werkzeug, Papst Martin IV., zu ihrem Schutzherrn. Doch der, dem Despoten blind ergeben, wies ihren Antrag weit von sich, forderte strikt Unterwerfung und sicherte Karl bei der Rückeroberung des Rebellenlandes jeden Beistand zu. Und hatte er schon den byzantinischen Basileus als Schismatiker gebannt, so exkommunizierte er auch Peter von Aragón, als er die sizilische Krone annahm, setzte ihn ab und ließ das Kreuz gegen ihn predigen.

Karls Macht aber war gebrochen. Nicht nur Sizilien hatte er verloren, auch Kalabrien, auch große Teile des Festlandes sagten sich von ihm los. In Forlí, unter dem Grafen Guido Montefeltro, Capitano di guerra e del popolo, entschieden antipäpstlich, tötete man schon am 1. Mai 1282 zweitausend Franzosen. In Rom wurde im Januar 1284 das Kapitol gestürmt, die französische Besatzung liquidiert und ein Volksregiment eingesetzt. Doch im selben Jahr trieb auch der Papst Gelder zur Finanzierung eines weiteren Krieges auf und predigte den Kreuzzug gegen die Aragonesen. Im selben Jahr zog Karl mit starker Streitmacht in den Süden und belagerte Reggio, freilich umsonst. Im selben Jahr schlug der aragonesische Admiral Roger de Lauria (Lluria), ein «seemännisches Genie» (Bresc), ein brutaler Sklavenjäger, Massenschlächter, die provenzalische und neapolitanische Flotte der Anjou bei Malta, Nicotera und vor Neapel, wobei Fürst Karl von Salerno, Karls I. Sohn und Erbe, in die Gewalt König Peters geriet, der nun als Stauferer be die Krone Manfreds trug, die diesem einst Karl unter so großem Blutvergießen geraubt. Und im nächsten Jahr verschwanden sie alle drei vom Schauplatz der Geschichte: Karl I. von Anjou am 7. Januar zu Foggia, Papst Martin IV. am 28. März in Perugia, Peter III. «el Gran» am 11. November in Vilafranca del Penedès.[15]

Pro domo – oder aus Reichsgut mach Hausgut

In Deutschland war inzwischen Rudolf von Habsburg mit dem Böhmenkönig Otakar II. Přemysl (1253–1278) und (seit 1251) Herzog von Österreich aneinandergeraten, der schließlich über ein Reich gebot, das vom Erzgebirge über Kärnten bis zur Adria reichte, zuviel wohl, um für den Habsburger erträglich zu sein, obwohl Otakars Herrschaft sonst kaum jemand sonderlich drückte. Man hatte ihn als Beschützer vor den Ungarn in Österreich begrüßt, er begünstigte besonders Wien, regierte aber auch Steiermark und dann Kärnten nicht von Prag aus und zwang ihnen schon gar nicht eine fremde Sprache auf, pflegte er doch selbst an seinem Hof deutsche Dichtung.

Otakar, durch seine Mutter ein Enkel des Stauferkönigs Philipp von Schwaben (S. 59), hatte einst auch zur Unterstützung des Deutschen Ordens zwei Kreuzzüge gegen die heidnischen Prußen geführt (S. 186 ff.) und wurde 1255, als die damals gegründete Stadt Königsberg zu seinen Ehren ihren Namen bekam, von dem Kölner Erzbischof Konrad von Hochstaden als Thronanwärter genannt.

Doch lag der Schwerpunkt seiner Politik nicht im Osten, sondern im Alpenraum, in den einstigen Territorien der Babenberger, auf die sein Anspruch durch die Heirat mit Margarete von Babenberg – nach Festigung seines Regiments verstoßen – noch verstärkt worden ist. Denn Margarete, vordem mit Friedrichs II. Sohn Heinrich VII. vermählt, war die Tochter Herzog Leopolds von Österreich und spielte im Kampf um das Babenberger Erbe eine beträchtliche Rolle.

Zunächst begünstigten auch sowohl die Gegenkönige Richard von Cornwall und Alfons von Kastilien wie die päpstliche Kurie, der bayerische Episkopat, die Erzbischöfe von Salzburg die aggressive Politik des Böhmen, gingen aber früher oder später zumeist zu seinem Gegner über. Bei der Königswahl Rudolfs 1273 verweigerte Otakar, selbst ambitioniert, aber nicht anwesend, durch den Bischof Berthold von Bamberg, dem Habsburger seine Stimme, verweigerte ihm die Huldigung und erkannte dessen Krönung, die auch andere,

Friedrich von Thüringen, Pfalzgraf Ludwig, den Grafen Siegfried von Anhalt, schwer enttäuschte, nicht an, worauf Rudolf nichts unterließ, um den abgeschlagenen, doch mächtigen, durch Bergbau und Handel reichen Rivalen, den «goldenen» König, zu entmachten.[16]

Rudolf erhob «im Namen des Reiches» sogenannte Revindikationsansprüche auf alle außerböhmischen Besitzungen Otakars. (Das Lexikon des Mittelalters, mehr als zwanzigtausend Seiten Kleindruck, enthält unter dem Stichwort «Revindikationen» nichts als den Hinweis: «→Rudolf von Habsburg».) Dieser wollte von dem Böhmen, dem man ausreichende Rechtstitel für seine Landerwerbungen absprach, nicht wenig zurückhaben, sondern alles, natürlich: für das «Reich». Er schuf dafür 1274/1275 auf diversen Hoftagen in Nürnberg, Würzburg, Augsburg die «rechtlichen Voraussetzungen», kreiste Otakar durch Bündnisse mit Ungarn und Niederbayern ein, verhängte am 24. Juni 1275 über seinen Gegner die Reichsacht und begann, obwohl, so die Kolmarer Chronik, bloß «fünf minderwertige Schillinge» in der Kasse, im nächsten Jahr den Krieg.

Nach einer Adelsrevolte in Kärnten und der Steiermark im September 1276 stieß der Habsburger im Herbst, auch militärisch wohlvorbereitet, mit einem Reichsheer überraschend auf die strittigen Herzogtümer des Böhmen im Südosten vor. Im Frieden von Wien, Otakar am 26. November 1276 im habsburgischen Heerlager vor der Stadt aufgezwungen, verlor dieser fast seinen gesamten Besitz, die «Reichslehen» Österreich, Steiermark, Kärnten, Krain, die Windische Mark, Pordenone und das Egerland, und behielt selbst nur noch Böhmen und Mähren, seine angestammten Länder, als «Reichslehen», wofür er Rudolf Lehenshuldigungen leisten mußte.

Da sich Otakar mit dem Riesenverlust nicht abfinden konnte, kam es am 26. August 1278 auf dem Marchfeld, rund 40 Kilometer nordöstlich von Wien, zur Schlacht bei Dürnkrut, die der vom Pferd gestürzte Habsburger wohl nur durch eine kleine Reserve unter Konrad von Sumerau und die gerade noch eintreffenden Reiterverbände Ladislaus' IV. von Ungarn (Kun Lászlo, 1272–1290) gewann; später zweimal exkommuniziert und umgebracht. König Otakar aber erlag nicht nur der deutsch-ungarischen Übermacht, sondern verlor auch selbst sein Leben. Er wurde auf der Flucht erschlagen, völlig ausgeplündert, wie es heißt, durch persönliche Feinde, durch einen «Rachemord» österreichischer Adliger – einen «Privatmord» somit wieder (vgl. S. 75 f.).[17]

Nach dem Sieg, der den verhältnismäßig armen Habsburger, Idealfall jeder Massenschlachtung, reich mit einem Schlag gemacht – während man in Österreich, Steiermark, Kärnten so greulich hungerte, daß man angeblich sogar Leichen (mortuorum hominum cadavera) verschlang «et alia, que nature abhominabilia sunt» –, richtete Rudolf alsbald seine Augen auf Böhmen und Mähren, die traditionellen Herrschaftsgebiete der Přemysliden, beschied sich dann aber mit einer habsburgisch-přemyslidischen Doppelhochzeit: sein jüngster Sohn, Rudolf II., heiratete Agnes, die Schwester Wenzels II., und dieser einzige, erst achtjährige Sohn und Nachfolger Otakars II. heiratete gleichzeitig Rudolfs I. Tochter Guta. Auch als Rudolf selbst sechsundsechzigjährig eine zweite Ehe mit der schönen vierzehnjährigen Elisabeth, Schwester Herzog Roberts II. von Burgund, Schwiegersohn Ludwigs des Heiligen, schloß, spielten politische Hintergründe eine Rolle.[18]

Nicht die Eheverbindungen aber ergaben die eigentliche Lösung, sondern die habsburgischen Revindikationen. Während Rudolf seine Sprößlinge mit den Kindern des niedergerungenen und getöteten Gegners verband, was ja immerhin etwas Beinah-Humanes hatte, zog er die ihnen weggenommenen Herzogtümer an sich. Denn: «diesen Erwerb (und nicht eine Vereinigung der erledigten Lehen mit dem Reichsgut) scheint er von Anfang an ins Auge gefaßt und konsequent angestrebt zu haben», etwas: «für das eigene Haus» (Erkens), «die endgültige Erwerbung des Landes für seine Familie» (Handbuch der Europäischen Geschichte), eine hervorragende Basis für deren weiteren Aufstieg. Das Reichsgut wurde somit Hausgut, Begriffe, Komplexe, die im Lauf der Zeit wohl nicht zufällig vermengt und oft schwer abgrenzbar geworden waren; ganz beiseite, daß es bei den habsburgischen Revindikationen weniger um wirklich altes Reichsgut ging als um einst staufischen Besitz.

Zunächst kassierten Rudolfs Söhne, der erstgeborene Albrecht (I.)

und Rudolf der Jüngere, der schon 1283 auf seine Rechte verzichtete und 1290 starb, die durch Otakars Liquidierung freigewordenen Kirchenlehen. Dann wurde im Mai 1281 Albrecht, der spätere König, «Verweser über Österreich und über Steyr». Und im folgenden Jahr verlieh Rudolf, mit Zustimmung der zuerst widerstrebenden Kurfürsten, die südostdeutschen, die einst babenbergischen Herzogtümer, die «heimgefallenen Reichslehen», seinen Söhnen «zu gesamter Hand». Rudolf wurde Herr zu Krain, der Mark, zu Portenau, Albrecht Herzog zu Österreich und zu Steyr.

Albrecht griff von Anfang an hart durch. So entriß er Konrad von Sumerau, der seinem königlichen Vater die Entscheidungsschlacht von 1278 als Führer der eingreifenden Reserve mitgewinnen half (S. 362), die vom König ihm selbst verliehenen beiden Burgen Freinstein und Werfenstein durch einen förmlichen Krieg. Ähnlich brutal und jedes Recht mißachtend ging er in anderen Fällen vor. Kurz, «klar genug liegt Albrechts I. Bestreben zutage, seine Einkünfte zu sichern und zu mehren, wozu der Revindikationsparagraph die vorzüglichste Handhabe bot. Ganz ungescheut vermutete ein Zeitgenosse, der Herzog suche aus dem Lande möglichst viel herauszuziehen, um den Überschuß in die Stammlande seines Hauses zu verschieben» (Lhotsky).

Herzog Albrecht war auch persönlich schroff, menschlich unangenehm, hatte überdies, als man den Verhaßten am 25. November 1295 vergiftet glaubte, durch ärztliche Kunst ein Auge verloren, was die Finsterheit seines Gesichts verstärkte. Er stieß in Österreich und Steiermark auf Ablehnung, in Wien auf Widerstand, so daß er die Stadt 1288 unterwerfen mußte. 1290 schanzte ihm der königliche Vater auch Ungarn als heimgefallenes Reichslehen zu, was man indes schon im nächsten Jahr rückgängig machte, nicht zuletzt weil Papst Nikolaus IV. Ungarn das Eigentum der römischen Kirche nannte (vgl. VI 259 f.!).

Immerhin hatte Rudolf durch seine habsüchtigen Zugriffe die eigene Familie, das ganze Geschlecht nicht nur mächtig und reich gemacht, sondern auch in den Reichsfürstenstand erhoben, einen exklusiven Kreis, der erstmals im 12. Jahrhundert begegnet und gegen dessen Ende 22 weltliche und 92 geistliche Reichsfürsten aufweist; wieder ein Indiz, nebenbei, für die hier schon oft bestaunte Bescheidenheit des hohen Klerus, wobei sich bereits Äbte und Äbtissinnen, in aller Demut selbstverständlich, darum mühten, «principes regni» zu werden, «des riches fürsten».

Besorgt um ein gutes Klima für seine Pro-domo-Politik, die den Regenten fünf Jahre lang, von 1276 bis 1281, zum größten Teil in Wien, weitgehend, um nicht zu sagen fast ausschließlich beschäftigt hat, kooperierte er eng mit der katholischen Kirche, bei deren Oberhaupt er ja schon zu Beginn mit einem so tiefen Kotau angetreten war.

Als sein einflußreichster Berater und Vertrauter wirkte Heinrich II. von Isny, Franziskaner, Oberhirte Basels, Erzbischof von Mainz, der Rudolf bereits bei seiner Heimholung Österreichs ins Reich militärisch und diplomatisch beistand, auch mit Papst Gregor X. über die intendierte Kaiserkrönung verhandelt hat. Die Massen stimulierten für den Habsburger die Bettelmönche, Franziskaner wie Dominikaner, und er revanchierte sich bei ihnen durch Besitzzuweisungen, Steuerbefreiungen, Baugenehmigungen u. a., stiftete und dotierte auch als Dank für seinen blutigen Sieg über Otakar 1278 ein Dominikanerinnenkloster; wie Karl von Anjou nach dem Gemetzel bei Tagliacozzo eine Abtei. Und ungezählte andere christliche Massenmörder hielten es ebenso; wuschen sich derart aber nicht rein von dem Blut – sie wollten verewigt werden damit![19]

Daß die zeitgenössische Geschichtsschreibung einen so papst- und klerushörigen Großen wie Rudolf von Habsburg als «Friedenskönig» feiert, ist begreiflich. Dabei hatte er (wie sein Sohn) sich einer «rücksichtslosen Territorialpolitik» befleißigt (Hessel), hatte er seinen böhmischen Rivalen blutig niedergerungen, auch einen Schlag nach dem andern gegen sogenannte Raubrittersitze geführt, vom Zürichsee bis Bingen, ja, allein während eines einjährigen Aufenthalts im Erfurter Peterskloster angeblich 66 adlige Raubburgen und sonstige Fortifikationen zerstört, was freilich nur seine Friedfertigkeit beweist. (So etwa wie es die des Papsttums beweist, wenn es Frieden predigt, um Kreuzzüge gegen alle Welt führen zu können, Kriege gegen Heiden, Moslems, «Ketzer», Katholiken.) Im übrigen hatte der Habsburger, wie wohl alle seine Standesgenossen, ohne diesen zu nahe treten zu wollen, Übung in derlei Nestbereinigungen, hatte er noch als Graf das Kloster der Magdalenerinnen vor Basel bei Nacht ausgeraubt und in Brand gesteckt.

Rudolf von Habsburg war 1291 dem Alter erlegen und der Gicht. Doch wunderte man sich schon im 14. Jahrhundert darüber, «daß er weder durch Gift noch durch Waffengewalt, sondern eines natürlichen Todes gestorben sei» (Lhotsky).

Adolf von Nassau wird König, von Gott abgesetzt und umgebracht

Dank erfuhr der Habsburger – der sich in Speyer neben den hochmittelalterlichen Kaisern bestatten und auf dem Epitaph, bis dahin unüblich, naturalistisch abbilden ließ – von den Kurfürsten kaum. Noch sein letzter Versuch, 1290 in Erfurt seinem Sohn Albrecht die Nachfolge zu sichern, mißlang ebenso wie nach seinem Tod das nämliche Unterfangen des Pfalzgrafen Ludwig II. bei Rhein. Dachten die Kurfürsten doch aufgrund einer Initiative des Kölner Oberhirten Siegfried von Westerburg an Adolf von Nassau als Thronfolger. Denn der machtlose, unbemittelte Graf vom Mittelrhein mochte ihnen lieber sein als der inzwischen mächtige Habsburger, dessen Gewalt sie mit Hilfe des neuen Königs ja gerade zerschlagen wollten.

Und Adolf hatte dem einflußreichen Kölner, seinem Verwandten, Versprechungen über Versprechungen gemacht: «Wenn ... durch diesen unseren Herrn Erzbischof [von Köln] die Wahl feierlich durchgeführt worden ist, werden wir diesem Erzbischof, seinen Nachfolgern und der Kölner Kirche die Burgen und Festen Kochem, Kaiserswerth, Landskron, Sinzig, Duisburg und Dortmund übertragen ...; mit allen ihren Rechten, Einkünften, Zöllen, Abgaben und Zubehör jeder Art sollen sie von diesem Erzbischof ... besessen werden, friedlich und unangefochten, Zeit unseres Lebens ... Wir werden ... ihnen diese Einkünfte, Zölle und Abgaben frei und unbeschränkt … für die Zeit unserer Königsherrschaft überlassen … Ferner versprechen wir …» Versprach Bestätigungen von Zöllen, Erneuerung von Privilegien, versprach dem Prälaten angemessene Wiedergutmachung für die Vergehen der Kölner, versprach ihm 25 000 Mark Silber und versprach überdies beim Verstoß dagegen seinen Rücktritt. Er erklärte es für recht und billig, daß dann die Kurfürsten «zur Wahl eines anderen Königs schreiten, wenn es dem Erzbischof (von Köln) nützlich erscheint».[20]

All diese Offerten verfehlten ihre Wirkung nicht; zumal der Nassauer auch den anderen kurfürstlichen Wählern goldene Berge verheißen und Albrechts Angebote deutlich überboten, sich Erzbischof Siegfried mit dem gewaltigen Betrag von 25 000 Mark Silber verschrieben und Gerhard von Mainz versichert hatte, seine Schulden in Rom zu begleichen, war dieser doch nur durch Bestechung von Papst Nikolaus IV. Erzbischof geworden – «ein uneigennütziger Mann», so ein Katholik. Das Geld für den Papst freilich fehlte dem Erzbischof noch; wie es dem künftigen König noch für den Erzbischof fehlte …

Wie auch immer, am 5. Mai 1292 wurde Adolf von Nassau in der Frankfurter Dominikanerkirche gewählt und am 24. Juni von dem Kölner in Aachen gekrönt. Der seit der Schlacht bei Worringen (1288) in seiner Vormachtstellung stark angeschlagene Bischof hoffte, durch den neuen kleinen König, geradezu seine «Kreatur» (Boockmann), die eigene Territorialpolitik sanieren zu können.

Aber Graf Adolf hatte auch seine territorialen Vorstellungen und suchte seine Position zu verbessern, sich eine Hausmacht zu bilden, vor allem in Thüringen und Meißen. Jahrelang folgten erbitterte Fehden, mehrere Feldzüge, schreckliche Verwüstungen, so die Erfurter Peterschronik, Brandschatzungen, Kirchenzerstörungen, Raub und Mord.

Natürlich gab es Interessenkollisionen, besonders mit dem Mainzer Erzbischof Gerhard II. von Eppstein und dem König von Böhmen, die doch bei der Wahl ihre Stimme für Adolf eingelegt. Natürlich hatte der König längst nicht alles erfüllt, was der Graf versprochen, längst nicht alles gezahlt, was er schuldete. Und natürlich dachte er gar nicht daran, all seine Absprachen zu halten. Zudem wurde der unbedeutende Nassauer von einst den Fürsten zu selbständig, eigenmächtig. Es kam zu einer Verschwörung, und jetzt versprach Herzog Albrecht von Österreich im Falle seiner Wahl allein König Wenzel II. die Riesensummen von 50 000 Mark Silber für das Gebiet von Eger und Pleißen sowie 40 000 Mark für die Markgrafschaft Meißen; Beträge, die er bar gar nicht hatte, weshalb er dem Böhmen Länder verpfändete, Burgen und Städte, Altenburg, Chemnitz, Zwickau, Weiden.

Am 23. Juni 1298 erklärten die Herren in Mainz ihr unbequem gewordenes Geschöpf als seiner «Herrschaft und Macht nicht gewachsen und nicht tauglich», erklärten «mit einhelliger Zustimmung der Anwesenden», denn ein paar Kurfürsten fehlten, «daß dem Herrn Adolf, der sich des Königtums so unwürdig erwiesen hat und der wegen seiner Ungerechtigkeiten und der zuvor genannten Gründe von Gott vertrieben wurde, damit er nicht weiter regiert, vom Herrgott das Königtum, das er bisher innehatte, entzogen wurde; wir entziehen es ihm und verbieten, daß ihm etwa jemand künftig als König gehorcht».[21]

Albrecht I. von Habsburg wird König und ermordet

Gott hatte gesprochen – und seine Büttel im Prälatentalar. Denn wie ihnen einst der Nassauer goldene Berge avisiert, so geizte jetzt der Habsburger, besonders gegenüber dem Kölner und Mainzer Oberhirten, insgeheim nicht mit Verheißungen. Ergo warfen die Königsmacher dem Davongejagten um so lauter, pathetischer «ach!, die offensichtlichen Tatsachen» vor «und das allgemeine Schreien des Volkes, das unter Seufzen und Tränen zum Himmel kommt, von Tag zu Tag ...»; klagten sie zum Gotterbarmen über den gestohlenen, geraubten Kirchenschmuck; jammerten: noch die Priester würden «während des Gottesdienstes bis aufs Hemd ausgeplündert, geschlagen und mitunter getötet ... Jungfrauen werden im Angesicht ihrer Eltern vergewaltigt, züchtige Witwen, Gattinnen und ehrbare

Frauen, die mit lautem Geschrei und Abwehr Widerstand leisten, werden sogar im Beisein ihrer Ehegatten und Verwandten äußerst schamlos geschändet ...»

Alles, selbstverständlich, Schuld des Königs, des unter Führung des Mainzer Metropoliten Gerhard inkorrekt, ohne Erzbischof Boemund von Trier und Pfalzgraf Rudolf, abgesetzten Adolf, worauf das Kolleg, nicht ohne Rang-, das heißt Platzstreitereien, zwischen den Prälaten, sofort den Habsburger zum König wählte, dessen Wahl man, ihrer Problematik wegen, am 27. Juli wiederholte. (Im betreffenden Bericht des zeitgenössischen Chronisten Ottokar von Steiermark erscheint zum erstenmal das Wort «kurfürsten».) Am 24. August vollzog Erzbischof Wikbold von Köln die Krönung und berechnete für seine diesbezüglichen Bemühungen 8000 Mark. Erzbischof Boemund von Trier, der ihm assistierte, soll für seine Dienste 5000 Mark bekommen haben. Auch die anderen Kurfürsten präsentierten jetzt ihre Rechnungen, falls sie nicht schon während der Wahl ihre «Handsalben» erhielten.[22]

Mittlerweile hatte Albrecht seinem Vorgänger ganz und gar den Garaus gemacht.

Am 2. Juli 1298 waren die beiden Heere am Hasenbühl bei Göllheim (westlich von Worms) aufeinandergeprallt; möglicherweise 14 000 Krieger Adolfs und 24 000 Albrechts, doch ist das Kräfteverhältnis ungewiß, ebenso der genaue Schlachtverlauf. Gewiß ist nur: «Da wart ein groz strit unde wart uz der achte vil volkes irslagen ... unde konig Adolf wart da irslain.» Und weil Albrecht Befehl gegeben, die gegnerischen Pferde zu erstechen, um die Reiter selber leichter töten zu können, lagen zwischen all den abgemurksten Menschen schließlich auch 3000 weißderhimmel wie gestorbene Pferde, weit mehr tote Pferde als erschlagene Krieger. Auch dem Reittier Adolfs soll man die Vorderbeine abgesäbelt, dann vielleicht Albrecht selbst den Gegner im Handgemenge getötet haben – «unde slug an konig Adolfis halz», meldet wieder die «Sächsische Weltchronik» vom «herzoge Albrecht», den Papst Bonifaz damals einen «Majestätsverbrecher» und «Königsmörder» nannte. «Daz was ein grozzer jamer, daz der, der ein Romischer chunich was des morgens, daz der des nahtes so nachent und so armer auf dem wasen lach.»

Fest steht der eifrige Beistand der Feldpfaffen, im Lager des Königs angeführt vom Trierer Erzbischof, im Lager des Gegenkönigs vom Oberhirten Straßburgs. Jeder verteufelte die andere Seite samt ihrem Klerus als gottlos, meineidig. Jeder stimmte das traditionelle Schlachtlied «Sant Marey Mutter und Maid» an, denn Maria darf bei keinem großen Blutvergießen fehlen (S. 159, 181). Und jede Seite kämpfte natürlich einen gerechten Kampf – wie noch heute die Christenheit im Krieg.[23]

Und gerecht kämpfte der unbeliebte, finstere Habsburger, «monoculus», der «Einäugige», auch weiter, offiziell für das Reich, tatsächlich, das hehre väterliche Vorbild vor Augen, für seine Hausmacht. Er löste sich von Adolfs Anlehnung an England und verband sich mit Frankreich, auch durch eine Ehe anno 1300 seines Sohnes Rudolf mit Blanche, einer Schwester des französischen Königs Philipp IV. des Schönen, und ermöglichte ohne jeden Widerstand, jedes Bedenken, Frankreichs Ausdehnung nach Osten auf Kosten des Reichs. Doch als der Habsburger nach dem Aussterben der Grafen von Holland, Zeeland, Friesland auch die heimgefallenen, wirtschaftlich bedeutenden Territorien im Rheinmündungsraum für sein Haus beanspruchte, war es den rheinischen Königsmachern zuviel, und sie gedachten das Spielchen mit seinem beseitigten Vorgänger zu wiederholen, gedachten, «den Herzog von Österreich, der sich jetzt deutscher König nennt», wieder von dem Thron zu bringen, auf den sie ihn doch erst gebracht.

Der schlaue Habsburger allerdings – von dem man nicht weiß, ob er lesen und schreiben konnte (eine angeblich eigenhändige Unterschrift ist eine plumpe Fälschung aus dem 16. Jahrhundert) – manövrierte seine Widersacher Schlag auf Schlag aus. Er führte, vor allem mit Einbeziehung der Städte, einen klug organisierten Wirtschafts-, zumal Zollkrieg und schließlich auch einen regulären Krieg.

Zuerst im Mai 1301 gegen den Pfalzgrafen Rudolf, der sich nach Plünderungszügen und Verwüstungen, der Eroberung von Wiesloch, Weinheim, Hofheim schon im Juli beugt. Dann – mit den Bischöfen von Straßburg, Eichstätt, Seckau sowie dem Abt von Fulda im Gefolge – gegen die restliche Pfaffenriege mehr oder weniger längs der «Pfaffengasse», wie der durch den Besitz fast lauter geistlicher Feudalherren ziehende gesamte Rheinlauf hieß. Nach notorischen Stürmen auf Städte und Kastelle, Verheerungen des Rheingaus, wobei Rüdesheim, Östrich, Winkel in Flammen aufgehen, werden im nächsten Jahr alle gegnerischen Erzbischöfe bezwungen. Im März 1302 unterwirft sich Gerhard von Mainz, der als Anführer der neuen alten Kurfürstenfronde alle kirchlichen Strafsentenzen zurücknehmen, beträchtliche Entschädigungen zahlen, Burgen und Zölle an Rhein und Main ausliefern muß. Der ihm entstandene Schaden wurde auf 100 000 Mark veranschlagt. Im Oktober gibt der Kölner, im November der Trierer Seelenhirte klein bei, alle nach achtzehn Monaten Krieg so gedemütigt, «daß sie gegen den König fortan nicht mehr aufzumucken wagten» (Chronik des St. Peterstiftes Wimpfen).[24]

Im Jahr 1303 kommt es zu einem Ausgleich mit Bonifaz VIII., dem nicht nur die Politik Frankreichs, sondern dem auch, wie Albrecht, das Ausgreifen Böhmens nach Polen und Ungarn nicht paßt.

Der Papst hatte Albrecht bisher nicht anerkannt, ja ihn bei seinem Konflikt mit den Kurfürsten massiv bedroht, hatte überhaupt gegen Albrechts wachsende Macht die Hilfe des französischen Herrschers gesucht. Als der sich aber nicht für den päpstlichen Plan einspannen ließ, taktierte Bonifaz umgekehrt, suchte er die Hilfe des Habsburgers gegen Philipp, der – selbst Weltherrschaftsträume hegend – nicht nur den kaiserlichen, den deutschen Universalismus bekämpfte, sondern mehr noch den päpstlichen, den auf die Spitze getriebenen Absolutismus des Bonifaz (S. 397 ff.).

Dieser hatte schon im November 1302 die Okkupation der einstigen deutschen Reichsstadt Lyon durch Frankreich verdammt, dann alle deutschen Grenzgebiete gegen französische Übergriffe zu mobilisieren gesucht – vergeblich. Doch sein Winken mit der Kaiserkrone war erfolgreich. Versicherte er ja durch Urkunde vom 30. April 1303, Albrecht zum Kaiser krönen zu wollen, «zum Monarchen aller Könige und Fürsten auf Erden». Und dies gleichfalls erklärtermaßen gegen den «Hochmut der Franzosen». Der Habsburger seinerseits bekannte dem Papst in zwei Urkunden seine unbegrenzte Dankbarkeit sowie die Bereitschaft, der Kirche gegen jedermann zu helfen. «Die beiden Dokumente bedeuteten den höchsten Triumph des Papalismus. Sie gingen noch über die einstigen Zugeständnisse König Rudolfs erheblich hinaus. Der deutsche König begab sich eigentlich des Rechtes zum selbständigen Handeln. Was zum Aufgabenkreis seines Herrscheramtes gehörte, wollte er in Zukunft nur noch als Vogt des römischen Oberherrn erfüllen» (Hessel).[25]

Doch während Albrecht einerseits sich derart dem Papst unterwarf und andererseits nichts tat, die Besetzung deutschen Bodens im Westen durch Philipp zu verhindern, nichts tat gegen dessen Vordringen besonders auf Lothringen, auf die Gebiete zwischen Maas und Mosel, setzte er in Thüringen und Meißen die Hausmachtpolitik seines Vorgängers fort, das jahrelange Ringen um Mitteldeutschland, um Mittelosteuropa auch, Einfälle, Rückschläge, Vorstöße. Im Königtum sah der Habsburger nur ein erhöhtes Herzogtum, «Ausdehnung der Hausmacht blieb sein Ziel; das Reich mochte die Kosten tragen» (Hessel).

Seit 1303 hatte Albrecht sein Aktionszentrum in den Osten verlegt, trieb er seine Hausmachtpolitik zumal in Böhmen voran, wo König Wenzel II. regierte. Der in erster Ehe mit Guta, der Tochter Rudolf von Habsburgs, liierte Fürst zählt zu den namhaftesten Königen der Přemysliden, den bedeutendsten Persönlichkeiten der Zeit; er war Förderer Ulrichs von Etzenbach und des Minnesangs, sein Hof eines der wichtigsten literarischen Zentren im deutschen Sprachraum. Politisch beherrschte er außer Böhmen auch Oberschlesien, Kleinpolen mit Krakau, wurde nach Ermordung des großpolnischen Königs Przemysł II. (bei einem Entführungsversuch durch die Markgrafen von Brandenburg 1296) Nachfolger auch in dessen Herrschaft, ja, gewann seinem Sohn Wenzel (III.) noch Ungarn.

Drei ostmitteleuropäische Königskronen im Besitz der Přemysliden, das war zuviel für Habsburg, auch für den Papst. Und so geschah es gewiß nicht von ungefähr, daß bereits 1302, als die neue Interessengemeinschaft zwischen der Kurie und Österreich entstand, Kardinalbischof Nikolaus von Ostia, der spätere Papst Benedikt XI., längere Zeit in Wien verweilte.

Albrechts Forderungen waren nicht gering. Er verlangte von Wenzel nicht weniger als Meißen, Eger, Oster- und Pleißnerland, den Verzicht auf Schlesien, Polen, Ungarn, und wollte auch Wenzels Haupteinnahmequelle, die Zehnten der Kuttenberger Bergwerke für sechs Jahre oder eine Abschlagszahlung von 80 000 Mark. (Kuttenberg, Kutná Hora, war das wichtigste Silberbergwerkzentrum Böhmens, wo man die in ganz Mitteleuropa populären Silbermünzen, die grossi Pragenses, prägte.) Albrecht verhandelte und rüstete, konferierte in diesem Zusammenhang mit den Bischöfen von Salzburg, Freising, Bamberg, von Regensburg, Passau und Konstanz, die dann auch am Feldzug teilnahmen. Ja, wie er schon im Westen deutsches Reichsgebiet großzügig preisgegeben, so zögerte er auch nicht, dem Dänenkönig Erich IV. (Erik Menved) für ein antiböhmisches Bündnis deutschen Boden nördlich von Elbe und Elde anzubieten – nur um seiner Hausmacht willen.

Während sich unter dem Druck der Kurie und Habsburgs der hohe Klerus von Wenzel zurückzog, ritten die Bischöfe mit Albrecht reihenweise ins Feld, unternahm man 1304 einen regelrechten, als «Reichskrieg» aufgetakelten Raubzug. Böhmen wurde schwer heimgesucht, das eigentliche Ziel, die Bergwerke von Kuttenberg, aber nicht gewonnen. Veranlaßt auch durch Krankheiten infolge des Trinkwassers, das die Eingeschlossenen verseuchten, trat man den Rückmarsch an, rüstete zwar gleich wieder zu einer zweiten Böhmenfahrt, doch starb König Wenzel am 21. Juni 1305. Und schon im nächsten Jahr, am 4. August 1306, stirbt auch sein einziger, mit Guta, der Habsburgerin, gezeugter siebzehnjähriger Sohn Wenzel III. In Olmütz wird er im Haus des Domdekans beim Mittagsschlaf erstochen – ein Attentat, das nicht aufgeklärt, dessen Anstifter nie ermittelt werden konnte. Aber unter den Hintermännern des Komplotts hat man u. a. auch die Habsburger, besonders König Albrecht vermutet.

Sicher ist nur, daß es im Adel Böhmens eine österreichische Partei gab und daß jetzt die beiden Habsburger in Böhmen einfielen, daß Albrecht mit Erzbischof Konrad von Salzburg und den Bischöfen von Passau, Seckau, Gurk über Eger anrückt, während sein Sohn Rudolf von Österreich über Mähren vorstößt und Albrecht, der

Böhmen wieder als heimgefallenes Reichslehen betrachtet, durch Drohung und Bestechung für Rudolf die böhmische Krone gewinnt. Ja, nun wollen die Habsburger ihren schon gewaltigen Besitz noch ausdehnen und abrunden durch Thüringen, unterliegen aber im Mai 1307 in der Schlacht bei Lucka (südlich von Leipzig) den Söhnen des Landgrafen, den Wettiner Landesherren. Und am 3. Juli stirbt Rudolf III. von Böhmen.

Gleichwohl gibt Albrecht den Kampf nicht auf. Er rüstet – und wird am 1. Mai 1308, unweit der Stammburg, von seinem Neffen, dem achtzehnjährigen Herzog Johann von Österreich, ermordet. Denn «mit dem wolt er niht diu lant tailen, diu im zugehorten, swie vil er sie an in gevordert». Immer wieder nämlich hatte Johann, der Enkel Rudolfs von Habsburg, um Herausgabe seines Erbes gebeten, «daz er ouch ein herre davone mochte gesie». Aber immer wieder tat das «der konig nicht undes gab ime gute Wort», womit sich freilich der junge Mann, dann «Parricida» («Verwandtenmörder») zubenannt, nicht dauernd abspeisen lassen wollte. Er fühlte sich zurückgesetzt, entrechtet, pochte auf ein selbständiges Fürstentum und verschwor sich schließlich mit vier edlen Schweizer Spießgesellen, mehr oder weniger Opfer habsburgischer Arrondierungspolitik, und überfiel am 1. Mai 1308 den königlichen Onkel nach dem Übersetzen über die Reuß am Ufer zwischen Baden und Brugg – «... unde zouch daz swert uz unde hiew den konik durch den koph und hiwe ime abe ein ouge unde einen bakken. Da stizen die anderen daz swert durch den konik unde totten en jemmerlichen.»

Dabei dachte der Fürsorgliche bei seiner unentwegten, von Steiermark bis Schlesien, bis Polen reichenden Erwerbspolitik doch nur an die Seinen, die große Kinderschar. Denn, so die «Erste Bairische Fortsetzung» der «Sächsischen Weltchronik»: «Er war gierig nach Besitz, den er aber nicht dem Reich hinzufügte, sondern nur seinen Kindern, deren er viele hatte.»[26]

11. KAPITEL

«... WIE DER ERLÖSER VERRATEN». PAPST COELESTIN V. (1294) UND PAPST BONIFAZ VIII. (1294–1303)

«Erst nachdem er der Tiara entsagt hatte, begann die eigentliche Tragödie des Expapstes. Nach einer mißlungenen Flucht ließ sein Nachfolger ihn auf der Festung Fumone einkerkern, weil seine eigene Wahl in weiten Kreisen für ungültig erklärt worden war. Der abgedankte Papst mußte in einem Mauerdreieck von wenigen Schritten Durchmesser sterben.» Hans Kühner über Papst Coelestin V. [1]

«Er war klug durch Bildung und natürliche Intelligenz, ein sehr vorsichtiger und erfahrener Mann, von großem Wissen und mit einem guten Gedächtnis ausgestattet. Er war sehr hochmütig, und stolz und grausam gegen seine Feinde; er besaß großen Mut und wurde von allen Menschen gefürchtet ...» Giovanni Villani über Papst Bonifaz VIII.[2]

«Er war von großer Kühnheit und von hohem Verstand; er lenkte die Kirche, wie er wollte, und warf diejenigen, die nicht nachgaben, nieder. Er herrschte höchst grausam, schürte den Krieg und ruinierte viele Menschen.» Dino Compagni[3]

«Das Ende des gewaltigen Bonifaz VIII. durch den Überfall der französischen Scharen auf seine Sommerresidenz, das sogenannte Attentat von Anagni im Jahre 1303, gilt mit Recht als Ouvertüre des späten Mittelalters. Das Aufsteigen der nationalen Staaten mit Frankreich an der Spitze bedeutete die große Wende für die Macht und den Einfluß der zentral geleiteten Kirche im Westen. Von jetzt ab geht die politische Vormachtstellung Roms erheblich zurück.»
Karl August Fink[4]

«Der Zeitgeist stürzte ihn, wie er Friedrich II. gestürzt hatte. Er strebte nach einem schon phantastisch gewordenen Ziel; er war der letzte Papst, welcher den Gedanken der weltbeherrschenden Hierarchie so kühn aufgefaßt hat wie Gregor VII. und Innocenz III. Aber von diesen Päpsten war Bonifaz VIII. nur eine verunglückte Nacherinnerung, ein

Mann, der nirgend etwas Großes zustande brachte und dessen hochfliegendes Streben statt Bewunderung nur ein ironisches Lächeln erregt.» Ferdinand Gregorovius[5]

«Bonifaz VIII war eine Herrschnatur von wirklicher Größe. Es lebten große Ideale in ihm. Aber er war persönlich hart und schuf sich viele Feinde. Auch war er nicht ausschließlich für das Gemeinwohl ...»
Der katholische Theologe Joseph Lortz[6]

Ein «Engelpapst» demissioniert

Hatte die Sedisvakanz nach dem Tod von Honorius IV. (1285 bis 1287), Nachfolger Martins IV. (S. 357 ff.), schon fast ein Jahr gedauert, blieb der Papstthron nach dem Ableben Nikolaus' IV. (1288–1292) 27 Monate unbesetzt. Die mächtigen, miteinander verfeindeten Häuser der Orsini und Colonna blockierten beim Konklave in Perugia – in Rom wütete die Pest – sich gegenseitig. Keine Partei konnte die andere besiegen, keine die nötige Zweidrittelmehrheit erlangen, doch jede sie verhindern. So setzte sich der Streit, der Rom, die heilige Stadt, mit Mord und Totschlag erfüllte, im heiligen Kollegium der Kardinäle fort. Zu ihm stieß im Frühjahr 1294 König Karl II. von Neapel, der vergeblich auf Beschleunigung drängte. Vielleicht aber brachte er den Namen des populären Eremiten und Wundertäters Pietro del Morrone ins Spiel, seines Untertanen, für den endlich als erster ein Verehrer, Latino Malabranca, der alte, kränkliche Dekan des heiligen Kollegiums, stimmte, «Im Namen des Vaters, des Sohnes und des Heiligen Geistes», und dann auch die anderen Kardinäle, die Morrone für einen Schwachkopf hielten, ihm ihre Stimmen gaben – eine «Inspirationswahl» (Herde).[7]

Coelestin V. (der Himmlische, 5. Juli 1294–13. Dezember 1294), bereits fünfundachtzigjährig, «heiligmäßig», hatte ein atypisches Leben hinter sich. 1209 als zweitjüngstes von zwölf Kindern einer Bauernfamilie in den Abruzzen geboren, hauste er nach seiner Priesterweihe jahrzehntelang in der Einsamkeit, in Berghöhlen und Wäldern. Er gründete einen Eremitenverband, die Coelestiner, wurde Abt, zeitweilig Generalabt, kontaktierte mit den umbrischen Franziskanerspiritualen und ritt schließlich nach seiner überraschenden Papstwahl am 28. Juli auf einem Esel in L'Aquila ein, wo man ihn am 29. August krönte.

Karl II., nicht bereit, seine Beute schnell aus der Hand zu geben, nach Rom ziehen zu lassen, wie die Kardinäle wünschten, dirigierte den Papst nach Neapel, wo sie am 5. November zusammen eintrafen und Coelestin, der schräge Waldmensch, der Asket, in einer Holzzelle des Castel Nuovo, der fünftürmigen, noch heute hafenbeherrschenden Burg, sozusagen residierte – von den einen als wundertätiger Guter Hirte umschwärmt, als der ersehnte «Engelpapst», der «papa angelicus» der Spiritualen, von den anderen mokant begrinst oder gar als unerträgliche Jammerfigur verabscheut, mit der man nicht einmal in der Sprache des Hofes, in Latein, sprechen konnte.

Während seines kurzen Pontifikats, in dem der «angiovinische ... Hauskaplan (Digard) dem König immer willfähriger wurde, erweiterte er das Kollegium der Kardinäle um zwölf neue Mitglieder (einen, rügt ein Pupurträger, ernannte er ganz nebenbei, «nach dem Essen»). Unter den Erhobenen: nicht weniger als sieben Franzosen, Kandidaten des Anjou (dessen zwanzigjährigen Sohn Ludwig Coelestin zum Erzbischof von Lyon machte, worauf der Vater noch Ludwigs Erhebung zum Kardinal durch Papst Bonifaz erwartete). Coelestin begünstigte die eigne Kongregation über die Maßen, was bis zu dem Versuch ging, ihr die große Benediktinerabtei Monte Cassino einzugliedern. Aber auch Stellen-, Pfründenjägern kam er weitherzig entgegen. Und sogar päpstliche Blankobullen kursierten, von Skrupellosen an Interessenten verschachert, die sie nach Belieben verwendeten. Schließlich bereitete Coelestin, nachdem er die kuriale Bürokratie in einen unvorstellbaren Wirrwarr gestürzt, schon länger auch den Gedanken des «gran rifiuto», der großen Verweigerung, gehegt hatte, seine Abdankung vor. Am 13. Dezember, fünfzehn Wochen nach der Krönung, trat er zurück – die einzige freiwillige Demission eines Papstes –, wegen Krankheit, wie er sagte, Unwissenheit und dem Wunsch, wieder Einsiedler zu sein.[8]

An diesem Wunsch aber war Kardinal Benedetto Caetani kaum unbeteiligt. Ja, nach einer freilich durch die Colonna, seine Feinde, verbreiteten, auch von Dante, der von «Betrug» sprach, geglaubten

Geschichte hatte kein anderer als der Nachfolger Caetani den Rücktritt eingeleitet, Coelestin Zweifel souffliert, auch nächtliche Geistererscheinungen vorgegaukelt sowie durch ein verborgenes, in seine Zelle mündendes Sprachrohr während der Nachtstille eine himmlische Stimme simuliert, die ihm, amtiere er noch länger, Höllenqualen androhte. Hinterher behauptete Caetani das Gegenteil, will er Coelestin bedrängt haben, Papst zu bleiben, selbst aber von ihm bedrängt worden sein, der Nachfolger zu werden. Wie immer es gewesen, mehrere Kardinäle forderten Coelestins Renunziation, und der tumbe Papst-Anachoret ließ sich von dem renommierten Juristen Caetani eingehend beraten, ja, noch die Abdankungsurkunde verfassen. Kein Zweifel darum, was der Berater riet.[9]

«Der hochgemute Sünder»

Zehn Tage nach Coelestins Resignation, am sogenannten Heiligen Abend 1294, wählten die Kardinäle in Neapel mit der erforderlichen Zweidrittelmehrheit Benedetto Caetani zum neuen Papst. Er nannte sich Bonifaz VIII. (1294–1303) und ließ noch vor Jahresende Neapels heißes Pflaster samt Coelestins Mönchshaufen so plötzlich hinter sich, daß sogar sein meistes Gepäck dort blieb. In Rom aber beging er seine Krönung am 23. Januar 1295 mit dem ganzen, von ihm so geliebten imperatorenhaften Pomp. Die einflußreichsten Aristokraten der Stadt bedienten ihn beim gold- und juwelenumfunkelten Bankett im Lateran, ein König waltete als Mundschenk, nachdem schon zuvor zwei Könige, Vasallenkönige, der von Ungarn und von Neapel, in Scharlach gekleidet, sein Pferd, einen kostbar behängten schimmernd weißen Zelter, durch den Schneematsch geführt; vierzig Schaulustige starben im Gedränge.

Der entsprungene «Engelpapst» strebte inzwischen, verfolgt von den Häschern des Pontifex wie des Königs, dem der Entmachtete ja jetzt nicht mehr nützen konnte, durch Apuliens Wälder zur Adriaküste, geriet aber auf der Flucht nach Griechenland bei einem Schiffbruch in die Gewalt des Nachfolgers und steckte nun bis zu seinem Tod am 19. Mai 1296 im Turm des Castels Fumone, einer seit langem als Staatsgefängnis fungierenden abgelegenen Veste, östlich von Ferentino, in der schon einmal ein Papst gestorben war; wobei offenbleibt, ob Bonifaz Coelestin umgebracht hat. Immerhin gestand er dem eigenen Bruder Roffred, nicht unbesorgt regieren zu können, solange sein Vorgänger noch lebe. Immerhin wurde dessen plötzlicher Tod verheimlicht, bekam die Leiche niemand mehr zu Gesicht. Und immerhin wurde auch der ihn zuletzt betreuende Ordensbruder von den Schergen des Bonifaz aufgegriffen, in den Kerker zurückgebracht und wahrscheinlich getötet.

Nach der «Geschichte der katholischen Kirche» des Jesuiten Hertling aber hielt Papst Bonifaz seinen Vorgänger «in einer Art von ehrenvoller Haft in einem Schloß bei Anagni». Das in diversen Ausgaben zwischen «lockerer Haft» und «hartem Gewahrsam» schwankende Lexikon für Theologie und Kirche vermerkt weiter Coelestins baldigen «Ruf der Heiligkeit», doch auch: «seine Abdankung bewahrte die Kirche vor Schlimmerem»; registriert ferner die offizielle Heiligsprechung am 5.5.1313, dazu – 1994 – dezent in Klammern: «(jüngst aus dem Festkalender gestrichen)»! Endlich heißt es von Papst Bonifaz: Coelestins «baldiger Tod (19.5.1295) ihm angelastet». Wer weiß, vielleicht gelingt in Anbetracht aller Umstände dem Beseitiger sogar der Sprung noch auf die «Ehre der Altäre»? Würdig dafür wäre er![10]

Eine Figur wie Benedetto Caetani, gefürchtet, verhaßt, menschenverachtend, völlig unfähig zur Freundschaft, verführt dazu, schwarz in schwarz zu malen, wie es sich auch gehört. Doch war der stattliche, etwas schwergewichtige, aber wohlgestaltete Papst mit den sonderbar sensiblen Händen bei all seinen unangenehmen, oft scharf verletzenden Eigenheiten, seinem pathologischen Ehrgeiz, überzogenen Stolz, seiner unersättlichen Habgier, Freßgier (er konnte seinen Oberkoch gewaltig abkanzeln, weil er ihm an einem Fasttag nur sechs Fleischgerichte vorsetzen ließ), von seinen Bluttaten, seiner Grausamkeit zu schweigen, doch war er auch mutig, gebildet, ein versierter Jurist, wie seine Veröffentlichung des «Liber sextus» (1298) zeigt. Er gründete in Rom eine Universität und hatte selbst einen überragenden Verstand, der ihn denn auch zum Unglauben führte, zum «glaubenslosen Priester» machte, gar zum «Antichrist unter den mittelalterlichen Päpsten» (Davidsohn).

Nicht von ungefähr galt Bonifaz schon zahlreichen Zeitgenossen als «Ketzer». Und er selbst belehrte, kurz bevor er durch Coelestins Verzicht auf den Papststuhl kam, viele, ob seines Freimuts sehr erstaunte Hörer, «die christliche Religion sei ebensogut Menschenwerk, wie der Glaube der Juden oder Mohammedaner, die Jungfrau Maria könne, da sie einen Sohn gebar, so wenig Jungfrau gewesen sein, wie seine eigene Mutter, als sie ihn zur Welt brachte, es sei dumm, zu glauben, *ein* Gott sei ein dreifacher Gott. Die Leute seines Gefolges verhöhnte er, als sie vor der Hostie niederknieten, die zu einem Sterbenden gebracht wurde; andere nannte er aus gleichem Anlaß ‹Esel› und ‹Bestien›. Er trug bereits die Papstkrone, als er gelegentlich erklärte: die Toten würden so wenig auferstehen, wie sein vorgestern krepiertes Pferd, es gäbe kein Weltende, denn die Welt sei ewig, nur für den Menschen bedeute freilich der Tod das Ende der Welt, denn es gäbe keine andere als die sichtbare» (Davidsohn).

Bonifaz' VIII. hohe Intellektualität bewahrte ihn allerdings nicht vor mancherlei Aberglauben, dem Vertrauen zu Wahrsagern und Sterndeutern, sie implizierte auch große Menschenverachtung und hypertrophen Pfaffendünkel. Seine Arroganz hat Arnolfo di Cambio, Schüler des Nicola Pisano, ausgedrückt, während Giottos porträtgetreues Fresco einen Anflug verschattender Schwermut festhält, eine gewisse «Introspektion» – im Jubeljahr 1300, auf dem Gipfel seiner Macht und dem Anfang ihres Niedergangs.

War in Rom und im Vatikan Giotto tätig, miniierten Oderisio von Gubbio und Franco Bolognese Bücher für die lateranische Bibliothek. Bonifaz achtete die Kunst, doch seine politischen Machenschaften ließen ihm kaum Zeit dafür, ließen ihn Kunst, in Palestrina etwa, auch bedenkenlos zerstören. Und mehr als die Künstler, die ihn oft darstellten, im Vatikan und Lateran, in Orvieto, Anagni, Florenz, Künstler, deren Arbeit er durchaus respektierte, zumal deren Anfertigung von Ehrenstatuen seiner selbst, mehr beschäftigte er die Geschichtsschreiber von Spanien bis England und Irland, noch mehr die Legisten, die Gesetzeskundigen. Wohl am auffallendsten aber, am einprägsamsten spiegeln ihn die Werke großer Dichter, besonders die der Florentiner. In Dantes «Göttlicher Komödie», schreibt E. R. Chamberlin, werfe der «hochgemute Sünder» einen noch größeren Schatten als Luzifer, erscheine er doch in jedem der drei Bücher, in der Hölle, dem Purgatorium, dem Paradies, als ein von ganz Europa bestaunter Berserker, der keinem Menschen unterlegen sei, «sondern der Strömung der Geschichte selbst».[11]

Ein Viertel aller Kurialeinnahmen der eigenen Familie zugesteckt

Außenpolitisch ist Bonifaz VIII., weil zu impulsiv und die Mutationen der Zeit, das schwindende Ansehen des Papsttums verkennend, das meiste mißglückt, was er angriff: im ungarisch-schottischen Thronstreit etwa; im Sizilienkonflikt gegenüber dem Stauferererben Friedrich von Aragón, der seine Unabhängigkeit behauptete; beim Kampf gegen den französischen König Philipp IV., der ihn an den Rand des Abgrunds brachte, ja hinein. Und obwohl er, zumindest auf die «Großen» der Welt, mit unzeitgemäßen Betrachtungen, nicht mehr zeitgemäßen Bannstrahlen und sonstigen geistlichen Zwangsmitteln kaum noch Macht ausüben konnte, probierte er es immer wieder, stand er als mächtig finsterer Fels in der Brandung, bis ihn die Brandung zerbrach. Seine Vermessenheit, Wildheit, sein Haß haben, bei aller Scheußlichkeit, auch etwas Faszinierendes, abstoßend Imposantes. Knapp sechzig, von Gicht und Gallenstein geplagt, wollte der neue Pontifex (ein Neffe Alexanders IV., seinerseits Neffe Gregors IX. und Verwandter Innozenz' III., wie auch Bonifaz mit weiteren Päpsten entfernt verwandt gewesen ist) alles ausschalten und vernichten, was ihm widerstrebte.[12]

So ist es wohl düstere Rachsucht, insistierende Gewalttätigkeit, was er am stärksten ausstrahlt, wie bereits der Amtsantritt, die erste Regierungshandlung zeigt, die Einkerkerung seines unglücklichen Vorgängers; vor allem aber und weit mehr noch ein barbarischer Krieg gegen das Haus Colonna, dem er Volksverhetzung vorwarf, das er beschuldigte, ihm Geld zu stehlen, Landgüter, wessen freilich die Colonna auch ihn bezichtigten, und wahrscheinlich hatten beide recht.

Unstreitig auch hängt das Ungestüm dieses herrschsüchtigen, pathologisch in die Macht verliebten Wüterichs gerade mit einem sehr fürsorglichen Wesenszug zusammen, seinem Nepotismus. Dessen Umfang und Intensität waren vielleicht noch nie erreicht worden und wurden allenfalls in der Renaissance übertroffen, als das Papstamt, wie zeitweise schon im 10. Jahrhundert, «nahezu erblich» wurde. «Es waren die Kardinäle, die diesen Prozeß aufhielten, wenn auch nur deswegen, weil jeder das Recht und die Hoffnung hatte, Papst zu werden» (Chamberlin).

Unter den vierzehn, von Bonifaz ernannten neuen Purpurträgern befanden sich nicht weniger als fünf nahe Verwandte von ihm, ein weiterer soll verzichtet haben.

In gewisser Hinsicht am nächsten scheint ihm ein entfernter Verwandter gekommen zu sein, der Bankier Jacopo Caetani aus Pisa. Mit dem Titel eines päpstlichen Ritters geschmückt, ebenso mit dem eines päpstlichen und königlich-neapolitanischen Familiaren, soll er Bonifaz als Kuppler gedient, ihn auch sowohl in eigener Person wie mit Sohn und Tochter gut befriedigt haben, und ganz gewiß nicht nur um Gotteslohn.

Papstneffe Francesco Caetani dagegen schätzte mehr das Geistliche. Er gab seine Frau Maria des Kardinalhuts wegen preis. Er schickte sie ins Kloster und soll mit ihr, nachdem er sie zum Keuschheitsschwur gezwungen, noch zwei Söhne gemacht haben (et postea dicitur duos pueros ex ea generasse). Papstneffe Roffredo Caetani wurde von Bonifaz mit der begehrlichen, zweimal verwitweten Tochter des Grafen Aldobrandino Rosso, Margherita, verheiratet. Doch kurz darauf annullierte der Papst die Ehe unter dem Vorwand, Margherita sei Bigamistin. Er zog ihre Güter ein, die gesamte Grafschaft der Aldobrandini nebst ihren Kirchenlehen, und übertrug sie seinem Neffen Benedikt, Roffredos Bruder. Roffredo seinerseits vermählte sich mit Giovanna dell'Aquila, Erbin der Grafschaft Fondi, worauf auch diese an die Caetani kam. «Denn wer da hat», so schon bei Markus zu lesen, bei Matthäus und Lukas auch, «dem wird noch gegeben werden, und wer nicht hat, dem wird auch das genommen werden, was er hat.»

Manche Grundbesitzer wurden für den Verlust bezahlt, doch ging's auch dabei oft kriminell genug zu. So überliefert die Chronik Orvietos die Colonna-Klage, der Papst habe manche Barone durch härtesten Kerker (durissimo carcere), durch Hunger und Durst (per denegationem panis et aque) zum Verkauf ihrer Kastelle gezwungen. Die Krönung des Ganzen unterblieb aber: die dem Nepoten Benedikt zugedachte Königskrone der Toskana und die Königskrone Roms für den Nepoten Peter – Bonifaz verblich zu früh, jedenfalls für die Nepoten.

Benedetto Caetani entstammte einer eher unbedeutenden Adelsfamilie der Campagna, für die er zwar schon vor seiner Erhebung zum Papst einen beträchtlichen Landbesitz erwarb, die er aber vor allem danach in wenigen Jahren mit «Mitteln des Kirchenschatzes» (Gregorovius) sehr bedeutend machte, indem er ihr, besonders im Süden Roms, «große Herrschaftsgebiete» übertrug (Tilmann Schmidt), die die Caetani unter die «mächtigsten Grundherren des Kirchenstaates» reihten (Seppelt). Mit Geldern aus der päpstlichen Kasse, Geldern, von Christen ganz Europas für den Kreuzzug erpreßt, um den sich der Papst von Anfang an mühte, ohne ihn je zu führen, kauften die Nepoten systematisch Ländereien auf, zahlten sie zum Beispiel allein für die Herrschaft Nimfa am Rand der Pontinischen Sümpfe zwischen 1297 und 1300 nicht weniger als 200 000 Goldgulden, ein stupender Preis, und Bonifaz bestätigte dies auch im Namen der Kirche als «ewiges Familienlehen». Denn wer da hat ... Freilich fühlte er sich angesichts seiner krummen Geschäfte auch wiederholt zu der Erklärung genötigt, bei einem Papst könne es gar keine Korruption, Simonie, keinen Eidbruch, könne es überhaupt nichts Böses geben.

Zur Ehrenrettung Caetanis sei gesagt, nicht nur die eigenen Verwandten hat er überaus begünstigt, auch seine engsten Vertrauten und deren Verwandte wieder, beispielsweise durch geistliche Privilegien, saftige Pfründen, durch Übereignung von Häusern. Auf Bitten des Giovanni Pipino da Barletta, eines skrupellosen Denunzianten mit kometenhaftem Aufstieg am neapolitanischen Hof, ernannte

Bonifaz den Neffen des Pipino, Pasquale Palmieri, ein siebenjähriges Kind, zum Kanoniker von Troyes.

Insgesamt verschleuderte der Papst für die Vermehrung der Caetani-Güter eine Summe, die zwei Jahreseinkünften der Kurie entsprach, das heißt: er gab für seinen Clan ein Viertel aller Einnahmen während seiner Regierung aus. So entstand durch sein Geld, seinen Einfluß eine neue Campagnadynastie, wie einst unter Innozenz III. die Dynastie der Conti (S. 51 f.). Und ein großer Teil dieses Besitzes war zumindest noch vor dem Ersten Weltkrieg Eigentum der Papstfamilie.[13]

Der Colonnesen-Krieg

Durch seine unverschämte Familienpolitik, aber auch durch seinen anmaßenden Regierungsstil sowie seinen (scheiternden) Kampf um die Wiedereingliederung Siziliens in das Königreich Neapel und damit unter päpstliche Oberhoheit, geriet Bonifaz in einen scharfen Konflikt mit dem Hause der Colonna, einem der führenden Geschlechter Roms und des Kirchenstaates.

Die beiden Colonna-Kardinäle, Giacomo und Pietro, Onkel und Neffe, die eng kooperierten, hatten bei der Papstwahl noch für den Caetani gestimmt, wenn auch nur deshalb, weil er ihnen immer noch lieber als ein Orsini war, traten aber bald in Gegensatz zu ihm. Den Anlaß gab der Raub eines päpstlichen Schatzes am 3. Mai 1297 vor den Toren Roms, ein Transfer von Gold und Silber zum Ankauf weiteren Landes. Und in wenigen Dingen war Bonifaz empfindlicher als in puncto puncti, seiner Gier nach Gold, ein Mann, der sich 1282 die Beibehaltung seiner vielen in England, Frankreich, Italien gewonnenen Pfründen urkundlich garantieren ließ und nie ermüdete, ihnen neue hinzuzufügen. Zwar wurde das entwendete Gut zurückerstattet; doch die anderen Bedingungen des Papstes, Auslieferung des Räubers Stefano Colonna, Aufnahme kirchlicher Besatzungen, das heißt «Caetani-Besatzungen», wenn nicht gar «Orsini-Besatzungen», in ihre Burgen Colonna und Zagarolo, in ihre wichtigsten Kommunen, zumal ihre Stadt Palestrina – die beiden Kardinäle entstammten der Colonna-von-Palestrina-Linie –, blieben unerfüllt, es hätte sie um ihre Macht gebracht.[14]

Am gleichen Tag, am 10. Mai 1297, begannen beide Seiten den offenen Kampf. Bonifaz geißelte in einer wütenden Konsistorialrede in St. Peter mit der ganzen Unbändigkeit seines Temperaments die Colonna-Kardinäle, die Verbrechen ihres «verfluchten Geschlechtes und verpesteten Blutes», das er ausrotten wolle wegen seines Hochmuts zu jeder Zeit. Er schleuderte in Kürze die Bullen «In excelso throno», so hochfahrend wie angemessen für ihn, und «Lapis abscissus» gegen seine Widersacher, setzte die beiden Kardinäle ab, ächtete sie, nahm ihnen alle Einkünfte, verdonnerte alsbald das ganze Haus, konfiszierte den gesamten Güterbesitz der Sippe, schimpfte sie ehrlos und unfähig zur Bekleidung eines geistlichen oder weltlichen Amtes und bedrohte jeden, der sie aufnehmen würde, mit dem Fluch. Nicht genug, er verpflichtete auch alle künftigen Kardinäle – die extremste Form der Sippenhaftung –, die Verdammung der Colonna, soweit sie der Linie der beiden Kardinäle angehörten, «bis ins vierte Glied» beim Blute Christi für alle Ewigkeit aufrechtzuerhalten.

Die Colonna-Kardinäle, die zur selben Zeit bereits Coelestins Abdankung wie Bonifaz' Wahl angefochten, die an ein allgemeines Konzil appelliert und Gehorsamsverweigerung der Gläubigen gegenüber dem Papst verlangt, die ihre Sentenzen in der ganzen Stadt angeschlagen, sogar auf dem Hochaltar von St. Peter niedergelegt hatten, verschärften ihre Forderungen und Vorwürfe noch in mehreren Manifesten. Sie fanden auch den Beistand der Spiritualen und ihres Freundes, des Dichters Jacopone da Todi, von Bonifaz exkommuniziert und jahrelang eingekerkert; erst Benedikt XI. ließ ihn frei. Die Protestierenden erklärten, der Papst brüste sich, «in allen Angelegenheiten über Königen und Königreichen» zu stehen, «da er sich für einen Gott auf Erden hält», hofften jedoch vergebens auf die Solidarität Philipps des Schönen von Frankreich, eines ebenso schlauen wie gewissenlosen Regenten, mit dem alle bonifazfeindlichen Kardinäle eng kontaktierten, Bonifaz selbst aber sich jetzt arrangierte, um voll gegen die Colonnesen vorgehen zu können.[15]

Der Papst deklarierte die Colonna zu «Ketzern», trieb die Inquisition gegen sie, wie natürlich wider alle «Ketzer», «diese pestilenzialischen Personen» (personae pestiferae), deren Güter er «ohne weiteres» (eo ipso) zu beschlagnahmen befahl. Er rekrutierte Truppen, die Cluniazenser, Zisterzienser, insbesondere die Ritterorden bezahlen sollten und auch bezahlten, so daß die Florentiner Bankiers – von denen einige (seit 1276) den Titel «Kaufleute der Kurie» oder «Kaufleute des Herrn Papstes» führten, große Geschäfte machten, die Peruzzi, die Scali, Spini, Bardi und Mozzi, die Zahlungen der Johanniter in Höhe von 19 185 Goldfloren bevorschußten, daß selbst die reichen Templer von den Mozzi 12 000 Goldfloren borgen mußten. Das Bankhaus Mozzi, lange das erste von Florenz und eines der wichtigsten der Welt, brach im August 1308 zusammen.

Das Papsttum nicht.

Wie eng aber dieser ganze klerokapitalistische Filz, der doch, unbeschadet der wechselnden Zeitläufte, bis zu den Vatikan-, den Mafiabankiers Sindona und Calvi im 20. Jahrhundert reicht und noch etwas darüber hinaus, zusammenhängt und welch schöne Blüten er seinerzeit trieb, als Exkommunikation und Geldgeschäfte nur so durcheinanderrauschten, mag beiläufig der Bischof Andrea de'Mozzi (gestorben 1296), dem gleichnamigen Bankhaus entstammend, kurz ahnen lassen. Bischof Mozzi hatte, um die Kosten seiner Erhebung zu decken, mit päpstlicher Billigung ein Darlehen von 2000 Goldfloren bei seinem Bruder Tommaso, dem Bankier, aufgenommen. Als aber der Bischof nach vier Jahren noch nicht zahlen konnte oder wollte, erzwang sein schnödes Bruderherz die Exkommunikation des Prälaten. Der suchte darauf das Geld aus seinem Klerus zu pressen, und da dieser die Zahlungen verweigerte, erklärte der Wütende jetzt seinerseits alle ihm unterstellten Kleriker für exkommuniziert.

Bischof de'Mozzi leistete sich auch sonst einen Skandal nach dem andern. Seinen reichen Neffen Aldobrandino Manetti de'Cavalcanti, Magister des Kirchenrechts, sah er für das Domkapitel, auch für das Amt des Schatzmeisters vor, obwohl das Kapitel vollzählig war, auch kaum noch Schätze zu verwalten hatte. Also ließ er dem reichen Verwandten die Einkünfte eines Spitals zufließen, das bisher Armen und Pilgern gedient. Und nachdem der Neffe bekommen, was er gewollt, zog er die Soutane aus und heiratete. Später allerdings machte der Bischof mit seinem Bruder Tommaso einen derart skandalösen Klosterverkauf (unter Androhung des Kirchenbanns an jeden Kritiker dieses Geschäfts), daß er mit seinem Sturz dafür bezahlen mußte.

Das Ganze ist nicht etwa exzeptionell, wenn auch in diesen Bänden immer viel zu selten zum Ausdruck kommt, leider auch nicht kommen kann, welche Zustände fast überall im kleineren Rahmen, in den Diözesen, Pfarreien, den Klöstern herrschten. Beispielsweise in Florenz, wo in der Mitte des 13. Jahrhunderts eine vom Papst besonders privilegierte «Glaubensgenossenschaft» zum Schutz der Inquisition zahlreiche «Ketzer» verbrannte; wo man viele unbewaffnete Katholiken vor den Altären liquidierte, geradezu mörderische Schlachten schlug; wo aber auch immer wieder die Kleriker selbst gegeneinander stritten, die einzelnen Kirchen gegeneinander, etwa ihrer Abgrenzung wegen, die Weltgeistlichen gegen die Klosterleute, das Domkapitel gegen den Bischof, falls überhaupt von einem Domkapitel noch gesprochen werden konnte. So klagte 1253 der Florentiner Dompropst Pagano dem Papst, vom ganzen Kapitel seien nur noch vier Priester da, von den anderen manche seit fünf, seit acht, zwölf, ja vierzehn Jahren abwesend.

Etwa um dieselbe Zeit, als Bischof Mozzi sich seine Eskapaden leistete, ging der neuernannte Bischof von Fiesole, Angelo, dessen Klerus gleichfalls seine Ernennungskosten nicht decken wollte, auf die Renitenten mit seinem Kriegsvolk in der Kirche los, wurde aber nach solchen und ähnlichen Vorkommnissen von Bonifaz nur in ein süditalienisches Bistum versetzt.

Gewiß waren all dies gleichsam kleine Fische, wenn sie auch überall so und ähnlich um Petri Schiffchen durch die nährenden Gewässer kurvten. Die wirklich umfassenden Finanzoperationen freilich, die großen Coups landeten die Florentiner Kaufleute, ihre Sieneser Konkurrenten und anderwärtige Geldhäuser und -haie – wie noch heute – in Zeiten florierender Rüstung, im Krieg, dem Vater vereinzelten Aufschwungs und allgemeinen Völkerelends, bei den sizilischen, den apulischen Kämpfen, dem Ringen der Päpste um die Romagna, wider Peter von Aragón oder nun eben gegen die Colonna.

Rief doch jetzt Bonifaz am 14. Dezember 1297 die «gesamte Christenheit» auf, das Kreuz gegen seine Widersacher zu nehmen, die er den Muselmanen gleichstellen ließ, wie die Schlacht um die Colonna-Güter der Eroberung des Heiligen Grabes. Ein Kreuzzug, ein heiliger Krieg der ganzen Christenwelt (wenn auch faktisch wohl nur in der Lombardei, der Toskana, der Romagna gepredigt) gegen zwei Kardinäle und die Familie Colonna.

Es war nicht nur, wie immer, hochkriminell, es war diesmal auch zu lächerlich. Gleichwohl fanden sich, gelockt von Indulgenzen, die das Oberhaupt verhieß, und von der Aussicht auf Beute, genug Kriegswillige, Crucesignati, die sich das Kreuz an die Schulter hefteten, um die bösen Feinde des Heiligen Vaters niederzuringen, zu zermalmen, wie er wünschte. Und wann war schon im Kampf gegen Kardinäle das ewige Leben zu verdienen! Wer nicht selbst ausziehen konnte oder wollte, durfte einen Vertreter seine Sündenlasten tilgen lassen. Ein Fußkämpfer – es gab feste Tarife – mußte mindestens zwei Monate im Feld stehen, um seinem Auftraggeber die Jenseitsstrafen zu ersparen. Selbst sterbende Frauen verfügten, aus ihrem Nachlaß einen Söldner zu armieren, der dann für ihr Seelenheil gegen die «schismatischen Colonnesen» focht, das «verfluchte Geschlecht», samt Hab und Gut für vogelfrei erklärt.

So wurde vom Winter bis zum Spätsommer 1298 in einem grausamen Krieg, Bürgerkrieg (doch jeder Krieg ist Bürgerkrieg!), ein Kastell der Colonna, ein Schloß nach dem andern genommen, gebrochen oder verbrannt, schonungslos in Schutt und Asche gelegt, darunter Colonna und Zagarolo, ebenso ihre Paläste in Rom. Sprach Papst Bonifaz doch am 14. September 1297 ausdrücklich jeden von jeder Sünde frei, der in Rom Colonna-Eigentum geplündert hatte. Und jede kapitulierende Stadt wurde einem seiner Parteigänger zur Belohnung gegeben.[16]

Schließlich fiel auch der Stammsitz der Bösen, das fast uneinnehmbare Palestrina. Seit Paschalis II., dieser immerfort streitende Papst (VI 388 ff.), den Ort im südlichen Latium mit Waffengewalt erobert hatte, rissen die Auseinandersetzungen mit den Colonna nicht ab. Und nun bekam man Palestrina durch perfiden Verrat. Kein anderer als der erst das Papsttum bekämpfende, in seinen letzten Lebensjahren aber zu Bonifaz übergegangene, bei den Bettelmönchen eingetretene Graf Guido von Montefeltro, dieser «trügerische Ratgeber», der, so Dante, «zum Klosterbruder gewordene Wolf», riet dem Papst – als wäre der darauf nicht selbst gekommen! – zu siegen «Durch viel Versprechen und durch wenig Halten» (Lunga promessa con l'attender corto). So schwur Bonifaz einen Meineid, behauptet jedenfalls der schon zum Zeitpunkt seines Todes, er starb 1348 an der Pest, hochberühmte Florentiner Geschichtsschreiber, Diplomat und Kaufmann Giovanni Villani, dessen Werk «Cronaca» (Nuova Cronica), nicht zuletzt seines literarischen Wertes wegen, «als erstes großes Denkmal der italienischen Geschichtsschreibung in der Volkssprache gilt» (Luzzati).

Offenbar betrogen durch den Papst, unterwarfen sich im September 1298 die beiden Kardinäle und ihr engster Anhang Bonifaz mit einem Strick um den Hals, küßten, um Verzeihung flehend, ihm die Füße, fanden Gnade, Freiheit, aber nicht ihr Amt – und Palestrina, uralt, olivenumgrünt aus Praenestes Fortunaheiligtum klimmend, gehegt vom Kunstsinn der Colonna, Palestrina fand sein Ende: mit allen unschätzbaren Schätzen, Palästen, Tempelruinen, Monumenten, von denen manche dreizehn Jahrhunderten getrotzt, Palestrina, doch einer der «sieben Pfeiler der römischen Kirche» auch und seit frühester Zeit Bischofssitz. Bonifaz' Vorgänger Nikolaus III. hatte die Colonna gefördert, Nikolaus IV., selbst noch vor wenigen Jahren hier Bischof, sie mit Gunst überhäuft. Und wer denkt nicht an Tuskulums Untergang ein Jahrhundert zuvor durch einen anderen Papst! (S. 17 f.)

Mit Ausnahme des Domes, der Kathedrale St. Agapitus, doch samt den übrigen Kirchen, wurde alles, trotz eines Waffenstillstandsabkommens, restlos alles geschleift, dem Erdboden gleichgemacht, eingepflügt und Salz darauf – wie über das alte Karthago, sagte Bonifaz barbarisch unerschüttert, nahm den Bewohnern ihr Privatvermögen und ließ sie, in tieferer Lage, Hütten bauen, nicht ohne Zynismus Civitas Papalis von ihm getauft und schon anno

1300 Opfer eines Brandes oder erneuter päpstlicher Rachsucht, worauf die Armen in ihrem Elend sich zerstreuten.[17]

Weniger «glücklich» operierte Bonifaz VIII. in größeren, in europäischen Zusammenhängen, zum Beispiel im Sizilienkonflikt.

Karl II. von Anjou und Papst Bonifaz verlieren Sizilien

Seit der Sizilianischen Vesper 1282 und dem Eingreifen Peters III. von Aragón (S. 357 ff.) war Sizilien vom Königreich Neapel getrennt, war die Insel, zur anhaltenden Irritation der Sizilianer, fest in der Hand der Aragonesen, stand Aragón somit in scharfer Front zu den Angiovinen und Rom. Peter nahm den Titel des Königs von Sizilien an, stellte das Inselreich als sogenannten unabhängigen Staat wieder her, wobei er aber, anders als der Anjou, Sizilien vor allem durch Sizilianer verwalten ließ. Er starb indes 1285, im selben Jahr wie Karl I. von Anjou (S. 360). Da sein Sohn Karl II. 1284 in der Seeschlacht bei Neapel durch Aragón gefangengenommen, erst im Kerker des Kastells von Cefalù, dann bis 1288 in Katalonien inhaftiert worden war, ging die Herrschaft über Sizilien von König Peter auf seinen Sohn Jakob II. den Gerechten und wiederholt Gebannten über, dessen Königswürde das Papsttum bestritt, dann auf dessen jüngeren Bruder Friedrich II., zunächst, seit Juli 1291, nur als Statthalter und Generalvikar geduldet.

Mit dieser Entwicklung aber war das Papsttum, das die Angiovinen als Herren Siziliens wünschte, um dort selbst der Herr, der Oberherr zu sein, keinesfalls einverstanden. Seit der großen Revolte gegen Karl I. hatten die Päpste diesen uneingeschränkt unterstützt und alles getan, um ihrem Vasallen Sizilien mit Bann und Interdikt und Kreuzzugspredigt zurückzugewinnen. So widersetzte sich schon Nikolaus IV. (1288–1292), als Karl II., um der aragonesischen Haft zu entkommen, auf die Insel verzichtete. Anders als der mehr friedfertige, zumindest seit seiner Gefangennahme kriegerischen Abenteuern eher abgeneigte Karl, bestand Nikolaus auf bedingungsloser

Freilassung. Er fädelte ein gegen Aragón gerichtetes Bündnis Kastiliens mit Frankreich ein und schrieb neue Zehnten aus, um Aragón und Sizilien weiter bekriegen zu können. Er sprach Verträgen sowie allen eidlichen Verpflichtungen Karls die Gültigkeit ab und krönte ihn, als er sich an der Kurie von Rieti einfand, am 29. Mai 1289 im dortigen Dom – ein «fait accompli» für die Welt – feierlich nicht nur zum König von Neapel, sondern auch von Sizilien, das freilich in aragonesischen Händen blieb.[18]

Auch Bonifaz VIII., den die Trennung Siziliens vom Königreich schon als Kardinal zutiefst empört hatte und fast während seines ganzen Pontifikats beschäftigen sollte, wollte Sizilien für Karl II., also selbstverständlich für das Papsttum, zurückerobern. Schlicht und einfach erklärte er die Insel nach wie vor als «Eigentum der Kirche» und traf schon im ersten Jahr seines Regiments Vorkehrungen für einen Krieg, genauer für dessen Fortsetzung im Mittelmeerraum. Deshalb bewilligte er dem Anjou, seinem «sizilianischen Degen», in mehreren Ländern einen dreijährigen Zehnten. Doch sollte der König, der beim Papst bereits tief in der Kreide stand, anno 1295 mit mehr als 250000 Goldunzen (bei eigenen Staatseinkünften von weniger als 100000), Sizilien erst nach Begleichung sämtlicher Schulden bekommen, wenn er es bekommen, das heißt erobert hatte.

Um alle Prozeduren zu erleichtern, suchte der Caetani zunächst Friedrich von Aragón, den Urenkel des staufischen Kaisers und Statthalter Siziliens, offenbar nach seinem Palestrina-Verfahren, viel versprechen, wenig halten, auszumanövrieren. Für den Verzicht auf die Insel bot er ihm das ganze oströmische Kaiserreich an, über das er natürlich gar nicht verfügen konnte. Und die Aussichten auf eine Eroberung waren, realistisch betrachtet, «gleich Null» (Kiesewetter). Trotzdem versprach Bonifaz, finanziell dazu beizusteuern. Er verhieß ein einmaliges Donativ von 40 000 Goldunzen samt drei jährlichen Subsidienzahlungen à 30 000 Goldunzen. Außerdem suchte er die kühn in die Luft gesetzte Sache durch ein Heiratsprojekt zu fördern, sollte Friedrich noch die Erbin des lateinischen Kaiserreiches, Katharina von Courtenay, nebst reicher Mitgift bekommen; doch die Dame wollte gar nicht. Wohl aber begehrten die

Sizilianer Friedrich. Und am 15. Januar 1296 wurde er in Catania zum König ausgerufen, am 25. März im Dom zu Palermo gekrönt und nannte sich – im Gefolge staufischer Reichstradition – Fredericus tertius, Friedrich III.

Das alles ging Bonifaz gegen den Strich, und letzten Endes bedingte diese verhängnisvolle Fehlkalkulation das Scheitern all seiner großen politischen Pläne. Er exkommunizierte Friedrich samt Anhang am 3. Mai, erklärte Wahl wie Krönung für ungültig und drängte zweimal, 1297 und 1300, den durchaus friedenswilligen Karl von Anjou zum Krieg. Ja, er drängte sogar Jakob II. gegen Friedrich, den eigenen Bruder, den «Tyrannen der Insel Sizilien». Jahrelange Feindseligkeiten folgten, Seeschlachten (bei Capo d'Orlando, in den Gewässern von Ponza) und Guerrillakämpfe. Generös bewilligte Bonifaz Kreuzzugsablässe und Kreuzzugszehnten. Auch nahm er selbst gewaltige Beträge auf, vor allem bei Florentiner Bankiers, besonders bei Spini und Bardi.

Stark unterstützt wurde der Papst zunächst durch den französischen König und dessen Bruder Karl von Valois, Grafen von Anjou, einen jener jetzt bald häufiger auftretenden hochadligen Kondottieri, der 1301 mit Gattin samt 500 Rittern in Italien eintraf und als Generalkapitän des Kirchenstaates und «Friedensfürst» in der Toskana wirkte (und zuletzt, trotz aller Bereicherungen und Gunsterweise, Schulden in Höhe von 120 000 livres parisis hinterließ).

In einer schmeichlerischen, gelegentlich von Wutausbrüchen gegen die Florentiner durchsetzten Rede vor den Kardinälen am 5. September 1301 zur Ernennung des Valois feierte Bonifaz diesen als löwenhaften Verteidiger Frankreichs. Und wie ein junger Löwe, rief der Papst, stürze er nun zur Verteidigung der Kirche herbei. «Deshalb wollen wir ihn vor den anderen Fürsten dieser Welt ehren. Als wir ihn beriefen, war unser Plan, daß er gegen Sizilien ziehe, und dies ist noch immer unsere Absicht. Da aber der Winter naht und dort jetzt wenig Nutzen zu erzielen wäre, wollen wir, daß er erst unsere Söhne in Toskana zum Frieden zurückführe und in guten Stand setze.» «Denn», fügte er hinzu, «geschrieben steht: ‹Trachtet am ersten nach dem Reiche Gottes und seiner Gerechtigkeit›.»

Die Florentiner freilich hatten bisher offenbar nicht nach dem Reich Gottes und seiner Gerechtigkeit getrachtet, sondern dem Legaten des Bonifaz, Kardinalbischof Matteo d'Acquasparta, nach dem Leben. Nur knapp entging er einem Armbrustattentat und schleuderte Ende September 1300 auf Florenz den Bannfluch. Doch während der Papst unentwegt, mit Intrigen und Konspirationen, Lockungen und Drohungen, auf eine Unterjochung der Stadt hinarbeitet, die ihm einige große Bankherren verkaufen möchten, bestreitet er öffentlich, sich ihrer und ihrer Rechte bemächtigen zu wollen, verhandeln seine Vertrauten in Frankreich mit dem Prinzen Karl von Valois wegen eines Kriegszugs nach Sizilien und der Toskana, ernennt er Karl zum Rektor der Romagna, der Mark Ancona, des Herzogtums Spoleto und zum Generalkapitän der Kirche und schwört «beim allmächtigen Gott» ihm noch viel mehr Gutes antun zu wollen. «Wir sehen ihn als unsern Bruder und unsern Sohn an, und er wird unsere gute Absicht kennen lernen!» Der Prinz kniete vor dem Papst nieder, küßte seinen Fuß, empfing seinen Segen, in seinem Quartier noch drei schöne Pferde, einen Sack mit Goldfloren sowie kostbare Trinkgefäße für die Frau Gemahlin.

Im Oktober traf der «Pazifikator» Italiens in der Toskana ein, wo Seine Heiligkeit schon vorbereitend gewirkt hatte. Viele Florentiner erhofften noch immer von ihm ihr Heil. Gesandte des Valois in Florenz kündigten diesen als «Friedensstifter» an, erklärten: «Der Papst schicke ihn und alle könnten ihm vertrauen, denn durch solche, in deren Adern das Blut des Hauses Frankreich flösse, sei noch nie jemand verraten worden.»

Das florentinische Guelfentum, gespalten in die Faktionen der «Schwarzen» (Neri), mit einigen der bedeutendsten Bankiers der Kurie, und der «Weißen» (Bianchi), mit einer versöhnlichen, doch gegenüber Bonifaz mehr distanzierten Haltung, beschloß also, dem Papst zu vertrauen, der jede Absicht auf den Erwerb der Toskana öffentlich leugnete, und am Feste Allerheiligen zog der französische Friedensfürst, der Enkel des heiligen Ludwig, in Florenz ein, «die Lanze schwingend, die einst Judas schwang» (Dante).

Der «Friedensvermittler» (Paciarius) besetzte die strategisch wichtigsten Punkte, brachte Schleudermaschinen an, und alsbald vernahm man, daß der Papst rückhaltlose Unterwerfung unter seinen persönlichen Willen verlange. Nun flammten Unruhen auf, rachedurstige Exulanten, verbannte schwarze Guelfen kehrten, von dem «Friedensbringer» begünstigt, zurück, stahlen, plünderten, brannten die Häuser der weißen Guelfen nieder, feierten Mordorgien, «es regnet Verbannungs- und Todesurteile» (Bezzola).

Dante Alighieri befindet sich damals, 1301, mit einer Gesandtschaft bei Papst Bonifaz in Rom. Auf der Rückreise im nächsten Jahr wird er am 27. Januar verbannt, am 10. März in Abwesenheit zum Tod auf dem Scheiterhaufen verurteilt. Und ein Jahrzehnt später verhängt Florenz über ihn zum zweitenmal die Todesstrafe. Zwanzig Jahre weilt der vielleicht größte Dichter des europäischen Mittelalters in der Verbannung und sieht die Vaterstadt nie wieder.

An den französischen König Philipp hatte Bonifaz 1301, wenige Wochen nach dem Eintreffen des Karl Valois in Florenz, eine Bulle gerichtet, die begann: «Höre, mein teuerster Sohn, die Befehle des Vaters!» Ansprüche des angeblich höchsten Priesterkönigs an seinen vermeintlichen Vasallen, der indes am 11. Februar 1302, in Paris unter Trompetengeschmetter verkündet, die Bulle verbrennen läßt. An diktatorisches Durchgreifen gewöhnt, machte er sofort die Grenzen dicht und ließ fast zwei Jahre lang weder Geld noch Waren nach Italien. Neben der Ausfuhrsperre verfügt er die Exmission kurialer Nuntien und Kollektoren. Die Bäume des Papstes wuchsen nicht in den Himmel. Seine Absichten auf die Toskana scheiterten. Aber seine Politik hatte dort noch viele jahrelange Kämpfe zur Folge.

Und auch in Neapel, in Sizilien mußte Bonifaz einlenken. Im Friedensvertrag von Caltabellotta erkannte er, wenn auch widerstrebend, am 29. August 1302 den Status quo, die Unabhängigkeit Siziliens unter Friedrich von Aragón, an und annullierte Exkommunikationen und Interdikt. Weniger ein Kompromiß als eine Niederlage für den stolzen Papst. Doch sollte es viel schlimmer für ihn kommen.[19]

KÖNIG PHILIPP DER SCHÖNE, «HEILIGES JAHR» UND BULLE «UNAM SANCTAM»

Das Debakel Bonifaz' VIII. wurde durch den französischen König Philipp IV. le Bel, der Schöne (1285–1314), heraufbeschworen; und wie sehr auch die veränderten Zeitläufte mitspielten, im Grunde ging es auch da wieder vor allem um Geld.

König Philipp brauchte es, brauchte viel Geld, um den großen Konflikt mit Flandern, den Krieg gegen England (1294–1303), gleichsam ein Vorspiel des Hundertjährigen Krieges (1337–1453), finanzieren zu können. Seine italienischen Sponsoren, seine Münzmanipulationen, Münzverfälschungen, alle Übergriffe auf Juden und Lombarden reichten nicht. Doch als er 1294 den französischen Klerus mit einer Sondersteuer belegte, suchte Bonifaz, als Kardinal ein «Gallicus», auch als Papst erst noch franzosenfreundlich, die Abgabe durch seine Dekretale vom 25. Februar 1296 «Clericis laicos» zu unterbinden. Im aufreizenden Ton (und mit der blamablen Feststellung beginnend: «Daß die Laien Feinde des Klerus sind, bezeugt in hohem Maß das Altertum, und auch die Erfahrungen der Gegenwart lehren es deutlich») verbietet der Erlaß allen Laien, an sich nichts Neues, unter schweren Kirchenstrafen nicht nur jedwede Besteuerung des Klerus, nicht nur die Erhebung irgendwelcher Lasten ohne Einverständnis des sogenannten Apostolischen Stuhls, sondern er untersagt auch deren Leistung und Annahme.

In England hatte die Bulle, die der gesamten Christenheit galt, Erfolg. Der Klerus stellte sich auf die Seite des Papstes, und auch die englischen Laien protestierten gegen Steuern, Fronen, Requisitionen von Lebensmitteln. So gab Eduard I., einst im Heiligen Land fast Märtyrer geworden, nolens volens nach. In Frankreich aber ergriffen die Priester die Partei des Königs, da sie mehr von ihm abhingen. Philipp rächte sich massiv am Papst durch ein Exportverbot von Geld, von Preziosen, Naturalien und Kriegsbedarf sowie durch Ausweisung fremdländischer Negozianten: ein schwerer Schlag für Bonifaz, der diese Einkünfte und den Handel brauchte. Notgedrungen machte er einen Rückzieher, schränkte Verbote ein, hob dieses auf, ließ jenes zu und sprach sogar den von Philipp verehrten Großvater Ludwig IX. am 11. August 1297 heilig, nachdem auch der König seine antipäpstlichen Beschlüsse außer Kraft gesetzt hatte.[20]

Die erste Runde aber war für Bonifaz voll verloren. Doch vorerst dauerte das Einvernehmen beider fort, ja der Römer strebte dem äußeren Höhepunkt seines Pontifikates zu, dem Heiligen Jahr 1300. Es ist sozusagen seine Erfindung, wobei er den Gläubigen – über zwei Millionen sollen gekommen sein – einen vollkommenen Ablaß durch den Besuch der Basiliken St. Peter und St. Paul in Rom offerierte; ein pastorales Angebot, das die Kurie kirchenpolitisch und ökonomisch nutzte, letzten Endes immer der Zweck ihrer Dienstleistungen. Ohne Geld gar nichts. Ohne Spenden keine Gnaden. Ohne Opfer keine Entlastungen, keine Freisprüche, überhaupt keine Sprüche – außer bösen. Tag und Nacht sollen Priester den schnöden Mammon mit dem Rechen eingezogen haben; angeblich meist bloß Kleingeld – Könige kamen bezeichnenderweise nicht, die Zeit war vorbei.

Aber Geld kam vielleicht mehr, als man zugestand. Denn sollte das Heilige Jahr ursprünglich nur alle 100 Jahre sein, so bald alle 50 (das nächste Heilige Jahr: 1350), dann alle 33, schließlich alle 25 Jahre. Außerdem gab es seit dem 15. Jahrhundert noch die Möglichkeit außerordentlicher Heiliger Jahre sowie die der Verleihung des Romablasses auch an Kirchen anderwärts. Ganz zu schweigen davon, daß stets mehr römische Gotteshäuser eigene Ablaßofferten fälschten. Doch immer und alles nur zum Heil, der Seele da, der Börse dort. Freilich: nicht für jeden! Ausgeschlossen von dem Segen waren: Waffenlieferer an Sarazenen, Friedrich von Sizilien nebst Anhang, einschließlich der Genueser, seiner Kriegsgefährten, und natürlich: die Colonna.[21]

Nicht nur die Kirche, ganz Rom prosperierte, und Bonifaz schwamm auf der Woge des Triumphes, fühlte sich nicht nur als Papst, auch als Kaiser, als der alleinige Papst, der alleinige Kaiser. Er änderte die Tiara, die nicht nur priesterlich, die auch herrscherlich-triumphal gedeutete Krone, Symbol universaler Macht des Pontifex als «Vater der Fürsten und Könige, Lenker der Welt und Stellvertreter Christi auf Erden» (Pontificale Romanum 1596). Auch ließ er, gleichfalls Ausdruck monarchischen Anspruchs, wenn nicht gar Bekundung von Idolatrie, von Götzendienst, in Rom und vielen Orten Italiens, an Stadttoren, in Kirchen, wahrscheinlich sogar auf Altären Ehrenstatuen für sich aufstellen, große silberne Porträts, als wolle er – bei seiner Selbsteinschätzung als «Gott der Götter» nicht so unwahrscheinlich – gleich den römischen Kaisern der klassischen Zeit göttliche Verehrung genießen. Zeigte er sich doch mit dem ihm eigenen Hang zu großen Gesten, theatralischer Schaustellung gerade damals, zuverlässig bezeugt, wiederholt mit kaiserlichen Insignien geschmückt und schrie: «Ich bin Caesar, ich bin Kaiser.»

Besessen vom Gefühl seiner Herrsch- und Großmannssucht, flakkerte jetzt erneut der Konflikt mit Philipp dem Schönen auf, angeheizt noch durch die berüchtigte, bereits damals vieldiskutierte Konstitution «Unam sanctam», datiert vom 18. November 1302, veröffentlicht vielleicht erst im folgenden Jahr. Sie knüpft u. a. an die bekannte Zwei-Schwerter-Theorie der Kirche an, das ihr zu Gebote stehende geistliche und weltliche Schwert; jenes werde von ihr, dieses für sie geführt, zwar vom König, doch nach Weisung des Priesters (ad nutum et patientiam sacerdotis). Kaiser und Könige sind bloß ausführende Organe der Ecclesia.

Das Dokument proklamiert aber nicht nur den globalen Führungsanspruch, nicht nur die Überlegenheit der geistlichen über die weltliche Gewalt (vgl. dazu schon II 329 ff.), beansprucht nicht nur «das Gericht über die Könige und Fürsten der Welt» (Presumus iudicare reges et principes orbis terrarum), erheischt nicht nur «die einzige höchste Gewalt über sie» (solus altissimus super eos), sondern gipfelt – mit Worten aus des Aquinaten «Contra errores Graecorum» – darin, daß es jeder menschlichen Kreatur heilsnotwendig sei, dem römischen Papst unterworfen zu sein: «Porro subesse Romano Pontifici omni humanae creaturae declaramus, dicimus et definimus omnino esse de necessitate salutis.»

Die Konstitution, die – mitunter fast wörtliche – Anklänge auch an Cyprian, Dionysius Areopagita, den Großfälscher (III 147 ff.!), an Bernhard von Clairvaux, den geistlichen «Schuft» (Schiller: VI 464), besonders aber an Aegidius Romanus enthält, bringt nichts Neues. Aber sie bringt alles diesfalls Dagewesene in schroffer Form auf den Punkt, den Gipfelpunkt. Und obwohl oder weil die hierokratische Prätention der Päpste auf universale Leitung, auf die geistliche wie politische Beherrschung der Welt und insbesondere, was ja schon im Anfang des Schriftstücks stark anklingt, der Schlußsatz von der Heilsnotwendigkeit nie eine extremere Formulierung gefunden hat, wurde diese Deklaration, dies «Gesetz», sowohl 1375 von Papst Gregor XI. als auch 1516 von Papst Leo X. und dem V. Laterankonzil als dogmatische Aussage bestätigt, wurde sie ausdrücklich für gültig und verbindlich erklärt – und war doch nur, wie man einmal sagte, die Grabschrift auf die päpstliche Weltherrschaft.[22]

Schon Bonifaz' Zeitgenossen haben «Unam sanctam» sehr beachtet, ausgiebig zitiert und erregt kritisiert. Auf katholischer Seite wurde sogar versucht, das peinliche Dokument als Fälschung zu erweisen, obwohl es doch in den päpstlichen Registerbänden steht, auch nichts bringt, um es zu wiederholen, was nicht schon vor Bonifaz bedeutendere Kirchenlichter schrieben, für den protestantischen Kirchengeschichtler Hermann Schuster schlicht «unsterblich» ist, für Apologeten, darunter Papsthistoriker Franz Xaver Seppelt, aber «lediglich eine zeitgeschichtliche Bedeutung» hat, nur «zeitbedingt und zeitgebunden» ist. Was ja stimmt: da alles zeitbedingt und zeitgebunden, alles temporell ist – auch das, was die Herren ausnehmen möchten, weil bei ihnen sonst alles zusammenbricht, was es ohnehin tut.[23]

Das Attentat von Anagni oder «wie der Erlöser verraten …»

Inzwischen war der Konflikt mit dem König von Frankreich wieder aufgebrochen. Philipp hatte im Herbst 1301 den Bischof und Papstanhänger Bernard de Saisset von Pamiers, zu dem er schon früher in Gegensatz geraten war, wegen Hochverrat und Majestätsbeleidigung zu unbefristeter Haft verurteilt und seinen gesamten Besitz beschlagnahmt. Der Papst aber, der den Heißsporn absetzen sollte, hatte den Eingriff des Königs, ohne dessen Anschuldigungen überhaupt zu untersuchen, verdammt und am 5. Dezember 1301 die sofortige Freilassung Saissets befohlen. Er hatte Philipp gewährte Privilegien, eine schon genehmigte Steuerbefreiung wieder rückgängig gemacht und den französischen Episkopat im November 1302 zu einer Synode nach Rom gerufen; 39 Bischöfe kamen. Und die eben erscheinende Bulle «Unam sanctam» goß noch Öl ins Feuer.

Gleichwohl erstrebte Bonifaz eine Aussöhnung, selbstverständlich erst nach Erfüllung der von ihm diktierten Bedingungen. Kardinal Johannes Monachus (Jean Lemoine), der gefeierte Kanonist, sein Vizekanzler und enger Vertrauter, doch bald einer seiner heftigsten Antagonisten, überbrachte die Forderung nach Paris. Es folgten Erklärungen und Gegenerklärungen, Aktionen und Gegenaktionen. Schriftstücke wurden unterdrückt oder gefälscht. Es kam zu Bannungen und Konfiskationen; und es fehlte nicht an Insulten. Der König fiel unter sein Niveau oder zumindest unter das seiner Legisten, als er die Botschaft über die Alpen sandte: «An Bonifaz, der sich Papst nennt, wenig oder gar keinen Gruß. Deine höchste Albernheit soll wissen, daß wir in weltlichen Dingen niemandem untertan sind.» Und der Adressat zögerte nicht, dies sogleich mit Zinsen heimzuzahlen: «Unsere Vorgänger haben drei Könige von Frankreich abgesetzt. Wisse, daß wir Dich absetzen können wie einen Stalljungen, falls sich dies als notwendig erweisen sollte.»

Bald ging es dem Papst gar nicht mehr um Bischof Saisset – erklärte er sich doch am 13. Januar 1302 mit dessen Gefangenhaltung durch den Erzbischof von Narbonne sogar einverstanden! Es ging um die plenitudo potestatis, die Suprematie der geistlichen Gewalt, ihre Überordnung über die säkulare, den König, der aber gar nicht daran dachte, sich in diesen Dingen dem Papst unterzuordnen. Gemäß seiner Regierungspraxis, selbst mehr im Hintergrund zu bleiben, nur die letzten Entscheidungen zu treffen, ließ er den Kampf besonders durch seinen Berater Pierre Flotte führen und, nach dessen Tod am 11. Juli 1302 in der Schlacht von Courtray («Goldsporenschlacht») gegen die siegenden Flamen, durch Guillaume de Nogaret, Dr. legum, Prof. legum, königlicher Rat, schließlich königlicher Siegelbewahrer (garde du sceau) und von stärkstem Einfluß auf den Regenten.[24]

Am 12. März 1303 brandmarkte Nogaret in einer Sitzung des

Staatsrats im Louvre die zahllosen und schrecklichen Vergehen dieses Papstes, dieses unrechtmäßigen Papstes, Simonisten, «Ketzers», dieses abgründigen und bald einzukerkernden Sünders, dem man durch ein allgemeines Konzil, durch Neuwahl einen Nachfolger geben müsse. Eine weitere Zusammenkunft vieler Bischöfe, Äbte, weltlicher Großer im Louvre Mitte Juni erbat abermals vom König die Berufung eines Konzils und klagte den Papst in 29 Punkten erneut schwerer Verbrechen an, von der Leugnung der Unsterblichkeit bis zum Vorwurf der Sodomie und der Bezichtigung, Coelestins Mörder zu sein.

Bonifaz VIII. replizierte mit Entrüstung und wilden Warnungen. Niemand möge sich täuschen in seiner Entschlossenheit. Er werde nicht ruhen, bis das Blut des Königs und seiner Gefolgsleute, es sei denn, sie würden sich bessern und Genugtuung leisten, an seinen Händen klebe (... nisi se corrigant et satisfactionis impendant debitum, ne eorum sanguis a nostris requiratur manibus, procedamus).[25]

Am 15. August 1303 schleuderte der Papst eine ganze Reihe von Bullen gegen Philipp samt Genossen. Ein weiteres Exkommunikationsdekret, «Super Petri solio», war zuletzt noch in Vorbereitung und sollte die feierliche Bannung des (ihr zwar schon früher verfallenen) Königs sowie die Lösung seiner Untertanen vom Treueid verkünden und am 8. September 1303 erscheinen. Doch zur Verhinderung ebendessen erschienen am Tag zuvor die Herren aus Paris.

Nogaret und Sciarra Colonna waren am Morgen des 7. September mit einer Gruppe von Verschwörern unter dem französischen und dem päpstlichen Banner in Anagni eingedrungen. Mit dem Ruf «Es lebe der König von Frankreich und Colonna» hatten sie, unbehelligt von den Einwohnern, mehrere Kardinalspaläste gestürmt, dann dem Papst Bedingungen gestellt, nach deren Annahme er sein Leben behalten sollte: Restitution der Colonna-Kardinäle, des Colonna-Besitzes, Auslieferung des Kirchenschatzes an mehrere ältere Purpurträger, Rücktritt und Gefangenschaft des Papstes. Aber Bonifaz wünschte, so sagte er angeblich, wie der Erlöser verraten, als Papst zu sterben. Er saß allein, verlassen von allen, von den Kardinälen, den Neffen, den Soldaten. Er saß allein in dem gewaltigen

Palast auf dem Thron, die große Tiara auf dem Kopf, und erklärte: «Hier mein Nacken, hier mein Haupt.»

Sciarra Colonna wollte ihn töten, Nogaret ihn nach Frankreich vor ein Konzil bringen. Doch nach zwei Tagen, am 9. September, retteten ihn die Anagnesen. In blutigen Gefechten verjagten sie die Eindringlinge, Bonifaz segnete seine Befreier, dankte ihnen, mochte aber nicht mehr in Anagni bleiben. Er ging nach Rom, wo er am 25. September eintraf, noch einen Monat lebte, gefoltert bis zu seinem Tode von dem Wahn, jeder Ankömmling wolle ihn ergreifen. Er war noch klar genug, die Exkommunikation des Königs von Neapel zu planen, weil dieser sich geweigert, Frankreich den Krieg zu erklären. Er war nicht mehr klar genug, die Sterbesakramente zu verschmähen, verschied am 12. Oktober 1303 und verschwand in der von ihm erbauten pompösen Kapelle in St. Peter unter jenem Grabmal, das ihm Arnolfo di Cambio hatte errichten müssen. Und dreihundert Jahre später, 1605, fand man dort bei einem Umbau «seinen Leichnam fast ganz unversehrt» (Wetzer/Welte).[26]

Als einst eine Abordnung römischer Juden Bonifaz das Mosaische Gesetz überreichte, gab er es mit den Worten zurück: «Wir anerkennen das Gesetz, aber wir verdammen das Judentum; denn das Gesetz ist durch Christus bereits erfüllt worden.»[27]

Ein fürchterliches Geschehen, das in den Pontifikat des Papstes fällt, das große Judenpogrom 1298 in Franken, sei hier Anlaß, den kontinuierlichen Geschichtsbericht zu unterbrechen durch die Erinnerung an das Martyrium der Juden im Mittelalter.

12. KAPITEL

CHRISTLICHES JUDENMORDEN IM MITTELALTER

«Das ist erstaunlich und besonderer Beachtung würdig, daß die Juden seit so vielen Jahren bestehen und daß man sie immer im Elend findet: Es war zum Beweise Jesu Christi sowohl notwendig, daß sie bestünden, um ihn zu beweisen, *wie daß sie elend seien, weil sie ihn gekreuzigt haben.*»
Blaise Pascal[1]

«Der Kampf gegen die Synagogen war zu jener Zeit eine gesamteuropäische Erscheinung.» D. Claude[2]

«In Spanien war das Judentum seit der Mitte des siebten Jahrhunderts gesetzlich nicht mehr geduldet; praktizierende Juden waren der Folter und Todesstrafe unterworfen, kein Jude durfte sich im Westgotenreich niederlassen.»
Amnon Linder[3]

«Die Juden, die nicht Christen werden wollen, sind totzuschlagen.» Der stellvertretende Erzbischof von Sevilla, Martinez[4]

«Etwa zwei Drittel der jüdischen Gemeinden in Deutschland fielen 1348/49 dem Wüten des Judenhasses zum Opfer, mitunter von Stadtfremden, manchmal aber auch, wie in Basel, Straßburg oder Nürnberg, mit aller Umsicht von der Ratsobrigkeit organisiert. Von etwa 350 jüdischen Gemeinden in Deutschland wurden dabei 60 größere und 150 kleinere völlig ausgerottet.»
Handbuch der Europäischen Geschichte[5]

«Die grauenhaftesten Metzeleien, das Zerhacken und Verstümmeln und Aufschlitzen und Lebendig-Verbrennen von ungezählten Tausenden geschah unter der Parole des Glaubens.» F. W. Foerster[6]

Der christliche Kampf gegen die Juden beginnt bereits im Neuen Testament und wird von den Kirchenvätern des 2., 3., 4. Jahrhunderts fortgesetzt (I 2. Kap.!). Fast alle diese Theologen sind rabiate Antisemiten, selbst von den Christen so gefeierte Kirchenlehrer wie Johannes Chrysostomos (I 133 ff.!), Ambrosius, in dessen Tagen man schon Synagogen mit Billigung und auf Befehl christlicher Bischöfe niederbrennt (I 438 ff.!), oder Augustinus, für den die Juden «Natterngezücht», «Mörder» sind, Söhne des Teufels (I 511 ff.). Sein Zeitgenosse, Kirchenlehrer Kyrill, wird Initiator der ersten «Endlösung» (II 195 ff.!).

Seit dem 3. Jahrhundert waren die Juden über das ganze Römische Reich verstreut. Die Germanen der Völkerwanderungszeit, Goten, Burgunder, Franken, gewährten ihnen völlige rechtliche Gleichstellung mit den provinzial-römischen Völkern. Auch die arianischen Germanenstämme, die in Italien, Spanien, Nordafrika saßen, begünstigten das Judentum, förderten seine Entwicklung. Mit der Katholisierung der Germanen aber setzte deren Judenfeindschaft ein – «noch im Jahr der Einführung des Katholizismus wurde der Grund gelegt für den klerikalen Terror und die grauenhafte Verfolgung der Juden, welche die westgotische Geschichte durch das ganze 7. Jahrhundert entstellten» (Thompson). Doch wie für den Osten, haben wir auch für Spanien und Gallien genügend Zeugnisse dafür, daß das christliche Volk weithin friedlich mit den Juden zusammenlebte, was aber überall die katholischen Behörden unter Androhung hoher Kirchenstrafen bekämpften.[7]

Die mittelalterlichen Judenverfolgungen auf der Iberischen Halbinsel

Spanien war das wichtigste jüdische Zentrum Europas zu Beginn des Mittelalters. Die Juden waren dort vor den Christen. Sie waren auch mächtiger als sie, einflußreicher, reicher. Und weil das Volk mit ihnen oft gut harmonierte, im Bad, beim Spiel, bei Feierlichkeiten, weil Christen mit Juden an Fasttagen speisten, Synagogen besuchten, sich von jüdischen Ärzten behandeln, von Juden segnen und für sich beten ließen, attacktierte sie der Klerus um so unerbittlicher.

Gerade in Spanien gingen die Judenverfolgungen beinah gänzlich von der Kirche aus; sie wurden von ihr initiiert, geleitet und ausgebeutet. Es gab keinerlei maßgebende rassische, politische oder ökonomische Motive. Vielmehr waren alle Pogrome fast ausschließlich religiös begründet. Garantierte man doch jedem Juden mit einwandfreiem christlichen Glauben sämtliche Privilegien der anderen Christen.[8]

Der führende Mann des spanischen Katholizismus, Kirchenlehrer Erzbischof Isidor von Sevilla (um 560–636) – Bruder und Nachfolger des Verschwörers Leander (IV 144 f.), Bruder auch von Bischof Fulgentius von Écija, Andalusien, denn Bischofspfründen blieben schon damals oft in der Familie, waren lange fast Sippenbesitz –, Isidor hat zu den Judenpogromen aufgereizt und sie gerechtfertigt. Seine Streitschrift «De fide catholica contra Judaeos» war im Mittelalter so beliebt, daß man sie ins Althochdeutsche übertrug. Und noch in faschistischer Zeit glänzt der Antisemit als die «größte Leuchte der Wissenschaft im 7. Jahrhundert» (Ballesteros).[9]

Hatten die arianischen Könige Juden geduldet, gingen die katholischen Westgoten des 7. Jahrhunderts und ihr Klerus immer schärfer gegen sie vor.

Bereits unter ihrem konvertierten König Rekkared (IV 148 ff.!) verbot das 3. Reichskonzil von Toledo 589 Juden – nicht den Christen – das Halten christlicher Sklaven, worauf die Juden ihren Landbesitz verkaufen mußten. Das Konzil verbot ihnen auch den Zugang zu öffentlichen Ämtern, in denen sie Christen bestrafen könnten; ferner die Ehe oder das Konkubinat mit Christinnen; Kinder aus solchen Verbindungen mußten getauft werden. Und Rekkareds Nachfolger erließen allein im 7. Jahrhundert nahezu fünfzig antijüdische Gesetze und praktizierten ihre judenfeindliche Politik bis zum Untergang des westgotischen Königreichs 711.[10]

König Sisebut (612–621), von Judenhasser Isidor als sehr human, als «christianissimus» gepriesen und noch von katholischen Kirchenhistorikern des 19. und 20. Jahrhunderts «den besten Fürsten Spaniens an die Seite» gesetzt, führte nicht nur einen Krieg nach dem andern, sondern wurde auch der erste große Verfolger der spanischen Juden. Er drohte ihnen Geißelung an, Exil, Vermögenskonfiskation und ließ sie bereits zwangstaufen. Tausende, die sich weigerten, mußten nach Gallien.

Zwar verbot das 4. Konzil von Toledo 633 unter dem Vorsitz Isidors von Sevilla offizielle Zwangsbekehrungen, bestätigte aber die Gültigkeit der Übertritte unter Sisebut und befaßte sich ausführlich mit der Strafzumessung für getaufte, doch wieder abgefallene Juden, womit nicht die Behörde beauftragt wurde, sondern der Bischof. Apostaten durften vor Gericht nicht Zeuge sein und kein öffentliches Amt bekleiden. In sogenannten Mischehen mußte der nichtchristliche Partner getauft oder die Ehe getrennt werden. Kinder von Abgefallenen, die beschnitten waren, nahm man ihren Eltern weg und steckte sie in katholische Familien. Nicht weniger als zehn Canones betreffen die Juden. «Das Licht der spanischen Gelehrsamkeit war imstande», behauptet W. Culican im unmittelbaren Zusammenhang mit diesem Konzil, «die dunkelsten Jahrhunderte des frühmittelalterlichen Abendlandes zu erhellen.»

Bemerkenswert: Papst Honorius I. (625–638) fand in einem Schreiben an den spanischen Episkopat die Haltung der Westgoten gegenüber den Juden zu lax! Die Bischöfe seien stumme Hunde, klagte er mit der Schrift, die nicht bellen könnten. (Bischof Braulio von Zaragoza wies dies allerdings zurück und belehrte den Heiligen Vater, daß das hier gebrauchte Bibelwort nicht, wie er, der Papst, meine, von Ezechiel stamme, sondern von Jesaia.)[11]

Bemerkenswert weiter die Amoral dieser Prälaten auch gegenüber Christen, selbst und gerade gegenüber hochgestellten, wie der Fall König Swinthilas zeigt.

633 brachte eine Rebellion Sisenand (633–636) auf den Thron. Und noch 633 hat das vierte toletanische Konzil, unter dem Vorsitz des hl. Isidor, den Thronraub sogleich sanktioniert, hat über den vorigen König Swinthila und dessen Familie den Kirchenbann verhängt und ihn aus der Volksgemeinschaft ausgeschlossen. Und hatte Isidor König Swinthila bisher als sehr gläubig, klug, als «Vater der Armen» gefeiert, warf ihm das unter seinem Vorsitz tagende Konzil – ein grundsätzlich klerustypisches Verhalten bis heute – nun «Verbrechen» und «Bereicherung am Gute der Armen» vor.[12]

König Recceswinth (653–672), der sich schon brüstete, Unglaube und «Ketzereien» seien aus seinem Reich verschwunden – nicht umsonst wurde er als «sacratissimus» gerühmt und 653 vom 8. Konzil von Toledo als Empfänger göttlicher Offenbarungen –, erneuerte die antijüdischen Gesetze Sisebuts. Er untersagte bei Todesstrafe durch Steinigen oder Feuer (an «Schuldigen» von Juden zu vollstrecken) die Beschneidung, die Feier jüdischer Feste, das Befolgen jüdischer Speisegesetze, auch jede Hochzeit nach nichtchristlichem Brauch, wobei er sogar dafür die Höchststrafe androhte oder wenigstens «Begnadigung» zur Versklavung.

Alles sollte eben restlos katholisch sein. Deshalb ermahnte das 8. toletanische Konzil, das auch erneut die Zwangstaufe sämtlicher in Spanien lebender Juden gebot, den König, nicht über Gotteslästerer zu herrschen und seine Untertanen mit der Gesellschaft von Ungläubigen nicht zu beschmutzen. So erließ Recceswinth auch ein Gesetz gegen jede Art von «Ketzerei» und befahl unter Androhung totaler Konfiskation: «Niemandem ist selbst in seinem Innersten der leiseste Zweifel am katholischen Glauben gestattet. Wer zweifelt, wird verbannt, bis er sich anders besinnt.» Dies galt selbst für Spanienbesucher.[13]

König Ervig (680–687), ein besonderes Werkzeug des Klerus, dem er sogar Hochverratsprozesse überließ, nahm die antijüdischen Erlasse seiner Vorgänger in die 681 fertiggestellte «Lex Visigothorum renovata» auf. Ferner verbot er die Verteidigung des Judentums, das Lesen antichristlicher Literatur, ja, er verfügte, alle Juden innerhalb eines Jahres zu taufen und suchte, konform mit dem 12. Konzil von Toledo, diese Taufe durch Körperstrafen (100 Peitschenhiebe, Abreißen der Kopfhaut), Güterkonfiskation und Verbannung zu erzwingen. Auf Beschneidung von Juden wie Christen verhängte er gänzliches Abschneiden der Geschlechtsteile und Verlust des Eigentums für den Beschnittenen und den Beschneidenden. Dieselbe Strafe traf jegliche Proselytenmacherei.

Insgesamt erließ Ervig, der sich, wie er auf diesem Konzil hervorhob, zumal der Gerechtigkeit und Frömmigkeit verpflichtet fühlte, nicht weniger als 28 Gesetze wider die Juden; und die von ihm 681 eröffnete Versammlung bestätigte sie. «Reißt die Pest», rief der König den Synordalen zu, «die immer neu ersteht, mit der Wurzel aus.» Und die Bischöfe gingen nur zu gern auf ein Ansinnen ein, das vermutlich von ihnen ausgegangen war.

Alle Neuchristen mußten den Treueid auf das Glaubensbekenntnis leisten und den Umgang mit früheren Volksgenossen meiden, mußten sich am Sabbat und an Feiertagen dem Bischof stellen und auf Reisen bescheinigen lassen, daß sie keinem jüdischen Gottesdienst beigewohnt. Sie durften auch keine okkulten Zusammenkünfte besuchen und den Talmud weder besitzen noch lesen. Im Übertretungsfall bekamen sie 100 Peitschenhiebe, wurden ihres Vermögens beraubt, verbannt, und jeder sie Unterstützende sollte exkommuniziert und enteignet werden. Auch jeder Vornehme, der einem Juden Gewalt über Christen gab, hatte 10 Pfund Gold zu zahlen, ein einfacher Mann die Hälfte, ein insolventer bekam 100 Schläge und wurde geschoren.[14]

Obwohl Ervig das Judentum überhaupt verbot, vermochte er es in Spanien nicht auszurotten, weshalb sein Schwiegersohn König Egica (687–702), der als oberster geistlicher Schutzherr des Klerus auftrat, mit der Verfolgung fortfuhr. Von 14 seiner Gesetze galten die meisten der Unterdrückung der Juden. Besonders traf sie der Ausschluß vom Markt und vom Handel mit Christen. Doch kulminierten Egicas antijüdische Attacken erst auf dem 17. Konzil von Toledo (694). Im Einvernehmen mit den Konzilsvätern erklärte er alle Juden wegen staatsfeindlicher Umtriebe und Beleidigung des

Kreuzes Christi zu Sklaven. Der katholische König war berechtigt, Juden nach Belieben zu verschenken, ihre Güter, auch die der getauften, wurden eingezogen, die Juden selbst vertrieben, verknechtet, ihre mehr als sieben Jahre alten Kinder ihnen genommen. «Ihre Eigentümer dürfen keine jüdischen Gebräuche bei ihnen dulden», so das Konzil. Die Kinder wurden christlich erzogen und später an Christen verheiratet. «Diese drakonischen Maßnahmen scheinen auch tatsächlich zur Ausführung gekommen zu sein, denn von nun an ist von den Juden nicht mehr die Rede» (Claude).[15]

Erst die Moslems befreiten sie wieder. Die Mauren waren tolerante Herrscher (auch gegenüber Christen). Man rief aus Afrika, aus Asien jüdische Neusiedler herbei; 50 000 kamen. Dazu kehrten viele jüdische Flüchtlinge zurück, und ihre Lebensverhältnisse besserten sich rasch. Wurde den Juden auch, vor allem durch fanatische Berberstämme, gelegentlich der «heilige Krieg» erklärt, Spanien wird nach der Machtergreifung des Islam das freizügigste und kultivierteste Land Europas, auch das reichste. Doch blühte das Judentum materiell wie geistig überall unter arabischer Herrschaft auf, in Ägypten, Syrien, Palästina, auch in Jerusalem, wo unter den duldsamen Kalifen die jüdische Gemeinde stark zunahm, bis sie 1099 die Kreuzfahrer restlos massakrierten (VI 380 ff.!).[16]

Das katholische Westgotenreich aber, in seinen letzten Jahren auch von schweren Seuchen und Hungersnöten heimgesucht, war durch dynastische Kämpfe destabilisiert, durch die Unpopularität der Goten, und sicher bedingte der überragende Einfluß der Bischöfe auf das schwächer werdende Königtum das rasante Fiasko im arabischen Ansturm mit. Die Entscheidungsschlacht am 19. Juli 711 brachte dem Berbergeneral Táriq (vgl. IV 303 f.) mit bloß 7000 Mann überraschend den Sieg und kostete Gotenkönig Roderich, von dem man am Abend nur seinen im Schlamm versunkenen Schimmel und eine seiner silbernen Sandalen fand, das Leben und seinen Staat die Existenz.[17]

Garantierte das islamische Spanien auch religiös eine gewisse Toleranz, so saß der christliche Judenhaß doch zu tief, um zu erlöschen. Niemand sorgte dafür mehr als die Kirche, auch mancher gerade ihrer größten Päpste. So bedrängt Gregor VII. König Alfonso VI. von Kastilien, Juden keine Gewalt über Christen einzuräumen. Juden müssen gedemütigt, müssen unterdrückt werden. «Wir ermahnen Eure kgl. Majestät», schreibt der Papst 1081 – und noch neun Jahrhunderte später spielen das Prälaten während des Zweiten Vatikanums entsprechend aus –, «nicht weiter zu dulden, daß die Juden die Christen beherrschen und Macht über sie haben. Denn zu gestatten, daß die Christen den Juden untergeordnet und ihrer Willkür ausgeliefert sind, bedeutet die Kirche Gottes unterdrücken, heißt Christus selbst schmähen.» Und Gregor IX. befiehlt am 10. September 1239 dem Bischof von Córdoba, die Juden seines Bistums gemäß den Beschlüssen des Vierten Laterankonzils zum Abzeichentragen zu zwingen.[18]

Durch das ganze Hoch- und Spätmittelalter suchen Kirche und Staat die Juden zu isolieren, suchen sie ihr Zusammenleben mit Christen zu erschweren, zu unterbinden. Man verbietet diesen jüdische Ärzte, verbietet ihnen, Juden im Haus zu haben, außer als Sklaven (que non sea cativo), verbietet auch umgekehrt Juden, Christen bei sich aufzunehmen. Man läßt getaufte Juden nicht mehr mit ihren Eltern zusammenleben, untersagt getauften Juden, das Judenviertel zu betreten, mit ihren früheren Glaubensgenossen zu essen, zu trinken, zu reden. Jede Übertretung zog eine Geldbuße oder bei Armen 20 Stockschläge nach sich. Auch nötigte man die Juden, mit päpstlicher Gutheißung, Predigten der Bischöfe, der Dominikaner und Minoriten, wo immer sie gehalten würden, geduldig anzuhören; sie gegebenenfalls dazu zu zwingen.[19]

Die Synode von Valladolid bestimmt am 2. August 1322 durch den Mund des Kardinallegaten Papst Johannes' XXII., Wilhelm von Godin, und «mit Zustimmung des heiligen Concils»: «Juden und Saracenen dürfen dem Gottesdienst nicht beiwohnen ... Unter Strafe der Ausschließung dürfen Christen den Hochzeiten und Begräbnissen der Juden und Saracenen nicht beiwohnen. Diese dürfen keine öffentlichen Ämter verwalten ... Aus Haß gaben jüdische und saracenische Ärzte den Christen oft schädliche Arzneien. Unter kirchlichen Strafen dürfen Christen solche Ärzte nicht mehr rufen. Christliche Kaufleute dürfen an Saracenen keine Lebensmittel verkaufen, damit Christen nicht selbst in Not kommen. Dies muß an allen Orten, in deren Nähe Saracenen wohnen, viermal jährlich verkündet werden.»

Die Synode zu Salamanca verfügt am 24. Mai 1335: «Kein Jude oder Saracene darf von Christen als Arzt zugelassen werden; keiner darf in einem Hause wohnen, das der Kirche gehört oder am Gottesacker liegt».[20]

Die Synode zu Palencia ordnet 1388 in Anwesenheit des Peter von Luna, Kardinallegaten Papst Clemens' VII., und des Königs an, daß Juden (und Sarazenen) an ihren Wohnorten eigene Quartiere haben müssen und an Festtagen der Christen nicht Handel und Gewerbe treiben dürfen. Und schon am 11. Juni 1369 hatte auch der Infant Juan im Einvernehmen mit den Stadtvätern von Cervera und den Vorstehern der dortigen Aljama befohlen: «4. Kein Christ darf künftig außerhalb des Judenquartiers befindliche Wohnungen an Juden vermieten, bei Strafe der Konfiskation dieser Wohnungen. 5. Jeder Christ muß die Türen, Dachgeschosse oder Fenster seines Hauses, die in das Judenquartier münden, innerhalb eines Monats vermauern; ebenso umgekehrt die Juden ...»[21]

Immer wieder auch verschenkt man Synagogen oder Juden selbst und ihr Geld. So macht der König von Navarra, Garcia Ramirez, vielfach auf finanzielle Unterstützung durch Kirchen, Klöster angewiesen, 1144 kurzerhand die Synagoge von Estella dem Bischof Lopez von Pamplona zum Geschenk. Ähnlich übereignet die Königin Juana am 28. März 1379 in Valladolid dem Bischof von Oviedo die Synagoge in Valencia de don Juan, weil sie die Juden gegen die kanonischen Vorschriften vergrößert und verschönert haben. Der kastilische König Alfons VIII., besonders papstergeben, auch Förderer der Ritterorden, spendiert am 2. Oktober 1175 dem Bischof von Palenzia 40 jüdische Vasallen. Und Enrique II. Trastámara, König von Kastilien, gibt – kurz nachdem er seinen vom Papst gebannten Bruder Peter I. in einem langen, schweren, vom Heiligen Vater als Kreuzzug ausgegebenen Thron- und Bruderkrieg besiegt und in der Nacht erstochen hat – am 6. Juni 1369 den Auftrag, die Juden von Toledo samt ihrem Besitz öffentlich zu verkaufen und den Ertrag an die königliche Schatzkammer auszuliefern, wobei der Thesaurar Befehl erhält, das Geld der Juden durch Haft, Folter und

Nahrungsentzug zu erpressen. Doch hatte Enrique II. auch judenfreundliche Phasen, nachdem es freilich durch ihn zu schweren Verfolgungen und Vertreibungen gekommen war.[22]

Besonders viele Privilege für Juden stellten die Fürsten von Aragón aus. Immer wieder tritt Königin Violante 1391 für sie ein, bittet um sicheres Geleit und wünscht ihre Bekehrung nur, wie sie dem Bischof von Osma mitteilt, nehmen sie freiwillig die Taufe an. Und den Papst ersucht sie, keine Bullen zugunsten schuldiger Christen zu erlassen, bevor er durch den Gesandten ihre Meinung gehört habe.

Ebenfalls verordnet König Juan I. 1391, mit Maßnahmen zum Schutz der Juden fortzufahren; und erwartet strenge Bestrafung christlicher Frevler. Seinem Bruder, Herzog Martin, schreibt er, unzufrieden mit dessen schwächlichem Vorgehen gegen die Unruhestifter, er hätte gleich am ersten Tag 300 bis 400 Leute hängen sollen. Er erwartet strenges Einschreiten, ohne Rücksicht auf Formalitäten. Und auch er verwendet sich immer wieder dafür, den Juden nicht die Taufe aufzunötigen. Für Geschlechtsverkehr zwischen ihnen und Christen allerdings befiehlt der Monarch am 18. August 1393 den Feuertod.[23]

Doch wenn es auch weitere Belege für eine mehr oder weniger philosemitische Haltung – nicht immer aus den edelsten Motiven – dieser und anderer gekrönter Häupter gibt, es bleiben Ausnahmen.

Schon 1066 war Granada der Schauplatz des ersten großen Judenmassakers im Hochmittelalter. Und die Verfolgungen, die Mißhandlungen flammten stets von neuem auf. 1238 töteten Christen in Estella, Tudela und anderen Städten Navarras, angestachelt durch den Franziskaner Pedro Olligoyen, etwa 6000 Juden. 1313 verfügt das Konzil von Zamora die Versklavung aller Juden und droht den weltlichen Behörden bei Nichtausführung des Beschlusses den Kirchenbann an.

Die größte Judengemeinde Spaniens lebt in Sevilla, sechs- bis siebentausend Familien, sie beten in mehr als zwanzig Synagogen. Aber einer der größten Judenfeinde der Stadt, der stellvertretende Erzbischof Ferrant Martinez, hetzt seit ungefähr 1378 zur Judenjagd auf. Und am 6. Juni 1391 werden dort unter seiner Führung – Schlachtruf «Tod oder das Kreuz» – 4000 Juden niedergemacht, dann ihre Häuser nach Schmuck, nach Münzen durchwühlt und etwa 25 000 Juden als Sklaven verkauft. Dabei befiehlt der Prälat: «Die Juden, die nicht Christen werden wollen, sind totzuschlagen.» Die meisten bricht das Grauen, Todesangst: «Die Mehrheit konvertierte» (Rabbi Chasdai).[24]

Von Sevilla griffen die Pogrome auf Kastilien und Aragón über, ja, im Sommer und Herbst 1391 grassierte das Judenmorden von den Pyrenäen bis Gibraltar. Ganze Gemeinden wurden ausgelöscht, die Synagogen in Kirchen umgewandelt. «Die reiche Aljama von Cordoba ging in Flammen auf. Toledo wurde ... zum Schauplatz eines schrecklichen Gemetzels. Ähnliche Unruhen ereigneten sich in siebzig anderen großen und kleinen Städten Kastiliens ... In Barcelona wurde die gesamte jüdische Gemeinde ausgerottet und sollte nicht wieder erstehen. Im früheren Königreich Valencia blieb nicht ein einziger gläubiger Jude am Leben. Ähnliche Szenen ereigneten sich auf den Balearen. Vermieden wurden die Gewaltakte nur in Granada, dem letzten Vorposten der mohammedanischen Herrschaft, und in Portugal, wo der Souverän energische Maßnahmen ergriff. Es wird berichtet, daß sich die Gesamtzahl der Opfer auf über siebzigtausend belief» (Roth).[25]

Die mittelalterlichen Judenverfolgungen in Frankreich

Auch im Frankenreich kam es im 6. und 7. Jahrhundert unter den katholischen Merowingerkönigen bereits zu Zwangsbekehrungen, nachdem die Bischöfe unentwegt gegen die Juden agitiert und eine antijüdische Weisung nach der anderen gegeben, auch Bischöfe Juden schon tätlich verfolgt hatten, Ferreolus von Uzès 553 und Avitus I. von Clermont, der dort 576 ihre Synagoge zerstören und alle, die nicht Christen werden, vertreiben läßt.

Kaum eine Bischofskonferenz im merowingischen Frankenreich ohne judenfeindliche Dekrete!

So untersagt die Synode von Agde (506) das Essen mit Juden, ein auch später immer wieder eingeschärfter Erlaß. Die 3. Synode von Orléans (538) verbietet ihnen in der zweiten Hälfte der Karwoche das Betreten der Straße. 576 stellt Bischof Avitus die jüdische Gemeinde von Clermont vor die Wahl, Bekehrung oder Vertreibung, worauf man die Judenschule «von Grund aus» ruiniert, «ihre Stätte der Erde gleich gemacht» hat (Gregor von Tours). Die Synode von Mâcon (581) fordert von den Juden, die Priester devot zu grüßen und vor ihnen aufzustehen. Im nächsten Jahr befiehlt der König Chilperich ihre gewaltsame Bekehrung. Bald danach erfolgt ihre Zwangstaufe in der Gegend von Marseille. Die Synode von Paris (614) verwehrt ihnen das Bekleiden öffentlicher Ämter oder eine Bewerbung darum beim König, worauf Chlotar II. auch entsprechende staatliche Maßnahmen beschließt. Und Sohn Dagobert I. (625 bzw. 629–639) ordnet die Zwangstaufe aller Juden an.

Schließlich verfügt man im Frankenreich auch: «Kein Jude nehme es sich gegenüber der Kirche Gottes heraus, irgend etwas von einem Christen als Pfand oder als Bezahlung für seine Schuld an sich zu bringen. Nimmt sich ein Jude in Gold oder in Silber oder auch anderweitig solches heraus – nie möge es geschehen! – so verliere er sein ganzes Vermögen, und man hacke ihm die rechte Hand ab.» Oder: «Wird ein Jude eines Vergehens gegen ein christliches Gesetz oder einen Christen überführt, so werde er wie ein Verwandtenmörder in einen Sack genäht und in tiefes Wasser geworfen oder verbrannt.»[26]

Im 9. Jahrhundert schreibt Erzbischof Agobard von Lyon, ein Spanier, fünf scharfe antijüdische Traktate, in denen bereits der Nazi-Slogan «Kauft bei keinem Juden» steht! Er geißelt ihre «Frechheit», «Falschheit», «Untaten», behauptet, sachlich übrigens richtig, biblische wie kirchliche Zeugnisse erwiesen, «mit wieviel Abscheu diese Feinde der Wahrheit betrachtet werden müssen». Er spielt die Prophetenflüche des Alten Testaments gegen «die Juden» aus, sucht darzutun, Jesus selbst habe sie verworfen, und läßt sich keine einzige judenfeindliche Stelle der Apostelgeschichte entgehen. Selbstverständlich malt er kraß schwarzweiß, sieht da die Kirche, die «makellose Jungfrau», dort die «Hure» Synagoge, da die «Söhne des Lichts», dort die «Gemeinschaft der Finsternis», wobei er zwischen getauften und «ungläubigen» Juden, fideles Iudei und Iudei increduli, infideles, strikt unterscheidet. Und weil selbst er zugeben muß, daß Christen, natürlich «unwissende Christen die jüdischen Rabbinen unseren eigenen Priestern vorziehen», treibt er zum Angriff, appelliert an seinen Amtsbruder, den einflußreichen Metropoliten Nebridius von Narbonne, die anderen südfranzösischen Bischöfe zu gemeinsamen Aktionen aufzurufen.

Bei Agobards Streit mit seiner Judengemeinde (822/828) verweigert sich ihm sogar der fromme Kaiser Ludwig, von dem er vergeblich antijüdische Gesetze zu erzwingen sucht. Ludwig läßt dem fanatischen, höchlich überraschten Erzbischof bei der Audienz nur die Erlaubnis zur Abreise mitteilen, während die Juden Lyons verbreiten, daß sie bei Hof ehrenvoll ein und aus gehen können.

Seit Karl I., der den Fernhandel der Juden schätzte, einzelne Kaufleute und einzelne Gemeinden schützte, natürlich gegen Geld, für besondere Zinszahlungen, gewährten manche Herrscher manchen Juden spezielle Privilegien. Auch Sohn Ludwig begünstigt Juden, besonders freilich «allein die im Königsschutz stehenden Hoflieferanten» (Patschovsky) wegen ihres Handelseifers und überträgt ihre Sicherheit einem «magister judaeorum». Erzbischof Agobard aber räumt selber ein, daß die christlichen Missionsbemühungen unter den Juden erfolglos seien, daß eher der Abfall von Christen drohe. Wie denn wenige Jahre später Bodo, ein Hochadliger der Palastkapelle, Ludwig des Frommen Hofkaplan, unter ungeheurem Aufsehen im ganzen fränkischen Reich zum Judentum übertritt, sich Elazar nennt, beschneiden läßt, eine Jüdin heiratet und nach Saragossa flieht.

Der Nachfolger Agobards, Erzbischof Amolo von Lyon, ausgebildet an der dortigen Domschule, vertrat in der Tradition seines Vorgängers «eine Abgrenzung der Christen von den Juden» (Lexikon für Theologie und Kirche). Wie diese Abgrenzung aussah, läßt der folgende Passus des Prälaten ahnen: «Häretiker urteilen in gewissen Dingen gemeinsam mit der Kirche, in anderen sondern sie sich ab; das bedeutet, daß sie teilweise lästern, teilweise die Wahrheit bekennen. Die Juden jedoch lügen in allem, sie lästern in jeder

Beziehung unseren Herrn und Gott Jesus Christus und die Kirche und glauben überhaupt nichts Wahres [...] Also müssen die Juden mehr als die Glaubenslosen und Häretiker verachtet werden, denn es gibt keine andere Menschengruppe, die so sehr die Gewohnheit hat, Gott zu lästern.»[27]

Nach der Jahrtausendwende, als es in Frankreich ungefähr 20 bedeutende jüdische Gemeinden gibt, bricht zwischen 1007 und 1012 eine blutige Verfolgung aus, kommt es 1010 zur Zwangsbekehrung und Vertreibung der Juden von Limoges durch Bischof Halduin, 1063 zu Übergriffen gegen jüdische Kommunen durch Kreuzfahrer auf ihrem Weg nach Spanien in der Gegend von Narbonne, vielleicht auch in Lyon. Auch zu Beginn des Ersten Kreuzzugs erfolgen in Frankreich Judenmassaker, u. a. am 26. Januar 1096 im normannischen Rouen mit vielen Morden und Zwangstaufen, wozu gerade die blühende Judenschaft der Stadt die frommen Christen besonders gereizt haben mag.

«‹In Rouen›, erzählt der Abt Wilbert von Nogent (gest. 1126), ‹fingen eines Tages die Kreuzfahrer an unter sich zu reden: Wir wollen eine lange Fahrt nach dem Osten machen, um die Feinde Gottes anzugreifen; das ist verkehrte Arbeit; denn hier haben wir vor unsern Augen die Juden, die das gottfeindlichste Volk sind, das es gibt›. Daraufhin griffen sie zu den Waffen und trieben die Juden – mit List oder Gewalt, das weiß ich nicht – in eine Kirche und brachten sie ohne Unterschied des Alters und Geschlechtes um; nur wer sich der christlichen Lehre unterwarf, entging dem Schwerte.»

Und als Ludwig VII. vor dem Zweiten Kreuzzug (1147–1149) Adel und Klerus, Bürger und Bauern zu hart besteuert, tritt Peter der Ehrwürdige, Abt von Cluny, für sie ein, indem er den König auf die reichen Juden hinweist. «Schont ihr Leben», rät der Ehrwürdige, «aber nehmt ihr Geld. Es hieße Gott beleidigen, das Geld der Heiden zu schonen ...», womit er die Juden meint. Gott wolle nämlich nicht, weiß Abt Petrus, «daß sie ganz getötet werden, daß sie vollkommen zum Verschwinden gebracht werden, sondern daß sie zur größeren Qual und zur größeren Schmach, wie der Brudermörder Kain, zu einem Leben schlimmer als der Tod bewahrt bleiben ...».

Doch auch sein noch prominenterer Freund, der vom Papst beauftragte, in Frankreich wie in Deutschland manisch das Kreuz predigende abbas Clarevallensis, der hl. Bernhard von Clairvaux, will die Juden, den «elenden Stamm», die Abkömmlinge des Teufels und Mörder von Anbeginn, wie er schimpft, nicht getötet, sondern vertrieben sehen. Ergo apostrophiert er ihre mit «Blindheit» geschlagene Synagoge: «Unselige, bereite dich vor; glaube oder danke ab!» Kein Wunder somit, daß es auch zu Beginn des Zweiten Kreuzzugs in Frankreich nicht bei solch goldenen Worten bleibt, daß auch jetzt in mehreren Städten die Juden wieder bluten.[28]

Eine Generation später, 1171, flammte in der den Herren von Blois-Champagne gehörenden Stadt Blois eine Verfolgung auf, bei der Graf Thibaud allen Taufwilligen das Leben anbot. Doch mehr als 30 Juden zogen den Feuertod vor, und bis zum letzten Augenblick hörte man sie in den Flammen singen: «Alenu le schabeach (Uns gebührt es, den Herrn des Weltalls zu loben).»[29]

Die Unglücklichen waren das Opfer einer Ritualmordbeschuldigung geworden; ein Vorwurf, den man schon den frühen Christen gemacht, die bei ihren Messen ein Kind getötet, die sein Fleisch und Blut genossen haben sollen. Sobald die Kirche im ausgehenden Altertum Macht hatte, wandte sie dasselbe Verleumdungsstereotyp gegen «Ketzer» und, später, bevorzugt gegen Juden an (erstmals in nachantiker Zeit 1144 in Norwich). Seitdem schlachteten angeblich die Juden, angeleitet von ihren Rabbinen, in der Passions- bzw. Pasahzeit, zur Verhöhnung der Christenheit und des Christentums rituell ein christliches Kind, meist einen Jungen.

Die Beschuldigung ging von England aus, wo sie als erster der Benediktiner Thomas von Monmouth in die mittelalterliche Welt gesetzt, grassierte dann in Frankreich, Spanien, Deutschland (hier zuerst 1235 in Fulda), seit dem 16. Jahrhundert in Polen und rief regelmäßig Pogrome hervor. Von ähnlich blutiger Bedeutung war der Anwurf der Hostienschändung, besonders seit 1215, nach Anerkennung der Transsubstantiationslehre, erhoben, erstmals sicher aber erst 1290 für Paris belegt, eine Bezichtigung, die in «keinem Fall der Nachprüfung» standhielt (Kirmeier). Noch später, in den zwanziger Jahren des 14. Jahrhunderts, taucht die Anklage der Brunnenvergiftung auf, ebenfalls zuerst in Frankreich.

Obwohl einzelne Kaiser und Päpste (Bullen seit 1247) die Ritualmordlüge zurückwiesen, nützte sie doch gerade die Kirche kräftig zur Mobilisierung der Gläubigen, zu Pogromen, Wallfahrtseinrichtungen, «Märtyrer»-Kulten, etwa des Little Hugh of Lincoln (gest. 1255), des Simon von Trient (gest. 1475), des Nino de la Guardia (gest. 1490) oder des Werner von Oberwesel (Werner von Bacharach). Seine 1287 gefundene Leiche führte weithin zu Judennachstellungen, in Bacharach selbst zu 26 ermordeten Juden, die auch zu einem regionalen Heiligenkult in und um Bacharach, zu einer Märtyrerkapelle, zu Wundern, Ablässen, Pilgerströmen, im 15. Jahrhundert zu einem Kanonisationsversuch, im 16. zu einer Teiltranslation nach Besançon mit Ausbreitung der Verehrung des Oberweseler Werners über Frankreich; die (gut)gläubige Diözese Trier beging zwei Jahrhunderte lang sein Fest (18. April) bis 1963.[30]

Das «Martyrologium Germaniens» bringt den Werner von Oberwesel «aus bestimmten Gründen», die Echtheit des «Ritualmord-Heiligen» betreffend, nur in einem «Nachtrag», präsentiert ihn aber gleichwohl als einen «der bekanntesten Heiligen und Martyrer» und tischt uns die rührselige Geschichte eines Jungen auf, den am Gründonnerstag 1287 «die Juden, um sich der heiligen Kommunion habhaft zu machen, drei Tage entsetzlich gemartert und dann seine Leiche bei Bacharach in ein Dornengestrüpp geworfen haben» sollen ...[31]

Ein anderer Fast-Heiliger, der unglückselige Andreas (Anderl) Oxner von Rinn, wurde durch das verbrecherische Judenvolk bereits als dreijähriges Bauernkindlein seinen Eltern gestohlen und am 12. Juli 1462 in Rinn bei Innsbruck kaltblütig abgestochen. Zwar alles nur auf dem Papier, in der Legende, die der Jesuitenzögling und Haller Stiftsarzt Hippolyt Guarinoni erfand und 1651 publizierte. Doch ein Jahrhundert später, 1752, hat Benedikt XIV. – von Montesquieu der Papst der Gelehrten, von Macaulay der beste und weiseste unter den zweihundertfünfzig Nachfolgern Petri genannt – die Verehrung des armen Anderl erlaubt, ihn seliggesprochen und erst weitere zwei Jahrhunderte danach, 1961, der Vatikan dem Kult des seligen Anderl das Wasser abgegraben, erst 1985 der Innsbrucker Bischof Stecher das Heilsgeschehen endgültig verboten, obwohl es doch um kein Jota verrückter war und ist als so vieles in der Catholica, die sich nach all dem Segen durch den gleich zweimal geschlachteten Anderl auch noch als undankbar erweist. Das Volk ist treuer. Hunderte von Tirolern wallfahrteten zu dem geschlossenen Kirchlein «am Judenstein», zu einem ihrer drei «Nationalheiligen», brachten Blumen, brennende Kerzen, forderten die Wiedereröffnung der «Gnadenstätte» und drohten gar mit Kirchenaustritt. Difficile est satiram non scribere.[32]

Einige dieser durch die «Feinde Jesu» angeblich massakrierten jugendlichen Helden wurden gar eifrig als Heilige verehrt; der hl. Heinrich (gest. 1220), der hl. Hugo (gest. 1255), der hl. Rudolf (gest. 1287), der hl. Simeon (gest. 1475). Die Bollandisten reihen «ähnliche Ermordungen von Christenkindern» auf: in Forchheim, Pforzheim (1261), in München (1286), in Thüringen (1307), Böhmen (1305), in Kastilien (1454), im Venetianischen (1480), in Ungarn (1494), Polen (1547), Litauen (1574) und nennen «zur Steuer der Wahrheit» und «weil es wenigen Christen gegönnt ist, die Quellen selber nachzusehen» – welcher Verlust! –, auch die Gründe für «derlei Gräuel»: 1. Christenblut macht die Beschneidung schmerzloser; 2. die wechselseitige Liebe wird glühender; 3. gewisse Krankheiten vergehen früher; 4. Handel und Wandel gedeihen gesegneter.

Oft freilich bedurfte es für die Judenmorde gar keiner direkten religiösen Vorwände. Feuersbrünste, Seuchen, Bürgerkriege, gewiß auch wieder das Herannahen der Osterzeit mit der Erinnerung an den Tod des Herrn genügten zur Hatz. Wurden die Juden zuerst von der Pest befallen, waren sie schuld daran, blieben sie verschont, waren sie es ebenfalls.[33]

Wichtiger vermutlich als der religiöse Gewinn: der materielle.

Unter dem Einfluß eines frommen Einsiedlers aus Vincennes befahl der fünfzehnjährige König Philipp II. Augustus (1180–1223) gleich zu Beginn seiner Regierung, die Juden festzunehmen und ihnen ein riesiges Lösegeld abzupressen. 1181 befreite er nach großen Konfiskationen, angeblich wegen Ritualmord, auch seine Untertanen von allen Schuldverpflichtungen, nicht ohne ein Fünftel des Schuldbetrags an sich selbst abführen zu lassen. 1182 verbannte er alle Juden aus seinem Herrschaftsbereich (erlaubte jedoch 1198 ihre

Rückkehr, ihnen allerdings gleichzeitig eine Anordnung für ihr Kreditgeschäft aufzwingend, mit der er sie gewaltig schröpfte). 1192 läßt er ungefähr hundert Juden von Bray-sur-Seine in der Champagne auf dem Scheiterhaufen verbrennen und ihr Vermögen einziehen.[34]

Um 1236 kam es in Nord- und Westfrankreich zu einer weiteren blutigen Judenjagd; nach Papst Gregor IX. wurden dabei 2500, nach einer jüngeren Quelle 3000 Menschen getötet. Gregor selbst aber prangert drei Jahre später in diversen Artikeln den Talmud an und befiehlt die Beschlagnahme aller Exemplare. Zumindest in Frankreich gehorcht man dem Befehl und konfisziert die gesamte hebräische Literatur am 3. März 1240, während die Juden in ihren Synagogen sind. Und am 17. Juni 1242 werden in Paris – nach einem jüdisch-christlichem Streitgespräch unter der Patronanz König Ludwigs IX. – 24 Wagenladungen unersetzlicher hebräischer Schriften öffentlich verbrannt, eine noch im 20. Jahrhundert in den Synagogen beklagte Katastrophe. Die Kirche rottete den Talmud in Frankreich derart fanatisch aus, daß sich nur ein einziges altes Manuskript bis in unsere Zeit erhalten haben soll.[35]

Ludwig IX. der Heilige (1226–1270) ließ die antijüdischen Verfügungen des Vierten Laterankonzils (S. 213) mit äußerster Strenge ausführen. Auch empfahl er, «beispielhaft in seiner Heiligkeit» (Pinay), für die Verteidigung des Christentums gegen die Ungläubigen das Schwert, das «in den Körper gestoßen werden soll, so weit es eindringen kann», was hohe antisemitische Kleruskreise noch nach Hitler, noch während des Zweiten Vatikanums nachhaltig in Erinnerung brachten.

Wer Schulden bei Juden hatte, brauchte unter dem Heiligen weder die Zinsen noch ein Drittel des Kapitals zu zahlen. Denn mit einem Federstrich erließ er beides 1234 dem Christen «zur Rettung seiner Seele und der Seele seines Vaters und aller seiner Vorgänger» und beraubte damit zugleich die Juden um ein Drittel ihrer Einkünfte. 1235 untersagte er ihnen als erster Herrscher Europas das Zinsnehmen und befahl, ihr Leben allein von Handarbeit zu fristen. Ein Jahrzehnt später, im Juli 1246, schrieb er dem Seneschall von Carcassonne: «Nimm alle Juden, die uns gehören, gefangen ..., denn wir wollen soviel wie möglich aus ihnen herausholen.» Der Heilige rüstete für den Krieg gegen die Mohammedaner, also kam ihm das Geld der gottverdammten Juden gerade recht. Und bevor er 1249 auf seinen Kreuzzug ging (S. 309 ff.), gebot er, anscheinend freilich vergeblich, ihre Vertreibung.

Ein Heiliger eben. Erstaunt es? Aber viel mehr sollte erstaunen, daß selbst heute noch, daß sogar aufgeklärte, hochqualifizierte Köpfe die verquollensten Vorstellungen von Heiligen und vom Heiligen haben. Es sei deshalb der Hinweis auf einen schon anderwärts von mir formulierten Gedanken gestattet: daß nämlich nicht nutzlose Betbrüder die «Ehre der Altäre» erklommen, nein, Ausbeuter, Diebe, Antisemiten, Erpresser, Fälscher, Brandstifter und Bestechungsspezialisten, Mörder und Massenmörder. Helvétius wußte es: «Wenn man ihre Heiligenlegenden liest, findet man die Namen von tausend heiliggesprochenen Verbrechern.» Und fast alle aus der Oberschicht! Gerade deshalb aber gehört, was den Leuten als heilig im Kopf steckt, herausgeschnitten wie Krebs.

Da der Apfel nicht weit vom Stamm fällt, beraubte Philipp IV. der Schöne (1285–1314), der Enkel des Heiligen, die Juden, wo er konnte. Immer wieder ließ er Massenverhaftungen vornehmen, um sie an der Flucht zu hindern. Und schließlich wurden am 22. Juli 1306 alle Juden seines Landes, damals etwa 100 000, erst eingesperrt, dann ausgewiesen, nachdem man sie schon 1239/1240 aus der Bretagne, seit 1289 aus dem englischen Festlandbesitz, seit 1291 aus dem Poitou vertrieben hatte. Philipp der Schöne erlaubte ihnen, nur zwölf «sous tournois» mitzunehmen und die Kleider, die sie auf dem Rücken tragen konnten. Er kassierte ihr ganzes Vermögen plus ihrer Ansprüche aus Wuchergeschäften. Zwar bewilligte 1315 sein Sohn Ludwig X. (Louis Hutin) ihre Rückkehr, allerdings nur für zwölf Jahre, wofür sie überdies 122 500 Livres bar zu zahlen hatten, weshalb bloß wenige remigrierten.[36]

Im Frühjahr 1320 löste ein Kreuzzugsaufruf Philipps V. in Süd- und Westfrankreich eine neue Pastorellenbewegung aus. Wie schon bei der ersten (S. 315 f.), schiffte sich kaum einer der rebellierenden Hirten nach Palästina ein, doch im Unterschied zum früheren Aufruhr kam es jetzt zu schweren Judenpogromen im Languedoc, Berry, Alpenvorland, in Toulouse, Narbonne, Cahors etc., später selbst in Aragón, worauf man die auch Klerus und Adel attackierenden Aufständischen überall durch Militär völlig vernichtet hat.

Zuvor aber fiel man über die Juden her, rottete eine ihrer Gemeinden nach der anderen aus und verbrannte 1321 im Languedoc auch alle Aussätzigen, weil sie, angeblich von Juden bestochen, die Brunnen vergiftet hätten. Philipp V. der Lange (le Long), König von Frankreich und Navarra, ließ Juden wie Leprose hetzen und einmal bei seinem Schloß Chinon, in der Nähe von Tours, an einem Tag 160 Juden töten. «Dem königlichen Schatz sollen aus dem Eigentum der verbrannten und verbannten Juden einhundertundfünfzigtausend Livres zugeflossen sein» (Lea).

Unter Bruch des Abkommens von 1315 wurden die Juden 1322 aus dem ganzen Reich gejagt und durften erst 1359 wieder zurück. Es war jenes Jahr, in dem Innozenz VI. dem Franziskanerinquisitor der Provence gebot, die abgefallenen Judenchristen, die seit Clemens' IV. Konstitution «Turbato corde» (1267) als «Ketzer» angeklagt und bestraft werden mußten, sogar wenn sie tot waren, auszugraben und nachträglich abzuurteilen. Die mittelalterliche Theologie verdammte getaufte und wieder abgefallene Juden fast einhellig zum Tod auf dem Scheiterhaufen. Doch auch die weltlichen Gesetze bestraften den Rückfall Getaufter ins Judentum mindestens vom Hochmittelalter an rigoros, meistens mit dem Tod, gelegentlich mit Verstümmelung oder Exil.

1380 und 1382 kam es in Paris zu antijüdischen Agitationen beim Steueraufruhr der Maillotins, wobei 16 Juden getötet, die übrigen ausgepeitscht und eingekerkert wurden. Und 1395 mußten die Juden das Königreich wieder verlassen, wie schon 1182, 1306 und 1322. Waren sie ja auch bereits aus andren Gebieten Frankreichs vertrieben worden, etwa 1239 durch den Herzog Johann aus der Bretagne oder 1253 durch den Erzbischof von Vienne, den Papst Innozenz IV. bevollmächtigt hatte, sie aus seinem Land zu verbannen, weil sie die kirchlichen Gesetze ignorierten «und dem Seelenheil der Christen Gefahren brächten».[37]

Die mittelalterlichen Judenverfolgungen in England

Nach der Eroberung Englands durch Wilhelm von der Normandie 1066 genossen die Juden auf der Insel eine gewisse Toleranz, Bewegungsfreiheit, Zollfreiheit, sie besorgten des Königs Geschäfte, aber waren damit auch «des Königs Juden». Das hatte Folgen, zunächst geschäftliche. Ein Jahrhundert später war Aaron von Lincoln der reichste Mann Englands, und als er 1186 starb, strich der Monarch nicht nur seinen gesamten Besitz ein – noch jahrzehntelang mühte sich das königliche Schatzamt um die Eintreibung von Aarons Außenständen bei 430 Gläubigern.

Der Reichtum erweckte den Neid und die Wut der Christen. Es kam zur ersten Ritualmordbeschuldigung der Juden in Europa. Zur Verhöhnung von Christi Kreuzigung sollen sie an Ostern 1144 den Gerberlehrling William von Norwich ans Kreuz genagelt haben (S. 418). Weitere ritualmordähnliche Bezichtigungen folgten, ohne daß es zu einer wirklichen Verfolgung kam, von einer kolossalen Ausbeutung abgesehen. Mußten etwa die englischen Christen 1186 ein Zehntel ihres Eigentums entrichten, so die Juden ein Viertel, und man schraubte ihre Steuern immer höher.

Die eigentlichen Pogrome begannen mit dem Dritten Kreuzzug. Denn die frommen «Pilger» wollten erst die Juden erschlagen, ehe sie die Sarazenen killten, das war ja auch bewährte Praxis auf dem Kontinent.

Am 3. September 1189 brach bei der Krönung Richards I. Löwenherz in Westminster ein Aufruhr aus, und noch während der Nacht, beim Feuerschein brennender Häuser, ja bis in den nächsten Tag hinein wurden in London viele Juden ermordet. Und sobald der König im nächsten Frühjahr England verlassen hatte, gab es weitere Judengemetzel, obwohl er zuvor durch eine Proklamation die Belästigung der Juden ausdrücklich verboten hatte. Doch machten die «Wallfahrer» im Januar in Lynn alle Juden nieder und ihre Häuser dem Erdboden gleich; kein Stein soll auf dem andren geblieben sein. Im Februar vernichteten sie alle Juden Norwichs, die sie antrafen.

Im März tötete man viele zur Marktzeit in Stanford. Ähnlich verfuhr man in Bury, in Dunstable. In York verteidigten sich die Verfolgten einige Tage in einem Turm, dann verbrannten sie ihre mitgebrachten Güter und brachten einander selber um. «Da trat Rabbi Jomtov auf und schlachtete an sechzig Personen. Auch andere schlachteten. Mancher, der sonst vor Weichherzigkeit und Ängstlichkeit nicht wagte, den Fuß auf die Erde zu setzen, befahl jetzt, seinen einzigen Sohn hinzuschlachten; manche verbrannten sich in Anerkennung der Einheit ihres Schöpfers. Die Zahl der Erschlagenen und Verbrannten betrug einhundertfünfzig heilige Personen» (Ephraim ben Jakob). Zuletzt schlachtete sich Rabbi Jomtov selbst. Die Belagerer fanden am andern Morgen, am 17. März 1190, nur noch Leichen.

Anführer des Christenmobs waren bei den Juden verschuldete Ritter, wie überhaupt die bei ihnen schwer in der Kreide stehenden Yorker Christen zuerst ihre Schuldzettel verbrannt hatten – neben etlichen Juden. Und zuletzt verbrannten sie weitere in der Kathedrale gelagerte Schuldscheine vor dem Hauptaltar. Und den Juden gestohlene Schätze, Gold, Silber, kostbare Bücher, brachten sie nach Köln und andren Orten – «und verkauften sie dort den Juden ...»

Die jüdischen Gemeinden Englands sollen sich von dem Schlag durch die Massaker von 1189/1190 nie mehr ganz erholt haben.[38]

Nachdem König Johann Ohneland (1199–1216) den Thron gegen seinen Neffen Arthur I., Grafen der Bretagne – den er angeblich töten ließ –, hatte behaupten können, brauchte er für seine zahlreichen Kriege, für weitere Feldzüge gegen Schottland, Irland, Wales nichts nötiger als Geld. Also schröpft er u. a. schwer die Juden, sperrt sie ein, erpreßt sie, hängt manche auf, vertreibt andere. Und als 1215 die baroniale Erhebung die Anerkennung der Magna Charta erzwingt, wenden sich auch die aufsässigen Adligen in London zuerst gegen die Juden und legen ihre Häuser in Schutt und Asche.

Und zu dem antijüdischen König, dem antijüdischen Adel tritt noch die antijüdische Kirche, die seit langem die Unheilssaat gestreut.

Erst kürzlich aber, 1215, hatte das Vierte Laterankonzil eine ganze Reihe judenfeindlicher Bestimmungen wieder eingeschärft, ja «eine neue Grundlage des Judenrechts geschaffen» (Kupisch), hatte es die «Zweitrangigkeit» der Hebräer im allgemeinen Bewußtsein noch einmal vertieft. Dabei konnte sich der Papst des Konzils, Innozenz III., auf den großen Antijudaisten Augustin berufen (I 511 ff.). Doch hatte auch in jüngster Zeit, auf der Höhe des Mittelalters, Thomas von Aquin, doctor angelicus, die durch das Konzil bestätigte Lehre von der ewigen Knechtsexistenz der Juden, von ihrem Sklavenstand, vertreten. Und sehr populär, jedenfalls oft zitiert, wurde Innozenz' Wort: «Der Jude ist seinem Gast wie ein Feuer im Busen, wie eine Maus im Sack, eine Schlange am Hals.»

Die antisemitischen Beschlüsse nicht nur dieser Lateranversammlung wurden in England früher durchgesetzt als irgendwo sonst in Europa, früher und konsequenter. So führte der Erzbischof von Canterbury 1218 als erster die diskriminierende Kleiderkennzeichnung ein. Jeder englische Jude mußte fortan ein Abzeichen in Form der Gesetzestafeln tragen, daher «tabula» genannt (Hitlers Judenstern!). Ein halbes Jahrhundert später mußte es größer und gelb gefärbt und seit 1279 auch von Frauen getragen werden. Und zwischenzeitlich, 1263, hatte ja auch schon König Ludwig der Heilige allen jüdischen Männern und Frauen dieses Schandmal an ihren Kleidern zu zeigen befohlen, einen Kreis aus gelbem Stoff, und zwar «vorne und hinten auf ihrer Kleidung». «Wahrhaftig, die Nazis», ruft Rudolf Krämer-Badoni, «haben viele ihrer Greuel nicht erfunden, sie haben oft auf die Praktiken des christlichen Mittelalters zurückgegriffen, auf die Praktiken jener absolut christusgläubigen Massen, denen von Kirchenvätern und Theologen lange genug weisgemacht worden war, daß Juden Gottesmörder und Sklaven der Christen seien, und von Predigermönchen und vorher schon vom Vierten Laterankonzil, daß Juden wegen des Wucherzinses als Aussauger braver Christen zu behandeln seien.»

König Heinrich III. warf in seinen aktiven Regierungsjahren zwischen 1236 und 1254 die englischen Juden, gewöhnlich die Männer, gelegentlich auch Frauen und Kinder, ins Gefängnis. Der häufig schwächlich erscheinende, aber kostspielige Kriege führende Monarch erwies sich hier als markig. Er ließ die Juden berauben, erpressen und gab sie erst frei, hatte er ihnen genug Geld abgenommen,

Beträge zwischen zehn- und zwanzigtausend Mark; 1244 aber, als man von einem Ritualmord in London munkelte, verlangte er sechzigtausend Mark Lösegeld.

1253 verordnete er als Grundprinzip, «daß kein Jude in England verweilen darf, ohne dem König Dienst zu leisten, und daß jeder Jude, ob männlichen oder weiblichen Geschlechts, von der Stunde seiner Geburt an, *Uns* irgendwie nützen muß». Und keinem Christen, auch nicht dem geringsten, durfte durch Juden geschadet werden, etwa indem ein solcher Mensch eine Kirche betrat oder während der Fastenzeit Fleisch aß oder empfindsame Christenohren durch zu lautes Beten verletzte. Wurde gar in Synagogen gesungen und so der Gottesdienst in einer benachbarten Kirche gestört, konnte die Synagoge beschlagnahmt werden; der Bau einer neuen war ohnedies verboten.

Als es in England einmal mehr zum Bürgerkrieg, als es 1258 zu einem weiteren «Aufstand der Barone» kam, legte der Adel seine Verarmung den Juden, den königlichen Geldeintreibern, zur Last und das Londoner Judenviertel wieder in Asche. Wer sich nicht taufen ließ, wurde getötet. Doch auch auf andere Städte, auf Canterbury, Worcester, Bristol, Lincoln, griffen die Pogrome über, und der alte Vorwurf des Ritualmordes taucht auf. Einen «Ritualmörder», der unter der Folter gesteht, läßt der König an einem Pferdeschwanz durch die Straßen zerren und hängen, wie andere Juden auch. Man schlägt tot, setzt gefangen, bringt auf den Scheiterhaufen, an den Galgen – und Papst Honorius IV. protestiert 1286 in einer Bulle an die Kirche Englands gegen den geselligen Verkehr von Christen mit Juden und fordert deren strengere Isolation.

Aber König Eduard I. (1272–1307) greift noch radikaler ein. Und war er nicht wie geschaffen dafür? Ein unentwegt Schulden anhäufender und Krieg führender Fürst (der auch am zweiten Kreuzzug Ludwigs des Heiligen teilnahm und als einziger der Hauptführer von Tunis weiter ins Heilige Land zog)? 1290 weist er die Juden, die nicht konvertierten, aus. Waren es auch nicht, wie zeitgenössische Chronisten schätzten, 16 000 Menschen, mehrere tausend flohen nun über das Meer.[39]

Die mittelalterlichen Judenverfolgungen in Deutschland

Die Judenmassaker begannen in Deutschland mit dem Ersten Kreuzzug (s. dazu «Frühe Präludien der Nazizeit», VI 362 ff.), wenn da auch vor allem nordfranzösische und flandrische Kreuzfahrer die Hauptmörder waren. Doch seitdem gab es keine Kreuzzugsvorbereitung ohne antijüdische Exzesse, wurde die Lage der Juden immer schlimmer, die ihnen feindlichen Gesetze, die blutigen Randale häuften sich quer durch ganz Europa von Spanien bis Polen. Zwangstaufen wurden fast die Regel, obwohl viele Juden die Verbannung oder den Tod vorzogen – leider.

Auch der Zweite Kreuzzug (VI 471 ff.) wird 1147 mit Judenabstechungen besonders in den großen und reichen Judengemeinden am Rhein eröffnet. Der Abt von Cluny, Petrus Venerabilis (der Ehrwürdige), Verfasser eines Buches «Gegen die Juden», und der fanatische deutsche Zisterzienser Radulf hetzten zugleich gegen Juden wie Heiden. In allen größeren Städten, wo Radulf predigt, in Köln, Mainz, Worms, Speyer, Straßburg kommt es zu Übergriffen, wenn auch die Opfer deutlich geringer sind als beim Ersten Kreuzzug. Am meisten aber massakrieren die «Pilger» am 24. Februar 1147 die Juden Würzburgs, Frauen und Kinder, alt und jung, auch drei Rabbiner. «Diese ganze Zeit war krank von religiösem Haß» (Schopen).[40]

Mag auch auf deutschem Boden das Zusammenleben mit den Juden länger als in Spanien oder Frankreich verhältnismäßig moderat oder doch weniger gestört gewesen sein, mag da die Judenschaft einen beschränkten Schutz durch die kaiserlichen Regierungen genossen haben, allmählich wächst die Welle der Gewalt auch hier, scheinen die Deutschen in ihrer gründlichen Art alle früheren Abschlachtungen noch zu übertreffen.

Zunächst flammen immer wieder kleinere oder größere Verfolgungen auf, so in Boppard 1179, in Wien 1181, Speyer 1195, Halle 1205, Erfurt 1221. In Norddeutschland, wo Lübeck während des ganzen Mittelalters innerhalb seines Stadtgebietes keine Juden toleriert und es einige jüdische Siedlungen erst später gibt, wird dennoch Mecklenburg 1225 zum Schauplatz von Ausschreitungen.

In den Jahren 1235/1236 kommt es zu Ritualmordklagen und Judennachstellungen in Lauda, Fulda, Tauberbischofsheim. In Kitzingen tötet man am 5. August 1243 sechs Juden und zwei Jüdinnen, zwei Männer und eine Frau werden gefoltert und gerädert. Doch ufern Haßhaltung, Beutegier, Pogromstimmungen erst gegen Ende des 13. Jahrhunderts aus, erschüttern antijüdische Aktionen blutigster Art Franken und seine Nachbarländer, um eine «Hostienschändung» zu rächen – eine erlogene Hostienschändung und Tausende von erschlagenen Juden![41]

Der Vorwurf des Hostienfrevels, noch nicht lange aufgekommen, tritt allmählich häufiger neben den des Ritualmords, wozu seit den zwanziger Jahren des 14. Jahrhunderts noch der Vorwurf der Brunnenvergiftung tritt.

Die Hostienschändung – bei der nicht nur Blut floß, sondern gelegentlich einem Ofen, in dem man Hostien verbrannt, auch weiße Tauben und Engel entschwebten – hatte einen Vorläufer in blutenden Christusbildern. Oft nacherzählt und nachgebildet wurde ein von Gregor von Tours (IV Register) berichtetes Bildwunder, wonach ein Gemälde Christi, von einem Juden des Nachts aus einer Kirche entwendet und durchbohrt, so zu bluten begann, daß die gräßlichen Spuren anderntags die Christen zum Haus des Schänders führten, den sie gleich steinigten.

Von solchen, von Juden mißhandelten Christusbildern oder Kruzifixen, deren Blut man im 12. Jahrhundert in England ebenso vorzeigen konnte wie im Lateran in Rom, war wohl der Weg zu blutenden Hostien nicht weit. Seit dem ausgehenden 13. Jahrhundert jedenfalls geißelt man in vielen Traktätchen und auf vielen Kanzeln verbrecherische Juden, die konsekrierte Hostien kauften oder stahlen und aufs scheußlichste entweihten. Was Wunder, wenn der Leib des Herrn danach entsetzlich zu bluten und das gute Christenvolk die jüdischen Frevler immer von neuem zusammenzuschlagen begann!

Durch Jahrhunderte nahmen von solchen Histörchen, ebenso infam wie schwachsinnig, die meisten Pogrome ihren Ausgang. Dabei gehören Gott und das Wunder immer dazu – sonst liefe ja die Sache auf ein ganz gemeines Verbrechen, auf ordinären Raub und Totschlag hinaus! Ergo liest man oft: «da tet got vil zeichene ...» Und unmittelbar darauf: «Darumme worden die Juden alle irslagen.»[42]

So auch in Röttingen an der Tauber. Am 20. April 1298 bezichtigte man die dortigen Juden eines Hostienfrevels. Sie hatten den hl. Leib des Herrn zerfetzt und in einem Mörser zerstampft, worauf er zu bluten und Wunder zu wirken begann – und noch im 14. Jahrhundert Teile davon auswärtige Klöster als Reliquie bekamen.

Nun blutete aber nicht nur die Hostie, sondern auch die Judenschar Röttingens. Unter Führung eines Adligen, eines «König Rindfleisch» (nobilis Rintfleusch, manchmal auch Metzger genannt, weniger Name als Menetekel), wurden zunächst einmal die Juden des Ortes erschlagen, 21 Menschen. Dann zog rex Rindfleisch, der sich selbstverständlich auf die «göttliche Weisung» berufen konnte, alle Juden (also nicht etwa nur einzelne, nur «Schuldige»), nein, alle zu foltern und zu vernichten, mit seinen Schlächtern hinaus ins Land. Vorneweg ein großes Kreuz, das die Christen zur Rache provozieren, die Juden schutzlos machen sollte, was sie ohnedies waren, überfielen und metzelten sie diese in weit über hundert Orten.

Zum Beispiel, um nur einige fränkische zu nennen, wobei die Zahlen der Opfer meist eher zu niedrig sind: in Ebermannstadt 12; in Eggolsheim 12; in Hollfeld 17; in Höchstadt 30; in Forchheim 83; in Bamberg, dessen Bischöfe «immer eine judenfeindliche Politik betrieben» (Morlinghaus), 126; in Neustadt an der Aisch 71 Juden; in Windsheim 57; in Mergentheim 17; in Tauberbischofsheim 131; in Ochsenfurt 34; in Kitzingen 15; in Iphofen 25; in Nürnberg 628; in Hürnheim 25; in Nördlingen 8; in Rothenburg ob der Tauber fast 500; in Würzburg 900.

Ortsbischof Manegold von Neuenburg (1287–1303) ließ hier die Juden am 23. Juli dem wütenden Christenmob ans Messer liefern – «unde man seite», wie die «Sächsische Weltchronik. Thüringische Fortsetzung» meldet, «daz dit die sache were: man hette unsis herren licham funden zu Wirzeburg in ire schule, unde hetten die Joden unsis herren licham mit meßeren unde mit olen durchstochen unde martirte unsin herren andirweide. Darumme worden si alle irslagen.» «In ihrer Intensität und in ihren Folgen ... übertrafen die ‹Rintfleisch-Pogrome› von 1298 deutlich die Verfolgungen im Umkreis des ersten und zweiten Kreuzzuges ... Die Geistlichkeit scheint dem Treiben jedenfalls keinen entschiedenen Widerstand entgegengesetzt zu haben, wie ihre Haltung zu den Blutwundern von Lauda, Iphofen, Möckmühl, Weikersheim und Würzburg erweist» (Arnold).[43]

So wurden in 146 Gemeinden Thüringens, Hessens, Frankens, der Oberpfalz und Schwabens die Juden heimgesucht und in manchen gänzlich ausgelöscht – insgesamt etwa 5000 Menschen. Zweifellos haben dabei nicht nur «religiöse» Gründe eine Rolle gespielt, sondern, zumindest bei vielen verschuldeten Christen, auch handfeste materielle. Der böhmische Zisterzienserabt und Geschichtsschreiber Peter von Zittau (gest. 1339) hält denn auch die Meinung fest, «daß die Tat aus Lust am Rauben von Geld geschehen sei» (opinantur tamen alii, quod factum fuerit amore pecuniam rapiendi).[44]

Einige Jahrzehnte später, ab 1336, kam es zu den Armleder-Verfolgungen, die wieder – Tradition verpflichtet – von Röttingen ausgingen und wieder unter einem zum König Gewählten, dem Ritter Arnold dem Jüngeren von Uissigheim (bei Wertheim). Im Sommer 1336 sticht er zwischen Tauber und Main mit seiner Christenhorde insgesamt 1500 Juden nieder. Zwar wird «König Armleder» schon am 14. November durch das Schwert liquidiert, bereits auf seiner Grabplatte in der Kirche von Uissigheim aber «der selige Arnold» genannt und sein Grab «dank seiner Verdienste um den Glauben durch viele Wunder berühmt». Es wurde «bis ins 18. Jahrhundert insbesondere von den Wallfahrern nach Walldürn besucht, die von Fulda kommend hier Station machten. Der vom Grabstein abgeschabte Sand galt als Heilmittel bei Viehkrankheiten» (Arnold).

Und schon ein Jahr nach seinem Tod bricht weiteres Unheil über die Juden herein, werden als «Blutstädte» bekannt Aschaffenburg und Babenhausen, Büdingen und Friedberg, Andernach, Chochem, Kaub, Koblenz u. v. a. Denn die Pogrome, in denen man ebenso eine Art Fortsetzung der Kreuzzugsjudenjagden erkannte wie Vorläufer des großen Bauernkrieges, griffen jetzt bis nach Hessen und an den

Mittel-, den Oberrhein über, auf die Bistümer Trier, Straßburg, Basel. Zwei weitere «König Armleder»-Figuren kommandierten, ein Edelmann aus Dorlisheim und der Gastwirt Johannes Zimberlin aus Andlau mit angeblich geradezu charismatischen Führerqualitäten. Und genau wie «König Rindfleisch» berief er sich darauf, «durch göttliche Eingebung und ein himmlisches Orakel unter anderem die Weisung empfangen zu haben, daß im ganzen Land die Juden als Feinde Christi durch ihn und die ihm zur Seite stehenden Helfer vernichtet und aus dem Weg geräumt werden müßten» (Johann von Winterthur).

Mehr als 6000 Juden verblichen unter Christenpranken, und dies nach Heinrich von Dießenhofen, dem 1376 gestorbenen thurgauischen Chronisten, Chorherrn, Domherrn, Hochstiftsadministrator, «nur deswegen, weil deren Mörder ihnen die zeitlichen Güter entreißen wollten» (non ob aliud nisi quod eis bona temporalia auferre volebant occisores eorum).[45]

Ebendarum ging es vor allem, wenn nicht ausschließlich, auch bei weiteren Verfolgungen in jenen Tagen, wobei die aktuellen Anlässe ganz verschieden sein konnten.

So melden die «Ensdorfer Annalen» lapidar: «1338. In diesem Jahr flog eine Menge von Heuschrecken. Im selben Jahr sind die Juden in Straubing verbrannt worden.» (1338. Hoc anno volavit multitudo locustarum. Eodem anno cremati sunt Judei in Straubing.) Auch die «Windberger Annalen» bringen diese Judenverbrennungen in unmittelbarem Zusammenhang mit dem Auftauchen der Heuschrecken: «Wurde das jüdische Volk dieser Zeit umgebracht, Als viele Heuschrecken durch die Lande flogen» (... est trucidatus, Cum volavere per terras multe locuste).

Die «Annales Windbergenses» beziehen aber auch das damalige Deggendorfer Pogrom mit ein, bei dem man sämtliche Juden der Stadt ermordet. Und zur Rechtfertigung der Deggendorfer Christen erfindet man Jahrzehnte später eine Hostienlegende; «ward», sagt knapp die Regensburger Chronik, «das Hochwirdig Sacrament zu Deckendorf gefunden, das dan die Juden daselbs gemartert hetten, darumb wurden die Juden verprennt». Eine mehr kosmetische Version lautet: «Es ist ohn hin ein landt- und weldtbekandte sache, welchergestalten anno 1337 von einen armen Christen Madl, welches ihre Claider versetzt habe: die Juden 9 heilig consecrirte Hostien überkommen, und mit diesen auf das ärgerlichiste umgegangen seyndt, welche sanctissimum bis auf diese Stundt auf eine Miraculose, und über natürliche weis sich selbst conserviret, wonach die von Deggendorf, mit beyhülff des Herrn von Degenberg die Juden sammentlich überfallen, verhergt [= beraubt, geplündert], verwüst, und verbrendt, und mit einem wortt völlig vertilgt haben, so mit gnädigst concedirt [= zugestanden] worden ist, all von denen Juden überkommenes vermögen vor aigen [= als Eigentum] zubehalten ...»[46]

Tatsächlich hatte sich Herr Heinrich «von Gottes Gnaden Pfalzgraf zu Rhein und Herzog in Bayern» den Deggendorfer Judenschlächtern gegenüber äußerst großzügig erwiesen, hatte er alle, die «unsere Juden zu Deggendorf verbrannt und getötet haben», urkundlich nicht nur seiner Huld versichert, sondern auch gestattet, daß sie, was immer sie den ermordeten Juden geraubt, was «heimlich oder öffentlich in ihre Gewalt gekommen ist, alles behalten sollen», sogar auch alles, was sie hätten zurückzahlen müssen. «Darum sollen die Bürgschaften, Pfandbriefe und anderen Urkunden, die die Juden von ihnen innehatten, oder was sie ihnen sonst zurückzahlen sollten, völlig getilgt sein, und sie sollen daher dieser drei Sachen gegenüber uns und allen Leuten gänzlich ledig sein; auf ewig sollen sie an Leib und Gut ohne Bußleistung gegenüber uns, unseren Erben und Nachkommen und gegenüber allen unseren Beamten bleiben und sollen auch deswegen auf ewig von uns, unseren Erben und von allen unseren Beamten unangesprochen und unbehelligt bleiben.»

Ein großer Freispruch, Zuspruch. Doch Herzog Heinrich von Gottes Gnaden konnte sich dies leisten. Nachdem man nämlich in mindestens 21 Städten und Ortschaften des Herzogtums Niederbayern-Landshut Juden getötet hatte, folgte er dem Beispiel seiner Untertanen und löste auch sein eigenes Finanzproblem, indem er befahl, «alle Juden in Landshut zu verbrennen und zu töten, so daß nur wenige entkamen» (omnes Iudeos in Lansh[ut] comburere et interficere precebit, quod pauci evaserunt: Weihenstephaner Annalen).

Einige Jahrzehnte später gewährte Papst Bonifaz IX. der neuerrichteten Heiliggrabkirche zur Deggendorfer «Gnad» einen fünftägigen Ablaß (wie der Markuskirche von Venedig). Deggendorf, das die angeblich geschändete Hostie nun in einer Wallfahrtskirche verehrte, das auch einen «Judenaltar» bekam, auch ein schönes Bild von der Judenabschlachtung mit der Unterschrift: «Gott gebe, daß von diesem Höllengeschmais unser Vaterland jederzeit befreyet bleibe», Deggendorf wurde zur «Gnadenstätte». Ein grandioser Pilgerbetrieb setzte ein. «Mord, Raub und Gründung lukrativer Wallfahrtsstätten, das war die geniale ökonomische Kumulation» (Krämer-Badoni). Erst brauchte man 12, dann bis zu 30 Beichtväter, die Sache florierte, florierte noch im 20. Jahrhundert, noch nach Hitler, als der Regensburger Bischof die Grabwallfahrt völlig neu interpretierte als «Eucharistische Wallfahrt der Diözese» und der Pfarrer der «Gnad»-Kirche bei den «Gnad»-Feiern 1983 wahrhaft begnadet sagte: «Auf jeden Fall handelt es sich bei der Grabkirche um einen Sühnebau, gleich ob es sich um Sühne für den Hostienfrevel, wie es die Legende will, oder für den Judenmord handelt.»

Nun, macht man nicht Fortschritte?!

Die Pogrome jener Zeit reichten von Kärnten bis in die Rheinregionen, wobei überall die Juden «um viele Güter gebracht wurden, entweder ertränkt oder verbrannt oder aber ihrer Eingeweide beraubt jämmerlich zugrundegingen und viele arme Adelige und Bürger durch vernichtete [Schuld-]Urkunden reich machten». Denn darum ging es. Religiös, missionarisch erreichte man bei den Juden wenig. Diffamierungen, Belehrungen, Bittgesänge, Bußtage, Strafen, Reliquienprozessionen, nichts verfing. Erst sobald man zum Messer griff, zur Axt, erst wenn man das Judenblut spritzen ließ und das von den Juden vergossene Blut des Gekreuzigten gerächt hatte oder auch, wie in Pulkau, «eine, wie es hieß, ganz und gar blutbefleckt Hostie» (hostia ut dicitur tota cruentata), ja, dann stellte man die gebenedeite Ordnung wieder her. Nur derart konnten sich einzelne oder ganze Gemeinden wenigstens kurzfristig sozusagen sanieren, stets mit christkatholischem Schwung. «Aufgrund dieses Ereignisses töteten die Christen, von göttlichem Eifer angetrieben, um das

Fest des heiligen Georg alle Juden in Pulkau, Retz, Znaim, Horn, Eggenburg, Klosterneuburg und Zwettl, verbrannten sie und machten sie zu Asche.»[47]

Ein Jahrzehnt später kulminierten die Verfolgungen in den Pestpogromen, die fast sämtliche jüdischen Gemeinden Deutschlands ausgelöscht haben; eine Katastrophe, die man mit der Judenvernichtung im Zweiten Weltkrieg verglich.

Die Pest, von Mittelasien über die Krim nach Italien eingeschleppt, erfaßte zwischen 1347 und 1353 ganz Europa, zumal über die Seewege, die Häfen, vom Mittelmeer bis Skandinavien, von der Atlantikküste, der Nordsee, bis zum Ural. Und als sie ihre letzten Opfer 1353 in Rußland forderte, hatte sie 200 000 Dörfer Europas menschenleer gemacht, etwa 30 Prozent seiner Gesamtbevölkerung verschlungen, 18 Millionen Menschen.

Stark begünstigt wurde das verheerende Umsichgreifen der Seuche durch schlimme wirtschaftliche und gesundheitliche Verhältnisse, durch Mißernten, Hungersnöte, eine vor allem Süddeutschland und die Alpenregionen heimsuchende Heuschreckenplage, wozu noch die notorischen Kriegsgreuel kamen. Eindringlich schildert Boccaccio die Situation. «Fast alle strebten zu ein und demselben grausamen Ziele hin, die Kranken nämlich und was zu ihnen gehörte, zu vermeiden und zu fliehen, in der Hoffnung sich auf solche Weise selbst zu retten. Einige waren der Meinung, ein mäßiges Leben, frei von jeder Üppigkeit, vermöge die Widerstandskraft besonders zu stärken ... Andere aber waren der entgegengesetzten Meinung zugetan und versicherten, viel zu trinken, gut zu leben, mit Gesang und Scherz umherzugehen, in allen Dingen, soweit es sich tun ließe, seine Lust zu befriedigen ... Es gab viele, die bei Tag oder Nacht auf offener Straße verschieden, viele, die ihren Geist in den Häusern aufgaben und ihren Nachbarn erst durch den Gestank, der aus ihren faulenden Leichen aufstieg, Kunde von ihrem Tode brachten.»[48]

Natürlich hatte man diverse Erklärungsmodelle für den Schwarzen Tod, wenn auch keine gültige medizinische Erkenntnis.

Doch wußte man, wie immer in analogen Fällen, die Pest war eine Strafe, ein Gericht Gottes. Der liebe Himmelvater rächte sich, rächte sich für alles mögliche an der (ihm) mißratenen Menschheit. Das glaubten zumal auch die Flagellanten (flagellatores, cruciferi, paenitentes, besser noch gens sine capite genannt, kopfloses Volk). Es war dies jene schon 1260 von Perugia ausgegangene, wie im Flug sich verbreitende Geißler- oder Flegler-Bewegung, die jetzt eben auch zur Pestzeit 1348 durch fast ganz Europa sich peitschte: Männer und Frauen, Adlige und Bauern, selbst, obwohl bald mehr, bald weniger verketzert, Kleriker und Mönche. Sie alle straften sich für ihre und der Menschheit Sünden, auf daß, so sangen sie in einem ihrer Lieder, «got daz grozze sterben wend». 1414/1416 verbrannte man mehrere hundert von ihnen in Nordostdeutschland.

Nächst dem Allerhöchsten hatte natürlich die Judenschaft ihre Hände im Spiel, indem sie die Brunnen vergiftete, «um die Christenwelt auszurotten», schreibt der Theologe Konrad von Megenberg (gest. 1374) nicht einmal unkritisch. «Man fand in vielen Brunnen mit Gift gefüllte Säckchen vor, und es wurden unzählig viele Juden erschlagen ... Wahrhaftig ich weiß nicht, ob einige Juden das gethan haben.»

In Chillon aber gestand der Jude Balavieny, Arzt und Chirurg, unter der Folter, in Südfrankreich hätten seine Glaubensgenossen ein giftiges Gebräu aus Spinnen, Fröschen, getrockneten Schlangen, Menschenfleisch, aus Christenherzen und geweihten Hostien an diverse jüdische Gemeinden geliefert und damit die Brunnen verseucht. Und wie man darauf in Chillon die ganze Judenschaft mit ausgeklügelter katholischer Grausamkeit massakrierte, so folgten überall, wo das Märchen von Chillon hingelangte, ähnliche Metzeleien. Der Wahn, denn das Geglaubte war fast immer fiktiv, breitete sich mit der Pest von Spanien und Südfrankreich über die Schweiz und Deutschland bis Polen aus. Dabei folgte er in Frankreich mehr dem Auftreten der Epidemie, in Deutschland ging er ihr eher voraus, eine Mixtur aus Pönalisierung und Prophylaxe. Allerdings: in mohammedanischen und mongolischen Ländern, wo die Pest gleichfalls wütete, wurden die Juden nicht beschuldigt![49] Unter rechtgläubigen Himmelsstrichen aber kam es zu wüsten Exzessen.

Dabei hatten die Pestpogrome in Spanien und Südfrankreich eine gewisse Signalwirkung für Deutschland, das heißt man liquidierte hier die Juden gewöhnlich, noch bevor die Pest zur Stelle war, eben prophylaktisch. Und prophylaktisch auch waren die Bedrohten manchmal Christen geworden, so daß man in Basel anscheinend nur mehr konvertierte Hebräer liquidieren konnte. Jedenfalls wurde die ganze jüdische Bevölkerung der Stadt auf einer Sandbank im Rhein lebendig verbrannt, wodurch sich die Mörder, ganz nebenbei, auch schuldenfrei machten. In Freiburg im Breisgau nahm man nur einige sehr junge Juden von der Verbrennung aus, um sie zu Christenkindern zu machen. Die dortige Synagoge fungierte danach als Brauhaus, und die übrige Hinterlassenschaft beschwor offenbar üble Zwiste der Killer herauf.[50]

In Straßburg war sich, trotz Bedenken mancher, schließlich alles über die Beseitigung der Juden einig, Stadtväter, Stände, Adel, Geistlichkeit. Im Januar 1349 erklärte man die Verhaßten für vogelfrei, am 9. Februar verlangten die Zünfte unter Führung der Metzger ihren Anteil an der Beute aus der Judengasse. Und noch auf dem Gang zum Scheiterhaufen riß das gieriggeile Christenpack den elenden Opfern die Kleider vom Leib, um zu Geld zu kommen. «An dem fritage ving man die Juden, an dem samestage brante man die Juden», meldet der Chronist lakonisch. Und sinnigerweise verbrannte man alle, alt und jung, Männer und Frauen, auch die reichen, denen man Tage zuvor gegen Geld noch einen sicheren Platz vor der Stadt versprochen, verbrannte man 2000 Juden gleich auf dem jüdischen Friedhof. Doch ehe man sie in den Tod trieb, taufte man noch so manches Kind vor ihren Augen. Wer aus den Flammen sprang, wurde erschlagen. Unschwer erkannte der Straßburger Chronist Fritsche Closener (gest. um 1372) das Geld als das eigentliche Gift, das die Juden tötete. Und Jacob Twinger von Königshofen ergänzt: «Wären sie arm gewesen und die Adeligen nicht bei ihnen verschuldet, sie wären nicht verbrannt worden.»

In Worms, in Mainz, in Köln stürzten sich viele Juden selbst ins Feuer. Allein von Worms führen die Memorbücher fast 600 Opfer an – und Kaiser Karl IV. überließ den Christen gnädig alles, was bisher jüdischer Besitz gewesen. In Köln teilten Stadt und Erzbischof die Beute.[51]

In Nürnberg, wo man zwischen dem 5. und 7. Dezember 1349 über die Juden herfiel – «Die Juden wurden verprant an sant Niclos abent» –, erschlug und verbrannte man insgesamt 562 Menschen, mehr als ein Drittel der Nürnberger Gemeinde – «Rabbi Joseph, ... seine Frau Chandlin und seine Tochter, Rabbi Jechiel hakohen, seine Frau Jutta und seine drei Kinder; Rabbi Isaak, ... seine Frau Jachnet, sein Sohn, der junge Rabbi Baruch, seine Schwiegermutter, die alte Frau Hanna, seine Tochter Frau Minna, deren Sohn, der Knabe Koplin und deren (übrige) sechs Kinder ...» Einen Teil der auf dem Markt stehenden Judenhäuser riß man ein und errichtete anstelle der «Judenschul» die Marienkirche.[52]

Zu einem gnadenlosen Morden kam es in Thüringen. «In allen Dörfern und Städten», überliefert eine Erfurter Chronik, «wurden sie umgebracht, weil sie die Quellen und Brunnen vergiftet haben; wie damals als sicher behauptet wurde, hat man viele Säcke voll Gift in ihnen gefunden. Umgebracht wurden sie in Gotha, Eisenach, Arnstadt, Ilmenau, Nebra, Wy [Wiehe?], Thamsbrück, Tennstedt, Hermsleben, Frankenhausen und Weißensee.»

Am 21. März 1349 tötet man auch in Erfurt mehr als hundert Juden. Sie verteidigen sich mit Armbrüsten und Spießen in der Synagoge, bis sie der Übermacht erliegen. Mehr als 3000 aber sollen sich, aus Furcht vor dem unabwendbaren Schicksal, in ihren Häusern selbst verbrannt haben – «in einer Art von Frömmigkeit (pro quadam sanctitate)». Nach drei Tagen habe man sie auf Wagen zum Friedhof gebracht und begraben. Der fromme Chronist setzt hinzu: «Mögen sie in der Hölle sein!»

Auch die wenigen Juden, die in den Hansestädten Wismar, Rostock, Stralsund, Greifswald lebten, wurden von der Christenmeute zur Strecke gebracht, wurden lebendig verbrannt oder lebendig begraben. Ebenso kamen in Westpolen, in den Ländern des Deutschen Ordens, fast alle Juden um, man hat sie erstochen, erschlagen, verheizt oder ertränkt. Und wo man keine bekennenden Juden auftrieb, warf man die getauften ins Feuer.[53]

Man mag sich fragen, ob denn die Judenpogrome hier nicht zu ausführlich, zu «massiert» ins Blickfeld geraten. Doch in Wirklichkeit – das gilt freilich, bedenkenswert genug, für die ganze Kriminalgeschichte des Christentums – war alles noch weit schlimmer, ausgedehnter, wurde hier vieles überhaupt nicht erfaßt.

Zum Beispiel, um nur dies zu streifen, das sogenannte Sittlichkeitsdelikt, was ausnahmslos den Sexualverkehr jüdischer Männer mit christlichen Frauen betraf. Dieser von den Kirchensynoden, auch vom Vierten Laterankonzil streng verbotene, dann von den Nazis so perhorreszierte Beischlaf, der als Verleugnung des Christentums, als Glaubensabfall galt, wurde im christkatholischen Mittelalter nicht selten der Bestialität, dem sexuellen Umgang mit Tieren, gleichgestellt und entsprechend rigoros bestraft. Etwa im Schwabenspiegel, häufig als «kayserlich Rechtsbuch» oder dergleichen betitelt und um 1275 in Augsburg verfaßt, sehr wahrscheinlich von einem Franziskaner. Er hat die judenrechtlichen Bestimmungen seiner Vorlage, des berühmten Sachsenspiegels (1220–1235) Eike von Repgows, um zahlreiche, auf das Kirchenrecht zurückgehende antijüdische Rechtssätze vermehrt, auch die Juden, im Unterschied zum Sachsenspiegel, «eigen» (soviel wie leibeigen, hörig) und «des riches knechte» genannt. Der einst weitverbreitete Schwabenspiegel erachtete den Koitus von Juden und Christenfrauen als Kapitalverbrechen und ahndete ihn mit dem Feuertod, dem Verbrennen des übereinandergelegten Paares. Dasselbe verfügte das Augsburger Stadtrecht vom Jahr 1276.

Nach dem Recht von Iglau (Iglavia, Jihlava) – die westmährische Bergstadt nahe der böhmischen Grenze war ein wichtiger Katholikenstützpunkt gegen die Hussiten und wies 1425 die Juden aus – wurden beide Sexualsünder lebendig begraben. Das Altprager Stadtrecht bestrafte solche (wenn nicht «Rassen»-, dann doch Glaubens-)Schande mit Pfählung und Vermögenskonfiskation. Zeitweise traf den Juden in Prag aber «nur» Strafe an «Haut und Haar». Nach dem Mainzer Recht kostete der Beischlaf mit einer Christin dem Juden das Glied: «die Rute und ein Auge».

Für Geschlechtskontakt im Bordell drohte der Schwabenspiegel dem Juden wie dem Mädchen zunächst Verbrennung an, später begnügte man sich mit dem Auspeitschen des Juden. In Wien wurde er für «Liebschaft» mit einem Christenweib bis zur Erlegung von zehn Mark ins Gefängnis gesteckt. Die Christin aber, die «ihr gelieben lassen würde», war mit starken Prügeln für immer aus der Stadt zu jagen – verordnete 1267 die Wiener Kirchensynode.

Die Verfolgungen gingen im übrigen nach der großen Pest weiter, nicht anders als die pestartigen Krankheiten. Und die Juden, zahlenmäßig stark reduziert, vertrieben, kehrten oft bald zurück, häufig sogar in jene Gemeinden, die sie noch vor kurzem verfolgt und nicht selten jetzt selbst wieder gerufen hatten (um sie weiter auszunehmen, wieder vertreiben, wieder rufen zu können ...)

Nürnberg nahm die ersten jüdischen Bürger schon 1349 wieder auf. Und in Augsburg standen sie seit 1355 erneut unter dem Schutz einer Stadt, die sie nur wenige Jahre zuvor erschlug. Als aber dort und weitum 1380 abermals eine Seuche grassierte, so daß man Bittgänge «mit gotz lichnam und mit allem hailtum» gelegentlich stundenlang machte, wurde auch wieder eine Judengemeinde in der Nähe ausgerottet – «do erstachen die von Nördlingen all ir juden, man und wib und kind, der wol zwei hundert was».[54]

Das alles also lief weiter – durch Jahrhunderte.

Nun hört man freilich auch durch Jahrhunderte, ja heute noch und immer wieder, daß manche Päpste, Kaiser, Fürsten den Juden Recht und Schutz gewährt hätten. Wie steht es damit?

Die «Judenfreundlichkeit» gekrönter Häupter und der Nervus rerum

Gewiß, es gab einzelne Päpste, die Schutzbriefe, Schutzbullen zugunsten der Juden erließen. Zum Beispiel zu Beginn des Frühmittelalters Gregor I., im 12. Jahrhundert Alexander III., im 13. Gregor IX. oder Innozenz IV. Doch beiseite, daß dies Eintreten für die Juden oft so gut wie nichts bewirkte, schon gar nicht auf Dauer, was angesichts der unübersehbaren Flut oft scheußlichster antijüdischer Kirchenliteratur nur zu begreiflich ist; beiseite auch, daß manches vielleicht gar nicht (ganz) ernst gemeint, nur eine jederzeit vorzeigbare edle apostolische Geste war, sogar die oben genannten, sich für die Juden verwendenden Päpste stellten sich öfter und viel eindeutiger gegen sie.

Gregor I., der «Große», der Heilige, der Kirchenlehrer, der selbst nie mit Juden geredet haben soll, er schimpfte sie glaubensleer, des Teufels, hielt ihr Bekenntnis überhaupt nicht für Religion, sondern für Aberglauben, er verbot ihnen den Bau, die Erweiterung von Synagogen, verbot ihnen jede Missionstätigkeit, untersagte ihnen überhaupt jedweden Einfluß im Leben der Christen (IV 177 ff.).

Alexander III. dekretierte auf dem Dritten Lateranum (1179), indem er einen schon sehr alten antijüdischen Erlaß wiederholte, daß Christen Dienst bei Juden nicht gestattet sei, ja, wollte Juden, übrigens ganz wie der hl. Augustin, nur am Leben lassen, damit sie durch ihr Unglück die Herrlichkeit Christi bezeugen.

Papst Gregor IX. schmäht sie in einer Bulle von 1233 «Gotteslästerer», «Lästerer des Blutes Christi». Sie sind «Untreue», «Falsche», sie geben sich in ihren Häusern, umringt von Ammen, Dienerinnen, «unerhörten Dingen hin, die bei denen, die davon wissen, Abscheu und Entsetzen erregen». Deshalb verfügt der Papst, «die erwähnten und anderen Frevel der Juden in Euren Diözesen, Kirchen und Gemeinden unbedingt zu unterdrücken, auf daß sie nicht den unter ewiger Knechtschaft gebeugten Nacken zu erheben wagen».

Gregor IX. – ein Judenfreund?

Ein Jahr später, 1234, hat der Papst diese ewige Knechtschaft der Juden in einem fünfteiligen Gesetzbuch, dem «Liber extra», juristisch ausgeformt. Und 1239 befiehlt er den Königen von England, Frankreich, Navarra, Aragón, Kastilien und Portugal sowie ihren Prälaten, den Juden an einem Sabbat, wenn sie in ihren Synagogen seien, alle Bücher wegzunehmen und an die Bettelmönche auszuliefern. Im nächsten Jahr wurden in Paris alle erreichbaren Talmudausgaben eingezogen und 1242 nicht weniger als 24 Wagenladungen konfiszierter Talmudexemplare verbrannt.

Innozenz IV. endlich, der die «schöne Bulle» von 1247 erließ, in der er so eindringlich die wütende Verfolgung der Juden bedauert, beklagt, daß man sie ihres Vermögens beraube, mit Hunger, Gefängnis, mit anderen Qualen bedränge – «und tötet ihrer viele auf gräßlichste Weise, so daß die Juden unter der Herrschaft dieser Fürsten, Gewalthaber und Adligen ein schrecklicheres Los haben als ihre Väter unter Pharao in Ägypten ...» – als hätte ihnen nicht zuerst und vor allem die Kirche dieses Los aufgenötigt! –, Innozenz IV. ist im Grunde so antijüdisch wie seine Vorgänger und die ganze Gemeinschaft der Heiligen.

Ja er, der doch auch die fürchterliche Bulle «Ad exstirpanda» zugunsten der Inquisition verfaßt und die Anwendung der Folter erlaubt, er fordert bereits ein Jahr nach seinem Pontifikatsbeginn in dem bezeichnend einsetzenden Erlaß «Impia Judaeorum Perfidia» eine weitere Bücherverbrennung. 1247 erlaubt er Juden zwar den Besitz des Talmud, ordnet zugleich aber dessen Zensur an und läßt am 15. Mai 1248 durch seinen Legaten Odo von Tusculum das heilige Buch der Juden endgültig verurteilen und dessen Verbrennung befehlen. Darauf erfolgen in den nächsten Jahrzehnten allein in Frankreich vier weitere Talmudverbrennungen; in Europa ziehen sie sich bis 1757 hin. «Nahtlos», schreibt das Lexikon für Theologie und Kirche im Jahre 2000 christlicher Zeitrechnung, «geht von hier die Entwicklung weiter zu antijüdischen Kampf-Schriften ... und den Hetz-Schriften der nationalsozialistischen Zeit.»[55]

Selbst unter jenen Päpsten also, die gelegentlich, aus welchen Gründen immer, für die Juden eintreten, gibt es keinen einzigen Philosemiten. Vielmehr überwiegt auch bei ihnen die judenfeindliche Haltung enorm. Die überwältigende Mehrzahl der mittelalterlichen Päpste ist nun einmal, wie die gesamte christliche Kirche dieser ein Jahrtausend umfassenden Epoche, durchaus judenfeindlich. Und es sind gerade die kirchlichen Führer, sind insbesondere auch die großen Laterankonzilien, die die Kluft zwischen Christen und Juden erweitern, vertiefen, die den Antisemitismus, den Fanatismus schüren, die Europa erschüttern, und zwar «durch Behauptungen, die, wie der höhere Klerus genau wußte, falsch waren, für die er aber selbst den Weg bereitet hatte. Als die Lawine einmal ins Rollen gekommen war, lag es nicht mehr in der Macht des Papstes oder der Bischöfe, sie in ihrem schrecklichen Lauf aufzuhalten» (Abba Eban).

Im beginnenden Spätmittelalter, in der ersten Hälfte des 13. Jahrhunderts, wächst die Judenfeindschaft noch, tragen vor allem die

Heiligen Väter wesentlich dazu bei, Innozenz III., Honorius III., Gregor IV. Der Name jedes dieser Päpste, schreibt G. Kisch, «verrät ein ganzes antijüdisches Programm». Und sie sind natürlich nicht die Ausnahme, sind die Regel. Fast alle Hierarchen des Mittelalters denken im Grunde wie Nikolaus IV., der erste Franziskanerpapst, dessen antijüdische Bulle von 1288 die Inquisitoren, die geistlichen und die weltlichen Potentaten auffordert, gegen die Juden vorzugehen und gegen alle, die Juden verteidigen oder begünstigen. «Bestraft sie, wie sie es verdienen».

Ähnlich judenfeindlich aber sind auch die meisten Kaiser, Könige, Fürsten orientiert, die ja ebenso wie die ganze Christenheit dauernden judenfeindlichen Parolen ausgesetzt und tief davon geprägt waren. Und gerade aus der kirchlichen Lehre und Gesetzgebung, der theologischen Servitus Judaeorum, ging dann jenes Rechtsinstitut hervor, das die Bezeichnung Kammerknechtschaft bekam.

Insbesondere die deutschen Monarchen hatten damit die Verpflichtung übernommen, die Juden zu schützen, gewiß nicht in uneigennütziger Weise. Und warum auch? Sie dachten um kein Jota besser über jene als die Päpste und der ganze christliche Klerus. Verfügte doch selbst der aufgeklärteste Kopf seines Jahrhunderts, Kaiser Friedrich II., 1237 in seinem Privilegium für die Stadt Wien: «Getreu den Pflichten eines katholischen Fürsten schließen wir die Juden von öffentlichen Ämtern aus, damit sie nicht die Amtsgewalt zur Bedrückung der Christen mißbrauchen; denn die kaiserliche Machtfülle hat von alters her zur Bestrafung des jüdischen Verbrechens den Juden immerwährende Knechtschaft auferlegt.»

Allerdings war es nicht die kaiserliche Machtfülle, sondern die kirchliche. Von der ewigen Knechtschaft der Juden, der Servitus Judaeorum, hatte schon Augustin gesprochen, vielleicht mehr im theologisch-spirituellen Sinn, wenn auch der Satz «Der Jude ist der Sklave des Christen» nicht gerade dafür spricht. Und Thomas von Aquin, für den, wie seine «Summa Theologiae» lehrt (die als Eingebung des Heiligen Geistes galt und 1879 Leo XIII. zur stets maßgebenden Philosophie, philosophia perennis, der Kirche erklärte), «die Juden Sklaven der Kirche sind», Thomas versteht ihre Knechtschaft eindeutig materiell. «Da die Juden ewiger Knechtschaft überliefert sind, können die Fürsten über deren irdische Güter wie über ihr Eigentum verfügen.»[56]

Von dieser generösen Erlaubnis des Aquinaten machten die Fürsten denn auch ausgiebig Gebrauch, obwohl sie sich natürlich schon früher allerlei gestattet hatten, nachdem allmählich aus den Schutzbriefen der spätkarolingischen Kaiser und Könige ein Abhängigkeitsverhältnis der Juden entstanden war, das sich bis zur Kammerknechtschaft steigerte. Denn nun galten sie als «eine Art Hörige oder als Knechte der Herrscher, die sich infolgedessen als Eigentümer des jüdischen Vermögens ansahen oder zum mindesten eine ständige Hypothek darauf hatten und es gelegentlich ganz einzogen und jedenfalls regelmässige und außergewöhnliche Steuern einhoben» (Browe).

Doch kaum zu glauben, daß man die Kammerknechtschaft der Juden in der Rechtsgeschichte bis ins 20. Jahrhundert hinein für einen Fortschritt der Gesetzgebung gehalten hat, für eine Verbesserung, obwohl sie nur eine Verbesserung der Ausbeutung war, obwohl die Juden kraft der Landfriedensordnungen in Deutschland bisher besser lebten, obwohl ihr Schutz jetzt mehr und mehr schwand, ihre Unsicherheit, Unfreiheit noch stieg, die Erpressungen zunahmen, die Beraubungen, Verjagungen, Auslöschungen, kurz, die Kammerknechtschaft zu einer «rechtlichen Maske für schreiendes Unrecht wurde» (Krämer-Badoni), artiger gesagt, seriöser, sich «vom persönlich verpflichtenden Schutzverhältnis zum disponiblen finanziellen Nutzungsrecht des Berechtigten wandelte» (Battenberg).

Man kann aus solchen Formulierungen viel ersehen, beiläufig die Hauptsache. So schreibt man nämlich gewöhnlich Geschichte, so sauber, ganz so sauber. Aber sieht sie denn so sauber aus? Aus den Schutzbriefen der Herrscher ging die Kammerknechtschaft der Juden zuerst in Westfrankreich hervor, dann in England, wo es in der ersten Hälfte des 12. Jahrhunderts in den sogenannten Gesetzen Eduards des Bekenners heißt: «Die Juden und all das Ihre gehören dem König.»

Auch in Deutschland gehörten die Juden zur «Kammer» des Kaisers. Und Ludwig IV. der Bayer war es, der gegen Mitte des 14. Jahrhunderts den «guldin pfenning» einführte, die erste, den deutschen

Juden auferlegte regelmäßige staatliche Kopfsteuer, indem er Anfang des Jahres 1342 bestimmte, «daß ihm jeder Jude und jede Jüdin, die Witwe ist, und die, welche zwölf Jahre alt sind und zwanzig Gulden Wert haben, jeglicher und jegliche, alle Jahre einen Gulden geben sollen zu Zins von ihrem Leibe». Diese Bestimmung impliziert bereits den Zustand der Unfreiheit; denn wer einen Tribut für sich selbst, für sich als Person zahlt, ganz gleich wann und wem, ist nicht mehr frei. Schon im nächsten Jahr drückt dies der Kaiser unmißverständlich so aus: «Alle Juden gehören uns mit ihrem Leib und ihrem Besitz, und wir können mit ihnen alles tun, was wir wollen und wie es uns beliebt.» Mit diesem lapidaren Diktum erließ er dem Nürnberger Burggrafen alle Schulden bei 85 namentlich genannten Juden.

Kaiser Karl IV. hat diese Erklärung seines Vorgängers übernommen und unüberbietbar schamlos exemplifiziert. Schloß er doch mit einigen Kommunen, mit Frankfurt und Nürnberg, profitable Vorverträge über die Ermordung und Beraubung der dortigen Juden. Für 15 200 Pfund Heller trat er am 25. Juni 1349 seine Rechte über die Juden Frankfurts («ihr Leib und ihr Gut, ihre Höfe, Häuser, Kirch- und Schulhof, ihr Eigen und ihr Erbe») an die Stadt ab, sicherte im voraus Straflosigkeit für den etwaigen Tod der Juden zu, «es wäre, wovon es wäre, oder käme, wovon es käme». Die Rechnung ging auf. Als wenig später die Frankfurter Christen über «ihre» Juden herfielen und sie niederstachen, kassierte die Stadt ihr Vermögen.[57]

Das Abtreten der Rechte über die Juden, der «Knechte (servi) der kaiserlichen Kammer», so erstmals 1236 durch Friedrich II. bei Erneuerung des Wormser Judenprivilegs bezeichnet, das Abtreten der Juden an Bischöfe, Städte, Adlige, die sie dann besteuerten und über die sie auch anderweitig verfügten, kam allmählich immer mehr in Schwang. Denn die Regenten ersparten sich dadurch eine Menge pekuniärer Probleme. Sie gaben die Kammerknechtschaft hin und strichen dafür bares Geld ein oder beglichen wenigstens Berge von Schulden bzw. sonstige Verpflichtungen.

So konnte Heinrich Raspe, der Grund hatte, dem Würzburger Bischof dankbar zu sein, diesem 1247 die dortigen Juden gegen

2300 Mark verpfänden, was den Würzburger Bischöfen übrigens besser bekam als den Würzburger Juden. Denn obwohl deren Verpfändung nur für des Königs Lebenszeit gedacht war und sie nach seinem Tod wieder in die Kammerknechtschaft des Reiches zurückkehren sollten, kassierten nun die Würzburger Bischöfe die beträchtlichen Steuergelder der Juden selber.

Die Juden waren ein Regal, das einzige Regal über Menschen. Und wie die anderen regalia, wie Markt, Münze, Zoll, wie Berg- und Salzregal, Forst- und Jagdregal, Geleits- und Strandregal, Deichregal usw., konnte auch das Judenregal als Hoheitsrecht der Krone verwertet, finanziell genutzt, konnte es, wie so schönschlau formuliert, «zum disponiblen finanziellen Nutzungsrecht des Berechtigten» werden auch und gerade durch Veräußerung, durch Vergabe in die Hände der domini terrae, der Bischöfe, der Städte, der freien Reichsstädte zumal, die es am längsten behielten, bis zur Reichsauflösung 1806.

Da Kaiser und Könige mit den Juden schließlich «alles tun» konnten, «was wir wollen und wie es uns beliebt», genügte oft schon ein allerhöchster Federstrich, und ein Mächtiger, ein armer Reicher, ein Fürst, ein Bischof, war seine Passiva los.[58]

Im Bistum Bamberg, wo Juden seit dem Ende des 11. Jahrhunderts nachweisbar sind, konnten diese zwar schwer «bekehrt», die Schulden der Prälaten aber leicht vermehrt werden. Doch auch eine Verfolgung der Juden in Bamberg und Nürnberg unter Bischof Leupold I. von Gründlach (1296–1303) vermochte die Schuldenlast des Bistums nicht zu verringern. Da wurde sein Nachfolger Wulfing vom «Judenschaden» durch Kaiser Heinrich VII. befreit, indem dieser einfach die Rückstände des Bischofs annullierte, und Ludwig der Bayer bestätigte 1332 die Verfügung. Freilich hielt die Entschuldung nicht lange vor. So eilte Bischof Leopold III. anno 1353, gleich nach seiner Erhebung, zum König nach Ulm, der kurzerhand sämtliche von Bamberger Oberhirten bis 1349, bis zu dem großen Pogrom, bei Juden gemachten Schulden aufhob und alle entsprechenden Schuldbriefe und Bürgschaften kassierte.[59]

Tief in Zahlungsverzügen steckte auch Würzburgs Oberhirte Otto II. von Wolfskeel (1335–1345). Und auch sein Debet war schon beträchtlich, als er den Bischofsstuhl bestieg, den zuvor, nach einer Doppelwahl 1333, sein Rivale Hermann II. Hummel von Lichtenberg innehatte, der Kanzler des Kaisers. Als Bischof Hermann aber am 11. Juli 1335 starb und Bischof Wolfskeel noch im gleichen Monat in Würzburg einziehen konnte, mußte er sich dem Domkapitel verpflichten, auch die Verbindlichkeiten des Vorgängers zu übernehmen. Außerdem standen für den Papst Servitien (damals ein Drittel des Jahreseinkommens) in Höhe von 2300 Gulden an. Weiter hatte er hohe Summen bei Bamberger Juden auf seine Güter aufgenommen etc. Hier nun sprang der Heilige Vater ein. Am 1. März 1336 schrieb Benedikt XII. aus Avignon, manche Juden aus einigen Diözesen hätten betrügerisch des Bischofs Außenstände hochgetrieben; deshalb befreie er ihn von allen Lasten. Er strich sie ersatzlos, entband die Bürgen von ihrer Haftpflicht und nötigte die Juden unter Androhung des Ausschlusses von der Gemeinschaft mit den Christen zur Herausgabe ihrer Schuldbriefe – die erste Tilgung von Judenschulden in Würzburg. Und trotzdem mußte Bischof Otto schon nach wenigen Jahren wieder bei den Juden eine Anleihe machen.[60]

Eine gleichsam individuellere Methode der «Entsorgung» handhabte gelegentlich der Würzburger Bischof Gerhard von Schwarzburg (1372–1400). Auch unter ihm war das Hochstift (das ist nichts andres als die Diözese, sozusagen die weltliche, die materielle Seite der «geistlichen», die man derart gegenüber Ahnungslosen verbal etwas kaschieren kann) schwer verschuldet, wenn der Bischof auch nicht nur finanzielle Schwierigkeiten hatte.

Die Probleme begannen bereits nach dem Tod des Vorgängers mit einer Doppelwahl, wobei Gerhard einen großen Teil der Diözese erst erobern mußte, was mit Gewalt und Betrug geschah, zumal mit Betrug gegenüber seiner Bischofsstadt. Lag er doch, besonders wegen dauernder Geldforderungen, sogar mit einem Teil des eigenen Klerus im Kampf, so daß er den Domdekan verbannen und zwei seiner Domherren gefangennehmen ließ. Fangen ließ er aber auch den Juden Krosche aus Weimar. Krosche saß eines Tages im Kerker des Bischofs, ohne daß wir wüßten warum, wenn es sich auch denken läßt. Doch die Zusammenarbeit gedieh dort gut. Und bevor Jude

Krosche seine «Freiheit» wiedergewann, schwur er, sich Bischof von Schwarzburg nicht zu «entfremden» oder sonstwo «verherren» zu lassen, und nicht zuletzt sprach er ihn von allen Verpflichtungen bei ihm los. Es nützte dem gewieften Hirten gleichwohl wenig. Wie es ihm offenbar auch wenig half, daß er anstelle der abgebrannten Synagoge eine Marienkapelle baute. So hochverschuldet, wie er das Bistum übernommen, so hochverschuldet hinterließ er es, fast alle Burgen und Städte verpfändet. Dabei waren «Ungeheuere Summen» in seine Hände geflossen, «horrende ... Summen», besonders durch mehrjährige Steuervorschüsse seiner Städte. Und das meiste dieser Einnahmen hatte er «vor allem ... für den Kampf gegen die Städte des Hochstifts verbraucht» (Scherzer).[61]

Kehren wir nun von unserem mit Bedacht etwas ausführlicher betrachteten Aspekt zur allgemeinen Geschichte zurück, sei abschließend wenigstens in Erinnerung gebracht, daß es die Christen waren, die den Juden in das Geldgeschäft trieben. Ursprünglich Hirt und Bauer, durfte er im Laufe des Mittelalters keinen Grund und Boden mehr besitzen, durfte er, von den Zünften nicht mehr zugelassen, auch kein Handwerker mehr werden. Seit der Karolingerzeit trieb er bereits regelmäßig Handel – iudaeus und mercator sind da fast Synonyme.

Aber auch als Kaufleute wurden die Juden von den Christen immer mehr ausgeschaltet. So blieb ihnen, zumal seit die Kirche das alt- wie neutestamentliche Zinsverbot, besonders auf der römischen Synode 1179, noch verschärft hatte, fast nur das Geldgeschäft. Zwar waren die Juden im Mittelalter nicht die einzigen Geldverleiher, und schon gar nicht, von Ausnahmen abgesehen, die bedeutendsten. Vielmehr kassierten sie oft kleine Summen bei Bauern und Handwerkern, machten sich allmählich aber gerade dadurch bei der Masse verhaßt, während ihre Herren, die von diesen Geschäften profitierten, im Hintergrund blieben. Und sie, die Herren, nicht die Geldgeber, bestimmten auch den Zinssatz. Und dieser reichte nach einer gesetzlichen Regelung von 43 ⅓ bis zu 216 Prozent.[62]

13. KAPITEL

HEINRICH VII., EIN FRANZÖSISCHER KÖNIG, EIN FRANZÖSISCHER PAPST UND DIE VERNICHTUNG DER TEMPLER

«Alle so erpreßten Geständnisse wurden dem Papst vorgelegt, der sich einen Rest universaler Jurisdiktionsgewalt dadurch zu erhalten suchte, daß er nun die Verhaftung sämtlicher Tempelritter in allen Ländern der Christenheit befahl. Nebenbei hoffte Clemens V., das riesige Ordensvermögen in seine Hand zu bringen, wenn er sich an die Spitze der Verfolger stellte.» Joachim Ehlers[1]

«Die viel erörterte Frage nach der Schuld des Templerordens kann jetzt, nachdem die neuere Forschung viel wertvolles Quellenmaterial bereitgestellt hat, mit Bestimmtheit dahin beantwortet werden, daß der Orden als solcher nicht schuldig war ... Den schwer belastenden Geständnissen der Templer, die durch die Folter oder durch die Angst vor derselben erzielt worden sind, kann man keinerlei Wert beimessen. So besteht das scharfe Urteil von Johannes Haller zu Recht ...»
Franz Xaver Seppelt[2]

«Die Festigkeit, mit der die Unglücklichen ihrem Schicksal entgegengingen, ihre Unschuld erneut bekannten und das Urteil Gottes anriefen, machte den Zuschauern tiefen Eindruck. Uns bestätigt der Vorgang nur, was wir längst wissen: daß das Ende des Tempelordens der ungeheuerste Justizmord ist, den die Geschichte kennt, begangen vom französischen Staat, zunächst nicht gehindert, dann geduldet und schließlich gefördert vom Papst.» Johannes Haller[3]

Ein Messias aus Luxemburg

Nach der Ermordung Albrechts von Habsburg 1308 (S. 374) versuchte der französische König Philipp IV. der Schöne seinen jüngeren Bruder Karl von Valois auf den deutsch-römischen Thron und so das Kaisertum an sich zu bringen, was ihn zum Herrn Europas gemacht hätte. Doch die ehrgeizige Absicht des ohnedies überlegenen Franzosen durchkreuzten die deutschen Kurfürsten, vor allem Peter Aspelt, der Mainzer Erzbischof, der dann auch die Wahlen Johanns von Böhmen (1310) und Ludwig des Bayern (1314) maßgeblich beeinflussen sollte, und sein Kollege Balduin von Luxemburg. Mit französischem Beistand auf den Trierer Erzstuhl lanciert, brach Balduin ein Versprechen gegenüber Philipp dem Schönen und brachte nicht dessen, sondern seinen eigenen Bruder auf den deutschen Thron.

Heinrich VII. (1308–1313), Sohn des Grafen von Luxemburg und La Roche, eines Feudalherren mittleren Ranges, nicht gerade kapitalstark, doch Gebieter über ein mit dem heutigen Zwergstaat dieses Namens nicht zu verwechselndes Territorium, wurde Begründer der Luxemburger Königs- und Kaiserdynastie. In seiner Jugend weilte er am französischen Hof, auch seine Muttersprache war französisch, er selbst seit 1294 Vasall des französischen Königs.

Bei seiner Wahl in Frankfurt am 27. November 1308 war Heinrich etwa vierzigjährig und mußte in Deutschland, wo er zunächst eine verhältnismäßig schwache Hausmacht hatte (allerdings seinen Sohn Johann 1310 mit Böhmen, dem späteren Zentrum der Luxemburger, belehnen konnte), mit gewissen Animositäten der rheinischen Königswähler gegen Regenten rechnen, die bevorzugt in ihrem Terrain agierten. Auch kannte er die Konfliktmöglichkeiten mit anderen Großen, mit Habsburg etwa, mit Böhmen oder Bayern. Also konzentrierte er sich von Anfang an auf Italien, eine Romfahrt, die Konsolidierung des Stauferreiches, die Renovatio Imperii, kurz auf das Gewinnen der Kaiserkrone. Schon am Wahltag waren in seiner Wahlanzeige der Ort, der Termin für die Krönung vom Papst erbeten und von diesem auch bereits 1309 förmlich versprochen worden.

Ob Heinrichs Pläne, wie man immer wieder einwirft, anachronistisch waren, braucht uns nicht zu kümmern. Wäre sein Unternehmen geglückt, hätten die Nachfolger darauf «aufbauen», noch genügend Glanz und Glorie hinzufügen können, welcher Historiker hätte denn die Sache unzeitgemäß gefunden? Bei den meisten bestimmen doch nur «Erfolg» und «Mißerfolg» ihr Urteil, wie die Geschichtsschreibung zeigt, weshalb sie so ekelhaft ist wie die Geschichte.

Bestärken mochten Heinrich die Rufe der Ghibellinen, die, von den Alpen bis tief in den Süden mit den Guelfen im Kampf, einen Verbündeten in ihm erwarteten; darunter Dante Alighieri, der jahrzehntelang Verbannte, zweimal zum Tod Verurteilte, der damals den Fürsten und Völkern Italiens zurief:

«Siehe, nun ist die freudenreiche Zeit,
in der sich die Zeichen des Trostes und des Friedens ankünden ...
Freue dich, Italien ... Denn dein Bräutigam
naht zur Hochzeit, der Trost der Welt
und der Ruhm deines Volkes,
der göttliche Augustus und Cäsar,
der gütigste Heinrich.»

Doch ersehnten auch viele die Autorität des Reiches, seine sogenannte Ordnung, sein Recht, gab es viele, wohl noch mehr, die all dies eher fürchten oder gar verabscheuen mußten, denen das bestehende Chaos immer noch lieber oder doch minder verheerend schien als ein neues Inferno durch einen Kaiser.[4]

Selbst der Papst, Clemens V., der seinerzeit freilich nicht in Italien saß, empfahl den deutschen Herrscher überschwenglich, pries ihn, wie noch kaum ein deutscher König Italienern von einem Papst angepriesen worden ist: «Es mögen die dem Römischen Reich unterworfenen Völker jauchzen, denn siehe, ihr friedebringender König, der mit der göttlichen Gnade erhöhte, dessen Angesicht die ganze Erde zu schauen begehrt, kommt ihnen daher mit Sanftmut, auf daß er, auf dem Stuhle der Majestät sitzend, mit seinem blossen Wink alle Übel zerstreue und für seine Untertanen Gedanken des Friedens ausdenke.»

Was immer dahinterstecken mag, vielleicht die Hoffnung auf Lokkerung seines Abhängigkeitsverhältnisses von dem französischen Herrn, die Erwartung gar seiner Emanzipation – Geld, von Heinrich für die Finanzierung der Romfahrt erbeten, gab der Papst nicht, verweigerte vielmehr jedwede kirchlichen Einkünfte. Doch nachdem der König in Deutschland Rückendeckung gefunden, nachdem er sich arrangiert hatte mit den Wettinern sowohl, denen er Thüringen und Meißen überließ, wie mit den bei der Königswahl ausgeschlossenen Habsburgern, deren Länderbesitz er bestätigte, zog er im Herbst 1310 von Colmar über Bern, Lausanne und den Mont Cenis hinein in ein Land der Freiheitsfanale, des Partikularismus, der Anarchie, ein Land mit politisch und wirtschaftlich oft wild konkurrierenden Städten und Stadtstaaten, zerrissen in ungezählte Händel, Fehden, Kleinkriege, ein Land, das Heinrichs Zug erregt, mit Spannung entgegensah, während er in Deutschland nur geringes Interesse fand. Sein Heer, mäßig groß, wies wenig Fürsten auf, die Herzöge von Österreich, von Brabant, die Bischöfe von Lüttich, Basel, Heinrichs Brüder Walram, den Grafen von Luxemburg, und Balduin, der 1307, erst zweiundzwanzigjährig, zum Erzbischof von Trier aufgestiegen war und dann wieder wesentlich mit für den Aufstieg der Luxemburger zu einem der führenden Häuser Europas sorgte.[5]

Zunächst ging alles sozusagen gut. Deutschland war notdürftig befriedet, Italien, das Heinrich Ende Oktober 1310 erreichte, ersehnte den Frieden, und er wollte ihn auch bringen, wollte über den Parteien stehen, verstand es sogar, zahlreiche lombardische Guelfen anzuziehn; viele Bischöfe eilten mit ihren Reisigen herzu, vermehrten sein Heer, verdoppelten, verdreifachten es. – Frieden …

Im Januar 1311 belagerte Heinrich Mailand und wurde am 6. des Monats im dortigen Dom mit aller Feierlichkeit zum König von Italien gekrönt; wie zuletzt und vor über einem Jahrhundert Heinrich VI. Und wie häufig bei Krönungen deutscher Potentaten jenseits der Alpen, schlugen auch jetzt die Festlichkeiten in Feindseligkeiten um, kam es am 12. Januar zu einer Erhebung wider den König, dessen Ruf als Friedensstifter nun verblich, der fortan sich immer weniger aus dem allgemeinen Streit heraushalten konnte, der immer mehr in die Auseinandersetzungen zwischen Ghibellinen und Guelfen geriet, zwischen rivalisierenden Städten und allen möglichen Fronten.

Die Opposition gegen Heinrich formierte sich, gesteuert besonders von Bologna und Florenz, und der Luxemburger wurde vom ersehnten Messias rasch zum Despoten, wurde um so unbeliebter, je mehr Geld er brauchte. Zwar führte sein Bruder, der Trierer Seelenhirte, einen eigenen Geldwagen voller Silber- und Goldmünzen mit, die Kriegskasse, die er dem König geliehen. Doch mußte das Gefährt immer wieder aufgefüllt, mußte immer wieder Geld geholt, immer wieder ein neuer Feind bekämpft werden. Und daran mangelte es nicht. Schließlich verlangte er «von allen Italienern ohne Ausnahme Huldigung, Kriegsbeitrag, Heeresfolge» (Kretschmayr). – Frieden ...

So wurde, was als Friedenszug begonnen, bald ein Kriegszug von größter Brutalität, von grausamen Belagerungen, verlustreichen Ausfällen. Brescia, eine der stattlichsten Städte des Landes, wehrte sich vier Monate lang, es gab hohe Einbußen auf beiden Seiten. Heinrich verlor über die Hälfte seines Heeres, verlor auch Walram, seinen Bruder. Vieles erinnert an die Greuel Barbarossas (VI 513 ff.!). Als der Stadtherr, der vom König zuvor sehr geförderte Guelfe Tebaldo de Brusatis, bei einem Gegenstoß gefangen wurde, ließ er, «der gütigste Heinrich» (Dante), den Rebellen auf einer Kuhhaut um die Mauern schleifen und dann vor den Augen der zernierten Städter Stück für Stück zerfleischen – «hiez in slaipfen und daz haupt abslahen und hiez den corpel in vieren tailen und auf vier reder setzen und an vier ende der stat stozzen mit siner panier». Brescia hängte danach seine Gefangenen auf der Ringmauer auf, der «göttliche Augustus» die seinen davor. Da auch Hunger und Pest in der Stadt wüteten, kapitulierte sie am 18. September. Cremona unterwarf sich noch vor der Einschließung, barfuß und mit einem Strick um den Hals erflehten seine Bürger Gnade und wurden dennoch barbarisch bestraft.

Im Winter starb des Königs Frau Margarethe, seine Cousine, eine Tochter Herzog Johanns I. von Brabant, im befreundeten Genua, wo Heinrich durch Nachschub aus Deutschland seine geschrumpfte Streitmacht «auffrischen» und im Februar die Heerfahrt über das ihm unverbrüchlich ergebene, ihn auch reichlich finanzierende Pisa fortsetzen konnte; drei Kardinallegaten im Herr, ein paar Bischöfe, den Abt Heinrich von Fulda, auch Egidius von Warnsberg, den bald fallenden Abt von Weißenburg im Elsaß, dazu zweitausend Reiter nebst Fußsoldaten, ab und an durch das Kriegsvolk diverser Städte, Todi, Amelia, Narni, Spoleto, etwas verstärkt.

In Rom, etwa 17 000 Einwohner, teilweise verödet, ruinenbedeckt oder von Bauern bewirtschaftete Flächen, verbarrikadierte Straßen dazwischen, verschanzte Häuser, Türme, Festungen, in Rom konnte Heinrich seinen Einzug nur blutig erzwingen. Die Stadt war gespalten, zum Teil von den Söldnern des Königs von Neapel und seines Bruders Johann, des Grafen von Gravina, besetzt, von feindlichen Adelsgeschlechtern auch, war da von Guelfen, dort von Ghibellinen dominiert, hatte den Vatikan und den Lateran als Zentren. Man drang vor, schlug zurück, Sturmglockengeläut, tägliches Schanzenbauen, Schanzendemolieren, täglicher Straßenkampf, Verwüstungen. «Die eroberten Türme und Häuser wurden niedergebrannt; das Viertel der Minerva ging zum Teil in Flammen auf ... Wie im finstersten Mittelalter kämpften gepanzerte Bischöfe und Geistliche, das Schwert in der Faust, um Straßenschanzen. Die große Barrikade des Laurentius Statii von Campo di Fiore fiel durch Sturm. Die Kaiserlichen trieben die Orsini vor sich her; ihre geplünderten Paläste brannten. In wilder Wut drang man schon bis zur Engelsbrücke ...» (Gregorovius). Weder Engelsbrücke aber noch Engelsburg fielen. Und trotz mancher Heimtücken und aller Gefechte konnte man die Leostadt mit St. Peter, der traditionellen Krönungsstätte, nicht nehmen. Immerhin spaltete dabei Erzbischof Balduin einem Orsini den Kopf und ließ sich in der von ihm veranlaßten farbenprächtigen Bilderchronik verewigen.

Doch erst als das Volk zum Milizenturm stürmte, die Legaten mit dem Tod bedrohte, waren sie bereit, Heinrich VII. am 29. Juni 1312 im Lateran zu krönen, womit an der Spitze des Reiches seit 62 Jahren erstmals wieder ein Kaiser stand. (Die Krönungssteuer, beiläufig, bezahlten allein die römischen Juden, wenn auch der geldbedürftige Kaiser bald das ganze Volk mit einer Zwangssteuer belegte.) Es gab viele Formverstöße beim Festakt. Und der Papst fehlte ohnedies, hatte er sich inzwischen doch auf Druck Philipps dessen Vetter, König Robert von Neapel, genähert, der in einer Denkschrift an ihn die Abschaffung des Kaisertums verlangte. Er war von Heinrich, der ihn nicht bekriegen, der ihn als Vasallen züchtigen wollte, zum Reichsfeind erklärt, war nach einem Prozeß am 26. April 1313 wegen Majestätsverbrechen geächtet und in Abwesenheit zum Tod verurteilt worden.

Im Sommer begann Heinrich gegen ihn zu ziehn. Von Clemens V. zur Waffenruhe ermahnt, verbat er sich jede Intervention aus Avignon, sprach dem Papst grundsätzlich das Recht ab, dem römischen Kaiser Waffenstillstand zu befehlen, ja überhaupt in weltliche Belange einzugreifen. Und fielen auch immer mehr Mitstreiter von Heinrich ab, schmolzen seine Truppen ständig, strömte ihm doch auch wieder Hilfe zu, Geld aus Sizilien, Flotten und Streiter ghibellinischer Städte, 100 Schützen aus Genua, 3000 Fußsoldaten aus Pisa, 500 Reiter, insgesamt schon über 4000 deutsche und italienische Berittene, auch ein Heer seines Sohnes Johann von Böhmen wurde erwartet, um endlich den Anjou in Neapel mit Krieg überziehen, ihn endlich vernichten zu können, während Papst Clemens V. König Robert bereits vorsorglich in Schutz nahm und jeden mit dem Kirchenbann bedrohte, der ihn bekriegen würde.

Der Kaiser hatte inzwischen um Florenz Kastelle geschleift, gräßlich die Fluren verheert, hatte Toskana, wie man schrieb, in eine Wüste verwandelt, die Ufer des Arno mit Blut gerötet. Doch wie er Florenz selbst monatelang, freilich vergeblich, belagert hatte, berannt, so mißlang auch der Sturm auf Siena, und nicht weit davon, in Buonconvento, starb Heinrich VII. am 24. August 1313 plötzlich an Malaria – falls ihm nicht doch, wie man einst fast allgemein angenommen, ein Dominikaner in Montepulciano mit einer vergifteten Hostie den Tod gereicht, ein hartnäckiges Gerücht, worauf man die Mönche seines Klosters niederstach, ohne stichhaltigen Beweis, bis heute.[6]

Heinrichs Absicht, soviel Geld wie möglich aus Reichsitalien herauszupumpen, hochfliegendere Pläne beiseite, um vor allem mit Frankreichs König erfolgreich konkurrieren zu können, ist mißlungen. Philipp der Schöne aber, gleichfalls in Geldnöten, hatte eine originellere Idee, zu Geld zu kommen, zu einer ungeheuren Menge von Geld, eine Idee, deren Umsetzung sich außerdem als weniger riskant erwies, jedenfalls für ihn – er beraubte und ruinierte die Templer.

Mit Lanzen und Finanzen

Die geistlichen Ritterorden waren im Laufe des 12. Jahrhunderts entstanden (VI 460 ff.). Den ersten hatte der französische Ritter Hugo de Payens (de Paganis) 1118 in Jerusalem gegründet, die Templer, Templarii, fratres Templi, milites Templi oder, die offizielle Lesart, «Die armen Ritter Christi und des Tempels Salomonis», ein Name, der auf das Haupthaus des Ordens über dem vermeintlichen Salomonstempel (heute Aqṣā-Moschee) zurückging. Innozenz' II. Bulle «Omne datum optimum» unterstellte die Templer 1139 unmittelbar dem Papst. Ihr eigentlicher Protektor, Chefideologe und Scharfmacher aber war einer der berühmtesten Heiligen des Christentums, Kirchenlehrer Bernhard von Clairvaux (VI 464 f.!). In seinem Opus «De laude novae militiae ad Milites Templi» feierte er die «nouvelle chevalerie», die dann mit der von Augustin so zynisch wie kriminell ins Christentum eingeführten Idee vom «gerechten Krieg» (bellum iustum: I 514 ff.!) verbunden worden ist.[7]

«Greift also unbesorgt an, ihr Ritter», hatte Bernhard der neuen «Herrlichkeit Christi auf Erden» geboten, einer adelsstolzen Militärkaste, die dann die «fast immerwährenden Kriegszüge des Ordens» führte. Vom «Tisch des Herrn weg» sollte der Templer «furchtlos und wie ein Löwe in die Schlacht eilen» (Wetzer/Welte). Er durfte dem Kampf nicht ausweichen, auch nicht gegen einen dreimal überlegenen Feind. Dies, der stete Kreuzzug, das fortgesetzte Metzeln, war «das wichtigste Mittel ... zu Askese und Heiligung» (Demurger). Und schon der Templerschlachtruf «Es lebe der Gott der Liebe!» soll genügt haben – ja auch begreiflich genug –, unter den Gegnern Verwirrung zu stiften.

Jedenfalls waren diese Ritter als arrogante, tollkühne Draufgänger gefürchtet, vor allem im Orient, wo sie, wie die Johanniter, die Kreuzfahrerstaaten verteidigten und eine Burg nach der andern, mit manchmal gewaltigen Umfassungsmauern, errichteten, was Riesensummen verschlang, wie der 1240 begonnene Wiederaufbau des völlig zerstörten Kastells Safed im Königreich Jerusalem durch 820 Werkleute und 400 Sklaven. Die Festung war uneinnehmbar, fiel aber 1266 durch Verrat. Auch auf der Iberischen Halbinsel schufen die Templer mächtige Fortifikationen, Miravet etwa oder Monzón, eine Burg, die nach dem Neubau seit 1155 Hauptquartier der aragonischen Templer war, bis sie, bei der Ordensvernichtung 1307, durch die Truppen Jakobs II. von Aragón belagert und 1309 übergeben wurde.[8]

Die Templer erkannten nur den Papst über sich an. Sie hatten Tausende von Leibeigenen unter sich, hatten ihren eigenen Klerus, eigene Kirchen, Friedhöfe und hatten auch eine rigorose Moral, die sie zu Gehorsam, Armut und Keuschheit verpflichtete. Schon für eine «läßliche Sünde» wurden sie bei einem dreimaligen Spießrutenlauf ausgepeitscht und in den Kerker geworfen. Den Kuß jeder Frau, gleich ob Mädchen, Witwe, Mutter, Tante oder Schwester, mußten sie meiden wie die Pest, ja sie durften (§ 53 der Ordensregel) keiner Frau auch nur ins Auge blicken. So hielten sie sich Knaben als Pagen, obwohl auch dies verboten war; florierte die Homosexualität ja gerade in den Orden wie kaum irgendwo. Doch jeder Templer hatte einen Knecht, manche auch zwei Knechte.[9]

Dem Orden gehörten zeitweise 15 000 Ritter aus fast allen Christenländern an, wozu dreimal soviel Knechte kamen, Sklaven. Die Disziplin spielte eine große Rolle. Jeder sollte, wie er bei der Aufnahme versprechen mußte, «dem eigenen Willen entsagen», sollte «ein treuer Diener des Hauses sein», «dem Orden dienen wie ein Sklav und Leibeigener». Befehle des Ordenshauptes, des Großmeisters, galten als Ausdruck göttlichen Willens. Ungehorsame verschwanden an Ketten geschmiedet im Kerker.

Die Templer erfreuten sich des Rufes hoher Zuverlässigkeit, vor allem gegenüber dem Papst, dessen besondere Günstlinge sie von Anfang an waren, aber auch gegenüber gekrönten Häuptern, nicht zuletzt französischen. Schließlich hatten Ritter aus der Champagne die Gemeinschaft gegründet. Der Ordensmeister, später Großmeister, Ebrardus de Barris (de Barres), ein Franzose, führte auf dem Kreuzzug von 1147 das Heer Ludwigs VII. durch die Fährnisse Kleinasiens, «wieder mit einer Menge Weiber beschwert» (Menzel). Doch schrieb der Herrscher an Abt Suger von Saint-Denis, er sehe nicht und vermöge auch nicht zu sehen, «wie ich auch nur den geringsten Zeitraum hindurch in jenen Gegenden hätte bleiben oder Aufenthalt nehmen können ohne Hilfe und Unterstützung [der Templer], die mir nie fehlte vom ersten Tage an, da ich in jenen Gegenden war». Der weitere Vormarsch führte freilich in das Debakel bei Laodikeia Anfang Januar 1148 (VI 472 ff.).

Aber auch Terricus Galerannus, der Kapellan des Königs und einer seiner maßgeblichen Berater, stand den Templern nahe, trat 1163 in den Orden ein. Ebenso war fr. Aymardus, einer der wichtigsten Beamten Philipps II. Augustus, ungewöhnlich lange, von 1202 bis 1235, Templerschatzmeister. Doch fungierten die Templer in Frankreich, wo es ein besonders dichtes Netz ihrer Niederlassungen gab, auch als königliche Bankiers, ihr Haus, in Temple, als Sammelstelle für Steuern, Abgaben, als eine Art Zentralbank, wobei daneben seit 1295 im Louvre eine eigene Kasse bestand. Ein französischer König war es allerdings auch, der die Templer, gemeinsam mit dem Papst, zerschlagen und berauben sollte.[10]

Die Ritter hatten ihr Hauptquartier nach 1187 von Jerusalem nach Akkon verlegt, einem lukrativen Stützpunkt auch italienischer Kaufleute. Dann wichen sie über die Burg Chastel Pélerin, südlich von Haifa, die letzte, von den Lateinern 1291 geräumte (seit dem 19. Jahrhundert als Steinbruch dienende) Kreuzfahrerfestung, auf die Insel Ruad und nach Zypern aus, bis zu ihrer Vernichtung ihr

Hauptsitz. Doch gewannen sie nicht, wie die Johanniter, ihre Gegner und Erben, eine eigene Territorialherrschaft.

Gleichwohl waren die Templer enorm reich.

Die Päpste hatten sie mit Privilegien und Immunitäten überschüttet, sie von Lehnsverpflichtungen, Abhängigkeiten, von Zehnten, Zöllen, Steuern jeder Art befreit, ihnen auch die Freiheit vom Interdikt zugestanden, ebenso das Asylrecht; sie konnten von Bischöfen weder gerichtet noch exkommuniziert werden. Und da sie, wie die Johanniter, mit dem Land des Nazareners besonders verbunden waren, galten ihr Gebet und ihre Fürsprache als besonders wirksam, weshalb sie Almosen in Fülle, Gaben, generöse Schenkungen aus allen Teilen der christlichen Welt bekamen. Sie hatten im Orient einen beträchtlichen Landbesitz, im Jahr 1307 rund 10 500 Höfe; hatten aber auch in Europa zahlreiche Grundherrschaften auf seigneurialer Basis, von Spanien bis Schottland, von Frankreich bis Ungarn, und besaßen zumal in West- und Mitteleuropa viele Niederlassungen, Kirchen, woran noch heute Namen erinnern, in Deutschland Tempelberg (Kreis Fürstenwalde) oder Berlin-Tempelhof.

Insbesondere waren die Templer Finanzexperten und natürlich überall auf Maximierung des Profits bedacht, u. a. auch durch eine mächtige Flotte, durch Personentransporte großen Stils, Schiffe, mit denen sie weit über tausend Menschen beförderten, durch eigene Märkte auch und Nutzung der Handelsmessen. Ihre Einkünfte schätzte man Mitte des 20. Jahrhunderts auf annähernd 10 Milliarden Francs in der damaligen Währung. Sie verfügten über 9000 Schlösser, ihre Ordenshäuser waren Weltbanken. Sie unterhielten jedoch nicht nur ihre eigenen Fonds, sondern auch Schatz- und Depositenhäuser. Sie legten Geld an, überwiesen Geld, sie wickelten den Zahlungsverkehr ebenso mit Privatpersonen, mit Pilgern, Kaufleuten, Klerikern, wie mit Fürsten ab, besonders mit den Königen von Frankreich und England. Selbst Kaiser waren ihnen zinspflichtig.[11]

Gerade die großen Privilegien und der riesige Reichtum der «Armen Ritter Christi», verbunden mit der Gunst, die sie bei den Päpsten genossen, bei vielen Fürsten, verbunden auch mit ihrer Überheblichkeit, machten sie mehr und mehr verhaßt. Sie verfeindeten sich mit dem Patriarchen von Jerusalem, mit vielen anderen Prälaten, zumal mit dem Orden der Johanniter, mit dem sie blutige Fehden führten um Stellungen und Kastelle, Häfen und Fernhandelsstraßen, wobei die frommen Johanniter die frommen Templer 1259 in Akkon fast bis auf den letzten Mann abstachen, so daß diese im Abendland dringend um Nachschub ersuchen mußten.

Vor allem aber erblickte der französische König in den Templern, die ihm, wie seinen Vorgängern, ihre vielfältigen Dienste geleistet, das Mittel, sich seiner hohen Verbindlichkeiten zu entledigen. Seine viele Jahre langen Kriege gegen Flamen und Briten hatten große Summen gekostet und all seine notorischen Ausbeutereien, seine Münzmanipulationen, seine Vertreibung der Juden und die Beschlagnahme ihres Besitzes konnten ihn nicht sanieren. Als auch der Versuch mißlang, seinen Sohn zum Großmeister der Templer zu machen, denen er eine halbe Million Livres schuldete, wurden die unterschiedlichsten Verdächtigungen gegen den Orden ausgestreut und dann einer der bizarrsten politischen Prozesse aller Zeiten begonnen.[12]

Der Templerprozess, ein monströses Justizverbrechen von Papst und König

Im Morgengrauen des 13. Oktober 1307 ließ Philipp IV. der Schöne von Frankreich alle Templer seines Königreichs zur selben Stunde verhaften und ihren Besitz sequestrieren; man holte die Überrumpelten aus den Betten, noch bevor sie zum Schwert greifen konnten. Nur acht sollen entkommen sein – durch Selbstmord.

Die Aktion war von langer Hand geplant und vorbereitet. Philipp hatte die Inquisition auf seiner Seite und die Theologische Fakultät der Pariser Universität. Seine ihm nächststehenden Helfershelfer waren der uns wohlbekannte Minister Nogaret und der königliche Beichtvater Guillaume Imbert, der Inquisitor Frankreichs. Ausgeschlossene vom Orden, Bestochene und sonstige Kreaturen hatten für die Herren belastendes Material gesammelt, und sofort nach Arretierung der Templer machte ein in Paris publiziertes Manifest deren «Verbrechen» bekannt.

Schon das Schmierenbühnenpathos des Verhaftungsbefehls spricht für sich: «Ein trauriges Ereignis, wert der Verurteilung und Verachtung, an das zu denken sogar schon schrecklich ist; der Versuch es zu verstehen, ruft Schauder hervor; eine schändliche Erscheinung, die jegliche Verdammung erfordert, ein widerwärtiger Akt, eine schreckliche Gemeinheit, in Wahrheit unmenschlich, ja schlimmer noch, jenseits der Grenzen aller Menschlichkeit, wurde uns bekannt, dank der Mitteilungen vertrauenswürdiger Menschen, und rief bei uns tiefe Verwunderung hervor, zwang uns zu zittern vor echtem Entsetzen.»[13]

Selbstverständlich ist diese ganze, im wesentlichen durch und durch verlogene Aktion nur mit Billigung des Papstes möglich und wohl oder übel dieser mit einem König einverstanden gewesen, dem er die Papstwürde verdankte

Mittlerweile hatte Benedikt XI. (1303–1304) regiert, acht Monate bloß, dann starb er an einer akuten Dysenterie, vielleicht aber auch, wie früher weithin vermutet und behauptet, an Gift. Nach fast einjähriger Vakanz jedenfalls voller Debatten und Intrigen der erbittert streitenden Kardinäle folgte mit genauer Zweidrittelmehrheit der Erzbischof von Bordeaux, Bertrand de Got, als Clemens V. (1305–1314), ein Franzose adliger Herkunft; sein Bruder Bérard waltete als Erzbischof von Lyon.

Man hat diese Wahl – wegen des nun beginnenden avignonesischen Exils – «wohl die folgenreichste der ganzen Papstgeschichte» genannt (Gelmi), was übertrieben ist. Denn leider gab es sehr viele und folgenreiche solcher Wahlen bis ins 20. Jahrhundert hinein, wo beispielsweise Achille Ratti, Pius XI., sämtliche faschistische Regime mitbegründet und gefördert hat.

Immerhin, Bertrand de Gots Erwählung war von großer und übler Bedeutung; von übler Vorbedeutung schon für die Zeitgenossen ein Unglücksfall bei der äußerst kostspieligen Krönungsfeier am 14. November 1305 in Lyon. Als nämlich unter dem Andrang der Schaulustigen eine alte Mauer zusammenbrach, wurde der das Papstpferd führende Herzog der Bretagne erschlagen, Clemens selbst, seinen Kopfschmuck verlierend, aus dem Sattel geschleudert und leicht verletzt.

Bertrand de Got war ein Protegé des Hofes, ein Geschöpf des Königs. Offenbar von ihm gekauft, hatte er Philipp eine Reihe wichtiger Zusagen gemacht, ihm angeblich sogar den eigenen Bruder und zwei seiner Neffen als Geiseln überlassen. Ganz offen sagte man auch, die schöne Gräfin von Périgord, Brunisende, Tochter des Grafen von Foix, sei seine Geliebte gewesen. Jedenfalls war der neue Pontifex eine höchst labile, leicht beeinflußbare, um nicht zu sagen oft schier haltlose, auch immer wieder Krankheitsanfällen ausgesetzte Person, die zudem irritierende Züge zu Zauberei und Beschwörungswesen zeigte. Als hervorstechende Eigenschaften aber nennt Johannes Haller einen Familiensinn, «der alles übertraf, was man seit Menschengedenken bei Päpsten erlebt hatte, und eine ebenso ungewöhnliche Habgier. Er war gewissenlos, und das nicht nur aus Schwäche: ihm fehlte das Gefühl für Recht und Unrecht. Dante hat ihn mit zwei Worten treffend gekennzeichnet: un pastor senza legge, ein Hirte, der Gesetz und Recht nicht kennt. Das hat seine annähernd neunjährige Regierung immer aufs neue bewiesen.»

Nicht nur für Verwandte, auch für seine Günstlinge beutete der Papst die Kirche rücksichtslos aus.

Greifen wir den Florentiner Bankier Berto de'Frescobaldi heraus. Vier seiner Söhne waren Geistliche, einer davon, Giovanni, Domherr in Florenz und selbstverständlich wohlversehen mit heimischen Pfründen. Er war Kanonikus von Salisbury und Domherr in Chicester, und natürlich auch dort nicht bloß für Gotteslohn. Als ihm aber Clemens noch eine Präbende in Hauteworth gewährte und der Bischof von Salisbury ihre Übertragung versagte, exkommunizierte ihn der Papst kurzerhand, denn gewiß war ihm ein italienischer Bankier wichtiger als ein britischer Prälat. An Pfründen und Anwartschaften belieh Clemens einmal in einem einzigen Jahr das Zwanzigfache dessen, was selbst Papst Bonifaz genehmigt hatte.

Daß ein solcher Mann nicht zuletzt, sondern von Anfang an auch an sich denkt, bedarf keines Wortes, doch vielleicht wieder eines Beispiels. Als Clemens gleich nach seiner Konsekration von Lyon gen Bordeaux zog, plünderten er und Gefolge die unterwegs besuchten Kirchen so gründlich, daß nach ihrem Weggang von Bourges, heißt es, Erzbischof Aegidius, um überhaupt existieren zu können, täglich bei seinen Domherren seine Ration Lebensmittel holen mußte.

Nun war die Kirche nicht arm, hatte sie immer aus der Christenheit herausgeholt, was herauszuholen war. Ehe Clemens etwa den päpstlichen Schatz von Perugia nach Südfrankreich auf die Reise gehen ließ, auf der ihn dann in Lucca Uguccione della Faggiuola raubte, hatte man gewissenhaft Inventur gemacht und ein Verzeichnis der Gegenstände von höchstem Wert aufgestellt, das im Druck 144 große Quartseiten füllte – und war doch nur ein winziger Teil aus einem ungeheueren Gesamtvermögen, das freilich immer wieder ausgegeben werden mußte. Zur Erfüllung hehrster Aufgaben allemal, für die hl. Kirche, für hl. Kriege, die hl. Inquisition, für Kreuzzüge, ob die nun stattfanden oder nicht. Ein Vermögen, das dann auch, war es ausgegeben, wieder hereingebracht werden mußte, auf die allerunterschiedlichste Weise, was oft scharfer Überlegungen, diffizilster Kalkulationen bedurfte. So veranschlagte Clemens für einen von den Johannitern vorbereiteten Kreuzzug in einer Ablaßbulle vom 11. August 1308 u. a.: für 24 Denare am Karfreitag 24 Jahre Ablaß; für 12 Denare an sonstigen Freitagen 12 Jahre Ablaß; für 6 Denare an den übrigen Tagen 6 Jahre Ablaß. Gebe aber einer alles auf einmal, so werde der Ablaß der Gabe entsprechen. Ja, die Kirche ließ ihrer nicht spotten. War man großzügig, war es auch sie.

Auch der Papst gab viel, opferte viel, vor allem dem König. Und hing von ihm um so mehr ab, als er seit 1309, seinem Drängen gehorchend, in Avignon residierte, womit er die siebzigjährige «Babylonische Gefangenschaft» der Päpste eröffnet (1309–1377), eine Epoche von großer Verrufenheit, geprägt durch Luxus, Nepotismus, Korruption, durch Anhäufung kaum übersehbarer Schätze und ihrer Verschleuderung. Insbesondere hat Clemens V. an Geldgier und Verwandtenbegünstigung die meisten Päpste vor ihm, auch seinen Vorgänger Bonifaz, weit überboten, Dante ihn geradezu als ärgsten aller Simonisten gebrandmarkt. Nicht genug, ein englischer Benediktiner fragte sich ganz offen, «ob es nicht besser wäre, gar keinen Papst, statt eines so nutzlosen und lästigen zu haben».

Dem König fügte sich Clemens immer wieder. Als er, noch im Jahr seiner Papstwahl, zehn Kardinäle berief, waren darunter neun Franzosen (und vier seiner Neffen)! Insgesamt aber machte er fünf Verwandte zu Kardinälen, viele andere zu Bischöfen. Auch im Kirchenstaat wies er seinen Vettern und Neffen einträgliche Ämter zu, für die jene lediglich das Geld einstrichen, ohne sich weiter blicken zu lassen.

Immer wieder kam er dem wachsam-berechnenden, insistierenden, ihm weit überlegenen Regenten entgegen, auch beim Templerprozeß. Zwar zweimal enthob er die gegen die Ritter vorgehenden Inquisitoren aller Befugnisse, aber zweimal gab er Philipp auch wieder nach und ließ die Blutrichter erneut prozessieren.

Die Bezichtigungen reichten vom Glaubensabfall und Götzendienst bis zu obszönen Riten, zu Sodomie. Das Volk von Paris, denkschwach wie allerwärts die Massen, putschten noch am Tag der Templerarretierung Mönche in den königlichen Gärten auf, und in den Prozessen wurde all dies detailliert von Zeugen ausgebreitet und die Selbstbezichtigung der Opfer protokolliert. Allerdings hatte der Staatssiegelbewahrer, der Bischof von Auxerre, ein durchaus königstreuer Mann, angesichts der Ungeheuerlichkeit des Vorgangs sich strikt widersetzt, den Befehl zu besiegeln, und nach neuntägigem Kampf sein Amt niedergelegt.[14]

Ein Abgrund an fingierter Verworfenheit wurde sichtbar, eine Brutstätte der Blasphemie und abscheulichster Laster. Die lateinische Anklageschrift umfaßt nicht weniger als 127 Artikel. Man zieh darin die Templer, sie glaubten nicht an Gott, sie träten auf das Kreuz «und spuckten in Sein mildes Antlitz». Statt ihn beteten sie einen Götzen an, «eine alte, einbalsamierte Menschenhaut in einem glänzenden Tuch» mit «Karfunkelaugen, die leuchteten wie die Helle des Himmels». Dieser Abgott trug «den halben Bart im Gesicht und die andere Hälfte am Hintern». Gesalbt wurde das Idol mit Fett, das man vom Kind eines Templers und einer Jungfrau genommen, dann im Feuer gekocht und gebraten hatte. Auch soll jeder dem Teufelskult besonders verfallene Ritter nach seinem Tod verbrannt und die Asche von neuen Templern gegessen worden sein – «und um so fester hielten diese an ihrem Glauben und ihrem Götzendienst, und ganz und gar verachteten sie den wahren Leib unseres Herrn Jesus Christus». Dazu kamen weitere Anklagen, des Hochverrats etwa oder der Homosexualität. Sie war schon, hieß es, bei der Ordensaufnahme, bei der man – das angebliche Templergeheimnis (factum Templariorum) – auch das Kreuzbespucken, das Küssen des nackten Hinterns oder andrer «Öffnungen» praktizierte, empfohlen worden und von allem noch weitaus am wahrscheinlichsten.[15]

Die Templer wurden durch den Strang gefoltert, durch Spanische Stiefel, man ließ manche monatelang halbnackt bei Wasser und Brot im Kerker liegen, zersplitterte ihnen die Finger, brannte Feuer unter ihren Fußsohlen, daß später die Knochen der Fersen abfielen, man schlug ihnen die Zähne ein, hängte sie an den Geschlechtsteilen auf. Viele starben noch während der Tortur (bei den, wie es so schön hieß, «Befragungen») in ganz Frankreich etwa 500. So klagten sich schließlich 123 Ritter der inkriminierten Verbrechen an. 36 aber, wahrscheinlich der Spitzengruppe zugehörig, starben, ohne den Mund geöffnet zu haben. Und weil 54 Templer beim Prozeß in Paris ihre ersten Aussagen widerriefen, wurden sie als Wortbrüchige und rückfällige «Ketzer» am 12. Mai 1310 an der Porte Saint-Antoine, einem Stadttor, auf dem Scheiterhaufen verbrannt. Als die Henker sich mit Fackeln bereits dem Holz näherten, widerstanden sie sowohl einem letzten Bestechungsversuch des Königs, der allen Gnade und Freiheit versprach, die nicht «verstockt» blieben, wie den Tränen ihrer Verwandten – und noch im qualvollen Sterben beteuerten sie ihre Unschuld.[16]

Schon drei Tage nach der spektakulären Polizeiaktion gegen den Orden hatte König Philipp die Fürsten ersucht, seinem Beispiel zu folgen und die beschuldigten Ritter ebenfalls hinter Schloß und Riegel zu setzen. Aber ringsum bezweifelten die Großen die jenen zur Last gelegten Taten. Und im Dezember 1307 bat Eduard von England brieflich die Könige von Aragón, Kastilien, Portugal und Sizilien, ihre Ohren der Verleumdung zu verschließen und von all den Vorwürfen nicht das kleinste Wort zu glauben. In diesem Sinn wandte er sich auch an den Papst selbst, dessen Bulle «Pastoralis praeeminentiae» vom 22. November 1307 das Vorgehen Philipps verteidigte und alle christlichen Staatsmänner Europas anwies, auch ihrerseits die Templer festzunehmen. Zwar lehnte Clemens im Sommer 1308 eine Verurteilung des Ordens wieder ab, machte jedoch dem König immer mehr Konzessionen, und bei den im folgenden Jahr verstärkt fortgesetzten Verhören wurde auch wieder und weiter gefoltert. Und es war der Papst, der die Anwendung der Folter ausdrücklich angemahnt hat.

In England konnten die Inquisitoren ihren Opfern keine Geständnisse abzwingen, da die Gesetze des Landes die Folter verboten. Daher drang Clemens am 6. August 1310 in einem Schreiben an Eduard auf den Gebrauch der Tortur – und bot dem Monarchen für ein Entgegenkommen den Nachlaß seiner Sünden an! Auch die englischen Bischöfe bearbeitete der Papst entsprechend. Also befahl König Eduard wiederholt, das «Kirchengesetz» anzuwenden; zuletzt benutzte er sogar mehrmals das damit identische Wort «Folter», betonte aber stets, was er tue, geschehe aus Ehrfurcht vor dem Heiligen Stuhl.

Auch anderwärts, in Aragonien etwa, war das päpstlich so erwünschte Schinden untersagt. Die Inquisitoren hatten daher dieselben Probleme wie in England. Deshalb verfügte der Heilige Vater im März 1311, die Angeklagten auf der Iberischen Halbinsel durch Beamte der Kirche («religiosus tortor») zu foltern, und erbat den Beistand König Jakobs, habe das Verfahren bisher doch nur zu «schwerem Verdacht» geführt.[17]

Was den Großmeister der Templer betrifft, hatte ihn Papst Clemens bereits vor Ausbruch der Verfolgung in seine Nähe zitiert. Jacques de Molay, seit 1265 Ordensmitglied, seit 1275 im lateinischen Osten und dort 1293 als Nachfolger des in Akkon gefallenen Großmeisters Guillaume de Beaujeu auf Zypern gewählt, war Anfang 1307 mit einem Heer türkischer Reiter in Frankreich eingezogen, mit einer Menge Sklaven, mit 150000 Goldgulden im Gepäck sowie unzähligen großen tourischen Silbermünzen – die Last von zwölf starken Pferden. Er hatte noch die Verhaftung der Templer durch den König zu hindern gesucht, gestand aber selbst am 24. Oktober alle möglichen Vergehen zu, von häretisch-blasphemischen bis zu homosexuellen, widerrief jedoch und wollte nur vor dem Papst als seinem Richter aussagen.

Nicht genug. Unter dem Druck des königlichen Beichtvaters, des Inquisitors Imbert, unterrichtete er brieflich die Ordensmitglieder von seinem Schuldeingeständnis und appellierte an sie, sich gleichfalls schuldig zu bekennen. Die Protokollaussagen vermerken dazu: «Der Beschuldigte erklärt unter Eid, daß gegen ihn keine Drohungen und keine Gewalt angewandt wurden.» Freilich nur eine der stereotypen Lügen des Inquisitionsgerichts. Viel später fand man in einem Brief des greisen Großmeisters an seine Freunde die Mitteilung, man habe ihm während der Folter in den Mauern der Inquisition «die Haut vom Rücken, vom Bauch und von den Beinen abgerissen».[18]

Am 16. Oktober 1311 trat das Konzil von Vienne zusammen, am 3. April des nächsten Jahres ließ der Papst die Aufhebungsbulle des Templerordens «Vox in Excelso» verlesen und gab in der Schlußsitzung am 6. Mai 1312 durch die Bulle «Ad providam» die Übertragung des Templerbesitzes an die Johanniter bekannt, erklärend, daß «fürderhin bei Strafe der Exkommunikation der Name des Templerordens nicht mehr erwähnt werden soll, daß niemand in ihre Reihen eintreten, daß niemand mehr ihr Gewand tragen wird». König Philipp aber hatte schon während des Prozesses ihre gesamten Einkünfte kassiert, auch alles in den Banken angehäufte Geld, den Kirchenschmuck, die beweglichen Güter sowie 5 Millionen Francs für Gefängnis- und Folterkosten, wofür dann sein Sohn Ludwig noch einmal 1 500 000 Francs verlangte.

Manche Templer beendeten ihr Leben als Bettler, andere, die «Rückfälligen», auf dem Scheiterhaufen, wieder andere in den Kasematten der Inquisition. Dort saßen sieben Jahre lang auch der Großmeister und einige der letzten Würdenträger des Ordens und wurden durch drei Kardinäle als Vertreter des Papstes zu immerwährendem Gefängnis verdammt. Zwei von ihnen schwiegen und kamen nach lebenslanger Haft im Kerker um. Zwei aber, der Großmeister Jacques de Molay und der Meister der Normandie, Geoffroy de Charney, protestierten, in Spottgewänder gesteckt, sogleich nach der Urteilsverlesung. Sie bekannten sich schuldig nur an ihren Ordensbrüdern, die sie durch ein erpreßtes unwahres Geständnis ins Unglück gestürzt, doch unschuldig als «Ketzer», und wurden als «erneut in die Häresie verfallene» Verbrecher sofort am nächsten Morgen auf einer kleinen Seineinsel verbrannt. König Philipp genoß den Staatsakt aus einem Fenster des benachbarten Schlosses – und verunglückte 1314 tödlich durch einen Jagdunfall, nachdem im gleichen Jahr schon Nogaret und der Papst verstorben waren.[19]

14. KAPITEL

KAISER LUDWIG IV. DER BAYER (UM 1281–1347) IM KAMPF MIT PAPST JOHANN XXII. (1316–1334)

«Er war in Waffen geübt und trat jeder Gefahr kühn entgegen. Aber er überlegte nicht genügend im voraus, änderte rasch seine Entschlüsse und verlor im Unglück leicht den Kopf. Von Manieren war er zum Scherz aufgelegt und leutselig, sein Gang war rasch, auf keinem Sitz, an keinem Platz hielt es ihn lange.» Der zeitgenössische Dichter und Geschichtsschreiber Albertino Mussato über Ludwig IV.[1]

«Er versteht wohl die Fische in sein Netz zu bekommen, nicht aber sie ihrer Schuppen zu berauben; er weiß die Vögel zu fangen, aber er kann sie nicht rupfen.» Fürstenfelder «Chronik von den Taten der Fürsten»[2]

«Fast die ganze Christenheit wurde in zwei Teile gespalten. Ein Teil gab Kaiser und Reich entschieden den Vorzug. Er verfluchte Papst Johannes, daß er sich allzu eilfertig habe hinreißen lassen, Ludwig zu verdammen, und ihn aus Liebe und Schutz für König Robert von Neapel mit soviel Leidenschaft und Heftigkeit zum Irrgläubigen erklärt habe ... Weiter warfen sie Johannes vor, er sei nicht rechtmäßig Papst geworden ... Sie sagten auch, er sei ein streitsüchtiger Mann. Denn überall in Italien hätte er Skandale und Ursachen für Kriege begünstigt, besonders unter den Lombarden ... Die andere Partei nannte Johannes gerecht, heilig, abwägend, weise und milde, sehr gebildet als Philosoph und Meister der heiligen Theologie. Wegen all dieser Tugenden und Kenntnisse hasse er die Gewaltherrscher.» Albertino Mussato[3]

«Die Armen Brüder, Fraticellen, Lollharden, Begarden, tiefsinnige Mystiker, evangelische Feinde des weltlichen Prunks einer immer tiefer in die Laster der Zeit sinkenden Kirche, predigten auf Plätzen und Straßen, daß der Papst und seine Kirche ketzerisch seien und nur diejenigen das Evangelium Christi bewahrten, welche das niedrige Leben des

Heilands nachahmten. Johann XXII. verdammte diese Lehren. Die Inquisition in Marseille verbrannte Menschen, welche frohlockend den Scheiterhaufen bestiegen, um ihre Liebe zur Armut mit dem Tode zu besiegeln. Ihre Freunde feierten sie als Märtyrer.» «Ludwig der Bayer rief daher alsbald Christus, die Apostel, den heiligen Franziskus und dessen Jünger als Verbündete gegen den Papst auf. Schon in seinem Protest vom Jahre 1324 zog er das Dogma von der Armut herbei, um Johann XXII. als Ketzer darzustellen, weil er nicht allein den Kaiser, sondern auch den Heiland verleugne. Es ist gerade diese Verbindung des ghibellinischen Staasrechts mit dem Dogma der Franziskaner, welche dem Streit Ludwigs gegen den Papst eine kulturgeschichtliche Wichtigkeit gab, da sie große Folgen für das ganze Verhältnis der Kirche zum Staate nach sich zog.»
Ferdinand Gregorovius[4]

«Unbestreitbar bleibt, daß dieser Papst keinem sich ihm anbietenden Streit vorschnell aus dem Wege ging und seine Konflikte mit Entschlossenheit und ohne Rücksicht auf die Kosten für Kirche und Christenheit auszutragen pflegte. Er liebte den Kampf, und zwar nicht nur den intellektuellen mit Kardinälen oder Bettelmönchen, sondern auch den blutigen auf dem Schlachtfeld, an dem er sich persönlich zwar nicht beteiligte, von dem er aber gerne erzählen hörte.»
Heinz Thomas[5]

«Seine Hauptcharaktereigenschaften jedoch waren Ehrgeiz und Habsucht. Um den erstern zu befriedigen, führte er mit den Visconti von Mailand endlose Kriege, von denen ein Zeitgenosse versichert, das in ihnen vergossene Blut würde das Wasser des Bodensees rotgefärbt, und die Leichen der Erschlagenen würden ihn von einem Ufer zum andern überbrückt haben. Was seine Habsucht angeht, so offenbarte er eine unerschöpfliche Fruchtbarkeit in der Erfindung von Mitteln, um die Schätze des Heiles in klingende Münze umzusetzen.» Henry Charles Lea[6]

Das Finanzgenie der Catholica

Clemens V. war nicht arm gestorben. Als er am 9. Juni 1312 sein Testament machte, besaß er 814 000 Goldgulden. Den größten Teil des Papstschatzes bekamen seine Verwandten, sein Neffe Vicomte Bertrand von Lomagne 300 000 Goldgulden, weitere Verwandte und seine Diener 314 000 Goldgulden, Kirchen, Klöster und die Armen 200 000 Goldgulden (wobei die Armen oft wohl nur auf dem Papier standen, ähnlich wie die von Jahrhundert zu Jahrhundert stereotyp wiederkehrenden «Witwen und Waisen». Tatsächlich mußte ein Waisenkind im christlichen Mittelalter und noch danach vom siebten Jahr an für seinen Lebensunterhalt selbst aufkommen; ganz zu schweigen davon, daß man wohltätig viel weniger aus Nächstenliebe war als aus Sorge um die eigene Glückseligkeit). Da Clemens' Schatz indes noch wuchs, hinterließ er bei seinem Tod knapp zwei Jahre später, am 20. April 1314, den damals gewaltigen Betrag von 1 040 000 Goldgulden als Privatvermögen; auf vielerlei Weise, durch Ämter-, Pfründenschacher, Besteuerungen aller Art zusammengekommenes Geld und abgezweigt zum eigenen Nutzen und knapp rubriziert, wie unter Bonifaz VIII.: «für die Bedürfnisse der römischen Kirche».[7]

Sein Nachfolger freilich, habsüchtig und geizig, ein Finanzvirtuose sondergleichen, ohne eine Liebe, den Krieg mal beiseite, als die zum Geld, ein abstoßender Alter, der, so Dante, nicht Petrus und Paulus verehrte, sondern das Bild des Täufers auf den Florentiner Gulden, soll eine durchschnittliche Jahreseinnahme von 230 000 Goldgulden erzielt, insgesamt eine Summe von 18 Millionen Goldgulden besessen haben. Davon war allerdings bei seinem

Tod nicht einmal mehr eine einzige Million (nur rund eine halbe) vorhanden, nicht zuletzt weil man damit einen Teil der Kriege seines Pontifikats finanzierte. Und die 7 Millionen, die er in Preziosen etc. gehabt haben soll, waren auf 41 000 Goldgulden zusammengeschmolzen. Dabei hatte er, nach den katholischen Papsthistorikern Seppelt/Schwaiger, gelebt und gespart «fast wie ein Einsiedler».[8]

Zur Erwählung eines solchen Finanzgenies ließ sich denn auch der Heilige Geist länger als zwei Jahre Zeit. Ging es doch nicht bloß um den nationalen Gegensatz zwischen den zahlenmäßig stark unterlegenen Italienern und den Franzosen, sondern auch um gewisse Differenzen zwischen elf Gascognern, Nepoten und Günstlingen, den Landsleuten des verstorbenen Pontifex, und sechs weiteren Franzosen, die auf den Clemens-Klüngel nicht gut zu sprechen, aber eben doch Franzosen oder Provenzalen waren. Es ging auch weniger um die üblichen Intrigen, vielmehr um Nachstellungen auf Leben und Tod – im Sommer 1314 konnten die italienischen Kardinäle der Liquidierung durch zwei Papstnepoten gerade noch entgehen. Knapp zwei Jahre später sperrte der inzwischen regierende König Philipp V. der Lange (1316–1322) die Kardinäle kurzerhand in Lyons Dominikanerkloster, woraus einige Wochen darauf, am 7. August 1316, Jacques Duèse als Papst hervorging.

Johann XXII. (1316–1334), Sprößling wohlhabender Kaufleute aus Cahors, eines wichtigen Finanz- und Handelsplatzes, Kanonist, Bischof, zwischen 1308 und 1310 Kanzler der Könige von Neapel, war Philipp dem Schönen beim Templersturz behilflich gewesen, war 1312 von Clemens V. zum Kardinal kreiert worden und bei seiner Erhebung zum Papst bereits zweiundsiebzigjährig. Trotz schwächlicher Gesundheit aber erwies sich der kleinwüchsig häßliche, unscheinbare Greis als äußerst robust, zäh, zupackend, freilich auch als avaritiös, als listig, verschlagen, leicht aufbrausend und unfähig, Widerspruch zu ertragen. Ging sein Temperament ja manchmal derart mit ihm durch, daß er sogar seinen Vorgänger Bonifaz einen Narren, seinen Förderer Robert von Neapel einen jämmerlichen König nennen, überhaupt gekrönte Häupter brieflich bestens abkanzeln konnte.

Wie er gelegentlich mit Untergebenen umsprang, mag das Schicksal des Bischofs Hugo Gerardi von Cahors belegen.

Johann hegte gegen den Prälaten seiner Heimatstadt einen alten Haß, und er war noch kein Jahr Papst, da rief er den Mann nach Avignon, ließ ihn am 4. Mai 1317 seines Amtes und Standes entsetzen und lebenslänglich einkerkern. Da ihm dies aber wohl zu unsicher schien, er sich von seinem Opfer mittels magischer Praktiken, eines verruchten Durchstechens von Wachsbildern seines Konterfeis tödlich bedroht glaubte – «Was immer Unsinniges ausgedacht werden kann, Johann XXII. glaubte es» (Graf Hoensbroech) –, ließ er den Gefürchteten wegen angeblicher Verschwörung wider das Leben des Papstes noch im Juli desselben Jahres bei lebendigem Leib schinden und verbrennen. Aber mußte er, lebenslang von Nigromanten umstellt, belauert, sich nicht wehren? Auch weitere «Zauberer», ein Arzt, ein Barbier, mehrere Kleriker wurden durch ihn hingerichtet. Während seines Pontifikats entstanden auch die ersten mit Magieprozessen befaßten Bullen, worin er dann alle bedrohte, die Wachsbilder anfertigten, Dämonen opferten, die sie in Ringe, Spiegel, Flaschen einsperrten, um mit ihrer Hilfe Schändliches zu treiben. Schließlich glaubte er auch an Unzucht mit dem Teufel. 1318 bezichtigte er dessen die Waldenser. Wie der cholerische Greis, Protektor des Inquisitors Guidonis (S. 264), doch auch ringsum die «Ketzer» jagen, etwa den die Inquisition kritisierenden Franziskaner Bernard Delicieux zu lebenslänglichem Kerker verurteilen und noch kurz vor seinem Tod die Haft verschärfen, wie er Beginen durch die Dominikaner auf den Scheiterhaufen schicken ließ, ehe er selbst, von christlichen Theologen, von einer ganzen Synode (zu Vincennes) der «Ketzerei» bezichtigt, nach halbem Widerruf stirbt.[9]

Hatte Clemens V. in Avignon noch bei den Dominikanern domiziliert, begann Johann XXII., von 1310 bis 1313 schon als Bischof in Avignon wirkend, den Bischofspalast bereits zur Papstresidenz auszubauen oder, besser gesagt, zu einer Festung, nicht gerade schön, doch gewaltig. Und rings um diese Papstburg mit den meterdicken Mauern stank es derart herauf aus der kleinen Stadt (1348 von Clemens VI. der Königin Johanna I. von Neapel abgekauft), daß davon ein aragonesischer Gesandter ohnmächtig wird.

Der moralische Gestank der «babylonischen Hure» an der Rhône, wie man Avignon auch nannte, war allerdings unvergleichlich übler. Für die zeitgenössische Literatur ist der Ort ein einziger Höllensumpf. Verwirrung, Finsternis und Schrecken herrschen für Petrarca hier – «es ist keine Stadt, sondern eine Höhle von Gespenstern und Teufeln, die Schmutzgrube aller Laster, die Hölle der Lebendigen. Gott wird hier verachtet, das Geld angebetet, die Gesetze werden mit Füßen getreten, die Guten verhöhnt, bis kaum noch einer da ist, über den man spotten kann. Eine Sündflut ist nötig, aber es würde keinen Noah geben». Manchmal findet Petrarca freilich einen Kardinal «von edlerer Seele», einen Mann, «der gut hätte sein können, wäre er nicht Mitglied des hl. Kollegiums geworden». Und für die hl. Brigitte von Schweden ist die Papstresidenz «ein Bordell nur», «ein Feld voll Unkraut, das mit scharfem Eisen ausgejätet, dann im Feuer gereinigt, endlich mit dem Pflug eingeebnet werden soll!». Zu Avignon, ruft sie, sind die zehn Gebote zu einem einzigen geworden: «Es lautet: Bring dein Geld her!»

Am berüchtigsten war «Avignon» in der Tat wohl wegen seines Mammonismus.

Gewiß hatte schon lange vorher, um nicht gleich auf die Antike zurückzugehn (vgl. bes. III 3. u. 5. Kap.!) der Bischof von Orléans die «Schande» gebrandmarkt, daß an der Kurie alles käuflich sei, daß die Urteile nach dem Goldgewicht abgemessen werden. Und gewiß hatte erst recht im 13. Jahrhundert der Prämonstratenserpropst Burchard von Ursberg die Schleusen der Weltschätze geöffnet gesehen und den von allen Seiten nach Rom fließenden Geldstrom gegeißelt. «Es gibt kein Bistum, keine religiöse Würde und keine Pfarrkirche, um die nicht ein Prozeß geführt würde, welcher dir nicht Leute mit gespicktem Geldbeutel zuführte. Die Schlechtigkeit der Menschen ist die Quelle deines Wohlergehens.»

Doch wie erst sah das im 14. Jahrhundert aus, als gerade Johann XXII. noch mehr System in den kurialen Fiskalismus brachte, noch mehr Effizienz, als sich in den Gewölben der Papstburg von Avignon, für Petrarca die widerwärtigste und unsauberste Stadt, die er je gekannt, der Reichtum aus allen Ländern staute und der Franziskaner Alvarez Pelajo, Pönitentiar Johanns, niemals die Gemächer seines Herrn betreten konnte, ohne die Seelsorger beim Zählen des Geldes zu treffen. Und während Rom, das ferne, immer mehr verfiel, während in seinen Trümmern bewaffnete Banden, die Fehden des (man muß ja gelegentlich daran erinnern) katholischen Adels tobten, vor allem der einflußreichsten Häuser Colonna und Orsini, aber auch der – durch das weltliche Gericht nicht zu belangende – Klerus Verbrechen um Verbrechen beging, während Tag für Tag Raub, Meuchelmord, Blutrache das Bild bestimmten, indes die Masse der Menschen in Armut und Elend verkam, genoß man in Avignon das Leben, gab man für eine päpstliche Krönungsfeier 10000 Goldgulden, allein für das Mahl fast die Hälfte aus, erhielten die Kardinäle, derzeit etwa zwanzig, bei der Papstwahl Gratifikationen von 2000 bis 5000 Goldgulden.

Aber die familiaris pape (servitor pape) mußte erhalten werden, vom Vizekanzler, stets ein Kardinal, über die Sekretäre, Notare, Schreiber (von letzteren hatte Johann 70, sein Nachfolger Clemens VI. 100), über die Kämmerer des Papstes, seine Ärzte bis hin zu den Hofämtern, zu der Leibgarde, den Wachen, den Türhütern, insgesamt damals mindestens 300 bis 400 Personen. Für ihren Unterhalt, ihre Bezahlung gab der Hohepriester 1329/1330 rund drei Millionen Goldfranken aus.[10]

Anderes freilich, die Kriege zum Beispiel, kostete noch bedeutend mehr.

Also mußte unentwegt und von vielen Seiten Geld eingetrieben werden, etwa durch Servitien, Visitationes, Census, die Einkünfte aus den kirchenstaatlichen Gebieten, die Bullentaxen, Prokurationen, Annaten, Zehnten, die Subsidien, Spolien, Interkalarfrüchte, das sind Erträge aus unbesetzten Kirchenpfründen, weiter die Legate, freiwilligen Schenkungen, Strafgelder, Gelübdeablösungen, Einnahmen aus Verkauf von Naturalien, von Häusern, Tieren, besonders von Ochsen, die diesem Papst sehr häufig geschenkt worden sind.

Johann XXII. war auch der erste Papst, der die Taxen der Pönitentiarie systematisierte. Für jede Art menschlichen Sündenfalls, jede Schuftigkeit und Hinterfotzigkeit gewährte er großzügig Vergebung, hatte er ein Schema der Absolution entwickelt, gestaffelt nach festen Preisen, die von fünf Groschen für Mord und Blutschande reichten bis zu 33 Groschen für eine Ordination vor dem kanonischen Alter.

Außenstände wurden mit aller Härte eingetrieben. Wer nicht zahlte – genaugenommen ja nicht für den Papst, sondern für sein eigenes Seelenheil –, beschwor den Bannstrahl aus Avignon auf sich herab. So verfielen anno 1328 ein Patriarch, fünf Erzbischöfe, 30 Bischöfe und 46 Äbte der Exkommunikation, der Suspension, dem Interdikt, weil sie der päpstlichen Kammer nicht rechtzeitig ihre Zahlungen geleistet hatten.

Der Papst schaltete und waltete in mancher Hinsicht wie ein Florentiner Negoziant, etwa ein Bankier, mit dem der «Mann aus Cahors» die seelische Disposition geteilt haben mag. Deshalb überrascht wohl auch nicht die außerordentliche Menge geistlicher Verleihungen gerade an Mitglieder von Bankiersfamilien aus der Arnostadt, überhaupt seine Sympathie für das dortige Geschäftsmilieu, wie er denn auch nicht weniger als zehn Florentiner zu Bischöfen machte.

Schließlich hat man einem Johann XXII., der das Geld nur so anzog (nicht ohne Zutun!), auch viel geschenkt. So vermachten ihm bzw. seiner apostolischen Kammer die beiden Kardinäle Berengarius (Onkel und Neffe) 5000 Goldgulden, der Kardinal Petrus de Columpna 12 000 Goldgulden, der Kardinal Bernardus de Garvo 1000 Goldgulden, der Bischof Bertrandus von Agen 500 Goldgulden, der Bischof Johannes von Dol 3000 Goldgulden, 2400 Goldgulden und noch einmal 2000 fl. Der Bischof Guillermus von Paris schenkt dem Papst 3000, der Bischof von Straßburg 4000, der Bischof Jacobus von Saint Andrews 4000, der Bischof Robertus von Salisbury 6000 Goldgulden usw.

Waren beim Tod des Papstes noch rund 500 000 Goldgulden in der sozusagen offiziellen Kasse, so hatte Johann noch einen privaten Geheimschatz (pecuniae secretae) von über 600 000 Goldgulden besessen, den er in seinem Studium parvum, in einer kleinen geheimen Kammer über dem Verbindungsgang von zwei Zimmern verwahrte. Und bei der Frage nach der Herkunft dieses gewaltigen Kapitals kommt selbst die katholische Kirchengeschichtsschreibung nicht um die Feststellung herum: «Zunächst, ganz allgemein gesprochen, müssen im Verlaufe des Pontifikats Johanns XXII. jene Gelder in die Privatkasse des Papstes geflossen sein, die nicht in die Contobücher der apostolischen Kammer eingetragen sind, obwohl sie an der Kurie entrichtet wurden.»[11]

Der Armutsstreit

Daß der hitzköpfige Hohepriester keinen Streit scheute, zeigte sich gleich zu Beginn seines Pontifikats bei den schweren Auseinandersetzungen in der Armutsfrage, die sich durch seine ganze Amtszeit zogen.

Für Franz von Assisi war jeder, der Geld sammelte, ein Dieb und Räuber. Doch schon nach seinem Tod brach Unruhe darüber aus, eskalierte diese immer mehr, und es ist klar, daß für einen großen Teil des Franziskanerordens, zumindest für die radikaleren und konsequenteren, am Beispiel des evangelischen Jesus und des hl. Franziskus festhaltenden Gruppen, für die sogenannten Spiritualen, die Fratizellen mit ihren diversen Varianten (den Clarenern, Michaelisten oder Cesenisten, «fraticelli de opinione» etc.), die Finanzpolitik der Päpste, ganz besonders dieses Papstes, eine schwere Anfechtung war – beiseite der ungeheure Reichtum, der über die Bettelmönche plötzlich hereinbrach.

1323 erklärte Johann in der Bulle «Cum inter nonnullos» die Lehre, Jesus und die Apostel hätten völlig besitzlos gelebt, als «Ketzerei». Selbst Konservative kündigten jetzt Johann den Gehorsam. «Von einer Art Wahnsinn entflammt», schreibt der 1348 gestorbene, Kaiser wie Papst freimütig kritisierende Franziskaner Johann von Winterthur, suche Johann XXII. «Gründe gegen die Armut Christi vorzubringen und verfolgt die Franziskaner, weil sie ihm Widerstand leisten, ohne Maß und Ziel; die Dominikaner ermuntern ihn, und er belohnt sie reichlich.» Die alte Feindseligkeit zwischen beiden Orden trieb seltsame Blüten. So brachten die Dominikaner zur Desavouierung der Franziskaner an ihren Klöstern, wo häufig Menschen vorbeigingen, Wandbilder des Gekreuzigten an, die eine Hand festgenagelt am Balken, die andere in einem Geldsack steckend.

Im Streit um die Armutslehre bekämpfte Michael von Cesena, der Franziskanergeneral, erst konform noch mit dem päpstlichen Fiskalismus, die Spiritualen der Provence. 1322 jedoch vertrat er mit dem Generalkapitel von Perugia die Armutsdoktrin des Ordens. Es folgten Manifeste über Manifeste. Dann setzte Johann 1328 den Franziskaner ab, der ihn seinerseits als «Ketzer» erklärte. Er floh aus Avignon und schloß sich in Pisa Ludwig dem Bayern an. Generalvikar des Ordens wurde nun Bertrand de la Tour. Noch als Kardinal hatte er die Lehre von Jesu absoluter Armut verteidigt. Als aber der Papst entschied, Jesus habe Eigentum besessen, übernahm der Kardinal augenblicklich die neue Lehre und verfolgte die Anhänger der alten, die er ihnen einst selbst vorgeschrieben.

Der bedeutendste Kopf in dieser streitbaren Phalanx war der Franziskaner Wilhelm von Ockham, der sich 1324 rühmte, solange er noch eine Hand, Papier, Feder und Tinte habe, brächten ihn weder Täuschung noch Lüge, weder Verfolgung noch Überredung von seinen Attacken auf den Papst ab. So wurde er in ein Häresieverfahren verstrickt, nach Avignon beordert, vier Jahre im Franziskanerkloster «arretiert», bis er 1328 mit Ordensbrüdern wie Bonagratia, Franciscus de Marchia, Michael von Cesena zu Ludwig dem Bayern floh.

An seinem Hof in München verfaßt Ockham zunächst mit anderen gemeinsam Flugschriften, Appellationen, Memoranden, die der Bischof von Paris öffentlich verbrennen läßt. Dann aber bombardiert er den Papst, dem er «Ketzerei» auf «Ketzerei» nachweist, und Nachfolger mit eigenen Diatriben von beachtlicher Verve und Wirkung. Wie Dante widerlegt er die «Konstantinische Schenkung» (IV 14. Kap!). Er wirft Johann nicht nur Verleugnung des Kaisers, sondern auch Christi vor und lehnt, Trennung von Staat und Kirche fordernd, deren weltliche Macht durchaus ab. Das römische Kaisertum hänge nicht von einer Legitimierung durch den Papst ab, ebensowenig das Königtum in Frankreich, in England. «Die weltliche

Gewalt ist älter als die geistliche, folglich unabhängig vom Papst. Dieser besitzt auch nicht das Recht, eine Fürstenwahl zu bestätigen: nicht aus Staatsrecht, denn kein Staat würde das konzedieren; nicht aus Kirchenrecht, denn dieses gilt im Staate nur so weit, als es der Fürst bewilligt; nicht aus Gewohnheit, denn sie ist ungültig, wenn sie dem Gemeinwohl schadet ...»

Am meisten wurden vom Armutsstreit die Spiritualen betroffen. Ihr führender Kopf in Südfrankreich, Petrus Johannis Olivi, trat für die Armut, die evangelische Vollkommenheit, völlige Besitzlosigkeit, die Erneuerung der Christenheit ein. Dadurch aber geriet er in Gegensatz nicht nur zum Orden, sondern zum ganzen «Sündenbabel» der Kirche, der dieser Radikalismus natürlich denkbar wenig ins Konzept und zu ihrem Reichtum paßte.

Bereits Ordensgeneral Bonagratia ließ 1280/1281 Olivis Schriften einziehen, wechselte dann aber selbst die Seiten, wurde unter Johann zum Kerker verurteilt und floh, nach scheinbarer Unterwerfung, zu Ludwig dem Bayern, worauf er den Kampf gegen den Papst fortsetzte, der seinerseits die Spiritualen durch die Inquisition verfolgte und schon am 7. Mai 1318 vier von ihnen zu Marseille hatte verbrennen lassen.[12]

Frühe Konfrontationen

Ludwig IV. der Bayer war der Sohn Herzog Ludwigs II. des Strengen, jenes Wüterichs aus Oberbayern und Pfalzgrafen bei Rhein, der seine fälschlich der Untreue bezichtigte erste Frau hatte voreilig liquidieren lassen. Über seines Sohnes frühe Jahre ist kaum etwas bekannt, nicht einmal das genaue Geburtsdatum. Ludwigs Mutter Mechtild, dritte Frau des Vaters, war eine Habsburgerin, die Tochter König Rudolfs I. Nach dem Tod seines Erzeugers 1294 wurde der junge Wittelsbacher am habsburgischen Hof seines Onkels Albrecht in Wien erzogen, zusammen mit dessen Söhnen, u. a. mit seinem Vetter Friedrich dem Schönen (1289–1330), seinem späteren Kontrahenten.

Doch noch bevor es mit diesem zum Konflikt kam, begann bereits, für christliche Dynasten fast obligatorisch, der Streit mit seinem älteren Bruder Rudolf I. dem Stammler, Pfalzgrafen bei Rhein (1274–1319), den Ludwig aus Bayern verdrängte, zeitweise sogar aus der Pfalz. Nach dem Tod des Vaters hatten beide zunächst zusammen die oberbayrisch-pfälzischen Erblande regiert, bekamen aber beträchtliche, ja lebenslange Differenzen, die auch eine von Ludwig erzwungene Teilung der Herrschaft, ein förmlicher Vertrag 1310, nicht bereinigen konnte. Vielmehr führte alles zum Krieg der Brüder, wobei das Herzogtum, zumal der gegenseitige Besitz, weithin verheert worden und Ludwig anscheinend besonders rabiat gewesen ist. Auch als man 1313 wieder gemeinsam regierte, erloschen Mißtrauen und Feindseligkeit auf keiner Seite, wechselten Versöhnungen und Entzweiungen bis zu Rudolfs Tod.

Streit aber, wesentlich größeren, bekam Ludwig auch mit seinem Vetter und Jugendfreund Friedrich dem Schönen von Österreich.

In den Jahren 1309 und 1312 waren die Herzöge von Niederbayern, Stephan I. und Otto III., verstorben, ohne mündige Erben zu hinterlassen. Da einerseits dem Wittelsbacher das Sorgerecht zufiel, andrerseits die Mütter der Herzogssöhne den Schutz der verwandten Habsburger suchten, somit Friedrich der Schöne auch die Pflegschaft beanspruchte und natürlich die Regentschaft in Niederbayern, kam es darüber zum Krieg – einigermaßen kurios, weil die beiden nicht nur verwandt, nicht nur befreundet waren, sondern in vielem auch ähnlich dachten und einander gut verstanden haben sollen, mochte der weniger vitale Friedrich auch nervöser, überhaupt allerlei Krankheiten ausgesetzt gewesen sein. Jedenfalls gewann der Bayer gegen den in mehrfacher Hinsicht überlegenen Habsburger durch geschickte Ausnützung des nebligen, verregneten Geländes am 9. November 1313 die Schlacht von Gammelsdorf, westlich von Landshut, deren Bedeutung indes durch die bayrische Chronistik zwecks Feier ihres Heros arg übertrieben worden ist. Ludwig machte dieser Sieg kaum bekannter in Deutschland, schon gar nicht populär, er sicherte ihm aber die Herrschaft in Niederbayern. Auch versöhnte er sich danach rasch wieder mit Friedrich – was sich bei Wolfgang Menzel (nach der von dem Zisterzienser

Johann von Viktring überlieferten Geschichte) so liest: «die alte Liebe kehrte wieder und sie schliefen zusammen in Salzburg in Einem Bette».[13]

Doch schon bald kam es zu einer weiteren Konfrontation der beiden, worauf ein abermals größerer Konflikt folgen sollte.

Ein Jahr nämlich nach Kaiser Heinrichs Tod wurde im Oktober 1314 bei Frankfurt das neue Reichsoberhaupt bestimmt, wobei jedoch eine Doppelwahl erfolgte. Zwei Wahlherren, Rudolf, der Pfalzgraf bei Rhein, und der Metropolit von Köln, wählten am 19. Oktober Friedrich von Österreich zum König, dessen Kandidatur auf seine eigene Initiative zurückging. Der Pfalzgraf hatte sich für seinen Wechsel von den Luxemburgern zu den Habsburgern viel Geld zahlen lassen; ebenso hatte der Kölner Erzbischof Heinrich II., Graf von Virneburg, ein von dauernder Finanznot geplagter Kurienparteigänger, unter schamlosen Bedingungen seine Wahlstimme an Habsburg verkauft, gegen ein Angebot Leopolds von Österreich von 44000 Silbermark (etwa 176000 Gulden) für ihn und weitere 2000 Mark für seine Räte.

Am Tag darauf, am 20. Oktober, wählten fünf Reichsfürsten – nach zweimaliger Zelebrierung einer Heilig-Geist-Messe, wie man dem Papst meldete (der dann sehr wenig Freude an dieser Frucht des Geistes haben sollte) – Ludwig den Bayern zum König, und auch er hatte sich gleichfalls und schon früh zur Kandidatur gedrängt. Empfohlen wurde er vom Mainzer und vom Trierer Erzbischof, und für die erfolgreiche Bemühung kassierte der Mainzer 11000 Mark, der Trierer 22000 Mark. Beide und der hinzugewonnene Kölner Seelenhirte ließen sich auch diverse Rechte bestätigen, der Kölner zum Beispiel das Recht als Erzkanzler für Italien, das westfälische Herzogtum, das kölnisch-rheinische Herzogtum, ferner Rechte auf Lehen, Güter, Schenkungen, Münze, Gerichtsbarkeit, auch «jedes Recht an Juden». Schließlich strebten diese geistlichen Herren höchst zielbewußt eine Art Kleinkönigtum innerhalb ihrer Diözese an.

Die Schlacht bei Mühldorf oder «Her Öheim, ich sach euch nye so gern»

Da sich das Mehrheitswahlrecht der Kurfürsten damals noch nicht durchgesetzt hatte, standen nun wieder der Wittelsbacher und der Habsburger einander gegenüber. Und vermutlich verhinderte eine schnelle militärische Schlappe des zwar mehrheitlich gewählten, doch an Machtmitteln schwächeren Wittelsbachers nur jener Konflikt, den gerade seinerzeit Österreich mit den Eidgenossen austrug, wobei das schwergepanzerte, wenig wendige Ritterheer Habsburgs – ein kriegsgeschichtlich bedeutsamer Vorgang – von dem leichtbewaffneten, viel beweglicheren Fußvolk aus Schwyz und Uri am 15. November 1315 in der Schlacht am Berg Morgarten so aufsehenerregend geschlagen wurde; der österreichische Feldherr Herzog Leopold entkam «fahl wie ein Halbtoter».

Der Thronkampf aber dauerte fort. Der Papst, mehr noch König Robert von Neapel, jetzt auch Generalkapitän des Kirchenstaates, hatten ein Interesse daran. Zudem wich der Wittelsbacher einer Feldschlacht von Mal zu Mal aus. Fast acht Jahre lang schleppten sich so die Scharmützel, Brandschatzungen, Verwüstungen über weite Gebiete unentschieden hin. Und unter Soldzahlungen, für deren Beträge man Jahr für Jahr mehr als 62 000 Tonnen Roggen hätte kaufen können – zur Zeit beginnender Wüstung, der Mißernten, der Teuerung, die den Kornpreis auf das Acht- bis Zwölffache trieb, zur Zeit einer die Armen massenhaft verschlingenden Hungerkatastrophe. Sie kostete, nach Erzbischof Peter von Mainz, von 1314 bis 1317 allein in seiner Nachbardiözese Metz 100 000 Menschen das Leben. Nur von Mai bis Mitte Oktober 1316 ließ Ypern (mit etwa 20 000 Einwohnern) 2794 Leichen begraben. Nur in Colmar, berichtet Johann von Winterthur, habe man damals vor den Stadtmauern in fünf Massengräbern 13 600 Verhungerte verschwinden lassen. Gewinnbringend warf der Deutsche Orden, Profiteur des Elends, die enormen Getreideernten des geraubten Baltikums (S. 186 ff.) auf den westeuropäischen Markt.

Es war das Zeitalter ritterlicher Kultur. Doch wie immer man über den ordo militaris, das ritterliche, höfische, herrliche Geschlecht denken mag, die ritterliche Kriegführung bestand in aller Regel nicht in courtoisen Attacken à la «Lohengrin» – «welch ein orden bist dû, werdiu ritterschaft!» –, sondern in der entmenschten Verheerung feindlicher Gebiete, in ihrem unbarmherzigen Ausplündern, Einäschern. Man «brannte ungeschützte Dörfer nieder, trieb das Vieh weg und sah dabei großzügig darüber hinweg, wenn die zu Fuß mitmarschierenden Leute mordeten und vergewaltigten. Das tat dem hehren Ethos der adeligen Herren keinen Abbruch» (Thomas). Dabei wurden besonders die Gegenden um Landsberg, um Regensburg ausgeraubt, verwüstet, wurden vor allem Ludwigs Ländereien und Eigengüter so schwer heimgesucht, daß er angeblich sogar zu resignieren gedachte; man kolportierte auch Gerüchte über ein Mordkomplott gegen ihn, ja in Straßburg sollte er in einer Nacht des Jahres 1320 anscheinend wirklich umgebracht werden.

1322 aber kam es am 28. September zur Entscheidung bei Mühldorf am Inn, wo nur wenige Tage zuvor der auf österreichischer Seite stehende Erzbischof Friedrich von Salzburg vierzig seiner Haudegen zu Rittern geweiht hatte, dann selbst aber nicht in die Schlacht ritt, die letzte große Ritterschlacht auf deutschem Territorium, in der es freilich, wie üblich, nicht immer so ritterlich zugegangen, doch auf beiden Seiten zuvor die hl. Messe gefeiert und die hl. Kommunion empfangen worden ist.

Der Wittelbacher hatte den Oberbefehl an den Böhmenkönig Johann, den einzigen Sohn Kaiser Heinrichs VII., abgetreten, sich selbst auch eher zurückhaltend am Kampf beteiligt, um nicht zu sagen versteckt, hatte elf Ritter die gleiche Rüstung tragen lassen, die er selber trug, und jedenfalls persönlich kaum den Sieg erkämpft. Auch sah es lange so aus, als behielte der in vorderster Front fechtende Habsburger die Oberhand, wobei er fünfzig Gegner mit eigener Hand gefällt haben soll – vielleicht die imposante Effizienz der hl. Messe vom frühen Morgen? (Wenn die Sache dennoch schiefging, so wohl deshalb, weil König Friedrich auch mit einem Haufen heidnischer Kumanen in seinem Heer kämpfte, die auf ihrem Anmarsch von Passau her sogar Kirchen gebrandschatzt und Greuel aller Art verübt hatten, nach klerikalen Quellen jedenfalls.)

Nicht wenige der habsburgischen Truppenteile begannen schon gegen Nachmittag die Blutarbeit einzustellen und zu plündern, als plötzlich ein neues Truppenkontingent erschien, jedoch nicht der von den Österreichern erwartete Herzog Leopold – er stand am Schlachttag bei Fürstenfeld, westlich von München, alle seine Meldungen an den Bruder waren von den Bayern abgefangen worden, so daß Friedrich nicht wußte, wann jener zur Stelle sein werde. Es war eine Verstärkung für Ludwig, der mächtige Burggraf Friedrich IV. von Nürnberg, der offenbar noch aus dem Ritt heraus den Gegner überrannte, was die Schlacht entschied, in der es nach dem böhmischen Chronisten Peter von Zittau 1100 Tote gab. «Her öheim, ich sach euch nye so gern», «Vetter, es freut uns, Euch hier zu sehen», begrüßte der Bayer den ihm gefangen vorgeführten Habsburger, der darauf für zweieinhalb Jahre auf Burg Trausnitz an der Naab in der Oberpfalz verschwand – wie darüber hinaus das Haus Habsburg ein ganzes Jahrhundert aus dem Kreis der Könige.[14]

Ludwig, der viel erreicht hatte, wollte mehr. Er wurde sowohl im Nordosten Deutschlands als auch in Italien expansiv. Zum Mißfallen vieler vergrößerte er seine Hausmacht, indem er nach dem Aussterben der Askanier 1323 die Mark Brandenburg seinem ältesten, gerade acht Jahre zählenden Sohn Ludwig zuschanzte, ein zwar abgewirtschaftetes Gebiet, doch ein Kurfürstentum, mit dessen Erwerb Böhmenkönig Johann gerechnet hatte, was den guten Beziehungen beider nicht förderlich war. Ein Jahr darauf vermehrte Ludwig die Wittelsbacher Macht durch eine zweite Ehe, seine Heirat mit Margarete von Holland.

Als er aber in Wahrnehmung deutscher Reichsrechte in Italien einschritt, als er zur Unterstützung Mailands das Militärpotential des Papstes, das 1323 unter dessen Neffen, dem Kardinallegaten Bertrand du Poujet, Mailand zu erobern suchte, zurückwies, als Ludwigs Vikar Berthold von Neuffen den abziehenden Belagerern nach Monza nachsetzte, geriet der König augenblicklich in einen schweren und lebenslangen Konflikt mit Johann XXII. – die letzte große Auseinandersetzung zwischen Kaiser- und Papsttum im Mittelalter.[15]

«Bei Gott, ihre Wut soll meiner Wut ... begegnen!»

Der Thronstreit in Deutschland hatte den Papst nicht übermäßig bewegt. Gedrängt durch Robert von Neapel, der, unterdes von ihm zum Reichsvikar in Italien berufen, dort seinen Zielen nachging, ließ er dem deutschen Bürgerkrieg seinen Lauf. Er legte sich, um selbst genügend Spielraum zu haben, nicht fest, gab sich neutral und betitelte jeden als «zum König der Römer Erwählten». Dabei suchte er aber seine Position auszubauen, seine Ansprüche auf Deutschland wie auf Italien auszudehnen. Denn seit die Päpste in Avignon saßen, seit sie von Frankreich nicht nur abhängig, sondern auch geschützt waren, nahmen sie Rücksicht auf die Interessen Frankreichs und der Anjou in Italien und traten gegenüber den Kaisern noch anmaßender auf.

So usurpierte Johann die Reichsgewalt, nannte er sich in der Bulle «Si fratrum» vom 31. März 1317 den während der Vakanz rechtmäßigen Verwalter des Reichs. So beanspruchte er das päpstliche Vikariat für Italien, befahl jetzt unter Strafe des Banns auch den von Heinrich VII. in Italien eingesetzten Reichsvikaren, diesen Titel sofort abzulegen. Und als Ludwig nach dem Tag von Mühldorf seine Rechte in der Lombardei, einem Reichsland, geltend machte und als römischer König in Italien auftrat, eröffnete Johann XXII. ein Rechtsverfahren gegen ihn und tat alles, um die «eherne deutsche Schlange», den «verdammten Bayern», den Sohn Belials» in wilder Wut zu vernichten.

Am 8. Oktober 1323 verfügte eine – auch an das Portal der Kathedrale in Avignon angeschlagene – Bulle, niemand könne als König der Römer auftreten, den der Papst nicht bestätigt, dem er nicht die Approbation gegeben habe. Jeder Akt Ludwigs, der sich Titel und Rechte eines römischen Königs angemaßt, wurde annulliert, er ultimativ aufgefordert, binnen drei Monaten die Reichsverwaltung niederzulegen und um Bestätigung des Papstes nachzusuchen; widrigenfalls werde ihn unverzüglich der Bannstrahl treffen. Niemand im ganzen Reich durfte ihn als römischen König anerkennen, jeder ihm geleistete Lehnseid wurde gleichfalls aufgehoben, allen ungehorsamen Prälaten die Amtssuspension, allen widersetzlichen Staaten und Städten Exkommunikation und Interdikt angedroht.

Der König bekam derart eine antikuriale Politik aufgedrängt. Er wehrte sich in den noch durchaus moderaten Appellationen von Nürnberg (18. Dezember 1323) und Frankfurt (7. Januar 1324), bestritt die Kompetenz des überdies befangenen Papstgerichts und wurde von diesem am 23. März 1324 mit dem Kirchenbann belegt. Als seinerzeit die Kardinäle Napoleone Orsini, Pietro Colonna und der mit Bonifaz VIII. verwandte Jacopo Caetani den Papst daran erinnerten, daß er Jahr um Jahr tatenlos der Verwüstung Deutschlands zugesehen, daß er sie Jahr um Jahr hingenommen habe, als sie ihn auf Ludwigs Rechte verwiesen, schrie Johann: «Übel redet ihr! übel redet ihr! Dann werden wir eben eine Dekretale dagegen erlassen!» Und als Jacopo Caetani ihn vor dem Furor Teutonicus warnte, sagte er: «Bei Gott, ihre Wut soll meiner Wut, und nochmals meiner Wut begegnen!»

Im Mai 1324 wandte sich der Bayer in einer dritten Appellation, der von Sachsenhausen, dezidiert und grundsätzlich gegen den papalen Zustimmungsanspruch bei der deutschen Königswahl, insistierte nachdrücklich auf der Legalität seiner eigenen Wahl durch die überwiegende Mehrheit der Kurfürsten, leugnete die Rechtgläubigkeit des Papstes und zögerte nicht, ihn einen hartnäckigen «Ketzer» zu nennen. Er unterstellte ihm, die Zerstörung Deutschlands, des Heiligen Reiches, anzustreben, er pflege zu sagen, «die Zwietracht der Fürsten Deutschlands, des deutschen Adels und Volkes sei das Heil und der Friede der Bischöfe und der Kirche von Rom», was dann noch einmal wiederkehrt in der Wendung: «Johann hat nachweislich gesagt, er wolle die eherne Schlange, das Reich der Deutschen [imperium Alamannorum], zu jeder Zeit zertreten ...» Es gelang dem Bayern, einen Großteil des Volkes für sich zu mobilisieren, papsthörige Bischöfe und Priester wurden behindert, vertrieben, in Basel und Berlin sogar ermordet.[16]

Der eigentliche Kriegsschauplatz aber wurde Italien.

Zwei Drittel des Kirchengeldes für den Krieg

Fast während seines ganzen Pontifikats rang Johann unter Aufwendung kolossaler materieller Mittel um die Schaffung eines lombardischen Königreiches, eines natürlich von der Kurie abhängigen guelfischen Staates. Er suchte dort die alten Herrschaftsrechte deutscher Könige und Kaiser selbst zu gewinnen und zugleich Deutschland eng vom Papsttum abhängig zu machen.

Nahezu eineinhalb Jahrzehnte, zwischen 1320 und 1334, kämpfte dafür Johanns Neffe Bertrand du Poujet (Bertrando del Poggetto), schon bald nach der Papstwahl zum Kardinal erhoben und 1319 zum apostolischen Legaten in Italien ernannt, kämpfte ebenso rigoros mit geistlichen wie kriegerischen Waffen, «als Feldherr wie als Politiker gleich hervorragend» (Seidlmeyer). Dabei mied er auf Anordnung des Papstes, überliefert der Zeitgenosse und Prähumanist Albertino Mussato, offene Feldschlachten und operierte «mehr mit Terror». So verwüstete der Kardinal, nachdem er ein Heer von Avignon in die Lombardei geführt, das Gebiet von Mantua, zerstörte mit Feuer und Schwert die militärischen Vorwerke und gewann diverse Städte. Besonders aber stritt er gegen die lombardischen Ghibellinen und die Visconti, die Herren Mailands und ihres weiten Territoriums.

Gegen Matteo I. Visconti (1294–1302, 1311–1322), von Adolf von Nassau zum Reichsvikar der Lombardei ernannt, als solcher von Albrecht I. und Heinrich VII. bestätigt, wurde alsbald ein Inquisitionsprozeß eingeleitet und schließlich ein förmlicher Kreuzzug geführt. Wie oft schon, wenn ein Papst politisch nicht recht weiterkam, half da prompt der Vorwurf der «Ketzerei». 1320 wurde der Visconti exkommuniziert, 1321 über Mailand das Interdikt verhängt, 1322 zum Kreuzzug gegen Matteo Visconti aufgerufen. Die Klerisei versprach Befreiung vom Interdikt jetzt nicht nur seinen, sondern auch den Untertanen ihr unbequemer anderer Obrigkeiten, der Este von Ferrara (für die die Kirche zu einem Kaufhaus verkommen, Johann gar nicht der wahre Papst war), des Cangrande I. von Verona (der viele, vor allem auch prominente Flüchtlinge, darunter

Dante, aufnahm und ihnen Schutz gewährte), versprach Befreiung vom Interdikt, wenn sie nur ihre Herren beiseite räumten – «Seid untertan der Obrigkeit!» Bereits am 23. Mai 1322 sah sich Matteo Visconti genötigt, zugunsten seines Sohnes Galeazzo abzudanken.[17]

Die Kriege des Papstes verschlangen gewaltige Summen. Rubriziert unter der nichtssagenden Floskel «cera et cetera» (Wachs und sonstiges) betrugen im Rechnungsjahr 1323/1324 die Ausgaben für militärische Zwecke 250429 Gulden, 69,4 Prozent der Gesamtausgaben; im Rechnungsjahr 1325/1326, der Gipfel und die Zeit, in der erstmals (in dem florentinischen «Registro delle Provisioni») eine eiserne Kanone erwähnt wird, sogar ca. 438000 Gulden, 82,9 Prozent der Gesamtausgaben. Kaum viel mehr, rund 442000 Gulden, gab Ludwig für seine immerhin dreijährige Romfahrt aus. Während aber Johann nach den Ausgabenregistern von seinen Einnahmen nur 7,16 Prozent für Almosen, Mission und Kirchenbauten verwendete, zahlte er 76,4 Prozent für Kriegszwecke und Beamtengehälter.[18]

Der apostolische Legat, Kardinal Bertrand du Poujet, schritt inzwischen von Erfolg zu Erfolg, vertrauend «nach eigenem Bekunden vor allem stets auf die Hilfe des höchsten Gottes» (Mussato). So gewann er der Reihe nach – in manchen Jahren eine Viertelmillion Gulden und weit darüber hinaus verpulvernd – Piacenza, Parma, Reggio Emilia, Modena, Bologna, das zu seinem eigentlichen Operationszentrum wurde, bis ihn daraus, nach einer vernichtenden Niederlage bei Argenta (Ferrara) 1333, im nächsten Jahr wegen der Härte seiner Herrschaft ein Volksaufstand vertrieb.

Auch längst vorher war man auf päpstlicher Seite nicht immer recht glücklich. 1324 zum Beispiel, in der Schlacht am Adda-Ufer und beim Kastell von Vaprio zwischen den Mailändern unter Galeazzo und Marco Visconti und dem Schlüsselheer nebst Florentiner Hilfskontingent, hatten die Kirchentruppen 800 Tote. Der Heilige Vater, der nie auf einem Schlachtfeld stand, doch gern darüber sprechen hörte, schließlich investierte er viel Geld dafür (durchschnittlich 63 Prozent seines gewaltigen Jahreseinkommens), sandte eine Art Beileidsschreiben nach Florenz, gleichzeitig «die Söhne des Segens und der Gnade» auffordernd, die erlittenen Verluste durch

Nachschub an Rittern, Pferden, Fußkämpfern wieder auszugleichen, nicht ohne den Florentinern für den Kampf «gegen die perfiden Ketzer, die Feinde Gottes und der Kirche», außer den üblichen geistlichen Vorteilen, seine besondere Gunst zuzusichern. Auch als im folgenden Jahr, am 18. März 1325, das wichtige Borgo San Donnino für die Kirche verlorenging, verlangte der Papst, wie nach jedem Fehlschlag, von Florenz und seinen Verbündeten immer neue Hilfe und Verstärkung. Dabei kostete damals allein der 19 Monate währende Aufenthalt Herzog Karls von Kalabrien in der Arnostadt 900 000 Gulden.[19]

Dann betrat der Bayer selbst für drei Jahre (1327–1330) den Boden Italiens. Die Ghibellinen sollen ihn bedrängt, bestürmt, ihn mit Tränen in den Augen um Hilfe angefleht, ihre ganze Macht, auch die von 19 Bistümern, dazu ungezählte Burgen ihm angeboten haben, ferner 150 000 Gulden. So bekundete er schließlich offen, den fremden Usurpatoren in Italien «die Rechte des Reichs und die Herrschaft der Welt, welche die Deutschen durch Ströme ihres edlen Blutes errungen», wieder zu entreißen. Und während der Papst, oder wie es nun im Lager Ludwigs hieß, der Priester Jakob von Cahors, einen neuen Prozeß gegen ihn eröffnete, eilte der Bayer zunächst von Erfolg zu Erfolg. «Gepriesen sei, der da kommt im Namen des Herrn», lobsangen Klerus und Volk in Bergamo. Verona und Lucca hielten zu ihm. In Mailand empfing er an Pfingsten in der Kathedrale die Lombardenkrone von dem längst gefeuerten Bischof Guido Tarlati von Arezzo, empfing 50 000 Gulden als Krönungsgeschenk und steckte Galeazzo I. Visconti, dessen Sippe ihm «die Lombardei aufgetan» (Gregorovius), an den Füßen gefesselt ins Verlies, um einen großen Steuerbetrag von ihm zu erpressen. Auch andere Visconti landeten in den Kerkern von Monza, wurden schließlich, nach Villani, als schuldlos entlassen, doch gleichwohl durch ein Lösegeld von 25 000 Gulden geschröpft. Galeazzos jüngster Bruder Stephano, der gewagt haben soll, Ludwig zu vergiften, starb plötzlich.

Vergebens versuchte Pisa, einst Hochburg tuszischer Ghibellinen, durch 60 000 Goldgulden den Bayern von sich fernzuhalten. Nach wochenlangem Maueruntergraben und Minenkrieg und der Kapitulation der Stadt am 8. Oktober zwang ihr Ludwig eine Steuer von

150 000 Goldgulden auf sowie eine weitere, nicht fixierte Summe aus Erträgnissen indirekter Steuern.

Inzwischen hatte Papst Johann seinen Kardinallegaten Richtung Rom beordert, ebenso den Bruder des Königs von Neapel, den Prinzen Johann von Gravina. In der Nacht vom 27. auf 28. September durchbrachen die Neapolitaner die Stadtmauern, metzelten die Wachen nieder, nahmen St. Peter ein, wurden aber von den anstürmenden Römern, die dabei, nach einer alten Quelle, etwa 500 Männer verloren, blutig zurückgeschlagen. Prinz und Kardinal flohen aus der Stadt, nicht ohne zuvor noch den Borgo des Vatikans in Brand gesteckt zu haben. Und am 23. Oktober beendete der Papst den Prozeß, in dem er den Wittelsbacher erneut als «Ketzer» verdammte, ihm alle bewegliche und unbewegliche Habe aberkannte, ihm jedes bisher noch verbliebene Recht absprach, sogar den ererbten Titel eines Herzogs von Bayern.[20]

Rom – Einzug und Auszug

Zu Beginn des neuen Jahres jedoch, am 7. Januar 1328, rückte Ludwig mit Trompeten- und Posaunenschall in Rom ein, umjubelt angeblich von dem Ruf: «Gekommen bist du, Ersehnter, den wir als unsern Herrn erwarteten; denn du bist die Hoffnung der Verlassenen und der Trost derer, die in Nöten sind.» Der römische Klerus allerdings jubelte nicht, alle Papstanhänger jubelten nicht, viele Kirchen waren gähnend leer, der Kardinallegat hatte über die Stadt das Interdikt verhängt. Das römische Volk aber freute sich, schreibt Albertino Mussato, «als sei Gott vom Himmel gestiegen», verwünschte den im fernen Avignon thronenden Pontifex, bestritt, «daß er der wahre Papst sei», wollte «einen neuen Papst», natürlich «in ihrer Stadt Rom».

Am 17. Januar wurde der Wittelsbacher, nachdem man viel hergebrachtes Zeremoniell (ein offizielles Protokoll existiert nicht) genau beachtet, auch ihn selbst zum Domherrn angekleidet hatte, auf die ungewöhnlichste Weise zum Kaiser gekrönt – «Welche Anmaßung des verdammten Bayern!» ruft Villani. Der gebannte Bischof von Arezzo salbte Ludwig, und Sciarra Colonna, einst fast Mörder von Papst Bonifaz VIII. (S. 401 f.), brachte den so begehrten Kopfschmuck in Volkes Namen auf sein Haupt. «Vor 25 Jahren stand er im brennenden Palast zu Anagni, das Schwert auf die Brust eines Papstes gezückt, jetzt im St. Peter die Krone des Reichs haltend, um sie auf das Haupt eines deutschen Königs zu setzen, der zum erstenmal in der Geschichte dies heilige Diadem aus den Händen eines Abgesandten des Volks empfing» (Gregorovius). Wäre der große Geschichtsschreiber hier und überhaupt nicht etwas weniger demokratisch ergriffen, weniger bewegt gewesen durch «das demokratische Prinzip von der Majestät des römischen Volks», hätte er schon die Demokratien des 20. Jahrhunderts gekannt? Von links bis rechts?[21]

Jedenfalls erfolgte diese papstfreie «stadtrömische» Kaiserkrönung offenbar nach den Vorstellungen des Marsilius von Padua, dieses wohl bedeutendsten politischen Theoretikers im europäischen Spätmittelalter, der damals noch einen großen Einfluß auf den Monarchen hatte. Sein Ludwig gewidmeter «Defensor Pacis» (Der Verteidiger des Friedens) ist ein herausragendes, noch auf das Zeitalter der Reformation und Gegenreformation wirkendes Werk, das vor allem die Ausschaltung der kirchlichen Weltansprüche, der kirchlichen Gesetzgebung durch die weltliche betont, auch mit dem anklingenden Gedanken einer Volkssouveränität. Denn kompetenter Gesetzgeber ist «allein (!) die Gesamtheit der Bürger oder ihr wichtigerer Teil» (DP I, 12,5). Dabei geht es Marsilius, bis heute nicht umgesetzt, weder geistig noch gar in der Arena politischer Realität, «um Frieden, nicht primär um Freiheit, schon gar nicht um Demokratie» (J. Miethke).

Der Papst aber hat das Werk am 23. Oktober 1327 in dem Erlaß «Licet iuxta doctrinam» als «ketzerisch» verdammt. Kein Wunder. In bisher kaum gekannter Schärfe unterwirft Marsilius die Kirche dem Staat, erkennt er ihr keine strafende Gewalt (potestas coactiva) zu, spricht er dem Papst jeden Suprematieanspruch, alle seine usurpierten Rechte ab, seine Überheblichkeit, die Erhebung über den Kaiser, die Jurisdiktion sogar über Bischöfe und Priester. Er sieht in

Petrus keinen Stellvertreter Christi, keinen Stifter des römischen Bistums, ja bestreitet, daß er je in Rom war, was auch gänzlich unerweisbar bleibt (II 56 ff.!). Manches berührt sich mit Dante. Auch Marsilius neigt stark der Monarchie zu, sieht sie aber nicht mehr im Dunstkreis der Heilsgeschichte, auch wenn er Kirche und Klerus noch für gerechtfertigt hält.[22]

Nur wenige Tage nach dem pompösen Festakt in Rom, von dem man in Avignon aber noch nichts wissen konnte, predigte der Papst gegen Ludwig das Kreuz. Durch seine Bulle vom 21. Januar 1328 garantierte er jedem, der gegen den Bavarus das Schwert schwang, dieselben unschätzbaren Gnadenmittel, die sonst mit den Kreuzzügen ins Heilige Land verbunden waren. Alsbald kamen denn auch Robert von Neapel und sein Sohn Karl nebst vielen «Edlen» des Königreiches zur Sache. Man verbreitete die päpstliche Bulle, wo immer es ging, rüstete auf Teufel komm raus und brandschatzte – der Beginn des «Kreuzzuges» – Mitte Mai mit einem Teil der Flotte die feindliche Küste.[23]

So unüblich wie des Bayern Kaiserkrönung war auch die Erhebung eines neuen Papstes einige Monate darauf. Zunächst erklärte Ludwig im April per Dekret «Jacques von Cahors» wegen «Ketzerei» für abgesetzt; ja, er sprach das Todesurteil über ihn als «Ketzer» und Majestätsverbrecher aus; zwar umstritten, doch insofern belanglos, als ein der Häresie und des Majestätsvergehens Überführter sowieso dem Tod verfallen war. Dabei geschah es wohl, daß man eine Holzpuppe im Papstornat feierlich zum Flammentod verurteilt hat, was seinerzeit noch, dürfen wir Mussato glauben, «die ganze Welt» schockierte, freilich auch auf der andren Seite geübt worden ist. So wurde einmal in Avignon, wo man Ludwig täglich in aller Form verfluchte, auf dem Kalvarienberg eine den Herrscher darstellende Strohpuppe ins Feuer gesetzt (worauf ein Deutscher die Asche durchsucht und, zur Rede gestellt, geantwortet haben soll, er wollte nur sehen, ob von den Knochen des Verbrannten noch etwas übrig sei).

Der nächste Akt ungewöhnlicher Art, ein Staatsakt sozusagen, war die Proklamierung eines neuen Papstes, am 12. Mai gewählt, am 15. Mai von Ludwig gekrönt. Beginn einer ebenso kurzen wie kuriosen Kirchenspaltung, einer der Höhepunkte der nicht minder flüchtigen «Revolution» des Kaisers, des Bavarus. «Nirgend haben Handlungen von Herrschern so wenig Eindruck auf ein Volk gemacht als die geräuschvollen Taten der mittelalterlichen Kaiser in Rom.» Wozu gleichsam komplementär der andre, gar nicht genug zu bedenkende Satz von Gregorovius über die Römer gehört: «sie hatten zumal vor dem Papsttum niemals Achtung, weil sie dasselbe aus der Nähe beobachteten».

Er hieß Pietro Rainalducci und stammte aus dem kleinen Ort Corvaro in den Abruzzen. Ehe er, wie einst Vorgänger Coelestin V. seligen Angedenkens, beim Orden der Minoriten eintrat, war er fünf Jahre mit einem Mädchen verheiratet, das ihn anscheinend betrog, sitzenließ, dann aber den Gegenpapst als Gatten vor dem Bischof von Rieti, Johann IV., reklamierte und von ihm auch zugesprochen bekam. Nach den einen war der neue Heilige Vater, der sich Nikolaus V. (1328–1330) nannte, ein Ausbund an Heiligkeit, in dessen Namen Zeichen und Wunder geschahen, nach den andern ein Heuchler, der es insgeheim weder mit der Armut noch mit der Keuschheit hielt.[24]

Wie auch immer, weder der Kaiser noch sein Papst genossen allzuviel Sympathien in Rom. Versorgungsschwierigkeiten, Nahrungsmangel, Teuerung machten sich bemerkbar, auch Verrat und Gewalttätigkeit. Den Herren Viterbos, Silvester de'Gatti, einen Ghibellinen, der Ludwig zuvorkommend aufgenommen, verhaftete er samt seinen Söhnen, zwang ihm durch die Folter 30 000 Goldgulden ab – es erinnert an seine Mailänder Visconti-Beseitigung – und schmiß ihn dann in die Engelsburg. Für Geld ließ er zum Zorn der Römer aus Rom Verbannte wieder herein. Anfang März kam es zum Aufstand, Hinrichtungen folgten, regelrechte Religionsverfolgungen des Johann treuen Klerus, soweit er nicht aus der Stadt, über der das Interdikt lag, geflohen war. Mitte Mai erschienen neapolitanische Galeeren vor der Tibermündung, setzten Kriegsvolk ab, verschiedene Küstenorte wurden genommen, Landstriche schwer gebrandschatzt, Menschen, Tiere weggeschleppt, deutsche Truppen zurückgeschlagen.

Ludwig selbst, den wie immer die Geldnot peitschte, zog Richtung Süden, nahm Cisterna an der Via Appia, raubte es aus, brannte es in den Grund. Man stritt um die kümmerliche Beute, der Kaiser mußte Nieder- und Oberdeutsche trennen, die römischen Hilfskontingente rückten ab, und später ging auch Ludwig wieder nach Rom. Doch seine Lage war dort unhaltbar, so daß er es am 4. August unter Steinwürfen endgültig verließ, Hohnrufe, wie es heißt, der Einwohner im Ohr und Hochrufe auf Johann XXII., dessen Kardinallegat vier Tage später erschien. Er setzte alle Maßnahmen des letzten Regiments außer Kraft, stellte das frühere offiziell wieder her, worauf die Römer noch die Leichen der Deutschen aus ihren Gräbern rissen, durch die Straßen schleiften und in den Tiber warfen.[25]

… und der Rückzug

Der Rückzug artete zum Raubzug aus, wie, genaugenommen, schon der Einmarsch. «Denn die Deutschen waren eine zügellose freche Bande» (Mussato). Und immer wieder blieb es «Ludwigs vornehmste Sorge … sich Geldmittel zu beschaffen» (Chroust), denn daran fehlte es ihm ständig, nicht zuletzt daran ist sein Unternehmen gescheitert, hat ihm doch, wie fraglos vielen seiner Vorgänger, wenig so geschadet, wenig ihn so unbeliebt gemacht, verhaßt, wie sein permanentes Geldgeheische, zumal bei den diesbezüglich wohl besonders empfindlichen Römern, denen er mit einer Auflage von 30 000 Goldgulden – je ein Drittel von Pfaffen, Bürgern, Juden zu bezahlen – noch sehr entgegenkam.

Aber er war gerade, zwei Tage nach seiner Abreise von Rom, am 6. August in Viterbo eingezogen, so sorgte er «zunächst» dafür, «durch umfangreiche Brandschatzungen seine Kassen zu füllen und seine Vorräte zu ergänzen» (Chroust). Und als treusorgender Fürst wählte er bereits sein nächstes Opfer unter den Nachbarstädten aus: Bolsena. Ein beabsichtigter Verrat mißlang, ein Angriff mit Waffengewalt ebenso, und dies obschon Papst Nikolaus V. und seine Kardinäle allen Streitern im Falle ihres Fallens das Paradies versprochen. Denn besaß man auch nicht die Geldberge des Papstes in Avignon, einen Überschuß an geistlichen Gnadenschätzen hatte man wie er, hatte man in geradezu unbegrenzter Menge, sogar gegen ihn selbst. So garantierte Nikolaus am 8. Januar 1329 persönlich als Prediger allen die volle Vergebung ihrer Sünden, die Johann XXII. als unwürdig verworfen.

Wie der Angriff auf Bolsena, so scheiterten auch Attacken auf Orvieto, Imola, Foligno. Todi bot «freiwillig» 10 000 Gulden, doch die «Cronaca Sanese» hält dort eine zweimalige Abgabe von je 10 000 Gulden fest. Und Papst Nikolaus, nicht minder in dauernder Geldnot, ließ den gesamten Kirchenschatz von San Fortunato mitgehn. Von Lucca forderte Ludwig 93 000, von Pisa 100 000 Gulden als Kontribution.

Mittlerweile trieb die sizilische Flotte unter dem Kommando von Peter, dem Sohn und Mitregenten König Friedrichs, längs der Küste des neapolitanischen Königreichs dahin. Sein Landungscorps verwüstete die Gegenden, nahm auch den Torre d'Astura und brachte mehr als 150 seiner Verteidiger um. Der fürstliche Kreuzfahrer zerstörte Nettuno, besetzte weitere Küstenpunkte, die Insel Giglio, bevor er in Corneto den Kaiser traf, der sofort bereits zugesagte Subsidien in Höhe von 20 000 Unzen Gold verlangte. Doch Peter, der bald danach durch einen Seesturm 15 Schiffe verlor und mit den übrigen nur schwer havariert nach Sizilien kam, wollte erst noch Ludwigs Einfall ins Neapolitanische abwarten, woran doch längst nicht mehr zu denken war. Seine eigenen Soldaten hatten miteinander Händel, andere setzten sich ganz von ihm ab, Ende Oktober über 800 Ritter, dazu ungezählte Fußsoldaten, denen er schon länger keinen Sold mehr gezahlt. Beim Poübergang ließen ihn weitere 600 Mann im Stich. Sein Heer schwand, sein Ansehen, viele Städte schlossen ihre Tore vor ihm. Auch einer nach dem andren seiner italienischen Verbündeten fiel ab, ging zum Legaten, zum Papst über. Die Gesandten der Markgrafen von Este unterwarfen sich in Avignon mit Stricken um den Hals. Viele folgten.

Schließlich versöhnte sich sogar Papst Nikolaus mit ihm, nicht mehr Jacques von Cahors jetzt, der «Ketzer», sondern die wahre Heiligkeit wieder, der allerheiligste Papst. Vorbei die Zeit blitzender

Bannstrahlen, die er, des Kaisers Kreatur, gegen jenen geschleudert, und die Stunde schönster Christendemut da. Am 25. Juli 1330 legte Nikolaus V. vor dem Erzbischof in Pisa seine Papstwürde ab (welch bizarres Paradox!) und wurde wieder Pietro von Corvaro. Genau einen Monat darauf erschien er in Mönchskutte und mit fast obligatorischem Halsstrick in Avignon, wand sich zu des Siegers Füßen, bekannte alle seine Sünden, bekam sie nachgelassen, eine 3000-Gulden-Pension obendrein nebst Wohnung im Papstpalast. Da lebte er noch drei Jahre in natürlich «ehrenvollem» Hausarrest und starb am 16. Oktober 1333.[26]

LUDWIGS TOD ODER «SÜEZE KÜNIGIN, UNSER FRAWE ...»

Auch der Kaiser war noch zwei Jahre im Süden geblieben und dann nach Deutschland zurückgekehrt – aus einem Chaos ohne Grenzen in eine ungewisse Zukunft. Hatte doch sein Gegenspieler sich nicht damit begnügt, ihn in Italien zu bekämpfen, sondern auch dauernd seine Macht in Deutschland zu untergraben versucht.

Schon im Herbst 1327 bereitete der Johanniter Petrus von Ungala, Johanns Emissär, von Köln aus einen Staatsstreich vor. Zweimal stand der Termin für eine Königsneuwahl bereits fest, am 31. Mai und am 15. November 1328, ohne daß es dann dazu gekommen wäre. Und als nach dem Tod des Mainzer Metropoliten Matthias der Papst am 11. Oktober 1328 Heinrich III. von Virneburg mit dem Erzbistum Mainz providierte, das kaiserlich gesinnte Domkapitel aber am nächsten Tag den bei Johann unbeliebten Balduin von Trier zum Provisor bestellte, begann dieser gegen den Konkurrenten einen «schlimmen Verwüstungskrieg» (Thomas), und der Papst hatte sich zu seinen Lebzeiten einen Machtwechsel in Deutschland selbst verbaut. Denn das Zweckbündnis, das Kaiser und Bischof nun verband und wenigstens hier das Regiment des Bayern sicherte, reichte noch Jahre über den Tod des Papstes hinaus.

Johann XXII. starb am 4. Dezember 1334. Und wie der Wittelsbacher schon früher wiederholt mit ihm zu einer Verständigung hatte kommen wollen, so machte er auch in dessen letzter Lebenszeit noch einen solchen Versuch «in der demütigsten Weise» (Fritze). Ja, er hätte noch im Jahr vor Johanns Tod gegen die Lösung vom Bann zugunsten seines Vetters Heinrich von Niederbayern auf die Krone verzichtet. Doch der starrsinnige Greis blieb unnachgiebig bis zuletzt, als ihn bekanntlich die tiefsinnige Frage quälte, bis zu welchem Grade Gestorbene Gott schauten ...

Sein Nachfolger, der Mönch Kardinal Jacques Fournier, der dritte Papst in Avignon, von einem Zeitgenossen verhöhnt als «eine Tonne unvermischten Weines», Benedikt XII. (1334–1342), schien zunächst zu einem Ausgleich oder doch zu Verhandlungen bereit, wobei ihm der Kaiser abermals weit entgegenkam. Doch Benedikt, ein Franzose wieder, stieß auf den Widerstand der Könige von Frankreich und von Neapel und setzte darauf die Politik seines Vorgängers fort, der ihn ja auch zum Kardinal gemacht und zur besonders eifrigen Ausrottung der «Ketzer», der Waldenser, der Albigenser, in seinen Diözesen zweimal beglückwünscht hat. Und wenn Jacques Fournier auch nur eine Handvoll verbrannte, viele andere freilich auf der Folter körperlich und seelisch verkrüppelt haben soll: die von ihm Verfolgten verfluchten ihn als Teufel, während dies ihn für Johann XXII. zum Kardinal doch gerade prädestinierte.

Obwohl der Wittelsbacher also weitgehendes Entgegenkommen signalisiert hatte, fand der Papst, zu sehr vom französischen König abhängig, es nicht weitgehend genug, sprach er dem Kaiser wirkliche Reue ab und verweigerte ihm die Absolution. Als darum der Hundertjährige Krieg (1337–1453) zwischen Frankreich und England ausbrach, den der «friedliebende» Papst (Seppelt) gerne verhindert hätte, da so seine ganze Hoffnung auf einen Kreuzzug zerbrach, trat Kaiser Ludwig (gegen 300 000 Gulden) auf Englands Seite ein, wechselte aber während des Konflikts die Front in der Erwartung, durch König Philipp VI. von Valois zu einem Ausgleich mit der Kurie zu kommen, worin er sich täuschte. Und als er dann noch, getrieben vom «Götzendienst des Geizes» (Matthias von Neuenburg), gestützt auf Gutachten des Wilhelm von Ockham und

Marsilius von Padua, den Tirolereheskandal sich leistete, indem er die reiche Erbin der Grafschaft Tirol, Margarete Maultasch, vom Sohn des Böhmenkönigs Johann schied und dafür mit seinem eigenen Sohn, dem Brandenburger Markgrafen, verband, wobei er auch noch das Ehehindernis der Blutsverwandtschaft dritten Grades ignorierte, da begann, schrieb Abt Johann von Victring, der Geruch des Kaisers «in den Nasen der Fürsten zu stinken und sie sagten, er habe das Reich wegen seiner groben Vergehen verwirkt».

Auch Erzbischof Balduin von Trier fiel nun von ihm ab und schwenkte auf den Kurs des neuen Papstes ein, Clemens' VI. (1342 bis 1352), des vornehmen Südfranzosen Pierre Roger. Er war schon länger ein Günstling des französischen Hofes und ein Gegner des Kaisers. Von 25 seiner neuen Kardinäle stammten 22 aus dem heutigen Frankreich, und Clemens war eher unversöhnlicher noch als sein Vorgänger. Neue Vermittlungsversuche des immerwährend schwankenden Wittelsbachers im Herbst 1342 beantwortete der Papst im nächsten Jahr mit einem neuen Prozeß. Er exkommunizierte den Kaiser am 13. April (Gründonnerstag) 1346, erklärte ihn für ehrlos, für rechtlos, noch seine Söhne, seine Enkel sollten unfähig sein zu jedwedem Amt. Den ganzen Haß, den wir von so vielen Päpsten kennen, schleuderte er ihm in seiner Bannbulle entgegen. «Wir flehen die göttliche Allmacht an, daß sie des erwähnten Ludwigs Raserei zuschanden machen, seinen Hochmut zu Boden werfen, ihn durch die Kraft ihres rechten Armes niederstürzen und ihn den Händen seiner Feinde und Verfolger wehrlos übergeben wolle. Sie lasse ihn in ein verborgenes Netz fallen. Sein Eingang und Ausgang sei verflucht. Der Herr schlage ihn mit Narrheit, Blindheit und Raserei, der Himmel verzehre ihn durch seinen Blitz.»

Die Kurfürsten forderte der Papst auf, einen neuen König zu wählen. Er enthob kurz vor der Wahl den kaisertreuen Mainzer Wahlfürsten Heinrich von Virneburg seines Stuhles, und da auch Balduin von Trier 1346 vom Kaiser unter Eidbruch abgefallen war, gewann am 11. Juli 1346 Karl, der älteste Sohn König Johanns von Böhmen, die römische Krone, ein neuer «Pfaffenkönig», der dem Papst wieder weitgehende Zugeständnisse gemacht. Und während Clemens in Avignon ein Leben in Saus und Braus führte (allein sein

Krönungsmahl soll 150 000 Gulden verschlungen haben, 80 Prozent seiner durchschnittlichen Jahreseinnahme), während er das Geld an seine Nepoten verschwendete (vier von ihnen kreierte er zu Kardinälen), während er allein für Küche und Keller ein Mehrfaches ausgab wie seine beiden Vorgänger, starb Ludwig der Bayer am 11. Oktober 1347 nach dem Besuch einer Dame – wahrscheinlich der zu ihrem gelähmten Gatten nach Wien zurückreisenden Herzogin Johanna von Österreich –, mit der er ausgiebig genachtmahlt und sich, unpäßlich geworden, auf anschließender Bärenjagd erholen wollte, plötzlich mit «einem Gebet an die Gottesmutter auf den Lippen ...» (Süeze künigin, unser frawe, bis pei meiner schidung).

Aber bekanntlich kann man auf letzte Worte noch weniger geben als auf viele zuvor.[27]

ANHANG

ANMERKUNGEN ZUM SIEBTEN BAND

Die vollständigen Titel der angeführten Sekundärliteratur stehen auf S. 532 ff., die vollständigen Titel der wichtigsten Quellenschriften und Abkürzungen im Abkürzungsverzeichnis auf S. 550 ff. Autoren, von denen nur ein Werk benutzt wurde, werden in den Anmerkungen meist nur mit ihren Namen zitiert, die übrigen Werke mit Stichworten.

1. KAPITEL
KAISER HEINRICH VI. (1190–1197) UND PAPST COELESTIN III. (1191–1198)

1 Kantorowicz 14

2 Hauck IV 709 f.

3 LMA IV 1978, 2045. V 1406 f. VII 1956 ff. IX 132 ff. HEG II 599. Hauck IV 689 f. Haller, Das altdeutsche Kaisertum 210 f. Ders. III 202 f. Seppelt III 307 f. Zimmermann 142. Horst 17. Wolter 30 ff. Keller, Regionale Begrenzung 414 ff. Cardini 236 f. Engels, Die Staufer 126 f. Jordan, Investiturstreit 162 f. Zöllner, Heinrich VI. 189 f. Höflinger, Kaiser Heinrich VI. 301 f.

4 Annal. Casin. 1190. Chron. Ursp. 1198. Schwertleite Heinrichs u. Herzog Friedrichs von Schwaben 1184 in Mainz: Hist. Welf. 1184. LMA II 2141. IV 1607 f. 2045. VII 937 f. 1956 ff. VIII 456 f. IX 131 ff. LThK IV³ 950, 1378. Taddey 506. HEG II 599 ff. Kinder/Hilgemann I 173. Kelly 201. Hauck IV 686 ff. Viele Quellenhinweise bei Toeche 27. Ferner 127 ff. 139, 144 f. 496 ff. Gregorovius II/1, 257, 265 f. Haller, Das altdeutsche Kaisertum 209. Ders. III 202 f. Seppelt III 307 ff. Winkelmann I 10, 32 Anm. 2. Jordan, Investiturstreit 162 f. Seltmann 193 ff. 274. Kantorowicz 13 f. Höflinger, Kaiser Heinrich VI. 300 ff. Zöllner, Heinrich VI. 189 f. Keller, Regionale Begrenzung 425. Fuhrmann, Deutsche Geschichte 199 ff. 204. Engels, Die Staufer 128. Beumann, Heinrich VI. 363. Seibt 1987.

5 Otto v. St. Blas. Chron. c. 33. Annal. Marbac. 1191. LMA II 2141. LThK II³ 1220, 1247. Gattermann 116. Kelly 200 ff. Toeche 127, 144, 150 ff. 166 f. Haller, Das altdeutsche Kaisertum 211. Ders. III 203 f. Jordan, Investiturstreit 164. Fuhrmann, Deutsche Geschichte 200 f. Pfaff, Papst Clemens III. 261 ff.

6 Otto v. St. Blas. Chron. c. 33. LMA III 4 ff. VI 1477 ff. LThK II³ 31. Kelly 201 ff. Gregorovius II/1, 262 f. Hauck IV 691 f. Toeche 170 ff. 182 ff. 191 f., hier Baronius-Zitat. Seppelt III 307, 309. Haller, Das altdeutsche Kaisertum 212. Ders. III 204 f. 384. Baaken, Zu Wahl 203 ff. Jordan, Investiturstreit 164. Keller,

Regionale Begrenzung 419. Zöllner, Heinrich VI. 189 ff. Höflinger, Kaiser Heinrich VI. 302

7 Otto v. St. Blas. Chron. c. 37. Annal. Marbac. 1191. Arnold Chron. Slavor. 5,5. Annal. Casin. 1191. Annal Stad. 1192. Cron. Reinhardsbr. 1195. LMA III 5 f. IV 2045. V 1406. VII 1297 ff. VIII 457. LThK II[3] 1247. IV[3] 1378. Kelly 202. Hauck IV 691 ff. Davidsohn I 589. Toeche 195 ff. 202 ff. 314 ff. Gattermann 116 f. Jordan, Papst Coelestin 242 ff. Haller, Das altdeutsche Kaisertum 212 f. Ders. III 205 f. Keller, Regionale Begrenzung 419 ff. Heer, Kreuzzüge 111. Zöllner, Heinrich VI. 191. Höflinger, Kaiser Heinrich VI. 302 f. Seppelt III 309. Engels, Die Staufer 128 ff. Fuhrmann, Deutsche Geschichte 200 f. Beumann, Heinrich VI. 363

8 Vgl. Toeche 309 ff. 324 ff. 358 ff., wie stets mit vielen Quellenhinweisen. Winkelmann I 2, Kantorowicz 14 f.

9 Annal. Marbac. 1191, 1193 f. Zu Albert von Löwen vgl. MG SS 25, 135 ff. LMA I 284 f. V 1351. LThK I[3] 331 f. VI[3] 283 f. Kelly 202. Wattenbach/Holtzmann I 112 f. Hauck III 343 ff. IV 688 f. 693 f. Dresdner 145 f. Kehr 284 ff. 308, 314. Lekai 35 ff. 50 ff. Wiederhold 106 ff. Haller, Das altdeutsche Kaisertum 213. Ders. III 206. Seppelt III 309 f. Demm 90 f. Semmler 16. Epperlein, Bauernbedrückung 121. Schmandt 639 ff. Heinrich, Kaiser Heinrich VI. 189 ff. bes. 199. Toeche 216 ff. 222 ff. 232 ff. 237 ff. 242 ff. 550 ff. Jordan, Investiturstreit 166 f. Gattermann 117. Keller, Regionale Begrenzung 420. Wendehorst 185 ff. Zöllner, Heinrich VI. 191. Höflinger, Kaiser Heinrich VI. 303. Engels, Stauferstudien 198 f. Ders. Die Staufer 127, 132. Störmer, Die Gründung 564 f. Jenks 103 ff.

10 Gattermann 14 ff. bes. 16 u. 19. Seltmann 73 f. 110, 311 Anm. 7, 8

11 Annal. Marbac. 1191, 1194. Otto v. St. Blas. Chron. c. 36; 38 f. Annal. Casin. 1194. LMA III 1483. IV 2045. V 1900. VII 811. VIII 457, 2001. Menzel, Geschichte der Deutschen I 434. Haller, Das altdeutsche Kaisertum 213 ff. Ders. III 208. Toeche 246 ff. 256 ff. 332 ff. Gattermann 118 ff. Jordan, Investiturstreit 167 ff. Ders. Heinrich der Löwe 231. Fichtenau, Akkon 239 ff. Heer, Kreuzzüge 110. Bosl, Europa im Mittelalter 225 f. Durant 356. Beumann, Heinrich VI. 363 f. Seppelt III 311 f. Schmid 398 ff. Keller, Regionale Begrenzung 419 ff, Zöllner, Heinrich VI. 190 ff. Fuhrmann, Deutsche Geschichte 201 f. Engels, Die Staufer 132 f. Höflinger, Kaiser Heinrich VI. 303 f.

12 Gesta Innoc. c. 25. Annal. Marbac. 1194 f. Otto v. St. Blas. Chron. c. 39 ff. LMA VI 1585 f. 1637 f. IX 134. LThK VII[3] 1224 f. HEG II 602. Hauck IV 697. Gregorovius II/1, 265. Gattermann 119. Cleve 41 f. Bosl, Die Reichsministerialität 222 f. 595. Haller, Das altdeutsche Kaisertum 215 f. Ders. III 208 f. Jordan, Investiturstreit 169. Keller, Regionale Begrenzung 422. Böhmer 376, 380 ff. Toeche 331 ff. 349, 356 ff. Vgl. bes. die Neueste Beilage 573 ff. Horst 18 f. Kantorowicz 24. Zöllner, Heinrich VI. 192 f. Höflinger, Kaiser

Heinrich VI. 304. Engels, Die Staufer 134 f. Schmale 189 Anm. 69 ff.

13 LMA IV 2045 f. Jordan, Investiturstreit 170 f. Keller, Regionale Begrenzung 425

14 Annal. Marbac. 1195 f. Otto v. St. Blas. Chron. c. 42. Vgl. auch Cron. Reinhardsbr. SS 30 S. 562 f. Sächsische Weltchronik c. 339, 1195 f. MG Const. 1, Nr. 413 f. Arnold Chron. Slavor. 5,25. LMA I 160, 252, 386, 1823. IV 953, 2045. VII 1834, 2131 f. LThK I³ 290. Pierer XIII 684. Kinder/Hilgemann I 153. Kelly 202. Hauck IV 699 ff. Toeche 366 ff. 373 ff. 384 ff. Knöpfler 410. Haller, Das altdeutsche Kaisertum 217 f. Ders. III 211 f. Knipping II Nr. 1429, 1459, 1504. Heer, Kreuzzüge 111. Seppelt III 137, 313 f. Demandt 68 f. Gattermann 122 ff. Jordan, Investiturstreit 172 f. Holtzmann 145 ff. 157 ff. 190 ff. Baaken, Die Verhandlungen 457 ff. bes. 485. Keller, Regionale Begrenzung 423 ff. Ausführlich zum Erbreichsplan Heinrichs IV. und zur Wahl Friedrichs II. 1196: Schmidt, Königswahl 225 ff. 233 ff. bes. 236 ff. 246 ff. Giese, Zu den Designationen 174 ff. bes. 179. Zur gest. Autorität der rheinischen Erzbischöfe: Stehkämper 12 ff. Ferner 20 ff. 31 ff. Dopsch I 306. Kantorowicz 15 f. Durant 400. Zöllner, Die Geschichte der Kreuzzüge 116 f. Ders. Heinrich VI. 193 ff. Mayer, Geschichte der Kreuzzüge 136 ff. Seltmann 153. Beumann, Heinrich VI. 365. Höflinger, Kaiser Heinrich VI. 305 f. Engels, Die Staufer 135 ff. Böhmer 415 a, 415 b. Schmale 127 Anm. 94

15 Annal. Marbac. 1196 f. Otto v. St. Blas. Chron. c. 43. Hauck IV 704 f. Toeche 427 ff. Seltmann 194, 262 f. Kantorowicz 16. Haller, Das altdeutsche Kaisertum 218 f. Ders. III 212 ff. Jordan, Investiturstreit 178 f. Beumann, Heinrich VI. 365

16 Otto v. St. Blas. Chron. c. 39 (fälschlich zu 1193) c. 40 (1194). Arnold Chron. Slavor. 5,25. Annal. Marbac. 1197. LMA IV 2046. LThK VII³ 1225. Menzel, Geschichte der Deutschen I 439 f. Hauck IV 702 f. 705 ff. Davidsohn I 610. Haller, Das altdeutsche Kaisertum 219 ff. Ders. III 218 f. Winkelmann I 9 ff., hier das Zitat von Joachim von Fiore. Jordan, Investiturstreit 174. Toeche 454 ff. Keller, Regionale Begrenzung 425. Toeche 452 ff. Ferner Neueste Beilage 573 ff. bes. 580 f. Böhmer 605. Horst 19 ff. 23. Zöllner, Heinrich VI. 193. Engels, Die Staufer 138. Kantorowicz 17, Ergänzungsband 16. Höflinger, Kaiser Heinrich VI. 306 f. Schmale 115 Anm. 38, 117

17 J. v. Müller, Werke VI 262 f. Zit. nach Toeche 457 Anm. 1

18 Toeche 457

19 Fuhrmann, Deutsche Geschichte 203 ff.

20 Otto v. St. Blas. Chron. c. 45. LMA II 1381. IV 2046. LThK IV³ 1378. Menzel, Geschichte der Deutschen I 441. Hauck IV 707 f. Haller, Das altdeutsche Kaisertum 220 f. Ders. III 219 f. 247. Toeche 459 ff. 466 ff. Heer, Kreuzzüge 111. Kantorowicz 17. Keller, Regionale Begrenzung 425. Horst 22. Engels, Die Staufer 138 f. Zöllner, Heinrich VI. 195. Beumann, Heinrich VI. 365. Erde von seinem Grab förderte das Wachstum der Saaten: Dinzelbacher 219

21 Chron. reg. Colon. MG SS rer. Germ. 18, S. 159. LMA I 160. LThK I³ 163. Deschner, Die Politik der Päpste I 412 ff. bes. 455 ff.

22 Annal. Marbac. 1197. Kelly 202. Hauck IV 708 f. Winkelmann I 32 ff. Stehkämper 38 ff. Kantorowicz 18 f.

23 Philipp zit. nach Stehkämper 38. Kantorowicz 17 f.

24 Haller, Das altdeutsche Kaisertum 221 f. Ders. III 220. Zöllner, Heinrich VI. 196

2. KAPITEL
Innozenz III. (1198–1216), der mächtigste Papst der Geschichte

1 Zit. nach Duby 236

2 Zit. bei Winkelmann II 297. Vgl. auch LMA II 1485

3 Loewenich 146 f.

4 Hauck IV 719 f.

5 Hergenröther II 279, 284

6 Otto v. St. Blas. Chron. c. 46. Winkelmann I 92 f. Ranke nach Seppelt III 318

7 Weinrich, Quellen zur deutschen Verfassungs-, Wirtschafts- und Sozialgeschichte, Dekretale «Venerabilem» 340 ff. LMA III 220 f. V 181 f. 434. VIII 2004 ff. LThK V³ 516. HEG II 367. HKG III/2, 172 f. Kelly 203. Hergenröther II 279. Hagenbach 312 f. 349. Gregorovius II/1, 295. Hauck IV 713 ff. bes. 718 ff. Seppelt III 319 f. 390. Howard 31 ff. Haller III 222 ff. Kantorowicz 33. Kosminski/Skaskin I 332. Winkelmann I 95 ff. Zimmermann 153 f. Duby 312 f.

8 Cron. Reinhardsbr. 1199. J. Condagnelli 1208. Gregorovius II/1, 296. Hergenröther II 279. Hagenbach 313. Hauck IV 719. Kantorowicz 36

9 Gregorovius II/1, 296 ff.

10 Gesta Innoc. pap. PL CCXIV c. 8 ff. Dekretale «Venerabilem»: Weinrich, Quellen zur deutschen Verfassungs-, Wirtschafts- und Sozialgeschichte 346. Gregorovius II/1, 320 f. Hagenbach 313 f. Hauck IV 725, 755 ff. 760 ff. Eichmann 48 ff. Norden 141 f. Grupp IV 408. Haller III 237 f. Loewenich 147. Lautemann 478. Schubart, Christentum und Abendland 120 f. Kantorowicz 36 ff. Keller, Regionale Begrenzung 426. Kosminski/Skaskin I 332. Duby 236. Dinzelbacher 350. Zum römischen Bischofstitel vgl. Mynarek, Verrat 34 ff.

11 Guillemain 84

12 Gregorovius II/1, 299 ff. 306 f. Haller III 242 f. Seppelt III 321. Winkelmann I 97 f.

13 LMA III 196. V 1347 f. VI 314 f. HEG II 609 f. Gregorovius II/1, 299 ff. 303 ff. 322. Hergenröther II 279. Hauck IV 721. Seppelt III 323 ff. Haller III 244 ff. 253. Keller, Regionale Begrenzung 426. Winkelmann I 106 ff. Töpfer 199. Kantorowicz 42

14 LMA III 196 f. HEG II 610. Kühner, Lexikon 99. Hergenröther II 279, 284. Gregorovius II/1, 306 ff. 318 f. Hauck IV 718 f. Haller III 238 f. 242 f. Schubart, Christentum und Abendland 122. Winkelmann I 94

15 HEG II 610. Gregorovius II/1, 305 f. 322 f. Hauck IV 721. Haller III 245 f. 250. Seppelt III 324 f. Seidlmayer I 140 ff. Winkelmann I 113 ff. Keller, Regionale Begrenzung 426

16 Otto v. St. Blas. Chron. c. 45. LMA IV 960. V 1347. VI 2056. Taddey 399, 665, 938. Meuthen 47 ff. Assmann 434 ff. 458 f. Wendehorst I 179. Winkelmann I 10 ff. 29 ff. Höflinger, König Philipp von Schwaben 313. Töpfer 197 f. Lammers 200 f.

17 LMA V 1406. VIII 476. LThK IV³ 147. HEG II 610 f. Taddey 669. Seppelt III 326 f. Haller III 221, 246 ff. Kantorowicz 18, 20 f. Lammers 200 f. Winkelmann I 18 ff. Kölzer, Sizilien und das Reich 3 ff. Zöllner, Heinrich VI. 196. Pfaff, Die Gesta Innozenz' III. passim, bes. 90 ff. 124 ff. Zu Güterbock. vgl. die Rezension von P. Iso Müller in ZSchG 29, Jg. 1949, 286

18 LMA V 1406. VI 314. VIII 2000. Seppelt III 327 f. Haller III 248 f. Winkelmann II 24 ff. Kantorowicz 19 ff. 25 ff. Kosminski/Skaskin I 332. Kölzer, Urkunden und Kanzlei 46 ff.

19 LMA II 685. III 1008 f. Hauck IV 721. Haller III 249 f. Seppelt III 328 f. Kantorowicz 19, 25 ff. Winkelmann II 33 ff. 48 ff. 55 ff. 65 ff. 231 ff. 243, 245 f. 284. Keller, Regionale Begrenzung 427. Erbstößer Friedrich II. 211

20 Otto v. St. Blas. Chron. c. 46. Annal. Marbac. 1198. Arnold Chron. Slavor. 6,2. Gesta Trever. 101 (Die Taten der Trierer 32). LMA I 159 ff. VI 2056. LThK I³ 163. HEG II 367 f. Weinrich, Quellen zur deutschen Verfassungs-, Wirtschafts- und Sozialgeschichte 329. Gregorovius II/1, 319 f. Hauck IV 711. Haller III 221. Seppelt III 330. Kantorowicz 21 f. Winkelmann I 64 ff. 134 f. 469 f. Lammers 204 f. Reisinger 14 ff. Keller, Regionale Begrenzung 427. Demandt 70. Kosminski/Skaskin I 332. Stehkämper 38 ff. Höflinger, König Philipp von Schwaben 313. Töpfer 198

21 Otto v. St. Blas. Chron. c. 46. Annal. Marbac. 1198 f. Weinrich, Quellen zur deutschen Verfassungs-, Wirtschafts- und Sozialgeschichte 318 ff. 328. LMA I 160. VI 1572, 2056. VII 2131 f. IX 23. LThK II³ 799. HEG II 368. Gattermann 126. Seppelt III 330 f. Stehkämper 38 ff. bes. 41 ff. Lammers 204 f. Reisinger 14 ff. bes. 17 ff. Winkelmann, Philipp von Schwaben 51 ff. 69 ff. 74 ff. 136 f. 262 ff. Zimmermann 154 f. Kantorowicz 56 f. Höflinger, König Philipp von Schwaben 313 f. Töpfer 198 f.

22 Annal. Marbac. 1197 ff. LMA III 431. Gattermann 124 ff. Winkelmann I 144 ff. mit vielen weiteren Quellen. W. v. d. Vogelweide zit. ebd. 470 und bei Keller, Regionale Begrenzung 431

23 Gesta Trever. c. 101. Lea I 12 f. Gattermann 125 ff. Winkelmann I 139 f.

24 Weinrich, Quellen zur deutschen Verfassungs-, Wirtschafts- und Sozialgeschichte 318 ff. 322 ff. Gregorovius II/1, 320. Hauck IV 723. Haller III 251 f. Reisinger 23. Winkelmann I 43 f. 78, 135

25 Weinrich, Quellen zur deutschen Verfassungs-, Wirtschafts- und Sozialgeschichte 329 ff. Gesta Innoc. 22. LMA V 497. VI 2058 ff. VII 810 f. Hauck IV 722. Haller III 252 f. Seppelt III 331 f. Winkelmann I 87 ff. 146 ff. 158 f. 212 ff. Höflinger, König Philipp von Schwaben 314 f. Keller, Regionale Begrenzung 429 f. Ehlers 130

Seite 54–65

26 Annal. Marbac. 1208. Deliberatio: PL 216, 1025 ff. Weinrich, Quellen zur deutschen Verfassungs-, Wirtschafts- und Sozialgeschichte 332, 346. Taddey 854. Hauck IV 712, 721 ff. 727 ff. 734. Seppelt III 334 ff. Haller III 251 ff. Winkelmann I 162, 197, 219 f. (hier Papstzitat) 470 f. Gattermann 128 ff. mit vielen Quellenhinweisen. Kantorowicz 20 ff. 41, 57 f. Reisinger 16. Höflinger, König Philipp von Schwaben 315. Töpfer 200

27 MG Const. II Nr. 398, S. 505 ff. PL 216 col. 1065 ff. Gregorovius II/1, 322, 324. Weinrich, Quellen zur deutschen Verfassungs-, Wirtschafts- und Sozialgeschichte 340 ff. Hauck IV 715 ff. 722 ff. Haller III 253 f. Lautemann 485

28 LMA III 1519. LThK III^3 427. Hauck IV 731 ff. Seppelt III 336. Winkelmann I 133 f. 209 ff. 234 ff. Reisinger 21 f. Vgl. auch 39. Wendehorst I 183 ff. S. auch Falck 173

29 Otto v. St. Blas. Chron. c. 42. Arnold Chron. Slavor. 5,26. Annal. Stad. 1202. Cron. Reinhardsbr. MG SS 30,565 f. Chron. Albr. mon. MG SS 23, 888. Braunschw. Reimchr. S. 530 v. 5663. LMA IV 1947. V 1351. LThK I^3 163. VI^3 283 f. Hauck IV 735 ff. Weller 287. Wendehorst I 183 ff. 190 ff. 196 ff. mit sehr vielen Quellen- und Literaturhinweisen. Winkelmann I 170, 222 f. 227, 239 f. 267 ff. Schmale 127 Anm. 1. Goetting 457 ff. bes. 473 ff. Seltmann 147 ff. Scherzer 18 ff. 315, 327, 419, 574. Jenks 103 ff. Zum Streit Würzburger Bischöfe gegen Territorialherren ihres Bistums: Körner 85 ff. Zum Krieg der Mainzer Erzbischöfe vor allem gegen die Grafen von Rieneck: Fischer, Das Untermaingebiet 124 ff. Zum Verhältnis Bischof – Domkapitel generell: Güldenstubbe 215 ff.

30 Annal. Marbac. 1198. Braunschw. Reimchr. S. 531 f. v. 5805. Taddey 523. Hauck IV 735 ff. Winkelmann I 132, 138 f. Gattermann 130. Reisinger 25 f. 31 f.

31 Braunschw. Reimchr. 530 ff. v. 5715 ff. Winkelmann I 283 ff. mit vielen Quellenzusammenstellungen. Gattermann 129 f., ebenfalls mit vielen Quellenbelegen

32 Chron. reg. Col. 1205. Arnold Chron. Slavor. 6,6 f. Braunschw. Reimchr. 534 v. 5995 ff. 536 v. 6153 ff. zit. v. 6169. Gregorovius II/1, 324. Hauck IV 741 ff. Seppelt III 338 f. Winkelmann I 219, 283 ff. 326 ff. 332 ff. 364 ff. 391 ff. Gattermann 131 f. Reisinger 16 f. Goetting 493 f. Epperlein, Bauernbedrückung 58

33 Annal. Marbac. 1201; hier falsch datiert; dazu Schmale 211 Anm. 2. Taddey 938. Gregorovius II/1, 324 f. Hauck IV 744 ff. Seppelt III 340 f. Kantorowicz 41. Keller, Regionale Begrenzung 430. Gattermann 133 f. Winkelmann I 393 f. 406 ff. 414 ff. 426 ff. 435 ff. 452 ff. bes. 459

34 Gesta Trever. 101. Annal. Marbac. 1199, 1201, 1208. Otto v. St. Blas. Chron. c. 50. LMA III 1762 f. V 1355 f. VI 1576. LThK III^3 565 f. VI^3 285. Taddey 303, 908. Gregorovius II/1, 325 f. Hergenröther II 282. Hauck IV 752. Looshorn II 601 ff. 664. Guttenberg I 165. Seppelt III 342. Lammers 205. Winkelmann I 462 ff. Sehr ausführlich ebd. 536 ff. Csendes 55 f.

35 Annal. Marbac. 1208. Otto v. St. Blas. Chron. c. 50. LMA VI 1571. Gregorovius II/1, 326. Hauck IV 752 ff. Vgl. auch 765 f. Seppelt III 342. Winkelmann I 472 ff. II 99 ff. 108 ff. 120, 157 ff. Lammers 205. Reisinger 24

36 Otto v. St. Blas. Chron. c. 52. Annal. Marbac. 1209 f. Braunschw. Reimchr. S. 542 v. 6632. LMA VIII 1772 f. Taddey 854. Gregorovius II/1, 326 ff. Hauck IV 765 ff. Seppelt III 342 f. Gattermann 134 ff. Kantorowicz 42. Winkelmann II 164 ff. Vgl. auch 176 ff. 191 ff. Keller, Regionale Begrenzung 431 f.

37 Ridder II 118 f.

3. KAPITEL

«Das grossartigste Epos». Kreuzzug aller Orten. Der Vierte Kreuzzug (1202–1204). Kreuzzüge in Spanien Der Kinderkreuzzug (1212)

1 Hehl 322

2 LMA V 1516. Vgl. VIII 140. LThK VI^{3} 471. Wetzer/Welte VI 279. Zur Fortsetzung der Kreuzzüge in der Neuzeit vgl. etwa Beutin, Neuzeit 416 ff.

3 Wetzer/Welte VI 278 ff. Die hirnrissige Unredlichkeit aller Arten von prominenten Apologeten heute entlarvt so ausführlich wie überzeugend Franz Buggle in seinem wichtigen Werk «Denn sie wissen nicht, was sie glauben».

4 LMA V 1512 (Riley-Smith). Mayer, Geschichte der Kreuzzüge 172 f.

5 PL 180, 1203 f. LMA II 333. V 435 (Maleczek), 1512, 1736. LThK I^{3} 156, 1012 ff. IV^{3} 221 f. VI^{3} 662. Kelly 178. Seppelt III 364. Pernoud 251 f. Hehl 298, 321 f. 331 ff. mit vielen Literatur- und Quellenhinweisen.

6 LMA I 1369. V 1512. VIII 1463 ff. IX 439. LThK VI^{1} 269. VI^{3} 662. Kühner, Lexikon 196 f. Pierer IX 808. Zöllner, Die Geschichte der Kreuzzüge 121. Kretschmayr I 276, 281 ff. 286 ff. 509. II 26. Mayer, Geschichte der Kreuzzüge 173 ff. Pernoud 252 ff. Nach Pernoud wurden die Kreuzfahrer exkommuniziert, nach dem LMA V 1512 nicht. Ostrogorski 331. Grabler 114 f. Bosl, Europa im Mittelalter 226 f. Queller 46 ff. Peters 1 ff. 7 ff. Kawerau, Geschichte der mittelalterlichen Kirche 144. Duby 298

7 LMA V 1511. VI 1985 ff. VIII 292 ff. LThK VIII^{3} 142. Kinder/Hilgemann I 153. Bosl, Europa im Mittelalter 226 f. Hehl 323

8 Innoz. ep. I 353, II 211. LMA I 386 f. 1369. IV 1080. V 1512, 1736. LThK VI^{3} 662. Zur Vorgeschichte: Nik. Chon. 1,1 ff. 2,1 ff. 3,1 ff. Grabler 17 ff. Ferner ebd. 114 ff. 123 ff. 134 ff. Norden 133 ff. 143 ff. 152 ff. Kretschmayr I 284 ff. 290 ff. 295 ff. 301 ff. Pernoud 256 f. Seppelt III 365 ff. Kühner, Gezeiten 196 f. Bosl, Europa im Mittelalter 227. Zöllner, Die Geschichte der Kreuzzüge 123. Mayer, Geschichte der Kreuzzüge 176 ff.

9 LMA I 387, 1369. IV 1080. V 1512, 1736. LThK VI^{3} 662. Norden 158. Graber 123 ff. Pernoud 259 ff. Kretschmayr I 269 ff. bes. 319 f. Seppelt III 368 f. Kühner, Gezeiten 197. Brand 248 ff.

10 Otto v. St. Blas. Chron. c. 49. LMA IV 1794. VII 902 f. HEG II 1141 f. LThK I^3 112. VI^3 305 ff. 472. HKG III/2, 194. Norden 204 ff. 240 f. Schubart, Christentum und Abendland 121. Seppelt III 369. Pernoud 260 ff. Kühner, Gezeiten 196 f. Kupisch II 81, 87. Zöllner, Die Geschichte der Kreuzzüge 124. Mayer, Geschichte der Kreuzzüge 179. Bosl, Europa im Mittelalter 227. Duby 275. Kretschmayr I 306 ff. 312. Peters 18 ff. Dinzelbacher 339 ff.

11 LMA V 1736. VII 902 f. Kretschmayr I 312. Pernoud 265. Duby 298

12 LMA II 1875 ff. Grabler 148 ff. 173 f. Kosminski/Skaskin I 239. Kretschmayr I 311 f. Kühner, Gezeiten 197. Pernoud 260. Lautemann 498 ff.

13 LThK VI^1 631. VII^3 841. LMA II 1875 ff. Vgl. V 2078 f. Nik. Chon. 150 ff. Kretschmayr I 312 f. Lautemann 498. Peters 16 ff.

14 Otto v. St. Blas. Chron. c. 49. Norden 205 f. Ludwig 23. Hertling 179. Kosminski I 239. Zöllner, Die Geschichte der Kreuzzüge 125

15 Innoz. ep. VII 153 f. ep. XI 47. LMA I 1369. V 1736 f. (Carile). VI 599, 844 f. VIII 627, 1463 ff. LThK VI^3 662. HKG III/2, 194. HEG II 1143 f. Norden 143 ff. 159, 163 ff. 206. Schubart, Christentum und Abendland 121. Seppelt III 365 ff. Grabler 174 ff. Kretschmayr I 316 ff. II 29 ff. bes. 31. Moore 79 ff. Bosl, Europa im Mittelalter 227. Kupisch II 87. de Vries 183 ff. bes. 186 f. Kühner, Gezeiten 197 f. Zöllner, Die Geschichte der Kreuzzüge 125. Mayer, Geschichte der Kreuzzüge 180 f. 184. Peters 21 ff.

16 LMA IV 2062. VI 1861. Hergenröther II 420. Knöpfler 392 f. Norden 172 ff. 182 ff. 190 ff. 197 ff. bes. 202, 210 ff. Seppelt III 369 ff. Mayer, Geschichte der Kreuzzüge 182. Zöllner, Die Geschichte der Kreuzzüge 126 f.

17 LMA V 1737. VII 1359. LThK V^3 517. VIII^3 108. HEG II 192, 938, 944 ff. HKG III/2, 183. Knöpfler 385 u. (hier 4. A.) 398. Norden 242 ff. Hollnsteiner 94. Seppelt III 371 f. Schuchert/Schütte 294 f. Mayer, Geschichte der Kreuzzüge 182. Hehl 318

18 LMA VII 1359. LThK I^3 385. HEG II 192. Kühner, Lexikon 88. Hoensbroech I 131, 170. Vincke 98 f.

19 Pet. Dusb. Chron. 4,10. LMA I 395 f. 400 f. II 1389 ff. IV 359 f. 1648 f. VI 1062 f. VII 529, 930 f. 1359. LThK I^3 385. II^3 887. III^3 1236. Donin III 310. Knöpfler (4. A.) 398. Hollnsteiner 94 f. Seppelt III 371 f. Mayer, Geschichte der Kreuzzüge 188. Helbig 208 ff.

20 Gesta Trever. 103. LThK V^3 1432 ff. VI^1 269. VI^3 472. Zur weitgehenden Bestreitung vgl. Gäbler 1 ff. Raedts 282 ff. gibt auch einen Überblick über die Quellen. Vgl. auch 293

21 Annal. Spirens. MG SS XVII 84, 8 f. HEG II 104, 184. LMA V 1150 f. HKG III/2, 196. Hagenbach 327 ff. Schnürer II 309. Guillemain 88. Gäbler 3 f. 6 ff. 14. Raedts 295 ff. Ridder II 122. Bosl, Europa im Mittelalter 227 f. Peters 35 f.

22 LMA V 1150 f. Kelly 207. Kühner, Lexikon 102. Ders. Gezeiten I 200. Hagenbach 328. Knöpfler (4. A.) 393. Gäbler 2. Bosl, Europa im Mittelalter 227 f. Raedts 292 ff. Mayer,

Geschichte der Kreuzzüge 189 ff. Peters 37. Heinisch 65 spricht von zwei durch Friedrich aufgehängten «Kaufleuten» aus Marseille, die Knaben und Mädchen des Kinderkreuzzuges auf den Sklavenmärkten von Tunis und Kairo verschachert hatten.

23 Annal. Marbac. 1212. Gesta Trever. 103. LMA V 1150 f. Hagenbach 328 f. Knöpfler (4. A.) 393. Bosl, Europa im Mittelalter 227 f. Kühner, Gezeiten I 200. Gontard 252. Gäbler 4 ff. Raedts 289 ff. 303 f. Mayer, Geschichte der Kreuzzüge 189 f. Peters 36. Nur der französische König hatte, den Wahnsinn erkennend, die Kinder aufgefordert, zu ihren Eltern zurückzukehren.

4. KAPITEL
Der Kreuzzug gegen die Albigenser

1 Hist. Albig. 24

2 Vgl. Anm. 20

3 Vgl. ebd.

4 Caes. v. Heisterb. Dial. mirac. 5,21

5 Hist. Albig. 41

6 Ebd. 70

7 LMA IV 1934. LThK V³ 1415. Lambert 48 f. Fearns 311. Grundmann 476 ff. bes. 479. Vgl. auch die folg. Anm.

8 Wipo, Prol. c. 1. LMA IV 1934. V 1920. VI 1465. VII 884 f. LThK VII³ 1137. Alle Quellen bei Lambert, Anhang A, 497 ff. Vgl. auch 49 ff. 61. Hoensbroech I 84. Vgl. 86. Grundmann, Anhang: Die Ketzerei im 11. Jahrhundert 476 ff. mit vielen Quellenhinweisen. Grigulevič 79. Hopfner 4. Erbstößer, Ketzer 67 ff.

9 LThK V³ 1415. Lambert 69 ff. Grundmann 50 ff.

10 Otto v. Freis. 1,46 f. LThK III¹ 895. IV³ 1391. VIII³ 113 f. 315. IX¹ 987. X¹ 746. LMA III 2040 f. IV. 2096. VI 1964 f. 1233 ff. (Elm). VIII 455. Grundmann 37, 51 Anm. 88. Borst, Die Katharer 83. Lambert 69, 73 f. 79, 83 ff. 90, 96 f. Werner/Erbstößer 233 ff. 241 ff. 245 ff. 249 ff. Erbstößer, Ketzer 88 f. Feld 225. Fichtenau, Ketzer und Professoren 58 ff.

11 PL 182, 675 ff. Hist. Albig. 13. Annal. Colon. max. MG Scr. XVII S. 778. LMA IV 142. Sollbach 311, 322 f. Hoensbroech I 85. Grundmann 19 f. 177 ff. Lambert 98 ff. 138. Werner/Erbstößer 315. Ehlers 115 f.

12 Hist. Albig. 13. LThK II³ 548 f. V³ 1329, 1415. VI³ 394. VII³ 157 f. 1487 f. LMA I 385. II 328 ff. 458. V 1064 ff. 1458. Sollbach 305 ff. 323 f. Döllinger, Geschichte 35 ff. Borst, Die Katharer 66 ff. Kühner, Die Katharer 50, 53 ff. Madaule 62 f. Schultz 54 f. Grigulevič 75 f. Lambert 56 ff. 73, 521. Müller, Bogomilen 201 ff. Dies. Katharer 208. Runciman, Häresie und Christentum, 1988, 89, zit. nach Müller, Bogomilen 201. Erbstößer, Ketzer 20 ff. 46 ff. 92 ff. Patschovsky 331 f.

13 LMA IV 1935 f. V 1065 ff. VI 1776. LThK V³ 1329, 1415 f. HKG III/2, 201. Sollbach 305, 324. Rahn 138. Lambert 165. Werner/Erbstößer 316, 318 f. 334 f. Ehlers 142 ff.

14 Vgl. Ehlers 117, 142 f.

15 Hist. Albig. 10. LMA I 303. V 1064 ff. VII 1220. LThK V³ 1327 ff. VIII³ 817. Döllinger, Dokumente II

273 ff. Sollbach 306 ff. Madaule 60 f. 65 ff. Ehlers 116 f. Müller, Katharer 215 ff.

16 Hist. Albig. 11 ff. 15 f. LMA I 304 f. V 1064 f. 1078 ff. LThK I^3 316. V^3 1328 ff. (Segl). Kelly 207. Sollbach 308 ff. 311 ff. 319 ff. Lea I 142. Rahn 139 f. 142 f. Grundmann 29 f. 62. Lambert 135 ff. 165 ff. 170 f. 175 ff. 180. Madaule 60, 64 ff. 70 f. 74 ff. 77 ff. 90 f. Grigulevič 188 ff. 313. Werner/Erbstößer 324 ff. 336 ff. Müller, Katharer 207 f. 210 f. 217. Deschner, Opus Diaboli 92 f. Vgl. «Wachsende Präsenz des Bösen» bei Dinzelbacher 42 ff. Ebd. «Verstärkter Teufelsglaube» 80 f. Patschovsky 317 ff.

17 LMA I 302 ff. LThK I^1 218 f. I^3 340 f. Sollbach 305. Grigulevič I 94 f.

18 LMA IV 2097. Kelly 192, 194. Sollbach 324 f. Hoensbroech 89. Seppelt III 375. Rahn 144 f. Grigulevič 98 f. Ehlers 117. Werner/Erbstößer 355 f. Madaule 86 f.

19 LThK X^1 728 ff. Kelly 197 f. Seppelt III 375 f. Grigulevič 99. Werner/Erbstößer 356 f. Herrmann, Ketzer 120 ff.

20 Hoensbroech I 89. Lea II 330. Döllinger, Geschichte 245. Lambert 145 ff. Guillemain 87. Werner/Erbstößer 357 f.

21 Hist. Albig. 19 f. 34, 219 ff. Caes. v. Heisterb. Dial. mirac. 5,21. LMA II 1560. III 999 f. 1221 f. VII 411 f. LThK III^3 319 f. IV^3 221. VIII^3 115 f. HEG II 193 (hier Zitat von Guilhem Figueira). Lekai 81. Seppelt III 380. Madaule 96. Rahn 136 f., hier das Lenau-Zitat. Vgl. auch ebd. 143, 147 f. 281. Guillemain 85. Werner/Erbstößer 359 ff. Lambert 149 f.

22 Hist. Albig. 16 f. LMA I 984 ff. 1971 f. III 1467 f. V 210 f. VI 1830. VIII 1375, 1953 ff. LThK I^3 1012 ff. II^3 598 ff. V^3 332 f. Kühner, Lexikon 201 f. Hoensbroech I 31. Döllinger, Dokumente II 92 ff. 351 f. Lea I 88. Rahn 140 f. 281. Ausführlich Grundmann 21, 72 ff. bes. 75 ff. 91 ff. 100 ff. 118 ff. Lambert 78 f. 128 f. 145 ff. Vinay 63. Madaule 59 f. Herrmann, Ketzer 133 f.

23 Nach den Annal. Marbac. 1215 hat man den 80 Opfern in Straßburg vor ihrer Verbrennung noch die Hand verbrannt. Nach Caes. v. Heisterb. Dial. mirac. 3,17 wurden 10 Menschen verbrannt. Auszüge aus den Inquisitionsprotokollen im Languedoc im Anfang des 14. Jahrhunderts bei Döllinger, Dokumente II 97 ff. 105 ff. 109 ff. 143 ff. u. a. LMA I 984 ff. III 1467 f. V 439 f. VIII 1375 f. 1953 ff. LThK I^3 1012 ff. III^3 410. V^3 332 f. X^1 728 ff. Kühner, Lexikon 158 f. Kelly 269 f. Lea I 89, 96, 275 ff. II 450, 454. Hoensbroech I 87 f. 103, 105 f. Lecler I 156. Vinay 60, 64, 67. Grundmann 100 ff. Lambert 147 ff. Hammann H. 1, 432. Deschner, Abermals 484

24 Hist. Albig. 25 f. LThK V^3 903. Siemers 173. Lea I 152 ff. 159 ff. Bernhart 162. Seppelt III 374 f. 380 f. Rahn 140, 146 f. Madaule 96. Werner/Erbstößer 361. Lambert 134

25 LMA II 1560. VI 2058 ff. VII 411 f. LThK VIII^3 115 f. Seppelt III 381. Madaule 104. Zöllner, Die Geschichte der Kreuzzüge 129 f.

26 Hist. Albig. 21 f. Seppelt III 381. Rahn 151

27 Hist. Albig. 23. Vgl. auch 28. 30 ff. Hoensbroech I 90. Lea I 168 f. Rahn 152 f.

28 Rahn 154 f. Lambert 152

29 Hist. Albig. 35 ff. 41 f. 78, 236, 241. Caes. v. Heisterb. Dial. mirac. 5,25. LMA I 305, 996 f. VIII 972 f. LThK I[1] 684. I[3] 1016. Hoensbroech I 90 f. Lea I 171. Rahn 155 ff. Madaule 105 ff. Werner/Erbstößer 362 f. Ehlers 145

30 Hist. Albig. 42 ff. 48 ff. LMA I 997. II 35, 1497 f. VI 1923. VIII 971 ff. Nach Hoensbroech I 91 wurden 400 «Ketzer» verbrannt, 50 erhängt. Nach Madaule 108 kam es in Carcassonne «weder zu Blutvergießen noch zu Plünderung». Rahn 155 ff. Kühner, Die Katharer 57. Werner/Erbstößer 363

31 Hist. Albig. 22 ff. 49 ff. 102 ff. LMA I 303 ff. 996 f. II 1560. VI 802 f. LThK IX[3] 603 f. Guillemain 89. Seppelt III 381. Rahn 161 ff. 176 f. 284 Anm. 115 mit Literaturhinweisen. Madaule 103, 109 ff. Ehlers 145. Costen 129 ff.

32 Hist. Albig. 75 ff. 80 f. LMA VI 636. Grupp IV 148. Madaule 112. Rahn 163 ff. 286 f.

33 Hist. Albig. 91 ff. 109 f. 119 ff. 130 f. 133 f. LMA VI 2140. VIII 1438. LThK VIII[3] 141 f. Hoensbroech I 90 f. Madaule 112 f. Rahn 166 ff. 287, hier mit Quellenhinweis die Zitate von Pierre des Vaux-de-Cernay. Ehlers 146

34 Hoensbroech I 82 f.

35 Hist. Albig. 176 f. 194. LMA VI 2140. VIII 1438. LThK VIII[3] 141 f. Sollbach, Nachwort 350 ff. 354 ff.

36 Hist. Albig. passim bes. 12 ff. 20, 42, 48, 82, 126, 130, 135, 143 f. 160 f. 171, 174, 201, 205, 222 ff. 228 ff. 234 ff. 243 ff. 253 f. 258, 266, 282 f. 288 ff. u. o. HKG III/2, 197

37 Hist. Albig. 26, 31, 34, 57, 88, 91, 112 ff. 114 f. 121, 123, 148, 152, 162, 252, 262, 287

38 Ebd. 64 f. 115 f.

39 Ebd. 39, 112 f. 116, 122

40 Ebd. 144 f. Vgl. auch 160, 206 f. 270 f. 286 f.

41 Ebd. 71, 73, 139, 141, 196, 231 f. Davidsohn II 177 f.

42 Hist. Albig. 41, 59, 62, 68 ff. 72, 89, 130, 141, 165 f. 170, 180, 194 f. 203, 276 f. Zur «Sache Christi» vgl. etwa 185, 197, 206, 219, 224, 257 u. a. Kühner, Gezeiten I 199

43 Moia 212

5. KAPITEL
KREUZZÜGE GEGEN BALTEN, PREUSSEN, STEDINGER

1 Bauer, Der Livlandkreuzzug 30

2 Blanke 357

3 HEG II 472

4 Pet. Dusb. Chron. 3,11; 3,55; 3,98

5 Ebd. 3,31. Vgl. 3,18. Vgl. dazu auch Bentzien 91 ff.

6 Lea III 210

7 Helbig/Weinrich I Nr. 6, Nr. 8, Nr. 30. Der Band enthält eine Fülle weiterer entsprechender Dokumente; ebenfalls belegt Band II reichhaltig die deutschen Ansiedlungen im Südosten, in Schlesien, Polen, Böhmen-Mähren, Österreich, Ungarn-Siebenbürgen. Ferner: Helbig 244 ff. Vgl. auch Kötzschke Nr. 1 ff. (S. 1 ff.), Nr. 10 (S. 27), Nr. 13 (S. 30), Nr. 21 (S. 38), Nr. 26 (S. 43) u. v. a.

8 Helm. Chron. Slav. 2,14 (110).

LMA I 55, 952 f. VI 1541 f. 1545 f. VII 1091 f. VIII 1946 f. LThK III^{3} 883. HKG III/2, 277. Hauck IV 625. Hagenbach 297. Herrmann, Materielle und geistige Kultur 262. Ders. Arkona auf Rügen. Vgl. Piskorski 27 ff. Zimmerling 91

9 Helm. Chron. Slav. 1,57; 1,92. Hauck IV 651 ff. Herrmann, Die Slawen 354. Jordan, Investiturstreit. Kosminski/Skaskin I 338. Zahlreiche Beispiele für deutsche Ansiedlungen im Nordosten bei Helbig/Weinrich I und, im Südosten, ebd. II

10 Helm. Chron. Slav. 1,21; 1,68. LMA VIII 850

11 Heinr. Chron. Livon. 1,2 ff. HEG II 470. LMA IV 1947. V 2045 f. VI 474. LThK VII^{3} 68 f. Hauck IV 654 f. Kühner, Lexikon 98. Zimmerling 100 ff. Hellmann 1084 ff.

12 Heinr. Chron. Livon. 2,1 ff. 2,6 ff. LMA V 2046. HEG II 470. Hauck IV 656 f. Lekai 88 f. Bauer, Der Livlandkreuzzug 28 ff. Benninghoven 23 ff. 194. Zimmerling 103 ff.

13 Pet. Dusb. Chron. 2,13. Heinr. Chron. Livon. 3,1 f. 10,13; 10,17. LMA I 55, 285 f. V 2046. VIII 1948 f. LThK I^{1} 210 f. I^{3} 74. VI^{3} 1121. HKG III/2, 190, 279. Hauck IV, 657. Hubatsch 112. Helbig 248

14 Heinr. Chron. Livon. 4,1 ff. 4,6; 6,4; 11,3. LMA I 285 f. V 2046. VII 878 f. 1645 f. LThK I^{1} 210 f. I^{3} 333. IX^{3} 350. HEG II 470. HKG III/2, 279. Kinder/Hilgemann I 199. Hauck IV 657 ff. Blanke 357. Bauer, Der Livlandkreuzzug 26 ff. Benninghoven 37 ff. Helbig 248

15 Heinr. Chron. Livon. passim. LThK IV^{3} 1392. LMA IV 2096 f. Boockmann, Der Deutsche Orden 91

16 Heinr. Chron. Livon. 12,6. HEG II 470

17 Heinr. Chron. Livon. 13,5

18 Ebd. 14,10

19 Ebd. 19,3

20 Ebd. 25,4 ff.

21 Ebd. 28,6. LMA III 1323

22 Heinr. Chron. Livon. 21,1; 22,1; 26,1; 27,1.

23 Ebd. 6,3 f. 8,1; 25,2. HKG III/2, 277, 279. LThK I^{1} 211. Hauck IV 657. Hubatsch 112 f. Bauer, Der Livlandkreuzzug 30 f. Wittram, Die Reform. 36

24 LMA I 285. Hauck IV 661 f. Hubatsch 113. Zimmerling 106. Vgl. auch die folg. Anm.

25 Pet. Dusb. Chron. 2,1; 2,5; 3,5. LMA V 1345 f. 1553. VII 292 ff. HEG I 916 f. II 469. Scholz/Wojtecki 13. Boockmann, Der Deutsche Orden 88 ff.

26 LMA IV 1541 f. (hier: Lückerath). V 1553

27 Pet. Dusb. Chron. 2,6. LMA IV 1541 f. V 1516. HEG II 471 ff.

28 LMA II 1907, 1914. V 1516. VII 196 f. 294. HEG II 469 f. 472 ff. Nowak 339 ff. Boockmann, Der Deutsche Orden 93 ff.

29 Pet. Dusb. Chron. 1,1. LThK I^{3} 130 ff. LMA III 768 ff. HEG II 472. Scholz/Wojtecki 43 Anm. 60. 53 Anm. 89

30 LThK VIII^{3} 122 f. Scholz/Wojtecki 5, 13. Boockmann, Der Deutsche Orden 100 ff. 105 ff.

31 Pet. Dusb. Chron. Prol.; 2,1 f. 3,35. Vgl. auch 3,90; 3,150 u. a.

32 Ebd. 2,6 f.

33 Ebd. 3,11; 3,19; 3,53; 3,55; 3,58; 3,98

34 Ebd. 3,26; 3,38; 3,65; 3,73 f. 3,94;

3,108; 3,111; 3,119 f. 3,133; 3,171; 3,174; 3,182; 3,187; 3,190
35 Ebd. 3,116; 3,123; 3,170
36 LMA VI 1937
37 Pet. Dusb. Chron. Prol. und 3,82. Dazu Scholz/Wojtecki 203 Anm. 18
38 Hoensbroech I 106. Lea III 207 ff. Kuujo 258 f. Epperlein, Bündnisse 74 Anm. 18. Zu den umfangreichen Abgaben der Bauern generell vgl. etwa Rösener, Grundherrschaft 564. Ders. Bauern 214 ff. 240 ff. bes. 246 ff. Goetz, Leben 159 ff.
39 Epperlein, Bündnisse 74 f.
40 Lea III 207 ff. Schöffel 146 f.
41 LMA 11 465. Kuujo 257. Epperlein, Bündnisse 75
42 Hoensbroech I 106 ff. Epperlein, Bündnisse 75
43 Hoensbroech I 110 ff.
44 Ebd. I 109, 112 ff. Lea III 211 ff. Bauer, Deutsche Frauen 244. Ludwig 24. Franz 88
45 Hoensbroech I 114 ff. Lea III 213. Meyer, J., Kirchengeschichte Niedersachsens 48. Neuss 202

6. KAPITEL
Kaiser Friedrich II. (1194–1250) und die Päpste Innozenz III., Honorius III., Gregor IX.

1 Heinisch 20
2 MG Epp. saec. XIII, I Nr. 750. Zit. nach W. Koch, Kaiser Friedrich II. 325
3 Heinisch 240 ff.
4 Ebd. 622 f.
5 Salimb. v. Parma. Zit. nach Horst 11
6 Annal. Casin. 1210. Chr. reg. Col. 1210. Gregorovius II/1, 329 ff. Hauck IV 768 ff. Seppelt III 344 f. Gattermann 137 ff. Lammers 205 f. Keller, Regionale Begrenzung 431 f. Winkelmann II 230 ff. 248 ff. Koch, Kaiser Friedrich II. 331. Kantorowicz 42 ff. Vgl. auch Zimmermann 154
7 Gattermann 137 ff. Kantorowicz 44 ff. Winkelmann 258 ff. Koch, Kaiser Friedrich II. 331
8 Annal. Marbac. 1211. Dazu Schmale 10 u. 219 Anm. 51. Seppelt III 245 f. Winkelmann II 264 ff. 273 ff. 282 f. Kantorowicz 45 ff. Lammers 206. Koch, Kaiser Friedrich II. 331. Reisinger 45
9 LMA IV 2066. VII 1866 f. HEG II 373. Winkelmann II 279 ff. Reisinger 31 ff. 45 f.
10 LMA IV 933. V 1407. IX 308. HEG II 370 ff. Gregorovius II/1, 332 ff. Hauck IV 770 ff. Winkelmann II 306 ff. 313 ff. 317 ff. Heinisch 8 ff. 20, 22 ff. Schaller, Ein Brief Innocenz' III. 304 ff. Keller, Regionale Begrenzung 432. Gattermann 142. Zöllner, Die Geschichte der Kreuzzüge 203 f. Lammers 206. Koch, Kaiser Friedrich II. 330 ff. Kantorowicz 23, 25, 29 ff. Wie stets mit einer Fülle von Literaturangaben im Ergänzungsband 20 f. Vgl. auch (Hauptband) 42 ff. 47 ff.
11 MG Const. 2, Nr. 57; 451. LMA 934, 952 f. V 2184. VII 1866. HEG II 370. Haidacher 57 ff. Heinisch 27 ff. Winkelmann II 321 ff. 336, 345. Keller, Regionale Begrenzung 432. Reisinger 36 ff. 45 ff. Kantorowicz 48 ff. 56. Ergänzungsband 34. Lammers 207 f.
12 MG Const. 2, Nr. 46 ff. bes. Nr. 57. Winkelmann II 342 ff. Reisinger 47.

Keller, Regionale Begrenzung 433. Kantorowicz 59 f. Haverkamp 613

13 Winkelmann II 345 ff. Gattermann 143 f. Lammers 208. Kantorowicz 55

14 LMA III 1934 ff. IV 1661. V 1703 f. VI 2059 f. 2206. VIII 2001. HEG II 371. Cheney 148 ff. 165 ff

15 MGH Const. 2, Nr. 53. MG SS 23, 186. LMA II 1838. III 1938. V 2184. VI 92 f. 1244, 1570 ff. 2059 f. HEG II 371 ff. Weinrich, Quellen zur deutschen Verfassungs-, Wirtschafts- und Sozialgeschichte 370. dtv Lexikon 12, 20. Gregorovius II/1, 345, Kosminski/Skaskin I 332. Gattermann 147. Kantorowicz 54 f. 59. Mayer, Geschichte der Kreuzzüge 191 f. Ehlers 128 ff. Lammers 208. Keller, Regionale Begrenzung 432 f.

16 Winkelmann II 417 ff.

17 Hist. Albig. 264 f. Pet. Dusb. Chron. 4,6. Gesta Trever. 103. Annal. Marbac. 1215 f. LMA I 305. II 151. V 1512, 1517, 1742 ff. VII 903 f. LThK VI³ 668 ff. VIII 1218. Gregorovius II/1, 335. Seppelt III 386 ff. Haller IV 18. Kupisch II 91 f. Peters 37 ff. bes. 41 ff. Madaule 119 ff. Winkelmann II 419 ff. Jedin 47. Gontard 244. Grigulevič 106 ff. Mayer, Geschichte der Kreuzzüge 192 f., dem ich hier besonders folgte. Vgl. auch 203. Baldwin 19 ff. Powell 44 ff. 91 ff. 111, 114. Langholm 37 ff. Zöllner, Die Geschichte der Kreuzzüge 132 f. Stürner, 303 ff. bes. 308 ff.

18 LMA V 1704, 1941. LThK VI³ 881 f. Gregorovius II/1, 344. Haller IV 7. Zöllner, Die Geschichte der Kreuzzüge 134, Kantorowicz 78 f.

19 Kelly 205 f. Gregorovius II/1, 344

20 Seppelt III 391 ff. Vgl. auch die folg. Anm.

21 LThK VII³ 1043 f. LMA VI 18 f. Hoensbroech I 91 f. Haller IV 7 f. 18 f. 28 f. Seppelt III 392. Gattermann 147 f. 158. Lammers 214. Mayer, Geschichte der Kreuzzüge 192, 194 f. Zöllner, Die Geschichte der Kreuzzüge 134

22 LMA V 294 f. LThK V³ 732 f. Pernoud 272 ff. Mayer, Geschichte der Kreuzzüge 202

23 Annal. Marbac. 1213, 1217, 1231. Oliv. Hist. Damiat. c. 1; c. 5. Jak. de Vit., in: ZKG 1894, 97 ff. ebd. 1895, 568 ff. ebd. 1896, 73 ff. LMA I 602. IV 1354 f. V 1900 f. VIII 727 f. LThK I³ 634 f. III³ 602. HEG II 1108. Taddey 709. Haller IV 19. Seppelt III 392. Hóman II 255 f. Heinisch II 245 f. Mayer, Geschichte der Kreuzzüge 194. Zöllner, Die Geschichte der Kreuzzüge 134

24 Oliv., Hist. Damiat. c. 10 f. Jak. de Vit., in: ZKG, 1895, 570. Annal. Marbac. 1218. LMA I 224 ff. 1315 f. III 474. Hoogeweg XXVIII f. u. den Brief ebd. 288 ff. Seppelt III 392. Haller IV 19 f. Pernoud 275 ff. Powell 137 ff. Zöllner, Die Geschichte der Kreuzzüge 135 f. Mayer, Geschichte der Kreuzzüge 115, 194 ff.

25 LMA V 294 f. LThK V³ 732 f. Haller IV 20. Zöllner, Die Geschichte der Kreuzzüge 136. Mayer, Geschichte der Kreuzzüge 196. Deschner, Die Politik der Päpste I 236 ff.

26 Hauck IV 790. Haller IV 20

27 Oliv. Hist. Damiat. c. 33. Vgl. c. 37. Die Zahlen der Toten schwanken hier zwischen 30000 und 80000. S. ferner ebd. c. 71. Gesta Trever. 103. LMA V 883. VI 1861.

LThK VIII³ 1218. Hauck IV 790. Seppelt III 392 f. Haller IV 21 f. Pernoud 12, 272. Kühner, Tabus 94. Ausführlich über die Eroberung von Damiette: Powell 144 ff. 157 ff. bes. 162 ff. Cornfeld/Botterweck III 813 ff. Zöllner, Die Geschichte der Kreuzzüge 137. Mayer, Geschichte der Kreuzzüge 195 ff. Langholm 37 ff.

28 LMA V 498. Kelly 206. Hoogeweg XXXIII u. 296 ff. 307 ff. Haller IV 21 ff. Seppelt III 393, 400. Zöllner, Die Geschichte der Kreuzzüge 136 ff. Mayer, Geschichte der Kreuzzüge 199 ff. 204. Powell 162 ff.

29 LMA IV 1672. Kelly 206. Haller IV 16 ff. 26. Erbstößer, Friedrich II. 217. Zöllner, Die Geschichte der Kreuzzüge 139 f. Lammers 209. Beumann, Das Reich der späten Salier 373

30 Salimb. Cron. I 11. LMA II 1473 f. IV 1671. VII 1959 (Cuozzo). Kelly 206 f. Seppelt III 397 ff. Haller IV 17 f. 22. Gattermann 150 ff. Heinisch 59, 111 ff. Lea (1985) 100. Erbstößer, Friedrich II. 214. Lammers 210 f.

31 LMA II 1473 f. IV 603 f. V 2157 f. Hauck IV 821. Haller IV 77. Heinisch 65 mit Quellenhinweis. Lammers 211 f. Erbstößer, Friedrich II. 214 ff.

32 LMA II 693. V 498 f. 669, 1407. Kelly 206. Haller IV 25 ff. 32. Seppelt III 400 ff. Gattermann 153 ff. Zöllner, Die Geschichte der Kreuzzüge 140. Mayer, Geschichte der Kreuzzüge 204

33 LThK IV³ 1019. LMA IV 1671 f. Kelly 207. Wetzer/Welte IV 712. Haller IV 40. Seppelt III 411

34 LMA IV 1671 f. Kelly 207. Wetzer/Welte IV 712 f. Gregorovius II/1, 354. Seppelt III 411 f.

35 Kelly 209. Gregorovius II/1, 354 f. Grupp IV 414. Seppelt III 413. Zöllner, Die Geschichte der Kreuzzüge 140

36 LMA III 1838. V 2200. Gregorovius II/1, 354 f. Seppelt III 413 f. Haller IV 47 ff. Heinisch 141 ff. Zöllner, Die Geschichte der Kreuzzüge 140 f. Mayer, Geschichte der Kreuzzüge 204 ff. Erbstößer, Friedrich II. 217. Koch, Die Herrscher der Stauferzeit 337 f. Haverkamp 616

37 LThK V³ 556. Haller IV 48 ff. Seppelt III 414 f. Heinisch 141 ff. Mayer, Geschichte der Kreuzzüge 205. Koch, Die Herrscher der Stauferzeit 338

38 Annal. Marbac. 1229. Gregorovius II/1, 356 f. Seppelt III 415 ff. 422. Haller IV 52 ff. Heinisch 170 ff. Kühner, Gezeiten I 206 f. Peters 150 ff. Zöllner, Die Geschichte der Kreuzzüge 141 ff. Mayer, Geschichte der Kreuzzüge 206 ff. 213. Erbstößer, Friedrich II. 218. Koch, Die Herrscher der Stauferzeit 338

39 Annal. Marbac. 1229. LThK IX³ 1331. LMA VIII 534 f. Gregorovius II/1, 357 f. Haller IV 53 ff. Seppelt III 416 ff. Kühner, Gezeiten I 205. Heinisch 173 ff. Peters 162 ff. Zöllner, Die Geschichte der Kreuzzüge 142 ff. Mayer, Geschichte der Kreuzzüge 208 f.

40 Acta pacis ad S. Germanum anno 1230, ed. Hampe MG Ep. sel. 4. LMA II 1624. VII 1329 ff. Taddey 523. Gregorovius II/1, 358 ff. Haller IV 58 ff. Seppelt III 420 f.

41 Haller IV 59 ff. Seppelt III 421 ff.

42 LMA III 340 f. V 2100. Gregorovius II/1, 370. Haller IV 64 ff. Quellenangaben ebd. 289 f. Seppelt III 423 f. 431 f. Erbstößer, Friedrich II. 220

43 Salimb. Cron. I 74 f. 350. Annal. Marbac. 1235. Gesta Trever. c. 106 (MG SS 24, 403). Haller IV 70 ff. Seppelt III 426 ff. Heinisch 307 ff. Erbstößer, Friedrich II. 219 f. Koch, Die Herrscher der Stauferzeit 342 f.

44 Annal. Marbac. 1235. Taddey 909 f. Haller IV 75 ff. 80 f. Seppelt III 428, 430. Erbstößer, Friedrich II. 220. Koch, Die Herrscher der Stauferzeit 343

45 Salimb. Cron. I 77 ff. LMA IV 229 f. 688 f. Gregorovius II/1, 373. Haller IV 83 ff. Seppelt III 429 ff. Heinisch 348 ff.

46 LMA VII 1329. Gregorovius II/1, 376 f. Seppelt III 433 ff. Haller IV 89 ff.

47 LThK I[3] 329 f. VIII[3] 1341 f. LMA I 288. Seppelt III 437, 439 f. Haller IV 97 ff. 103 ff.

48 Gregorovius II/1, 381. Seppelt III 438. Haller IV 105 ff.

49 LMA III 2030. VII 809 f. Haller IV 109 ff. Seppelt III 440 ff. Haverkamp 619

7. KAPITEL
Die Inquisition beginnt

1 Thom. Summa theol. IIa IIae q XI, a. 3

2 Brief an die katholische Historikerin Lady Blennerhasset, in Acton's Correspondence 1. 55. Zit. bei Bates 242

3 W. E. H. Lecky, History of the Rise and Influence of the Spirit of Rationalism in Europe, I. 330; II. 32, 38. Zit. bei Bates 241

4 LMA VII 1747. LThK IX[3] 456. HKG III/2, 271 f. Hoensbroech I 34 f. 37. Hauck IV 911 ff. Förg 17, 32. Lea (1985) 92. Vgl. auch 370. Lecler I 149. Drusen 438 f.

5 Gesta Trever. c. 104 f. MG SS 24, 400; 24, 402. Vgl. auch Annal. Marbac. 1215; 1233. Sächs. Weltchr. c. 376. LMA V 1360 f. (Patschovsky). LThK VI[1] 147. VI[3] 281. HEG II 377. Wetzer/Welte II 805 ff. HKG III/2, 270 f. Hoensbroech I 19, 117 ff. 122 f. mit den Quellenbelegen. Lea I 538 f. Lea (1985) 86 ff. Rouco-Varela 27. Grigulevič 187 f. Dinzelbacher 51. Drusen 436. Zur (späteren) Inquisition in Deutschland vgl. etwa Kurze 30 ff. bes. 44 ff.

6 Hoensbroech I 122 f.

7 LThK I[1] 855. I[3] 1291. III[3] 319 f. LMA III 1196. Wetzer/Welte III 237. Kelly 207. Keller, Reclams Lexikon 152 ff. Fichtinger 111. Lea I 247, 599. Lea (1985) 121, 128 f. 131 ff. 162 f. Hoensbroech I 20, 88, 92, 178. His II 22. Leist 152 f. Seppelt III 445 f. Mynarek, Die neue Inquisition 32 ff. Vgl. auch Deschner, Abermals, 480 ff.

8 LThK VIII[3] 109 f. Hoensbroech I 20 ff. 26 f. 177. Lea I 248. Vgl. auch 600 u. o.

9 LMA I 1976 ff. IV 190 f. Hoensbroech I 32 ff. 40 ff. 58 ff. 182. Lea I 542 ff. 546 ff. III 26 f. 52. Lea (1985) 148, 232 f. 302 ff. 313, 410. Vgl. ferner zu Bernhard Guidonis u. Nicolas Eymerich: Lea, Die Inquisition, Register

10 LMA I 679. II 424 f. IV 614 ff. Kühner, Lexikon 121. Hoensbroech I 12,

31, 38, 41 ff. 45, 51 ff. 61 f. 170 Anm. 1. Vgl. dazu Döllinger, Dokumente II 319 ff. 324 ff. 331 ff. Lea I 470 ff. 528 ff. 535 f. 541, 560 ff. II 93, 273. III 44, 63 ff. 79 ff. 86 f. Lea (1985) 189, 212 f. 249 f. 294 ff. 323 ff. 330. Davidsohn IV 3. Teil 32 f. Grupp II 15, V 198. Mensching 52. Ronner 215. Leist 152 f. Erdmann 223 ff. Mynarek, Die neue Inquisition 40 ff. Herrmann, Ketzer 112 ff. Wollschläger, Die Gegenwart 132. Zu den denkerischen Qualitäten des Augustinus vgl. Lütkehaus 91, 97 f. 100 ff. 700 ff. Ferner Deschner, Kriminalgeschichte I 464 ff.

11 Hoensbroech I 119. Lea I 571, 575. Lea (1985) 214, 332 ff. 345 ff.

12 Hoensbroech I 41, 55 f. Lea I 417. Lea (1985) 325, 327, 331 f. Wahrmund 20 f. Koch, Frauenfrage und Ketzertum 154 Anm. 74

13 Lea I 395. Lea (1985) 327, 344 ff. Eichmann 65 ff. Troeltsch 221 f.

14 LMA I 497. Lea I 531 f. Lea (1985) 323 ff. 328, 332 ff.

15 LMA III 1196. V 1796. VI 1978. LThK VI[3] 281, 741. VIII[3] 129. Hoensbroech I 20, 87, 103. Lea II 86 ff. 187, 190, 242 ff. 292 f. 339 f. 493. Pfleger 101. Seppelt III 412. Borst, Die Katharer 130 ff. Kantorowicz 500

8. KAPITEL
Kaiser Friedrich II. und Papst Innozenz IV.

1 Kantorowicz 477

2 Ebd. 498

3 Salimb. Cron. I 141. Gesta Trever. 107. MG SS 24, 403. LMA III 7, 52. IV 436 f. V 437. VII 1042 f. LThK VII[3] 1352. Pierer XIV 250. Kelly 208 ff. Seppelt III 449 ff. Haller IV 122 ff. Horst 284 ff.

4 Salimb. Cron. I 141 f. LMA IV 436 f. 1436 ff. V 437. Kühner, Lexikon 104 f. Kelly 208 ff. Haller IV 124. Seppelt III 452

5 Salimb. Cron. I 141. LMA V 437. VII 1220 ff. Kelly 209. Haller IV 124 ff. 128 ff. Seppelt III 452 ff. 458 f. Kantorowicz 443 f. 449 ff. Koch, Kaiser Friedrich II. 346

6 LMA V 437. VI 46. LThK VI[3] 1157. Kelly 209 f. Seppelt III 461 ff. Ausführlich: Haller IV 131 ff. 140 ff. Kantorowicz 453 ff.

7 Gesta Trever. 106. MG SS 24, 403. LMA III 2092, V 1340 f. VII 1867. LThK IX[3] 569. Taddey 60, 663. Haller IV 155 f. Kantorowicz 474 ff. Eibl 226 f. Hlediková 78 ff.

8 Kantorowicz 474 ff.

9 LMA IV 2079. V 1340. LThK IX[3] 569. Haller IV 156 ff. Kantorowicz 475 f. 487. Engel, Wilhelm von Holland 231. Eibl 226 ff.

10 MG SS 28, 278. LMA IV 2079. V 1340 f. Haller IV 156 ff. Kantorowicz 476, 487. Eibl 227

11 LMA IV 2079. V 1340 f. 1351 f. IX 125 f. Taddey 1303 f. Pierer IX 662 f. Haller IV 158. Heinisch 634. Eibl 228. Engel, Wilhelm von Holland 231, 234 ff. Fischer, Das Untermaingebiet 123 f.

12 Salimb. Cron. I 158 f.

13 Kantorowicz 356, 465, 478 ff. 496 ff. 500, 503 f. Vgl. auch die folg. Anm.

14 Salimb. Cron. I 154 ff. 158 ff. 167 ff. 170 ff. II 40 ff. LMA V 1351 f. VI 1987 f. VII 1302. LThK VI[1] 146. VI[3]

277 f. Kelly 287 f. 210. Kühner, Lexikon 209 f. Haller IV 164 ff. 171. Seppelt III 469 ff. Heinisch 611 Anm. 94 mit einer Fülle von Quellenhinweisen. Vgl. auch 246 f. 611 ff. 615 ff. 620 f. 626 f. Horst 302 ff. Kantorowicz 478, 480 ff. 492 ff. 505. Engel, Wilhelm von Holland 231 f.

15 Haller IV 169 ff. Heinisch 612. Kantorowicz 486 f.

16 Salimb. Cron. I 355 f. Seppelt III, 477. Haller IV 173 ff. Heinisch 636. Horst 320 ff. Kantorowicz 524. Eibl 228

17 Haller IV 181 f. Horst 323 f. Eibl 224 f.

18 Salimb. Cron. II 106 ff. LThK VI^{3} 280. LMA V 1340 f. Haller IV 183 f. 186. Seppelt III 477 f. Koch, Die Nachkommen Kaiser Friedrichs II. 351. Eibl 224 ff. 229

9. Kapitel
Ende der Staufer, Aufstieg der Anjou

1 Koch, Das Ende des staufischen Hauses 358

2 Haller IV 226

3 Kupisch, Kirchengeschichte II 99

4 Gregorovius II/2, 451

5 LMA V 2184 ff. VI 236 f. LThK II^{3} 516. VI^{1} 693. VI^{3} 1098 f. Pierer X 576 f. Wetzer/Welte VI 631. Ehlers 155 ff.

6 Salimb. Cron. 199. Annal. Marbac. 1226. LMA II, 258 f. V 2184 ff. VI 820 f. LThK II^{3} 516. VI^{3} 1098 f. Pierer X 576 f. Wetzer/Welte VI 631 ff. Fichtinger 255. Lea (1985) 382 f. Herde 21. Mayer, Geschichte der Kreuzzüge 229. Ehlers 147 f. 152 ff.

7 LThK VI^{1} 693

8 Kelly 210. Mayer, Geschichte der Kreuzzüge 227 f. Ehlers 156 ff.

9 Salimb. Cron. I 186 f. Vgl. auch ebd. 33, 44, 144. LThK VIII^{3} 1486. Herde 30

10 Salimb. Cron. I 321, 344 f. Pierer I 228. Wetzer/Welte VI 630: «von 32000 Mann waren kaum noch 6000 übrig». LMA I 237. LThK VI^{3} 1098. Seppelt III 476. Pernoud 291 ff. 297, 301, 305. Gabrieli 343 ff. 349 ff. 354, 360, 362. Mayer, Geschichte der Kreuzzüge 227 ff. Ehlers 155, 157. Herde 30 f.

11 LThK VI^{3} 1099, Fichtinger 340. Haller IV 182, 225 f. 252. V 22. Seppelt III 476 f. Pernoud 323 f. Gabrieli 363 f. Ehlers 158 ff. Schwinges 189 ff. bes. 191

12 Salimb. Cron. II 105 f. LThK VII^{1} 1025 f. VII^{3} 1449. LMA VI 1773 f. Haller IV 182 f.

13 LMA I 1833. III 1420 f. VI 756 ff. VIII 487 f. Taddey 716 f. HEG II 105, 1021 ff. dtv Lexikon 12, 261 f. Kinder/Hilgemann I 179. Haller IV 115 f. Schmieder 7 ff.

14 LMA VI 758. Haller IV 116 f. 139. Seppelt III 462 f.

15 Yst. Mongal. Prol. 3. c. 1,1; 3,2; 6,1 ff. 8,5 ff. 9,8. Salimb. Cron. I 178 ff. 181 f. LMA VI 758. Seppelt III 486. Schmieder 14 ff. 20 ff.

16 Yst. Mongal. 9,10; 9,15; 9,19; 9,34; 9,43 f. LMA III 1421. VI 757. Schmieder 12

17 LMA VI 192. Taddey 768 f. Haller IV 185 f. Seppelt III 478 f.

18 LMA V 1340 f. LThK VI^{3} 280. Seppelt III 479, 482. Haller IV 186 ff. Koch, Die Nachkommen 353

19 LMA V 983. VII 809 f. Haller IV

188 f., dem ich hier besonders folge. Bei Seppelt III 479 f. macht der Papst den Vorschlag betreffs des Schiedsgerichts. Herde 34 ff. Hilpert 185 ff. Mayer, Geschichte der Kreuzzüge 231, 247

20 Kühner, Lexikon 111. Haller IV 189 f. Seppelt III 481. Herde 36 f.

21 LMA V 1368. Taddey 667. Haller IV 190 f. Seppelt III 478, 482 ff. Herde 36, 49. Koch, Die Nachkommen 351

22 Salimb. Cron. II 114 f. Kühner, Lexikon 106. Kelly 211. Haller IV 191 f. Seppelt III 484 f. Herde 37

23 Salimb. Cron. II 115 ff. LThK I^3 367 f. HEG II 629 f. HKG III/2, 253. Kelly 210 f. Kühner, Lexikon 106 f. Haller, Die Herkunft 254 ff.

24 LMA II 373, 396. III 1580. VI 192. VII 810. LThK I^3 368 f. Kelly 211. Gregorovius II/2, 469. Seppelt III 488 ff. 494 ff. 510. Haller IV 228. Kühner, Das Imperium 195. Zimmermann 165 f. Reisinger 84. Koch, Das Ende des staufischen Hauses 356 f. Herde 37

25 LMA I 373. VII 809 f. Haller IV 205 ff. 228. Seppelt III 488 f. 491

26 Dante, Inferno XXXII 73 ff. LMA IV 196 f. VI 192, 778, 1862. Taddey 768. Kelly 211. HKG III/2, 254. Gregorovius II/2, 437. Seppelt III 491 ff. Haller IV 210 ff. Herde 37

27 LThK I^1 888 f. I^3 369. II^3 341 f. IV^3 508. LMA I 389 f. 663. Pierer III 175. XIV 294. Gregorovius II/2, 440. Kretschmayr II 59 ff. Seppelt III 491 ff. 496 ff. Haller IV 215 f. Kühner, Das Imperium 196

28 LMA III 1580. V 983. VIII 1284. LThK X^1 433. Kelly 210 ff. Kühner, Lexikon 107. HEG II 621. Gregorovius II/2, 443, 447. Haller IV 220 ff. 228 f. Seppelt III 502 ff. 507. Kühner, Das Imperium 196. Herde 28, 34 ff. 40 ff.

29 LMA I 1369 f. LThK X^1 433. Wetzer/Welte II 354. Taddey 768. HKG III/2, 255. Gregorovius II/2, 443, 450. Haller IV 225 f. 246. Seppelt III 505. Reisinger 84 f. Kühner, Das Imperium 196. Herde 29 ff. 37 ff. 40 f. 112. Engels, Die Staufer 190. Vgl. auch die vorherg. Anm.

30 LMA V 983. HKG III/2, 255. Haller IV 226 ff. 230 f. Seppelt III 504 ff. Herde 41 f. 45 ff.

31 Kelly 213 f. Gregorovius II/2, 447 ff. Haller IV 234 ff. Seppelt III 507, 511 ff. Herde 46 f.

32 LMA VI 341. Kühner, Lexikon 112 f. Gregorovius II/2, 448 f. 451 f. 454 ff. 463. Haller IV 242 f.

33 LMA I 1911. Gregorovius II/2, 457 ff. Seppelt III 513 f. Haller IV 244 ff. Herde 47 f.

34 Zit. bei Gregorovius II/2, 462

35 Dante, Purgat. 3,103 ff. Kühner, Lexikon 108. Gregorovius II/2, 463 f. Haller IV 246, 249, 262. Herde 48. Engels, Die Staufer 191. Koch, Das Ende des staufischen Hauses, 358 f. Vgl. auch 352

36 LMA I 1908. Gregorovius II/2, 464 f. Haller IV 246 ff. Seppelt III 514 f. Herde 49, 51. Koch, Das Ende des staufischen Hauses 358

37 LMA V 2193. VI 473 f. VII 1072. Pierer II 193. Taddey 745, 796, 1036. HKG III/2, 256. Gregorovius II/2, 469 ff. 474 ff. Grupp IV 393. Herde 49, 52 ff. Reisinger 86 ff.

38 Braunschw. Reimchr. a. 1268 (S. 565). LMA IV 2059 f. HKG III/2, 256. Gregorovius II/2, 476 f. Haller

Seite 324–342

IV 256 ff. Seppelt III 515 ff. Herde 54 ff. Koch, Das Ende des staufischen Hauses 358

39 Lodeser Anonymus (?) a. 1167. LMA IV 2060. VIII 433 f. Gregorovius II/2, 478 ff. Schaller, Zur Verurteilung Konradins 311 ff. Nitschke 268 ff. Haller IV 259 f. Herde 58 ff. Engels, Die Staufer 191

40 Sächs. Weltchr. a. 1268 (S. 284). LMA V 1368. Kühner, Lexikon 108 f. Ders. Das Imperium 198. Ders. Gezeiten 210. Gregorovius II/2, 480 ff. Herde 61 ff. Koch, Das Ende des staufischen Hauses 358

41 Gregorovius II/2, 487 f. Haller V 22 f. Koch, Das Ende des staufischen Hauses 358

10. KAPITEL
Die Habsburger kommen

1 Vgl. Anm. 6

2 Sächs. Weltchr. Erste bair. Forts. a. 1298 (S. 331)

3 Haller, Die Epochen der deutschen Geschichte 79

4 LMA IV 1672 f. Kühner, Lexikon 109 f. Kelly 214 ff. Gregorovius II/2, 487 ff. Hauck V/1 64 f. Lea I 310 f. Runciman 157 ff. 171 ff. 181. Seidlmayer 201 f. Haller V 29 f. Seppelt III 519 ff. Hertling 191. Zimmermann 167 f.

5 Eike von Repgow 3, 57, 2. LMA III 1918, 2030 f. V 804, 1263, 1581 f. VI 1554. VII 809 f. 1072, 1074. IX 6. LThK III³ 657. Kelly 214 ff. Taddey 686, 1036. Kühner, Lexikon 109 f. Wilpert III 1025 f. Gregorovius II/2, 490. Seppelt III 521 f. 529 ff. Herde 88. Zimmermann 169. Engel, Rudolf von Habsburg 240 ff. Koch, Das Ende des staufischen Hauses 358

6 LMA I 396, 1351. IV 1815. V 377 ff. VI 47. Kelly 214 f. Taddey 1036. Gregorovius II/2, 490 f. Seppelt III 527, 531. Herde 53 f. Zimmermann 169. Engel, Rudolf von Habsburg 242, 249

7 LMA I 1370. V 984. VI 834 f. HEG II 632 f. Kelly 215. Seppelt III 522 f.

8 LMA V 984. VII 1074. LThK V³ 1010 f. Kelly 215 f. Seppelt III 522 ff. 533. Haller V 33 ff. Engel, Rudolf von Habsburg 249

9 LMA V 438. Kühner, Lexikon 110 f. Kelly 216 ff. Gregorovius II/2, 495 f. Hauck V/1, 449 f. Davidsohn II 2. T. 128. Seppelt III 535 ff. Haller V 36

10 Dante, Div. Comm. I 19,46 ff. 19, 61 f. LMA VI 1170 f. VIII 1678 f. HEG II 632. LThK VII³ 863 f. Kelly 217 ff. Gregorovius II/2, 497 ff. Hauck V/1, 448 f. Davidsohn IV 3. T. 27. Seppelt III 543, 554. Herde 92 f.

11 LMA VI 1093 f. Lea III 27 f. Dresdner 78. Vgl. dazu etwa: Angenendt 162. Lück 43 f. Weller 128. Viller/Rahner 206. Kawerau, Die nestorianischen Patriarchate 119 ff. Reinhard 145 ff. Bosl, Geschichte Bayerns I 62. Prinz 170. Padberg 118 f.

12 LMA VI 341 f. HEG II 633 f. Pierer XVI 10. Kelly 220 f. Gregorovius II/2, 500 ff. 504 ff. Herde 78, 95 f.

13 LMA VII 1948 f. LThK IX³ 647. Pierer XVI 10. Kelly 220. Gregorovius II/2, 505. Seppelt III 560. Herde 65 ff. 77, 80, 90, 99 f.

14 LMA IV 949. V 1407. VI 599, 1924 f. VII 236, 1949. LThK VIII³ 108. IX³ 647. HEG II 633 f. Pierer XVI 10. Herde 100 ff.

15 LMA IV 636. V 2059f. (Bresc). VI 342, 1923 ff. VII 1949. LThK IX[3] 647f. HEG II 635. Kelly 220f. Gregorovius II/2, 505 ff. Herde 109 ff.

16 LMA VI 235, 1553. VII 188. Taddey 911. Lhotsky 14 ff. Zum «Aufkommen der Habsburger» vgl. bes. ebd. 30 ff.

17 LMA 1611. VI 1553f. VII 1072 ff. IX 85f. HEG II 404. Taddey 286, 911f. Ploetz 97. Lhotsky 20 ff. 69. Engel, Rudolf von Habsburg 245f.

18 LMA VII 892, 1072f. VIII 2188. IX 86. Lhotsky 24, 27f. Engel, Rudolf von Habsburg 243 ff.

19 LMA I 311f. IV 1815, 2080. VII 617f. 620 ff. 1073f. Erkens 1079. Ploetz 97. LThK IV[3] 1394. HEG II 404f. Hessel 11 ff. Herde 61f. Lhotsky 28 ff. 43 ff. 53 ff. 71f. Engel, Rudolf von Habsburg 246. Dies. Albrecht I. 258. Arnold, Princes and Territories 14 ff.

20 LMA I 157 ff. VII 1865. HEG II 405. Taddey 10f. Hessel 24 ff. 31 ff. Weinrich, Quellen zur Verfassungsgeschichte des römisch-deutschen Reiches 182 ff. Thomas 76. Lhotsky 73f. Engel, Rudolf von Habsburg 248. Dies. Adolf von Nassau 251 ff. Dies. Albrecht I. 259f.

21 LMA I 158f. IV 1313. VII 1865. IX 337. HEG II 406f. Kühner, Lexikon 114. Hessel 40, 47f. Lichnowsy 111, 117. Boockmann, Mitten in Europa 191 ff. Engel, Adolf von Nassau 253 ff. Leuschner 459f.

22 LMA VI 1587. VIII 1911. HEG II 407. Weinrich, Quellen zur Verfassungsgeschichte des römisch-deutschen Reiches 204 ff. Hessel 55f. 60 ff. 69f. Boockmann, Mitten in Europa 194. Engel, Adolf von Nassau 256

23 Sächs. Weltchr., Thüring. Forts. a. 1298 (S. 308). LMA IV 1554. Wetzer/Welte II 91, hier tötet Albrecht König Adolph «mit eigener Hand». Taddey 451. Hessel 51 ff. 56 ff. Seppelt IV 40. Lichnowsy 140 ff. Engel, Albrecht I. 261. Lhotsky 96 ff.

24 Sächs. Weltchr., Thüring. Forts. a. 1299 (S. 309). LMA I 312. IV 1313. HEG II 407. Hessel 89f. 92 ff. 98 ff. 127 ff. Kosminski I 322. Lhotsky 43 ff. mit einer Fülle von Quellenhinweisen zur körperlichen Erscheinung und zum Charakterbild. Engel, Albrecht I. 260

25 Davidsohn III 247. Hessel 122 ff. 128. Franzen 219. Lhotsky 134 ff.

26 Sächs. Weltchron., Thüring. Forts u. Erste Bair. Forts. a. 1308 (S. 311, 331f.). LMA I 313. III 2141. IV 949. V 1593f. 2163. VII 295. VIII 2188 ff. HEG II 407, 519, 1116. Taddey 593. Hessel 128, 138 ff. 141 ff. 149 ff. 153 ff. 161 ff. 167f. 222 ff. Meyer, B., Studien zum habsburgischen Hausrecht 153 ff. Seppelt IV 44. Lhotsky 139 ff. 154 ff. Engel, Albrecht I. 265f.

11. KAPITEL
«... WIE DER ERLÖSER VERRATEN». PAPST COELESTIN V. (1294) UND PAPST BONIFAZ VIII. (1294–1303)

1 Kühner, Das Imperium 207

2 Giovanni Villani, zit. bei Chamberlin 132

3 Dino Compagni, zit. ebd.

4 Fink 51

5 Gregorovius II/2, 546

6 Lortz 105
7 LMA III 7 f. (Herde). LThK II[1] 1009. II[3] 1248. HEG II 635. Gregorovius II/2, 513 f. Finke, Aus den Tagen Bonifaz VIII. 65. Seppelt III 581. Chamberlin 95 ff.
8 Dante, Inf. 3,59 f. LMA II 414. III 7 ff. Kühner, Lexikon 116 f. Kelly 225. Gregorovius II/2, 513 ff. 517 ff. Finke, Aus den Tagen Bonifaz VIII. 40 ff. 65, 266 f. Seppelt III 584 f. Kühner, Das Imperium 207. Chamberlin 101 ff. 110, 113 ff. Kiesewetter 314 ff. 325, vgl. auch 512, 517 (Digard)
9 LMA II 414. Kelly 226. Kühner, Lexikon 115 f. Gregorovius II/2, 516 ff. Finke, Aus den Tagen 40 ff. 65. Seppelt IV 9. Chamberlin 105. Zur Abdankung Coelestins V. vgl. auch Bertram, Die Abdankung 1 ff. Kurios u. a. das «Märchen» 58 f.
10 LThK II[1] 1009. II[3] 579, 1248. Hagenbach 451. Gregorovius II/2, 519 f. Hertling 193. Seppelt III 587. IV 10. Chamberlin 109 ff. 113 f. Kiesewetter 326 ff. (hier eine ausführl. Darstellung des Konklaves vom 23./24. Dezember 1294). Vgl. auch 333
11 LMA I 1010. II 415. Kühner, Lexikon 119. Kelly 227 f. Gregorovius II/2, 518 f. 570 ff. Davidsohn III 1 f. 5 ff. Chamberlin 129 ff., dem ich hier teilweise folgte. Vgl. auch Beutin, Die Revolution 35 f.
12 LMA II 414 f. Kelly 226 f. Kühner, Lexikon 116. Gregorovius II/2, 518, 521 f. Seppelt IV 12 f. Chamberlin 99, 108. Kiesewetter 277 ff. 288 ff.
13 Mk. 4,25; Mt. 13,12; 25,29; Lk. 19,26. LMA II 415, 1367, 1369. HEG II 636. Gregorovius II/2, 511, 523, 540 ff. Finke, Aus den Tagen 120 ff. 154 f. Eitel 83 ff. Davidsohn III 17. Seppelt IV 10, 14. Chamberlin 116 ff. Kiesewetter 335, 429. Herrmann, Kirchenfürsten 62, ein Buch, das «auf den riesigen Berg von Unmoral, Unsitte, Verbrechen» verweist, «den Päpste im Lauf der Geschichte anhäuften», so Herrmann in seinem äußerst lesenswerten Werk «Was ich denke» 83.
14 LMA III 52 ff. 57 f. Wetzer/Welte II 90. Kelly 226. Gregorovius II/2, 524. Seppelt IV 19 ff. Chamberlin 107, 118, 120 f.
15 LMA II 415. LThK V[3] 706. Kelly 226. Gregorovius II/2, 525 f. 537. Finke, Aus den Tagen 118 ff. Seppelt IV 20 ff. Gontard 286. Chamberlin 122 ff.
16 Wetzer/Welte 91. Kelly 227. Gregorovius II/2, 526 f. Hoensbroech I 46, 567 f. Lea II 238 ff. Davidsohn II 2. T. 233, 407, 450 ff. III 39 ff. 43 f. 56 f. 349. IV 3. T. 4. Seppelt IV 22. Bernhart 175. Gontard 286. Chamberlin 124 ff.
17 LMA VI 791 f. 1171. 1640 f. VIII 1678 f. (Luzzati). Kelly 222 f. Kühner, Lexikon 117. Gregorovius II/2, 511, 527 ff. Eitel 88. Davidsohn III 45 f. Gontard 286. Chamberlin, 126 ff.
18 LMA IV 944 f. V 282, 985. VI 1925. VII 1960 ff. HEG II 634 f. Kelly 223. Seppelt III 574 ff. IV 11. Kiesewetter 186 ff. 196 ff. 200 ff. 204 f. 208. Vgl. auch 398 u. a.
19 Dante, Purg. 20,73 f. LMA II 415. III 544 ff. (Bezzola). IV 559, 944 f. V 994. VII 1961 f. HEG II 635 f. Kelly 226. Potthast 2, 24473, 25158. Gregorovius II/2, 534 f. Finke, Aus den Tagen 19 f. 28. Ausführlich: Davidsohn III 1 ff. bes. 92 ff. 123 ff. 156 f.

164, 169 ff. 185 f. 233. Seppelt IV 11 ff. Hessel 119. Kosminski I 380. Kiesewetter 277 Anm. 2, 284, 289, 291 ff. 488

20 LMA III 1585. IV 777 f. VI 2062. LThK II^3 580. VIII^3 230 f. Mirbt/Aland I 457. Kelly 226. Gregorovius II/2, 537. Feine I 306. Seppelt IV 16 ff. Chamberlin 141 f.

21 LMA IV 2024 f. Wetzer/Welte II 94. Chamberlin 139 f. Kupisch II 102. Herrmann, Kirchenfürsten 62 f.

22 LThK II^3 580. X^1 373 f. X^3 20. X^3 375. LMA II 415. VIII 1214 f. Kelly 227. Gregorovius II/2, 535, 538. Finke, Aus den Tagen 154 f. 255 f. Eichmann 53 f. Schuster 180. Feine I 264. Seppelt IV 30 ff. Schimmelpfennig 220. Herrmann, Kirchenfürsten 62 f.

23 LMA VI 2062. LThK X^3 375. Schuster 180. Seppelt IV 32 ff.

24 LMA V 1455. VI 1214, 2062. LThK II^3 580. V^3 937. VIII^3 231. Kelly 227. Finke, Aus den Tagen 178. Seppelt IV 26 ff. 34 f. Chamberlin 142 ff. Kiesewetter 322

25 Wetzer/Welte II 94. Potthast 2, 25281. Seppelt IV 35 f.

26 LMA II 415 f. VI 1214. LThK II^3 580. VII^3 891. Wetzer/Welte II 94. Finke, Aus den Tagen 273 ff. Bernhart 178. Seppelt IV 37 ff. Chamberlin 147 ff. Gelmi, Grabdenkmäler 187

27 Chamberlin 111

12. KAPITEL
CHRISTLICHES JUDENMORDEN IM MITTELALTER

1 Pascal, Pensées 295 Aph. 640; kursiv Gesetztes von mir hervorgehoben.

2 Claude, Geschichte der Westgoten 76

3 Linder 419

4 Vgl. dazu Abermals 453 f.

5 HEG II 158

6 Foerster 102. Vgl. Bates 243

7 Kober 621 ff. Thompson, The Conversion 28. Schopen 31 f. Eckert/Ehrlich 25

8 16. Syn. v. Tol. 693. LThK V^3 1030. Gams II 2. Abtl. 693. Grupp II 170. Parkes, The Conflict 369 f. Bates 219. Diepgen I 231 f. Seiferth 75. Kühner, Tabus 36

9 Greg. Tur. Hist. Franc. 5,50. LThK V^3 618 f. Kober 622. Schubert I 185. Ballesteros 51. Bates 204

10 3. Conc. Tol. c. 14. LThK V^3 1030. Parkes, The Conflict Append. I 382 f. Culican 192. Linder 418 ff. Schäferdiek 230 f.

11 4. Conc. Tol. (633) can. 57–66. LMA VII 1938. Pierer XVI 144. Kelly 85. Gams II 2. T. 78 ff. Schubert I 181 f. Browe, Die Judenbekämpfung 200. Schmidt, Die Bekehrung 312. Konetzge 40. Ritzer II 32. Maier, Die Verwandlung 302, 306. Eban 109. Dannenbauer II 64. Thompson, The Goths 165 ff. Altamira, Spain 173 f. Linder 418. Culican 193. Claude, Geschichte der Westgoten 78, 90 f. 98 f.

12 Fredegar 4,73. Thompson, The Goths 170 f. Claude, Geschichte der Westgoten 77 f. 100. Bund 568

13 Lex. Visig. XII 2,2 ff. 8. Conc. Tol. (653) c. 12. Parkes, The Conflict 360. Browe, Die Judenmission 233 f. Ritzer II 32. Voigt 149. Stroheker 230. Thompson, The Goths 205 ff. Altamira, Spain 177. Claude, Adel, Kirche 133 ff. 143 f.

14 Lex. Visig. XII 2,14; 3,1 ff. 4. Syn. Tol. (633) c. 59 ff. Browe, Die Juden-

bekämpfung 201 f. Ders. Die Judenmission 162 f. Ritzer II 32. Konetzge 40. Thompson, The Barbarian Kingdoms 30 f. Ders. The Goths 235 ff. Altamira, Spain 179 f. Linder 419. Anton 61. Diesner, König Wamba 15, 34.

15 17. Conc. Tol. (694) c. 8. «Die Juden haben ihren alten Verbrechen das neue hinzugefügt, daß sie Land und Volk zu Grunde richten wollten, nachdem sie zum Scheine sich hatten taufen lassen. Ihr Vermögen erhält der Fiscus, sie selbst werden zu Sclaven gemacht. Ihre Kinder werden vom siebenten Jahre ihnen genommen, und später Christen zur Ehe gegeben. Ihre Eigentümer dürfen keine jüdischen Gebräuche bei ihnen dulden.» LMA III 1608 f. Gams II 2. Abt. 183. Browe, Die Judenmission 164. Voigt 151. Thompson, The Barbarian Kingdoms 31 f. Ders. The Goths 246 ff. 278. Claude, Adel, Kirche 184, 191. Ders. Geschichte der Westgoten 81 f. Diesner, König Wamba 18

16 HEG II 156. LThK V^3 1030. Eban 115, 123 ff. Mautner Markhof 14. Bosl, Europa im Mittelalter 150. Vgl. auch Beuys 127 ff. 213 ff.

17 Chron. Muzarab. 31. Schubert I 256. Browe, Die Judenmission 164. Schmidt, Die Bekehrung 312. Boehn 28. Kornemann II 486 f. Maier, Die Verwandlung 282, 306. Buchner 155. Konetzge 47. Daniel-Rops 434 f. Kawerau, Geschichte der alten Kirche 41. Coler II 23. Claude, Geschichte der Westgoten 82 f. Ders. Die Anfänge der Wiederbesiedlung 612

18 Baer II 5, 27 f. Pinay 699

19 Baer II 4, 228. Browe, Die Judenmission 18 f. 165. Ronner 327

20 Syn. Valld. (1322) c. 22. Syn. Salam. (1335) c. 12. Vgl. auch Baer II 141, 159

21 Syn. Pal. c. 5 u. 6. Baer I 426 ff.

22 LMA I 395 f. IV 2056 f. VI 807. Pierer XII 895 f. Gams III 1. Abtl. 183. Baer II 201, 218

23 Privilegien für Juden durch Könige von Aragonien in: Baer I Nr. 47, 53, 60, 65, 68, 88, 91, 93, 106 f. 175 u. a. Zu unserem Text im besonderen: Nr. 411 S. 658; Nr. 423 S. 676; Nr. 426 S. 678; Nr. 402 S. 647; Nr. 410 S. 657; Nr. 413 S. 661; Nr. 417 S. 667; Nr. 427 S. 679; Nr. 428 S. 680; Nr. 414 S. 662; Nr. 421 S. 675; Nr. 422 S. 675; Nr. 456 S. 716. – Inquisitionsakten über Juden gesammelt bei Baer II 437 ff. – Im Inquisitionsprozeß der Mari Sanchez 1485 in Spanien wird erklärt, daß die Inquisition nur die Reichen erfasse: Baer II Nr. 393 S. 444. – 1485/1486 wirft der Inquisitionsprozeß einer Jüdin in Spanien u. a. vor, sie habe vor 25 Jahren (!) ein Kruzifix, das ihr Mann heimgebracht, verächtlich behandelt: Baer II Nr. 395 S. 447. – Andere werden 1488 in Spanien durch die Inquisition beschuldigt, die Bibel auf hebräisch gelesen zu haben: ebd. II Nr. 397 S. 454. – Vgl. auch I 10 f. 654 ff. 665

24 LMA IV 1648. V 790. Browe, Die Judenbekämpfung 222. Bates 219. Beuys 404 f. Heinsohn 198 f.

25 LMA V 791. Roth 281 f.

26 Syn. Agde (506) c. 40. Vgl. c. 12; 34. 3. Syn. Orl. (538) c. 30. Vgl. c. 13; 28. Syn. Mâcon (581) c. 14 f. Vgl. c. 2; 15; 16; 17. Syn. Paris (614) c. 17.

Vgl. c. 15. Chlotarii II. edict. c. 10. Greg. Tur. Hist. Franc. 5,11; 6,17. Fredeg. Chronic. 5,65. MG LL Cap. I Nr. 131, S. 258. Ferner: Die antijüdischen Erlasse weiterer Synoden von Orléans, Vannes, Clermont, Reims und Chalon-sur-Saône. Dazu Deschner, Abermals 452 f. – LMA II 2155. IV 728. V 790. Hauck I 150. Linder 414 f.

27 LMA I 216. LThK I^3 535 f. Gams II 2. Abtl. 316. Seiferth 87 ff. Boshof 102 ff. 113, 120 ff. 130. Giese, In Iudaismum 407 f. 415 ff. Bosl, Europa im Mittelalter 150. Beuys 290. Krämer-Badoni 29

28 Adhem. v. Chaban. 3,47. LMA I 1992 f. IV 793. V 791. VII 1061. Grupp III 286 f. Browe, Die Judenbekämpfung 213. Seiferth 49. Grebe 47 f. Czermak 47 ff. Linder 417 f. Zapperi 119. Vgl. auch Deschner, Kriminalgeschichte VI 472

29 LMA IV 794. Eder 63 ff.

30 LThK VIII^3, 1209 f. X^3 1102 f. LMA II 784. V 139 (Kirmeier). VII 879 f. Ziegler 33 f. Roth 225 ff. Hirsch/Schuder 145 f. Eder 64 f. 68 ff.

31 Thrasolt 507 f.

32 LThK I^3 632. Kühner, Lexikon 262 f. Hirsch/Schuder 154 ff.

33 Donin III 160 ff. 173 f. Roth 227 f.

34 LMA IV 794. Hruby 289. Roth 269. Ackermann 103

35 LMA IV 794. V 791. Kisch 70. Roth 252 f. 269

36 LMA IV 794. V 791. VI 2063. HEG II 722. Roth 169 f. 270 ff. Pinay 701. Beuys 370 ff. Heinsohn 197. Deschner, Nur Lebendiges 84 f.

37 LMA IV 795. V 791. VI 126, 1774. LThK VII^3 1449. Lea II 430 f. Browe, Die Judenbekämpfung 2. H. 203. Ders. Die Judenmission 257 ff. 261 f. Heinsohn 197

38 LMA VII 810 f. Browe, Die Judenbekämpfung 215. Ders. Die Hostienschändung 169. Roth 224 f. 264. Eban 148 f. Beuys 266 ff. Krämer-Badoni 52. Heinsohn 197 f. Zapperi 118 f.

39 LMA III 1584 ff. IV 2051. V 497 f. Browe, Die Hostienschändung 197. Roth 265 ff. Kupisch II 142. Krämer-Badoni 44. Beuys 365 ff. 374. Zur innenpolitischen Situation unter Heinrich III.: Schnith, England 823 ff.

40 LMA III 909 f. Pierer XII 919. Fries 193. Szulwas 10. Browe, Die Judenbekämpfung 206, 211, 360. Grupp III 70. Bosl, Europa im Mittelalter 150. Schopen 42 f. Heer, Kreuzzüge 100. Zöllner, Die Geschichte der Kreuzzüge 90. Mayer, Geschichte der Kreuzzüge 91. Eder 49 ff. 60 ff.

41 LMA III 910 f. Roth 273. Arnold, Die Armledererhebung 42. Kisch 60. Eder 78 ff.

42 Sächs. Weltchr., Thüring. Forts. a. 1303 (S. 309). LMA II 784 f. V 139. Browe, Die Hostienschändung 170 f. Müller, Geschichte der Juden in Nürnberg 46. Vgl. das Kapitel «Blutende Hostien, blutende Pogrome» bei Herrmann, Passion 238 ff., bes. 242 ff. Ferner «Religionsdelikt Folter» ebd. 30 ff. u. a.

43 Browe, Die Judenbekämpfung 362. Morlinghaus 94. Arnold, Die Armledererhebung 42 f. Eder 78, 81 f. Scherzer 12, 29 ff. Arnold, Abweichung 337 ff. Dazu Müller, Bildungsgang 374 ff., nennt die jüdische Gemeinde Würzburg eines «der großen ‹Tora›-Zentren» Europas im Hoch-

und Spätmittelalter, 396. Vgl. Wollschläger, Die Gegenwart 167 f.

44 Peter v. Zittau, Chron. Aulae reg. 1, 55; nach Eder 81. Arnold, Die Armledererhebung 53. Ders. Abweichung 342 ff. Vgl. hierzu und zu den folg. Anm. Deschner, Zwischen Kniefall 37 f.

45 Heinr. v. Dießenhofen, Hist. eccl. c. 9; nach Eder 84 ff. LMA III 911. Arnold, Die Armledererhebung 35 ff. 49 ff.

46 Browe, Die Judenbekämpfung 384. Eder 199

47 Hirsch/Schuder 146 ff. Arnold, Die Armledererhebung 41. Krämer-Badoni 78 f. 97 f. Eder 211 ff.

48 Boccaccio, Decam., Prim. Giorn. Introd. 9 ff., nach Eder 92. LMA III 911. VI 1915 f. Stein 13 f. Hirsch/Schuder 174 ff. Kisch 15. Eckert/Ehrlich 32 f. Eder 90 ff. Heinsohn 51, 198. Schubert, Einführung 11 ff.

49 LThK VI^{3} 282. LMA II 784. IV 509 ff. VI 1916 f. Stein 13 f. Hirsch/Schuder 177 f. Eder 94 ff. Dinzelbacher 87. Schubert, Einführung 14 f.

50 Hirsch/Schuder 181 f. Eder 97. Beuys 425

51 Grupp V 269. Pfleger 115. Hirsch/Schuder 179 f. 182. Roth 275 f. Krämer-Badoni 43 f. Beuys 425. Eder 97

52 Eckstein 8 f. Müller, Geschichte der Juden in Nürnberg 33. Beuys 425. Vgl. auch Arnold, Abweichung 345 f.

53 Sächs. Weltchr., Thüring. Forts. a. 1349 (S. 318), wonach es «alnahe bie zwen tusent» Juden waren. Browe, Die Judenbekämpfung 220 f. Patze 361. Hirsch/Schuder 183 ff.

54 Conc. Later. IV c. 68. Syn. Vienn. c. 17. LMA III 911. V 366. VII 1603 ff. Bauer, Deutsche Frauen 200. Rudeck 168. Hirschfeld III 615. His II 149. Kisch 84 ff. Müller, Geschichte der Juden in Nürnberg 38, 51. Ronner 327. Zoepfl, Die Bischöfe von Augsburg im Mittelalter 344. Eike v. Repgow erwähnt die Juden nur selten, vgl. E. v. R., Register

55 Gregor IX., Bulle «Sufficere debuerat», 5. März 1233. LMA V 891. VIII 451 f. LThK II^{3} 1323. IX^{3} 1248. Lea I 620 f. Hruby 294 ff. Eban 145 f. Czermak 214

56 Nikolaus IV., Bulle «Turbate corde» vom 5. September 1288. LMA V 891. Browe, Die Judenmission 185. Kisch 64 f. 69 f. Ackermann 103. Eban 150. Krämer-Badoni 36 ff.

57 LMA V 891. Browe, Die Judenmission 185 f. Kisch 89 f. Schopen 51. Krämer-Badoni 35 ff. 40 ff.

58 LMA VII 556 ff. Szulwas 30 ff. Browe, Die Judenmission 185 f. Krämer-Badoni 35 f. 40 f.

59 Eckstein 255 ff. Guttenberg I 71. Kist 48

60 Szulwas 40 f. Eckstein 255 f. Scherzer 37 ff.

61 LThK V^{3} 191. Szulwas 51. Scherzer 45 ff.

62 Eckstein 227. Liebe 9. Grupp V 126. Pirenne 14 f. Parkes, Antisemitismus 101

13. KAPITEL
Heinrich VII., ein französischer König, ein französischer Papst und die Vernichtung der Templer

1 Ehlers 196

2 Seppelt IV 71

3 Haller V 200

4 LMA IV 2047 ff. V 994. VI 2062. LThK I³ 1368. VIII³ 110 f. Taddey 507. Gregorovius II/2, 588 ff. Hauck V/1, 470 ff. Boockmann, Heinrich VII. 240 ff. 244 ff. 251. Mägdefrau 267 ff. 273

5 LMA I 1372. IV 2048. Taddey 507. Gregorovius II/2, 596. Boockmann, Heinrich VII. 242, 245 ff. Mägdefrau 268 ff. Fleckenstein 9 ff. bes. 12 ff.

6 Sächs. Weltchr., Thüring. Forts. a. 1310 (S. 313) a. 1312 (S. 314). Erste Bayr. Forts. a. 1311 (S. 333) a. 1313 (S. 334 f.). Forts. des Deutschen Martin von Troppau a. 1310 (S. 349). LMA IV 2047 ff. HEG II 638 f. Taddey 507. Hagenbach 462. Gregorovius II/2, 598 ff. 606 ff. 617 ff. Hauck V/1, 472 ff. Kretschmayr II 183. Gontard 298. Mägdefrau 272. Boockmann, Heinrich VII. 248 ff. Thomas 122 ff.

7 LMA VIII 534 f. LThK IX³ 1331. HEG II 196. Wetzer/Welte X 716, 724. Benninghoven 4 ff. Grigulevič I 234. Prutz 24 ff.

8 LMA VI 822 f. VIII 535. Wetzer/Welte X 722. Charpentier 42. Bulst 200 f.

9 LMA VIII 536. Wetzer/Welte X 720 f. Prutz 515 f. Grigulevič I 235

10 LMA V 278, 2183. HEG II 196. Wetzer/Welte X 720. Menzel I 400. Seppelt IV 64. Charpentier 56. Grigulevič I 235 f. Bulst-Thiele I 290 ff. Ausführlich Prutz 351 ff. 369 ff. 428 ff.

11 LMA II 1763 f. VII 1713 ff. VIII 535 ff. LThK IX³ 1331 f. Wetzer/Welte X 724 f. Prutz 205 ff. 228 ff. 317 ff. 326 ff. Röhricht, Geschichte des Königreichs Jerusalem 853 f. Finke, Papsttum und Untergang des Templerordens 80 f. Grupp V 278. Seppelt IV 63 f. Grigulevič I 234 ff. Charpentier 56 f. 64. Templerbesitz in verschiedenen Ländern: Bulst-Thiele, Der Prozeß 375 ff.

12 LMA VIII 536 f. Wetzer/Welte X 719, 724 f. 729. Prutz 349, 472 ff. Röhricht, Geschichte des Königreichs Jerusalem 905. Seppelt IV 64. Grigulevič I 236 f. Leuschner 409, Brandes 18 f.

13 LMA VIII 537. Prutz 472 ff. bes. 477 f. Charpentier 85. Grigulevič I 237 ff.

14 LMA VIII 537. Kelly 228 ff. Kühner, Lexikon 121 f. Gregorovius II/2, 624. Hagenbach 458. Paulus II 40 f. Davidsohn III 566 ff. IV 2. T. 306. Seppelt IV 56 ff. 60 f. Haller V 166 f. 169 f. 174, 216 ff. Charpentier 82 ff. 87 ff. Gelmi, Der Niedergang des Papsttums 100. Grigulevič I 240

15 Charpentier 98 f. Seppelt IV 65. Haller V 175

16 LMA VIII 536. Lea III 325 ff. Charpentier 92 f. Haller V 175. Seppelt IV 68. Grigulevič 241

17 LMA VIII 538. Lea III 353 f. 338 f. 353 f. Seppelt IV 68. Grigulevič 245. Charpentier 93. Bulst-Thiele, Der Prozeß 390 ff.

18 LMA VI 721 f. Charpentier 57. Grigulevič 241. Bulst-Thiele, Der Prozeß 383 ff.

19 LMA VI 721 f. VIII 538 f. Charpentier 119 ff. Grigulevič 249 ff. Bulst-Thiele, Der Prozeß 395 f.

14. KAPITEL
Kaiser Ludwig IV. der Bayer (um 1281–1347) im Kampf mit Papst Johann XXII. (1316–1334)

1 Mussato, A.W. 79 f. Zit. nach Fritze 274. Vgl. LMA VI 971
2 Fürstenfelder «Chronik von den Taten der Fürsten». Zit. nach Fritze 276
3 Mussato, A.W. 48 ff.
4 Gregorovius II/2, 632 f.
5 Thomas 139
6 Lea III 74.
7 Kelly 231. Göller 122 f.* Davidsohn III 567. Haller V 214, 216 f. Gurjewitsch 278. Herrmann, Mensch und Unwelt 58
8 Gregorovius II/2, 665 f. Göller 122* ff. Grupp V 280 f. Seppelt/Schwaiger 226. Bernhart 183. Gontard 414
9 LMA III 671. IV 2063 f. V 544 ff. LThK III³ 75 f. Kelly 231. Gregorovius II/2, 625 f. 665 f. Hoensbroech I 32, 35, 87. Hansen 233, 252 ff. Lea I 624, III 73 ff. Seppelt IV 89 ff. Seppelt/Schwaiger 219 f. Heer, Mittelalter 552. Thomas 138 ff. Borst, Mönche am Bodensee 256
10 LThK I³ 1317. LMA IV 1 256. V 1586 ff. Gregorovius II/2, 627 f. Lea III 711. Gontard 309 f. Heer, Mittelalter 549 f. Friedenthal 108 ff. Buonaiuti II 242. Thomas 145. Deschner, Opus Diaboli 52
11 Vgl. Göller 20 ff. 52 ff. 71 ff. 74 ff. 79 ff. 97 ff. 103 ff. 106 ff. 113 ff. 117 ff. 122 ff. 132 f. Lea III 74. Davidsohn III 603. IV 2. T. 307. Heer, Mittelalter 551
12 LMA IV 805 f. 851 V 545 f. VI 603 f. VII 2122 f. IX 178 ff. LThK II³ 296, 569. V³ 977. VII³ 233, 1045 ff. IX³ 851 f. X³ 1186 ff. dtv Lexikon 13, 193. Kelly 232. Mussato, A.W. 44, 52 ff. Lea III 158, 164 ff. 172 f. Gregorovius II/2, 631 ff. Fischer 22. Lautemann 795. Seppelt IV 110 ff. Boockmann, Mitten in Europa 217 ff. Dotzauer 76 f. Kölmel 293 ff. Thomas 164 ff. Seibt, Konsolidierung 83 f. Geremek 52 schreibt: «vieles deutet darauf hin, daß die von den Bettelorden eingenommenen Mittel nur teilweise an die Armen verteilt wurden. Das Ethos der Armut und das ‹karitative Erwachen› wurden auf diese Weise weitgehend institutionell ausgebeutet.» Zu Johann v. Winterthur: Borst, Mönche am Bodensee 264 ff. bes. 266 u. 273. Auch die Zisterzienser, die zunächst den Reichtum der Cluniazenser angeprangert hatten, wurden bald selbst enorm reich: Goetz, Leben 71 ff. Seit langem gesammeltes kritisches Material zu Franz von Assisi ging mir verloren. Ansätze dazu etwa in dem Artikel «Franz von Assisi und der Krieg» von Robert Mächler bei G. Röwer 492 f.
13 LMA IV 939 f. 1102. V 2178 f. VII 1079 f. HEG 11 416 ff. Menzel I 632 ff. Fritze 275 f. Lhotsky 220 ff. Thomas 40 ff. 45 f.
14 LMA IV 2082 f. V 545, 2179. VI 837. HEG II 416 ff. Taddey 381 f. 390 f. Gregorovius II/2, 626 f. Ueding 4. Weber/ Rambold 34, 41. Davidsohn III 569. Pirenne 186. Lhotsky 224 ff. 226 ff. 237, 271 ff. 280. Abel 47. Fritze 277 ff. Thomas 22, 43 ff. 54 ff. 60 ff. 77 f. 91 ff. 101 ff. 108 f. Boock-

mann, Mitten in Europa 212 f. 232. Dotzauer 76

15 LMA V 545. HEG II 418 f. Chroust 42, 244 f. Lhotsky 280 ff. Fritze 279 f. Thomas 118 ff. 128, 135 ff.

16 LMA V 545, 2179. LThK I³ 884 f. Gregorovius II/2, 626 ff. 631. Lea III 153. Davidsohn III 689. Vgl. auch 659. Ferner 796. Eichmann/Mörsdorf III 188 ff. Seppelt/Schwaiger 220. Gontard 301. Schimmelpfennig 237 f. Fritze 279 ff. Thomas 118 ff. 159 ff.

17 Mussato, A.W. 36 f. 57. LMA I 2043. III 678 f. VIII 1725 f. Chroust 29 ff. 41 ff. Seidlmayer 222. Fritze 279. Thomas 124, 130 ff.

18 Thomas 142. Fritze 279

19 Mussato, A.W. 57 f. Chroust 44. Davidsohn III 712, 726 f. Seidlmayer 222. Schimmelpfennig 233. Thomas 139, 194.

20 Mussato, A.W. 33 ff. LMA VIII 1718 f. Gregorovius II/2, 638 ff. 641 ff. Chroust 68 ff. 81 ff. 90 ff. 103 ff. bes. 108 f. 197 ff. Thomas 193 ff. 200 ff.

21 Mussato, A.W. 40 ff. Gregorovius II/2, 643 ff. 650 f. Chroust 113 ff. Thomas 204 ff.

22 LMA VI 332 ff. (Miethke). LThK VI³ 1416 ff. Gregorovius II/29 636 ff. Fritze 283 f. Thomas 197 ff. sieht dagegen für das Krönungszeremoniell in Rom «keinerlei Regieanweisungen». Dotzauer 76

23 Chroust 121 f. 170 ff.

24 Mussato, A.W. 78. Kelly 232 ff. Gregorovius II/2, 539, 647 ff. 654. Chroust 144 ff. 154 ff. 211 f. Thomas 210 f.

25 Gregorovius II/2, 647, 653 f. Chroust 132 ff. 168 ff. 173 ff. Thomas 212 f.

26 Mussato, A.W. 59, 65 ff. Kelly 234. Gregorovius II/2, 656 ff. Chroust 166 ff. 179 ff. 186 ff. 192 ff. 221 f. Fritze 284

27 LMA I 1373. IV 2084. V 215 ff. VI 2064. Kelly 234 ff. Seppelt IV 119 ff. 133 ff. 138 ff. Fritze 284, 302 f. Thomas 226 ff. 260 ff. 272 ff. 278 ff. 282 ff. 331 ff. 341 ff. 362 ff. 367 ff. 378 ff.

BENUTZTE SEKUNDÄRLITERATUR

Ackermann, H., Entstellung und Klärung der Botschaft Jesu, 1961

Abel, W., Agrarkrisen und Agrarkonjunktur. Eine Geschichte der Land- und Ernährungswirtschaft Mitteleuropas seit dem hohen Mittelalter, 1978

Altamira, R., Spain under the Visigoths, in: Gwatkin/Whitney, The Cambridge Medieval History II, 1976

Angenendt, A., Taufe und Politik im frühen Mittelalter, in: K. Hauck (Hg.) FMSt 7, 1973

Anton, H. H., Fürstenspiegel und Herrscherethos in der Karolingerzeit, 1968

Arnold, B., Princes and Territories in Medieval Germany, 1991

Arnold, K., Die Armledererhebung in Franken 1336, in: MfJbGK, 1974

Arnold, K., Abweichung im Glauben – Judenverfolgung – Volksbewegungen, in: P. Kolb/E.-G. Krenig (Hg.), Unterfränkische Geschichte, 2. A., 1993

Assmann, E., Friedrich Barbarossas Kinder, in: DA 33, 1977

Baaken, G., Die Verhandlungen zwischen Kaiser Heinrich VI. und Papst Coelestin III. in den Jahren 1195–1197, in: DA 27, 1971

Baaken, K., Zu Wahl, Weihe und Krönung Coelestins III., in: DA 41, 1985

Baer, F., Die Juden im christlichen Spanien. Urkunden und Regesten aus Aragon, Navarra und Kastilien, 2 Bde. 1929 und 1936

Baldwin, J. W., Masters Princes and Merchants, 1970

Ballesteros y Beretta, A., Geschichte Spaniens, 1943

Bates, M. S., Glaubensfreiheit. Eine Untersuchung, 1947

Bauer, A., Der Livlandkreuzzug, in: Wittram, R. (Hg.), Baltische Kirchengeschichte, 1956

Becker, H.-J., Das Mandat «Fidem catholicam» Ludwig des Bayern von 1338, 1970

Benninghoven, F., Der Orden der Schwertbrüder. Fratres milicie Christi de Livonia, 1965

Bentzien, U., Bauernarbeit im Feudalismus. Landwirtschaftliche Arbeitsgeräte und -verfahren in Deutschland von der Mitte des ersten Jahrtausends u. Z. bis um 1800, 2. verbesserte Auflage, 1990

Bernhardi, W., Lothar von Supplinburg. Neudruck von 1879, 2. unveränd. A., 1975

Bernhart, J., Der Vatikan als Weltmacht. Geschichte und Gestalt des Papsttums, 19.–23. Tausend, 1951

Beumann, H., Heinrich VI., in: HEG II, 1987

Beumann, H., Das Reich der späten Salier und der Staufer 1056–1250, in: HEG 2, 1987

Beumann, H. (Hg.), Kaisergestalten des Mittelalters, 3. A., 1991

Beutin, W., Neuzeit. Religiöse Besessenheit Europas bis zu den Weltkriegen, in: Deschner, K. (Hg.), Kirche und Krieg, 1970

Beutin, W., Die Revolution tritt in die Literatur. Beiträge zur Literatur- und Ideengeschichte von Thomas Müntzer bis Primo Levi, 1999

Beuys, B., Heimat und Hölle. Jüdisches Leben in Europa durch zwei Jahrtausende. Religion, Geschichte, Kultur, 1996

Blanke, F., Die Missionsmethode des Bischofs Christian von Preußen, Altpreußische Forschungen 4, 1927

Böhmer, J. F., Die Regesten des Kaiserreichs unter Heinrich VI. 1165–1197, neubearbeitet von Baaken, G., 1972

Boehn, M. v., Die Mode. Menschen und Moden im Mittelalter. Vom Untergang der alten Welt bis zur Renaissance, 1925

Boockmann, H., Mitten in Europa, 1984

Boockmann, H., Heinrich VII. 1308–1313, in: Beumann, H. (Hg.), Kaisergestalten des Mittelalters, 3. A., 1991

Boockmann, H., Der Deutsche Orden. 12 Kapitel aus seiner Geschichte. 4. durchg. A., 1994

Borst, A., Die Katharer, 1953

Borst, A., Mönche am Bodensee. 610–1525, 1997

Boshof, E., Erzbischof Agobard von Lyon, 1969

Bosl, K., Die Reichsministerialität der Salier und Staufer, 2 Bde., 1950/1951

Bosl, K., Geschichte Bayerns, I Vorzeit und Mittelalter, 1952

Bosl, K., Europa im Mittelalter. Weltgeschichte eines Jahrtausends, 1970

Brand, C. M., Byzantium confronts the West, 1968

Brandes, J.-D., Korsaren Christi. Johanniter & Malteser. Die Herren des Mittelmeers, 1997

Browe, P., Die Hostienschändung der Juden im Mittelalter, in: RGAK, 1926

Browe, P., Die Judenbekämpfung im Mittelalter, in: ZKTh, 2 u. 3, 1938

Browe, P., Die Judenmission im Mittelalter und die Päpste, 1942

Buchner, R., Germanentum und Papsttum von Chlodwig bis Pippin, in: F. Valjavec (Hg.), Frühes Mittelalter, 1956

Buggle, F., Denn sie wissen nicht, was sie glauben. Oder warum man redlicherweise nicht mehr Christ sein kann. Eine Streitschrift, 1992

Bulst, M., Zur Geschichte der Ritterorden und des Königreichs Jerusalem im 13. Jahrhundert bis zur Schlacht bei La Forbie am 17. Oktober 1244, in: DA, 1966

Bulst-Thiele, M. L., Templer in königlichen und päpstlichen Diensten, in: Classen, P. u. a. (Hg.), Festschrift für Percy Ernst Schramm zum siebzigsten Geburtstag, 1964

Bulst-Thiele, M. L., Der Prozeß gegen den Templerorden, in: Fleckenstein, J./Hellmann, M. (Hg.), Die geistlichen Ritterorden Europas, 1980

Bund, K., Thronsturz und Herrscherabsetzung im Frühmittelalter, 1979

Buonaiuti, E., Geschichte des Christentums I u. II

Cardini, F., Friedrich I. Barbarossa. Kaiser des Abendlandes, 1990

Chamberlin, E. R., Unheilige Päpste, 1982

Charpentier, J., Die Templer, 1965

Cheney, C. R., Pope Innocent III and England, 1973
Choniates, Niketas, Die Kreuzfahrer erobern Konstantinopel, 1958
Chroust, A., Die Romfahrt Ludwigs des Bayers. 1327–1329, 1887
Claude, D., Geschichte der Westgoten, 1970
Claude, D., Adel, Kirche und Königtum im Westgotenreich, 1971
Claude, D., Die Anfänge der Wiederbesiedlung Innerspaniens, in: Schlesinger (Hg.), Die deutsche Ostsiedlung des Mittelalters als Problem der europäischen Geschichte, 1975
Cleve, Th. van Markward of Annweiler and the Sicilian regency. A study of Hohenstaufen policy in Sicily during the minority of Frederich II, 1937
Coler, C. (Hg.), Ullstein Weltgeschichte, 5 Bde., 1965
Cornfeld,G./Botterweck, G. J. (Hg.), dtv-Lexikon Die Bibel und ihre Welt. Eine Enzyklopädie, 1972, 6 Bde.
Costen, M., The Cathars and the Albigensian crusade, 1997
Csendes, P., Die Kanzlei Heinrichs VI., 1981
Culican, W., «Am Ende der Welt». Spanien unter den Westgoten und Mauren, in: Rice (Hg.), Morgen des Abendlandes, 1965
Czermak, G., Christen gegen Juden. Geschichte einer Verfolgung, 1989
Daniel-Rops, H., Die Kirche im Frühmittelalter, 1953
Dannenbauer, H., Die Entstehung Europas. Von der Spätantike bis zum Mittelalter. 1. Bd. Der Niedergang der alten Welt im Westen, 1959, 2. Bd. Die Anfänge der abendländischen Welt, 1962
Davidsohn, R., Geschichte von Florenz, 4 Bde., 1896–1927
Demandt, K. E., Die Herren von Büdingen und das Reich in staufischer Zeit, in: HJLG, 5. Bd., 1955
Demm, E., Reformmönchtum und Slawenmission im 12. Jahrhundert. Wertsoziologisch-geistesgeschichtliche Untersuchungen zu den Viten Bischof Ottos von Bamberg, 1970
Deschner, K. (Hg.), Kirche und Krieg. Der christliche Weg zum Ewigen Leben, 1970
Deschner, K., Opus Diaboli. Fünfzehn unversöhnliche Essays über die Arbeit im Weinberg des Herrn, 1. A., 1987
Deschner, K., Die Politik der Päpste im 20. Jahrhundert. Erweiterte und aktualisierte Neuausgabe von «Ein Jahrhundert Heilsgeschichte», I und II, 1991
Deschner, K., Nur Lebendiges schwimmt gegen den Strom, Aphorismen, 1. A. TB, 1998
Deschner, K., Abermals krähte der Hahn, btb 1996
Deschner, K. (Hg.), Zwischen Kniefall und Verdammung. Robert Mächler. Ein gläubiger Antichrist. Eine Auswahl aus dem religions- und kirchenkritischen Werk, 1999
Diepgen, P., Geschichte der Medizin. Die historische Entwicklung der Heilkunde und des ärztlichen Lebens, 1. Bd., 1949
Diesner, H.-J., König Wamba und der westgotische Frühfeudalismus, Fragen zur Entstehung des Feudalismus in Westeuropa, in: JÖB 18, 1969

Dinzelbacher, P., Hoch- und Spätmittelalter. Handbuch der Religionsgeschichte II, 2000

Döllinger, I. v. (Hg.), Dokumente vornehmlich zur Geschichte der Valdesier und Katharer II, 1890

Döllinger, I. v., Geschichte der gnostisch-manichäischen Sekten im frühen Mittelalter, Neudruck, ca. 1960

Donin, L., Leben und Thaten der Heiligen Gottes oder: Der Triumph des wahren Glaubens in allen Jahrhunderten. Mit Angabe der vorzüglichsten Geschichtsquellen und praktischer Anwendung nach den bewährtesten Geistesmännern. Zweite vermehrte und verb. A., 7 Bde., 1861/62

Dopsch, H. (Hg.), Geschichte Salzburgs. Stadt und Land. Bd. I/1 und Bd. I/2. Vorgeschichte. Altertum. Mittelalter, 2. verb. A., 1983

Dotzauer, W. (Hg.), Quellenkunde zur deutschen Geschichte im Spätmittelalter (1350–1500), 1996

Dresdner, A., Kultur- und Sittengeschichte der italienischen Geistlichkeit im 10. und 11. Jahrhundert, 1890

Duby, G., Die Zeit der Kathedralen. Kunst und Gesellschaft 980–1420, 2. A., 1984

Durant, W., Kulturgeschichte der Menschheit, Bd. 6, Das frühe Mittelalter, 1981

Eban, A., Dies ist mein Volk. Die Geschichte der Juden, 1970

Eckert, W. P./Ehrlich, E. L., Judenhaß – Schuld der Christen? Versuche eines Gesprächs, 1964

Eckstein, A., Geschichte der Juden im ehemaligen Fürstbistum Bamberg, bearbeitet auf Grund von Archivalien, nebst urkundlichen Beilagen, 1898. Unveränd. Nachdruck: Fiebig, 1985

Eder, M., Die «Deggendorfer Gnad». Entstehung und Entwicklung einer Hostienwallfahrt im Kontext von Theologie und Geschichte, 1992

Ehlers, J., Geschichte Frankreichs im Mittelalter, 1987

Eibl, E.-M., Konrad IV. 1250–1254, in: Engel/Holtz (Hg.), Deutsche Könige und Kaiser des Mittelalters, 1989

Eichmann, E., Acht und Bann im Reichsrecht des Mittelalters, 1909

Eichmann, E./Mörsdorf, K., Lehrbuch des Kirchenrechts auf Grund des Codex Iuris Canonici I–III, 7. verbesserte und vermehrte A., 1953

Eike von Repgow, Der Sachsenspiegel. Herausgegeben von C. Schott, 3., revidierte Auflage, 1996

Eitel, A., Der Kirchenstaat unter Klemens V., 1907

Engel, E., Wilhelm von Holland 1247–1256, in: Engel/Holtz (Hg.), Deutsche Könige und Kaiser des Mittelalters, 1989

Engel, E., Rudolf von Habsburg 1273–1291, in: Engel/Holtz (Hg.), Deutsche Könige und Kaiser des Mittelalters, 1989

Engel, E., Adolf von Nassau 1292–1298, in: Engel/Holtz (Hg.), Deutsche Könige und Kaiser des Mittelalters, 1989

Engel, E., Albrecht I. 1298–1308, in: Engel/Holtz (Hg.), Deutsche Könige und Kaiser des Mittelalters, 1989

Engel, E./Holtz, E. (Hg.), Deutsche Könige und Kaiser des Mittelalters, 1989
Engels, O., Stauferstudien, 1988
Engels, O., Die Staufer, 6. überarbeitete und erweiterte A., 1994
Epperlein, S., Bauernbedrückung und Bauernwiderstand im hohen Mittelalter. Zur Erforschung der Ursachen bäuerlicher Abwanderung nach Osten im 12. und 13. Jahrhundert, vorwiegend nach den Urkunden geistlicher Grundherrschaften, 1960
Epperlein, S., Bündnisse zwischen Bauern und Bürgern in Nordwestdeutschland im 13. Jahrhundert, in: JWI, 1962
Erbstößer, M., Ketzer im Mittelalter, 1984
Erbstößer, M., Friedrich II. (1211–1250), in: Engel/Holtz (Hg.), Deutsche Könige und Kaiser des Mittelalters, 1989
Erdmann, C., Die Entstehung des Kreuzzuggedankens, 1955
Ewig, E., Zum christlichen Königsgedanken im Frühmittelalter, in: Mayer, Th. (Hg.), Das Königtum, 1956
Falck, L., Mainz im frühen und hohen Mittelalter (Mitte 5. Jahrhundert bis 1244), 1972
Fearns, J., Peter von Bruis und die religiöse Bewegung des 12. Jahrhunderts, in: AK 48, 1966
Feine, H. E., Kirchliche Rechtsgeschichte. I. Bd. Die katholische Kirche, 3. A., 1955
Feld, H., Armutsbewegungen, in: Holl, A. (Hg.), Die Ketzer, 1994
Fichtenau, H., Akkon, Zypern und das Lösegeld für Richard Löwenherz, in: Beiträge zur Mediävistik I, 1975
Fichtenau, H., Ketzer und Professoren, 1992
Fichtinger, C., Lexikon der Heiligen und Päpste, 1980
Fink, K. A., Papsttum und Kirche im abendländischen Mittelalter, 1981
Finke, H., Aus den Tagen Bonifaz VIII. Funde und Forschungen, 1902
Finke, H., Papsttum und Untergang des Templerordens, I. Bd.: Darstellung, 1907
Fischer, A., Ludwig IV., der Bayer, in den Jahren 1314–38, 1882
Fischer, R., Das Untermaingebiet und der Spessart, in: Kolb/Krenig (Hg.), Unterfränkische Geschichte, 2. A., 1993
Fleckenstein, J., Die Rechtfertigung der geistlichen Ritterorden nach der Schrift «De laude novae militiae» Bernhards von Clairvaux, in: Fleckenstein/Hellmann (Hg.), Die geistlichen Ritterorden Europas, 1980
Fleckenstein, J./Fuhrmann, H./ Leuschner, J., Deutsche Geschichte, Bd. I. Mittelalter, 1985
Fleckenstein, J./Hellmann, M. (Hg.), Die geistlichen Ritterorden Europas, 1980
Folz, R., Der Aufstieg des Königtums im 13. Jahrhundert, in: HEG 2, 1987
Folz, R., Die Zeit der letzten Kapetinger, in: HEG 2, 1987
Förg, L., Die Ketzerverfolgung in Deutschland unter Gregor IX., 1932
Foerster, F. W., Die jüdische Frage, 1959
Franz, G., Geschichte des deutschen Bauernstandes vom frühen Mittelalter bis zum 19. Jahrhundert, 1970

Franzen, A., Kleine Kirchengeschichte, 1965

Friedenthal, R., Ketzer und Rebell. Jan Hus und das Jahrhundert der Revolutionskriege, 1972

Fries, L., Geschichte, Namen, Geschlecht, Leben, Taten und Absterben der Bischöfe von Würzburg und Herzöge zu Franken. Nach zwei der ältesten und vorzüglichsten Handschriften herausgegeben, 1924

Fritze, K., Ludwig der Bayer 1314–1347, in: Engel/Holtz (Hg.), Deutsche Könige und Kaiser des Mittelalters, 1989

Fuhrmann, H., Deutsche Geschichte im hohen Mittelalter von der Mitte des 11. bis zum Ende des 12. Jahrhunderts. 3. durchgesehene und bibliographisch ergänzte A., 1993

Fuhrmann, H., Die Päpste. Von Petrus zu Johannes Paul II., 1998

Gäbler, U., Der «Kinderkreuzzug» vom Jahre 1212, in: ZSchG 28, 1978

Gabrieli, F. (Hg.), Die Kreuzzüge aus arabischer Sicht. Aus den arabischen Quellen ausgewählt und übersetzt, 1975

Gams, P., Kirchengeschichte von Spanien, 2 Bde. I. Abtl. 1864 , II. Abtl. 1874

Gattermann, G., Die deutschen Fürsten auf der Reichsheerfahrt. Studien zur Reichskriegsverfassung der Stauferzeit, 1956

Geis, R. R., Warum wurde Deutschland von den Juden geliebt?, in: Eckert/Ehrlich, Judenhaß – Schuld der Christen?, 1972

Gelmi, J., Der Niedergang des Papsttums im Spätmittelalter, in: Moser, B. (Hg.), Das Papsttum. Epochen und Gestalten, 1983

Gelmi, J., Grabdenkmäler der Päpste, in: Moser, B. (Hg.), Das Papsttum. Epochen und Gestalten, 1983

Geremek, B., Geschichte der Armut. Elend und Barmherzigkeit in Europa, 1991

Giese, W., Zu den Designationen und Mitkönigserhebungen der deutschen Könige des Hochmittelalters (936–1237), in: ZRG Germ Abt 92, 1975

Goetting, H., Das Bistum Hildesheim. Die Hildesheimer Bischöfe von 815 bis 1221 (1227), 1984

Goetz, H.-W., Leben im Mittelalter vom 7. bis zum 13. Jahrhundert, 5. unveränd. Aufl., 1994

Göller, E., Die Einnahmen der apostolischen Kammer unter Johann XXII. I. Teil: Darstellung, II. Teil: Quellen, 1910

Gontard, F., Die Päpste. Regenten zwischen Himmel und Hölle, 1959

Görlich, E. J., Kleine Kirchengeschichte, 1958

Grabler, F. (Hg.), Die Kreuzfahrer erobern Konstantinopel. Die Regierungszeit der Kaiser Alexios Angelos, Isaak Angelos und Alexios Dukas, die Schicksale der Stadt nach der Einnahme sowie das «Buch von den Bildsäulen» (1195–1206) aus dem Geschichtswerk des Niketas Choniates. Mit einem Anhang: Nikolaos Mesarites, Die Palastrevolution des Joannes Komnenos, je übersetzt, eingeleitet und erklärt von Franz Grabler, 1958

Grebe, W., Erzbischof Arnold I. von Köln in der Reichs- und Territorialpolitik, II. T., in: JbKGV, 1971

Gregorovius, F., Geschichte der Stadt Rom im Mittelalter. Vom V. bis zum XVI. Jahrhundert, 2. A., 8 Bde., 1869/1874. Fast stets benutzt wurde aber die im dtv vollständig edierte und überarbeitete Ausgabe von W. Kampf.
Grigulevič, J. R., Ketzer – Hexen – Inquisitoren. Geschichte der Inquisition (13. bis 20. Jahrhundert). Mit einem Vorwort von Hubert Mohr, 2 Bde., 1976
Grundmann, H., Religiöse Bewegungen im Mittelalter. Untersuchungen über die geschichtlichen Zusammenhänge zwischen der Ketzerei, den Bettelorden und der religiösen Frauenbewegung im 12. und 13. Jahrhundert und über die geschichtlichen Grundlagen der deutschen Mystik. Anhang Neue Beiträge zur Geschichte der religiösen Bewegungen im Mittelalter, 4. unveränderte A., 1977
Grupp, G., Kulturgeschichte des Mittelalters, 6 Bde., 1907–1925
Guillemain, B., Die abendländische Kirche des Mittelalters, 1960
Güldenstubbe, E. S. v., Die Entwicklung der kirchlichen Strukturen im Bistum Würzburg, in: Kolb/ Krenig (Hg.), Unterfränkische Geschichte, 2. A., 1993
Gurjewitsch, A. J., Das Weltbild des mittelalterlichen Menschen, 1989
Guttenberg, E. v., Das Bistum Bamberg, I 1937, II 1966
Hagenbach, K. R., Kirchengeschichte des Mittelalters. In Vorlesungen. 3. umgearbeitete A., 1886
Haidacher, A., Beiträge zur Kenntnis der verlorenen Registerbände Innocenz' III., in: RöHM, 1961
Haller, J., Die Herkunft Papst Alexanders IV., in: QFIAB 32, 1942
Haller, J., Das altdeutsche Kaisertum, 1944
Haller, J., Die Epochen der deutschen Geschichte, 1956
Haller, J., Das Papsttum. Idee und Wirklichkeit I–V, 1965
Hammann, G., Waldenser in Ungarn, Siebenbürgen und Slowakei, in: ZOF, 1971
Hansen, J., Zauberwahn und Hexenprozeß im Mittelalter und die Entstehung der großen Hexenverfolgung, 1900
Hauck, A., Kirchengeschichte Deutschlands. Vierter Teil. Neunte unveränderte A., Neudruck 1958
Haverkamp, A., Italien in staufischer Zeit (1154–1268), in: HEG 2, 1987
Haverkamp, A., Italien im hohen und späten Mittelalter (1056–1454), in: HEG 2, 1987
Heer, F., Mittelalter, 1961
Heer, F. Kreuzzüge – gestern, heute, morgen?, 1969
Hehl, E.-D., Was ist eigentlich ein Kreuzzug? in: HZ, Bd. 259, 1994
Heinisch, K. J. (Hg.), Kaiser Friedrich II. in Briefen und Berichten seiner Zeit, 1968. 6. A., 1978
Heinrich, J., Kaiser Heinrich VI. und die Besetzung der deutschen Bistümer von der Kaiserkrönung bis zur Eroberung Siziliens, in: RQ 51, 1956
Heinrich von Lettland, Livländische Chronik. Neu übersetzt von Albert Bauer, 1959
Heinsohn, G., Lexikon der Völkermorde, 1998
Helbig, H., Landesausbau und Siedlungsbewegungen, in: HEG 2, 1987

Helbig, H./Weinrich, R. (Hg.), Urkunden und erzählende Quellen zur deutschen Ostsiedlung im Mittelalter. Erster Teil. Mittel- und Norddeutschland. Ostseeküste, 1968. Zweiter Teil. Schlesien, Polen, Böhmen-Mähren, Österreich, Ungarn-Siebenbürgen, 1970

Hellmann, M., Das Großfürstentum Litauen bis 1234, in: HEG 2, 1987

Helmold von Bosau, Slawenchronik. Ausgewählte Quellen zur deutschen Geschichte des Mittelalters. Freiherr vom Stein-Gedächtnisausgabe, 1963

Herde, P., Karl I. von Anjou, 1979

Hergenröther, J., Handbuch der allgemeinen Kirchengeschichte, Zweiter Bd., Dritte verbesserte Auflage, 1885, Dritter Bd., Dritte verbesserte Auflage, 1886

Herrmann, B. (Hg.), Mensch und Umwelt im Mittelalter, 1996

Herrmann, H., Ketzer in Deutschland, 1978

Herrmann, H., Kirchenfürsten. Zwischen Hirtenwort und Schäferstündchen, 1992

Herrmann, H., Passion der Grausamkeit. 2000 Jahre Folter im Namen Gottes, 1994

Herrmann, H., Was ich denke, 1994

Herrmann, J. (Hg.), Die Slawen in Deutschland, Geschichte und Kultur der slawischen Stämme östlich von Oder und Neisse vom 6. bis 12. Jahrhundert, 1970

Herrmann, J., Materielle und geistige Kultur, in: Ders. (Hg.), Die Slawen in Deutschland, 1970

Herrmann, J., Arkona auf Rügen, in: ZA 8, 1974

Hertling, L., Geschichte der katholischen Kirche, 1949

Hessel, A., Jahrbücher des Deutschen Reichs unter König Albrecht I. von Habsburg, 1931

Hilpert, H. E., Richard of Cornwall's Canditature for the German Throne and the Christmas 1256 Parliament at Westminster, in: Journ. of Mediev. Hist. 6, 1980

Hirsch, R./Schuder, R., Der gelbe Fleck. Wurzeln und Wirkungen des Judenhasses in der deutschen Geschichte. Essays, 2. A., 1989

Hirschfeld, M., Geschlechtskunde, Bd. III, 1930

His, R., Das Strafrecht des deutschen Mittelalters. I Die Verbrechen und ihre Folgen im allgemeinen, 1920. II Die einzelnen Verbrechen, 1935

Hlediková, Z., Prag zwischen Mainz und Rom, in: AMRhKG 50, 1998

Hoensbroech, P., Graf von, Das Papstthum in seiner sozial-kulturellen Wirksamkeit, Erster Bd.: Inquisition, Aberglaube, Teufelsspuk und Hexenwahn, 5. A., 1905, Zweiter Bd.: Die ultramontane Moral, 1. bis 3. A., 1902

Höflinger, K., Kaiser Heinrich VI. (1190–1197), in K. R. Schnith (Hg.), Mittelalterliche Herrscher in Lebensbildern. Von den Karolingern zu den Staufern, 1990

Höflinger, K., König Philipp von Schwaben (1198–1208) und Kaiser Otto IV. (1198 bis 1218) in Schnith, K. R. (Hg.), Mittelalterliche Herrscher in Lebensbildern. Von den Karolingern zu den Staufern, 1990

Holl, A. (Hg.), Die Ketzer, 1994

Hollnsteiner, J., Die Kirche im Ringen um die christliche Gemeinschaft. Vom Anfang des 13. Jahrhunderts bis zur Mitte des 15. Jahrhunderts, 1940

Holtzmann, W., Das Ende des Bischofs Heinrich II. von Chur. Ein Beitrag zur Geschichte von Reich und Kirche in der Zeit Kaiser Heinrichs VI., in: ZSchG 29. Jg., 1949

Hómann, B., Geschichte des ungarischen Mittelalters. I. Bd. Von den ältesten Zeiten bis zum Ende des XII. Jahrhunderts 1940. II. Bd. Vom Ende des XII. Jahrhunderts bis zu den Anfängen des Hauses Anjou, 1943

Hoogeweg (Hg.), Die Schriften des Kölner Domscholasters, späteren Bischofs von Paderborn und Kardinalbischofs von S. Sabina OLIVERUS, 1894

Hopfner, W., «Die Naturreligiösen» – Nachfolger des Christentums?, in: Nordische Zeitung Heft 1, 1987

Horst, E., Friedrich der Staufer. Eine Biographie, 1975

Howard, D. R., Thirty new Manuscripts of Pope Innocent III's De Miseria humanae conditionis, in: Manuscripta 7, 1963

Hruby, K., Verhängnisvolle Legenden und ihre Bekämpfung, in: Eckert/Ehrlich, Judenhaß – Schuld der Christen?, 1964

Hubatsch, W., Die deutsche Siedlung in Livland im Mittelalter, in: Deutsche Ostsiedlung in Mittelalter und Neuzeit, 1971

Jacobus de Vitriaco, Briefe ed. von Röhricht, R., in: ZKG, 1894 ff.

Jedin, H., Kleine Konziliengeschichte. Die zwanzig ökumenischen Konzilien im Rahmen der Kirchengeschichte, 1959

Jedin, H. (Hg.), Handbuch der Kirchengeschichte. Die mittelalterliche Kirche Bd. III/2. Vom kirchlichen Hochmittelalter bis zum Vorabend der Reformation, 1968/1985

Jenks, S., Die Anfänge des Würzburger Territorialstaates in der späteren Stauferzeit, in: JbffL, 1983

Johannes von Plano Carpini, Kunde von den Mongolen 1245–1247, übersetzt, eingeleitet und erläutert von F. Schnieder, 1997

Jordan, K., Investiturstreit und frühe Stauferzeit, 1970

Jordan, K., Papst Coelestin und die Welfen zu Beginn seines Pontifikats, in: ADipl 23, 1977

Jordan, K., Heinrich der Löwe, 1979

Kantorowicz, E. H., Kaiser Friedrich der Zweite, Hauptband, 7. veränderte A., 1994

Kantorowicz, E. H., Kaiser Friedrich der Zweite, Ergänzungsband, 4. veränd. A., 1994

Kantzenbach, F. W., Die Geschichte der christlichen Kirche im Mittelalter, 1967

Kawerau, P., Die nestorianischen Patriarchate in der neueren Zeit, in: ZKG 67, Bd. 1955/1956

Kawerau, P., Geschichte der alten Kirche, 1967

Kawerau, P., Geschichte der mittelalterlichen Kirche, 1967

Kehr, P. F., Nachträge zu den Papsturkunden Italiens, 1911

Keller, H., Zwischen regionaler Begrenzung und universalem Horizont. Deutschland im Imperium der Salier und Staufer 1024 bis 1250, 1990

Keller, H. L., Reclams Lexikon der Heiligen und der biblischen Gestalten. Legende und Darstellung in der bildenden Kunst, 1968

Kelly, J. N. D., Reclams Lexikon der Päpste, 1988

Kiesewetter, A., Die Anfänge der Regierung König Karls II. von Anjou (1278–1295). Das Königreich Neapel, die Grafschaft Provence und der Mittelmeerraum zu Ausgang des 13. Jahrhunderts, 1999

Kinder, H./Hilgemann, W., dtv Atlas Weltgeschichte, Bd. I Von den Anfängen bis zur Französischen Revolution. Bd. II Von der Französischen Revolution bis zur Gegenwart, 33. A., 1999

Kisch, G., Forschungen zur Rechts- und Sozialgeschichte der Juden in Deutschland während des Mittelalters, 1955

Kist, J., Fürst- und Erzbistum Bamberg. Leitfaden durch ihre Geschichte von 1007 bis 1960, 3. A., 1962

Knipping, R. (Hg.), Die Regesten der Erzbischöfe von Köln im Mittelalter, II (1100 bis 1205), 1901

Knöpfler, A., Lehrbuch der Kirchengeschichte. 4. A. 1906. Sechste vermehrte und verbesserte A., 1924

Kober, F., Die Deposition und Degradation, nach den Grundsätzen des kirchlichen Rechts historisch dogmatisch dargestellt, 1867

Koch, G., Frauenfrage und Ketzertum im Mittelalter. Die Frauenbewegung im Rahmen des Katharismus und Waldensertums und ihre sozialen Wurzeln (12. bis 14. Jahrhundert), 1962

Koch, W., Die Herrscher der Stauferzeit, in : Schnith, K. R. (Hg.), Mittelalterliche Herrscher in Lebensbildern. Von den Karolingern zu den Staufern, 1990

Koch, W., Kaiser Friedrich II. (1212–1250), in: Schnith, K. R. (Hg.), Mittelalterliche Herrscher in Lebensbildern. Von den Karolingern zu den Staufern, 1990

Koch, W., Die Nachkommen Kaiser Friedrichs II., in: Schnith, K. R. (Hg.), Mittelalterliche Herrscher in Lebensbildern. Von den Karolingern zu den Staufern, 1990

Koch, W., Das Ende des staufischen Hauses, in: Schnith, K. R. (Hg.), Mittelalterliche Herrscher in Lebensbildern. Von den Karolingern zu den Staufern, 1990

Kolb, P./Krenig, E. G. (Hg.), Unterfränkische Geschichte II. Vom hohen Mittelalter bis zum Beginn des konfessionellen Zeitalters, 2. A., 1993

Koller, H., Das Ringen um eine zentrale Landschaft – Der Aufstieg Böhmens, in: HEG 2, 1987

Kölmel, W., Perfekter Prinzipat? Ockhams Fragen an die Macht, in: Vossenkuhl/Schönberger (Hg.), Die Gegenwart Ockhams, 1990

Kölzer, Th., Urkunden und Kanzlei der Kaiserin Konstanze, 1983

Kölzer, Th., Sizilien und das Reich im ausgehenden 12. Jahrhundert, in: HJb 110, 1990

Konetzge, R., Geschichte des spanischen und portugiesischen Volkes, 1939

König, E. (Hg.), Historia Welforum, 1978

Kornemann, E., Weltgeschichte des Mittelmeer-Raumes von Philipp II. von Makedonien bis Muhammed. Herausgegeben von H. Bengtson, 2. Bd., Von Augustus bis zum Sieg der Araber, 1949

Körner, H., Grafen und Edelherren als territorienbildende Kräfte, in: Kolb/Krenig (Hg.), Unterfränkische Geschichte, 2. A., 1993
Kosminski, E. A., Geschichte des Mittelalters, 1978
Kosminski, J. A./Skaskin, S. D., Geschichte der Mittelalters, Bd. I, 1958
Kötzschke, R. (Hg.), Quellen zur Geschichte der ostdeutschen Kolonisation im 12. bis 14. Jahrhundert, 1912
Krämer-Badoni, R., Judenmord, Frauenmord, Heilige Kirche, 1988
Kretschmayr, H., Geschichte von Venedig, 2. Neudruck der Ausgabe Gotha 1920, 3 Bde., 1986
Kühner, H., Lexikon der Päpste von Petrus bis Paul VI., o. J.
Kühner, H., Die Katharer, in: Schultz, H. J. (Hg.), Die Wahrheit der Ketzer, 1968
Kühner, H., Gezeiten der Kirche in zwei Jahrtausenden, I, 1970
Kühner, H., Tabus der Kirchengeschichte. Notwendige Wandlungen des Urteils, 3. verb. und ergänzte A., 1971
Kupisch, K., Kirchengeschichte I, 1973
Kupisch, K., Kirchengeschichte. Bd. II, Das christliche Europa. Größe und Verfall des Sacrum Imperium, 2. A., 1984
Kurze, D., «Ketzer-Angermünde». Zur Bezeichnung der Stadt und zum Inquisitionsprozeß des Jahres 1336, in: JbBL, 51. Bd., 2000
Kuujo E. O., Das Zehntwesen in der Erzdiözese Hamburg-Bremen bis zu seiner Privatisierung. Akademische Abhandlung, 1949
Lambert, M. D., Ketzerei im Mittelalter. Häresien von Bogumil bis Hus, 1981
Lammers, W., Friedrich II. (1212–1250), in: H. Beumann (Hg.), Kaisergestalten des Mittelalters, 3. A., 1991
Langholm, O., Economics in the Medieval Schools, 1992
Lautemann, W., Mittelalter, 1970
Lea, H. C., Geschichte der Inquisition im Mittelalter. I. Ursprung und Organisation der Inquisition, 1905. II. Die Inquisition in den verschiedenen christlichen Ländern, 1909. III. Die Tätigkeit der Inquisition auf besonderen Gebieten, 1913
Lea, H. C., Die Inquisition. Revidiert und herausgegeben von J. Hansen, 1985
Lecler, J., Geschichte der Religionsfreiheit im Zeitalter der Reformation, 2 Bde., 1965
Leist, F., Der Gefangene des Vatikans. Strukturen päpstlicher Herrschaft, 1971
Lekai, L. J., Geschichte und Wirken der weißen Mönche. Der Orden der Cistercienser, 1958
Leuschner, J., Deutschland im späten Mittelalter, in: Fleckenstein/Fuhrmann/Leuschner, Deutsche Geschichte, Bd. I, Mittelalter, 1985
Lhotsky, A., Geschichte Österreichs seit der Mitte des 13. Jahrhunderts (1281 bis 1358), 1967
Lichnowsy, E. M., Fürst, Geschichte des Hauses Habsburg, Zweiter Teil, von dem Tode König Rudolf des Ersten bis zur Ermordung König Albrechts, Neudruck 1973
Liebe, G., Das Judentum in der deutschen Vergangenheit, 1903

Linder, A., Christlich-Jüdische Konfrontation im kirchlichen Frühmittelalter, in: Schäferdiek, K., Die Kirche in den Reichen der Westgoten und Suewen bis zur Errichtung der westgotischen katholischen Staatskirche, 1967
Looshorn, J., Geschichte des Bisthums Bamberg, nach den Quellen bearbeitet, 7 Bde., 1886–1910
Lortz, J., Geschichte der Kirche in ideengeschichtlicher Betrachtung. Eine Sinndeutung der christlichen Vergangenheit in Grundzügen, 4. A., 1936
Loewenich, W. v., Die Geschichte der Kirche, 6. A., 1962
Lück, D., Erzbischof Anno II. von Köln. Standesverhältnisse, verwandtschaftliche Beziehungen und Werdegang bis zur Bischofsweihe, in: AHVN, Heft 172, 1970
Ludwig, G., Massenmord im Weltgeschehen. Bilanz zweier Jahrtausende, 1951
Lütkehaus, L., Nichts. Abschied vom Sein. Ende der Angst, 1999
Madaule, J., Das Drama von Albi. Der Kreuzzug gegen die Albigenser und das Schicksal Frankreichs. Mit einem Nachwort von Karl Rinderknecht, 1964
Mägdefrau, W., Heinrich VII. 1308–1313, in: Engel/Holtz (Hg.), Deutsche Könige und Kaiser des Mittelalters, 1989
Maier, F. G., Die Verwandlung der Mittelmeerwelt, 1968
Maier, F. G., Katastrophe und Überleben: Der Vierte Kreuzzug und das Reich von Nikaia (1185–1204), in: HEG 2, 1987
Mautner Markhof, G. J. E., Verschwörung der Inquisitoren. Kriminalprozeß Miguel Serveto 1553, 1974
Mayer, H. E., Geschichte der Kreuzzüge, 8. verbesserte und erweiterte A., 1995
Mayer, Th. (Hg.), Das Königtum, 1956
Mensching, G., Toleranz und Wahrheit in der Religion, 1955
Menzel, M., Die Sächsische Weltchronik. Quellen und Stoffauswahl, 1985
Menzel, W., Geschichte der Deutschen, 3 Bde., 1872
Meuthen, E., Die Aachener Pröpste bis zum Ende der Stauferzeit, in ZAGV, Bd. 78, 1966/67
Meyer, B., Studien zum habsburgischen Hausrecht I, in: ZSchG 25, 1945
Meyer, J., Kirchengeschichte Niedersachsens, 1939
Mirbt, C./Aland, K., Quellen zur Geschichte des Papsttums und des römischen Katholizismus, 6. völlig neu bearbeitete A. (4. A., 1924) I. Von den Anfängen bis zum Tridentinum, 1967
Moia, N., Géint d'Pafen, 1994
Moore, J. C., Count Baldwin IX of Flanders, in: Speculum 37, 1962
Mordek, H. (Hg.), Papsttum, Kirche und Recht im Mittelalter. Festschrift für Horst Fuhrmann zum 65. Geburtstag, 1991
Morlinghaus, O., Zur Bevölkerungs- und Wirtschaftsgeschichte des Fürstbistums Bamberg im Zeitalter des Absolutismus, 1940
Moser, B. (Hg.), Das Papsttum. Epochen und Gestalten, 1983
Müller, A., Geschichte der Juden in Nürnberg 1146–1945, 1968
Müller, D., Bogomilen, in: A. Holl (Hg.), Die Ketzer, 1994

Müller, D., Katharer, in: A. Holl (Hg.), Die Ketzer, 1994
Müller, Kh., Bildungsrang und Spiritualität der Würzburger Juden, in: Kolb/Krenig (Hg.), Unterfränkische Geschichte, 2. A., 1993
Mussato, A. (1261–1329), Ausgewählte Werke, Deutsch von R. Engelsing, Elegie – Der Traum – Ludwig der Bayer – Briefgedichte, 2. A., 1983
Mynarek, H., Verrat an der Botschaft Jesu. Kirche ohne Tabu, 1986
Mynarek, H., Die neue Inquisition. Sektenjagd in Deutschland, 1999
Neuss, W., Die Kirche des Mittelalters, 1946
Niketas, Choniates, Die Kreuzfahrer erobern Konstantinopel, 1958
Nitschke, A., Konradin und Clemens IV., in: QFIAB 38, 1958
Norden, W., Das Papsttum und Byzanz. Die Trennung der beiden Mächte und das Problem ihrer Wiedervereinigung bis zum Untergange des byzantinischen Reichs (1453), 1903
Nowak, Z., Milites Christi de Prussia. Der Orden von Dobrin und seine Stellung in der preußischen Mission, Vorträge und Forschungen 26, 1980
Oliver of Paderborn, The Capture of Damietta, in: Peters, E. (Ed.), Christian Society and the Crusades 1198–1229, 1971
Ostrogorsky, G., Geschichte des byzantinischen Staates, 2. A., 1952, 3. A., 1962
Padberg, L. E. v., Wynfreth-Bonifatius, 1989
Parkes, J., The Conflict of the Church and the Synagogue. A study in the origins of antisemitism, 1934
Parkes, J., Antisemitismus, 1964
Patschovsky, A., Der Ketzer als Teufelsdiener, in: Mordek, H. (Hg.), Papsttum, Kirche und Recht im Mittelalter, 1991
Patze, H., Verfassungs- und Rechtsgeschichte im hohen und späten Mittelalter, in: Patze/Schlesinger, Geschichte Thüringens, II, 1. Teil, 1974
Patze, H./Schlesinger, W. (Hg.), Geschichte Thüringens, 5 Bde., 1967 ff.
Paulus, N., Geschichte des Ablasses im Mittelalter vom Ursprunge bis zur Mitte des 14. Jahrhunderts, 3 Bde., 1922/23
Pernoud, R., Die Kreuzzüge in Augenzeugenberichten, 1961
Peters, E. (Ed.), Christian Society and the Crusades 1198–1229. Sources in Translation, including The Capture of Damietta by Oliver of Paderborn translated with notes by John J. Cavigan, 1971
Pfaff, V., Die Gesta Innocenz' III. und das Testament Heinrichs VI., in: ZRGKanAbt 81 Bd., 1964
Pfaff, V., Papst Clemens III. (1187–1191) in: ZRGKanAbt 56, 1980
Pfleger, L., Kirchengeschichte der Stadt Straßburg im Mittelalter. Nach den Quellen dargestellt, 1941
Pierer's Universal-Lexikon der Vergangenheit und Gegenwart oder Neuestes encyclopädisches Wörterbuch der Wissenschaften, Künste und Gewerbe. Vierte, umgearbeitete und stark vermehrte Auflage. 19 Bde., 1857 ff.
Pinay, M., Verschwörung gegen die Kirche, 1963
Pirenne, H., Sozial- und Wirtschaftsgeschichte Europas im Mittelalter, 1946

Piskorski, J. M., Die deutsche Ostsiedlung des Mittelalters in der Entwicklung des östlichen Mitteleuropa, in: JGMODtl, 1991

Ploetz, Der kleine Ploetz, Hauptdaten der Weltgeschichte. Aktualisierte Jubiläumsauflage, 1980

Potthast, A., Regesta Pontificum Romanorum inde ab a. 1198 ad a. 1304, 1873 ff. Neudruck 1957

Powell, J. M., Anatomy of a Crusade, 1213–1221, 1986

Prinz, F., Klerus und Krieg im frühen Mittelalter. Untersuchungen zur Rolle der Kirche beim Aufbau der Königsherrschaft, 1971

Prutz, H., Die Geistlichen Ritterorden. Ihre Stellung zur kirchlichen, politischen, gesellschaftlichen und wirtschaftlichen Entwicklung des Mittelalters. Nachdruck der Originalausgabe Berlin 1908, 1977

Queller, D., The Fourth Crusade: The Conquest of Constantinople, 1201–1204, 1977

Rahn, O., Kreuzzug gegen den Gral. Die Tragödie des Katharismus. Erweiterte Neuauflage 1964

Raedts, P., The Children's Crusade of 1212, in: Journal of Medieval History 3, 1977

Reinhard, W., Nepotismus, in: ZKG 86, 1975

Reisinger, R., Die römisch-deutschen Könige und ihre Wähler 1189–1273, 1977

Rice, D. T. (Hg.), Morgen des Abendlandes, 1965

Ridder, B., Geschichte der katholischen Kirche für Schule und Haus in Überblicken, 3 Bde., 1953

Ritzer, K., Eheschließung. Formen, Riten und religiöses Brauchtum der Eheschließung in den christlichen Kirchen des ersten Jahrtausends, I, 1951, II, 1952

Röhricht, R., Briefe des Jacobus de Vitriaco, in: ZKG 1894, 1895, 1896

Röhricht, R., Geschichte des Königreichs Jerusalem (1100–1291), 1898

Ronner, W., Die Kirche und der Keuschheitswahn. Christentum und Sexualität, 1971

Rösener, W., Bauern im Mittelalter. 4. unveränd. Aufl., 1991

Rösener, W., Grundherrschaft im Wandel. Untersuchungen zur Entwicklung geistlicher Grundherrschaften im südwestdeutschen Raum vom 9. bis zum 14. Jahrhundert, 1991

Roth, C., Geschichte der Juden. Von den Anfängen bis zum neuen Staate Israel, 1964

Rouco-Varela, A. M., Staat und Kirche im Spanien des 16. Jahrhunderts, 1965

Röwer, G. (Hg.), Robert Mächler – ein Don Quijote im Schweizer Geistesleben? Auswahl aus dem autobiographischen, religionsphilosophischen und ethisch-utopistischen Werk, 1999

Rudeck, W., Geschichte der öffentlichen Sittlichkeit in Deutschland. Moralhistorische Studien, 1897. 2. verb. u. verm. Aufl., 1905

Runciman, S., Die sizilianische Vesper. Eine Geschichte der Mittelmeerwelt im Ausgang des dreizehnten Jahrhunderts, 1959

Schäferdiek, K., Die Kirche in den Reichen der Westgoten und Suewen bis zur Errichtung der westgotischen katholischen Staatskirche, 1967

Schaller, H. M., Zur Verurteilung Konradins, in: QFIAB 37, 1957

Schaller, H. M., Ein Brief Innocenz' III. zur Königswahl Friedrichs II. 1212, in: Festschrift F. Kempf, Aus Kirche und Reich, 1983

Scherzer, W., Das Hochstift Würzburg, in: Kolb/Krenig (Hg.), Unterfränkische Geschichte II. Vom hohen Mittelalter bis zum Beginn des konfessionellen Zeitalters, 2. A., 1993

Schieder, T., Italien vom ersten zum zweiten Weltkrieg, 1962

Schimmelpfennig B., Das Papsttum. Gründzüge seiner Geschichte von der Antike bis zur Renaissance, 1988

Schlesinger, W. (Hg.), Die deutsche Ostsiedlung des Mittelalters als Problem der europäischen Geschichte, 1975

Schmale, F.-J. (Hg.), Die Chronik Ottos von St. Blasien und die Marbacher Annalen, 1998

Schmandt, R., The election and assassination of Albert of Louvain, bishop of Liège 1191–1192, in: Speculum 42, 1963

Schmid, P., Regensburg. Stadt der Könige und Herzöge im Mittelalter, 1977

Schmidt, K. D. Die Bekehrung der Ostgermanen zum Christentum (Der ostgermanische Arianismus), 1939

Schmidt, U., Königswahl und Thronfolge im 12. Jahrhundert, 1987

Schmieder, F. (Hg.), Johannes von Plano Carpini, Kunde von den Mongolen 1245 bis 1247, 1997

Schnith K., England von der normannischen Eroberung bis zum Ende des Hundertjährigen Krieges (1066 –1453), in: HEG 2, 1987

Schnith, K. R. (Hg.), Mittelalterliche Herrscher in Lebensbildern. Von den Karolingern zu den Staufern, 1990

Schnürer, G., Kirche und Kultur im Mittelalter, 3 Bde. I 3. verb. A. 1936, II 1926, III 1929

Schöffel, J. B., Kirchengeschichte Hamburg, Erster Band: Die Hamburgische Kirche im Zeichen der Mission und im Glanz der erzbischöflichen Würde, 1929

Scholz, K./Wojtecki, D. (Hg.), Peter von Dusburg: Chronik des Preußenlandes, 1984

Schopen, E., Geschichte des Judentums im Abendland, 1961

Schubart, W., Christentum und Abendland, 1947

Schubert, E., Einführung in die deutsche Geschichte im Spätmittelalter, 2. bibliogr. aktualisierte Aufl., 1998

Schubert, H. v., Geschichte der christlichen Kirche im Frühmittelalter, I 1917, II 1921

Schuchert, A./Schütte, H., Die Kirche in Geschichte und Gegenwart, 1970

Schultz, H. J. (Hg.), Die Wahrheit der Ketzer, 1968

Schuster, H., Das Werden der Kirche. Eine Geschichte der Kirche auf deutschem Boden. Mit Beiträgen von Hans Frh. von Campenhausen und Hermann Dörries, 1941

Schwab, D./Giesen, D./Listl, J./Strätz, H.-W. (Hg.), Staat, Kirche, Wissenschaft in einer pluralistischen Gesellschaft. Festschrift zum 65. Geburtstag von Paul Mikat, 1989

Schwinges, R. C., Die Kreuzzugsbewegung, in: HEG 2, 1987

Seibt, F. (Hg.), Europa im Hoch- und Spätmittelalter, in: HEG 2, 1987
Seibt, F., Von der Konsolidierung unserer Kultur zur Entfaltung Europas, in: HEG 2, 1987
Seidlmayer, M., Geschichte Italiens. Vom Zusammenbruch des Römischen Reiches bis zum Ersten Weltkrieg. Mit einem Beitrag «Italien vom ersten zum zweiten Weltkrieg» von T. Schieder, 1962
Seiferth, W., Synagoge und Kirche im Mittelalter, 1964
Seltmann, I., Heinrich VI., Herrschaftspraxis und Umgebung, 1983
Semmler, J., Pippinidisch-karolingische Sukzessionskrise 714–723, in: DA 33, 1977
Seppelt, F. X., Geschichte der Päpste III. Von den Anfängen bis zur Mitte des zwanzigsten Jahrhunderts. Die Vormachtstellung des Papsttums im Hochmittelalter. Von der Mitte des elften Jahrhunderts bis zu Coelestin V., 1956
Seppelt, F. X., Geschichte der Päpste IV. Das Papsttum im Spätmittelalter und in der Renaissance. Von Bonifaz VIII. bis zu Klemens VII. Neu bearbeitet von Georg Schwaiger, 2. A., 1957
Seppelt, F. X./Schwaiger, G., Geschichte der Päpste. Von den Anfängen bis zur Gegenwart, 1964
Siemers, C., Geschichte der christlichen Kirche für katholische Gymnasien. Zweite vermehrte und verbesserte A., hg. v. Hölscher, A., 1852
Sollbach, G. E. (Hg.), Pierre des Vaux-de-Cernay, Kreuzzug gegen die Albigenser, Die «Historia Albigensis» ins Deutsche übertragen, herausgegeben und mit einem Nachwort versehen, o. J.
Stehkämper, H., Der Kölner Erzbischof Adolf von Altena und die deutsche Königswahl (1195–1205) in: HZ Beiheft 2, N. F., 1973
Stein, S., Geschichte der Juden in Schweinfurt, 1899
Stökl, G., Rußland von 1054 bis 1462, in: HEG 2, 1987
Störmer, W., Die Gründung von Kleinstädten als Mittel herrschaftlichen Territorienaufbaus, gezeigt an fränkischen Beispielen, in: ZBLG, 1973
Störmer, W., Die Gesellschaft – Lebensformen und Lebensbedingungen, in: Kolb/Krenig (Hg.), Unterfränkische Geschichte, 2. A., 1993
Stroheker, K. F., Germanentum und Spätantike, 1965
Stürner, W., Kreuzzugsgelübde und Herrschaftssicherung. Friedrich II. und das Papsttum im letzten Pontifikatsjahr Innozenz' III., in: Mordek, H. (Hg.), Papsttum, Kirche und Recht im Mittelalter, 1991
Szacherska, S. M., The political role of the Danish monasteries in Pomerania 1171 bis 1223, in: MSc 10, 1977
Szulwas, M. A., Die Juden in Würzburg während des Mittelalters, phil. Diss., 1934
Taddey, G. (Hg.), Lexikon der deutschen Geschichte, Personen, Ereignisse, Institutionen. Von der Zeitenwende bis zum Ausgang des 2. Weltkrieges, 1979
Thomas, H., Ludwig der Bayer (1282–1347), Kaiser und Ketzer, 1993
Thompson, E. A., The Conversion of the Visigoths to Catholicism, Nottingham Mediaeval Studies 4, 1960

Thompson, E. A., The Babarian Kingdoms in Gaul and Spain, in: Nottingham Mediaeval Studies 7, 1963
Thompson, E. A., The Goths in Spain, 1969
Thrasolt, E., Das Martyrologium Germaniens. Geschichtliche Gebetslesungen zum täglichen Gedächtnis der deutschen Heiligen, 1939
Toeche, Th., Kaiser Heinrich IV. Nachdruck der Ausgabe Leipzig 1867, 1965
Töpfer, B., Philipp von Schwaben (1198–1208) und Otto IV. (1198–1218), in: Engel E./Holtz E. (Hg.), Deutsche Könige und Kaiser des Mittelalters, 1989
Troeltsch, E., Die Soziallehren der christlichen Kirchen und Gruppen I, 1912
Trusen, W., Vom Inquisitionsverfahren zum Ketzer- und Hexenprozeß. Fragen der Abgrenzung und Beeinflussung, in: Schwab/Giesen/Listl/Strätz, Staat, Kirche, Wissenschaft in einer pluralistischen Gesellschaft, 1989
Ueding, P., Ludwig der Bayer und die niederrheinischen Städte, 1904
Valjavec, F. (Hg.), Frühes Mittelalter, 1956
Viller, M./Rahner, K., Aszese und Mystik der Väterzeit. Ein Abriß, 1939. Unveränderte Neuausgabe 1989
Vinay, T. Die Waldenser, in: Schultz, H. J. (Hg.), Die Wahrheit der Ketzer, 1968
Vincke, J., Staat und Kirche in Katalonien und Aragon während des Mittelalters, 1. Teil, 1931
Voigt, K., Staat und Kirche von Konstantin dem Großen bis zum Ende der Karolingerzeit, 1936, Neudruck 1965
Vossenkuhl, W./Schönberger, R. (Hg.), Die Gegenwart Ockhams, 1990
Vries, W. de, Rom und die Patriarchate des Ostens, 1963
Wahrmund, L., Bilder aus dem Leben der christlichen Kirche des Abendlandes, Heft 2, Inquisition und Hexenprozeß, 1925
Wattenbach, W./Holtzmann, R., Deutschlands Geschichtsquellen im Mittelalter. Deutsche Kaiserzeit, Bd. I–IV, 1948
Weber, J./Rambold, F. X., Die Schlacht bei Mühldorf. Eine geschichtliche Studie zum 600jährigen Gedenktag der Schlacht. Festschrift zum Kraiburger Volksschauspiel «Ludwig der Bayer oder der Streit von Mühldorf», 1922
Weinrich, L. (Hg.), Quellen zur Verfassungsgeschichte das römisch-deutschen Reiches im Spätmittelalter (1250–1500), 1983
Weinrich, L. (Hg.), Quellen zur deutschen Verfassungs-, Wirtschafts- und Sozialgeschichte bis 1250. 2., um einen Nachtrag erweiterte A., 2000
Weller, K., Württembergische Kirchengeschichte bis zum Ende der Stauferzeit, 1936
Wendehorst, A., Das Bistum Würzburg, Teil 1. Die Bischofsreihe bis 1254, 1962. Teil 2. Die Bischofsreihe von 1254 bis 1455, 1969
Werner, E./Erbstößer, M., Ketzer und Heilige. Das religiöse Leben im Hochmittelalter, 1986
Wetzer, H. J./Welte, B. (Hg.), Kirchen-Lexikon oder Encyklopädie der katholischen Theologie und ihrer Hilfswissenschaften I–XI, 1847–1854
Wilpert, G. v. (Hg.), dtv-Lexikon der Weltliteratur I–IV, 1971
Winkelmann, E., Philipp von Schwaben und Otto IV. von Braunschweig. Erster

Band. König Philipp von Schwaben 1197–1208, 3. unveränderte A., 1968. Zweiter Band. Kaiser Otto IV. von Braunschweig 1208–1218, 1968
Wittram, R. (Hg.), Baltische Kirchengeschichte, 1956
Wittram, R., Die Reformation in Livland, in: Ders. (Hg.), Baltische Kirchengeschichte, 1956
Wollschläger, H., Die Gegenwart einer Illusion. Reden gegen ein Monstrum, 1978
Wolter, H., Die Verlobung Heinrich IV. mit Konstanze von Sizilien im Jahr 1184, in: HJb 105, 1985
Zapperi, R., Der schwangere Mann. Männer, Frauen und die Macht, 1984
Ziegler, J., Zur religiösen Haltung der Gegenkaiser im 4. Jh. n. Chr., 1970
Zimmerling, D., Der Deutsche Ritterorden, 4. A., 1994
Zimmermann, H., Das Papsttum im Mittelalter. Eine Papstgeschichte im Spiegel der Historiographie. Mit einem Verzeichnis der Päpste vom 4. bis zum 15. Jahrhundert, 1981
Zöllner, W., Die Geschichte der Kreuzzüge, 6. A., 1989
Zöllner, W., Heinrich VI. 1190–1197, in: Engel, E./Holtz E. (Hg.), Deutsche Könige und Kaiser des Mittelalters, 1989
Zoepfl, F., Das Bistum Augsburg und seine Bischöfe im Mittelalter, 1955

ABKÜRZUNGEN

von Quellen, wissenschaftlichen Zeitschriften und Nachschlagewerken

Adhem. v. Chaban.: Adhemar von Chabannes, Historia (auch Chronik genannt)

ADipl: Archiv für Diplomatik, Schriftgeschichte, Siegel- und Wappenkunde, Münster/Köln 1955 ff. (vorher AU: Archiv für Urkundenforschung, 1907 ff.)

AHVN: Annalen des Historischen Vereins für den Niederrhein, Köln 1855 ff.

AK: Archiv für Kulturgeschichte, Berlin, Köln, Graz u. a. 1903 ff.

AMRhKG: Archiv für mittelrheinische Kirchengeschichte, Speyer 1949 ff.

Annal. Marbac.: Annales Marbacenses

Annal. Stad.: Annales Stadenses

Arnold Chron. Slavor.: Arnold von Lübeck, Chronica Slavorum

Braunschw. Reimchr.: Braunschweigische Reimchronik, Hg. L. Weiland. Unveränderter Nachdruck der 1877 bei der Hahnschen Buchhandlung, Hannover, erschienenen Ausgabe, München 1980

Caes. v. Heisterb. Dial. mirac.: Caesarius von Heisterbach, Dialogus miraculorum

Chron. Albr. mon.: Chronica Albrici Monachi Trium Fontium

Chron. reg. Colon.: Chronica regia Coloniensis

Conc.: Konzil

Cron. Reinhardsbr.: Cronica Reinhardsbrunnensis

DA: Deutsches Archiv für Geschichte des Mittelalters 1937 ff. (ab Bd. 8: für Erforschung des Mittelalters)

Ep.: Epistolae

FMSt: Frühmittelalterliche Studien, Berlin 1967 ff.

Fredeg. Chronic.: Chronicarum quae dicuntur Fredegarii libri quattuor

Gesta Innoc.: Gesta Innocentii papae III.

Gesta Trever.: Gesta Treverorum (Die Taten der Trierer)

Greg. Tur. Hist. Franc.: Gregor von Tours, Historiarum libri X (Hist. Francorum)

H. v. Dießenh.: Heinrich von Dießenhofen, Historia ecclesiastica nova

HEG: Handbuch der Europäischen Geschichte, Hg. Th. Schieder, Stuttgart 1968 ff.

Heinr. Chron. Livon.: Heinrich von Lettland, Chronicon Livoniae

Helm. Chron. Slav.: Helmold von Bosau, Chronica Slavorum

Hist. Albig.: Pierre des Vaux-de-Cernay, Hystoria Albigensis

Hist. Welf.: Historia Welforum

HJb: Historisches Jahrbuch der Görres-Gesellschaft, Münster, München, Freiburg 1880 ff.

HJLG: Hessisches Jahrbuch für Landesgeschichte, Marburg 1951 ff.

HKG: Handbuch der Kirchengeschichte, Hg. H. Jedin, 7 Bde., Freiburg im Br. 1962–1979

HZ: Historische Zeitschrift, München 1859 ff.

Jac. de Vit.: Jakob de Vitry, s. ZKG 1894, 97 ff.

JbBL: Jahrbuch für Brandenburgische Landesgeschichte, Berlin 1950 ff.

JbffL: Jahrbuch für fränkische Landesforschung, Erlangen u. a. 1935 ff.

JbKGV: Jahrbuch des Kölnischen Geschichtsvereins, Köln 1912–1941, 1950 ff.

JGMODtl: Jahrbuch für die Geschichte Mittel- und Ostdeutschlands, Hg. W. Berges, H. Herzfeld, H. Skrzypczak, Berlin 1953 ff. (1952: Jahrbuch für Geschichte des deutschen Ostens, Tübingen)

JÖB: Jahrbuch der Österreichischen Byzantinistik, Wien 1969 ff. (1951 bis 1968: Jahrbuch der Österreichischen Byzantinischen Gesellschaft, Wien)

Lk.: Lukasevangelium

LMA: Lexikon des Mittelalters I–IX, München/Zürich 1980–1998

Lod. Anon.: Lodeser Anonymus

LThK: Lexikon für Theologie und Kirche, 1. Aufl. 1930 ff. 3. völlig neubearb. Aufl. 1993–2001

MfJbGK: Mainfränkisches Jahrbuch für Geschichte und Kunst

MG: Monumenta Germaniae historica, 1826 ff.

MG Const.: Leges. Constitutionis

MG Epp. (sel.): Epistolae (selectae)

MG SS: Scriptores

Mk.: Markusevangelium

MSc: Mediaeval Scandinavia, Odense 1968 ff.

Mt.: Matthäusevangelium

Nik. Chon.: Niketas Choniates

Oliv. Hist. Damiat.: Oliver von Paderborn, Historia Damiatina

Otto v. Freis.: Otto von Freising, Gesta Frederici (I u. II)

Otto v. St. Blas. Chron.: Otto von Sankt Blasien, Chronica

Pet. Dusb. Chron.: Petri de Dusburg, Chronica Terre Prussie

Pet. v. Zittau: Peter von Zittau, Chron. Aul. Reg. Chronica Aulae Regiae

PL: J.-P. Migne, Patrologiae cursus completus. Series Latina

QFIAB: Quellen und Forschungen aus italienischen Archiven und Bibliotheken, Rom 1898 ff.

RöHM: Römische Historische Mitteilungen, Graz/Köln 1956/1957 ff.

RQ: Römische Quartalschrift für christliche Altertumskunde und Kirchengeschichte, Freiburg 1887 ff.

Sächs. Weltchr.: Sächsische Weltchronik, Hg. L. Weiland. Unveränderter Nachdruck der 1877 bei der Hahnschen Buchhandlung, Hannover, erschienenen Ausgabe, München 1980

Salimb. Cron.: Salimbene von Parma, Cronica

Syn.: Synode

Thom. Summa theol.: Thomas von Aquin, Summa theologiae

Wipo: Gesta Chuonradi II imperatoris

ZA: Zeitschrift für Archäologie, Berlin 1967 ff.

ZAGV: Zeitschrift des Aachener Geschichtsvereins, Aachen 1879 ff.

ZBLG: Zeitschrift für bayerische Landesgeschichte, München 1928 ff.

ZKG: Zeitschrift für Kirchengeschichte, Gotha, Stuttgart 1876 ff.

ZKTh: Zeitschrift für Katholische Theologie, Wien u. a., 1876–1943, 1947 ff.

ZOF: Zeitschrift für Ostforschung. Länder und Völker im östlichen Mitteleuropa, Marburg 1952 ff.

ZRG: Zeitschrift für Rechtsgeschichte,

Weimar 1861–1878 (fortgesetzt als Zeitschrift der Savigny-Stiftung für Rechtsgeschichte) mit den Abteilungen

ZRGGermAbt: ZRG Germanische Abteilung, Weimar 1880 ff.,

ZRGKanAbt: ZRG Kanonistische Abteilung, Weimar 1911 ff.,

ZRGRomAbt: ZRG Romanische Abteilung, Weimar 1880 ff.

ZSchG: Zeitschrift für schweizerische Geschichte, Zürich 1921–50 (fortgesetzt als SchZG)

REGISTER

ÜBER DEN AUTOR

Karl Heinrich Leopold Deschner wurde am 23. Mai 1924 in Bamberg geboren. Sein Vater Karl, Förster und Fischzüchter, katholisch, entstammte ärmsten Verhältnissen. Seine Mutter Margareta Karoline, geb. Reischböck, protestantisch, wuchs in den Schlössern ihres Vaters in Franken und Niederbayern auf. Sie konvertierte später zum Katholizismus.

Karlheinz Deschner, das älteste von drei Kindern, ging zur Grundschule in Trossenfurt (Steigerwald) von 1929 bis 1933, danach in das Franziskanerseminar Dettelbach am Main, wo er zunächst extern bei der Familie seines Tauf- und Firmpaten, des Geistlichen Rats Leopold Baumann, wohnte, dann im Franziskanerkloster. Von 1934 bis 1942 besuchte er in Bamberg das Alte, Neue und Deutsche Gymnasium als Internatsschüler bei Karmelitern und Englischen Fräulein. Im März 1942 bestand er die Reifeprüfung. Wie seine ganze Klasse meldete er sich sofort als Kriegsfreiwilliger und war – mehrmals verwundet – bis zur Kapitulation Soldat, zuletzt Fallschirmjäger.

Zunächst fernimmatrikuliert als Student der Forstwissenschaften an der Universität München, hörte Deschner 1946/47 an der Philosophisch-theologischen Hochschule in Bamberg juristische, theologische, philosophische und psychologische Vorlesungen. Von 1947 bis 1951 studierte er an der Universität Würzburg Neue deutsche Literaturwissenschaft, Philosophie und Geschichte und promovierte 1951 mit einer Arbeit über «Lenaus Lyrik als Ausdruck metaphysischer Verzweiflung» zum Dr. phil. Einer im selben Jahr geschlossenen Ehe mit Elfi Tuch entstammen drei Kinder, Katja (1951), Bärbel (1958) und Thomas (1959 bis 1984).

Von 1924 bis 1964 lebte Deschner auf einem früheren Jagdsitz der Würzburger Fürstbischöfe in Tretzendorf (Steigerwald), dann zwei Jahre im Landhaus eines Freundes in Fischbrunn (Hersbrucker Schweiz). Seitdem wohnt er in Haßfurt am Main.

Karlheinz Deschner hat Romane, Literaturkritik, Essays, Aphorismen, vor allem aber religions- und kirchenkritische Geschichtswerke veröffentlicht. Auf über zweitausend Vortragsveranstaltungen hat Deschner im Laufe der Jahre sein Publikum fasziniert und provoziert.

1971 stand er in Nürnberg «wegen Kirchenbeschimpfung» vor Gericht.

Seit 1970 arbeitet Deschner an seiner großangelegten «Kriminalgeschichte des Christentums». Da es für so unruhige und beunruhigende Geister wie ihn keine Posten, Beamtenstellen, Forschungsstipendien, Ehrensolde, Stiftungsgelder gibt, war ihm die ungeheure Forschungsarbeit und Darstellungsleistung nur möglich dank der selbstlosen Hilfe einiger Freunde und Leser, vor allem dank der Förderung durch seinen großherzigen Freund und Mäzen Alfred Schwarz, der das Erscheinen des ersten Bandes im September 1986 noch mitgefeiert, den zweiten Band aber nicht mehr miterlebt hat, seither des deutschen Unternehmers Herbert Steffen.

Im Sommersemester 1987 nahm Deschner an der Universität Münster einen Lehrauftrag wahr zum Thema «Kriminalgeschichte des Christentums».

Für sein aufklärerisches Engagement und für sein literarisches Werk wurde Karlheinz Deschner 1988 – nach Koeppen, Wollschläger, Rühmkorf – mit dem Arno-Schmidt-Preis ausgezeichnet, im Juni 1993 – nach Walter Jens, Dieter Hildebrandt, Gerhard Zwerenz, Robert Jungk – mit dem Alternativen Büchnerpreis und im Juli 1993 – nach Sacharow und Dubček – als erster Deutscher mit dem International Humanist Award. Im September 2001 erhielt Deschner den Erwin-Fischer-Preis des Internationalen Bundes der Konfessionslosen und Atheisten, im November 2001 den Ludwig-Feuerbach-Preis des Bundes für Geistesfreiheit, Augsburg.

Um die «Kriminalgeschichte des Christentums» geht es – pro und contra – in dem 70minütigen Videofilm von Ricarda Hinz und Jacques Tilly mit dem Titel «Die haßerfüllten Augen des Herrn Deschner». Zu beziehen über: Humanistischer Verband Deutschlands, Wallstraße 61–65, 10179 Berlin.

DAS LITERARISCHE WERK KARLHEINZ DESCHNERS

Die Buchveröffentlichungen in zeitlicher Reihenfolge:

1956 Die Nacht steht um mein Haus
1957 Was halten Sie vom Christentum?
1957 Kitsch, Konvention und Kunst
1958 Florenz ohne Sonne
1962 Abermals krähte der Hahn
1964 Talente, Dichter, Dilettanten
1965 Mit Gott und den Faschisten
1966 Jesusbilder in theologischer Sicht
1966 Das Jahrhundert der Barbarei
1968 Wer lehrt an deutschen Universitäten?
1968 Kirche und Faschismus
1969 Das Christentum im Urteil seiner Gegner, Band 1
1970 Warum ich aus der Kirche ausgetreten bin
1970 Kirche und Krieg
1971 Der manipulierte Glaube
1971 Das Christentum im Urteil seiner Gegner, Band 2
1974 Das Kreuz mit der Kirche
1974 Kirche des Un-Heils
1977 Warum ich Christ/Atheist/Agnostiker bin
1981 Ein Papst reist zum Tatort
1982 Ein Jahrhundert Heilsgeschichte, Band 1
1983 Ein Jahrhundert Heilsgeschichte, Band 2
1985 Nur Lebendiges schwimmt gegen den Strom
1986 Die beleidigte Kirche
1986 Kriminalgeschichte des Christentums, Band 1
1987 Opus Diaboli
1988 Kriminalgeschichte des Christentums, Band 2
1989 Dornröschenträume und Stallgeruch
1990 Woran ich glaube
1990 Kriminalgeschichte des Christentums, Band 3
1991 Die Politik der Päpste im 20. Jahrhundert
1991 Der Anti-Katechismus (mit Horst Herrmann)
1992 Der Moloch
1994 Die Vertreter Gottes
1994 Ärgernisse, Aphorismen
1994 Kriminalgeschichte des Christentums, Band 4
1994 Was ich denke

1995 Weltkrieg der Religionen: Der ewige Kreuzzug auf dem Balkan (mit Milan Petrović)
1997 Kriminalgeschichte des Christentums, Band 5
1997 Oben ohne
1998 Die Rhön
1998 Für einen Bissen Fleisch
1999 Kriminalgeschichte des Christentums, Band 6
1999 Zwischen Kniefall und Verdammung. Robert Mächler. Ein gläubiger Atheist
1999 Memento!
2002 Kriminalgeschichte des Christentums, Band 7

Bücher Karlheinz Deschners liegen auch vor auf französisch, griechisch, italienisch, niederländisch, norwegisch, polnisch, russisch, serbokroatisch, spanisch. Übersetzungen in weitere Sprachen werden vorbereitet.